Leonard Anders
Ein Narzisst packt aus

Leonard Anders

Ein Narzisst packt aus
Ehrlichkeit gegenüber dem inneren Kind und gesellschaftliche Anerkennung

Tectum Verlag

Leonard Anders
Ein Narzisst packt aus
Ehrlichkeit gegenüber dem inneren Kind und gesellschaftliche Anerkennung

© Tectum – ein Verlag in der Nomos Verlagsgesellschaft, Baden-Baden 2018
ISBN 978-3-8288-4043-0
E-PDF 978-3-8288-6861-8
E-Pub 978-3-8288-6862-5

Umschlaggestaltung: Tectum Verlag, unter Verwendung des Bildes
#90817974 von tinx | www.fotolia.com

Druck und Bindung: FINIDR, Český Těšín
Printed in the Czech Republic

Alle Rechte vorbehalten

Besuchen Sie uns im Internet:
www.tectum-verlag.de

Bibliografische Informationen der Deutschen Nationalbibliothek
Die Deutsche Nationalbibliothek verzeichnet diese Publikation
in der Deutschen Nationalbibliografie; detaillierte bibliografische
Angaben sind im Internet über http://dnb.d-nb.de abrufbar.

*Für das JAA in meinem Leben – Jan, Arno und Andy
(Ihr seid meine Besten!)*

*Und für Monika Weidlich, die leider
nicht mehr unter uns weilt
(R.I.P. 15.12.2017).
Ich werde nie vergessen,
was Sie für mich getan haben.*

Inhalt

Gedanken zum Buch *Ein Narzisst packt aus* 1
Der menschliche „Selbstwert" 2
Vorwort von Dr. med. Bodo Karsten Unkelbach 9
Vorwort des Autors 13
Leseliste und Quellen 17
Die Experten, die sich in diesem Buch äußern 21

1 **Ver-rückt ist nicht gleich verrückt** 35
2 **Der innere Schweinehund namens *Feind*** 39
3 **Die narzisstische Gesellschaft. Narzissmus, Dissozialität und maligner Narzissmus** 49
   3.1 Modebegriff Narzissmus 49
      3.1.1 Klassifizierung im Sinne des ICD-10 und DSM-5 50
      3.1.3 Modell nach Millon (1969, 1996) 52
      3.1.4 Das Entstehungsmodell der narzisstischen Persönlichkeitsstörung 52
      3.1.5 Unterschiede und Gemeinsamkeiten zwischen Grandiosität (männlichem Narzissmus) und Minderwertigkeitskomplex (weiblichem Narzissmus) bei einer NPS 54
      3.1.6 Definition nach M. Depner 57
      3.1.7 Warum eine narzisstische Persönlichkeitsstörung leicht mit einer Borderline-Persönlichkeitsstörung zu verwechseln ist 62
   3.2 Antisoziale Persönlichkeitsstörung F60.20 64
   3.3 Der maligne Narzissmus – die vielleicht gefährlichste Krankheit der Welt? 66
   3.4 Die narzisstische Normopathie – das Leiden der Normalen 69

4 Die ach so (un-)typischen Merkmale narzisstischer Persönlichkeiten ... 73

- 4.1 Das Helfer-Syndrom ... 73
  - 4.1.2 Wenn die Grenze zur Abgrenzung führt oder warum es manchmal besser ist, einfach die Schnauze zu halten ... 78
  - 4.1.3 Mitleid ist Missbrauch – Warum Mitgefühl besser ist und zu viel Empathie ungesund ist ... 80
- 4.2 Der falsche Narzisst – über angebliche Selbstverliebtheit ... 89
- 4.3 Über Symptome und Stigmata ... 96
  - 4.3.1 Warum immer ich und nicht die anderen? ... 100
  - 4.3.2 Das böse Internet ... 101
  - 4.3.3 Der Unterschied zwischen Hobbypsychologen, Forenpsychiatern und echten Psychotherapeuten ... 104
  - 4.3.4 Zwanghaft erzeugte Perfektion erzeugt Depression ... 107
  - 4.3.5 Das ungesunde Gesundheitswesen ... 112
  - 4.3.6 Über Singlebörsen ... 116
  - 4.3.7 Die Macht der Gier – Über Meinungen, Selbsterhöhung und Machtbestreben ... 124

5 Die narzisstische Wut, die keinem guttut ... 133

- 5.1 Narzisstische Wut – ein Blick in das Innenleben eines Narzissten, wenn er richtig wütend ist und austeilt (Ich krieg das Kotzen I) ... 133
- 5.2 Über Mobbing und das Böse in uns ... 138
- 5.3 Public Shaming ... 156
- 5.4 Trumpisierung oder die Goldwater-Regel ... 161
- 5.5 Gefangen in der eigenen H(ü/ö)lle ... 164
- 5.6 Mir reicht's (Ich krieg das Kotzen II) ... 166
- 5.7 Es reicht mal wieder (Ich krieg das Kotzen III) ... 168
- 5.8 Klotzen statt Motzen – Über Promis, Comics, Krimis und Mimimis sowie Mamis und Papis (Ich krieg das Kotzen IV) ... 173
- 5.9 Offensichtlich uneinsichtig ... 183

5.10	Der Teufelskreis der Projektion aufs falsche Objekt	187
5.11	Mein negatives Selbstbild – der Kampf mit dem Schutzschild	192

6 Über die angeblichen Opfer des Narzissmus ... 199

6.1	Die narzisstische Kollusion – Wenn Narzisst und Co-Narzisstin aufeinandertreffen	199
6.2	Wenn Opfer bzw. Co-Narzisstinnen ihre eigenen Anteile übersehen	203
6.3	„Aber ich liebe ihn doch, warum leidet er so"?	215
6.4	Der Weg der Anderen. Neun Frauen erzählen, wie sie zu sich selber fanden	237
6.5	Der (post-)moderne Mann, der sich selbst ernähren kann	252

7 Die dependente Persönlichkeitsstörung (auch Co-Narzissmus oder Komplementärnarzissmus) ... 265

7.1	Der dependente Persönlichkeitsstil		265
7.2	Kriegsenkelproblematik und vorgeburtliche Prägung		272
	7.2.1	Ich bin für euch alle da!	278
	7.2.2	Hauptsache, Mutti geht es gut. Der Versuch, etwas aufzuarbeiten	284
	7.2.3	Wir Kriegskinder! Von Lebenslast, Lebenslust, Lebensleistung, Lebenskraft	292
	7.2.4	Vorgeburtliche Prägung im Mutterleib	300
7.3	Über Co-Abhängigkeit und Missbrauch		305
7.4	Warum die Lösung des Narzissmus Liebe ist und nicht Hass		318

8 Lehren und Reflexionen ... 323

8.1	Die Opferrolle	323
8.2	Über Selbstanalyse und Selbstreflexion	331
8.3	Über Achtsamkeit, Skills und emotionale Kompetenzen	345
8.4	Es geht immer besser, aber es muss nicht sein	350

8.5   Eigenlob stinkt nicht 359

8.6   Über soziale Isolation 368

8.7   Warum man egoistisch sein muss und warum Egoismus
      oft als Mangel an Empathie verstanden wird 371

8.8   Eine Rückmeldung an das innere Kind (oder der Kampf
      mit dem Schutzschild) 375

8.9   „Es gibt keine dummen Fragen, nur dumme Antworten" 379

8.10 Schuld und Angst 383

8.11 Menschen ohne Macke sind Kacke 391

9 Der Preis ist heiß. Über die hohen Kosten und den Aufwand der narzisstischen Persönlichkeitsstörung 401

9.1   Hochsensibilität und Narzissmus vereint – Geständnis
      eines Sozialarbeiters 403

9.2   Der grandiose (erfolglose) Narzisst 409

9.3   Im Gespräch mit Kianimus 413

10 Das falsche Spiegelbild im noch falscheren Spiegel – Dysmorphophobie 417

11 Den Narzissten verstehen. Ein kurzer Einblick in die therapeutische Behandlung, insbesondere die (Schema-)Therapie 431

11.1 Was ist Schematherapie? 431

11.2 Warum Schematherapie? 440

11.3 Schematherapie: Ablauf und therapeutische Beziehung 444

11.4 Therapeutische Erfahrungen mit Narzissten 445

11.5 Brief an meinen gesunden Erwachsenen 471

Danksagung 473

Epilog von Michael Begelspacher 477

Endnoten 479

Gedanken zum Buch *Ein Narzisst packt aus*

Die Hürden sind sehr hoch, die ein Autor überwinden muss, um so ein Buch zu schreiben. Zuerst muss er seine „Diagnose" akzeptieren, Narzisst zu sein – alles andere als eine Selbstverständlichkeit. Er muss die Angst überwinden vor den zu erwartenden Anfeindungen und Abwertungen – hart für einen Narzissten. Nur mit einer rigorosen Ehrlichkeit sich selbst gegenüber gelingt dann der realitätsgerechte Blick auf das eigene Leben. Und dann braucht er ein hohes Maß an Stabilität, um anderen einen tiefen, ja schonungslosen Einblick in die eigene Seele zu gestatten. Als Therapeutin oder Therapeut kann man solche Einblicke erhalten, als Laie kaum. Hier findet sich nun eine ausgezeichnete Gelegenheit für alle. Dafür danke!

Das Buch ist keine „leichte Kost". Es beleuchtet den Narzissmus aus zahlreichen Perspektiven, aus der Innen- wie auch aus der Außensicht, und es vermag die Leserin, den Leser zu erschüttern. Mal ist die Sprache einfühlsam und zurückhaltend, dann wieder derb und konfrontativ. Die differenzierte Diktion der Wissenschaft ist genauso anzutreffen wie der Slang der Gosse.

Häufig nehmen wir teil an der Begegnung des Autors mit seinem inneren Kind, an dessen Verletzungen, der Verzweiflung, aber auch an der Energie, der Kraft und der Lebendigkeit. Und wir erleben das Ringen um die Gesundung dieses inneren Kindes. Die Auseinandersetzungen in der Innenwelt des Autors sind oftmals sehr reflektiert, dann aber auch wieder außergewöhnlich emotional.

Es ist beeindruckend, wie der Autor immer wieder die Verantwortung für das eigene Leben in den Mittelpunkt rückt. Nicht die anderen sind schuld an der eigenen Misere; es kommt auf mich an. Und ich kann selbst entscheiden, was ich aus dem mache, was mir gestern widerfuhr – so die Überzeugung des Autors. Diese Botschaft steht im Einklang mit der Lehre Viktor Frankls. Kein Determinismus. Wir sind nicht ausgeliefert an den Einfluss unserer Gene, unserer Erziehung und der – auch leidvollen – Vorerfahrung. Wir haben immer auch Freiräume: Wir entscheiden, was wir tun und was dies dann mit uns und aus uns macht.

Mit dieser inneren Haltung schafft es der Autor auch, den Zugang zu den eigenen Ressourcen zu finden, schafft es, sich bei aller Verletzlichkeit zu behaupten, Selbstabwertungen abzubauen und mit guter Selbstfürsorge das innere Kind zu nähren.

Möge das Buch dazu beitragen, dass sich Narzissten unterschiedlicher Ausprägung in den Texten erkennen und Wege finden zur eigenen Heilung.

Wasserburg, 11.12.2107 Werner Berschneider

Vorworte

Der menschliche „Selbstwert"

Dieses Buch zeichnet Einflussfaktoren und Wege des menschlichen Lebens nach, die von einem gesunden und einem kranken Selbstwert – sowie von all ihren „Zwischenzonen" – durchdrungen sind und gleichsam eine gesunde oder kranke Landschaft des Selbstwertes, des Charakterstils, der Charakterstruktur sowie ihrer Reaktions- und Aktionsvarianten hervorbringen. Das führt zwangsläufig zu der Frage nach dem Anfang: Was bzw. wie war ich zu Beginn? War ich Täter oder Opfer? Oder beides gleichzeitig? Kann man das überhaupt trennen und unterscheiden?

Dieses Buch ist ungewöhnlich! Ein ungewöhnlicher Aspekt an diesem Buch ist, dass der Autor – er nennt sich Leonard Anders – selbst aus seinem Erleben eines erkrankten Selbstwertes heraus schreibt, der seine Charakterstruktur durchdringt und maßgeblich beeinflusst, ja gar „dirigiert", die daraufhin „das Siegel der gesicherten klinischen Diagnose" einer narzisstischen Persönlichkeitsstörung erhalten hat. Noch erstaunlicher ist, dass er dies mit einer gesunden Portion Mut, sich wahrhaftig zu zeigen, mit Humor, Selbstironie und Selbstkritik tut – nicht unbedingt typisch laut psychiatrischem Lehrbuch. Dies tut er nicht durchgängig, aber häufig, sodass seinen manches Mal drastischen, teilweise dramatischen persönlichen Schilderungen auch wiederum die Spitze der Härte und Brutalität seines Erlebens genommen ist. Das macht es an manchen Stellen des Lesens „aushaltbar" für die „gesunden" Leser unter uns. Er schreibt aber auch von und in Wut, Neid, Hass, Raserei, Trauer und innerer Leere – ganz so, wie es im Leben nun einmal ist. Und zwar in jedem Leben … oder sind *Sie*, liebe Leserin, lieber Leser, *immer* gleichbleibend ausbalanciert in Ihrem Fühlen, Denken, Verhalten und Erleben, sind Sie stets frei von solchen starken Emotionen? Ich bin es jedenfalls nicht, und das ist ganz gesund so …

Ein weiterer, wenn nicht gar *der* ungewöhnliche Aspekt ist, dass wir hier ein Buch vorliegen haben, das (oft) gegenläufige Pole oder Perspektiven einer „Szene", eines „Themas" miteinander verbindet: Betroffene mit „Fachexperten", „Täter" mit „Opfern" (und anders herum), das „Damals" mit dem „Jetzt", die Einzelperson mit der jeweiligen Gruppe (dem Paar, der Ursprungsfamilie, den (Kriegs-) Enkeln, der medizinischen Gesellschaft, der Bevölkerung, den Arbeitskollegen, den Märkten und Volkswirtschaften …).

Der Autor versucht uns Menschen – sich selbst, „die Opfer", die „Täter" und auch Sie, liebe Leserin, lieber Leser – zu verbinden, indem er erst einmal radikal für Trennung bzw. Spaltung durch Entsetzen und Empörung über die Brutalität seines Ausdrucks sorgt. „Radikal" ist dies im Sinne der Wortbedeutung, also „an die Wurzel gehend". Und es gibt viele Wurzelstränge des Themas „menschlicher Selbstwert" und der gelingenden und missglückenden Entwicklung dieses Selbstwertes sowie seiner Auswirkungen, wie es in diesem Buch beispielhaft und eindrücklich skizziert wird. Der menschliche Selbstwert bzw. das menschliche Selbstwertgefühl ist die Achillesferse des menschlichen Erlebens, Fühlens und letztlich Verhaltens. Er bestimmt, was und wie etwas in unserem mikrokosmischen und auch makrokosmischen Leben Gestalt und damit Realität annimmt. Er bestimmt, in welcher Welt wir leben – und zwar in jeglicher Hinsicht!

Daher möchte ich in meinem Vorwort auf einen Bereich eingehen, der zum Wohle unserer Gesellschaft größerer Aufmerksamkeit und eines tieferen Verstehens bedarf, als er bereits von allen, die zu diesem Buch beigetragen haben, bekommen hat. Der Bereich, den ich meine, ist das „narzisstische" Abwehr- bzw. Überlebenssystem und seine „Wurzeln". Mit anderen Worten also das, was ich als die „narzisstische Gewalt" bezeichne, die sie zweifelsohne *auch* ist und die den Schwerpunkt in meiner psychotherapeutischen Arbeit mit überwiegend sekundär von der narzisstischen Persönlichkeitsstörung Betroffenen („Opfern"), aber auch mit den primär Betroffenen („Tätern") ist.

Um das narzisstische Abwehrsystem besser verstehen zu können, ist ein auf das Wesentliche beschränkter *und daher ohne Lehrbuchverweise* allgemeinverständlich beschreibender Ausflug in die Zeit der frühkindlichen psychischen und hirnorganischen Entwicklung des Menschen erforderlich, in der die hirnorganische „Infrastruktur" menschlichen Fühlens, Denkens und Verhaltens maßgeblich entsteht und im Ergebnis letztlich zu einer gelungenen Selbstwertentwicklung führt – oder zu einer missglückten. Sie werden in diesem Buch einiges lesen von und über *die* „narzisstische Persönlichkeitsstörung" und auch etwas über die beiden Unterformen, die „weibliche" und die „männliche" narzisstische Persönlichkeitsstörung. *Die* narzisstische Persönlichkeitsstörung gibt es ohnehin nicht! Jede ist, wie jeder Mensch auch, individuell. Es gibt lediglich eine Struktur, die wiederkehrend erkennbare Merkmale aufweist und daher ihrer Ansammlung von Auffälligkeiten entsprechend in meinem therapeutischen Setting in die weibliche oder die männliche Störung eingeordnet werden kann. Dieses Einordnen bzw. diese Unterscheidung ist wichtig, weil die Gewalt, die sekundär Betroffene durch männlich oder weiblich narzisstisch Kranke erlebt haben, völlig unterschiedlich ist und auch zu unterschiedlichen Symptomen bzw. bis hin zu einem dysfunktionalen Persönlichkeitsstil oder einer dysfunktionalen Charakterstruktur führen können.

Ich möchte mich in diesem Zusammenhang zunächst auf den Bereich der Hirnforschung beziehen, der mit den Arbeiten beispielsweise von Prof. Dr. Gerald

Hüter bemerkenswerte Erkenntnisse hervorgebracht hat. Meines Erachtens nach ist die wichtigste Erkenntnis, dass die neuronalen Netze des menschlichen Gehirns, die für das Wahrnehmen, Erleben, Fühlen, Denken und Handeln zuständig sind, das Resultat von Beziehungserfahrungen sind. Das bedeutet, dass diese neuronalen Netze aufgrund von Beziehungserfahrungen überhaupt erst entstehen – also eine neuronale Abbildung solcher Erfahrungen sind. Problematisch wird es, wenn ein Kind in seiner hochsensiblen Phase der Hirnentwicklung, also etwa bis zum dritten oder vierten Lebensjahr, dauerhaft Interaktionen durch die engsten Bezugspersonen – im Normalfall die Eltern – ausgesetzt ist, die die gesunde Ich- bzw. Selbst-Ausbildung destabilisieren, und es sich ihnen direkt oder indirekt nicht entziehen kann. Gemeint sind insbesondere Interaktionsbotschaften wie:

- „Sei nicht ...", was so viel heißt wie: Verhalte dich nicht so, wie du dich gerade naturgegeben verhältst.
- „Denke nicht ...", das heißt: Trau deiner gefühlten Wahrnehmung nicht und stelle mich dadurch nicht infrage ... Sei also nicht kritisch, hinterfrage mich nicht.
- „Fühle nicht ..., also: Die Gefühle, die gerade naturgegeben in dir sind, als deine persönliche Reaktion auf äußere Reize, sind falsch.

Durch solche Botschaften wird das Ich des Kindes, sein Selbst – also seine innere, ureigene Repräsentanz des eigenen Seins – für dieses im Sinne des Wortes: todesbedrohlich. Weil es in diesem Altersabschnitt keine anderen „Wahlmöglichkeiten" hat, kann es nur „die Wahl treffen", sich „sich selbst vom Leib zu halten", um einigermaßen heil zu bleiben – also im Grunde: um zu überleben, muss es doch die „Anforderungen" (also die genannten Botschaften) seiner engsten Bezugspersonen erfüllen. Und das muss es, um sich seine Grundbedürfnisse nach Versorgung, „Schutz" und Zugehörigkeit zu sichern. Wir Menschen sind „Nesthocker" und keine „Nestflüchter". Daher ist es für uns überlebenswichtig, dafür zu sorgen, dass unsere Elementarbedürfnisse gesichert sind. Und das heißt absolute Anpassung und Unterordnung an die engsten Bezugspersonen.

Da das Kind dadurch aber keinen anderen Bezugsrahmen mehr hat, mit dem es auf die Umwelt reagieren kann, als den dieser engsten Bezugspersonen (und zwar durch die narzisstische Vereinnahmung des Kindes von den engsten Bezugspersonen!), übernimmt es diesen Rahmen eins zu eins. Es lernt, wie dies auch sich gesund entwickeln könnende Kinder tun, am Modell, so der Ausdruck in der Pädagogik, es kann das Gelernte aber nicht überprüfen, verstehen und „verdauen" und es so zu seinem eigenen machen – also aus Erfahrung dazulernen –, weil ihm die eigene innere Instanz dazu fehlt – das Ich bzw. das Selbst, also sein eigenes, natürliches Wesen. Es „lernt" dadurch also ohne die Ebene der *Gefühls- bzw. Verstehensintelligenz* – so, wie manche von uns ein Gedicht auswendig gelernt haben, weil wir es in der Schule vortragen mussten, ohne den Sinn zu verstehen und dem Gedicht damit Leben einzuhauchen zu können. *Und* es lernt durch Konditionierung, wie es in der Psychologie heißt. Das bedeutet, es lernt am eigenem Leib auf der emotionalen Ebene (Schmerz-Glücksgefühls-Ebene), was das (meist ebenfalls narzisstisch kranke) Verhaltensrepertoire der engsten Bezugspersonen in ihm selbst an Emotionen erzeugt, schmerzhafte wie beglückende. Was die „beglückenden" Emotionen angeht, wird das Kind aber nie „satt", sind diese doch flüchtig, weil sie im Gehirn nicht sinnhaft verknüpft und dadurch nicht integriert werden können. Das liegt an der Unberechenbarkeit der engsten Bezugspersonen, aber auch daran, dass es diese „guten Emotionen" nicht in seinem ureigenen Ich/Selbst speichern kann, weil dieses Selbst zum einen von ihm „abgespalten" ist und zum anderen mit der „Angst vor der Todesangst" von einst besetzt ist.

So lernt das Kind bzw. der Heranwachsende lediglich auf intellektueller sowie funktionaler emotionaler Ebene, Letzteres in der Zweiteilung positiver oder negativer Emotionen. Die funktionale Ebene bezeichne ich in meiner Praxis, wenn ich das Verständnis der narzisstischen Persönlichkeitsstörung bzw. seiner Verhaltensweisen vermitteln möchte, als „Baukastensystem". Ähnlich einem „Lego-Baukasten" funktioniert es wie bei einer relativen Datenbank nach „Datensätzen" (Bausteine) und ihren „Kombinations-/Interaktionsweisen" (Zusammenbaumöglichkeiten, um einen bestimmten *Emotions*zustand bei sich selbst oder ein bestimmtes Verhalten bei anderen hervorzurufen und so das eigene Ziel zu erreichen). Dieses „Baukastensystem" ist aber ohne eine adäquate gefühls- und erlebenszentrierte Psychotherapie endlich, also begrenzt. Es ist begrenzt auf das, was ein Mensch, der narzisstischer Gewalt ausgesetzt ist, wie oben beschrieben, bis etwa zum Ende der Pubertät am Modell gelernt hat. Die Redensart „Was Hänschen nicht lernt, lernt Hans nimmer mehr" bringt es zum Ausdruck. Dieses „Baukastensystem" ist entweder eine Ansammlung männlicher, weiblicher oder gemischter verbal, emotional und psychisch gewalttätiger Verhaltensweisen. Dies begründet die Schlussfolgerung, dass der Persönlichkeitsstil oder die Charakterstruktur der engsten Bezugspersonen ebenfalls eine narzisstische, im Allgemeinen aber antisoziale, emotional instabile, dependente (abhängige) oder anankastische (zwanghafte) ist.

Sind all diese Zusammenhänge erst einmal erkannt und wirklich verstanden, wird das von den sekundär Betroffenen bisher als eine „einzige Unsicherheit und

Unberechenbarkeit" erlebte Verhalten eines primär von der narzisstischen Persönlichkeitsstörung Betroffenen („Täter") zur „Sicherheit und Berechenbarkeit". Man kann den an NPS Erkrankten jetzt „lesen" und dadurch die eigene „Sprache" an den an NPS Erkrankten anpassen. Dies führt meinen Erfahrungen nach dazu, dass *eine* Voraussetzung hergestellt ist, mit dem primär Betroffenen zum Wohle aller „optimal" umzugehen.

Aber: Um die „narzisstische Sprache" wirklich sprechen zu können, braucht es noch einen anderen, wichtigen Aspekt: den Grad der Heilung der eigenen im Laufe des Lebens angesammelten narzisstischen Wunden. Dieser Grad entspricht dem Grad des optimalen Erlernens der Fertigkeit, „narzisstisch zu sprechen" Und wir alle sind in unserem Selbstwert Verwundete. Wie stark und mit welchen Folgen, hängt unter anderem davon ab, mit welchen Botschaften und unter welchen inneren Bedingungen und äußeren Zwängen wir groß geworden sind. Also von vielem. Dazu werden Sie, liebe Leserin, lieber Leser, in diesem Buch vieles erfahren. Auch aus diesem Grund, so bin ich mir sicher, ist es so umfangreich geworden. Denn das Leben *ist* komplex, und dies drückt sich insbesondere in den Entstehungsbedingungen der narzisstischen Persönlichkeitsstörung aus.

Wenn man jetzt noch das Wissen um die Ursache des unbeschreibbar großen *inneren* Leidensdrucks hinzunimmt, der sich lediglich in der oben genannten narzisstischen Abwehr- und Überlebensstrategie äußert und nicht in dem Bekunden eines Leidensdrucks, was zur Stellung der Diagnose NPS laut ICD10 bzw. DSM IV erforderlich ist, lässt sich (glücklicherweise) für „die vermeintlich gesund Gebliebenen unter uns" nur erahnen, in welcher Ausweglosigkeit ein primär von der NPS Betroffener steckt und mit welchen destruktiven Kräften er in seinem Inneren ringt – wobei er manchmal, zum Glück nur selten, den Kampf verliert und die Ausweglosigkeit ihn in einen Suizidversuch treibt. Er kämpft mit der Abwehr der ihn permanent in seinem Inneren bedrohenden Angst vor der Todesangst von einst. *Das* ist der Antrieb seines narzisstisch gewalttätigen Verhaltens – die Abwehr dieser Angst vor der Todesangst. Gleichzeitig ist diese Abwehrart die einzige Möglichkeit, die er kennt. Und ohne adäquate Therapie bleibt sie es auch. Dies macht vielleicht verständlich, wieso ein an NPS Erkrankter so sehr „an seinem falschen Selbst", an „seinen Rollen" klebt und so unkorrigierbar, so bar jeglicher Einsichtsfähigkeit ist. Hans-Joachim Maaz hat in seinem Buch *Die narzisstische Gesellschaft* am Beispiel konkreter Personen ausführlich darüber geschrieben.

Die Krux an dieser Form der Persönlichkeitsstörung ist, dass es sich für den Betroffenen nicht mit seinem falschen Selbst – dem Einzigen, was er hat und woraus er Selbstwert und Selbstsicherheit schöpfen kann– vereinbaren lässt, etwas anderes als „besonders" zu sein. Das Besondere ist bei der männlichen und bei der weiblichen Form dieser charakterlichen Erkrankung etwas diametral anderes. Während ein an der männlichen Form Erkrankter seinen Selbstwertgewinn (und damit seine innere Stabilisierung) daraus zieht, bei seinem Umfeld als besonders fähig, könnend und gar brillant zu gelten (oft sogar ohne dass er es ist), zieht der an der weiblichen Form Erkrankte im Bereich von funktionalen Fertigkeiten und Fähigkeiten den Selbstwertgewinn daraus, von der Gesellschaft als besonders fürsorglich wahrgenommen zu werden, also als jemand, der sich um andere Menschen kümmert und sich umfänglich an die „gute" Gesellschaft anpasst (oft sogar ohne dass er dies wirklich tut).

Ich persönlich hatte Glück im Unglück – dieser „rote Faden" zieht sich durch mein Leben. Ich bin bei narzisstisch kranken Eltern als drittes Kind und als Nachzüglerin in einem soziokulturell „ruhigen" Land und einer „sicheren" Zeit aufgewachsen. Als drittes Kind war ich für die narzisstische Bedürfnisbefriedigung meiner Eltern nicht von Relevanz; diese „Rollen" waren durch meine Geschwister bereits besetzt. So bekam ich die „Rolle" „der Lästigen, der Störenden, der Überflüssigen" ab. Glücklicher für mich, tragischer für meine Geschwister. So konnte ich „immer weg sein". Meine Geschwister leider nicht bzw. nicht so früh und viel wie ich. Die beiden zentralen und konträren Botschaften, die ich bekommen habe, hießen: „Damit ich mich (selbst-)sicher fühlen kann, darf es dich nicht geben", und: „Dich habe ich gezeugt, um meine Ehe bzw. Familie zu retten." Na ja, das geht ja im Grunde noch ... Jedenfalls hat es mich nicht daran gehindert, zu (über-)leben und aus meinem Leben etwas Gutes zu machen. Nachdem ich auch mich erst einmal als „Opfer" und dann als „Täter" erlebt bzw. gelebt habe, habe ich das gefunden, was in „die Mitte" dieser beiden Pole führt: Selbstfürsorge und Selbstverantwortung für alles, was ich tue und unterlasse, für meine Bedürfnisse, Gefühle, Wünsche und Werte sowie die Fähigkeit, dem anderen dieses ebenfalls zuzugestehen und zuzumuten, was auch zuzutrauen bedeutet.

Aus meinem Weg zu mir ist mithilfe all dieses Wissens und Verstehens, all dieser Erkenntnisse und der tief greifenden Heilungsarbeit meines Selbstwertes eine verstehende Liebe zu mir und zu meinen Mitmenschen gewachsen. Das Erleben von Sinnhaftigkeit und Selbstwirksamkeit in meinem eigenen Leben und dessen positive Auswirkungen auf die Gesellschaft, zu der ich gehöre, lässt mich meine therapeutische und beratende Arbeit in einer begeisterten, sehenden, verstehenden, stillen, zufriedenen und beglückenden Art und Weise ausüben, die sagen kann: „ Sowie als auch – *wir* sind alle Menschen, die die gleichen Bedürfnisse antreiben", und die mich frei bleiben lässt von dem „vordergründig Schlimmen und Grausamen" der narzisstischen Gewalt, aber auch von dem tiefer gehenden dramatischen Leid des narzisstisch erkrankten Menschen. Und genau dies ist die therapeutische Basis, die es braucht, um die persönliche Lebensqualität des Klienten sowie darüber hinaus die Qualität seines sowie meines (und Ihres, liebe Leserin, lieber Leser) „Makrokosmos" nachhaltig zu verbessern.

All dies, worüber ich hier gesprochen habe, ist gleichermaßen meine „Motivation" bzw. der Grund, weshalb ich mich liebend gerne an diesem Buch beteiligt habe. In dem oben genannten Sinne ist es ein Zugewinn an Freude und Liebe für mich, wenn möglichst viele Menschen – vielleicht ja auch Sie, liebe Leserin, lieber Leser – wirklich verstehen und ihre Verantwortung für *sich* und die *eigene* Lebensqualität – also den eigenen Selbstwert – sowie für die Lebensqualität ihrer Schutzbefohlenen übernehmen. Dieses Buch ist in dieser Hinsicht ein absolutes Novum und die erstmalige Möglichkeit dazu, weil es Tabus bricht **und** gleichzeitig Menschen verbindet!

Nicole Just

Vorwort von Dr. med. Bodo Karsten Unkelbach

Kaum ein Krankheitsbild wird in dem Maße stigmatisiert wie die narzisstische Persönlichkeitsstörung (NPS). Jemanden als Narzissten zu bezeichnen kommt einer Beschimpfung gleich. Während andere seelische Erkrankungen wie Depression und Alkoholismus mittlerweile im Allgemeinen als Krankheiten anerkannt werden, ist dies bei der NPS noch lange nicht der Fall. Narzissten sind zu gesund, um krank zu sein, und zu krank, um gesund zu sein. Sie liegen immer irgendwie dazwischen.

Schon der Begriff Narzissmus ist zwiespältig besetzt. Einerseits steht er für Selbstliebe. Sich selbst zu lieben ist grundlegender Bestandteil seelischer Gesundheit und unersetzlich für jeden, der sein Leben selbstbestimmt gestalten will. Wenn wir uns selbst nicht um unsere Bedürfnisse und Interessen kümmern, wer sollte es dann tun? Andererseits steht Narzissmus für selbstbezogene, ichzentrierte Selbstverliebtheit, die vornehmlich das Ziel verfolgt, die eigene Grandiosität darzustellen.

Wie in dem vorliegenden Buch eindrücklich beschrieben wird, reicht dieser Zwiespalt quer durch unsere Gesellschaft. Ein Spiegel der überall vorhandenen Selbstverliebtheit bieten uns die modernen Medien. Sie stellen eine Bühne für unzensierte Selbstdarstellung bereit. Dagegen verlieren Initiativen an Bedeutung, die sich für Gemeinsinn und das Wohl der Gesellschaft einsetzen. Für uns ist die Frage viel interessanter, was wir von einer Sache haben und was sie uns bringt. Es ist kein Problem, riesige Stadien mit Fußballspielen oder Rockkonzerten zu füllen, da sind wir dabei. Wird aber für ein tolerantes und friedliches Europa oder für mehr Umweltschutz demonstriert, sind die Veranstalter mit ein paar Hundert Demonstranten glücklich. Wenn es um unser Vergnügen geht, stehen wir parat. Sehen wir jedoch keinen unmittelbaren Profit für uns, schalten wir ab. Nicht einmal das Schicksal unserer Enkel bringt uns dazu, auf unser Auto zu verzichten oder den Atomstrom abzustellen. Wir sind uns selbst am nächsten.

Das hält uns aber nicht davon ab, auf diejenigen herabzublicken, die in diesem Bereich eine gesundheitliche Störung entwickelt haben. Die Stigmatisierung der Narzissten dient der kollektiven Abwehr einer narzisstisch durchdrungenen Gesellschaft. Die Beschimpfung der Kranken hilft uns, unsere eigene Selbstzentriertheit zu übersehen.

Tatsächlich kann man aber den allgemein in der Gesellschaft vorhandenen Narzissmus und die narzisstische Persönlichkeitsstörung nicht klar voneinander trennen. Der Übergang verläuft fließend. Abgesehen davon ist Narzissmus für uns nützlich, als Individuen und als Gesellschaft. Jeder Prominente, der ins Lampenlicht tritt, benötigt diesen Hunger, gesehen und beklatscht zu werden. Er liebt die Fans, die sich bei seinem Erscheinen in Ekstase tanzen. Und wir sind gerne bereit, ihm zu huldigen. Promis sind die perfekten Grenzgänger. Auf der Bühne bejubeln wir sie für ihre ungenierte Selbstdarstellung, privat würden wir sie kaum über längere Zeit ertragen können, da sie drohen, uns mit ihrem Geltungsbedürfnis zu erdrücken.

Spitzt sich ein narzisstischer Persönlichkeitsstil zu, sprechen wir ab einer Grenze, die sich nur unscharf definieren lässt, von einer Persönlichkeitsstörung. Derselbe selbstbezogene Mensch kann mit seinen Eigenarten als Künstler oder Unternehmer gefeiert werden, sollte der Erfolg jedoch ausbleiben, führt das möglicherweise dazu, dass er sich noch weiter in seine ichbezogenen Verhaltensweisen hineinsteigert. Entwickelt er in Anbetracht seiner Erfolglosigkeit Leidensdruck oder leiden andere unter seinem Verhalten, mündet sein Verhaltensmuster schließlich in der Diagnose einer Persönlichkeitsstörung. Aus medizinischer Sicht ist für diese Diagnose ein starres, tief greifendes und in vielen persönlichen und sozialen Situationen unpassendes Verhaltensmuster ausschlaggebend.

Aber wie kommt es nun dazu, dass Menschen eine narzisstische Persönlichkeitsstörung ausbilden? Um das grob zu skizzieren, unternehmen wir einen kurzen Ausflug in die Kindheit. Jedes Kind wünscht sich Liebe, Geborgenheit, Anerkennung, Aufmerksamkeit, Respekt und Ähnliches. Hierbei handelt es sich nach Rainer Sachse, einem der führenden Forscher im Bereich Persönlichkeitsstörungen, um sogenannte Beziehungsmotive. Denn diese Bedürfnisse können nur durch die Beziehung zu anderen – und das heißt bei Kindern zu einem sehr großen Teil in der Beziehung zu den Eltern – befriedigt werden. Erhält ein Kind die gewünschte positive Zuwendung der Eltern, kann es Selbstwert und Selbstliebe entwickeln. Diese positiven Erfahrungen werden als tief liegende Selbstüberzeugungen, in der Fachsprache auch „Schemata" genannt, von uns abgespeichert. Um ein gesundes Selbstbild zu entwickeln, in dem wir wertvoll und liebenswert sind, über viele positive Fähigkeiten verfügen und Probleme bewältigen können, sind wir auf die positive Unterstützung unserer Eltern, auch Spiegelung genannt, angewiesen. Mit jedem (Entwicklungs-)Schritt, den wir gehen, erhalten wir unterstützende und Mut machende Zuwendung unserer Eltern, mit dem sie unseren Erfolg spiegeln. Wir werden dadurch in unserem Handeln bestätigt und zu weiteren Schritten angespornt. In diesem Moment erleben wir, dass wir wertvoll sind. Selbstwert wird in unserem Schema abgespeichert.

Menschen, die an einer narzisstischen Persönlichkeitsstörung leiden, mussten in diesen Bereichen zumeist gravierende und schmerzvolle Defizite erleiden. Sie haben nicht die positive Rückmeldung erhalten, nach der sie sich so sehr sehnten. Nach Sachse bieten sich dem Kind an dieser Stelle mehrere Reaktionsmöglichkeiten. Es kann sich anpassen oder resignieren, oder es kann Handlungen entwickeln, mit deren Hilfe das Kind die Eltern doch noch dazu bewegen kann, zumindest in Teilen die Zuwendung zu geben, nach der es sich so sehr sehnt. Beispielsweise kann sich ein Kind permanent über Ungerechtigkeiten beschweren, schmollen und „Theater machen". In anderen Situationen kann es betonen, wie toll, wie begabt und weshalb es anderen Kindern überlegen ist. Durch solches Verhalten erhält es tatsächlich zumindest zum Teil die Aufmerksamkeit seiner Eltern, die so wertvoll für es ist. Und wenn es mit solchem Verhalten erfolgreich ist, wird es diese Strategie immer wieder anwenden.

Tragisch an dieser Entwicklung ist jedoch, dass das zugrunde liegende Bedürfnis, bedingungslos geliebt zu werden, nicht erfüllt wird. Das führt zu dem Teufelskreis, dass das Kind mit seinem Verhalten immer wieder um Liebe bettelt, aber nur eine oberflächliche Aufmerksamkeit erhält, die möglicherweise von einer latenten Gereiztheit der Eltern untermalt wird, womit nun ausgedrückt wird, dass die Liebe nicht bedingungslos ist. Die permanente Frustration des zugrunde liegenden Bedürfnisses kann zu der Selbstüberzeugung führen, die man zusammenfassen kann in dem einen Satz: „Ich bin ein Versager." Denn Kinder suchen unbewusst lieber bei sich selbst die Erklärung für eine schwierige Situation, da sie es sich nicht leisten können, ihre Eltern infrage zu stellen. Schließlich erleben sie sie als übermächtig und kompetent. Sie sind von ihnen existenziell abhängig.

Tatsächlich entspricht die Selbstüberzeugung, ein Versager zu sein, nicht der Wahrheit. Die Bezeichnung „Versager" ist absolut, Menschen sind aber nie nur schwarz oder weiß. Gesunde und Kranke verfügen über viele, ganz unterschiedliche Persönlichkeitsanteile. Kein Mensch besteht aus ausschließlich guten oder schlechten Anteilen. Jeder Mensch, auch ein Persönlichkeitsgestörter, verfügt über liebenswerte, wertvolle und attraktive Seiten.

Das Selbstschema, ein Versager zu sein, ist seiner Natur nach schlicht unerträglich. Wir betrachten weiterhin den Bereich des Unbewussten. Der Narzisst will nun diese hässliche Überzeugung ständig abwehren, indem er sich Handlungsweisen zu eigen macht, die seine Grandiosität unterstreichen, um nur nicht diesen tiefliegenden Schmerz zu spüren. In der kommenden Generation wiederholen sich dann diese Mechanismen. Narzisstisch gestörte Eltern sind so sehr mit sich selbst beschäftigt und darum bemüht, ihr inneres Selbstwerterleben aufrechtzuerhalten, dass sie den eigenen Kindern nicht die Achtung, Aufmerksamkeit, das Verständnis und die Liebe entgegenbringen, die diese benötigen. Damit schließt sich ein zerstörerischer Kreislauf.

Diese kurze Beschreibung kann das Wesen der narzisstischen Störung sicherlich nur in Ansätzen erläutern. Es macht aber verständlich, warum zu erwarten ist, dass die NPS in Zukunft zunehmen wird. Wir leben in einer Gesellschaft des Multitaskings und der Zerstreuung. Eltern achten mehr auf ihre Smartphones als auf ihre Kinder. Permanent laufen diverse Aufgaben parallel. Der geschützte Raum, in dem sich Eltern mit ihren Kinder ungezwungen und frei von äußeren Störungen bewegen können, steht unter massivem Beschuss. Medien wie Smartphone, Computer und Fernsehen werden immer komplexer und versuchen ungeniert, sich bis in den letzten Winkel unserer Privatsphäre einzuschleichen. Arbeitgeber fordern immer mehr Flexibilität von ihren Mitarbeitern. Am besten sind wir immer einsatzbereit. Wir sind immer überall, aber nicht mehr richtig bei uns selbst und schon gar nicht bei unseren Kindern. Dass zu Hause mal spontan ein Nachbar zu Besuch kommt, mit dem man bei einer Tasse Kaffee plaudernd ein Stündchen auf der Küchenbank verbringt, kennen wir nur noch aus den Erzählungen unserer Großeltern. Wir haben alle keine Zeit mehr, wir sind so furchtbar beschäftigt. Am meisten leiden die schwächsten Mitglieder unserer Gesellschaft darunter, nämlich unsere Kinder.

Wir sollten sehr viel Energie aufwenden, uns dieser Entwicklung entgegenzustellen. Die in diesem Buch vorliegende Auseinandersetzung mit dem Krankheitsbild der narzisstischen Persönlichkeitsstörung ist ein Aufruf an die Gesellschaft, sich kritisch zu hinterfragen. Es verdeutlicht, wie unendlich wertvoll ungeteilte Aufmerksamkeit, Respekt, Einfühlungsvermögen, Wahr- und Ernstgenommenwerden, Ermutigung, Anerkennung und eine wertschätzende Auseinandersetzung für Kinder sind. Damit müssen sie keinen Überlebenskampf um Liebe und Aufmerksamkeit führen, sondern erfahren von Beginn an das nicht mit Gold aufzuwiegende Geschenk bedingungsloser Liebe.

Dr. med. Bodo Karsten Unkelbach

Vorwort des Autors

unter freundlicher Mithilfe von Janine Dobbert

Das Internet quillt über von Hasstiraden gegen Narzissten und Borderliner, seien es nun Mütter, Väter, Ex-Frauen, Ex-Männer, Chefs, Chefinnen, Arbeitskollegen usw. Im Grunde genommen glauben wir in jedem Menschen narzisstische Züge zu sehen, nur bei uns selbst nicht. Sich selbst empfindet man oft nur als „Opfer", das nichts dafür kann, dass es so schlecht behandelt wurde. Dabei sind wir hier meist unserer eigenen Projektion, die als Manipulation verstanden wird, hilflos ausgeliefert.

Ich bin ein Betroffener. Ich bin geprägt von einer narzisstischen Mutter, die wiederum Opfer ihrer narzisstischen Mutter ist, also meiner Großmutter. Aber der Hass auf sie bringt mich nicht weiter. Im Gegenteil: Ich suche mir Frauen aus, die das Bild meiner Mutter bestätigen – und dafür trage ich allein die Verantwortung, niemand sonst.

Ich bin auch ein Mobbingopfer. Stets habe ich gedacht, es liegt allein an meinem Aussehen, mittlerweile weiß ich aber, dass es auch damit zu tun haben kann, dass ich unbewusst das Verhalten meiner Eltern kopiert habe und damit angeeckt bin.

Heute sehe ich mich nicht mehr als Opfer, denn sonst müsste ich mich auch als Täter bezeichnen. Ich würde unreflektiert meinen eigenen Anteil und alles, was ich möglicherweise anderen oder mir selber angetan habe und weiter antue, wenn es mir denn bewusst ist, den anderen in die Schuhe schieben. Es ist so einfach, sich aus der Verantwortung zu stehlen und alles, wirklich alles mit seiner Vergangenheit zu begründen.

Psychische Störungen der Persönlichkeit – des Selbstwerts, der Interaktion, der Beziehungsfähigkeit – geraten immer mehr in den gesellschaftlichen Fokus. Doch statt sich mit sich selbst zu beschäftigen, in sich hineinzuschauen und vielleicht die Verletzungen des inneren Kindes zu erkennen und zu heilen, wird meist im Außen nach einem Schuldigen gesucht. Vergeltung, so scheint es, verspricht Genugtuung. Tatsächlich aber bleibt die Wunde. Das ist ein Hauptproblem dieser Gesellschaft: Man selbst kann nie etwas für die Dinge (außer man ist Kind). Immer sind es die anderen. Keiner sieht sich als Narzisst oder Borderliner, man selbst ist unschuldig. Gestern waren es Hitler oder Kohl, heute ist es Trump, und morgen ist es wieder der Chef, der Ehemann oder die Ehefrau. Tatsächlich sind die anderen der Spiegel, in dem wir uns aber nicht wiedererkennen wollen. Ich bin aber kein Kind mehr. Ich trage jetzt die Verantwortung dafür, wie ich mit dem, was ich als Kind erlebt habe, umgehe und wie ich mich verhalte, wenn mir heute als Erwachsenem wehgetan wird.

Viele Menschen, die nach 1960 geboren wurden, leiden unbewusst unter den Folgen kriegstraumatisierter Eltern, den verheerenden Auswirkungen der NS-Zeit und dem damit verbundenen Mangelschmerz, der als Kind nicht ausreichend gestillt, der nicht kompensiert wurde. Seither erscheinen jedes Jahr Tausende von Ratgebern, und jeder gibt vor, das Rad neu erfunden zu haben und zu einem besseren Leben zu verhelfen. Doch auch die Verfasser dieser Bücher sind nur Menschen. Und jeder Mensch handelt individuell und in eigener Regie. Mahatma Gandhi sagte: Es gibt nur einen richtigen Weg: deinen eigenen. Ich habe diesen Spruch ergänzt: Es gibt nur einen richtigen Weg – und zwar den, für den *du* dich entscheidest. Niemand außer dir entscheidet, was du heute aus dem machst, was dir gestern widerfuhr, und wie du morgen damit umgehst.

Ich habe dieses Buch nicht geschrieben, um Ihnen Ratschläge zu erteilen, wie Sie mit den Krankheiten der anderen umzugehen haben, sondern um Ihnen eine Möglichkeit aufzuzeigen, wie Sie mit sich, Ihrem inneren Kind, Ihren verletzten Anteilen und Ihrer Vergangenheit umgehen können. Die Schematherapie – die Arbeit mit dem inneren Kind – ist ein Ansatz, der mir sehr geholfen hat. Sie können aber auch weiter anderen eine Diagnose andichten, in Schubladen denken und immer wieder den gleichen Mustern folgen. Ich verurteile Sie nicht dafür. Ich frage Sie lediglich, ob Ihnen damit geholfen ist.

In Liebe
Leonard Anders

Hinweis:

Das Buch entstand zwischen Juli 2016 und November 2017. Die kursiv gehaltenen Tagesberichte sind nicht chronologisch. Wie jeder Autor habe auch ich meine Schreibblockaden so gelöst, dass ich, wenn ich an einer Stelle nicht vorankam, einfach woanders weitergeschrieben habe.

Menschen mit psychischen Problemen werden stigmatisiert oder eben dämonisiert ... die erleben in ihrer Kindheit Furchtbares, was sie in ihrer Entwicklung maßgeblich hemmt ... ihnen jetzt auch noch die Schuld dafür zu geben und ihnen das Recht absprechen oder die Chance zu nehmen, zu lernen, Verantwortung für sich zu übernehmen ... ist verantwortungslos ... weil somit die kranken Gene weiter gegeben und die Symptome weiter verschleiert werden, so dass die selbstoffenbarende Prophezeiung tatsächlich eintritt ...

Simon Brodersen

Leseliste und Quellen

erstellt mit der Hilfe von Guiseppe Zano

Bartning, Peter: *Auf dem Weg mit dem inneren Kind*, Freiburg, Herder, 2015

Bauer, Joachim: *Das Gedächtnis des Körpers. Wie Beziehungen und Lebensstile unsere Gene steuern*, München, Piper, 2013

Behary, Wendy: *Mit Narzissten leben. Wie Sie selbstbezogene Menschen entlarven und dabei wachsen können*, Paderborn, Junfermann, 2014

Benecke, Lydia: *Auf dünnem Eis. Die Psychologie des Bösen*, Köln, Bastei Lübbe, 2016

Berschneider, Werner, *Wenn Macht krank macht. Narzissmus in der Arbeitswelt*, Bad Camberg, Präsenz, 2011

Bibel: Das Neue Testament

Brockmann, Claudia: *Warum Menschen töten. Eine Polizeipsychologin ermittelt*, Berlin, Ullstein, 2014

Bode, Sabine: *Die vergessene Generation. Die Kriegskinder brechen ihr Schweigen*, Stuttgart, Klett-Cotta, 2015

Dieckmann, Eva: *Die narzisstische Persönlichkeitsstörung mit Schematherapie behandeln (Leben lernen)*, Stuttgart, Klett-Cotta, 2011

Dilling, Horst/Mombour, Werner/Schmidt, M. H.: *Internationale Klassifikation psychischer Störungen. ICD-10 Kapitel V (F). Klinisch- diagnostische Leitlinien*, Göttingen, Hogrefe, 2015

Falkai, Peter/Wittchen, Hans-Ulrich: *Diagnostisches und Statistisches Manual Psychischer Störungen – DSM-5*, American Psychiatric Association, Göttingen, Hogrefe, 2014

Fassbinder, Eva/Schweiger, Ulrich/Jacob, Gitta, *Therapie-Tools Schematherapie*, Weinheim/Basel, Beltz, 2016

Haller, Reinhard: *Die Narzissmusfalle. Anleitung zur Menschen- und Selbstkenntnis*, Salzburg, Ecowin, 2013

Claudia Heyne, *Täterinnen. Offene und versteckte Aggression von Frauen*, Freiburg, Kreuz, 1993

Hühn, Susanne: *Das innere Kind. Süchte verstehen und loslassen*, Darmstadt, Schirner, 2015

Huemer, Gottfried: *Männer haben keine Depression. Ein Präventionsbuch für Männer*, Freiburg, Kreuz, 2013

Janov, Artuhr: *Vorgeburtliches Bewusstsein. Das geheime Drehbuch, das unser Leben bestimmt*, München, Scorpio, 2012

Janus, Ludwig: *Wie die Seele entsteht. Unser psychisches Leben vor, während und nach der Geburt*, Heidelberg, Mattes, 2011

Juul, Jesper: *Aggression. Warum sie für uns und unsere Kinder notwendig ist*, München, Fischer, 2014

Juul, Jesper: *Grenzen, Nähe, Respekt. Auf dem Weg zur kompetenten Eltern-Kind-Beziehung*, Reinbek, Rowohlt, 2009

Kernberg, Otto/Hartmann, Hans Peter: Narzissmus. Grundlagen – Störungsbilder – Therapie, Stuttgart, Schattauer, 2010

Kernberg, Otto/Hartmann, Hans Peter: *Borderline-Störungen und pathologischer Narzißmus*, Frankfurt am Main, Suhrkamp, 2009

Koschorke, Martin: *Männer haben keine Probleme. Männer lösen Probleme. Das ist das Problem*, Freiburg, Kreuz, 2014

Koschorke, Martin: *Wie Sie mit Ihrem Partner glücklich werden, ohne ihn zu ändern. Führerschein für Paare*, Freiburg, Kreuz, 2011

Lelord, Francoise: *Der ganz normale Wahnsinn. Vom Umgang mit schwierigen Menschen*, München, Aufbau, 2009

Lammers, Claas Hinrich: *Psychotherapie narzisstisch gestörter Patienten. Ein verhaltenstherapeutischer Ansatz*, Stuttgart, Schattauer, 2014

Maaz, Hans Joachim: *Das falsche Leben. Ursachen und Folgen unserer normopathischen Gesellschaft*, München, Beck, 2017

Maaz, Hans Joachim: *Die narzisstische Gesellschaft. Ein Psychogramm*, München, Beck, 2014

Maaz, Hans Joachim: *Hilfe! Psychotherapie. Wie sie funktioniert und was sie leistet*, München, Beck, 2014

Mechthild Schäfer und Gabriela Herpell: *Du Opfer! Wenn Kinder Kinder fertig machen*, Reinbek, Rowohlt, 2012

Miller, Alice: *Das Drama des begabten Kindes und die Suche nach dem wahren Selbst*, Frankfurt am Main, Suhrkamp, 2012

Prieß, Mirriam: *Wege Finde zu dir selbst zurück! Wirksame Wege aus dem Burnout*, München, Südwest, 2014

Roediger, Eckhard: *Passt doch! Paarkonflike verstehen und lösen mit der Schematherapie*, Weinheim/Basel, Beltz, 2013

Sachse, Rainer: *Klärungsorientierte Psychotherapie von Persönlichkeitsstörungen. Grundlagen und Konzepte*, Göttingen, Hogrefe, 2010

Schirach, Ariadne von: *Ich und du und Müllers Kuh. Kleine Charakterkunde für alle, die sich selbst und andere besser verstehen wollen*, Stuttgart, Klett-Cotta, 2016

Schirach von, Ferdinand: *Tabu*, München, Piper, 2013

Süfke, Björn: *Männer: Erfindet. Euch. Neu. – Was es heute heißt, ein Mann zu sein*, München, Mosaik, 2016

Wardetzki, Bärbel: *Eitle Liebe*, München, Kösel, 2009

Wardetzki, Bärbel: *Weiblicher Narzissmus*, München, Kösel, 2007

Wardetzki, Bärbel: *Iß doch endlich mal normal*, München, Kösel, 1996

Watzlawik, Paul: *Wenn du mich wirklich liebtest, würdest du gern Knoblauch essen. Über das Glück und die Konstruktion der Wirklichkeit*, München, Piper, 2008

Watzlawik, Paul: *Die erfundene Wirklichkeit. Wie wissen wir, was wir zu wissen glauben? Beiträge zum Konstruktivismus*, München, Piper, 2006

Willi, Jürg: *Die Zweierbeziehung. Spannungsursachen – Störungsmuster – Klärungsprozesse – Lösungsmodelle. Analyse des unbewußten Zusammenspiels in Partnerwahl und Paarkonflikt. Das Kollusionskonzept*, Rowohlt, Reinbek, 1990

Young, Jeffrey: *Kognitive Therapie für Persönlichkeitsstörungen: Ein schema-fokussierter Ansatz*, Tübingen, dgvt, 2012

Diverse Artikel aus:

Tagesspiegel, Die Zeit, Deutschlandfunk, FAZ, Huffington Post u. v. m. (die Links sind jeweils angegeben).

Die Experten, die sich in diesem Buch äußern

An diesem Buch haben viele Menschen mitgewirkt: Psychologen, Psychiater, Heilpraktiker, Paartherapeuten, Coaches, Psychoanalytiker und Narzissmusexperten. Ich habe mit einigen von ihnen telefoniert, anderen habe ich geschrieben, mit wieder anderen mich getroffen. Um einen Überblick zu geben, wer die einzelnen Expertinnen und Experten sind, worin ihre Tätigkeit besteht und was sie auszeichnet, sich an diesem Buch zu beteiligen, möchte ich sie im Einzelnen vorstellen. In den einzelnen Kapiteln erläutere ich dann, wie die Interviews zustande gekommen und warum ich sie jeweils gebeten habe, sich zu bestimmten Themen zu äußern.

Ebenso kommen andere diagnostizierte und reflektierte Narzissten, Narzisstinnen, Co-Narzissten und Co-Narzisstinnen zu Wort. Zur Vereinfachung verwende ich die männliche Form „Narzisst", meine damit in erster Linie Menschen mit einer narzisstischen Persönlichkeitsstörung, kurz auch NPS genannt, und gebrauche den Begriff für alle Geschlechter.

Die Experten im Überblick

Prof. Dr. Sven Barnow ist Leiter des Lehrstuhls Klinische Psychologie und Psychotherapie am Psychologischen Institut der Ruprecht-Karls-Universität Heidelberg. Er ist zudem Psychologischer Psychotherapeut (Verhaltenstherapie) und Supervisor. Seine Arbeitsgruppe beschäftigt sich u. a. mit der Bedeutung der Emotionsregulation für psychische Gesundheit und Störung. Homepage: https://klips-heidelberg.de.

Peter Bartning, geb. 1952, Theologe, Paartherapeut und Systemischer Supervisor (DGSF), Innere-Kind-Therapeut. Seit 2005 Seminare „Aussöhnung mit dem Inneren Kind", also praktische Anleitung zum Aufarbeiten der eigenen Biografie. Sein erstes Buch *Auf dem Weg mit dem Inneren Kind* ist der Begleittext zu diesen Seminaren. *Das Innere Kind in der Paarbeziehung* beschreibt, wie unser Unterbewusstsein all unsere Liebesbeziehungen steuert – eine wahre Fundgrube mit vielen Übungen! Peter Bartning lebt und praktiziert in Lübeck. Webseite: www.beziehungsheilung.de.

Michael Begelspacher, Jahrgang 1959, Coach und Autor. Als Alleininhaber mehrerer Firmen brach für ihn nach zehn Jahren Unternehmertum mit vielen Mitarbeitern aufgrund Burnouts und schwerer Depressionen sein Lügengebäude aus unterdrückten traumatischen Erfahrungen aus seiner Kindheit zusammen. Eine Jahre andauernde Odyssee bei Ärzten, Psychologen und anderen Therapeuten brachte nicht mehr als hilflose Diagnosen, die ihm nicht halfen, aus seinem Leid herauszukommen. Er hatte keine andere Möglichkeit mehr, als sich selbst zu helfen. So studierte und erforschte er für sich alles nur Erdenkliche und Nötige im Bereich der Psychologie und Medizin. Daraus resultierte nicht nur Heilung, sondern auch seine Berufung und eigene Methode zur Selbsthilfe. Wenn er nun gefragt wird, was er wo studiert habe, lautet seine Antwort: „Die Psychologie des Leids und des Leidens; auf der Straße und im direkten Umgang mit Menschen." Seit 1992 arbeitet Michael Begelspacher mit Menschen und bietet Hilfe zur Selbsthilfe. 1995 begann er, Seminare in der Arbeit mit dem inneren Kind (dem verletzten inneren Kind und der dunklen Seite des inneren Kindes), Paarseminare/Beziehungen, die Theorie der psychosomatischen Erkrankungen u. v. m. abzuhalten. Inzwischen bildet er auch Interessierte in seiner MB-Methode aus, die jedem Therapeuten ein effizientes Werkzeug für seine Arbeit an die Hand gibt. Sein erstes Buch *Leidest du noch oder lebst du schon?* ist eine Bedienungsanleitung für das Leben und dient dem Verständnis und der Veränderung des Leids und des Leiden. Das zweite Buch *Burnout – anders betrachtet* zeigt, dass Burnout nichts mit dem Beruf, der Beziehung oder Sonstigem zu tun hat. Website: www.michael-begelspacher.com. Michael Begelspacher lebt in Freiburg im Breisgau und arbeitet mit seiner selbstentwickelten Methode (MB-Methode) in Kirchzarten bei Freiburg.

Werner Berschneider, geb. 1951, Diplom-Ingenieur der Elektrotechnik, Schwerpunkt Quantenelektronik, leitete 25 Jahre lang eine Schweizer Unternehmensberatung. Heute weiterhin tätig als Seminarleiter und Coach für Führungskräfte. Nach der Logotherapieausbildung bei Prof. Dr. E. Lukas zahlreiche Vorträge zum Themenkreis „Sinnorientierung in der Wirtschaft". Autor einiger Bücher, darunter *Sinnzentrierte Unternehmensführung* und *Wenn Macht krank macht – Narzissmus in der Arbeitswelt*. Wissenschaftlicher Beirat und Vorstandsmitglied im Viktor Frankl Zentrum.

Stefan Brunhoeber, geb. 1974, hat nach dem Abitur zunächst eine Banklehre absolviert, um anschließend in Trier Psychologie zu studieren. Im Rahmen seiner mit dem Georg-Gottlob-Preis ausgezeichneten Diplomarbeit entwickelte er den

Körperdysmorphen Störungsfragebogen (KDS-F). Sein Wissen und seine Erfahrungen in der Behandlung der Körperdysmorphen Störung vertiefte er anschließend während seiner Ausbildung zum Psychologischen Psychotherapeuten im Rahmen seiner ehrenamtlichen Tätigkeit im Internetforum www.dysmorphophobie.de und der Therapie von zahlreichen Patienten mit diesem Störungsbild. Anschließend baute er am Klinikum Staffelstein den Behandlungsschwerpunkt „Körperdysmorphe Störung auf". Mit dem im Hogrefe-Verlag erschienenen Buch *Kognitive Verhaltenstherapie bei Körperdysmorpher Störung* verfasste er 2009 das weltweit erste Therapiemanual zur Behandlung der Körperdysmorphen Störung. 2013 folgte das Selbsthilfebuch *Keine Angst vor dem Spiegel*. Seit 2010 arbeitet er als niedergelassener Einzel- und Gruppenpsychotherapeut in eigener Praxis in Bonn.

Dr. Michael Depner schrieb die Bücher *Der Kontakt*, *Vom Hören und Staunen* und *Cham*. Homepage: http://www.seele-und-gesundheit.de, E-Mail: feedback101@t-online.de

Dr. Eva Dieckmann, Fachärztin für Psychiatrie und Psychotherapie, arbeitete nach dem Medizinstudium in Bochum und Bonn von 1992 bis 2011 an der Psychiatrischen Universitätsklinik in Freiburg, zuletzt als Oberärztin und Leiterin der Privatambulanz. Sie war als Supervisorin für Verhaltenstherapie am Freiburger Ausbildungsinstitut für Verhaltenstherapie tätig und von der Internationalen Gesellschaft für Schematherapie zertifizierte Schematherapiesupervisorin. An der Freiburger Fortbildungsakademie für Psychotherapie leitete sie die Sektion Schematherapie. Sie ist Mitglied der Freiburger Gesellschaft für Verhaltenstherapie und Gesundheitsförderung e. V. und seit 2011 in eigener Praxis niedergelassen. Homepage: https://www.oberbergkliniken.de/standorte-netzwerk/oberberg-city/freiburg/.

Arno Engelmann, Oberstudiendirektor; Studium der Romanistik und Germanistik/Literaturwissenschaft an der CAU Kiel; Ausbildung zum Studienrat; Lehrtätigkeit an Gymnasien, 26 Jahre lang Studienrat an einer Gemeinschaftsschule mit Oberstufe, Abordnungen als beigeordneter Referent im Kultusministerium und Mitarbeiter am Institut für Lehrerausbildung; seit 2009 Leiter eines Gymnasiums in Mittelholstein.

Christian Ferreira de Vasconcellos studierte Psychologie an der Westfälischen Wilhelms-Universität Münster, erwarb die Zusatzqualifikation in Kinder- und

Jugendlichenpsychotherapie an der Goethe-Universität Frankfurt am Main, absolvierte ebenda die Weiterbildung inklusive Approbation zum psychologischen Psychotherapeuten (Schwerpunkt Verhaltenstherapie) und durchlief eine Fortbildung inklusive Zertifizierung als Schematherapie-Therapeut für Erwachsene. Ab 2012 erwarb er die Zusatzqualifikation in Gruppenpsychotherapie, absolvierte eine Fortbildung inklusive Zertifizierung als Schematherapie-Therapeut für Kinder und Jugendliche und Eltern sowie eine Fortbildung als Schematherapie-Therapeut für Paare und machte eine Weiterbildung zum Supervisor an der J.-W.-Goethe-Universität Frankfurt am Main. Die Zertifizierung als Supervisor und Dozent für Schematherapie für Erwachsene erhielt er 2015, ein Jahr später die Zertifizierung als Supervisor und Dozent für Schematherapie für Kinder und Jugendliche und Eltern. Stationär arbeitete er 2008 in der Fachklinik Hofheim, Klinik für psychische, psychosomatische und neurologische Krankheiten und 2009 in der Main-Taunus-Privatklinik Hofheim. Ambulant war er 2011 in der Psychiatrischen Institutsambulanz der Kliniken des Main-Taunus-Kreises in Hofheim und 2012 in der Institutsambulanz des Ausbildungsprogramms Kinder- und Jugendlichenpsychotherapie der Goethe-Universität Frankfurt tätig. Homepage: http://www.psychotherapie-rodi.de/Ueber-mich-10.html.

Dr. Maren Franz arbeitete nach dem Studium der Wirtschaftswissenschaften mehrere Jahre in einer Unternehmensberatung– von daher kennt sie Stress aus eigener Erfahrung. Die Erlaubnis zur Ausübung der Psychotherapie gemäß dem Heilpraktikergesetz erteilte ihr die Gesundheitsbehörde Hamburg im Jahr 2000. Sie verfügt über Ausbildungen in NLP und therapeutischer Hypnose. Bei Prof. Dr. Jon Kabat-Zinn und Prof. Dr. Saki Santorelli hat sie eine intensive MBSR-Fortbildung (MBSR Professionell Education) absolviert. Sie ist seit über 20 Jahren in der Erwachsenenbildung tätig und praktiziert ebenso lange Meditation in der Tradition des tibetischen Buddhismus – die Achtsamkeitsmeditation ist ein Teil davon. Sie war eine der ersten Anbieter von MBSR in Hamburg und hat das Konzept seitdem teilnehmerorientiert weiterentwickelt. Homepage: http://www.mbsr-hamburg.de/.

Thomas Frister, Traumatherapeut, Heilpraktiker für Psychotherapie, evangelischer Theologe, Autor in Stuttgart, arbeitet in eigener Praxis für Psychotherapie, Supervision und Coaching für Einzelne, Paare und Gruppen. Zudem gibt er Workshops in verschiedenen Tagungsstätten sowie in seiner Praxis. 2000–2004 vierjährige berufsbegleitende Ausbildung im Symbolon-Institut, Nürnberg, zum Gestalttherapeuten; 2007 Fortbildung in mehrgenerationaler Psychotraumatologie/

Traumatherapie mit Aufstellungsarbeit bei Prof. Franz Ruppert; 2009 Weiterbildung in EMDR (Eye Movement Desensitization and Reprocessing) bei Christof Eschenröder in München; 2012–2013 Weiterbildung in Systemischer Therapie mit der Inneren Familie (IFS – Inner Family Systems) nach Richard Schwartz. Homepage: www.einreden.de.

Annett Gaida, geb. in Berlin, studierte an der Fachhochschule des Bundes mit Abschluss als Diplom-Verwaltungswirtin (FH). Von 1995 bis 2010 war sie als Verwaltungsoberinspektorin bei der Deutschen Rentenversicherung Bund tätig. Bereits während ihrer Beamtentätigkeit beschäftigte sie sich zunehmend mit Psychologie, Glücksforschung und Persönlichkeitsentwicklung und entschloss sich schließlich, sich beruflich in dieser Richtung zu verändern. Sie eröffnete 2009 als zertifizierter Coach die „Praxis für Erfolge" in Berlin mit Schwerpunkt Beziehungscoaching für Singles und Paare und arbeitet seit 2012 auch als Heilpraktikerin für Psychotherapie. Im TV folgten ab 2013 Auftritte als Single- und Beziehungscoach, ein Jahr später wurde sie Kolumnistin und Autorin von Fachartikeln. Homepage: https://www.meinebeziehung-berlin.de/.

Thomas Grieser studierte Deutsch, Pädagogik, Psychologie und Musik an der Ruhr-Universität Bochum und hatte das Glück, dort hervorragende Lehrmeister zu haben, so zum Beispiel Jakob Muth, Friedrich Kittler und Ewald Terhart. Sie prägten sein Denken und Handeln nachhaltig. 2001 bestand er in Wuppertal das 2. Staatsexamen mit Auszeichnung. Heute ist er Lehrer an einer allgemeinbildenden Schule. Ein Schwerpunkt ist die Arbeit gegen Mobbing (nach dem Motto: Information – Prävention – Intervention). Sein Bestseller *Mobbing macht doch jeder!* hat einen pädagogischen Hintergrund, genauso wichtig ist es ihm aber auch, die Freude am Lesen allgemein zu fördern. Sein neuer Roman, der Mitte 2018 erscheint, setzt genau da an: *Wir retten die Titanic! – Ein Abenteuer auf hoher See* ist ein spannendes und zugleich informatives Leseprojekt. Mehr Infos auf http://www.thomasgrieser.de

Gottfried Huemer, geb. 1960, ist von der Weiterbildungsakademie Österreich (WBA) als Erwachsenenbildner zertifiziert. Durch seine Ausbildung zum Diplom-Lebensberater an der Wifi Linz und systemischen Coach an der European Systemic Business Academy kann er auf ein fundiertes Fachwissen zu systemischen Prozessen zurückgreifen. Der weiterführende Lehrgang „Fachkraft für Psychosomatik" an der Akademie für Gesundheitsberufe (GESPAG) ermöglicht es ihm, Klienten auch dann zu begleiten, wenn sie burnoutgefährdet sind, unter psychosomatischen Beschwerden leiden oder über undefinierbare Überlastungssymptome klagen. Neben seiner Coaching- und Vortragstätigkeit begleitet er als betrieblicher Gesundheitsmanager seit vielen Jahren Betriebe und Organisationen bei der Vermeidung von psychischen Belastungen am Arbeitsplatz. Besonders die Coachingbegleitung von Männern ist ihm wichtig. Kürzlich veröffentlichte er im Kreuz Verlag sein Präventionsbuch *Männer haben keine Depressionen*. Er ist Referent und Lehrtrainer in mehreren anerkannten Bildungseinrichtungen (Unternehmerakademie der WIFI, VHS, IQV Verbünde, KBW, Gesunde Gemeinden, IGUS, Junge Wirtschaft, GESPAG, politische Parteien etc.) Derzeit leitet er mehrere Lehrgänge (zertifizierter Lehrgang zum Diplom-Lebensberater, Aufschulungslehrgang zum Stress- und Burnoutberater). Neben seiner ehrenamtlichen Tätigkeit als Vizepräsident der Österreichischen Gesellschaft für Lebensberatung (ÖGL) leitet er das Bildungshaus Villa Rosental in Laakirchen, Oberösterreich (www.instituthuemer.at). Gottfried Huemer ist seit 1983 verheiratet und hat neben drei Kindern fünf Enkelkinder. Als Notfallseelsorger und Mitarbeiter beim Kriseninterventionsteam des Roten Kreuzes kann er auch bei lebensentscheidenden Ereignissen Menschen gut begleiten.

Susanne Hühn, geb. 1965 in Heidelberg, ist staatlich anerkannte Physiotherapeutin, ganzheitliche psychologische Beraterin, Meditationslehrerin, Autorin und Seminarleiterin. Seit 1987 begleitet sie Menschen auf ihrem Weg zu mehr Lebensglück und Bewusstheit. 1992 begann sie mit dem Schreiben von Romanen, seit 1999 verfasste sie zahlreiche Sachbücher zu den verschiedensten Themen in den Bereichen Bewusstsein, Partnerschaft und Selbstwirksamkeit. Auch ihre Romane sind veröffentlicht. Die Arbeit mit dem Inneren Kind entpuppte sich als ihr Spezialgebiet, und sie entwickelte aus vielen Lehren eigene erfolgreiche Therapieansätze. Sie gibt Seminare zur Persönlichkeitsentwicklung, besonders zur Arbeit mit dem eigenen Inneren Kind sowie Ausbildungsseminare für Therapeuten, die mit dem Inneren Kind ihrer Klienten arbeiten wollen. Außerdem ist sie bei vielen Kongressen als Referentin zu hören. Ihr Seminarangebot ist unter www.susanne huehn.de einsehbar, der Seminarraum, in dem sie ihre Seminare anbietet, befindet sich in Gernsheim am Rhein.

Ludwig Janus, geb. 1939, aufgewachsen in Essen, Studium der Psychologie und Medizin in München, Essen und Göttingen, psychoanalytische Weiterbildung in Göttingen und Heidelberg. Seit 1975 Psychoanalytischer Psychotherapeut in eigener Praxis in Heidelberg und jetzt in Dossenheim bei Heidelberg. Dozent und Lehranalytiker an psychoanalytischen und tiefpsychologischen Weiterbildungsinstituten in Heidelberg (IPP, IPHD, HIP, HIT). Past-Präsident der Internationalen Studiengemeinschaft für Pränatale und Perinatale Psychologie und Medizin (ISPPM), Past-Präsident der Deutschen Gesellschaft für Psychohistorische Forschung und Politische Psychologie (DGPPP). Ausbilder in Bindungsanalyse (www.bindsungsanalyse.de), Mitglied psychoanalytischer und anderer Fachgesellschaften: DPG, DGPT, DAGG, DKPM. Zahlreiche Publikationen zur pränatalen und perinatalen Psychologie und zur Psychohistorie, unter anderem *Die Psychoanalyse der vorgeburtlichen Lebenszeit und der Geburt* 2000, *Pränatale Psychologie und Psychotherapie* 2004, *Menschheitsgeschichte als psychologischer Entwicklungsprozess* 2008, *Wie die Seele entsteht?* 2011, *Der Seelenraum des Ungeborenen* 2011, *Die Pränatale Dimension in der Psychotherapie* 2013, *Die pränatale Dimension in der psychosomatischen Medizin* sowie *Geburt* 2015; mit Klaus Evertz *Kunst als kulturelles Bewusstsein vorgeburtlicher und geburtlicher Erfahrungen* 2008; mit Helga Levend *Bindung beginnt vor der Geburt* 2012; mit Klaus Evertz und Rupert Linder als Herausgeber *Lehrbuch der Pränatalen Psychologie* 2014; mit Winfried Kurth, Heinrich Reiss und Götz Egloff *Verantwortung für unsere Gefühle – die emotionale Dimension der Aufklärung*; weitere Literatur siehe unter www.Ludwig-Janus.de.

Nicole Just, geb. 1973 in Preetz, ist staatlich zugelassene Heilpraktikerin für Psychotherapie, Klienten-zentrierte Gesprächstherapeutin, EMDR-Traumatherapeutin, Systemische Therapeutin, Industriefachwirtin und Ausbilderin, Reiki-Lehrerin sowie Trainerin für Bewusstseinsentwicklung. Parallel zu ihrer Tätigkeit als Industriefachwirtin in Konzernen der deutschen Lebensmittelindustrie suchte sie ab 1992 ihren persönlichen Entwicklungs- und Heilungsweg. Sie studierte zunächst viele Jahre die Lehren der bekanntesten Weisheits- und Mysterienschulen der Menschheit und die darin beschriebenen Prinzipien und Gesetzmäßigkeiten des Lebens genauso wie die der klassischen Psychotherapie- und Pädagogikschulen und machte Selbsterfahrungsarbeit bei psychologisch-spirituellen Institutionen und Lehrern/Therapeuten. In diesem Zusammenhang entdeckte sie in ihrem Familiensystem tief greifende krankmachende und leidbringende sowie das Leid aufrechterhaltende zwischenmenschliche Verhaltens- und Kommunikationsweisen. In langjähriger Auseinandersetzung und unter Hinzunahme ihres psychiatrischen Wissens als Heilpraktikerin für Psychotherapie stellte sie fest, dass diese Kommunikationsweisen pathogene Ausprägungen angenommen hatten, hinter der sich eine narzisstische Persönlichkeitsstörung (NPS) verbarg. Mit diesem erweiterten Wissen und Bewusstsein sowie ihrer Fähigkeit, heilsam auf Menschen zu wirken, folgte 2010 die berufliche Neuausrichtung mit der Gründung einer Heilpraktiker-Praxis für Psychotherapie. Im Laufe der Jahre hat Frau Just, sozusagen „organisch gewachsen", auf dem Spezialgebiet „(Folgen von) narzisstischer Gewalt" und NPS einen Bekanntheitsgrad erlangt, der über die Grenzen Deutschlands hinausreicht. Homepage: www.nicole-just.com.

Wolfgang Kindler, geb. 1948, ging in Münster zur Schule, wo er auch Deutsch und Pädagogik studierte. Später absolvierte er ein Zusatzstudium an der Uni Bochum im Fach Sozialwissenschaften. 1978 wurde er Lehrer am Gymnasium Petrinum zu Recklinghausen, wo er noch heute unterrichtet. Vor rund 20 Jahren gründete er gemeinsam mit seinem Kollegen Ludger Linneborn die Moderatoren AG, um Mobbing an der eigenen Schule entgegenzuwirken. Ausgebildete Schülerinnen und Schüler fungieren als Betreuer der Anfangsklassen und sind dort Gesprächspartner, Streitschlichter, Helfer, Moderatoren, Aufklärer über Mobbing und Bezugspersonen. Die Erfahrungen der Moderatoren AG und die in diesem Zusammenhang erworbenen Techniken hat er wiederholt an Schulen und Institutionen in Fortbildungen und Seminaren weitergegeben. Zudem waren sie die Grundlage für mehrere Buchveröffentlichungen. Seit ungefähr einem Jahr arbeitet er mit Redakteuren als Experte im Rahmen der Sendung „Schluss mit Mobbing" zusammen, in der in realen Mobbingfällen Hilfen gegeben wird. Bücher: *Gegen Mobbing und Gewalt, Mit Schülerkonflikten richtig umgehen, Dich machen wir fertig!, Wenn Sanktionen nötig werden: Schulstrafen, Schnelles Eingreifen bei Mobbing – Strategien für die Praxis, Den haben wir voll abgezogen!, Ein Fußballer muss das aushalten!*; Homepage: https://www.wolfgang-kindler.de/.

Martin Koschorke bildet zur Paarberatung aus, zunächst 34 Jahre lang am Evangelischen Zentralinstitut für Familienberatung in Berlin, daneben auch Fachleute in Europa und Afrika. Neben verschiedenen Fachbüchern hat er *Führerschein für Paare* und *Männer haben keine Probleme, Männer lösen Probleme – das ist das Problem* geschrieben.

Thomas Krieg, geb. 1983 bei Hamburg, Psychologiestudium mit dem Schwerpunkt Gesprächspsychotherapie/Gesundheitspsychologie sowie Motivation/Kommunikation, danach wissenschaftliche Tätigkeit in EU-Projekten zur Risikowahrnehmung, Ethik und Körperbildforschung. Seit 2010 als Psychotherapeut (Verhaltenstherapie, Pessotherapie) in den Bereichen Einzeltherapie und Gruppentherapie sowie als Trainer/Coach zur Potenzialentwicklung und Selbsterfahrung tätig.

Claas-Hinrich Lammers, geb. 1962, studierte nach Abitur und Zivildienst in Hamburg von 1983 bis 1990 in Homburg und Hamburg Medizin. Anschließend war er als Assistenzarzt im Max-Planck-Institut für Psychiatrie in München sowie an den Universitätskliniken Marburg und Lübeck tätig. Seit 2001 ist er Facharzt für Psychiatrie und Psychotherapie. Er absolvierte Weiterbildungen in Verhaltenstherapie, Hypnotherapie, EMDR, Traumatherapie, VT-Supervision und emotionsfokussierter Therapie. Er war als Oberarzt in Lübeck und an der Charité Berlin tätig, bis er 2006 Ärztlicher Direktor und Chefarzt der I. Klinik für Affektive Erkrankungen und der III. Klinik für Akutpsychiatrie und Psychose in der Asklepios Klinik Nord-Ochsenzoll wurde. Seine Forschungsschwerpunkte sind emotionsfokussierte Verhaltenstherapie sowie die psychotherapeutische Behandlung von Persönlichkeitsstörungen. Homepage der Klinik: https://www.asklepios.com/hamburg/nord/.

Dr. Hans-Joachim Maaz, geb. 1943 in Niedereinsiedel, Böhmen, ist ein deutscher Psychiater, Psychoanalytiker und Autor. Er wuchs in Sebnitz in Sachsen auf, studierte von 1962 bis 1968 Medizin an der Universität Halle und wurde 1974 Facharzt für Neurologie und Psychiatrie. Danach leitete er eine neurologisch-psychiatrische Abteilung in Beeskow, wo er 1980 den Facharzttitel für Psychotherapie erwarb. Von 1980 bis zu seinem Ruhestand 2008 war er Chefarzt der Psychotherapeutischen und Psychosomatischen Klinik im Evangelischen Diakoniewerk Halle. Dort entwickelte er psychoanalytische, tiefenpsychologische und körperpsychotherapeutische Therapieformen, vor allem im Bereich der stationären Gruppenpsychoanalyse. 1988 organisierte er eine Weiterbildung zur Intendierten Dynamischen Gruppentherapie mit Heinz Benkenstein als Supervisor. Seit seiner Pensionierung im Jahr 2008 arbeitet er als Autor. Bis Anfang 2013 war er Gast in der monatlichen Sendung „Alles Psycho?" bei MDR Figaro. Homepage: http://hans-joachim-maaz-stiftung.de/.

Nadine Offermann studierte bis 2010 Psychologie (mit Diplom) an der Justus-Liebig-Universität Gießen. Sie absolvierte ihre Approbation als Psychologische Psychotherapeutin für Erwachsene und hat die Zusatzqualifikation für die Therapie von Kindern und Jugendliche (2014). 2013 nahm sie am Training Emotionale Kompetenz (nach Berking) teil; seit 2014 ist sie als Schematherapeutin, Schematherapeutische Supervisorin und Trainerin nach den Richtlinien der Internationalen Schematherapie Gesellschaft (ISST) e. V. zertifiziert und ließ sich im Verfahren der EMDR zertifizieren (2016). Sie arbeitet seit 2014 als Leiterin des Persönlichkeitsfachprogramms der Vogelsbergklinik Grebenhain und ist leitende Psychologin der akutpsychosmatischen Klinik mit dem Schwerpunkt Posttraumatische Belastungsstörung und Persönlichkeitsstörung. Externe Dozentin ist sie am Institut für Psychotherapie in Mainz (IPSTI), ebenso Workshopleiterin für interdisziplinäre, zertifizierte Fortbildungsveranstaltungen. Zusätzlich bietet sie Paartherapie an, sodass sie jeder Patientengruppe gerecht werden kann.

Bianca Olesen ist Heilpraktikerin für Psychotherapie und arbeitet als Gestalttherapeutin DVG in eigener Praxis; sie ist zudem als Autorin sowie als Trainerin und Coach mit den Schwerpunkten Persönlichkeitsentwicklung, Führungskräfteentwicklung, Teamentwicklung, emotionale Kompetenz, Stress & Entspannung sowie gehirngerechtes Lehren und Lernen tätig. Sie kennt sich gut mit dem Phänomen Narzissmus aus; aus ihrer täglichen Arbeit mit Klienten und auch durch kritische Selbstreflexion weiß sie um die Herausforderungen, die sich für Psychotherapie, Coaching und Beratung ergeben. 2015 veröffentlichte sie *Der Mensch hinter der Maske. Vom Umgang mit narzisstischen Klienten in Coaching und Beratung.*

Dr. Mirriam Prieß, geb. 1972, studierte Medizin an der Universität Hamburg mit anschließender Promotion im Fachbereich Psychosomatik, absolvierte Zusatzausbildungen in tiefenpsychologisch fundierter Psychotherapie und Analyse sowie in systemischer Therapie und Organisationsberatung. In Frankfurt studierte sie Philosophie mit Schwerpunkt Wirtschaftsethik bei Prof. Dr. Klaus-Jürgen Gruen. Als Ärztin und Psychotherapeutin war sie acht Jahre in einer psychosomatischen Fachklinik in Hamburg tätig. Ihr Verantwortungsbereich umfasste sowohl die Leitung für den Behandlungsschwerpunkt Ängste, Depressionen und Burnout als auch die ambulante Behandlung von Stresserkrankungen; des Weiteren ist sie auch als Fachgutachterin tätig, unter anderem bei vorzeitigen Berentungsansprüchen vor dem Hintergrund psychosomatischer Erkrankungen. Sie ist Autorin der Bücher *Burnout kommt nicht nur von Stress, Finde zu dir selbst zurück, Das Geheimnis Innerer Stärke* und *Zeit für einen Spurwechsel – wie wir aufhören, uns selbst zu blockieren und dem Leben eine neue Richtung geben*. Homepage: http://www.mirriampriess.de/.

Arne-Matz Ramcke, Jahrgang 1980, freiberuflicher Coach für die individuelle Berufswegeplanung, Dozent in der Erwachsenenbildung und Berater für Kleine und mittelständische Unternehmen im Bereich der Mitarbeiterführung, Marketing und Vertrieb. Projektmitarbeiter im IQ Netzwerk Schleswig-Holstein bei der Handwerkskammer Lübeck, berufsbegleitend Student der Wirtschaftspsychologie und Betriebswirtschaftslehre, geprüfter Veranstaltungsfachwirt (IHK) und geprüfter Energieelektroniker Fachrichtung Anlagentechnik (IHK).

Eckhard Roediger, geb. 1959 in Frankfurt am Main, verheiratet, drei Kinder, absolvierte nach dem Medizinstudium eine Ausbildung zum Facharzt für Neurologie und Psychiatrie. Von 1993 bis 2002 arbeitete er als leitender Arzt an der salus klinik in Friedrichsdorf, von 2002 bis 2007 war er mit dem Aufbau und der Leitung der Psychosomatischen Abteilung am Gemeinschaftskrankenhaus Havelhöhe in Berlin betraut, seitdem ist er in Frankfurt am Main in freier Praxis tätig. Die Gründung und Leitung des Institutes für Schematherapie Frankfurt (IST-F) und die Mitgliedschaft im Gründungsvorstand der Internationalen Schematherapiegesellschaft (ISST) folgten 2008. Nach Abschluss einer tiefenpsychologisch fundierten und verhaltenstherapeutischen Ausbildung legte er seinen Arbeitsschwerpunkt auf die Verbreitung, Fortbildung und Supervision im Bereich der Schematherapie. Homepage: https://www.schematherapie-roediger.de/.

Prof. Dr. Dr. habil. Thomas Schnell, geb. 1972, studierte Psychologie an der Universität Heidelberg, anschließende Promotionsarbeiten an den Universitäten Köln und Düsseldorf und Habilitation an der Universität Halle. Ausbildung zum Psychologischen Psychotherapeuten mit Schwerpunkt Verhaltenstherapie. Weiterbildungen in Dialektisch-Behavioraler Therapie (DBT) und Spezieller Psychotraumatherapie (gemäß DeGPT). Als klinischer Psychologe war er einige Jahre an der psychiatrischen Universitätsklinik in Köln tätig und wechselte danach an die LVR-Klinik Köln. Schwerpunkt war dort die psychologische Leitung einer Traumaambulanz sowie die Konzeption einer Station für komorbide Patienten mit Psychose und Sucht. Aktuell Professur an der Medical School Hamburg für Klinische Psychologie. Sonstige Tätigkeiten als Therapeut und Supervisor.

Friedemann Schulz von Thun, geb. 1944, studierte in Hamburg Psychologie, Pädagogik und Philosophie (Diplom 1971) und promovierte bei Reinhard Tausch und Inghard Langer über Verständlichkeit bei der Wissensvermittlung (1973). Die Erkenntnisse aus dieser Forschung haben sich auf seine Art, Vorlesungen zu halten und Bücher zu schreiben, stark ausgewirkt. Sein weiterer beruflicher Werdegang ist durch zwei parallele Wege gekennzeichnet. Der wissenschaftliche Weg führte über die Habilitation (1975) zur Berufung auf eine Professur für Pädagogische Psychologie in Hamburg (1976–2009). Der praktische Weg besteht in der Konzeption und Durchführung von Kommunikationstrainings für Lehrer und Führungskräfte, später für Angehörige aller Berufsgruppen (1971 bis heute). Bücher: *Miteinander reden 1–3, Miteinander reden: Fragen und Antworten, Miteinander reden: Praxis, Das Innere Team in Aktion. Praktische Arbeit mit dem Modell.* Homepage: http://www.schulz-von-thun.de.

Guido Sijbers studierte Psychologie an der Universität Nimwegen mit Abschluss in Klinischer Psychologie. Er arbeitet seit 1993 als Psychologischer Psychotherapeut am RIAGG in Maastricht und als Studientherapeut in der Arbeitsgruppe von Arnoud Arntz von der Universität Maastricht. Forschungsprojekte in kognitiver Verhaltenstherapie bei verschiedenen Angststörungen und Schematherapie bei Persönlichkeitsstörungen folgten. Seit 2009 widmet er sich ausschließlich seiner Tätigkeit als Schematherapeut in der Abteilung „Persönlichkeitsstörungen". Er ist seit 2016 auch tätig in einer Privatpraxis in Köln. Seit 1999 führt er Ausbildungen für Verhaltenstherapie und Achtsamkeit sowie SCID-I- und -II-Schulungen durch. 2000 begann die Tätigkeit als Dozent, Supervisor und Selbsterfahrungsleiter für Schematherapie im Einzel- und Gruppensetting in Deutschland, Irland, Ukraine, Belgien, Schweiz und den Niederlanden. Er ist Senior-Mitglied im Rahmen der „Dutch Membership of Schematherapy", besuchte Fortbildungen bei Jeffrey Young, Arnoud Arntz, Joan Farrel, Ida Shaw, Scott Kellogg und erhielt 2009 die ISST-Anerkennung „Advanced Certification". Mit mehreren Kollegen hat er ein eigenes Ausbildungsinstitut für Schematherapie. Homepage: http://www.academievoor schematherapie.nl.

Björn Süfke ist in Lübeck geboren und aufgewachsen, hat in Bielefeld Psychologie studiert und seine Ausbildung in personenzentrierter Psychotherapie absolviert (auch als „Gesprächspsychotherapie" bekannt). Seit nunmehr 18 Jahren arbeitet er therapeutisch und als Berater mit Männern. Bücher: *Männer. Erfindet. Euch. Neu.*, *Männerseelen*, *Typisch Frau, typisch Mann?*, *Wi(e)der die therapeutische Ohnmacht*, *Den Mann zur Sprache bringen*. Homepage: http://www.maenner-therapie.de/, E-Mail: info@maenner-therapie.de

Dr. med. Bodo Karsten Unkelbach, geb. 1969, Facharzt für Psychiatrie und Psychotherapie mit tiefenpsychologischem und systemischem Schwerpunkt; Suchtmedizin, Forensische Psychiatrie. Seit 2006 Chefarzt der Klinik für Suchtmedizin und Psychotherapie im Zentrum für Seelische Gesundheit Marienheide, in der sämtliche Abhängigkeitserkrankungen und begleitende psychiatrische Krankheitsbilder behandelt werden. Neben einem Interview in der Onlineversion der *Süddeutschen Zeitung* veröffentlichte er 2016 sein Buch *Heute liebe ich mich selbst! In 7 Schritten zur Resilienz* im Claudius Verlag. Er schreibt liebevoll und einfühlsam über Wesen und Entwicklung von gesunder, erfüllender Selbstliebe.

Monika Weidlich, geb. 1961, nach dem Abitur Studium der Kulturpädagogik, Gerontologie und Kirchenmusik. Berufliche Tätigkeit auf dem breiten Feld zwischen musikalischer Früherziehung und stationärer Altenhilfe, langjährige Führungsposition.

Weiterentwicklung im Rahmen verschiedener berufsbezogener Fortbildungen unter anderem in NLP (Neuro-Linguistisches Programmieren); ab 2002 Beschäftigung mit dem systemischen Familienstellen. Im Sommer 2003 Krebsdiagnose und Beginn einer intensiven Auseinandersetzung mit den Quellen von Gesundheit und Krankheit. Anfang 2004 lernte sie die Synergetik kennen, die ihr half, mit Blick auf Lebensfreude, Durchsetzungsfähigkeit und Handlungskompetenz völlig neue Dimensionen zu erleben. Seit 2007 selbstständig als Synergetiktherapeutin in eigener Praxis in Hannover tätig; Berufsausbildung zur Synergetik-Profilerin und Fortbildung in Hypnosetherapie. Im Herbst 2011 stieß sie auf das Buch *Kriegsenkel* von Sabine Bode und damit auf das Phänomen der transgenerationalen Weitergabe von Traumata; seither befasst sie sich intensiv mit diesen Erfahrungen und bietet Gesprächskreise und Seminare für Kriegsenkel und Kriegskinder an. Anfang 2012 erhielt sie die „Erlaubnis zur Ausübung der Heilkunde, beschränkt auf das Gebiet der Psychotherapie" („Heilpraktikerin für Psychotherapie"), was es ihr ermöglicht, auch Menschen mit schweren und lebensbedrohlichen Krankheiten mittels Synergetik auf ihrem Heilungsweg zu unterstützen. Webseiten: www.synergetik-hannover.de, www.kriegsenkel-hannover.de, www.kriegskind-hannover.de.

Elke Weigel ist Diplom-Psychologin und Tanztherapeutin und in eigener privater Praxis in Stuttgart tätig. Sie ist spezialisiert auf die Behandlung von Körperschemastörungen bei Frauen, vor allem bei Essstörungen und nach traumatischen Erfahrungen. Sie hat mehrere Fach- und Sachbücher zum Thema Körperschemastörung und deren Behandlung geschrieben. Neben Psychotherapie bietet sie Online-Seminare zum Thema „Wohlfühlen im eigenen Körper" für Frauen an. Kontaktdaten auf www.weigel-elke.de.

Claudia Wollenberg, Diplom-Psychologin und examinierte Gesundheits- und Krankenpflegerin, Palliativpsychologin (DGP) und systemische Beraterin (DGSF), Weiterbildung in Hypnotherapie nach Milton H. Erickson (M.E.G.). Sie arbeitet im klinischen Setting und in freier Praxis, ihr Schwerpunkt liegt im Bereich der geriatrischen Hospiz- und Palliativarbeit sowie in der Psychoonkologie, Neuropsychologie und Neurorehabilitation. Als Kriegsenkelin hat sie schon früh begonnen, den psychischen Folgen des Zweiten Weltkriegs sowie der deutsch-deutschen Teilung ihre Aufmerksamkeit zu widmen, sich damit auseinanderzusetzen und es zu ihrem Schwerpunkt in der täglichen Arbeit zu machen. Sie fragt und sucht nach den Auswirkungen dieser Erfahrungen und Erlebnisse auf die Kriegskinder, Kriegsenkel und die nachfolgenden Generationen. Bei all der Schwere und Last ist ihr Blick aber immer auch auf die vorhandenen Kräfte und Überlebensstrategien in schwierigen Zeiten gerichtet. Die psychotherapeutische Arbeit, besonders im existenziellen Bereich, hat ihr auf vielfältigste Art und Weise gezeigt und sie gelehrt, dass ein In-Kontakt-Kommen selbst im höheren Alter und am Lebensende möglich ist und Verstehen, Verbindung, Versöhnung entstehen kann – dass es nie zu spät ist, sich auf die Reise in die eigene Geschichte zu begeben, um Dinge anders oder vielleicht auch neu zu betrachten.

1 Ver-rückt ist nicht gleich verrückt

> Die wirklich Kranken sind die anderen.
> Frei nach Erich Fromm,
> inspiriert durch Hagen Rether

Menschen mit bewegter Vergangenheit haben oft bewegte Gedanken. Dass diese Gedanken nicht immer rational sind, sondern auch viel „Irrationales, Verwirrendes, Verstörendes, Verzweifelndes und Verbitterndes" beinhalten, versteht sich von selbst. Niemand ist mit seinen Sorgen, mit seinen Nöten alleine, auch wenn man sich oft alleine gelassen fühlt, hoffnungslos überfordert ist und nicht weiß, wer einem aus der als misslich empfundenen Lage helfen kann. Sich selbst zu helfen ist im ersten Moment nicht möglich, auch wenn die ersehnte Heilung oder Linderung der Schmerzen im Inneren stattfindet. Starthilfe ist zwangsläufig erforderlich.

Die Angst davor, die Kontrolle zu verlieren, stigmatisiert zu werden, nur weil man sich offen zu seinen Problemen bekennt, erschwert jeden Anlauf, sich der Situation zu stellen. Der Weg zum Arzt oder Psychologen wird ersetzt durch einen Anruf bei der Telefonseelsorge. Die leistet zwar wichtige und wertvolle Arbeit, nur: Man kann zu Hause bleiben, sich kurz darauf mit Wodka die Birne wegballern und sich vielleicht noch über den Versuch der Damen und Herren, zu helfen, lustig machen. Statt den Hintern hochzubekommen und sich aus der Komfortzone oder (Un-)Wohlfühloase zu bewegen, harrt man der Dinge, liest sich kreuz und quer durchs Internet und wartet auf ein Wunder oder zumindest einen Wink mit dem Zaunpfahl, während man jeden Menschen beleidigt, der einen unabsichtlich triggert. Oder man glotzt Hartz-IV-TV und erfreut sich daran, dass es einem verglichen mit dem, was man da sieht, doch gar nicht so schlecht geht, während man dann spätnachts die kostenlosen Billigpornos anschaut, traurig in der Ecke sitzt und keinen hochbekommt. Aber es gibt keine Fee, die uns mitnimmt ins Lummerland – nein, wir bleiben lieber in unserem Kummerland.

Niemand möchte für verrückt erklärt werden. Niemand möchte als Psycho verhöhnt werden, weder von anderen noch von den eigenen Dämonen, nur weil man sich doch dazu durchgerungen hat, professionelle Hilfe von außen in Anspruch zu nehmen. Was bleibt, ist die kanalisierte Wut namens Zynismus, hinter der wir uns verstecken, weil wir verlernt haben, ehrlich zu uns selbst zu sein. Wir haben einfach Angst davor, für verrückt gehalten zu werden. Und genau das ist doch das Verrückte an der ganzen narzisstischen Scheiße in unserer Welt: Du darfst einfach nicht du selbst sein. Du musst den Harten markieren. Du darfst Columbo nicht anhimmeln, nein, du musst so tun, als wärst du McGyver beim Bewerbungsgespräch für das A-Team. Und am Ende heult man dann doch rum, weil Walt Disney einem die Vorstellungen von wahrer Liebe mit einem Maschinengewehr zerschossen hat.

Ist das jetzt verrückt?
Und da soll noch mal einer sagen, ich mache mir zu viele Gedanken.
Doch was heißt „verrückt"?
Heißt es, ich bin unheilbar krank? Weit entfernt vom Glück. Nicht normal? Asozial? Brutal? Hölle und Qual? Oder heißt es, ich bin unzurechnungsfähig, unberechenbar, ein Fall für die Forensische Psychiatrie, weggesperrt mit all den Vergewaltigern und Mördern, obwohl man weder das eine noch das andere getan hat, auch wenn man in mancher Situation daran gedacht hat, dieses oder jenes jemandem oder sich selber anzutun?

Verrückt heißt eigentlich nichts anderes als ver-rückt, also neben sich, nicht mehr mit sich im Reinen. Nicht mehr auf der gleichen Stelle, sondern vom Weg abgekommen, die falsche Richtung eingeschlagen. Aber vergessen wir nicht: Viele Wege führen nach Rom. Warum einfach, wenn es auch kompliziert geht? So manche Krise, so mancher Umfaller hat auch sein Gutes. Man ist dann vielleicht in die Lage, sich selbst zu beobachten, sich zu analysieren, zu lernen, sich selbst zu regulieren. Man lernt in solch einer Phase sich selbst noch einmal neu kennen, stellt fest, dass man eigentlich über ein breites Spektrum an Ressourcen verfügt, um sich am eigenen Schopf aus der Scheiße zu ziehen. Man lebt ja noch – auch wenn man sich fragt, wie. Man lebt. Man überlegt, wie man sich am besten bewegt.

MacGyver musste sich auch erst umsehen, bevor er weitergehen konnte.

Oft ist wirklich nur ein kleiner Motivationsschub nötig, möglicherweise ein Tritt in den Hintern, um wieder vorwärtszukommen, zurückzukommen zu sich, in sich und damit wieder auf den Weg. Geduld ist ein nervender Begleiter. Manchmal will man es zu sehr, kommt aber nicht weiter. Doch das ist nicht das Ende, sonst wäre man schon lange tot. Irgendetwas hält einen, lässt einen aushalten, auch wenn man augenblicklich hilflos, machtlos, ruhelos oder in noch größerer Not ist.

Man hat es bis hierhin geschafft. Das darf man sich vor Augen halten: Man hat nie aufgegeben, immer die Hoffnung gehabt auf ein „besseres" oder „erträglicheres" Leben. Deswegen meint „verrückt" im Grunde nur, ver-rückt oder unglücklich vom Weg abgekommen zu sein, vom Weg zum persönlichen Glück. Auch wenn man seine Facebook-Freunde oft immer noch als Co-Therapeut benutzt. Shit Happens – nobody is perfect!

Dein und mein inneres Kind braucht sich deswegen nicht zu fürchten. Es hat nichts zu befürchten. So geht es vielen, und den meisten geht es sogar schlechter. Nur: Das sieht man nicht, hält man nicht für möglich, weil man eben alleine mit seinem Gefühl ist. Einsamkeit überfordert, wenn man sein Leid nicht (mit-)teilen kann.

Aber vertrauen Sie darauf: Alles hat seinen Sinn. Und glauben Sie daran. Nur weil Sie so denken, sind Sie es nicht: verrückt. Machen Sie die Augen auf. Vertrauen Sie auf sich. Vertrauen Sie ihrem weiteren Weg, vertrauen Sie sich ihm an. Denn jeder ist auf seinem Weg. Und die Fußstapfen anderer sind nicht dazu da, in sie hineinzutreten. Sie denken immer noch, dass die anderen es leichter haben? Wie können Sie sich da so sicher sein? Haben Sie die anderen gefragt? Sind Sie Hellseher? Können Sie hellsehen? Oder sehen Sie alles schwarz?

Sie werden es verneinen, wie jeder andere es verneint. Also können Sie auch aufstehen und den bisherigen Weg weitergehen. Denken Sie nicht so schlecht über sich. Die anderen gehen auch nicht so hart mit Ihnen ins Gericht. Sie sind es, der über Ihr Leiden bestimmt. Sie können es einfach tun oder weiterhin vermeiden. Ob Sie Hilfe dafür annehmen, entscheiden Sie selbst. Was würde Ihr inneres Kind sagen?

Würde es sagen: Liebes A-Team, ich komme?

Frau Nadine Offermann antwortet (I)

Warum tun sich Ihrer Meinung nach Menschen immer noch schwer, einen Therapeuten aufzusuchen?

Zunächst sind es natürlich die abschreckenden Wartezeiten, die viele Menschen verzweifeln lassen. Vor allem Menschen, die sich entscheiden, einen Therapeuten aufzusuchen, sind häufig in einem stark beeinträchtigten psychischen Zustand, der ihnen die Suche zusätzlich erschwert.

Auf der anderen Seite sind es natürlich die Konsequenzen, die durch die Inanspruchnahme einer Psychotherapie möglicherweise eintreten können. Eine Verbeamtung kann durch eine psychische Diagnose bedroht werden, erhöhte Versicherungsbeiträge sind nicht ausgeschlossen etc.

Natürlich gibt es auch infolge eines ausgeprägten Schamgefühls innerliche Hemmschwellen, sich einem anderen Menschen anzuvertrauen. Einige Patienten haben Bedenken, die „Büchse der Pandora" zu öffnen, aus Angst, dass alles noch viel schlimmer werden könnte. Auch Ängste der Stigmatisierung spielen eine große Rolle – die „Psychotante". Die Befürchtung, Freunde könnten abwertend reagieren, denn „man bekommt sein Leben nicht in den Griff".

Diese Gründe überwiegen trotz des ausgeprägten Leidensdrucks. Aber das frühzeitige Aufsuchen eines Therapeuten lindert die Langzeitfolgen einer sich entwickelnden chronifizierten psychischen Erkrankung.

2 Der innere Schweinehund namens *Feind*

*Über Methatesiophobie:
Die Angst vor dem eigenen Erfolg
und der narzisstischen Abwehr*

in Zusammenarbeit mit Dr. Hans-Joachim Maaz

Wer Erfolg hat, wer es gewohnt ist, im Rampenlicht zu stehen, wird beklatscht und beachtet und steigt in der Regel in Ansehen und Hierarchie auf. Erfolg macht sexy. Wer Erfolg hat, geht gern zur Arbeit. Wer Erfolg hat, hat was zu melden. Erfolg ist etwas so Wundervolles. Zugleich aber setzt man sich selber einem Druck aus, dem man oft nur standhält, wenn man (Über-)Kompensationsmöglichkeiten hat. Denn wer Erfolg hat, wird auch daran gemessen. In unserer heutigen von Wachstum und Leistung geprägten Gesellschaft, in der Nächstenliebe und Mitmenschlichkeit in der Regel nur noch auf dem zweiten Bildungsweg eine Rolle spielen, in der persönliche Entwicklung und Individualität zugunsten von Ehrgeiz und dem Streben nach Macht durchs Raster fallen, zählen die inneren Werte einfach nichts. Innere Schönheit, die man außen nicht erkennt, bringt nichts in dieser oberflächlichen, materialistischen Welt. Sex sells. Wer sich nicht anpassen oder unterordnen kann, bleibt auf der Strecke. Es geht nur noch um *mehr* Erfolg, *mehr* Leistung und *mehr* Geld. Nicht umsonst wird der Narzissmus auch als *Gier-Syndrom* bezeichnet.

Diese unerträgliche und vor allem unstillbare Gier macht auch nicht vor dem sozialen Bereich halt, wo es, wie man glaubt, doch eigentlich noch sozial zugehen sollte. Die Anforderungen an jeden Einzelnen wachsen, die Kosten steigen, und immer weniger Zeit für das wirklich Wichtige wird eingeplant. Heute macht Arbeit mit Menschen nur dann Freude, wenn der Mensch etwas Produktives leistet und nicht nur verbraucht. Wir haben nicht erst seit gestern einen Fachkräftemangel vorzuweisen. Die guten Leute verlassen rechtzeitig das sinkende Schiff, weil sie erkannt haben, dass sie diese Systemkrankheit nicht besiegen können. Im Grunde genommen ist dieser Zustand nicht hinnehmbar, und dennoch wird er geduldet. Solange wir keine Mittel finden, den Narzissmus und die ihm zugrunde liegende Bedürftigkeit zu zähmen, solange wird der Narzissmus unsere Gesellschaft beherrschen. Solange wir uns weiter über das Außen und über das, was vom Außen erwartet wird, definieren, solange werden Einfühlungsvermögen und Empathie stagnieren. Solange man nicht man selbst sein kann, solange wird man die Maske tragen müssen, auch um einen Zusammenbruch zu verhindern. Dabei ist die Titanic schon vor 100 Jahren untergegangen. Auch damals sah man nicht den Eisberg, obwohl man wusste, dass er da war. Wir sehen die Gefahr, wollen sie aber nicht wahrhaben, sondern reden sie uns schön. Wir belügen uns immer mehr, nur um uns nicht eingestehen zu müssen, dass wir die Welt nicht retten können. Wir können nur uns selber retten. Wer sich aber selber rettet, gilt als krankhafter Egoist. Man darf gespannt sein, wie lange es noch einen Zusammenhalt unserer Gesellschaft gibt und wann sie gänzlich zerfällt.

Jede Schwäche, jeder Makel gilt als Schmach und selbstverschuldet. Die nicht vorhandene Selbstliebe muss ausgeglichen werden, koste es, was es wolle. Der Mangel, der den Schmerz verursacht, liegt im Unbewussten. Erst, wenn wir uns bewusst machen, woher dieser Mangel kommt, können wir den Schmerz lindern.

> Ich habe manchmal das Gefühl, dass wir in einer Generation aufwachsen, die Fremdgehen, Lügen und Gewalt als normal ansieht. Bis man sich im Spiegel noch mal ansieht.
>
> Kianimus[1]

Wer rastet, der rostet, und das kostet. Nicht zu rasten kostet aber auf Dauer mehr. Man habe es eben nicht anders verdient, so die tiefe Überzeugung. Glück hat man nicht einfach, wenn man glücklich ist, ohne zu wissen, warum. Nein, Glück hat man nur, wenn man hart und härter arbeitet – so suggerieren uns das zumindest die Medien. Glück ist eine Rarität. Wer frühzeitig zufrieden ist, hat angeblich keine Träume mehr. Manch anderer hat einfach aufgehört zu träumen, und wenige ertragen es nicht und setzen ihrem Leben ein Ende. Man muss perfekt sein, man muss dies, man muss jenes, man muss immer. Dass man nicht so gut ist wie erwartet, dass man Fehler macht, dass man nicht alles auf Anhieb kann, verursacht frühe Scham. Um diese Scham nicht zu spüren, wird entweder überkompensiert, um allen zu zeigen, wie toll man wirklich ist, oder eben für Ablenkung gesorgt. Man macht sich Stress und schafft sich (Ersatz-)Probleme, die einen auf Trab halten. Alles ist zur Ablenkung geeignet, was verhindert, dass man zur Ruhe kommt und Nachdenken sowie Besinnung zum Zuge kommen.

Im Endergebnis gewinnt der Markt der Laster, der uns regiert und weitere psychische Krankheiten zutage fördert. Der krankhafte Narzisst ist geboren, der sich über Geld, Macht und Reichtum definiert, dem Gefühle anderer nicht mehr wichtig sind, der über Leichen geht, nur um sich selbst zu spüren. Das Streben nach einem hohen (anti-)sozialen Status, der Ehrgeiz, sich hervorzutun, um möglichst immer auf der Gewinnerseite zu stehen, umgibt uns am Ende wie große Felsbrocken, die uns den Weg zum wahren Glück versperren. Das Ergebnis sind Diätwahn, Fitnessqual, Markenfetischismus und künstliche Schönheit. Kein Wunder, dass manche die Wahrheit nicht mehr ertragen und nur mit geschlossenen inneren Augen vor dem Spiegel stehen. Der Ablenkungszwang bedient sich heutzutage vor allem des Internets, des Fernsehens und der Erreichbarkeit übers Handy. Statt miteinander zu reden, wird oft nur noch das Nötigste (oder auch ganz Unnötige) via WhatsApp ausgetauscht. Wer kein WhatsApp hat, hat keine Freunde mehr oder wird aussortiert bzw. übergangen. Wir mutieren zu Sprachbanausen oder Kommunikationsanalphabeten. Wer A sagt, kann auch B sagen, dass das Alphabet aber aus 26 Buchstaben besteht, wird dabei gern vergessen. Narzisstisch bedürftige Menschen machen sich zu Junkies der medialen Angebote und prostituieren sich unter Wert, nur um *in* zu sein – zumindest so lange, bis ein neues Smart- oder iPhone auf den Markt kommt.

(19.04.2017) Bis heute habe ich mich erfolgreich gegen den Boom der Smartphone-Industrie gewehrt. Jetzt besitze ich auch so ein Ding, mit dem ich in bin, weil ich überall erreichbar bin. Viele Bekannte und Möchtegernfreunde haben sich monatelang nicht gemeldet, bis sie gesehen haben, dass ich bei WhatsApp bin. Zahlreiche Frauen lehnten mich ab, nur weil ich mich nicht dem gesellschaftlich so angesagten Zwang unterwerfen wollte. Immerhin haben mein Vater und meine Tante bei mir angerufen, und auch mit meinen besten Freunden funktioniert die Kommunikation auf altem Wege noch bestens. Man hat sich eben an den wertschätzenden Umgang gewöhnt. Ich hoffe, wir behalten das bei und mutieren nicht auch noch zu LOLern und ROFLern, deren Emotionen wie eingefroren wirken. Im Grunde war ich ein wenig enttäuscht darüber, auch wenn es mich freute, dass sich manch einer wieder mal meldete. SMS schreiben oder mal anrufen ist zu umständlich, und aus den Ferien mal eine Ansichtskarte zu schicken, ist nicht mehr zeitgemäß. Selbst meine spießigen Eltern schreiben nur noch Massen-SMS an alle, wenn sie im Urlaub sind. **Irgendwie gefiel mir unsere Welt früher besser.** *Früher verabredete man sich noch auf ein Eis, zum Inlinern oder Fußballspielen. Heute trifft man sich bei WOW oder beim Shoppen in der nächstgrößeren Mall, die täglich neu eröffnet werden, um den Markenzwang aufrechtzuerhalten.*

> Wir sitzen nebeneinander auf unsere Smartphones blickend, nie in die Augen des Anderen sehend, füllen unsere Gespräche mit den neuesten Gucci-Trends, iPhones und Rap-Beefs, leeren unsere Köpfe mit Flaschen voller Wodka, dichtem Zigarettenrauch und fetten Joints – bis nichts mehr bleibt als eine zerstörte, leere Seele, die tagsüber wie eine Leiche herumirrt – und nachts im Bett liegt und am Leiden ist, am Weinen ist, innerlich am Schreien ist.

> Wir posten Goodlife-Bilder auf Insta, um Menschen zu beeindrucken, die dasselbe versuchen – doch haben letztendlich so viel mit ihnen gemeinsam wie mit diesem Fake-Luxusleben, das wir ihnen propagieren wollen. Wir leben in einer Scheinwelt voller Zweckfreundschaften, voller Fake-Bling-Bling und leeren Versprechen.
> Sind wir das wirklich wert? Oder wollen wir mehr sein als ein scheißherzloser Roboter einer kalten Gesellschaft???!!!
>
> Kianimus

ZVI = zu viel Information

Gezwungenermaßen wird man in Zügen, auf dem Flughafen oder in Gaststätten Zeuge so manch überflüssiger Unterhaltung, mit der wir und unsere Mitmenschen uns gegenseitig belästigen. Auch das Mit- oder Zuhören ist eine Art Ablenkung vom *Selbst* und Fehlersuche beim *Anderen*. Wie tief sind wir gefallen und wie groß ist unsere Not, vor der so manche Experten schon seit Längerem warnen? Sie stinkt schon sprichwörtlich bis zum Himmel, denn wie sonst soll man sich erklären, dass die narzisstische Bevölkerung sich solche Primitivität nicht nur gefallen lässt und konsumiert, sondern sie auch noch an den Nachwuchs weitergibt. Kinder hinterfragen ihre Eltern auch nicht mehr, sondern gehen davon aus, dass alles seine Richtigkeit hat, weil es jeder macht. Und macht man es nicht, ist man anders, und alles, was anders ist, ist unnormal, und unnormal ist lächerlich und macht einen zum potenziellen Mobbingopfer. Das Niveau der medialen Angebote ist ein Gradmesser und zugleich ein Spiegelbild der Verstörung eines großen Teils der Bevölkerung im Dienste narzisstischer Abwehr. Die Selbstsucht ist sichtbarer. Süchtig machen aber nicht die Angebote an sich, sondern die zugrunde liegenden unerfüllten Bedürfnisse nach Liebe, nach Anerkennung, nach Bestätigung und stabilen Beziehungen. Wer sich zu seiner Störung bekennt, erkennt die Möglichkeiten, die sich bieten, wenn man hinter seine Fassade zu blicken vermag. Man ist zu mehr imstande, als nur die gesellschaftlich geforderte Leistung zu erbringen. Wer seine Bedürftigkeit erkannt und akzeptiert, kann auch lernen, die Kompensations- und Ablenkungsmöglichkeiten so zu optimieren, dass der eigene Schaden und die Schädigung anderer vermindert wird. Ich wünsche der Gesellschaft baldige Erkenntnis, und ich bin froh, diese Erkenntnis vor einiger Zeit erlangt zu haben, erlaubt dies mir doch, mich jetzt noch einmal bestmöglich neu zu entdecken, zu entwickeln und mein geschundenes Selbstvertrauen neu aufzubauen.

Ich bin dankbar dafür. Und wer sich vor einer Therapie fürchtet, denke an Erich Fromms Aussage über die wirklich Irren. Denn das sind die, die sich, wenn man genauer hinschaut, nicht helfen lassen.

Im dargestellten, wechselseitig wirkenden Zusammenspiel von gesellschaftlichem und individuellem Narzissmus wird das Klima in unseren Gesellschaftssystemen zunehmend kälter und rücksichtsloser. Die Dauerdiskussion um die sich öffnende Schere zwischen Arm und Reich verpufft ergebnislos im Kampf darum, nicht selbst abgehängt zu werden. Der Blick auf die Staaten, die als gelehriger Schüler des „erfolgreichen Westens" versuchen, ihren Anteil am schon verteilten Kuchen zu steigern, macht sichtbar: die größte gesellschaftliche Sprengkraft liegt nicht in kollektiver Armut, sondern in sozialer Ungleichheit. Die narzisstische Gesellschaft lebt jedoch von sozialer Ungleichheit, denn auf wen sollen wir sonst herabblicken, um uns gut zu fühlen.[2]

(21.04.2017) Heute hat mich Dr. Hans-Joachim Maaz angerufen. Ich hatte ihm via E-Mail eine Anfrage geschickt, ob er sich vorstellen könne, mit seiner Fachlichkeit und Persönlichkeit noch zu einigen Themen und Fragen, die sich beim Schreiben und auch beim Lesen seines Buches Die narzisstische Gesellschaft *ergeben haben, Stellung zu beziehen. Ich bin sehr glücklich darüber, dass er sich Zeit genommen hat, für mein Buch Rede und Antwort zu stehen. Sein Werk hatte maßgeblichen Einfluss auf den biografischen Teil dieses Buches.*

1. Herr Maaz, „das Beste kommt zum Schluss", so bewerte ich zumindest unser Telefonat, was mir mein Wochenende (und auch die ganze Woche) versüßt hat. Was haben Sie gedacht oder gefühlt, als Sie von meiner Idee gelesen haben, ein Buch über meine Geschichte mit einer NPS zu schreiben? Wie fühlten Sie sich zudem dabei, als ich Sie um ein Interview gebeten habe?

Ich finde, dass Sie sehr mutig sind, wenn Sie sich und Ihr Leben kritisch reflektieren und das auch veröffentlichen. Sich über die eigene Not und Last mitzuteilen, ist ein wichtiger Schritt hin zur eigenen Entlastung und kann auch andere ermutigen, sich ehrlicher zu machen. Natürlich muss man leider auch immer mit Ablehnung und Beschämung rechnen, vor allem durch Menschen, die damit ihre eigene Betroffenheit verleugnen und abwehren wollen. Wenn Sie mich zu dem Thema anfragen, fühle ich mich geehrt mit der Hoffnung, dass ich mit meinen Erfahrungen hilfreich sein kann.

2. Neben der Psychoanalyse, der Schematherapie und der Klärungsorientierten Psychotherapie gibt es noch die emotionsfokussierte Psychotherapie, die besonders bei Narzissten Erfolg versprechend erscheint, so zumindest in Expertenkreisen. Wie würden Sie einem Narzissten eine Therapie schmackhaft machen bzw. wie würden Sie ihn motivieren, sich zu seiner Störung zu bekennen, wenn man bedenkt, dass überall geschrieben wird, dass Narzissten ihren Therapeuten entweder idealisieren, manipulieren oder eine Therapie wenig Erfolg hat?

Ich würde nie jemanden zur Therapie überreden. Ich teile mich über Psychotherapie öffentlich mit und hoffe, dass sich Menschen angesprochen fühlen, eigene Probleme erkennen und eventuell dann auch therapeutische Hilfe in Anspruch nehmen wollen. Eine Therapie kann nur erfolgreich sein, wenn sie aus Leidensdruck begehrt wird. Therapie bedeutet immer Belastung, Verunsicherung, bitterste Erkenntnis, was nur akzeptiert wird, wenn ein Mensch an sich, seinen Beschwerden, seinen Beziehungen, seinen sozialen Konflikten leidet. Dann entsteht ein Ansatz, das „neurotische" Leid in reales Leid zu verwandeln und nun vor allem emotional zu verarbeiten. Wenn ein Narzisst wieder über den erlittenen Liebesmangel weinen kann, ist viel gewonnen, denn die Abwehr des seelischen Schmerzes nährt das Bemühen um Großartigkeit.

3. Wie erklären Sie sich die allgemeinen Pauschalisierungen über Narzissten, die man im Internet so liest? Viele Ihrer Kollegen sprechen von einer Mode, für die sich die Gesellschaft interessiert, bzw. von dem Modebegriff „Narzissmus", mit dem alles erklärt wird, was übermäßig selbstbewusst erscheint. Sie selber sprechen in Ihrem Buch Die narzisstische Gesellschaft *über den grandiosen Narzissten (Größenselbst) und den emotional instabilen und selbstunsicheren Narzissten (Größenklein), aber eben auch von den Menschen, die von sich meinen, nicht narzisstisch zu sein, obwohl sie mit einem schwachen und brüchigen Selbst von sich selbst entfremdet leben (und lieber mit dem Finger auf andere zeigen). Warum wird ihrer Meinung nach so viel Schindluder mit dem Begriff betrieben, sprich kein Unterschied gemacht zwischen einer NPS, narzisstischen Zügen und gesundem Narzissmus?*

Der frühkindliche Liebesmangel („Muttermangel") ist in einer Leistungs- und Konkurrenzgesellschaft aus Erfolgsgründen und ökonomischen Zielen leider weit verbreitet. Die familiäre Frühbetreuung wird diffamiert, die Fremdbetreuung in Kinderkrippen wird favorisiert und falsch idealisiert. Es geht nicht um frühkindliche Bildung, sondern um notwendige Bindung. Es geht nicht um Erziehung, sondern um beste Beziehung. Die Eltern, am Anfang vor allem die Mütter, bleiben die wichtigsten Beziehungspersonen. „Mütterlichkeit" und „Väterlichkeit" sind keine basalen Werte mehr in einer profitorientierten Gesellschaft, die süchtige Konsumenten braucht, die am ehesten durch frühe Beziehungsdefizite „produziert" werden. Die fehlende Liebe soll dann durch materielle Erfolge (Geld statt Liebe) ersetzt werden. Wenn der Begriff „Narzissmus" als Modeerscheinung oder pauschalisierend benutzt wird, dient das der Bagatellisierung einer sehr ernsten und bedrohlichen gesellschaftlichen Fehlentwicklung („narzisstische Normopathie"). Der Ernst der Lage wird medial zerredet und abgeflacht.

(Anmerkung des Autors: Ich weiß von meinen Großeltern, dass sie den Krieg erlebt haben. Meine Uroma lernte McDonalds erst im Alter von 80 Jahren kennen. Für sie war es Neuland. Früher gab es nur Kartoffeln und Steckrüben. Meine Großmutter war ein Teenager im Krieg und übertrug ihr Trauma unbewusst meiner Mutter, die wiederum das Trauma an mich weiterreichte. Erst viel später wurde mir das bewusst. Auch ich fühle mich oft gehetzt und auf der Flucht.)

4. Was gilt heutzutage überhaupt noch als gesunder Narzissmus? Darf man überhaupt selbstbewusst, zielstrebig und lediglich kognitiv mitfühlend sein, ohne als Narzisst bezeichnet zu werden?

Ein gesunder Narzissmus ist die Klarheit und Wahrheit über sich selbst: Wer bin ich, was will ich, was will und kann ich nicht? Es ist die Sicherheit für die eigene Identität, um nicht der Verführung zu erliegen, wer und wie man sein sollte. Narzisstisch gesund ist, wenn jemand von sich sagen kann: Ich bin in Ordnung, ich nutze meine Möglichkeiten und akzeptiere meine Grenzen. Ein gesunder Narzisst ist selbstbewusst, zielstrebig, aber immer auch empathisch bezogen auf die Beziehungspartner, und er bedenkt auch die Folgen seines Handelns mit entsprechender Verantwortung.

5. Laut Ihrem Buch können viele Menschen selbstentfremdet hochpathologisch normal leben, weil eben „alle so sind", während die authentischen, sich nahe an der Wahrheit befindlichen Menschen oft abgelehnt werden (so fühle ich mich übrigens manchmal). Welche Parallele können sie zu Trump ziehen? Meines Erachtens versucht er nur, sein Wahlversprechen wahr zu machen, sprich ehrlich und authentisch zu bleiben, also im Grunde nicht zu lügen im Sinne der narzisstischen Abwehr. Ob er jetzt sympathisch ist oder nicht, spielt keine Rolle. Warum wird man in der Gesellschaft belächelt oder abgewertet, wenn man mit Ehrlichkeit aus der Reihe tanzt?

Ehrlichkeit ist immer eine Gefahr für alle, die von sich selbst etwas verbergen müssen. Das Verborgene (Unbewusste) ist unbewusst, und so wird jede Wahrheit oder Ehrlichkeit, die das Unbewusste aufscheuchen könnte, heftigst bekämpft oder verhindert. Das ist tragischer seelischer Selbstschutz, um zu vermeiden, dass seelische Verletzungen und Mangelerfahrungen wiederbelebt werden, aber damit wird leider auch jede gesunde Entwicklung verhindert. Die seelische Abwehr braucht immer Feindbilder und Sündenböcke, an denen man den aufgestauten berechtigten Hass an leider falschen „Objekten" unberechtigt abreagiert. Und auf Politiker, ebenso auf Prominente, werden oft die unerfüllten Sehnsüchte und Bedürfnisse projiziert, die diese nun stellvertretend erfüllen sollen, was aber immer eine Illusion bleiben muss, weil frühe Liebesdefizite später durch nichts und niemand mehr befriedigt werden könnten. Es bleibt nur der Mangelschmerz, der durchlitten werden kann, um weder die eigene Not auf „Böses" abzureagieren noch auf „Gutes" illusionär zu hoffen.

(Anmerkung des Autors: Trump war ab November 2016 ein Bestandteil in meinem Leben. Ich habe viel über den jetzigen Präsidenten in den Medien erfahren, habe mich aber nicht mitreißen lassen, um aus der Ferne nicht gegen die Goldwater-

Regel[1] zu verstoßen. Natürlich wirkt Trump unsympathisch, teilweise unreflektiert und teilweise auch grenzüberschreitend, wenn nicht sogar naiv und überheblich, aber all das macht ihn noch lange nicht zu einem Menschen mit einer NPS. Auch die Attribute rassistisch, chauvinistisch, sexistisch und nationalistisch mögen auf ihn zutreffen und manche Menschen damit verängstigen. Sie haben mein Mitgefühl und auch mein Verständnis. Aber es ist immer leichter, an anderen Fehler zu sehen, als bei sich zu bleiben. Es ist auch immer einfacher, „das Außen" zu bekämpfen und zu sagen: „Er ist krank", „Er ist gefährlich" oder „Er ist ein Narzisst", als auf sich zu schauen und darauf zu achten, welche Gefühle er bei einem selbst auslöst. Anstatt innezuhalten und rational zu denken, wird aus dem Gefühl heraus der Präsident (oder ein anderer Mensch) zum persönlichen Feind deklassiert.)

6. Was raten Sie Kindern von Narzissten im Umgang mit ihren eigenen Anteilen und im Kontakt zu ihren Eltern, wenn sie denn Kontakt zu ihnen haben? Also wie kann ich beispielsweise meiner Mutter begegnen, ohne dauernd von ihr verletzt zu werden? (Es ist bekannt, dass viele Borderliner und Narzissten den Kontakt zu ihren Eltern abgebrochen haben, um sich weiteren Verletzungen und Bevormundungen zu entziehen.)

Der Abbruch der Beziehung zu gestörten Eltern kann zum Schutz notwendig sein. Ansonsten besteht die Aufgabe darin, das Verhalten von Eltern mit ihren gestörten wie auch mit ihren guten Seiten wahrheitsgetreu zu erkennen und nicht mehr „mitzuspielen". Jeder Erwachsene entscheidet selbst darüber, ob er sich verletzen lässt oder nicht. In der Regel hat man keine Macht, den Verletzenden an seinem Tun zu hindern (im Falle strafbarer Delikte ist freilich die Staatsgewalt gefordert), aber ob ich mich verletzen lasse oder verletzt fühle, das liegt in der Macht des Einzelnen. Das setzt aber eine gute Selbsterkenntnis voraus!

(Anmerkung des Autors: Danke! Ich habe mich von meinen Eltern distanziert. Ich habe den Abbruch zwar leider nicht auf die feine englische Art zelebrieren können, aber seit ich mich distanziert habe, geht es mir viel besser, und ich fühle mich auch nicht mehr ganz so unter Druck gesetzt, jemandem gefallen zu müssen.)

7. Sie sprechen in Ihrem Buch Die narzisstische Gesellschaft *viele mögliche Lösungen an, wie man dem krankhaften Narzissmus entkommen kann, sprich was die Gesellschaft tun kann, damit das Leben wieder angenehmer und einfacher wird. Warum klappt das seit Erscheinen Ihres Buches noch nicht so recht?*

---

1   Über tausend Psychiater unterstellten dem konservativen Senator Barry Goldwater via Ferndiagnose Paranoia, Narzissmus und eine schwere Persönlichkeitsstörung und sprachen ihm so die Befähigung für das Präsidentenamt ab, für das er 1964 kandidierte. Nachdem der Herausgeber der politischen Zeitschrift, die diese Umfrage an die Öffentlichkeit gebracht hatte, 1969 verurteilt wurde, erließ die American Psychiatric Association die sogenannte Goldwater-Regel, die die Veröffentlichung solcher Gutachten ohne Zustimmung des Betroffenen für unethisch erklärte.

Weil die Mächtigen, die darüber politisch und ökonomisch entscheiden könnten, dass die Frühbetreuung der Kinder optimiert wird, also liebevoll beziehungsorientiert ist und nicht ökonomisch-ideologisch erziehungsdominiert wird, selbst häufig mit einer narzisstischen Problematik belastet sind. Das ist der „Stachel im Fleisch", der zum Erfolg, zu übermäßiger Anstrengung und damit zur Macht drängt. Deshalb übertragen sie wissenschaftliche Erkenntnisse zum Schutz der eigenen belastenden Entfremdung nicht in politisches Handeln. Denn dann müssten sie auch ihren eigenen Erfolgsweg kritisch befragen.

8. Einige größere Verlage sagten mir für mein Buchprojekt ab, a) weil ich kein Psychologe oder Psychiater bin (also man mir mein Fachwissen nicht abnimmt) und b) weil sich für die Wahrheit kein Mensch interessiert und sich populistische Bücher über Narzissmus (etwa von Ex-Frauen von Psychopathen) besser vermarkten lassen als die Biografie und der therapeutische Weg eines selbstreflektierenden Narzissten. Was halten Sie von der allgemeinen Aussage, dass sich „Lügen bzw. Halbwahrheiten" besser verkaufen lassen als die „gefühlte und erlebte" Realität?

Leider ist das so: Bittere Wahrheiten, von denen man selber betroffen ist, tun weh! Mit Lügen oder Halbwahrheiten, mit ideologischen Suggestionen und manipulierenden Geschichten wird vielen bei ihrer Abwehr geholfen. Deshalb verkaufen sich Geschichten über andere und deren Äußerlichkeiten wesentlich besser als schmerzliche Innerlichkeiten.

9. Wie haben Sie sich gefühlt bei den Fragen, die ich Ihnen gestellt habe, und welche Frage würden Sie mir vielleicht gerne stellen?

Ich habe Ihre Fragen gerne beantwortet und mich gut, weil kompetent gefühlt, und es hat mich angeregt, Sie in einer auch mir wichtigen Angelegenheit zu unterstützen. Meine Frage an Sie: Was hat Ihnen bisher am meisten geholfen?

(Nachtrag: In meinem Falle war es die Schematherapie. Mit dem inneren Kind setzen sich aber viele andere Therapieverfahren ebenfalls auseinander. Ob man jetzt zum Psychologen, Heilpraktiker oder psychologischen Berater geht, spielt dabei keine Rolle, denn jeder hat ein inneres Kind und trifft die für sich passende Entscheidung. Auch können kognitive VT, Traumatherapie oder systemische Therapie das Mittel der Wahl sein. Jeder sieht sich woanders, und das ist gut so.)

3 Die narzisstische Gesellschaft. Narzissmus, Dissozialität und maligner Narzissmus

> Ein gesundes, hohes Maß an Selbstwertgefühl ist positiv. Damit wird man weniger krank, kann berufliche Konflikte besser lösen, hat stabilere Partnerschaften. Und was ist Narzissmus? Es gibt ganz verschiedene Definitionen. Zuerst diese Mythos-Erzählung von Ovid, dann den Begriff der autoerotischen Störung von Havelock Ellis. Dann Freud, der es eine normale Entwicklungsstufe nennt, während der späte Freud das revidiert und den Narzissmus als Problem des Erwachsenenalters bezeichnet. Heinz Kohut sagt, man rutscht da zurück auf eine kindliche Entwicklungsstufe. Otto F. Kernberg spricht von kalten, indifferenten oder aggressiven Eltern. Millon hingegen argumentiert lerntheoretisch, dass die Kinder, die ein kleines Knetmännchen gemacht haben, von ihren Eltern als hochbegabt bestätigt werden und später mit der Realität konfrontiert sind, wenn nicht mehr alle sagen, wie toll du bist. Eine einheitliche Definition über Narzissmus existiert gar nicht.
>
> Stefan Röpke, Leiter der Charité, im Berliner Tagesspiegel[3]

3.1 Modebegriff Narzissmus

Da es ganz viele verschiedene Beschreibungen des Narzissmus und darüber gibt, wie er sich auswirkt, können wir uns verschiedenster Quellen bedienen, um einen Überblick zu erhalten und uns einer Antwort darauf zu nähern, was Narzissmus ist, wie er sich auswirkt und wie er wirklich zu verstehen ist. Ich gehe da ganz nach meinem eigenen „Störungsbild". Ich bin ein Mischtyp: Laut Schulmedizin bin ich sowohl ein männlicher als auch ein weiblicher Narzisst. Laut der Alternativen Medizin bin ich ein verletztes Kind. Ich verwende beide Begriffe. Wer mich nicht kennt, würde niemals auf die Idee kommen, dass ich ein Narzisst sein könnte, das mit dem verletzten Kind würde er aber bestätigen.

Ich bin kein Schubladendenker und kein Mensch, der andere kategorisiert. Auch bin ich der Auffassung, dass es keinen Menschen zweiter Klasse gibt. Jeder Mensch ist in meinen Augen gleich wertvoll, unabhängig davon, was er nun leistet oder nicht leistet. Mein Therapeut hat mich zudem gebeten, darauf hinzuweisen, dass es sich bei den medizinisch-diagnostischen Beschreibungen um Momentaufnahmen handelt und die Forschung über Narzissmus oder das innere Kind wird weiter vorangetrieben.

Was ist ein Narzisst? (Kurzdefinition frei nach Fassbinder, Jacob und Schwaiger)

Ein Narzisst ist ein menschliches Wesen, dessen Bedürfnisse in seiner Kindheit mehrfach frustriert wurden, der seine Autonomie niemals entwickeln konnte, der verletzt wurde, der in einer nicht wertschätzenden Umgebung aufwuchs, der Lob nur bei besonderen Leistungen bekam, der niemals bedingungslose Liebe erfahren hat und nun aufgrund seiner Selbstverachtung und seiner fehlenden Selbstliebe im Außen kämpft und sich über das Außen definiert und sich leider oft sehr unglücklich anstellt, sich vor Kritik und weiteren Verletzungen seiner Persönlichkeit, welche bei ihm eine Re-Traumatisierung auslösen, zu schützen, indem er sich selber aufwertet (erhöht) und andere dabei abwertet. Hinter seiner Wut steckt immer ein kleiner trauriger Junge oder ein kleines trauriges Mädchen – die Wut hindert den Zugang zum inneren Kind.

3.1.1 Klassifizierung im Sinne des ICD-10 und DSM-5

Die narzisstische Störung wird nach ICD-10 (europäische Krankheitsklassifizierung, Stand 2016) unter den „sonstigen spezifischen Persönlichkeitsstörungen" eingeordnet und diagnostisch nur wenig lebensnah charakterisiert oder überhaupt beschrieben, was wenig hilfreich für alle Betroffenen ist. Es bestehen noch keine systematischen Studien oder empirischen Erklärungen zur Entstehung der narzisstischen Persönlichkeitsstörung, genannt werden nur einige Faktoren, die eine Störung dieser Art forcieren:

ICD-10

1. hat ein grandioses Verständnis der eigenen Wichtigkeit übertreibt etwa Leistungen und Talente, wünsch sich ohne entsprechende Leistungen als überlegen anerkannt zu werden)
2. ist oft stark eingenommen von Phantasien grenzenlosen Erfolgs, Macht, Brillanz, Schönheit oder idealer Liebe
3. glaubt von sich, „besonders" und einzigartig zu sein und nur von anderen besonderen oder hochgestellten Menschen (oder Institutionen) verstanden zu werden oder mit diesen verkehren zu müssen
4. benötigt exzessive Bewunderung
5. legt ein Anspruchsdenken an den Tag, d. h. hat übertriebene Erwartungen auf eine besonders günstige Behandlung oder automatisches Eingehen auf die eigenen Erwartungen

6 kann in zwischenmenschlichen Beziehungen ausbeuterisch sein, d. h. zieht Nutzen aus anderen, um eigene Ziele zu erreichen

7 zeigt einen Mangel an Empathie: hat Schwierigkeiten, die Gefühle oder Bedürfnisse anderer zu erkennen/anzuerkennen oder sich mit ihnen zu identifizieren

8 ist häufig neidisch auf andere oder glaubt, andere seien neidisch auf ihn

9 kann arrogante, hochmütige Verhaltensweisen oder Ansichten zeigen[4]

Fünf dieser Kriterien müssen erfüllt sein, um von einer klassischen narzisstischen Persönlichkeitsstörung auszugehen.

DSM-5

1 Signifikante Beeinträchtigung in der Funktionalität der Persönlichkeit

  a. Beeinträchtigung der Identität (mangelndes Identitätsgefühl/fehlende Autonomität)

  b. Beeinträchtigung der Selbstlenkung (übertriebene Selbsteinschätzung, Zielerfüllung wird abhängig gemacht von äußeren Faktoren)

2 Signifikante Beeinträchtigung der interpersonalen Funktionen

  a. Beeinträchtigung beim Empfinden von Empathie (Schwierigkeiten, die Bedürfnisse von sich und anderen anzuerkennen und adäquat anzunehmen, Über- und Unterschätzung der eigenen Wirkung auf andere)

  b. Beeinträchtigung der Intimität (Idealisierung der anderen zur Bestärkung des eigenen Selbstwerts, mangelndes ernsthaftes Interesse am Erfahrungsschatz des Partners, Oberflächlichkeit)

3 Pathologische Persönlichkeitszüge

  a. überzogenes Selbstwertgefühl/Selbsterhöhung (offenes und verdecktes Anspruchs- und Berechtigungsdenken, Selbst/Ich-Zentriertheit, sich für was „Besseres halten" mit gleichzeitiger Abwertung des Gegenübers)

  b. Aufmerksamkeit heischend (starke Bemühung darum, Aufmerksamkeit zu erhalten oder bewundert zu werden)[5]

Dr. med. Eva Dieckmann, Fachärztin für Psychiatrie und Psychotherapie und Autorin des Buches *Die Narzisstische Persönlichkeitsstörung mit Schematherapie behandeln*, ist der Ansicht, dass die Kriterien des DSM-5 nicht alles berücksichtigen, was es zu berücksichtigen gilt. Deswegen wird relativ häufig in Kliniken das Diagnostikkriteriumsmodell nach Millon (1996) herangezogen. Um ehrlich zu sein, finde ich mich persönlich dort am ehesten wieder.

3.1.3 Modell nach Millon (1969, 1996)

Personen mit NPS

- verlassen sich mehr auf sich als auf Andere
- streben danach, besser, schöner, bedeutender und reicher zu sein als Andere
- verhalten sich in sozialen Situationen nicht reziprok, erwarten Bewunderung, Unterstützung und Einräumen von Sonderrechten, weil sie ihnen zusteht
- Es gelingt ihnen oft, Andere zu beeindrucken und dazu zu bringen, ihre Bedürfnisse zu befriedigen.
- Sie suchen sich dazu passende Partner (abhängige P.S.)
- Sie bestätigen sich selbst, deuten Misserfolge um
- beim Scheitern der Umdeutung: Scham, Niedergeschlagenheit, Leere
- sind nicht in der Lage, Trost und Zuwendung Anderer zu suchen
- Sie erleben wenig Konflikte, meinen, dass alles gut läuft.
- Sie machen sich kaum Gedanken, was Andere von ihnen halten.[6]

3.1.4 Das Entstehungsmodell der narzisstischen Persönlichkeitsstörung

Man geht davon aus, dass eine narzisstisch pathologisierte und erkannte Persönlichkeitsstörung ihren Ursprung in der frühkindlichen Entwicklungsphase hat. Von außen betrachtet wird der Narzisst oft als fordernd und unsympathisch empfunden, ebenso wird ein erhöhtes Anspruchsdenken wahrgenommen, geprägt durch einen oftmals mangelnden Selbstwert. Angriff ist schließlich die beste Verteidigung. Es bestehen noch keine systematischen Studien zur Entstehung der narzisstischen Persönlichkeitsstörung. Es gibt nur einige Faktoren, die eine Störung dieser Art forcieren, wie z. B. traumatische Erfahrungen, Erziehungsfaktoren und die Nichterfüllung der Grundbedürfnisse.[2]

Studien belegen, dass Menschen mit psychischen Erkrankungen überdurchschnittlich häufig in der Kindheit traumatische Erfahrungen wie körperlichen, sexuellen oder emotionalen Missbrauch und Vernachlässigung erlebt haben. Häufig war der Erziehungsstil wenig liebevoll, sehr kritisch, abwertend, chaotisch oder es herrschte eine sehr leistungsbezogene, kalte Atmosphäre. Meist führte der Ausdruck von Gefühlen oder Bedürfnissen zu Nachteilen für das Kind. Dies sind alles Situationen, in denen die Grundbedürfnisse von Kindern wie Sicherheit, Verbundenheit, Geborgenheit, Liebe, Aufmerksamkeit, Anerkennung, Lob, Akzeptanz, Autonomie, realistische Grenzen sowie Spaß und Spiel frustriert wurden.

---

2 Anmerkung des Autors: Sie werden im Laufe dieses Buches erfahren, dass es sehr wohl empirische Forschungsdaten gibt, die bislang nur nicht damit in Zusammenhang gebracht wurden.

In diesem Fall entwickeln sich ungünstige Überzeugungen (Schemata) über sich, andere und die Welt als Ganzes (verzerrtes Weltbild). Die abwertenden, fordernden oder strafenden Botschaften der Eltern oder anderer an der Erziehung beteiligter Personen werden in den Elternmodi internalisiert (verinnerlicht). Dabei sind es durchaus nicht immer die Eltern, deren Verhalten einem Kind Probleme verursachen. Auch andere Personen, insbesondere Klassenkameraden oder Lehrer, können einen sehr schädlichen Einfluss haben. Manchmal führen auch situative oder andere nicht änderbare Faktoren zu solchem Erleben, z. B. wenn ein Kind eine Behinderung hat oder wegen häufiger Umzüge immer wieder nicht dazugehört.

In den kindlichen Modi erleben Menschen die Gefühle von Ungeliebtsein, Einsamkeit, Angst, Scham, Traurigkeit, Hilflosigkeit oder Wut über das Nichterfüllen von Bedürfnissen aus ihrer Kindheit wieder. Manchmal treten diese Gefühle schlagartig auf, von jetzt auf gleich, unerwartet aus dem Nichts kommend, für das Umfeld unverständlich und belastend zugleich und für den Betroffenen umso heftiger, weil die Reaktion des Umfeldes oft nicht lange auf sich warten lässt. Die Eltern- und Kindmodi bringen eine Menge emotionaler Schmerzen mit sich, welcher sich Außenstehende oftmals gar nicht bewusst sind. Narzissten haben somit frühzeitig Strategien erlernt, um diese Schmerzen abzumildern. So entwickeln sich vor allem die Bewältigungsmodi (Unterwerfung – Dependenz, Vermeidung – Depression oder Überkompensation – Grandiosität), die auch noch im späteren Leben angewendet werden. Sie schützen einerseits vor unangenehmen Gefühlen, andererseits blockieren sie aber auch den Zugang zu den Gefühlen und Bedürfnissen, behindern den Aufbau von gesunden und hilfreichen Beziehungen und führen somit häufig selbst zu Beschwerden und Problemen. (Es ist nachgewiesen dass eine sehr hohe Suizidgefahr besteht). Die Bedürfnisse werden so auch im Erwachsenenleben nicht erfüllt. Darunter leiden die Kindmodi und die Bewältigungsmodi verstärken sich wiederum.

Relativ häufig hatten Narzissten in ihrer Kindheit durch ihre Eltern oder andere an der Erziehung beteiligte Personen ein Modell, dass den Modus der Selbstüberhöhung vorlebte und ihnen vermittelte, dass man entweder ein Gewinner oder ein Verlierer ist, was man tun muss, um zu den Gewinnern zu gehören, denn nur die Besten setzen sich durch. Ebenso erhielt der Betroffene als Kind nicht die gewünschte und benötigte bedingungslose Akzeptanz. Belohnt wurde das Kind oft nur bei besonderen Leistungen. Zuwendung und Liebe gab es nur unter besonderen Bedingungen. Beim Zeigen von Schwächen und Verletzlichkeit (z. B. in Mobbingszenarien oder beim Nichtverstehen einer schulischen Aufgabe), bei Misserfolgen und Fehlern wurden Betroffene (das Kind, welches nun als Erwachsener ein Narzisst ist) häufig nicht beachtet, verspottet, ausgelacht, abgelehnt oder beschämt. Das Kind wurde in seiner Autonomie nicht anerkannt und akzeptiert. Gefühlsäußerungen wurden nicht ernst genommen, so dass der Betroffene noch heute darunter leidet, sich nicht zugehörig zu fühlen, missverstanden zu werden oder anderen zu misstrauen.

> Viele Betroffene fühlten sich schon als Kind manipuliert und ausgenutzt (z. B. wenn Eltern oder Mitschüler die Fähigkeiten oder Erfolge des Kindes benutzten, um sich selber hervorzuheben, was man auch heute noch in der Politik oder anderen Gremien mit Ideenfindungskommissionen beobachten kann oder beim betrieblichen Vorschlagwesen, wenn der Chef sich die Ideen seines Angestellten auf die eigene Fahne schreibt). Im Erwachsenenalter sind Betroffene daher sehr oft misstrauisch in zwischenmenschlichen Beziehungen. Auf der anderen Seite wurden Menschen mit narzisstischer Persönlichkeitsstörung zumindest auf materielle Ebene häufig sehr verwöhnt, bekamen wenig Grenzen gesetzt und lernten, nicht auf die Bedürfnisse anderer zu achten. Ihre Familien sahen sich häufig als etwas Besonderes oder Besseres an und vermittelten ihren Kindern ebendies. Auch in der Schule wurden solchen Kindern oft Sonderrollen zugeschrieben, besonders wenn das Kind hervorragende schulische Leistungen zeigte, aber in der Klassengemeinschaft nicht anerkannt oder integriert ist (der einsame Streber).[7]

Dr. med. Eva Dieckmann schreibt:

> Die Kunst in der Behandlung der Narzisstischen Persönlichkeitsstörung (NPS) liegt im Allgemeinen darin, sich nicht von den Überkompensationsstrategien den Blick darauf verbergen zu lassen, dass sich dahinter in aller Regel Einsamkeit, Beschämung und sehr viel Leid verbergen.[8]

3.1.5 Unterschiede und Gemeinsamkeiten zwischen Grandiosität (männlichem Narzissmus) und Minderwertigkeitskomplex (weiblichem Narzissmus) bei einer NPS

Diesen Textabschnitt habe ich mithilfe der Bücher von Alice Miller und Bärbel Wardetzki geschrieben.

Man könnte es kurz und knackig so beschreiben: Der sich selbst erhöhende (aus Sicht des Narzissten könnte man auch sagen: sich selbst erhaltende) und von der Gesellschaft als selbstverliebt wahrgenommene Narzisst verhält sich „grandios", um sich vor einer Depression zu schützen; der Depressiv-Minderwertige flüchtet sich in Größenwahn und idealisierte Fantasie, um sich vor den Schmerzen des Selbstverlustes zu schützen. Doch beide Merkmale der NPS bedürfen einer kritischeren Durchleuchtung.

Zum einen kann festgehalten werden, dass es sich beim „grandiosen" Narzissten um den in vielen Foren beschriebenen männlichen Narzissmus handelt. Im medizinischen Sinne gilt dieser Narzissmus als offen und entsprechend sichtbar: Er zeigt sich schon nach recht kurzer Zeit im Verhalten des Betroffenen. Der „grandiose" Mensch wird überall bewundert, und er braucht diese Bewunderung – ohne sie scheint er nicht mehr imstande, zu leben. Er empfindet diese verzerrende Sehnsucht als Druck, alles perfekt machen zu müssen, was ihm oft auch gelingt. Auch er bewundert sich wegen seiner „schönen und erwähnenswerten" Eigenschaften: seiner Schönheit, Klugheit, Begabung, seiner Erfolge und Leistungen, seiner Fähigkeit, Zusammenhänge schneller als andere zu erfassen. Seine Schwächen kompensiert der Narzisst durch männliche Attribute wie Stärke, Wut oder Kampf und hohen Ehrgeiz sowie Perfektionismus – er macht sich unangreifbar, hält sich für tadellos. Im Kontakt mit anderen tritt er vorwiegend unempathisch auf, was nicht automatisch bedeutet, dass er keine Empathie für andere hat. Er schützt sich lediglich vor Verletzungen oder einer zu intensiven Auseinandersetzung mit den Gefühlen anderer, um sich nicht schuldig zu fühlen. In Beziehungen braucht er Anerkennung und fühlt sich durch die Idealisierung seiner Partnerin stabil und ausgeglichen. Deswegen sucht er sich auch vorrangig weibliche Komplementärnarzisstinnen. Wehe aber, wenn etwas davon aussetzt oder er gar von außen Kritik erfährt – die Katastrophe einer schweren Depression steht dann vor der Tür.

Depression ist die Volkskrankheit Nummer eins. Sie tritt auch bei nicht narzisstischen Menschen in Erscheinung und wird daher als normal empfunden. Selbst Hochbegabte oder Gesunde können daran erkranken, beispielsweise wegen einer Schilddrüsenunterfunktion. Diese an Depression Erkrankten sind aber frei von einer Depression, in der das Selbstwertgefühl in der Echtheit der eigenen Gefühle wurzelt und nicht im Besitz bestimmter Qualitäten (in diesem Falle das idealisierte Selbst). Für den Narzissten hingegen ist eine Depression mit einem Erdbeben gleichzusetzen, das alles infrage stellt, alles durcheinanderwirbelt und den Betroffenen um ein Vielfaches zurückwirft. Der Zusammenbruch des Selbstwertgefühls beim „grandiosen" Menschen zeigt mit aller Schärfe, wie es wirklich damit steht: Wie ein Heißluftballon ist es bei gutem Wind und mit dem Abwurf von Ballast hoch hinaufgeflogen, hat dann aber plötzlich ein Loch bekommen und liegt nun „wie vom Himmel gestürzt" am Boden. Im eigenen Selbst ist nichts entwickelt worden, das im Laufe einer Depression einen Halt hätte bieten können. Der „grandiose" Narzisst verleugnet daher seine Gefühle, um nicht preiszugeben, wie verletzlich er in Wahrheit ist. Auch spielt die Angst des Narzissten eine Rolle, als hochsensibler, schwächlicher, verletzlicher Charakter enttarnt zu werden, ist dieser ja der stetigen Gefahr ausgesetzt, eine große Angriffsfläche zu bieten.

Das Kind, das in seiner Kindheit entweder von der Mutter emotional missbraucht wurde oder andere prägende Erfahrungen machen musste (Mobbing, Ausgrenzung etc.), hat zwar die Chance, seine intellektuellen Funktionen ungestört zu entwickeln, wofür es auch mit Anerkennung belohnt wird, nicht aber seine Gefühlswelt auszubilden. Das macht sich nun im Erwachsenenalter in der „Grandiosität" bemerkbar. Seine intellektuellen Eigenschaften wurden stets bewundert, während seine verletzlichen Anteile als falsches Selbst verleugnet werden mussten, um weiterhin leistungsfähig zu sein und die Anerkennung der Mutter, des Vaters (meistens handelt es sich dann um eine Vater-Tochter-Bindung) oder des Umfelds zu erfahren. Im Ergebnis ist der Narzisst zu einer wahren Selbstliebe nicht fähig, verliebt ist er nur in sein idealisiertes Selbst. Dass diese Idealisierung nicht als die Selbstverliebtheit durchgehen kann, wie sie von der Gesellschaft, die den Narzissmus dämonisiert, dargestellt wird, versteht sich mit dieser Erklärung von selbst.

Der depressive Narzissmus dagegen gilt, wie in verschiedenen Formen beschrieben, als weibliche Form der NPS. Im medizinischen Sinne spricht man vom verdeckten (nicht offensichtlich erkennbar) oder auch verletzlichen Narzissmus. Es handelt sich dennoch um eine Persönlichkeitsstörung. Den depressiven Narzissten zeichnen hohe Minderwertigkeitskomplexe und eine große Selbstunsicherheit aus. Er geht in seinem Empfinden von vornherein davon aus, nicht gemocht, nicht akzeptiert oder abgelehnt zu werden. Deswegen fällt auf, dass er sich mehr anstrengt als andere, um bloß keine Fehler zu machen, oder in für ihn einengenden Situationen entweder auf vorzeitige Rechtfertigung bzw. Angriff schaltet oder sich zurückzieht in sein Schneckenhaus, weil er Konflikte in der Gruppe scheut. Er hat große Angst vor Kritik und tritt entsprechend unterwürfig und bescheiden auf. Der depressive Narzisst hat den innigen Wunsch, akzeptiert, anerkannt und wertgeschätzt zu werden. Er neigt in seiner Depression durchaus zu größenwahnsinnigen Ideen, die er aber in der Regel nicht auslebt. Er möchte einfach nur, dass man ihm zuhört, und ist bereit, dafür einiges in Kauf zu nehmen.

Aus diesem Grund neigt der depressive oder weibliche Narzisst dazu, sich Freundschaften zu erkaufen oder aus schlechtem Gewissen heraus Dinge zu tun, die er eigentlich gar nicht tun will – er idealisiert sein Gegenüber, ignoriert Mängel, erklärt diese mit seinem eigenen Unvermögen, macht sich abhängig und versucht, die Harmonie zu wahren. Er opfert sich in Beziehungen für andere auf, nimmt damit den Part des Komplementärnarzissten ein, wenn der Partner seinerseits dominant auftritt. In beiden Fällen ist das Kind oftmals ohne Vater aufgewachsen und wurde von der Mutter idealisiert oder als Partnerersatz verstanden. Oft wird der weibliche Narzissmus mit einer Borderline-Störung verwechselt. Die dependente Persönlichkeitsstörung ist oft eine Folge- oder Zusatzstörung, die als Nebenerscheinung auftritt oder auftreten kann. Häufig wird nach einer Elternfigur gesucht, die ausreichend Halt bietet. Oft bemuttern diese Menschen auch andere, zwingen ihnen ihre Hilfe auf und identifizieren sich mit dem Partner oder idealisieren ihn. Die Reaktion des Umfeldes, nämlich der Rückzug, das Unverständnis oder die Verurteilung seiner Verhaltensweisen, ist dem Narzissten am Ende die Bestätigung dafür, wertlos und ungeliebt zu sein, zu den Verlierern zu zählen. Das sieht er als erneuten Anlass, sich dysfunktional bzw. grandios zu verhalten und damit seine (Täter/Opfer-)Haltung zu begründen und zu manifestieren.

In unserer Kultur, in unserer Gesellschaft werden die Frauen eher dem Pol der Minderwertigkeit zugeordnet. Sie werden als der schwächere, sensiblere, „weichere" Part wahrgenommen, weshalb sie auch relativ gut mit ihrer Opferhaltung in Selbsthilfeforen von ihren eigenen Anteilen ablenken können. Die Männer dagegen werden mehr dem Pol der Grandiosität zugeordnet, was den vielen doch eher verwirrenden Aussagen im Internet viel Wahrheitspotenzial verleiht. Das bedeutet aber nicht, dass nicht auch eine Frau grandios sein kann, etwa wenn sie sich für die schönste Frau hält (und andere nach dem Aussehen beurteilt), sobald sie zwei Kilo abgenommen, ein neues Paar Schuhe gekauft oder es erfolgreich geschafft hat, ihre Augenringe zu übertuschen. Und ebenso kann sich ein Mann minderwertig fühlen. Der männliche Narzissmus ist also nicht ausschließlich den Männern, der weibliche Narzissmus nicht nur den Frauen zuzuordnen. Viele Experten, die noch zu Wort kommen werden, gehen davon aus, dass es keinen klassischen Narzissmustypen gibt, sondern in der Regel sowohl Frauen als auch Männer mit weiblichen und männlichen Anteilen der narzisstischen Persönlichkeitsstörung versehen sind.

> Mein Mitgefühl für narzisstische Patienten erwächst aus meinem Eindruck, dass die meisten nicht böswillig verletzend, ichbezogen oder arrogant erscheinen möchten, sondern mehr oder weniger ungeschickt versuchen, sich zu schützen.
>
> Wendy Behary, Leiterin des Instituts zur Behandlung der narzisstischen Persönlichkeitsstörung in New Jersey und ausgewiesene Expertin auf diesem Gebiet[9]

3.1.6 Definition nach M. Depner

Wenn man bei Google das Wort „Narzissmus" eingibt, wird man überschwemmt von unzähligen Seiten angeblicher Fachleute, die sich damit brüsten, genau zu wissen, wie Narzissten sind, woran man sie erkennt und wie man am besten mit ihnen umgeht. Ich könnte sagen, dass ich darunter gelitten habe – es triggerte mein inneres Kind, das sich ungerecht behandelt fühlte. Ich bin aber auch auf Aussagen von Narzissmusexperten gestoßen, die mich fasziniert haben. Dr. Michael Depner aus Wuppertal hat den Narzissmus wie folgt beschrieben:

Ursprung des Begriffs

Die griechische Mythologie berichtet vom Jüngling Narziss. Als Narziss sein Spiegelbild im Wasser eines Teiches sah, fand er es so schön, dass er sich in das Bild verliebte. Beim Versuch, sich dem geliebten Bild zu nähern, stürzte er ins Wasser und ertrank.

Narzissmus als psychologischer Fachbegriff

Die Psychoanalyse hat gezeigt, dass die Selbstwertregulation eine große Rolle im Gefüge der seelischen Dynamik spielt. Sind die Grundbedürfnisse erfüllt, hat das meiste, was der Mensch tut, auch etwas mit Aufbau und Sicherung seines Selbstwertgefühls zu tun.

Nur aus dem Gefühl des eigenen Wertseins heraus ist der Mensch in der Lage, seine Interessen unbefangen und nachhaltig zu vertreten. Deshalb interessiert ihn die Frage, wie er sein Wertsein sicherstellen kann. Angeregt durch die griechische Mythologie hat die Psychologie das Interesse des Einzelnen am eigenen Wert als *Narzissmus* bezeichnet.

Soziale Funktion

Innerhalb der menschlichen Gemeinschaft hat man Vorteile, wenn man als wertvoll angesehen wird. Wer als wertvoll gilt, erntet Anerkennung und Zuwendung. Menschen sind bereit, die Interessen dessen, den sie für wertvoll halten, tatkräftig zu fördern. Man macht ihm Platz und gesteht ihm Rechte zu, die man anderen verweigern würde. Dafür zu sorgen, dass man als wertvoll gilt, ist daher eine nützliche Strategie zur Sicherung des Überlebens; egal ob man einen wirklichen Wert verkörpert oder ob man einen vermeintlichen simuliert.

Psychologische Funktion

Im normalen Funktionszustand des Bewusstseins deutet sich der Mensch als eine vom Umfeld abgegrenzte Person. Als solche steht der Einzelne als egozentrische Einheit einer übermächtigen Wirklichkeit gegenüber, von der er glaubt, dass sie ihn über kurz oder lang beseitigen wird. Aus dem Wissen um das grundsätzliche Ausgeliefertsein an die Übermacht der Wirklichkeit entsteht Existenzangst.

Da der Wesenskern des Menschen zeitlos ist, kann er die Aussicht auf eine zukünftige Vernichtung nicht akzeptieren. Um seiner Angst Herr zu werden, benutzt der egozentrische Mensch verschiedene Abwehrmechanismen. Der bekannteste davon ist die Verdrängung. Man verdrängt die Angst vor dem Tod oder die Existenz zweifelhafter Eigenschaften, die das Existenzrecht infrage stellen könnten.

Eine weitere Möglichkeit zur Abwehr der Lebensangst ist das Bemühen um die Steigerung des Eigenwerts; denn der Mensch kann und will nicht glauben, dass etwas wirklich Wertvolles tatsächlich vernichtet werden darf.

Bild und Wirklichkeit

Pathologischer, also Leid erzeugender Narzissmus hat etwas mit dem Bild zu tun, von dem sich bereits der Jüngling Narziss verführen ließ. Im Gegensatz zur Wirklichkeit sind Bilder erdachte Konstruktionen oder substanzlose Reflexe im Spiegel. Es fehlt ihnen jener Realitätsgehalt, der etwas wirklich Wertvollem inne liegen muss, um glaubhaft wertvoll zu sein.

Darin liegt das Problem dessen, der sich einem glanzvollen Selbstbild verschreibt, um der Angst vor der Vernichtung des Wertlosen zu entkommen. Beim Bestreben, sich dem Bild zu nähern, blickt der narzisstische Mensch nicht auf sich selbst, sondern auf das substanzlose Bild, dem er zu gleichen versucht. Je mehr er sich aber mit dem Bild gleichsetzt, desto mehr wird die Angst, vor der er flieht, durch die Substanzlosigkeit des Bildes geschürt.

Die narzisstische Persönlichkeit

Als narzisstische Persönlichkeiten gelten Menschen, bei denen das Bemühen um den Eigenwert mehr Raum einnimmt als beim Durchschnitt. Ein narzisstischer Mensch neigt dazu, seine Qualitäten zu betonen. Je nachdem, wie er seine Qualitäten einschätzt, führt sein narzisstisches Interesse zu verschiedenen Verhaltensmustern:

- Neigt er dazu, seinen Eigenwert im Vergleich zu anderen als deutlich überlegen einzuschätzen, kann das dazu führen, dass er sich nicht um den Erwerb neuer Fähigkeiten bemüht, sondern sich aus seiner selbstverliebten Vorstellungswelt heraus damit begnügt, sich anderen gegenüber abwertend oder gönnerhaft zu verhalten.
- Zweifelt er daran, dass die Überdurchschnittlichkeit seines Eigenwerts bereits gesichert ist, bemüht er sich, womöglich mit großem Elan, um den Erwerb neuer Fähigkeiten und Kompetenzen.
- Nicht jeder, dem der Zweifel am eigenen Wert zu schaffen macht, wählt manifest narzisstische Muster, um sich vor dem Zweifel zu retten.

Auflösung des pathologischen Narzissmus

Narzissmus ist ein wesentlicher Faktor im Kräftespiel der Seele. Im Grundsatz ist er keineswegs pathologisch. Erst die einseitige Betonung des Strebens nach Anerkennung und Eigenwert schafft Leiden. Dieses Leiden wird dadurch verursacht, dass sich der narzisstische Mensch nicht sich selbst zuwendet, sondern dem Bild, dem er gleichen will. Durch den Blick zum Bild entzieht er dem Selbst die Zuwendung seiner Achtsamkeit, was zu einem verstärkten Bedürfnis nach Bestätigung führt, mit dem er sich dann ans Umfeld wendet. So macht sich der Narzisst abhängig, was sein Selbstwertgefühl weiter untergräbt. Bestätigung von außen oder Überlegenheit im Vergleich werden zu einer Droge, die kurzfristig Symptome bekämpft, die die Ursache der Symptome aber nicht behebt.

Die Heilung des pathologischen Narzissmus gelingt, wenn der Betroffene zwischen Bild und Wirklichkeit zu unterscheiden lernt und durch die Unterscheidung erkennt, dass seiner Wirklichkeit bereits mehr Wert inne liegt, als er je durch ihre Angleichung an sein Bild erreichen könnte. Der Weg zur Heilung heißt vertiefte Selbsterkenntnis.[10]

Im Gespräch mit Dr. Michael Depner

Ich finde die Herangehensweise dieser Beschreibung extrem beeindruckend. Es gibt so viele Erklärungen des Narzissmus. Ich beispielsweise halte mich sehr an das ICD-10, die Entstehungsgeschichte aus Sicht der Schematherapie und an das, was Alice Miller geschrieben hat. Daraus habe ich letztlich in meiner Entstehungsgeschichte eine Erklärung gefunden. Nachdem ich jedoch seine Beschreibung gelesen hatte, schrieb ich Dr. Michael Depner an, und er hat mir erlaubt, diesen Teil komplett zu übernehmen. Er bat mich, ihn anzurufen und das Gespräch, das wir im Dezember 2016 führten, sinngemäß im Gedächtnisprotokoll wiederzugeben.

1. Herr Dr. Depner, Ihre Beschreibung des Narzissmus unterscheidet sich gravierend von den Beschreibungen, die man sonst so im Internet findet. Wie kommen Sie dazu?

Der Narzissmus ist an sich nichts Schlechtes. Ich würde mal behaupten, dass mindestens die Hälfte aller Menschen narzisstische Züge hat. Die Übergänge zwischen gesund und krank sind fließend und oft erst nach einer fundierten Diagnostik herauszustellen. Die meisten psychiatrischen Erkrankungen – und damit auch der Narzissmus – hängen mit dem psychologischen Grundkonflikt zusammen. Er verursacht sie oder gestaltet sie aus. Beim Narzissmus handelt es sich um eine Störung des Selbstwerts. Man kommt also aus meiner Sicht nicht darum herum, den Narzissmus damit in Zusammenhang zu bringen.

Narzissten sind aus meiner Sicht keine bösen Menschen. Sie leiden sehr unter ihrem mangelnden Selbstwert. Um diesen Mangel auszugleichen, wirken sie grandios oder überheblich. Es wird sehr viel verallgemeinert, wie Sie festgestellt haben.

2. Warum wird Ihrer Meinung nach zu wenig differenziert? Woher stammt aus Ihrer Sicht das Bild der Gesellschaft, dass es sich bei Narzissten um böse Menschen oder gar Psychopathen handelt?

Von böse kann nicht die Rede sein. In der wissenschaftlichen Krankheitslehre wird eine Krankheit immer als defizitär dargestellt. Wenn sich jemand ein Bein bricht, kann man das Symptom als pathologisch bezeichnen. Bei seelischen Erkrankungen wie dem Narzissmus muss man aber differenzieren. Das liegt daran, dass es sich nicht um ein Körperteil (ein gebrochenes Bein) handelt, was kaputt ist und geheilt werden kann, sondern weil es sich dabei um ein ganzes Individuum handelt. Da der Beobachter von außen aber oft nur die Auswirkungen wahrnimmt (beim gebrochenen Bein den Schmerz, beim Narzissten die Abwertung anderer), kann er oft gar nicht differenzieren. Er sieht in der Krankheit nur das Schlechte.

3. Haben Sie schon mal einen Narzissten behandelt und wie waren Ihre Erfahrungen?

Ich bin in meiner beruflichen Laufbahn schon auf viele Menschen gestoßen, also auch auf Narzissten. Ich kann nicht sagen, dass diese allesamt böse oder manipulativ sind. Viele sind auch sehr charmant und gebildet und sozial angepasst, tragen aber in ihrem Inneren dieses Leid mit sich herum. Die Ursachen dafür sind vielfältig. Eine Behandlung verläuft auch nicht immer so, wie es dargestellt wird. Es ist kommt immer auf den Fall an.

4. Ich habe die Feststellung gemacht, dass vor zehn Jahren noch der Borderliner als Sammelbegriff für alle psychischen Erkrankungen herhalten musste, die keine Psychose oder Schizophrenie waren. Heute ist es der Narzissmus. Warum ist das so?

Jemanden als einen Narzissten zu bezeichnen, ist die einfachste Methode, sich aus der Verantwortung zu ziehen, ohne dabei selbst zu reflektieren. Ich sag meinen Patienten immer, wenn sie zu mir kommen: Euer Problem oder eure Krankheit habt ihr mit euch selber, nicht mit den anderen. Die anderen können nichts dafür, dass ihr euch so fühlt. Natürlich ist es einfach, jemanden als Narzissten zu bezeichnen und damit die Verantwortung abzugeben. Das Bild, der Narzisst sei der Kranke und er brauche Therapie, nicht man selbst, ist dann logisch, aber in vielerlei Hinsicht auch nur eine Schutzbehauptung, um eben nicht Verantwortung für sich selbst zu übernehmen oder zu reflektieren.

5. Wie kann man als Mensch auf dem Weg zur Einsicht unterstützend wirken, ohne zusätzlichen Druck mit Kontaktabbruch auszuüben? Wie kann man einen Betroffenen davon überzeugen, professionelle Unterstützung in Anspruch zu nehmen?

Sobald man versucht, jemanden zu einer Therapie zu bewegen, übt man automatisch Druck aus. Man sollte bei sich bleiben. Viele Menschen, die einen Narzissten in ihrer Umgebung haben, leiden mit. Sie leiden so sehr, dass sie die Krankheit zu ihrer Sache machen. Sie wollen dem Narzissten unbedingt helfen, auch weil sie anfangen, die Schuld bei sich zu suchen. Man kann aber einen Menschen nicht dazu zwingen sich helfen zu lassen. Die Einsicht und somit auch die Motivation müssen von dem Betroffenen ausgehen. Wenn man mit dieser Situation nicht zurechtkommt, hat man immer noch die Wahl, auf Distanz zu gehen.

Die Resonanz auf meine Anfrage bei all den Experten ist erstaunlich groß, sodass ich mich auf dem richtigen Weg fühle, tatsächlich ein authentisches Buch auf den Markt zu bringen, um den Narzissmus als Krankheitsbegriff richtig zu differenzieren. Die Gesellschaft ist in vielerlei Hinsicht schlecht informiert oder ahnungslos. Neue Forschungsergebnisse haben gegenüber veralteten Krankheitsbeschreibungen keine Chance, sich durchzusetzen.

3.1.7 Warum eine narzisstische Persönlichkeitsstörung leicht mit einer Borderline-Persönlichkeitsstörung zu verwechseln ist

Verwechselt werden narzisstische Persönlichkeitsstörungen häufig mit der Borderline-Persönlichkeitsstörung (BPS), da beide häufig mit einem labilen Selbstwertgefühl, konflikthaften zwischenmenschlichen Bindungen und Verlassenheitsängsten einhergehen.[11] Bei beiden Störungsbildern kann ein großes Schamgefühl vorhanden sein. Während Narzissten ihrem Gegenüber nur schwer emotionale Empathie entgegenbringen, weisen Menschen mit einer BPS ein extremeres Verhalten auf, insofern sich Perioden von exzessiver Anteilnahme mit Perioden von Enttäuschung und Rückzug sprunghaft abwechseln. Während Narzissten von anderen ihr eigenes Selbstbild bestätigen lassen wollen, brauchen Menschen mit einer BPS vor allem „Rettung" vor dem Verlassensein.[12]

Der grandiose Narzisst wird gern für einen Borderliner gehalten (oder umgekehrt), weil der Borderliner nicht zuletzt eine tyrannische Form kennt, bei der nahestehende Personen aggressiv für die eigenen Probleme verantwortlich gemacht werden. Beide Störungsbilder weisen eine geringe Frustrationstoleranz auf, was häufig zu plötzlichen impulsiven Wutausbrüchen führt. Bei beiden Störungen fehlt die Fähigkeit, sich selbst zu beobachten und sich eine realistische Vorstellung davon zu machen, wie das eigene Verhalten bei anderen ankommt (freilich gilt auch hier: Ausnahmen bestätigen die Regel). Die Haltung gegenüber Bezugspersonen schwangt stetig zwischen Idealisierung und Abwertung. Personen mit einer BPS neigen deutlicher zu starken Emotionen (Zuneigung, Traurigkeit, Angst) und zeigen verstärkt klammerndes, selbstschädigendes oder parasuizidales Verhalten auf. Narzissten dagegen neigen ihrerseits im Vergleich zu Personen mit BPS eher zu manipulativem Verhalten gegenüber anderen Menschen („Wenn du dies nicht tust, dann mache ich …"), nutzen diese aus und lassen sie fallen, wenn sie keinen Nutzen mehr von ihnen haben. Sie neigen zu depressiven Spannungszuständen und Selbsthass bis hin zu vollendetem Suizid. NPS wird eher bei Männern, BPS eher bei Frauen diagnostiziert, ohne dass hier eine pauschale Zuweisung nach Geschlecht erfolgen kann – sowohl Männer als auch Frauen können beide Krankheitsbilder entwickeln, entweder einzeln oder als kombinierte Form.[13]

Aufschlussreich zur narzisstischen Kränkung und der damit verbundenen narzisstischen Wut – und warum man das nicht mit dem Kasperletheater der Borderliner verwechseln darf – ist die folgende Aussage:

> Du warst mal ein ganz naives, dummes, eigentlich glückliches, aber hochgradig vulnerables Kind. Selbst ich war mal so.
>
> Eigentlich gibt's hier eine Überschneidung mit den HSPlern (gemeint ist eine im medizinischen Sinne hochsensitive Person). Man liest viel zwischen den Zeilen. Mir hat damals keiner gesagt, dass ich scheiße bin. Das kam erst später. Aber was man sehr wohl mitbekommt – Anerkennung und überhaupt Aufmerksamkeit gibt's nur für herausragende Leistung. Also hängst du dich rein. Und scheiterst. Es sind Kleinigkeiten, aber die sind für dich unverständlich und ungerecht. Ich zähle das nicht im Detail auf. Speziell an Ungerechtigkeiten erstickst du fast.
>
> Plötzlich veränderst du dich. Rein rational bist du kaum angreifbar, aber dein Sozialverhalten verändert sich. Der Beginn einer spannenden Reise.
>
> Dein Selbstwert schwankt zwischen Halbgott und am besten wäre es, tot zu sein.
>
> Du bist aber kein Bordie, der dem ausgeliefert ist. Du handelst das Chaos! Was du nicht handeln kannst, frisst du rein. Aus den unzähligen Verletzungen, die allesamt subjektiv existenzbedrohend sind, weil sie direkt dein Selbstbild erschüttern, formst du so über Jahre etwas Gutes und Gerechtes. Wut und Hass. Das ist wie Kohle fressen und Diamanten scheißen.
>
> Das lässt du aber nicht einfach unkontrolliert raus. Und über viele Jahrzehnte kannst du eine funktionierende Scheinwelt basteln. In der du nicht mal so schlecht wegkommst. Du hast Familie und Freunde. Eigentlich nicht, weil dir jeglicher Bezug zu diesen Begriffen fehlt. Und wenn da mal einer stirbt oder so, weißt du in 2 Wochen nicht mehr, wer das war.
>
> Diese Scheinwelt ist tricky!
>
> Da es nur dich gibt und „die da", ist jegliche Empathie weg. Deine Gefühle hast du auch seit vielen Jahren weggesperrt. Das Kind von damals ist ebenfalls im Keller weggesperrt. Und wenn es mal protestiert, trittst du ihm in die Fresse.
>
> Das lässt sich nicht ewig aushalten. Das muss nach außen kanalisiert werden.
>
> Was vom Kind blieb – die extreme Verletzlichkeit. Aber eben nur mehr die. Ohne Gegengewicht. Deine Wut wird deshalb chronisch. Du kontrollierst sie immer noch, aber sie wurde längst zu Selbsthass. Das kannst du dir nicht eingestehen, drum projizierst du es wieder nach außen.
>
> Und hier wird's spannend. Jetzt bleibt dir der Bilanzsuizid, hemmungslos den Soziopathen raushängen lassen, deine Depression zelebrieren oder das Ganze mit einem Sturmgewehr im Einkaufszentrum beenden.

Derzeit trink ich einen auf meine Depression.
Das Sturmgewehr wäre an sich mein Favorit, aber das ist wieder so Bordie-like.

Martin Heller, 50, Wien, ein anderer Narzisst

3.2 Antisoziale Persönlichkeitsstörung F60.20

Für die dissoziale Persönlichkeitsstörung sind eine niedrige Schwelle für aggressives und gewalttätiges Verhalten (wiederholte Schlägereien, Überfälle etc.), eine sehr geringe Frustrationstoleranz, Verantwortungslosigkeit und Missachtung sozialer Normen, Regeln und Verpflichtungen, ein fehlendes Schuldbewusstsein (Betroffene zeigen keine Reue nach ihren Taten), Impulsivität, mangelndes Lernen aus Erfahrung oder Bestrafung sowie mangelndes Einfühlen in andere typisch. Beziehungen werden zwar eingegangen, jedoch selten im guten Sinne aufrechterhalten. Dissoziale Personen sind zudem in erhöhtem Maße reizbar. Sie neigen zu Falschheit, wiederholtem Lügen oder Betrügen und wirken dabei gewissenlos, da sie sich rechtfertigen oder gar andere beschuldigen. Aus diesen Gründen neigen Menschen mit einer dissozialen Persönlichkeitsstörung vermehrt zu Gewalttaten, Kriminalität und Drogenmissbrauch. Bei der „schwersten" Untergruppe würde man diese Personen als trickreiche und sprachgewandte Blender mit oberflächlichem Charme, als gnadenlose Ausnutzer mit krankhaftem Lügen, betrügerisch-manipulativem Verhalten und Gefühlskälte oder als Kriminelle mit Erlebnishunger sowie unkontrolliertem und gewissenlosem Handeln bezeichnen. Früher wurde in der Literatur der nun veraltete Begriff „Psychopath" für diese Störung verwendet.

Die folgenden ICD-10-Kriterien beschreiben neben sozialer Abweichung charakterkennzeichnende Besonderheiten. Insbesondere handelt es hier um Egozentrik, *mangelndes Einfühlungsvermögen und defizitäre Gewissensbildung*. Kriminelle Handlungen können, müssen jedoch nicht vorkommen.

1 Mangelnde Empathie und Gefühlskälte gegenüber anderen
2 Missachtung sozialer Normen
3 Beziehungsschwäche und Bindungsstörung
4 Geringe Frustrationstoleranz und impulsiv-aggressives Verhalten
5 Mangelndes Schulderleben und Unfähigkeit zu sozialem Lernen
6 Vordergründige Erklärung für das eigene Verhalten und unberechtigte Beschuldigung anderer
7 Anhaltende Reizbarkeit[14]

Drei dieser Kriterien müssen erfüllt sein, um von einer antisozialen bzw. dissozialen Persönlichkeitsstörung sprechen zu können.

Laut DSM-5 besteht ein tiefgreifendes Muster von Missachtung und Verletzung der Rechte anderer, das seit dem 15. Lebensjahr auftritt. Man unterscheidet dabei „instrumentell-dissoziales Verhalten", „impulsiv-feindseliges Verhalten" und „ängstlich-aggressives Verhalten". Auch hier müssen drei Kriterien erfüllt sein, um davon ausgehen zu können, dass eine antisoziale Störung im Sinne des DSM-5 vorliegt.

1. Versagen, sich in Bezug auf gesetzmäßiges Verhalten gesellschaftlichen Normen anzupassen, was sich in wiederholtem Begehen von Handlungen äußert, die einen Grund für eine Festnahme darstellen
2. Falschheit, die sich in wiederholtem Lügen, dem Gebrauch von Decknamen oder dem Betrügen anderer zum persönlichen Vorteil oder Vergnügen äußert
3. Impulsivität oder Versagen, vorausschauend zu planen
4. Reizbarkeit und Aggressivität, die sich in wiederholten Schlägereien oder Überfällen äußert
5. Rücksichtslose Missachtung der eigenen Sicherheit bzw. der Sicherheit anderer
6. Durchgängige Verantwortungslosigkeit, die sich im wiederholten Versagen zeigt, eine dauerhafte Tätigkeit auszuüben oder finanziellen Verpflichtungen nachzukommen
7. Fehlende Reue, die sich in Gleichgültigkeit oder Rationalisierungen äußert, wenn die Person andere Menschen gekränkt, misshandelt oder bestohlen hat

Entstehung und Entwicklung der antisozialen Persönlichkeitsstörung

Man geht davon aus, dass die Ursachen der antisozialen Persönlichkeitsstörung im Zusammenwirken von biologischen, psychischen und umweltbezogenen Faktoren liegen. Die Störung tritt häufiger auf, wenn einer oder beide Elternteile diese bereits hatten, was auf eine genetische Ursache hindeutet. Auffällig ist auch, dass die Betroffenen häufig aus zerrütteten Elternhäusern kommen, in denen sie Gewalt und Vernachlässigung erleben mussten.

Bereits in der Jugend fallen Betroffene durch ihr Verhalten auf. Sie missachten Regeln, bleiben der Schule fern, stehlen, lügen ständig und zerstören mutwillig Gegenstände. Dieses Verhalten setzt sich im Erwachsenenalter durch kriminelles und gewalttätiges Verhalten fort.

Durch psychotherapeutische Behandlungsansätze sollen Eigenschaften des Patienten, die zu solchen Verhaltensweisen führen, verändert werden. Zwischenmenschliche und soziale Kompetenzen sollen verbessert und die Kontrolle über Impulse, die zu strafbaren Handlungen führen, erreicht werden. Betroffene sollen auch ein Gespür dafür erlernen, welche Auswirkungen ihr Verhalten auf ihre Opfer hat.

Die Motivation der Patienten, in der Therapie mitzuarbeiten und das eigene Verhalten zu verändern, ist jedoch nicht besonders hoch, da psychotherapeutische Behandlungen einer antisozialen Persönlichkeitsstörung meist nicht freiwillig, sondern durch gerichtliche Anordnung oder auf Druck des Arbeitgebers erfolgen.[15]

3.3 Der maligne Narzissmus – die vielleicht gefährlichste Krankheit der Welt?

Im Internet, wo ich selten etwas Internettes finde, kursieren viele Beschreibungen über den malignen Narzissmus. Woher dieser Begriff letzten Endes herkommt, liest man da nicht. Allerdings bin ich bei meinen Recherchen auch auf einen eher wohlwollenden Artikel gestoßen. Der Seitenbetreiber des *Psychologie Magazins* (www.psyheu.de) war so frei mir zu gestatten, Auszüge abzudrucken.

> Es gibt eine knappe und die Situation eigenartig gut treffende Beschreibung: *Psychotiker wissen nicht, was richtig und falsch ist. Antisoziale Persönlichkeiten wissen es, aber es interessiert sie nicht.* Psychotiker gelten deshalb als nicht schuldfähig, bei Menschen mit Antisozialer Persönlichkeitsstörung befinden wir uns in einer Grauzone. Zurechnungsfähig, aber unheilbar (ein Punkt, der weiter diskutiert wird), eine strafrechtlich ungelöste Konstellation.
>
> Unter ihnen finden wir Menschen, die manchmal hochintelligent und immer frei von jedem Gewissen sind. Sie sind in einer Weise grausam, rücksichtslos und egozentrisch, wie der Normalbürger es sich – wohl zum Glück – kaum vorstellen kann. Sie sind auf eigenartige Weise angstfrei und lügen ohne Hemmungen, wenn sie meinen, dass das zu ihrem Vorteil ist. Man findet unter ihnen Serienmörder und -vergewaltiger, ihre Therapieprognose lautet (bislang) wie erwähnt: unheilbar. Grund ist der völlige Empathiemangel. Ein guter Kandidat für **die gefährlichste Krankheit** der Welt?
>
> Anders beim *Syndrom des malignen Narzissmus*. Es besteht aus den vier Bausteinen: Narzisstische Persönlichkeitsstörung, paranoide Persönlichkeitsstörung, Sadismus und ich-syntone Aggression. Menschen mit malignem Narzissmus sind besser organisiert als antisoziale Persönlichkeiten, die ganz am Ende des Spek-

trums narzisstischer Pathologien stehen. Maligne Narzissten sind „gesünder", wenn man so will. Und vielleicht haben sie **die gefährlichste Krankheit** der Welt.

Sie können sich in großen Organisationen halten, wenngleich nicht alle dorthin streben oder offen aggressiv sind. Doch die Schlimmsten kennt man: *Saddam Hussein, Josef Stalin, Adolf Hitler*. Sie sind misstrauisch und grausam, rächend, mitleidlos und brutal, der differentialdiagnostische Unterschied zur Antisozialen Persönlichkeit ist minimal. Antisoziale Persönlichkeiten sind komplett unfähig, nicht ausbeutende Beziehungen zu irgendeinem Lebewesen einzugehen, sei es zu einem Hund oder Raubkumpanen. Genau das macht sie auch unheilbar. Maligne Narzissten haben diese Fähigkeit.

Deshalb hat die böse Geschichte von **der gefährlichsten Krankheit** auch eine Chance auf ein Happy End: Das, was diese Menschen besonders gefährlich macht, ihre minimale Fähigkeit zur Empathie, ist auch das Tor zur Heilung. Man kann sie therapeutisch erreichen und welche sozialen und politischen Faktoren auch immer sonst noch eine Rolle spielen, zumindest aus therapeutischer Sicht kann man sagen, dass der nächste Hitler verhindert werden könnte.

Weder das ICD-10 noch das DSM-5 definieren diese schwere Persönlichkeitsstörung. Otto Kernberg hat den Begriff erstmals 1995 geprägt und wenig später auch näher erörtert. Forschungen und empirische Daten liegen noch nicht vor, es gibt lediglich klinische Beobachtungen, die überwiegend aus der Forensik stammen. Aus Überlieferungen im Internet und in Absprache mit diversen Narzissmusexperten scheint folgende Beschreibung plausibel zu sein:

Unter malignem Narzissmus versteht man eine Steigerung des üblichen Narzissmus hin zum bösartigen und gemeinen Verhalten. Dies kann als Kombination der narzisstischen Persönlichkeitsstörung mit antisozialem Verhalten und paranoider Neigung gesehen werden. Menschen, die unter malignem Narzissmus leiden, möchten die Herrschaft innerhalb einer Gemeinschaft für sich allein haben. Um diese Herrschaft zu erlangen, scheuen sie keine Mittel. Sie nehmen keinerlei Rücksicht auf andere. Dadurch geht ihnen der Bezug zur Realität völlig verloren – die Mittel zur Erlangung der alleinigen Herrschaft sind mehr als fraglich.[16]

Gründe für den malignen Narzissmus

Der maligne Narzissmus äußert sich durch eine brutale und gefühllose Vorgehensweise. Er dürfte auf schwere Kränkungen in der Kindheit zurückzuführen sein. Die Erlebnisse, die der maligne Narzisst in seiner Kindheit gemacht hat, müssen derart schlimm gewesen sein, dass er das Gefühlsleben vollständig unterdrückt, um sich vor weiteren emotionalen Verletzungen zu schützen. Pflegt man seine Gefühle nicht, kümmert man sich nicht um sie, so gehen sie verloren – sie verkümmern. Dies ist der Grund, weshalb der maligne Narzisst in Situationen, in denen Gefühle angebracht wären, keine zeigt.

Maligne Narzissten sind nicht in der Lage, etwas „feiner" einzuschätzen, sondern verfallen schnell in extreme Kategorisierungen. Ihnen fehlt die Empfindungsfähigkeit: Entweder alles ist unübertrefflich oder alles ist schlecht – Abstufungen gibt es keine. Der maligne Narzissmus lässt nur Schwarz oder Weiß zu.

Maligne Narzissten sind extrem leicht verletzlich in ihrem schwachen Selbstwertgefühl. Aus diesem Grund leben sie ihre bösartigen Aggressionen ungeniert aus. In ihrer krankhaften Wut zerstören sie alles, was ihnen im Weg steht. Begleitet werden sie dabei nur von ihrer Wut, ein schlechtes Gewissen kennen sie nicht.

> Eigentlich ist das traurig.
> Leonard über malignen Narzissmus

Eine Reihe von Merkmalen des malignen Narzissmus lässt sich anführen:

- Der maligne Narzisst ist primitiv in seiner Machtausübung. Er ist nur auf seinen eigenen Vorteil bedacht. Gefühle für andere kennt er nicht.
- Er ist rücksichtslos, sadistisch, sprunghaft und herzlos.
- Die Suche nach Macht und Reichtum erscheint zwanghaft.
- Es existieren für ihn nur eigene Regeln und Gesetze. Allgemeine Sitten kennt er nicht. Es gilt allein das Recht des Stärkeren.
- Eine Moral kann er entwickeln, wenn er sich durch diese einen Vorteil erhofft.
- Er ist ungeduldig und aggressiv, wenn die Stimmung angespannt ist.
- Er zeigt keinerlei Verantwortungsbewusstsein oder Gewissen, wenn es darum geht, die Herrschaft einer Gruppe zu erlangen.
- Andere Menschen demütigt und entwürdigt er. Er zeigt einen ausgeprägten Neid.
- Er sieht in anderen böse und hinterhältige Menschen, da er Angst hat, diese könnten ihn vom „Thron" stoßen.
- Er kann infolge eines sexuellen Missbrauchs durch seine Mutter zum Frauenhasser werden, der insbesondere Frauen niederträchtig und verachtend behandelt[17]

3.4 Die narzisstische Normopathie – das Leiden der Normalen

> Sind wir alle gestört oder warum entwickelt sich unsere Gesellschaft zunehmend zu einer fast schon krankhaften Normopathie? Die Normopathie ist der Drang zur Anpassung, dazu, überkorrekt und überkonform zu sein. Das Problem dabei ist die Entfremdung vom echten Leben.
>
> Hans-Joachim Maaz

Normopathie ist eine Persönlichkeitsstörung, bei der sich der Mensch jeglicher Individualität zwanghaft zu entledigen versucht. Der Drang nach einem – bezogen auf soziokulturelle Maßstäbe – normalen Selbst führt zu absoluter Konformität, Überangepasstheit und letztlich zum Abhandenkommen des eigenen Ichs.[18]

> Ich bezeichne eine gesellschaftliche Fehlentwicklung als „Normopathie": Das Falsche, der Irrtum, wird nicht mehr erkannt, weil die Mehrheit einer Meinung ist und danach handelt. Alle Mitläufer können schuldfrei denken und sagen, was „alle" machen, kann ja nicht falsch sein. Und als Mainstream ist die versammelte Kraft zu verstehen, dazugehören zu wollen, nicht die Last eines Außenseiters tragen zu müssen oder offen bekämpft und diffamiert zu werden.
>
> Hans-Joachim Maaz[19]

Ich habe mich im Grunde immer gegen die Überanpassung gewehrt. Vom Elternhaus wurde mir ein Verhalten mitgegeben. Vorgegeben wurde aber ein anderes, das jedoch nicht vorgelebt wurde – es war nur ein Wunsch. Meine Eltern waren keine Vorbilder, sie waren meine Helden, zumindest als ich Kind war. Mittlerweile weiß ich, dass meinen Eltern ihr eigenes Verhalten nicht bewusst war, auch wenn sie das nach außen hin immer gerne behaupten. Das, was meine Mutter als Erzieherin gelernt hat, gilt für ihren Beruf, leider aber nicht für zu Hause. Da galten Regeln, an die sie sich selber nicht halten konnte. Gesehen hat sie aber oft nur meine Regelüberschreitungen. Sie war auch nicht in der Lage zu reflektieren, dass die womöglich mit ihrem Verhalten zu tun hatten. Sie verbot mir Krimis und Horrorfilme aus Angst, ich könnte Alpträume bekommen oder verdorben werden. Hat leider nicht geholfen. Sie selber hat Horrorfilme geschaut und unbewusst Kraftausdrücke an mich weitergegeben. Leider wird sie niemals in der Lage sein, dieses Verhalten zu reflektieren, denn laut ihr bin ich der Narzisst und sie das arme normopathische Opfer, das alles tut, um nicht aufzufallen, und deswegen vermeintlich eine Überanpassung an diese Gesellschaft vornimmt. Ich habe sie noch nie jubeln gesehen.

Im Grunde handelt auch der Normopath narzisstisch – nur verkörpert er eben das andere Extrem. Der Normopath ist *dafür*, der Narzisst *dagegen* oder nur *dafür*, wenn es ihm persönlich etwas bringt. Der Normopath ist aber auch *dagegen*, wenn es für ihn was nützt. Beide wollen dazugehören. Was aber ist denn nun normal? Normal ist relativ. Ist es etwa das, was die Gesellschaft einem ständig suggeriert? Ist es das, was die Masse einem vorlebt? Ist es das, was die Eltern sagen?

> Scheiß auf Freunde und Cliquen. Ich sehe da keinen Benefit. In der Clique herrscht Gruppenzwang, wenn man dazugehören will. Ideal für den Durchschnittslemming. Vermutlich identitätsstiftend für so manchen. Mich schüttelt's bei dem Gedanken. Was für ein erbärmliches Würschtl muss man sein, um sich via Dresscode und Verhaltenskodex in eine Gruppe reinzuraunzen. Und da ist es egal, ob Dackelverein oder Metalszene. Uniformierte, unkreative, opportunistische Volldeppen, die verzweifelt Anschluss suchen, weil sie so langweilig sind, dass sie sich alleine nicht ertragen können. Und je unangepasster sie sich nach außen geben, umso rigider sind die Regeln innerhalb der Gruppe. Bikerszene zum Beispiel: Lächerliche Gestalten, die ich fast bemitleide. Weil die noch nicht mal bemerken, wie absurd ihr Klischee ist.
>
> Freunde sind Definitionssache. Ich brauch sie nicht. Ich hab viele Saufkumpane. Aber weder will ich mich bei denen ausheulen, noch will ich, dass sie mich volllabern. Oder dauernd mit mir was unternehmen wollen und mich jede Woche anrufen. Das stresst mich, weil mich der Typ und sein Leben eigentlich nicht interessieren. Dabei bin ich innerhalb diverser Zweckgemeinschaften sehr loyal. Aber sobald der Zweck entfällt, ist die Person auch aus meinem Leben gestrichen. Drum wechsle ich auch jedes Jahr meine Telefonnummer. Generell halte ich es für keine gute Idee, sich jemandem zu sehr zu öffnen oder Hilfe anzunehmen oder die Person überhaupt glauben zu lassen, dass man irgendwas nicht selbst im Griff hat.
>
> Freundschaft heißt also für mich, dass ich jemanden einmal die Woche drei Stunden bei der Bandprobe ertragen kann oder mit ihm mal im Puff einen saufen gehe. Mehr kann ich nicht geben und will ich nicht haben. Ich hasse es auch, wenn die bei der Probe dauernd privaten Scheiß labern und von mir erwarten, dass ich das auch tue. Drum finde ich, Freunde sind etwas furchtbar Anstrengendes, Einengendes. Etwas, wofür man sich auch verbiegen muss.
>
> Martin Heller

Durch die narzisstische Abwehr übertragen wir unser Leid weiterhin auf andere, die nichts dafür können, unterdrücken sie, werten sie ab und erheben uns im schlimmsten Fall über sie, verspotten sie, schließen sie aus und spielen Henker oder Richter, nur um unser falsches Selbst nicht zu verlieren. Unsere Masken sind unsere Schutzschilder und lassen uns für immer in der Opferrolle sein und somit das falsche Leben verteidigen, obwohl es im Grunde so viel schöner und leichter ist, sich nicht als Opfer zu fühlen und das richtige Leben zu leben. Man muss nicht kämpfen, um zu sein, weil man eben ist.

Neuesten Erkenntnissen zufolge, so Dr. Maaz zu den Folgen der Normopathie, hat der Anpassungszwang eine unmittelbare Auswirkung auf viele psychische Krankheiten. Könnten wir uns alle so akzeptieren, wie wir sind, ganz individuell, dann gäbe es weniger Stereotypen und Klischeenarzissten, sondern einfach nur Menschen, die sich nicht mehr selbst behaupten müssen. Wir wären Menschen, und jeder wäre gleichgestellt. Manch einer mag das jetzt langweilig finden, aber dann ist das eben so. Der wahre Nährwert liegt im augenscheinlich Langweiligen und nicht in dem, was uns weiterhin davon abhält, uns mit uns selbst auseinanderzusetzen.

4 Die ach so (un-)typischen Merkmale narzisstischer Persönlichkeiten

Ich gehe fest davon aus, dass Sie sich in dem, was nun folgt, wiederfinden werden! Falls nicht, möchte ich Sie dennoch darum bitten, den Zeigefinger stecken zu lassen. Sie können natürlich wieder sagen, mein Mann, meine Frau, mein Chef, Trump, Merkel oder Mutter Teresa sind so, aber wem wäre damit geholfen?

4.1 Das Helfer-Syndrom

4.1.1 Darf ich helfen? Nein! Kannst du wenigstens dankbar sein? Wofür?

> Wer anderen hilft, nur um sich selbst zu helfen, hilft niemandem, außer sich selbst.
>
> Leonard

Ich behaupte einfach mal, dass manche Menschen mit Helfersyndrom eher egoistisch und nicht altruistisch handeln und dass sie damit ein Merkmal der narzisstischen oder der dependenten Persönlichkeitsstörung aufweisen. Wieso? Wie komme ich dazu? Will ich jetzt jeden verteufeln, der anderen hilft?

Nein, denn anderen zu helfen ist menschlich. Wenn allerdings die Hilfe eine Bedürfnisbefriedigung für den Helfer darstellt und nur dazu dient, von sich abzulenken, dann verbirgt sich dahinter oft eine eigene Leidensgeschichte, die mit dieser geleisteten Hilfe überdeckt wird. Manchen Menschen bereitet es eine Riesenfreude, wenn sie anderen helfen können – es ist zu ihrem Lebensinhalt geworden. Nur dann, wenn sie helfen können, sind sie – zumindest zeitweise – glücklich. Es scheint nichts zu geben, was ihnen Freude macht, außer anderen zu helfen, und ihr alleiniges Wohlergehen hängt davon ab, wie hilfsbereit sie gegenüber anderen sein können.

Ich selber leide auch mehr oder weniger an dem Helfersyndrom. Ich will es jedem recht machen. Ich will perfekt sein, habe leider aber auch oft Schuldgefühle. Ich fühle mich dadurch manchmal sehr im Abseits, weil ich dann denke, dass die Menschen nur noch „bei mir ankommen", wenn sie Hilfe brauchen. Umgekehrt aber lehne ich Hilfe von außen ab, außer ich habe sie mir selber gesucht (zum Beispiel die Schematherapie). Ich bin also nicht empfänglich für die Hilfsangebote von anderen, bzw.

sehe sie als Bevormundung an. Dass ich dadurch automatisch in eine narzisstische Abwehr verfalle, ist mir erst durch die Therapie klargeworden. Auch die Gründe, warum ich so denke, so handle und mich so verhalte, sind mir durch die Arbeit mit mir selbst bewusst geworden. Ich bin mir sicher, dass es vielen Menschen ähnlich geht. Viele denken, wenn sie sich helfen ließen, würden sie von anderen schief angesehen werden. Dabei ist beides, helfen und sich helfen lassen, wirklich nichts, für das man sich schämen müsste.

Menschen, die einen fragen, ob sie helfen dürfen oder können, die sind in der Regel gesund und empathisch. Sie bieten ihre Hilfe an, was heutzutage keine Selbstverständlichkeit mehr ist. Sie helfen aus freien Stücken, entweder weil sie beauftragt wurden, es ihr Job ist oder sie gefragt haben, ob Hilfe nötig ist. Ganz oft lässt sich allerdings auch beobachten, dass andere einem helfen, obwohl man diese Hilfe nicht wollte, und dass sie dann dafür auch noch einen Dank erwarten. Ein typisches Beispiel ist das, was man strukturelle Gewalt in Pflegeheimen nennen kann. Auch wenn hinter der Hilfe ein guter Gedanke steht, wird das Recht auf Selbstbestimmung verletzt. In vielen Fällen können sich die aus unserer Sicht der Hilfe Bedürftigen am besten selber helfen. Ein guter Kompromiss wäre hier Hilfe zur Selbsthilfe: Der Helfer hilft dem anderen, sich selbst zu helfen. Tatsächlich hilft er damit sogar noch effektiver.

Ich habe jahrelang in der Pflege gearbeitet und konnte mein Helfersyndrom prima kompensieren, auch wenn ich mich bei Kollegen dadurch unbeliebt gemacht habe. Ich war prosozial, würde ich sagen: Ich habe mehr gemacht, als ich musste, wollte meine Patienten nicht vor den Kopf stoßen und ihnen ein Gefühl von Sicherheit und Verständnis geben. Ich wollte ihnen zeigen, dass ich gerne helfe und dass sie kein schlechtes Gewissen haben müssten. Ältere Menschen haben es auch nicht leicht, andere um Hilfe zu bitten. Früher, im Krieg, waren sie gezwungen, selbstständig durchs Leben zu kommen, auch wenn in der Not der Zusammenhalt sehr groß war.

Oft fehlt dem Helfenden, der ungefragt hilft, das nötige Feingefühl. Feingefühl ist nicht mit Mitgefühl zu verwechseln. Es fehlt dieses zwischenmenschliche Taktgefühl, ob die Hilfe erwünscht, erforderlich oder notwendig ist. Ungebetene Hilfe kann denen, die sie erhalten, ein schlechtes Gefühl geben, auch wenn man ihnen doch im Grunde etwas Gutes tun möchte. Sie fühlen sich möglicherweise bevormundet oder übergangen. Manchmal möchte der Mensch keine Hilfe, und dies gilt es dann zu beherzigen, auch wenn man es nur schwer mit ansehen kann, wenn sich jemand abrackert oder etwas länger für etwas braucht. Aber gerade hier gilt es, die Distanz zu wahren. Schnell kann ein Hilfsangebot als Druck empfunden werden. Möchte jemand keine Hilfe, bekommt sie aber doch angetragen, kann er sich dadurch genötigt fühlen, sie anzunehmen, oder er schafft es aus einem schlechten Gewissen heraus nicht, die Hilfe abzulehnen, weil man den Helfenden nicht vor den Kopf stoßen möchte. Zudem hat der Helfende oft eine eigene, individuelle Art und Weise, dem anderen zu helfen, wodurch es zu weiteren unangenehmen Assoziationen auf Seiten des Bedürftigen kommt. Nicht jeder Mensch ist dann in der Lage, dankend abzulehnen. Auch ist nicht jede Hilfe im Sinne des Menschen, der sich helfen lässt. Jeder hat seinen eigenen Stil, und in manchen Dingen lehne ich Hilfe ab, weil ich möchte, dass es so wird, wie ich es haben will – ein Helfer aber vermag nur so gut zu helfen, wie er kann, selten, wie ich es möchte. Soll man sich dann trotzdem bedanken, obwohl man die Hilfe nicht wollte, obwohl sie einem nicht gut getan hat, nur weil sie „gut gemeint" war? Ein Dank käme hier im Grunde einer Lüge gleich. Man kann es eben selten jemandem recht machen, außer sich selbst. Also helfen wir uns doch erst einmal selber, bevor wir anderen helfen. Danach können wir immer noch andere um Hilfe bitten oder ihnen unsere Hilfe anbieten.

Manchmal hasse ich mein Helfersyndrom. So merke ich gerade bei Facebook oder in meinen anderen Narzissmus-Selbsthilfeforen, dass meine Hilfe gern angenommen wird, aber der Dank, den ich mir wünsche, kleiner ausfällt als erhofft und ich dadurch unzufrieden bin. Aufgrund meiner Reflektiertheit wehre ich mich dagegen, anderen einen Vorwurf zu machen, und fresse meinen Schmerz in mich hinein. Manchmal aber denke ich auch nur an mich, ohne ein schlechtes Gewissen zu haben, ohne zu fürchten, man könnte mich für einen Egoisten halten. Manchmal ist Selbstfürsorge und Selbsthilfe „besser", als anderen zu helfen, denn wenn es mir selber nicht gut geht, kann ich anderen nicht helfen, auch wenn ich glaube, es zu tun.

Wolfgang Schmidbauer war der erste Psychiater, der das Helfersyndrom als Störungsmodell identifizierte. Empirische Daten liegen – wie immer – nicht in der Weise vor, dass man bereits von einem gesicherten Wissenstand ausgehen könnte. Dennoch lässt sich ein vorläufiger Befund erkennen: Menschen mit Helfersyndrom haben häufig ein schwaches Selbstwertgefühl, das sie durch ihre Helferrolle zu kompensieren versuchen – das Helfen wird zur Sucht. Das Helfersyndrom kann die Verkörperung eines Ideals darstellen, welches die Eltern und die eigene Kindheit generell nicht erfüllten. Es kommt zur Selbstschädigung, Familie und Partnerschaft werden vernachlässigt. Neben der Überschätzung eigener Möglichkeiten wird auch die Frage ignoriert, ob die Hilfe überhaupt benötigt oder erwünscht ist. Da die Hilfe anderer Menschen abgelehnt wird, sind Burn-out oder Depression mögliche Folgen des Helfersyndroms.[20]

Fakt ist, selbst wenn man am Helfersyndrom leidet, muss man mal in sich gehen und überlegen, wer hilft dir eigentlich!?

So sehr man es will und so sehr man die Welt auch verbessern möchte, man kann nicht jedem helfen!

Man verausgabt sich bis zum absoluten Tiefpunkt, ohne am Ende wirklich positive Entwicklungen zu sehen. Manche hören zwar zu, sind aber nicht in der Lage, das Geratene umzusetzen.

Selbst ist man am absoluten Limit, und wer hilft einem dann? Keiner, denn helfen kann man sich nur selbst, indem man versucht und daran arbeitet, umzudenken.

Manche brauchen irgendwann einen Klinikaufenthalt, weil sie es emotional nicht mehr schaffen, oder sie leiden zusätzlich zu ihrem Helfersyndrom irgendwann auch noch unter einem Burn-out oder unter Depressionen.

Ich für mich habe es mit den Jahren geschafft, Abstriche zu machen, und helfe nur noch Menschen, die mir sehr nahe stehen oder am Herzen liegen.

Es ist für mich auch heute noch oft sehr mühsam, weil es wie ein Fass ohne Boden ist, aber solange ich Sinn darin sehe, tu ich es. Wenn der Sinn nach und nach hinterfragt werden muss, werde selbst ich irgendwann das Handtuch schmeißen, weil ich mir näher stehe und meine Kinder eine soweit gut funktionierende Mama brauchen. Daher noch mal: Man kann nicht jedem helfen, und schon gar nicht um jeden Preis! Auch wenn es um den Partner geht und es einen selbst verletzt, den anderen sich selbst zu überlassen – das sind Energiekiller, und die machen einen auf Dauer selbst kränker, als man es vielleicht zuvor schon war.

Astrid Buchner, Wien

Die Merkmale des Helfersyndroms fasst die Psychotherapeutin Dr. Doris Wolf wie folgt zusammen: Betroffene haben ein geringes Selbstwertgefühl bzw. beziehen ihr Selbstwertgefühl daraus, anderen zu helfen. Sie berücksichtigen manchmal die Wünsche desjenigen, dem sie helfen wollen, nicht, sondern drängen ihre Hilfe auf. Sie lehnen Unterstützung bei der Hilfe durch andere ab und übersehen eigene körperliche Grenzen. Sie vernachlässigen eigene Bedürfnisse und Wünsche und erwarten von den Menschen, denen sie helfen, Dankbarkeit und Anerkennung.[21] Die typischen Symptome bestehen darin, nicht Nein sagen zu können; in einer hohen Bereitschaft, Aufgaben zu übernehmen, deren Zuständigkeit bisher ungeklärt ist; in der Schwierigkeit, sich dem Klagen und Jammern anderer zu entziehen; in einem „schlechten Gewissen", wenn man sich um die eigenen Bedürfnisse kümmert; darin, dass man Menschen, die mit Problemen behaftet sind, quasi magisch anzieht; in einer Rationalisierung und Idealisierung der „selbstlosen" Grundhaltung durch weltanschauliche Argumente; in der Meinung, eigentlich zu gut für diese Welt zu sein; darin, die Welt für undankbar zu halten; in der Neigung zu Weltschmerz und Schwermut; in der Abwehr einer Infragestellung der eigenen Helferrolle, gegebenenfalls in der Abwertung derer, die auf problematische Konsequenzen der Hilfsbereitschaft hinweisen; schließlich in der Weigerung, eine Mitverantwortung der Bedürftigen bei der Entstehung ihrer Bedürftigkeit einzuräumen, indem man sie als reine Opfer ansieht.

Das Konzept des Drama-Dreiecks nach Dr. Michael Depner[22]

Die *Transaktionsanalyse* hat sich viel mit Beziehungsmustern befasst. Dabei hat sie das Konzept des Drama-Dreiecks entworfen. Das Konzept kann dabei helfen, der Falle pathologischer Hilfsbereitschaften zu entgehen. Es weist darauf hin, dass es zwischen drei typischen sozialen Rollen oft zu einer Dreiecksbeziehung kommt. Die besagten Rollen sind: Opfer, Verfolger und Retter. Ein paar Beispiele können dies deutlich machen:

- Julchen kommt weinend zu Papa. Max hat ihre Playstation geklaut. Der Vater greift ein.
- Stefan klagt über die Gesellschaft. Die soll daran schuld sein, dass er Drogen nimmt. Frau Retterich füllt seine Formulare fürs Versorgungsamt aus.
- Die Arge lasse Rainer nicht in Ruhe, so klagt er bei Dr. Hilfreich. Der rettet ihn per gelbem Schein vor einer verständnislosen Welt.

Nicht, dass den Opfern von Verfolgern niemals Rettung gebührt. Kandidaten für ein Helfersyndrom springen aber allzu schnell auf jeden Fingerzeig von Opferrollenspielern an. Dabei wird ihre Hilfsbereitschaft oft *ausgenutzt*. Das dürfte auch in den folgenden typischen Aussagen deutlich werden:

> Ich mache auch alles für andere. Ich opfere mich total auf, um diese Anerkennung zu bekommen. Ganz schön kindisch eigentlich. Aber ich habe das Gefühl, mir bleibt gar nichts anderes übrig, um vielleicht doch ein wenig anerkannt zu werden. Das ist aber auch nicht richtig. Sie sehen es als selbstverständlich an, und ein „Danke" bekommt man ja sowieso nicht mehr. Also ist mein Fazit: Ich kann es niemandem recht machen, egal auf welche Weise. Da stelle ich mir ernsthaft die Frage: Was soll ich noch hier, wenn ich so unwichtig bin?
>
> 03.08. Facebook

> Ich tu und mache, und alle sind zufrieden. Nur ich nicht. Ich freue mich, wenn ich anderen helfen kann, dass es ihnen gut geht. Aber ab und zu frage ich mich:

Würde es überhaupt auffallen, wenn ich nicht mehr da wäre? Wer von diesen Menschen, die mich in Anspruch nehmen, würde an meinem Grab stehen?? Würde da überhaupt jemand stehen??? Ich glaube, ich bin nur da, um es anderen recht zu machen. Mich fragt eigentlich nie jemand, wie es mir geht – das würde mich schon freuen. Und die, die mal fragen, erwarten eh nur eine Antwort: „Ja, mir geht es gut."

05.08. Facebook

4.1.2 Wenn die Grenze zur Abgrenzung führt oder warum es manchmal besser ist, einfach die Schnauze zu halten

Wenn man nicht Nein sagen kann, oder wenn man nicht weiß, wie man Quälgeister loswird.

Können Sie immer ruhig bleiben, wenn jemand Sie zu einer sofortigen Entscheidung oder Aussage drängt? Haben Sie das Gefühl, Ihr Gegenüber hat ein Verständnis für Ihre Situation, oder ist es gar so, dass Sie selbst keine Geduld haben, die Entscheidung des anderen abzuwarten? Wenn Sie das bejahen können, sind Sie auf jeden Fall sehr reflektiert. Wenn Sie es guten Gewissens verneinen, weil Sie sich gut abzugrenzen und gleichzeitig die Grenzen der anderen zu wahren vermögen, gratuliere ich Ihnen, und Sie müssen auch nicht weiterlesen. Sie können es natürlich trotzdem tun, aber ich will Ihnen die Möglichkeit geben, an dieser Stelle eine Grenze für sich zu ziehen und auszusteigen aus diesem Text. Ich bin auch nicht böse, wenn Sie sich *genau jetzt* von diesem Beitrag verabschieden. Tun Sie einfach, wonach Ihnen ist. Hören Sie auf Ihr Herz oder Ihren Verstand. Es gibt kein Richtig oder Falsch. Aber bitte beklagen Sie sich nicht, wenn Sie weiterlesen und sich dann angegriffen fühlen. In dem Fall kann ich nichts für Sie tun.

Es liegt in Ihrer alleinigen Verantwortung, ob Sie sich abgrenzen oder eben nicht. Es ist auch Ihre Entscheidung, ob Sie sich angegriffen fühlen oder den Text weiterlesen. Sie tragen die alleinige Verantwortung dafür, ob sich jemand an Ihre Grenzen hält oder ob Sie die Grenzen anderer respektieren. Ich kenne das von mir, wenn ich etwas wissen will. Ich verspüre dann meist einen Druck, es sofort wissen zu müssen, ganz nach dem Motto „Alles tanzt nach meiner Pfeife". Dann bin ich in meinem Ferrari-Modus. Ich habe mich auch immer über die Reaktion meines Umfeldes gewundert, wenn es mit meinem Tempo nicht mithalten konnte und sich frustriert oder unverstanden von mir abgewandt hat. Aber auch mir geht es manchmal so, dass ich von anderen belagert werde und mich genötigt fühle, eine Entscheidung zu treffen. Auch ich brauche manchmal Bedenkzeit. Ich kann nicht immer gleich zu allem etwas sagen. Früher war ich impulsiv und traf aus dem Bauch heraus eine Entscheidung, die ich danach oft bereut habe. Hätte ich mir doch nur etwas Bedenkzeit eingeräumt! Dieses Recht habe ich nämlich. Und dieses Recht haben auch Sie.

Wenn Sie dann aber tatsächlich um Bedenkzeit bitten, also eine Grenze ziehen, kann gut sein, dass Ihr Gegenüber das nicht akzeptiert. Da stellt sich die Frage, welche Möglichkeiten Sie nun haben. Einerseits wollen Sie Bedenkzeit, andererseits wollen Sie Ihr Gegenüber nicht vor den Kopf stoßen. Und wird er, sollten Sie ihm Ihren Wunsch deutlich machen, diese Grenze dann auch einhalten und nicht weiter nachhaken? Sie können sicher sein, Ihr Gegenüber stellt sich genau dieselben Fragen, wenn Sie ihn bitten, sich sofort für etwas zu entscheiden. Also denken wir an die gute alte Regel: Was du nicht willst, dass man dir tut ...

Es ist bekannt, dass Menschen sehr verschieden sind. Die einen sind spontan und entscheiden sich meist instinktiv. Andere schlafen gerne eine Nacht darüber, wenn eine Frage ansteht, die nächsten diskutieren und wollen immer sofort über alles reden, manche sind beleidigt, weil sie sich angegriffen fühlen, und dann gibt es noch die Sorte Menschen, die diese Dinge gerne mit sich selbst ausmachen, bevor sie nach außen erkennbar eine Entscheidung fällen. All diese Verhaltensweisen sind menschlich und verständlich. Machen Sie sich also keine Vorwürfe, wenn Sie mal nicht Nein gesagt, jemanden angeblafft oder sich zurückgezogen haben, um noch deutlicher die Grenze zu ziehen. Alles, was Sie tun, tun Sie für sich. Sie können Nein sagen, Sie können aber auch Ja sagen, aber bleiben Sie dann dabei und stehen Sie voll dahinter.

Das wäre der Idealfall: eine Entscheidung treffen, sie mitteilen und dann keine Änderung mehr vornehmen. Aber Ausnahmen bestätigen die Regel. Sie dürfen Ihre erste Entscheidung natürlich überdenken und mit einigem Abstand darüber reflektieren. Diese Freiheit hat Ihr Gegenüber dann aber auch. Kennen Sie eigentlich Ihre eigenen Grenzen? Falls ja, halten Sie sich daran? Weiß Ihr Umfeld, dass Sie eine Grenze haben? Und wie ist das umgekehrt? Alles andere als einfach. Es stimmt eben: Was du nicht willst, dass man dir tut, das füg auch keinem andern zu. Und wenn man kein unsympathischer Quälgeist für sein Umfeld sein möchte, kann man auch in den entscheidenden Momenten einfach mal die Schnauze halten. Einen Schritt zurücktreten. Sie werden sehen, manchmal lösen sich die Probleme von selbst in Wohlgefallen auf. Und manchmal ist es schlicht nicht Ihr Problem. Sie haben die Wahl!

> Abgrenzung und Verteidigung war auch für mich schon immer ein Thema – und wird nun durch Facebook und andere soziale Medien noch wichtiger. Ideal wäre wenn wir das Sensorium noch hätten, das gegenüber all diesen zwischenmensch-

lichen Grenzen sensibilisiert ist und schon auf kleinste Anzeichen der Störung und Bedrängnis reagiert. Dann wäre die Koexistenz viel harmonischer und reibungsloser möglich. Mit dem Älterwerden stumpfen wir jedoch diesbezüglich oft ab, wir beginnen sogar damit, Grenzübertretungen zu kultivieren. Deshalb haben wir auch überall irgendwelche Störenfriede, und deshalb gibt es auch die vielen Grade von körperlicher und psychischer Gewalt. Jeder ist hier Täter und dort Opfer der gleichen Spirale – sei es absichtlich und bewusst oder tollpatschig und unbewusst. Überall geht es um eine Form der Vergewaltigung von unsichtbaren Grenzen, die wir um uns gezogen haben. Sich abzugrenzen bedeutet deshalb leider oft, selber auch unangenehm werden zu müssen und zu riskieren, dass jemand anderes deshalb verletzt wird. Nach dem Gesetz der Resonanz wäre es jedoch vielleicht möglich, dem ganzen Grenzübertretungsspiel ein langsames Ende zu bereiten, indem man bei sich selbst beginnt und darauf achtet, wo man unbemerkt die Grenzen anderer übertritt und deshalb selber weiterhin in seinem Frieden gestört sein wird. Schwierig ist dabei zu begreifen, dass jede und jeder verschiedene Grenzen hat und deshalb oft Äpfel mit Birnen verglichen werden müssen, um der eigenen Grenzübertritte gewahr zu werden. Denn was dem einen gefällt, kann der andere widerlich finden. Es geht mir also um die Reduktion meiner unerwünschten Grenzübertretungen allgemein – in alle Richtungen und zu jedem Wesen. Dadurch kann ich möglicherweise in meinem Umfeld das Volumen jeder Form von Störung langsam herunterschrauben.

Nach Michael Pauli, *Die Resonanztechnik*

4.1.3 Mitleid ist Missbrauch – Warum Mitgefühl besser ist und zu viel Empathie ungesund ist

Mitleid ist mit-leiden. Mitgefühl heißt mit-fühlen. Das ist nicht das Gleiche, auch wenn die halbe Welt es behauptet. Michael J. Fox, Schauspieler mit Parkinson, sagte mal, dass er nicht bemitleidet werden möchte. Er hält Mitleid für Missbrauch. Nach meinen Recherchen und Diskussionen, aber auch aufgrund meiner eigenen im Leben gemachten Erfahrungen glaube ich das auch. Mitleid ist scheiße. Und jeder, der mich bemitleidet, hat mein Mitgefühl. Gerade wenn ich weine, brauche ich meine Zeit für mich allein. Kommt dann jemand und zwingt mir seine Hilfe auf, muss ich ihn in die Schranken weisen. Das wirkt dann immer narzisstisch überkompensierend, aber welche Wahl habe ich denn? Ich leide und brauche niemanden, der mit-leidet.

Leider denkt das halbe Land immer noch, Mitgefühl und Mitleid seien dasselbe. Und genau vor diesem Mitleid schütze ich mich. Ich habe das Recht, mich vor diesem Missbrauch zu schützen. Ein jeder hat das Recht, seine Autonomie zu leben, wie er es für richtig hält. Und ein jeder hat auch das Recht dazu, Nein zu sagen, wenn jemand ihm Trost anbietet. Ist der, der Trost anbieten wollte, verärgert, weil man den Trost nicht annehmen konnte, dann kann man sich eigentlich schon denken, dass diese Art von Trost nur falsches Mitleid war.

Mitleid kann Abhängigkeiten erzeugen. Wenn ich leide, habe ich Schmerzen. Wenn du mitleidest, leidest du unter den gleichen Schmerzen. Und damit machst du mir noch zusätzlich ein schlechtes Gewissen, denn würde ich nicht leiden, würdest du es auch nicht, also leidest du ja nur wegen mir. Das ist die Abhängigkeit bzw. Co-Abhängigkeit, die aus Mitleid entsteht. Anstatt mir aus meinem Leid herauszuhelfen, malst du meine schwarze Welt noch schwärzer. Es gibt keine eindringlichere Form, einem zu zeigen, dass die Situation, in der er sich befindet, ausweglos erscheint. Und wenn du mir dann auch noch auf Pelle rückst, weil du mir unbedingt helfen willst, um etwas Gutes zu tun, um dein Ego zu beruhigen, dann machst du mein Leiden umso größer. Was ich brauche, ist Trost und nicht jemanden, der genauso Trost braucht wie ich. So aber überträgst du dein Leiden wieder auf mich. Und ich bin nicht imstande, dich zu trösten, also bitte bemitleide mich nicht.

Wer andere bemitleidet oder einfach nur mit-leidet, leidet oft genauso stark und braucht selber Hilfe. Wer Mitleid empfindet, ist nicht in der Lage, anderen zu helfen. Jemand, der leidet, braucht jemanden mit Mitgefühl. Jemand, der mit-fühlt, kann das Gefühl des anderen verstehen und ihn stärken, ohne selbst darunter zu leiden. So etwas nennt man Abgrenzung oder Selbstfürsorge. Wer eine solche Abgrenzung als mangelnde Empathiefähigkeit bezeichnet, der hat aus meiner Sicht wirklich nicht mehr alle Tassen im Schrank. Seit wann ist Selbstfürsorge etwas Schlechtes? Wenn man sich bewusst dazu entscheidet, nicht mitzuleiden, sondern sich von dem Gefühl distanziert, handelt man verantwortungsbewusst. Denn dann kann man klarer, wachsamer und achtsamer demjenigen helfen, der gerade leidet.

Mit dieser Erklärung, die ich auf unzähligen Internetseiten gelesen habe, lässt sich so der Narzissmus wieder ein Stück weit relativieren. Gesunder Abstand ist also in keiner Weise schädlich. Es ist eher narzisstisch zu behaupten, dass jemand, der nicht mitleidet, kein Mitgefühl hat, zeigt diese Aussage doch, dass der Betreffende den Unterschied zwischen Mitleid und Mitgefühl einfach nicht verstanden hat. Ich treffe häufig auf Menschen, die sich nicht darüber im Klaren sind, was es heißt, jemanden zu bemitleiden. Vor allem ist man, wenn man mitleidet, nicht mehr in der Lage, die Gefühle desjenigen, den man bemitleidet, wahrzunehmen, weil man ja nun mit sich und seinem eigenen Leid beschäftigt ist. Und dabei glaubt man auch noch, man tue dem anderen etwas Gutes. Es ist aber überhaupt nicht gut, einem Leidenden auch noch zusätzlichen Stress zu machen und ihn mit der eigenen Hilflosigkeit zu konfrontieren.

Mitleid forciert so die Opfer-Täter-Kultur und damit den pathologischen Narzissmus in unserer Gesellschaft. Der Leidensdruck drängt von innen nach außen. In den Medien wird viel berichtet über Morde, über Kriege, über Vergewaltigungen und über Kindesmissbrauch und Ausländerhass. In der Regel fängt dann wieder eine Diskussion in vielen Internetforen statt, wo sich das Gros der Beteiligten mit den Opfern solidarisiert. Mitgefühl verwandelt sich dabei schnell in Mitleid. Man fühlt sich dem Opfer verbunden. Dadurch entsteht dann aber ein weiterer Leidensdruck, der eine Aufarbeitung verhindert. Im Gegenzug werden Forderungen nach härteren Bestrafungen laut, Selbstjustiz wird angedroht, also im Grunde eine weitere Straftat begangen, um das Opfer zu rächen, obwohl das Opfer weder Rache noch Vergeltung wünscht und durch diese Solidarität, was die meisten übersehen, weder Heilung noch Linderung erfährt. Der „Akt" ist in diesem Fall nur „Ego-zentriert".

Heilung findet im Inneren statt oder mithilfe von Therapeuten. Ich habe noch nirgends gelesen, dass es einem Vergewaltigungsopfer besser gegangen wäre, nachdem jemand aus dem Umfeld des Opfers den Vergewaltiger getötet oder kastriert hat. Jemand, der leidet und sein Opferdasein mit dem Leiden oder dem Leid anderer entschuldigt und in der Folge selbst eine Straftat begeht, verliert seinen Retter- oder Opferstatus und wird zum Täter. Aus dem Leid heraus sollte man also niemals zu unüberlegten Handlungen tendieren, denn dadurch wird das Leiden des Betroffenen nicht weniger, und egal, was man tut, es fällt möglicherweise auf einen zurück. Man sollte also nie sagen: „Ich habe es doch nur für das Opfer getan, damit es dem Opfer besser geht."

> Es ist nicht immer ratsam, zu viel Empathie (emotionale Empathie/Mitleid) zuzulassen. Angesichts des übermächtigen Elends könnte dies zur Bedrohung der eigenen Existenz führen. Auf diese Weise kann man nichts Vernünftiges bewirken. Wenn ein Nichtschwimmer dem Ertrinkenden nachspringt und mit ihm untergeht, verdoppelt er damit nur das Unglück – aber er war empathisch.
>
> Paul Watzlawik

Man darf nicht außer Acht lassen, dass die meisten Täter selbst einmal ein Opfer waren. Wo war das Mitgefühl für sie, als sie es brauchten? Daran denkt aber meist niemand. Genau darüber sollte man sich aber ernsthafte Gedanken machen. Ich leide nicht wegen irgendwelchen Menschen, sondern ich leide wegen dem, was diese Menschen mit mir gemacht haben. An meinem Leiden ändert sich nichts, wenn andere aus Solidarität und Mitleid zu mir dem Täter nachträglich schaden. Darum habe ich sie auch niemals gebeten. Wer glaubt, er mache mit Selbstjustiz irgendwem außer sich selber einen Gefallen, der irrt gewaltig.

> An die Emotionen kommt auch ein grandioser Narzisst heran. Sprich, er kann auch emotionale Empathie. Da diese in seinen Augen aber rufschädigend ist (was die Gesellschaft leider oft widerspiegelt: „Weich-Ei"), tut er alles dafür, um sie ganz schnell auszublenden, und handelt konfrontativ, zynisch, misanthropisch.
>
> Martin Heller über die Unterschiede von Empathie

So gesehen ist ein Amokläufer auch erst einmal ein Opfer. Gesehen wird die Tat, die in den Vordergrund gerückt wird, während die Ursache im Hintergrund bleibt. Wenn kein Täter-Opfer-Ausgleich stattfindet, ist es eine Frage der Zeit, bis die Rollen vertauscht werden. Und dann hilft auch kein Mitleid mehr.

Mitgefühl hilft in diesem Falle deutlich mehr. (Selbst-)Mitleid führt wie beschrieben zu Rache und viel stärkeren Emotionen. Wer leidet, ist in der Regel nicht mehr empfänglich für die Gefühle anderer, weil er sein Leiden im Vordergrund sieht. Die Lösung heißt also Mitgefühl. Und im Gegensatz zum Mitleid kann man Mitgefühl erlernen. Dabei gilt die Faustregel: „Ich bin nicht das (mein) Gefühl, also handle ich auch nicht aus dem Gefühl heraus."

> Ich habe eine große Abneigung gegenüber unreflektierten Opfern, vor allem weil ich selber mal so war und weiß, welchen Schaden man damit bei anderen anrichtet.
>
> Leonard

Ein anderes Wort für Mitgefühl lautet Einfühlungsvermögen, und Einfühlungsvermögen ist gleich Empathie. Bei Menschen, die (mit-)leiden, ist zu viel Empathie vorhanden. Man spricht auch von hochsensiblen oder emotionalen Empathen. Wer zu sehr mitfühlt, nimmt irgendwann das Gefühl des Betroffenen an, und dann sprechen wir von Mitleid. Wenn man zu sehr leidet, ist man in der Regel nicht mehr zu Mitgefühl in der Lage. Bei Mitleid besteht vielmehr die Gefahr, ins (Selbst-)Mitleid zu rutschen. Daher gilt es, achtsam zu bleiben.

Gesunder Abstand – auch Achtsamkeit genannt – ist notwendig, um bei sich bleiben zu können. Gesunde Empathie ist Trumpf. Dies setzt aber auch eine gewisse Rationalität voraus. Ich kann mich in andere hineinfühlen und bleibe dennoch bei mir. Ich verstehe das Gefühl des anderen, ich erkenne es an, aber ich mache deswegen nicht automatisch das, was er gerade möchte. Ich biete ihm meine Hilfe an, wenn es mir selber gut geht und ich merke, dass ich mit seinem Problem, mit seinem Leid umgehen kann. Habe ich bemerkt, dass ich nicht damit umgehen kann, und gehe ich über zur Selbstfürsorge, heißt das nicht, dass mir der betreffende Mensch gleichgültig ist. Leider wird ein solches Verhalten, bei dem man sich nicht von den Emotionen mitreißen lässt und auf seine Bedürfnisse achtet, oft als ein Mangel an Empathie verstanden.

> Da durfte ich die letzten Jahre viel dazulernen, ganz nach dem Motto: „Denkst du an alle, hast du garantiert einen vergessen – dich!"
> Ich steige immer noch in die alten Schuhe, aber mittlerweile bewusst. Ich lerne zu verstehen, und so kann ich auch die ein oder andere Grenze setzen, wo vorher die Tür weit offen stand, um mich überrennen zu können.
>
> Melanie Wirth, dependente Ex-Freundin eines Narzissten

Hier wird gleichzeitig einer der größten Empathiefehler beschrieben, die man begehen kann. Empathisch zu sein heißt nicht, meine eigenen Bedürfnisse außer Acht zu lassen, um dem anderen zu dienen. Empathisch zu sein heißt nicht, dass ich anderen Vorwürfe mache, wenn sie bloß mitfühlen, statt mitzuleiden – was voraussetzt, dass man den Unterschied von Mitleid und Mitgefühl kennt, was aber leider nur ganz selten der Fall ist. Empathisch zu sein heißt vielmehr, dass ich weiß und respektiere, dass Menschen verschieden sind und dementsprechend nicht immer gleich fühlen. Und es heißt, dass man auch an sich denken kann und nicht zum selbstlosen Helfer mutieren, ganz sich ins Helfersyndrom verrennen muss. Empathisch handeln bedeutet, die Fähigkeit zu haben, zu erkennen, wie es dem anderen geht, ohne dabei das betreffende Gefühl oder Problem zu seinem eigenen zu machen. Emotional handeln heißt hingegen, sich zu sehr von den Gefühlen anderer beeinflussen oder gar mitreißen zu lassen.

Ein weiterer Trugschluss liegt vor, wenn wir eine unterschiedliche Empathieintensität mit Empathiemangel gleichsetzen, weil jemand vielleicht weniger mitfühlt oder leidet als man selbst. Nirgendwo ist festgelegt, wie viel Mitgefühl in dieser und jener Situation notwendig ist. Jeder fühlt anders. Menschen mit einem Helfersyndrom tun sich hingegen sehr schwer damit, Menschen zu akzeptieren, die nicht an dem Helfersyndrom leiden.

Wenn ich mit starken Emotionen zu kämpfen habe, die durch gewisse Themen ausgelöst wurden, ist das Letzte, was ich brauche, ein Gegenüber, das von meinem emotionalen Zustand gleich mit überwältigt wird. Halt bietet mir der andere nur, wenn er es schafft, Ruhe und den Überblick zu bewahren.

Ich habe vor einiger Zeit im Operationsaal ein Praktikum gemacht. Ich habe alles gesehen, was es zu sehen gibt. Ich war bei Herz-, Nieren- oder Leber-OPs dabei. Ich war im Urologischen sowie im HNO-OP. Ich habe Amputationen verfolgt. Und ich war auch bei Eingriffen von Kindern mit von der Partie. Ich habe mich mit jemandem darüber unterhalten und alle OPs bis auf den als Letztes erwähnten Kaiserschnitt sehr nüchtern geschildert. „Hast du gar kein Mitgefühl?", wurde ich als Erstes gefragt. Ich fragte meinen Gesprächspartner, wie er darauf komme. Er erwiderte: „Ich könnte das nicht. Ich könnte weder bei OPs ruhig bleiben noch so kühl wie du darüber berichten. Mir tun die Patienten einfach nur leid." Ich entgegnete, dass ich während so einer Operation sachlich bleiben müsse, um mich auf den Eingriff zu konzentrieren. Ebenso sagte ich, dass für viele Ärzte so eine OP ihr tägliches Brot sei. Daraufhin kam die Antwort: „Dann werde doch Arzt. Ärzte haben sowieso kein Mitgefühl!"

Ein Arzt hat Mitgefühl. Ohne Mitgefühl würde er den Menschen nicht helfen oder um ihr Leben kämpfen. Er hat nur kein Mitleid. Wenn einer seiner Patienten stirbt, kann er nicht hundert Tage mit Leiden und Heulen verbringen, denn die anderen Patienten brauchen ihn auch. Ein guter Arzt erkennt die Bedürfnisse und Gefühle seiner Patienten. Das heißt, er fühlt sich in sie ein oder kann sich vorstellen, wie der Patient sich fühlt. *Er* fühlt sich aber deswegen nicht genauso. Er bleibt bei sich. Er ist empathisch. Er handelt kognitiv. Sein Verstand steht mit seinem Herzen auf einer Linie.

Man kann es auch „Abgrenzung", „Selbstschutz", „seelische Hygiene" nennen, wenn man nicht mitleidet. Was haben Sie davon, wenn Sie weinen und ich, statt Sie zu trösten, mitweine? Was ist Ihnen lieber? Trost und Zuversicht oder Trauer und Hoffnungslosigkeit? Natürlich kann man einen so vielschichtigen Begriff wie „Empathie" auch anders untergliedern, aber letztlich hat sich vor allem die Unterscheidung in kognitive Empathie und emotionale Empathie durchgesetzt.

> Ich hab übrigens volle emotionale Empathie für Tiere, ich kenne also deren Vorteile, vor allem aber die grauenvollen Nachteile davon (vor allem in der barbarischen Welt, in der wir leben). Bilder von gequälten Tieren verfolgen mich mitunter wochenlang, ein einziger Albtraum. Nur Menschen sind zu dermaßen unmenschlichen Handlungen anderen Lebewesen gegenüber fähig.
>
> Ihnen gegenüber habe ich keine emotionale Empathie. Wenn es nötig ist, kann ich bei engen Freunden, wenn es wichtig ist, sie richtig zu verstehen, mit viel Mühe und Anstrengung diese fest zugemauerte Tür für einen kurzen Moment aufstemmen. Auch kein erfreuliches Erlebnis, weil ich auf diesen Emotionsflash sofort mit einer unfassbaren, blind machenden Wut auf den – in Bezug auf die erzählte Geschichte der jeweiligen Freunde – Täter reagiere. Es kam schon vor, dass man mich für ein paar Stunden einsperren musste, weil ich sonst losgegangen und dem Stiefvater einer Freundin einfach an die Gurgel gegangen wäre.
>
> Ich bin froh, dass ich dieses Tool Menschen gegenüber nicht habe. Zu viel Elend in der Welt. Meine kognitive Empathie hat extrem hohe Werte, ich schätze sie, bevorzuge sie und würde sie um kein Geld der Welt eintauschen wollen.

Eva Wachter, Soziopathin aus Wien

Von *kognitiver Empathie* spricht man, wenn man Emotionen anderer erkennt und wahrnimmt, was in einem anderen vorgeht. Man zeigt zwar Mitgefühl, spiegelt emotionale Reaktionen aber nicht (beispielsweise durch mitweinen oder mitlachen). *Emotionale Empathie* (oft auch als affektive Empathie bezeichnet) dagegen ist, wenn die Gefühle anderer im wahrsten Sinne des Wortes gespiegelt und angenommen werden. Man fühlt das, was auch der andere fühlt.[23]

> Der erste Unterschied bezieht sich darauf, „was in einem anderen vorgeht". In der vorgestellten Empathie-Definition ist diese eher vage Formulierung bewusst gewählt, weil es unterschiedliche Ansichten dazu gibt, was alles zur Empathie gehört. Einigkeit besteht dahingehend, dass Gefühle und Emotionen auf jeden Fall dazugehören. Meist wird zudem auch das Erkennen von Gedanken, Absichten und Persönlichkeitsmerkmalen darunter verstanden.
> Der nächste Unterschied bezieht sich auf „Fähigkeit". Allein schon der Umstand, dass es die Begriffspaare „Empathie" und „Empathiefähigkeit" sowie „Einfühlung" und „Einfühlungsvermögen" (dies übrigens die direkte „Übersetzung" von Empathie bzw. Empathiefähigkeit) gibt, zeigt, dass sich die Menschen hier uneins sind. Manche glauben, dass die Fähigkeit, wahrzunehmen, was in einem anderen vorgeht (Mitgefühl), ausreicht, um von Empathie zu sprechen. Andere sind der Meinung, dass neben der Fähigkeit auch noch die Bereitschaft vorhanden sein muss, sich in sein Gegenüber einzufühlen (Mitleid).
> Der letzte Unterschied bezieht sich auf „wahrnehmen" und führt zu ähnlich vielen Diskussionen wie die Unterscheidung zwischen emotionaler und kognitiver Empathie. Manche Menschen sprechen nicht von Empathie, wenn eine Person weiß, was in einem anderen vorgeht, sondern erst dann, wenn sie auch so handelt, wie es sich die andere Person wünscht. Die empathische Handlung wird allgemein jedoch nicht mehr zur Empathie gezählt, sondern gesondert als prosoziales Verhalten – ein netteres Wort für Mitleid – beschrieben.[24]

> Hebt die Hände, wenn ihr wisst, wie gut es sich anfühlt, nach einem langen Tag, an dem wir gezwungen waren, mit und unter Menschen zu arbeiten und zu kommunizieren, heimzukommen, frustriert bis zum Anschlag – und dann klickt man sich in die geschützten Zonen der Netzwerkgruppen von Gleichgesinnten – endlich aufatmen, Erleichterung macht sich breit, es fühlt sich ein wenig an wie nach Hause kommen. Und das ist gar nicht so verwunderlich, weil das Gefühl der „Heimat" nichts mit der geografischen Lage zu tun hat, der realen Nachbarschaft, nicht einmal mit den jeweiligen Mitbewohnern. Zuhause ist, wo die Menschen um einen herum dieselbe Sprache sprechen, wo man mühelos versteht und verstanden wird. Empathisch. In unserem Fall: kognitiv-empathisch.[25]

Man könnte noch viel über dieses Thema schreiben. Ich möchte hingegen lediglich abschließend hinzufügen, dass ein Empathiemangel nicht heißt, dass kein Mitgefühl für andere aufgebracht werden kann. Ein narzisstisch gestörter Mensch neigt zum (Selbst-)Mitleid. Wenn er leidet, fällt es ihm schwer, die Gefühle anderer anzuerkennen und anzunehmen. Da ein Narzisst aber nicht immer leidet, kann er auch echtes Mitgefühl zeigen und muss es nicht vortäuschen, wie fälschlicherweise als Gerücht in Umlauf gebracht wurde. Der Narzissmus als Krankheit wurde bislang weder systematisch noch wissenschaftlich untersucht. Populärwissenschaftliche Literatur beschreibt also den Narzissmus auch nur als vermutete oder irgendwie beobachtete Persönlichkeitsstruktur oder Persönlichkeitsstörung, aber nicht, wie er sich tatsächlich auswirkt. Und am Ende fühlt dann doch wieder jeder ganz, ganz anders.

> **Keine Empathie**
>
> In diesem Sinne dient der Begriff „Narzisst" der Therapiegesellschaft zur rhetorischen Frontziehung: auf der einen Seite die gestörten, ich-besessenen Kapitalismuszombies, auf der anderen die Mitleidvollen und Gesunden. Und in gewisser Weise passt es ins Gefüge, dass die Beschwerden über die Inflation des Narzissmus gerade in dem Jahr laut werden, in dem Jahrhundertnarzissten wie David Bowie und Prince gestorben sind.
>
> In einem Klima, in dem demokratische Mehrheiten wieder davon tagträumen, Mauern zu errichten und Grenzen zu schließen, wird das Auffällige wieder zwangsläufig verdächtig. Der Narzisst ist heute ungefähr das, was in den Sechzigern der Langhaarige gewesen ist: ein Schädling, ein zersetzendes Element, vor dem das Gemeinwesen unter allen Umständen beschützt werden muss. Indem man jemandem attestiert, keine Empathie zu kennen, stellt man sich die Erlaubnis aus, auch selbst kein Mitleid mehr haben zu müssen.[26]

In Kürze heißt dies: Zu viel Empathie ist scheiße. Emotionale Empathen neigen zu Mitleid, kognitive Empathen zu Mitgefühl. Da viele Menschen Mitleid und Mitgefühl nicht unterscheiden können, wird beinahe jeder, der nur Mitgefühl zeigt, mit dem neuen „Modewort" Narzisst abgestempelt. Aber das ist eben unsere Gesellschaft. Teilweise dumm, teilweise unreflektiert und teilweise blind, als ob man nur mit geschlossenen Augen vor einen Spiegel tritt – aus Angst, sich im Spiegel wiederzuerkennen.

Im Gespräch mit Ludwig Janus

Im August 2017 konnte ich nach einem Telefonat schriftlich per E-Mail ein Interview mit dem Psychologen Ludwig Janus führen. Auch später im siebten Kapitel wird er noch ein wichtiger Gesprächspartner zum Thema der vorgeburtlichen Prägung sein.

1. Was halten Sie von Ferndiagnosen? Immer mehr Menschen aus dem öffentlichen Leben werden aus der Ferne als Narzisst diagnostiziert. Was, glauben Sie, ist der Grund dafür?

Ich halte von solchen Kategorisierungen wenig. Sie ersparen oft eine genauere Klärung, was vorliegt. Auch halte ich den Begriff des Narzissten nur für bedingt hilfreich, der Begriff Selbstwertproblem ist schon etwas genauer. Verlässlich sind dies aber diagnostische Begriffe, die nur auf der Ebene der Krankenkasse einen Sinn machen. Auf der individuellen Ebene geht es aber nicht um Kranksein, sondern um die Herausforderung in der jeweiligen Situation, darum, aus Lebensschwierigkeiten herauszufinden, und um die Suche nach Lösungen.

2. Im Vergleich zu früher hat sich das Thema Narzissmus sehr gewandelt. Wie war das zu Ihrer Zeit, als Sie jung waren?

Ich bin Jahrgang 1939, und noch bis etwa in die siebziger Jahre erschien die Annahme, ein „deutscher Mann" könne seelische Schwierigkeiten haben, als absurd. Insofern haben wir einen erstaunlichen Wandel in einer demokratischen Gesellschaft mit wechselseitigem Respekt und einem enormen Zuwachs an Empathie. Es scheint mir bedeutsam, diese positiven Entwicklungen wahrzunehmen, einerseits, um die Gründe besser zu verstehen, andererseits, um die Kräfte zum Umgang mit einer komplexer gewordenen Wirklichkeit zu entwickeln. Wir haben eine überwertige und irrige Orientierung am Negativen – „bad news are good news", nur Katastrophen sind interessant. Eine hilfreiche Korrektur bietet das Buch *Früher war alles schlechter* von Guido Mingels.

3. Man sagt, der Narzisst habe wenig Empathie. Nun gibt es aber laut Paul Watzlawik Empathieunterschiede (kognitive Empathie und emotionale Empathie), die dafür sorgen, dass emotionale Empathen den kognitiven Empathen ein mangelhaftes Mitgefühl attestieren. Was ist Ihre Meinung zu diesem Thema?

Diese Differenzierung scheint mir ein wenig ergiebiger Versuch zu sein, Fragen über Verschiedenheiten der Einfühlung durch einen hohen Grad von Abstraktion und Verallgemeinerung zu klären. Die Wirklichkeit ist zu komplex, darum ist die Auseinandersetzung mit dem Einzelfall und das Bemühen um eine Klärung der beste Weg. So große Abstraktionen können dabei nur begrenzt hilfreich sein.

4.2 Der falsche Narzisst – über angebliche Selbstverliebtheit

Die Gesellschaft sieht in einem Narzissten relativ häufig einen selbstverliebten, gefühllosen und berechnenden Menschen, der über Leichen geht, sich und seine Meinung über andere stellt und auch sonst wenig sympathische Aussagen trifft. Einen anderen Narzissten will unsere Gesellschaft nicht, denn das würde das gesamte Weltbild ins Ungleichgewicht bringen. Schade! Wieder eine Möglichkeit verspielt, dem Strudel des „Schwarz-Weiß-Denkens" zu entkommen.

Die Gesellschaft beschreibt die dissoziale Persönlichkeitsstörung oder das Macho-Syndrom „Arschloch sein ist geil" und dichtet diese Symptome dem Narzissten an. Aber nicht jeder Mensch, der eine narzisstische Persönlichkeitsstörung hat, ist bösartig oder ein Macho mit Arschlochallüren. Die Opfer dagegen sind Opfer und demnach vollkommen unschuldig. Tatsächlich? Die angeblichen Opfer von Narzissten schauen meiner Meinung nach zu wenig in den Spiegel oder auch in den falschen und projizieren ihren in die Beziehung mitgebrachten Schmerz auf den Narzissten, den liebsten Sündenbock der Welt. Mit einem Narzissten kann man es ja machen, der hat schon in seiner Kindheit auf die Fresse bekommen, also schadet es ihm nicht, wenn man ihm jetzt noch mal eine reinhaut – was freilich nicht dazu führt, dass er sich ändert, sondern womöglich bewirkt, dass er noch narzisstischer auftritt, um sich zu schützen.

Manchmal ist eine unbequeme Wahrheit wertvoller als eine bequeme Lüge. Es ist keine Schwäche, zuzugeben, dass man nicht genügend Selbstbewusstsein hat. Es ist aber schwach, wenn dieses Manko wissentlich durch Überkompensation ausgeglichen oder verleugnet wird. Und ebenso ist es schwach, all denen, die Schwäche preisgeben, einen Vorwurf dafür zu machen oder nicht auf sie einzugehen. Authentischen Menschen, die über einen gesunden narzisstischen Kern verfügen, ist es egal, wer sie mag und aus welchen oberflächlichen Gründen dies geschieht. Kein Mensch ist perfekt. Und wer perfekt aussehen will, hat oftmals keine anderen Ziele. Ich möchte nicht von Menschen umgeben sein, die nur mit mir zusammen sind, weil ich in den Augen der Gesellschaft schön bin. Wer sich über sein Aussehen definiert, der braucht einen Spiegel, wie er im Märchen von Schneewittchen eine – übrigens fatale – Rolle spielt. Und so groß ist meine Wohnung nicht, dass ich diesen Spiegel bei mir aufstellen könnte.

Menschen mit narzisstischen Persönlichkeitsanteilen oder einer NPS sind „nicht nur auch Menschen", sondern sind Menschen wie du und ich. Wir haben uns unsere Krankheit, wenn man es denn Krankheit nennen möchte, nicht ausgesucht. Wir wur-

den in die Welt gesetzt und von unserem Umfeld „missbraucht". Dass die Gesellschaft immer nur das Vordergründige betrachtet und das Hintergründige ignoriert, zeigt doch, wie „krank", wie „narzisstisch" und wie „unreflektiert" unsere Gesellschaft teilweise ist und wie gern an diesen Traditionen festgehalten wird. Wären der Narzissmus oder „der Narzisst" nicht so negativ behaftet, würden sich viel mehr Menschen Hilfe suchen. So aber siegt die Angst vor dem Stigma und vor der Ausgrenzung, was mein kleines Kind traurig und meinen aggressiven Beschützer richtig wütend auf diese „Scheißgesellschaft" macht.

Meinung eines anderen Narzissten

Ich wurde gefragt, wie ich das mit dem Ausnutzen von Menschen sehe und welche Rolle meine Eltern dabei spielten.

Gleich vorweg – kann man machen. Es haben ja alle Beteiligten was davon. Ich krieg, was ich brauche, und der Idiot kommt in den Genuss meiner erlesenen Gesellschaft. Und solange der Idiot mir dienlich ist, bin ich im Gegenzug nett zu ihm. Eine Win-win-Situation.

Gelernt hab ich das früh. Mir hat nie wer etwas vorgelesen, also hab ich es mir selbst beigebracht. Da war ich vier. Ich hab mir da nix drauf eingebildet. Wollte bloß wissen, was da unter den Dinosaurierbildern steht.

Da ging's los. Ich wurde als Wunderkind rumgereicht, kein Tag verging, an dem meine Mutter nicht jemanden zum Kaffee eingeladen hätte, und ich musste über Archäologie referieren. Draußen mit den anderen durfte ich nicht spielen. Alles Idioten und Systemerhalter, kein Umgang für mich, so meine Eltern. (Im Nachhinein kann man das auch als Tragik bezeichnen, aber was soll's, mir geht's ja gut, also warum soll ich jetzt deswegen Trübsal blasen?)

Mein Vater erklärte mir dann, dass es Freunde nicht gibt. Man hält sich im gegenseitigen Interesse halt einen Pool an Leuten, die man dann je nach Bedarf kontaktiert.

Ich hab das schnell kapiert. Machte die Hausaufgaben vom großen Dicken, den ich dann rief, wenn ich was aufs Maul kriegte. War mir aber schnell zu stressig. Da kam ich drauf, dass man den mit ein paar Komplimenten und geschickt gestreuten Gerüchten auch haben konnte. Gleichzeitig musste natürlich meine intellektuelle Überlegenheit außer Zweifel stehen.

Ich umgebe mich bis heute mit nützlichen Idioten; Leute, die mich durchschauen könnten, werte ich ab, mache sie lächerlich, wo es geht. Und das funktioniert. Die Deppen kriegen ein bisschen Anerkennung, nach der sie so lechzen, und wenn sie sich emanzipieren, holt man sie dezent runter. Die glauben dann echt, man sei auf Augenhöhe befreundet. Dafür müssen sie mir halt bei Bedarf dienlich sein. Wie gesagt, win-win.

Die Sage von Narzissos und die Beantwortung der Frage, ob ein Narzisst wirklich selbstverliebt ist

Die Sage von Narzissos beschreibt das Dilemma des gestörten Narzissmus bzw. des krankhaften Narzissten. Das Umfeld nimmt leider nur die sichtbaren Auswirkungen wahr.

Der sich im Wasser spiegelnde oder im Spiegel sehende Narzissos scheint in sein schönes Antlitz verliebt, auf das seine Mutter oder auch die heutige Gesellschaft sicher stolz wären. Auch die Nymphe Echo beantwortet die Rufe des Narzissos, in dessen Schönheit sie verliebt ist, wie die Mutter oder die Gesellschaft. Echos Rufe täuschen ihn allerdings, genauso wie es sein Spiegelbild tut, indem es eben nur den idealisierten Teil seiner selbst von ihm spiegelt, nicht aber die anderen Teile – die verwundbaren Seiten, die unerfüllten Bedürfnisse. Diese Bedürfnisse, die negativen Gefühle und plakativ betrachtet auch sein Schatten gehören nicht zum geliebten Spiegelbild und werden daher ausgeklammert. Diese eingeschränkte Selbstliebe wird als Grandiosität bzw. als Selbstverliebtheit wahrgenommen. Nicht selten fühlt der Narzisst in sich trotzdem eine gewisse verzehrende Sehnsucht nach sich selbst oder der Erfüllung seiner Bedürfnisse, die dann in einer Depression enden kann.

Narzissos wollte nichts anderes sein als der geliebte und von allen akzeptiere Schönling, und aus Angst vor Ablehnung verleugnete er sein wahres Selbst. In der Sage wollte er sich mit seinem Spiegelbild vereinigen. Er umarmte es – und ertrank. An gleicher Stelle wuchs dann die Narzisse. Dieser Tod ist eine logische Konsequenz der Fixierung auf das falsche Selbst. Ein Mensch ist nicht nur dann liebenswert oder lebendig, wenn er seine guten, seine schönen oder seine gefälligen Gefühle zeigt, sondern auch dann, wenn er seine unbequemen, oft verborgenen Gefühle preisgibt, wenn er Sorge, Ohnmacht, Scham, Eifersucht, Verwirrung oder Trauer erkennen lässt. Das Schöne und das weniger Schöne zusammen ergeben den Strauß Blumen, der unser Dasein vertieft und uns lernen lässt. Die Gesellschaft nimmt beim Narzissten aber oft nur seine schönen Seiten wahr, weil er selbst sein eigentliches Ich verleugnet. Ihm wurde in der Kindheit vermittelt, dass nur das Schöne geliebt werden kann. Weder der grandiose noch der depressive Narzisst kann sich selber lieben. Seine Begeisterung für sein falsches Selbst verbaut ihm die wahre Liebe zu dem einzigen Menschen, der ihm voll und ganz anvertraut ist – ihm selbst.

Wo uns der Narzissmus buchstäblich begegnet

Geht man davon aus, dass keine eindeutig diagnostizierte narzisstische Persönlichkeitsstörung nach ICD-10 bzw. Cluster B vorliegt, die Kindheit weitestgehend harmonisch verlief und die Bezugspersonen sämtliche kindlichen Bedürfnisse erfüllt haben, bleibt im Grunde nur der Blick auf die sonstige Umwelt – die Gesellschaft, die durch ihre Dysfunktionalität narzisstisches Gedankengut fördert. Nicht immer kann man aufgrund dieser Verhaltens- und Bewertungsmuster eine Störung ableiten. Sie kommt aber durchaus vor.

Das Wort „Narzissmus" ist in unserer Zeit in aller Munde. Immer wieder wird unsere heutige Gesellschaft als eine narzisstische bezeichnet, in der die **Leistungs- und Wachstumsideale** in Wirtschaft und Politik **narzisstische Tendenzen** in allen Lebensbereichen geradezu **förderten**. Erfolg, Leistung und eigennütziges Handeln seien die Schlachtrufe einer Leistungsgesellschaft.

In gesundem Maße sind diese Werte richtig und wichtig, weil Lob und Anerkennung für die eigene Leistung bislang noch keinem geschadet hat. Zu viel davon oder zu wenig führt dann aber, wie oben beschrieben, zu einer chronischen Über- oder Unterfütterung der für den Menschen doch so wichtigen narzisstischen Zufuhr, was in einer narzisstischen Persönlichkeitsstörung münden kann. Wer die deutsche Übersetzung für das Wort „Narzissmus" noch nicht kennt, der sollte weiterlesen.

Nicht jeder Mensch, der in seiner Kindheit ein Außenseiter oder das Opfer von Mobbing war, hat eine Persönlichkeitsstörung, auch wenn das Risiko ungleich höher ist, daran zu erkranken, wenn man diese Erfahrung gemacht hat. Generell führt Mobbing dazu, dass man sich dauernd hinterfragt, was an einem so schlecht ist, dass man deswegen gemobbt werden muss. Minderwertigkeitskomplexe sind keine Seltenheit, und die Frage, ob man liebenswert ist und ob das Leben lebenswert ist, tritt häufiger bei Mobbingopfern auf als bei ihren Tätern. Wichtig ist, dass das Mobbingopfer irgendwann irgendwo Verständnis bekommt und in der eigenen Autonomie bestärkt wird. Bleibt dies aus, ist die Persönlichkeitsstörung vorprogrammiert, die durchaus in einem Suizid enden kann oder auch damit, dass man selber zum Täter wird. Kein Mensch ist von Grund auf böse, auch wenn die Forschung sich viel mit der Chromosomenverteilung befasst und davon ausgeht, dass Bösartigkeit auch genetisch bedingt ist. Bewiesen ist jedoch nur, dass in der Kindheit gemachte Erfahrungen, die nicht revidiert oder richtig kanalisiert wurden, sich maßgeblich im Verhalten im Erwachsenenalter bemerkbar machen können und eine Psychotherapie notwendig ist, wenn man denn darunter leidet. Dabei spielt es dann auch keine Rolle, ob man nun als Arzt, Priester oder Anwalt tätig ist oder einen Fiat oder Ferrari fährt.

Ich bin, was ich bin, oder bin ich es nicht? Was bin ich dann?

Die große Gefahr, alles auf sich zu beziehen.

Kennen Sie das Phänomen der Ansteckungsgefahr in Wartezimmern? Ich rede jetzt nicht von den Viren und Keimen in Arztpraxen. Ich meine eher die Persönlichkeitstests, die Horoskope oder die Krankheitsbeschreibungen im Internet oder in irgendwelchen Büchern. Manchmal findet man Beschreibungen diverser Symptome in den Illustrierten, wo Sie auch Horoskope und andere esoterische Texte über das Leben und sonstige Weisheiten lesen können.

Werfen wir einen Blick darauf, welche Verhaltensweisen bestimmte Persönlichkeiten an den Tag legen. Anschließend dürfen Sie dann selbst entscheiden, ob Sie diese Züge auch an sich selbst sehen. Ich habe diese Beschreibung dem Buch *Der ganz normale Wahnsinn – Vom Umgang mit schwierigen Menschen* von Francois Lelord und Christophe André, zwei bekannten französischen Psychologen und Bestsellerautoren, entnommen. Das, was in Klammern steht, sind meine eigenen Gedanken. Vielleicht ist es aber auch meine Ich-Bezogenheit – entscheiden Sie selbst.

1. Ich habe überdurchschnittlich viel Charme. (Was ja nicht schlecht ist, wenn es darum geht, andere von sich und seinem Tun und Handeln zu überzeugen.)
2. Alles, was ich erreicht habe, verdanke ich mir selbst. (Schließlich bin ich durch die geöffneten Türen gegangen.)
3. Ich freue mich, wenn man mir Komplimente macht. (Tut das nicht jeder irgendwie?)
4. Ich bin schnell neidisch, wenn andere Erfolg haben. (Sie ahnen jetzt sicher, worum es geht, oder?)
5. Ich habe schon einmal ohne schlechtes Gewissen geschummelt. (Geben Sie es zu, Sie doch auch, oder etwa nicht?)
6. Ich kann es nicht vertragen, wenn man mich warten lässt. (Pünktlichkeit ist eine Tugend.)
7. Ich verdiene es, in meinem Beruf weit an die Spitze der Hierarchie aufzusteigen. (Schließlich arbeite ich nicht gerne umsonst.)
8. Ich rege mich schnell auf, wenn man mir nicht die gebührende Achtung erweist. (Respekt muss schon sein!)
9. Ich nehme gern Privilegien und Vergünstigungen in Anspruch. (Na, wenn's umsonst ist, muss man doch zugreifen, nicht?)
10. Ich befolge nicht gern die Regeln, die für alle Welt gemacht sind. (Nur was verboten ist, macht Spaß – oder wie hieß die alte Bauernweisheit noch mal?)

Die ach so (un-)typischen Merkmale narzisstischer Persönlichkeiten

Finden Sie sich wieder?

Ich befürchte, jeder hat schon mindestens einmal ohne schlechtes Gewissen geschummelt (Spicken ist erlaubt, man darf sich nur nicht erwischen lassen), und ich vermute, manche von Ihnen haben auch ein Problem damit, wenn man sie allzu lange warten lässt – dabei ist Geduld doch eine Tugend. Sie können jetzt damit anfangen, sich Ihre Ungeduld schönzureden und Sprüche wie „Menschen ohne Macke sind Kacke" zu bringen. Wenn Sie Ihre Ungeduld als Macke bezeichnen möchten, bleibt das Ihnen überlassen. Aber weiter im Text.

1. Vor wichtigen Entscheidungen frage ich andere um Rat. (Sicher ist sicher, oder etwa nicht?)
2. Mir fällt es schwer, ein Gespräch zu beenden oder mich zu verabschieden. (Wem ist es noch nie passiert, dass er sich verabschiedet hat, ohne dann auch wirklich gegangen zu sein oder den Hörer aufgelegt zu haben?)
3. Ich zweifle oft an meinem Wert. (Ich habe keine Komplexe, niemals!)
4. In Gruppen schlage ich selten Aktivitäten, Gesprächsthemen oder neue Ideen vor. Ich neige eher dazu, mit dem Strom zu schwimmen. (Ich bin kein Mitläufer, aber auch kein Anführer! Was bin ich dann?)
5. ch brauche unbedingt Menschen in meinem Umfeld, auf die ich bauen kann. (Jeder Mensch braucht Freunde oder Vertraute.)
6. Ich bin fähig, mich für andere zu opfern. (Ich gehe für meinen Schatz durchs Feuer.)
7. Aus Furcht vor einem Konflikt mit meinen Gesprächspartnern verberge ich oft meine Meinung. (Ich fresse alles in mich rein, am liebsten Chips, Eiscreme und Marshmallows, am liebsten alles zusammen, denn Essen widerspricht mir nicht!)
8. Ich mag es nicht, Leute aus den Augen zu verlieren oder mich von ihnen zu trennen. (Ich kann ohne dich nicht leben. Ich habe Verlustangst, und überhaupt: Ich bin blöd!)
9. Ich bin sehr feinfühlig bei Unstimmigkeiten und Kritik. (Ich hasse Streit. Ich bin ja so sensibel. Ich bin aber auf keinen Fall euer Sündenbock – oder doch?)
10. Man sagt mir oft, ich hätte es im Leben weiter bringen können. (Ich putze gerne Klos, obwohl ich ein 1er-Abi habe.)

Haben Sie sich wiederentdeckt? Das Ergebnis beider Beschreibungen finden Sie in diesem Buch. Sie haben schon viel über Narzissmus erfahren, gleich erfahren Sie noch etwas mehr über die dependente Persönlichkeit. Vielleicht finden Sie sich ja wieder – ich habe Sie gewarnt! Aber wenn Sie sich wiedererkennen, ist das ganz normal. So geht es mir dauernd. Ich lese etwas und denke dann, das könnte auch von mir oder über mich sein. Ich frage mich aber auch, ob ich das wirklich bin. Und bevor ich meinen Arzt um Rat bitte, erkundige ich mich erst mal bei meinen

Freunden, wie sie mich erleben. Meine Freunde sagen mir in der Regel: „Du bist okay, wie du bist. Mach dir keinen Kopf, es ist alles gut! Du bist einzigartig! Du bist was Besonderes! Ich glaub an dich!" Glauben Sie auch an sich?

Ich habe in dem genannten Buch viele Merkmale von schwierigen Persönlichkeiten gelesen. Diese Merkmale kommen auch als Ergebnis eines Persönlichkeitstests vor. Sie beantworten bestimmte Fragen, bekommen dafür eine bestimmte Anzahl von Punkten, und anschließend wird Ihnen gesagt, was Sie für ein Typ sind. Aber kennen die Testfrageentwickler mich besser als ich selbst? Warum habe ich das Gefühl, dass die recht haben?

Ich persönlich versuche nicht alles zu glauben, was ich lese. Ich würde ja sonst vieles auf mich beziehen und mich heute als Narzisst sehen, während ich morgen vielleicht das Opfer eines Narzissten bin, und das nur, weil ich in dem Test das Kreuz an der oder jener Stelle gemacht habe und das zu dem entsprechenden Ergebnis geführt hat. Um eine Diagnose über eine Persönlichkeit zu fällen, braucht es mehr als solche Persönlichkeitstests. Um eine Diagnose zu fällen, sollte man studiert und danach eine gute Ausbildung in der Psychologie oder Psychiatrie gemacht haben, um die Assessments richtig anwenden zu können. Sie können sich weiter im Internet Beschreibungen schwieriger Menschen mit noch schwierigeren Persönlichkeitsmerkmalen durchlesen und dann eine Ferndiagnose stellen. Aber passen Sie auf, dass Sie sich vorher nicht mit eben dieser Diagnose angesteckt haben und sich in den Beschreibungen wiederfinden. So ergeht es mir nämlich ständig. Aber ich bin ja auch diagnostiziert, ich darf das. Oder haben sich meine Ärzte und Therapeuten geirrt? Glauben Sie, dass Ärzte sich nicht irren können? Wie können Sie da so sicher sein? Ich lese ganz gerne Persönlichkeitstests und Horoskope – das hilft mir, mich zu reflektieren. Nebenbei erfahre ich, was die Gesellschaft über mich denkt – ob ich mir den Schuh dann anziehe, kann ich hinterher immer noch entscheiden. Vielleicht probiere ich ihn einmal an, um zu sehen, ob er passt. Wer weiß? Wissen Sie's?

4.3 Über Symptome und Stigmata

Die Medien wissen genau, wie sich ein Narzisst verhält, immerhin findet sich im ICD-10, im DSM-IV oder auch bei Millon eine Reihe von Symptomen, die auf eine narzisstische Persönlichkeitsstörung hinweisen. Eine Differenzierung vorzunehmen, wie es die anerkannte Narzissmus-Expertin und Psychologin Bärbel Wardetzki versucht hat, hat jedoch im Weltbild frustrierter und übersättigter Konsumenten keinen Raum. Es gibt nur schwarz oder weiß. YouTube ist voll mit Videos von Psychologiestudenten mit einem narzisstischen Selbstwert, die das ICD-10 herunterleiern und immer nur von den anderen sprechen, sich selbst aber davon ausnehmen. Ist das die heutige Psychologengeneration? Ich will nicht meckern über meine Therapeuten; viele „Experten" teilen viele meiner Ansichten, und jeder ist so, wie er ist. Aber man wird wohl noch nachfragen dürfen.

Die narzisstische Persönlichkeitsstörung ist wie die Borderline-Störung, die ängstliche und auch die dependente Persönlichkeitsstörung eine Traumafolgestörung. Wenn man es genau nimmt, ist selbst die dissoziale Persönlichkeitsstörung die Folge eines Kindheitstraumas, beispielsweise der Prügel durch den Vater, eines sexuellen Missbrauchs etc. In vielen Fällen findet eine Übertragung statt, sei es vom Elternteil auf das Kind oder später vom Narzissten auf den Co-Narzissten. Alles hängt miteinander zusammen – ein Teufelskreis. Und dann wird der Narzisst aufgrund seiner angelernten Schutzmechanismen auch noch abgelehnt. Wie soll er da ohne Therapie und Zuspruch zu einem besseren Selbstbild kommen? Was ist eigentlich für das Umfeld des Narzissten so schlimm daran, ihm die Anerkennung zu geben, die er braucht oder einfordert? Möchten nicht auch nicht diagnostizierte Narzissten gemocht werden? Wie soll der Narzisst Mitgefühl für andere entwickeln, wenn man ihm gegenüber kein Mitgefühl zeigt? Es funktioniert einfach nicht. Leider werden noch viele Jahre ins Land gehen, bevor ein Umdenken stattfindet. Verallgemeinerungen in unserer Gesellschaft haben ihre Folgen, wir erleben das jeden Tag. Die Flüchtlingsdebatte, die Debatte um Rechts und Links, selbst die Hochbegabtendebatte trägt dazu bei, dass immer weniger differenziert wird. Manche rechtfertigen das Verhalten ihrer Kinder oder ihr eigenes Verhalten mit irgendwelchen wissenschaftlichen Studien, die aber nicht systematisch durchgeführt wurden, also nicht bewiesen sind, aber in der populärwissenschaftlichen Literatur als neuestes (un-)nützes Wissen angepriesen werden.

Wie hieß es noch mal so schön in der Physik (und es hat auch mit Schwingungen zu tun)? Aktion gleich Reaktion oder Reibung erzeugt Wärme (Energie, energetische Hitze, Hitzewallung, Feuer). Jeder Mensch in dieser Gruppe ist richtig und wichtig und darf sich auch äußern. Wir kommen auf die Welt, sind als Babys, als Kinder und als Pubertierende vollkommen machtlos gegen all die Schwingungen, die auf uns einströmen, die uns prägen, unser Temperament formen und uns schmerzen, aber auch Freude verursachen. Jeder Mensch hat entsprechend ein individuelles Empfindlichkeitslevel. Jeder, der Mitglied in meiner Facebook-Gruppe ist, war mal ein Kind, ist aber jetzt erwachsen und muss (und darf auch) Verantwortung für sich selber übernehmen. Das heißt dann auch, dass man in den Momenten, in denen man nicht mehr bei sich bleiben kann, einen Schritt zurückgeht, sein Kind an die Hand nimmt, es tröstet, damit die Wut nicht gewinnt. Selbstfürsorge und Achtsamkeit ist in dieser Gruppe wichtig. Man kann beides auch in dieser Gruppe erlernen. Ich wünsche dir und deinem inneren Kind und auch allen anderen hier und ihren inneren Kindern wie mir und meinem inneren Kind für die Zukunft mehr Selbstfürsorge, Verantwortung und Achtsamkeit. Liebe deinen Nächsten wie dich selbst. Frieden und Mitmenschlichkeit findest du nur im Inneren und nicht im Außen. Von deiner Wut kann sich keiner etwas kaufen, wie auch ich mir von meiner Wut noch nie habe etwas kaufen können, obwohl sie manchmal hohe Kosten verursachte.

Narzissten sind immer nur die anderen.

Kristin Dombek über Narzissmus in einem Artikel der *Zeit*

Im Gespräch mit Claas-Hinrich Lammers

Ich habe mich während des Schreibens entwickelt. Dabei sind auch viele aktuelle Themen mit eingeflossen. Ich habe viel recherchiert, habe YouTube-Videos angeschaut, mich aber auch in Foren mit anderen ausgetauscht. Leider, das muss ich zugeben und mir eingestehen, habe ich mich in einigen Foren dazu hinreißen lassen, mein Gegenüber abzuwerten. Ich habe mich geoutet und somit auch Angriffsfläche geboten. Ich bin auf viele Hobbypsychologen gestoßen, die die Auswirkungen des malignen Narzissmus beschrieben haben, ohne zu erwähnen, dass es sich dabei um den malignen Narzissmus handelt. Oft wurde stark verallgemeinert, wurde in keiner Weise differenziert. So waren der regressive, zurückhaltende, verdeckte, verletzliche, depressive oder auch weibliche Narzisst – alle Attribute beschreiben denselben Typus – oder auch der offene, grandiose, abwertende, progressive männliche Narzisst auf einmal potenzielle Übeltäter, die ihre Partnerinnen misshandeln und selbst vor gefährlichen Straftaten nicht zurückschrecken. Das alles hat mich sehr nachdenklich gemacht und auch verletzt. Ich weiß sehr wohl um meine Anteile, und ich kenne auch die Mechanismen, die in Gang gesetzt wurden, wenn ich mich persönlich angegriffen oder verletzt fühlte.

Dann stieß ich auf ein YouTube-Video des Hamburger Psychiaters Prof Dr. Claas-Hinrich Lammers, schaute es mir an und war begeistert. Er bestätigte darin im Grunde meine Thesen und Vermutungen über die Hobbypsychologen. Ich fasste mir schließlich ein Herz und schrieb ihm eine E-Mail. Herr Lammers reagierte sehr schnell und sehr verständnisvoll. Wir vereinbarten, einen Tag vor Heiligabend zu telefonieren. Das Ergebnis des Gesprächs habe ich im Gedächtnisprotokoll festgehalten.

1. Herr Dr. Lammers, Sie sagten in Ihrem Video, dass viele Menschen andere Menschen aufgrund von deren Verhaltensweisen wie zum Beispiel arrogantem Auftreten oder großem Selbstbewusstsein als Narzisst betiteln. Warum ist das Ihrer Meinung nach so?

Der Narzissmus ist ein Modebegriff geworden. Was der Mensch nicht versteht oder was ihm nicht passt, wird gern als Narzissmus deklariert. An sich ist gesunder Narzissmus etwas Positives. Es ist keine schlechte Eigenschaft, ein großes Selbstbewusstsein zu haben, selbstsicher aufzutreten oder fleißig oder ehrgeizig zu sein, um Erfolg zu haben. Auch ist es nicht verächtlich, wenn man einen Porsche fährt oder viel Geld verdient. Denn auch diese Menschen können sozial sein, über Empathie verfügen oder mit Kritik umgehen. Nur weil sich jemand so oder so verhält, ist er noch lange kein Narzisst.

2. Laut der Psychoanalytikern Alice Miller sind viele Psychoanalytiker selber Narzissten, weil sie nur so den Patienten verstehen können. Was halten Sie von dieser Aussage, und glauben Sie, dass auch Psychologen oder Psychiater unter einer NPS leiden können?

Bestimmt gibt es Psychoanalytiker und Psychologen und auch Psychiater, die darunter leiden, aber auch das kann man nicht verallgemeinern, und man muss mit entsprechenden Urteilen aus der Entfernung sehr vorsichtig sein. Frau Miller war ja auch mitfühlend, empathisch und hat versucht, ihren Patienten zu helfen, obwohl ihr Sohn Martin Miller sie nach ihrem Tod als Narzisstin bezeichnet hat. Sicher hat jeder der genannten Berufsgruppen narzisstische Anteile. Inwieweit die jetzt pathologisch sind, kann man wie gesagt aus der Ferne nicht beurteilen.

3. Sie haben 2008 zusammen mit Dr. med Jan Marwitz die integrative Psychotherapie speziell für Narzissten entwickelt. Wie sind Sie dazu gekommen?

Das Thema Narzissmus war schon immer mein Steckenpferd. Ich wurde mehrfach während meines Studiums mit dem Begriff des Narzissmus sowie dem Krankheitsbegriff Narzissmus konfrontiert und fand es immer spannend. Mitentwickelt oder nicht, ist mir nicht wichtig zu erwähnen. Wichtiger ist, dass sich diese Therapie durchsetzt und Menschen helfen kann. Natürlich sind auch andere Therapieformen wie zum Beispiel die Schematherapie hilfreich.

4. Sie haben in Ihren Ausführungen den grandiosen und erfolgreichen Narzissten beschrieben, der nicht zwangsläufig leiden muss, dann auch den vulnerablen Narzissten, der sich in Größenfantasien verliert und an einer chronischen Depression leidet. Wie nahe stehen sich Ihrer Meinung nach beide Typen?

Ich denke, es ist ein Wechselspiel. Der grandiose und der vulnerable Narzisst wechseln sich ab. Es sind häufig zwei Seiten einer Medaille, nur dass bei dem einen Narzissten das Grandiose und bei dem anderen das Vulnerable eher zum Vorschein kommt.

5. Es wird immer wieder behauptet, dass sich Psychiater schwertun, eine narzisstische PS ohne Anteile anderer Störungen zu diagnostizieren. Was halten Sie von dieser Behauptung und warum ist das so?

Wie Sie mich ja schon zitiert haben, muss der Betroffene oder sein Umfeld darunter leiden, dass man von einer Störung sprechen kann. Oft kommen Menschen mit einer NPS deswegen erst infolge einer anderen Erkrankung zu uns, etwa bei einer Depression, einer Sucht oder einem Burn-out. Und im weiteren Therapieverlauf kann, wie bei anderen Persönlichkeitsstörungen auch, ein krankheitstypisches Verhalten besser erkannt und diagnostiziert wird. Manchmal kommen auch Menschen zu uns, die narzisstische Züge aufweisen, aber in Wahrheit unter etwas ganz anderem leiden und bei denen diese Symptome nur eine Folge dieser anderen Erkrankung sind. Laienwissen reicht in dem Fall nicht aus. Um zu einer fachlich fundierten Aussage oder Diagnose zu kommen, braucht man Spezialwissen, und das bekommt man erst durch eine gute Ausbildung.

6. Im Internet gibt es viele Forenpsychiater und Hobbypsychologen, die sich gut mit Narzissmus auskennen, aber im Umgang mit ihren eigenen Anteilen relativ unreflektiert wirken. Was würden Sie diesen Hobbypsychologen empfehlen?

Wie ich schon sagte, ist der Narzissmus ein Modebegriff. Viele Verhaltensweisen werden dem Narzissmus zugeschrieben. Ob sich hinter dem jeweiligen Menschen tatsächlich ein Narzisst verbirgt, sollte nur von Fachleuten mit einer entsprechenden Ausbildung diagnostiziert werden.

7. Wie kommt es, dass die Gesellschaft denkt, dass der Narzisst selbstverliebt ist, obwohl er a) nur seine intellektuellen Fähigkeiten idealisiert und b) der Narzisst zur Selbstliebe nicht fähig ist?

Wie Sie richtig erkannt haben, idealisiert der Narzisst seine intellektuellen Fähigkeiten und schiebt diese in den Vordergrund, um seine verletzlichen Anteile zu überdecken. Aus der Biografie vieler narzisstisch gestörter Menschen lässt sich das auch sehr logisch und verständlich erklären. Bei näherer Betrachtung eines diagnostizierten Narzissten wird man sehr wohl feststellen können, dass er kein großes Selbstbewusstsein hat, sehr unter seiner Störung leidet und auch nicht wirklich selbstverliebt ist. Dass die Gesellschaft von einer Selbstverliebtheit aus-

> geht, ist verständlich, da man natürlich nur das sichtbare Verhalten beurteilen kann, aber nicht die eigentliche Problematik.

4.3.1 Warum immer ich und nicht die anderen?

Ich muss zugeben, dass ich, wenn ich Hetzartikel lese, mich oft (zu Unrecht) angegriffen fühle. Ich beziehe vieles, was ich lese, auf mich. Das ist ein Mechanismus, der dann in Gang gesetzt wird (einer meiner Bewältigungsmodi, wie ich gelernt habe), aus dem ich aber nur schwer herauskomme, wenn ich es nicht selber merke oder mich jemand empathisch darauf hinweist. Oft ist es mir durchaus bewusst, aber erst im Nachhinein. Und dann ist es zu spät, dann habe ich bereits selber Abwertung betrieben, weil ich mir selten die Zeit nehme, wirklich ernsthaft darüber nachzudenken. Mir dann zu verzeihen, ist schwierig.

Wie Frau Semmroth-Wolter, eine meiner Therapeutinnen, mich in diesem Falle skizzierte, hat mir sehr geholfen, mein Gegenüber zu verstehen. Entweder ich bin ein emotionaler Ferrari, ständig auf der Überholspur, der nicht versteht, warum die anderen nicht mitkommen, oder ein Heißluftballonfahrer, der jeden Angriff als Ballast sieht, den er in Form eines Sandsacks abwirft, um höher zu kommen, während er die anderen gleichzeitig mit Pfeilen abschießt, damit diese abstürzen. Im Grunde möchte ich das alles nicht. Im Grunde möchte ich einfach nur dazugehören und verstanden werden. Ich möchte vor allem aber, dass meine verletzlichen Anteile gesehen werden, und ich möchte echte Gefühle zeigen dürfen, ohne dass ich diese überdecken muss, weil mein Umfeld mein eigentliches Gefühl ignoriert. Leider habe ich durch meine vielen unterschiedlichen Lebensabschnitte viele Erfahrungen machen müssen, die mir immer wieder vor Augen geführt haben, dass ich zwar dabei bin, aber nicht wirklich dazugehören werde. Und je mehr ich gefühlt habe, nicht erwünscht zu sein (ob das nun stimmt oder nicht, hab ich ja nie hinterfragt), desto mehr bin ich in meinen Modus verfallen und habe entweder scharf abgewertet in der Annahme, im Recht zu sein, oder mich massiv zurückgezogen mit entsprechender Selbstabwertung oder Suizidalität und alles abgeblockt, stur, den Mittelfinger zeigend. In solchen Momenten kommen die unerwünschten Gefühle hoch, die ich zu verdrängen und zu verstecken versuche. Schon als Kind war ich diesen Erfahrungen ausgesetzt, und immer wenn ich mich so verhielt, wie ich mich wirklich fühlte, hatte es nicht den Effekt, den ich brauchte. Vielmehr wurde mir suggeriert, dass dieses Gefühl – oftmals war es Traurigkeit – nicht angebracht sei, so dass ich mir Wut angeeignet habe – was noch weniger angebracht war, aber immerhin die gewünschte kurzzeitige Aufmerksamkeit einbrachte. Im Nachhinein kann ich das alles gut reflektieren, aber in vielen Situationen schaffe ich es noch nicht, dieses Wissen anzuwenden. Aber Übung macht den Meister, und ich gehe weiterhin brav zur Therapie.

> Ich finde es immer voll schlimm, wie über Narzissten geredet wird. Als kämen Narzissten vom Mars oder wären eine andere Spezies. Und als könnte man sie dressieren wie Hunde. Total gruselig alles. Dabei sind so viele Menschen Narzissten und wissen es gar nicht. In erster Linie einfach mal fragen, wie möchte ich, dass man mit mir umgeht, und so gehe ich am besten auch mit anderen um. Wir sind schließlich alle Menschen!
>
> Stephanie Schultz, 29, Magdeburg

4.3.2 Das böse Internet

In vielen Artikeln im Internet wird über Narzissmus geschrieben. Opfer von Narzissten berichten und schießen teilweise um sich. Diese Schüsse führen aber nicht zu dem gewünschten Ziel, sich mit sich und seinen eigenen Anteilen auseinanderzusetzen, ohne dabei im Außen zu kämpfen. Der Kampf im Außen erscheint um einiges einfacher als der „Weg zurück zu dir".

> Ich frage mich ja, mit welchem Recht sich „Opferseitenbetreiber" auf einen Shitstorm einlassen und diesen befördern und befeuern. „Ach, ich will doch nur die armen Opfer schützen, hört auf mich, denn ich kann euch wirklich helfen ..." Das ist genauso manipulativ und bescheuert. Warum über andere reden? Lenkt doch nur ab. Hilft's deinem inneren Kind XXX, wenn du über andere herziehst, die du eh nicht ändern kannst? Ich bin sehr traurig über die Entwicklung, die das Ganze hier genommen hat. Ich helfe nur Menschen, die sich helfen lassen wollen, biete ihnen gegebenenfalls meine Hilfe an, rede ihnen aber kein schlechtes Gewissen ein, wenn sie lieber einen anderen Weg gehen wollen. Du manipulierst in meinen Augen andere genauso. Du wertest andere ab und wertest dich und deinen Onlinekurs gleichzeitig auf. Mit welchem Recht? Ist das nicht genauso narzisstisch? Oder sagst du jetzt, das ist nicht narzisstisch, das ist nur meine Meinung? Ein Narzisst findet für alles Ausreden und redet sich alles schön. Ein Narzisst hält sich für gesund und die anderen für krank. Genau das tust du doch gerade. Ja, ich habe eine narzisstische Persönlichkeitsstörung. Na und?! Was ist dein Problem? Du kennst mich nicht. Aber jedem das Seine.
>
> Nachricht an einen Forenbetreiber

Im Internet fühlen sich viele Menschen sicher und stark, da moralisieren sie, was das Zeugs hält, und sagen einem, was sie tun würden. Aber im realen Leben schreiten dann nicht zur Tat. Sie beschreiben ihre kaputte Ehe und schimpfen über ihren

Partner, als wäre er der schlimmste Narzisst auf Erden. Sich aber von ihm trennen, das kriegen sie nicht hin. Da ist die Abhängigkeit viel zu groß. Zu Kindesmissbrauch oder Misshandlung unterschreibt beinahe jeder einmal eine Petition im Internet oder teilt einen Kettenbrief. Wenn dann aber vor der eigenen Nase ein Kind verprügelt wird oder generell Kinder angegriffen werden, schauen sie weg, weil sie nichts damit zu tun haben wollen. Genau diese Menschen schreiben die unproduktivsten Kommentare, wenn sie davon lesen. Dabei sollten sie lieber einmal im wahren Leben eine gute Tat vollbringen und es anders oder besser machen, als im Internet groß zu tun. Aber ich kann das verzeihen. Niemand ist perfekt!

> Ein psychisch gesunder Mensch geht immer erst einmal sachlich an ein Thema heran und schaut, was ist und was nicht ist, und ein gesunder Mensch geht grundsätzlich erst einmal von einer wohlwollenden Haltung des anderen aus. Auch dies ist hier bei einigen offensichtlich nicht das erste Verhaltenskriterium.
>
> Es sind geschädigte Menschen – beschädigt in ihrer Psyche und damit auch in ihrem Denken und ihren Verhaltensweisen. Menschen, die vermutlich jahrelang auf der Hut sein mussten, was sie sagten, wie sie sich verhielten, und die es gewohnt waren, sich selbst immer hinten anzustellen. Dementsprechend wittern sie heute „nach ihrem Narzissten" in jeder anderen Sichtweise und anderen Meinung eines anderen zuerst eine vermeintliche Attacke auf sich selbst und meinen in den Verteidigungsmodus verfallen zu müssen.
>
> Jede noch so winzig kleine Provokation wird aufgegriffen und als persönlicher Angriff gewertet. Jeglicher Humor, dass man im Leben gewisse Dinge eben auch so sehen und so nehmen kann, ist offensichtlich verlorengegangen.
>
> Es geht nur noch darum: „Entweder du bist für mich, dann stimmst du in allem mit mir überein und teilst meine Sichtweisen, oder aber du bist gegen mich, wenn du mir etwas vermitteln möchtest, was mir nicht passt, nicht damit konform geht, wie ich denke." Dann greift der Mensch, der durch narzisstische Übergriffe und Grenzüberschreitungen beschädigt wurde, selbst andere an, versucht dem anderen Dinge zu unterstellen, die dieser so nie gesagt hat, meint sich verteidigen zu müssen, obwohl er gar nicht angegriffen wurde. Das alles ist schlimm, und es sind schlimme, traurige Folgeerscheinungen, die die Lebensqualität und vor allem die Lebensfreude desjenigen beschränken, und so ein Mensch lebt nicht mehr aus seinem vollen Inneren. Das ist schade, denn eigentlich hat jeder die Möglichkeit, sich von diesen Mustern zu befreien, wenn er es denn wirklich will.[27]

Die Gesellschaft sagt, was du tun musst, weil es normal ist. Dabei macht es dich krank, wenn du dich dauernd für andere verbiegst, weil du damit dein Selbst idealisierst und deine verletzlichen Anteile unterdrückst – so lange, bis du es nicht mehr aushältst und entsprechend überkompensierst.

> Ich tue mir das täglich an ... Aber schon immer wieder der Hinweis, nicht Narz, sondern Menschen mit NPS zu sagen, trifft auf Gegenwehr ... Neueste Modewörter sind Vampire, Monster und natürlich das beliebte Arschloch ... Sofortdiagnosen auf der Basis eines Postings, das Erkennen von NPS durch einen Blick in die Augen ... und dann immer wieder diese bösartigen Angriffe, nicht zugänglich mit Argumenten, Generalverurteilung ... einfach grottig.
>
> Ein Narzisst aus meiner Facebook-Gruppe

Wir alle wünschen uns Empathie und Verständnis für unsere Gedanken und Gefühle. Gilt dieser Wunsch dann aber nicht automatisch auch für andere? Wir dämonisieren Menschen (beispielsweise die Narzissten), die uns nicht guttun und aus unserer Sicht böse sind. Damit dämonisieren wir aber auch uns und verbauen uns die Möglichkeit, Verantwortung für uns selbst zu übernehmen. Wir schließen es geradezu aus, dass wir in der Lage sind, unser eigenes, kleines verletztes Kind zu trösten oder ihm das zu geben, was es braucht. In erster Linie fängt man, wie in vielen Zitaten und Sprüchen beschrieben, damit an, sich selbst zu verändern, wenn man etwas verändern möchte. Und es hilft wirklich, im ersten Moment der Verletzung einen Schritt zurück zu machen, durchzuatmen und dann das ganze aus der Beobachterperspektive zu betrachten. In der Therapie habe ich gelernt, meine emotionalen Kompetenzen zu schulen. Ich muss zugeben, dass mir die Progressive Muskelentspannung nur bedingt geholfen hat. Ich bin eher der intellektuelle Typ, deswegen konnte ich mit Achtsamkeit und Gefühlsanalyse aus der Beobachterperspektive deutlich mehr anfangen – was nicht heißt, dass Progressive Muskelentspannung bei anderen Menschen nicht hilfreich sein kann. Jeder hat die Möglichkeit, auszuprobieren und dadurch zu entdecken oder zu erkennen, was ihm oder ihr am besten hilft, denn das muss unser Ziel sein. Unser Ziel muss sein, dass es uns gut geht. Aus meiner Sicht gelingt dies aber nicht, wenn wir im Außen kämpfen und die Schuld bei anderen suchen, sondern indem wir die Verantwortung übernehmen, uns selbst der Freund zu sein, den wir gerade am meisten brauchen.

> Mich kotzen diese „Opfergruppen" mittlerweile so dermaßen an ... immer nur der „böse Narz" ... Aber wehe, man ergreift Partei für den Ex ... Mir egal, was da dann abgeht. Auch das sind Menschen, ob mit oder ohne NPS.
>
> Nadine Junge, 31, Bremen

Wir kritisieren die Meinungen anderer, während wir selber keine Kritik vertragen können. Wir teilen aus, haben aber Schwierigkeiten, selbst einzustecken. Aktion gleich Reaktion, so lehrte uns schon Isaac Newton. Ich hab mich immer gegen Physik gewehrt, aber diese Regel habe ich mir gemerkt.

Narzissten haben es bekanntlich schwer, sich an Regeln zu halten. Noch schwerer fällt es ihnen, wenn sie sehen, dass sogenannte „Nicht-Narzissten" sich ebenso wenig an die Regeln halten, damit aber durchkommen. Das zieht sich wie ein Faden durch das Leben der Narzissten. Ihr Umfeld suggeriert ihnen permanent, dass sie nur geachtet und beachtet werden, wenn sie perfekt sind, während sie die Unperfektheit an anderen akzeptieren müssen. Dass der Narzisst dann zum Perfektionismus neigt, um seine Verletzlichkeit zu verbergen, um die gewünschte Anerkennung zu erhalten, und somit als überheblich wahrgenommen wird, dürfte an dieser Stelle nicht weiter verwundern. Dennoch wird es dem Narzissten als mangelnde Empathie ausgelegt. Jetzt kommt wieder das Argument, das könne nur ein Narzisst so sehen. Dann denke ich aber, dass wir alle Narzissten sind – oder eben nicht.

> Wie krass es doch beweist was der Mensch für ein böses und hinterhältiges Tier sein kann!
> Das „arme Opfer", das sich zum Ende auf dieselbe Stufe stellt wie der „böse Täter" ...
> Empathie gleich 0, Toleranz gleich 0, Akzeptanz gleich 0, Reflexion gleich 0.
> Rache ist Blutwurst oder besser die Ausrede des „einstigen Opfers", welches seine Maske fallen ließ und aufgrund eigener Nichtfähigkeit, sich selbst zu reflektieren, lächelnd das stumpfe Messer von hinten durch das Herz sticht. Dabei sich noch selbst seiner Taten lobt und meint, diese rechtfertigen zu können.
> Applaus, Applaus der Vorhang geht auf, das Publikum klatscht und ruft laut: „Endlich ist die Maske gefallen. Der Narzisst ist tot, es lebe die Narzisstin."
>
> Patrick Weissgerber, 42, Altenburg

4.3.3 Der Unterschied zwischen Hobbypsychologen, Forenpsychiatern und echten Psychotherapeuten

Ich sprach schon über Pseudoratgeberseiten, die Narzissten dämonisieren oder Narzissmus mit dem malignen Narzissmus gleichstellen. Ich erwähnte auch die Menschen, die sich in ihren Kommentaren verewigen, um möglichst rasch einen anderen als Narzissten zu bezeichnen, der in Wahrheit keiner ist. Geben wir diesen Seitenbesuchern, Forenmitgliedern und Kommentarschreibern nun auch einen Namen: Hobbypsychologe oder Forenpsychiater.

Für viele selbsternannte Hobbypsychologen ist dies eine Berufung. Sie sind in beinahe jedem Forum vertreten, um jeden, der sich positiv oder auch nur reflektiert über Narzissten äußert, selbst als Narzissten zu entlarven. Auch Forenpsychiater sind in vielen Foren eine wirklich angesehene Profession. Mit so jemandem möchte man befreundet sein. So einen Menschen idealisiert man, weil er einem aus der Seele spricht. Aber halt, idealisieren, das machen doch nur Bordis und Narzen. Nein, man findet einfach nur toll, was der Forenpsychiater so von sich gibt.

Sie denken, das habe ich mir ausgedacht? Sie glauben, so einen Beruf gibt es nicht? Da muss ich Sie leider eines Besseren belehren, denn das Internet ist voll von ihnen. Und sie wissen genau, wie sich ein Narzisst verhält. Sie haben in der Regel 1,2 Bücher gelesen, wenn auch nicht ganz, aber das Wichtigste ist ja oft eh unwichtig, weil es keinen interessiert. Interessant ist nur, an was man den Narzissmus bei den anderen festmachen kann. Ob man sich selber so verhält, spielt keine Rolle. Man ist immerhin Hobbypsychologe oder Forenpsychiater, hat daher eine Sonderfunktion inne und darf jeden, der sich nicht so verhält, wie man es erwartet, zum Narzissten erklären.

Hobbypsychologen dürfen alles, Forenpsychiater sowieso. Beide verstehen sich besonders gut darin, Diagnosen aus der Ferne zu stellen. Sie fühlen sich zudem dazu berechtigt, einen Narzissten abzuwerten, als Psychopathen abzustempeln und echte Psychotherapeuten als Scharlatane abzukanzeln, weil die ja nicht merken, wie ihr Patient, der böse Narzisst, sie um den Finger wickelt. Hobbypsychologen wissen in der Regel immer alles besser. Sie dulden keine zweite Meinung neben der ihrigen. Sie merken nicht einmal, dass sie selbst narzisstische Züge aufweisen, streiten es vielmehr ab, weil sie ja nicht den Stempel tragen; sie waren viel zu lange mit einem Narzissten zusammen und konnten erst nach ganz langer Zeit feststellen, dass ihr Ex krank war – obwohl sie sich mittlerweile so gut auskennen und daher befähigt sind, ohne Skrupel Ferndiagnosen abzugeben. Im Ernst: Ich müsste das einmal meiner Psychotherapeutin erzählen, die würde sich schlapplachen.

Ich bin bekennender Narzisst, und ja, ich zeige dies auch offen. Wenn mich etwas kränkt, sage ich das auch. Immerhin hat meine Psychotherapeutin mir gesagt, dass ich ehrlich zu meinen Gefühlen stehen darf und diese nicht überdecken soll. Hobbypsychologen hingegen kanzeln mich ab. Sie lassen etwas vom Stapel, was mich kränkt, und rechtfertigen sich damit, dass ich als Narzisst das ja nur so empfinden könne, obwohl es aus ihrer Sicht nicht als Kränkung gedacht gewesen sei. Natürlich fühlen sie sich wieder einmal darin bestätigt, alles richtig gemacht zu haben.

Es ist schon richtig: Ich trage die Verantwortung dafür, dass es meinem kleinen Kind gut geht. Und ich muss aufpassen, dass niemand unter mir leidet. Dennoch darf auch ich Kritik üben, gleichgültig, ob ich nun ein diagnostizierter Narzisst bin oder nicht. Laut Hobbypsychologen und Forenpsychiatern habe ich dieses Recht aber nicht. Ein Narzisst verdient kein Verständnis.

Hobbypsychologen ruhen sich auf den Behauptungen aus, die von dämonisierenden, nicht differenzierenden Webseitenbetreibern in den Raum gestellt werden, die nicht mal echte Psychotherapeuten sind oder Medizin studiert haben. Oft sind es Journalisten, die sich lange damit auseinandergesetzt haben und überwiegend in Kontakt zu Frauen standen, die einen narzisstischen Partner hatten. Nachvollziehbar, dass dann ein sehr einseitiges Bild entsteht. Aber auch dafür haben die Hobbypsychologen und Forenpsychiater eine passende Erklärung parat: Einen Narzissten muss man nicht verstehen, der denkt sich das eh nur aus. Narzissten manipulieren, Narzissten lügen, Narzissten haben wenig Empathie, und vor allem zeichnet sich ein Narzisst dadurch aus, sich einseitig zu informieren, um dann seinem Kontrahenten glaubhaft zu versichern, dass dieser der Kranke sei. Auffallend ist, es sind immer die anderen. Wer dem widerspricht oder es hinterfragt, gilt selbst als Narzisst. Erstaunlich!

Ich will gar nicht abstreiten, dass manche dieser Symptome auf einen Menschen mit einer narzisstischen Persönlichkeitsstörung zutreffen. Aber dann sollte genau geschaut werden, ob er tatsächlich nur eine NPS hat, die im DSM-5 unter Cluster B beschrieben ist und laut ICD-10 eine F60.80 oder F61 darstellt oder ob bei ihm nicht eher ein maligner Narzissmus festgestellt wurde. Aber über dieses Spezialwissen müssen Hobbypsychologen ja nicht Bescheid wissen.

Hobbypsychologen plädieren genauso wie Forenpsychiater darauf, dass man Narzissten wegsperrt. Sie sagen auch, dass eine narzisstische Persönlichkeitsstörung nicht heilbar, geschweige denn therapierbar ist. Manche von ihnen meinen sogar, man könne am Blick eines Menschen erkennen, ob es sich um einen Narzissten handle.

> Als ich noch in dieser Opfergruppe war, hab ich das auch gelesen, mit dem Blick in die Augen usw. ... Ich glaub, die drehen sich da alle im Kreis und verharren in ihrer Opferrolle.
>
> Anja Rose, 44, Chemnitz

Sie wissen ganz genau, dass ein Narzisst keine Hilfe annimmt, die Schuld immer bei den anderen sucht, andere entwertet, wenn sie seine Meinung nicht teilen, und kein Mitgefühl für die Menschen hat, die unter ihm leiden. Wenn aber laut den Hobbytherapeuten ein Narzisst kein Mitgefühl verdient, wie soll er dann Mitgefühl für sich und andere entwickeln, was ja schon allein von den Ausgangsbedingungen nicht realistisch ist? Aber das schert die Hobbypsychologen nicht.

Sie dürfen abwerten – und das nur, weil sie von sich sagen, dass sie keinerlei narzisstische Anteile in sich haben.

Mir geht es hier darum, die selbsternannten Hobbypsychologen und Ferndiagnosesteller zu ermuntern, über ihre eigenen Anteile zu reflektieren, bevor sie wieder jemanden als Narzissten abstempeln, der in Wahrheit keiner ist. Wer seinen Schmerz als Wut kanalisiert und in verächtlicher Manier auf andere projiziert, muss wohl ein schreckliches Leben gehabt haben. Der subtile Ablenkungszwang regiert unbeherrscht in den Köpfen der Gesellschaft, die sich auf den bösen Narzissten stürzt, der als Kind nicht geliebt wurde, wie er ist, und nun als Erwachsener alles dafür tut, um gesehen zu werden, wenn auch auf die als Kind erlernte Art und Weise. Glauben die wirklich, wir sind stolz auf unsere Rolle? Unter der Maske juckt es.

Fragen könnte man freilich auch, wer den Partnern das Recht gibt, darüber zu urteilen, ob jemand ein pathologischer Narzisst ist. Und wer räumt den Menschen das Recht ein, darüber zu urteilen, ob ein Politiker oder Showmaster unter einer NPS leidet? Warum wird der Narzissmus überhaupt dämonisiert? Es ist doch ohnehin seit eh und je bekannt, dass alle Menschen narzisstische Züge haben.

> Wenn man sich im Lösungsprozess nicht mit dem Narzissmus auseinandersetzt und seine Gesetzmäßigkeiten studiert (und darin auch den eigenen narzisstischen Anteil erkennt), dann wird man sich auch in Zukunft wieder in narzisstische Beziehungen verstricken und bleibt in der Opferrolle gefangen.
>
> Einer von ganz wenigen wertvollen Kommentaren
eines Opferforenseitenbetreibers

4.3.4 Zwanghaft erzeugte Perfektion erzeugt Depression

Ich hatte nur einen Gedanken: Ich muss hier weg. Weg von diesem Ort, sofort. Mir ging's so schlecht wie seit drei Wochen nicht mehr. Und das nur, weil ich mir zu sicher war, dass es ausreicht. Ich war mir zu sicher und habe die Kontrolle verloren. Das darf mir nicht passieren. Ich habe alles richtig gemacht. Aber ich war unachtsam. Immer wenn ich unachtsam bin, verliere ich. Statt einer eins war's nur eine drei. Und der Schmerz ist groß. Die Gefühle sind extrem. Ich dachte daran, alles infrage zu stellen. Ich dachte ernsthaft daran, die Maßnahme abzubrechen. Und ich verspürte keine Lust mehr, weiterzuleben.

> Als *Perfektionisten* gelten Menschen, die extrem hohe Maßstäbe an Handlungen oder Entscheidungen anlegen: Sie müssen auf bestmögliche, ja vollkommene, auf jeden Fall fehlerfreie Weise ausgeführt beziehungsweise gefällt werden.

> Gewöhnlich richten sich diese perfektionistischen Ansprüche dabei auf die eigenen Tätigkeiten, aber nicht selten werden die ehrgeizigen Maßstäbe auch an Mitmenschen angelegt: die Arbeitskollegen, die Freunde, die Familie, die Nachbarn, die Medienelite im Fernsehen, nicht selten alle Welt.
> Es geht also beim Perfektionismus im Kern um das *Streben nach dem Maximalen* und Makellosen, danach, die Dinge immer noch besser zu machen als bisher. Es ist, als hätten Perfektionisten für ihre besonders wichtigen Lebensbereiche ein athletisches Motto ausgerufen: höher, schneller, weiter – und möglichst fehlerlos. Manche Perfektionisten streben danach nur in wenigen Lebensbereichen, andere machen daraus einen umfassenden *Way of life*.[28]

Fehler sind dazu da, um sie zu machen und um aus ihnen zu lernen. Wenn es aber keine wirklichen Fehler sind, sondern nur mangelnde Gewissenhaftigkeit, frage ich mich, warum mein Gewissen einen derartigen Terror veranstaltet. Nüchtern betrachtet ist Mittelmaß nichts Schlimmes. Für mich ist das Vermeiden von Mittelmaß aber existenziell. Nur bei guter Leistung habe ich Liebe erfahren. Ein „Befriedigend" reichte nicht. Ich selbst kann mich auch nur lieben, wenn ich gut und besser bin. Mittelmaß ist fast die ganze Gesellschaft, und ich will so nicht sein.

Einerseits wünschen sich Narzissten und schizoide Menschen, dazuzugehören – und zwar so, wie sie sind. Andererseits hassen sie es, dazuzugehören – wenn man sie nicht so sein lässt, wie sie sind.

Ich selber weiß nicht wirklich, was ich will. Ich kann zwar Phrasen dreschen, kann vorgeben, für alles eine Lösung zu haben, aber innerlich gelten für mich andere Regeln. Meine Gefühle lassen keinen anderen Gedanken zu. In meiner Welt ist Mittelmaß wie Gefängnisfraß. In meiner Welt ist Mittelmäßigkeit eine Zumutung. Sie bringt keine Genugtuung. Sie setzt mich quasi noch mehr unter Druck.

Doch wem will ich damit etwas beweisen? Meine Mutter spielt keine Rolle mehr in meinem Leben. Aber mein hochentwickeltes strafendes Elternteil in mir redet mir ein, nur etwas wert zu sein, wenn …

Von außen betrachtet macht mein Denken keinen Sinn. Ich muss mich eigentlich vor niemandem rechtfertigen außer vor mir selber. Das ist aber der Knackpunkt: Ich bin mein größter Widersacher, Unglücklichmacher, Leidensverursacher, Selbstauslacher, aber auch der Schmied meines eigenen Unglücks. Ich mache mich selber verrückt. Da kann jeder kommen und sagen, dass eine Drei vollkommen ausreicht – es reicht mir nicht. Ich *muss* perfekt sein!

Ich war den Tränen ganz nah. Das Gefühl meiner Kindheit war wieder da. Es reicht nicht, egal was ich mache, sie sehen mich nicht. Und mir sagte auch keiner, was ich tun muss, um gesehen zu werden. Niemand konnte mir sagen, was ich investieren muss, dass es reicht. Manchmal sind die Dinge eben so, wie sie sind. Manchmal hat man Pech. Manchmal ist es eben ungerecht. Manchmal sind die Menschen schlecht. Und oft bin ich der Leidtragende gewesen.

Ich wollte es als Kind allen recht machen. Ich wollte, dass es allen gut geht. Ich habe selten auf meine Bedürfnisse geachtet. War ich mal egoistisch, wurde ich verachtet. Ich musste tun, was die anderen nicht konnten. Der Klügere gibt nach. Der Klügere gibt alles. Der Klügere ist tolerant und lässt alles mit sich machen. Er macht auch alles, weil er es eben kann. Und wenn er es mal nicht kann, ist er eben doch nur Mittelmaß. Und Mittelmaß sind die meisten. Willst du dazugehören? Willst du wirklich wie alle anderen sein?

Sie können sich kaum vorstellen, wie es für ein Kind ist, das zu tun, was die Erwachsenen wollen, nur damit die Erwachsenen zufrieden sind. Das Kind hat zu gehorchen. Kinder gehorchen nun mal ihren Eltern, ihren Erziehungsberechtigten. Und die Erwachsenen haben sowieso immer recht. Ist das Kind klüger, hat es eben nachzugeben, denn der Klügere gibt (immer) nach.

Mein inneres Kind ist nur klug. Es ist aber (noch) nicht erwachsen. Es hat zwar meistens recht, aber es wird kein Recht bekommen, eben aus diesem Grund.

Dieses Denken macht auf Dauer krank. Dieses Denken verursacht Depression. Die Selbstzweifel werden größer. Was kann ich mit meiner Klugheit anfangen, wenn es eben nur reicht, wenn das Ergebnis perfekt ist? Perfektion ist langweilig. So heißt es doch. Oder ist das nur scheinheilige Heuchelei, um in der Öffentlichkeit nicht anzuecken?

Im Anecken war ich immer gut. Und am Ende war's die *Wut*, mit der ich zwar Aufmerksamkeit bekam, aber es war auch die *Wut*, die mir die Gesellschaft nahm. Und mein inneres Kind war wieder allein.

Wann hört der Teufelskreis auf? Wann lässt der Druck, perfekt sein zu müssen, nach? Lohnt es sich heutzutage überhaupt noch, perfekt zu sein? Ich sage ganz eindeutig Nein, weil Menschen ohne Macke kacke sind, und die kleinen Makel und Fehler einen Menschen doch erst so liebenswert machen.

Wir sollten uns weniger von den Medien leiten lassen, die uns oftmals suggerieren, dass wir dieses oder jenes tun müssen, um von der Gesellschaft akzeptiert zu werden. Man braucht keinen Ferrari, geschweige denn überhaupt einen fahrbaren Untersatz, um sich zu behaupten. Was man braucht, ist ein einigermaßen mitfühlendes und lebensbejahendes Gemüt, einen lebhaften und einigermaßen gesunden Verstand. Viel mehr ist nicht erforderlich, und das ist ja auch schon allerhand und jeglicher Rede wert.

Perfektionismus ist anstrengend und in erhöhtem Maße ungesund. In klinischen Studien wird Perfektionismus mit Störungsbildern wie der narzisstischen Persönlichkeitsstörung, der schizoiden Persönlichkeitsstörung, mit Alkoholismus, Magersucht, Angst und Zwangsstörungen, sexuellen Funktionsstörungen sowie Selbstmordgedanken in Verbindung gebracht. Es gibt aber keine einheitliche Definition, die besagt, was genau darunter zu verstehen ist. Einigkeit herrscht immerhin, dass man Perfektionsstreben im Wesentlichen als ein Konstrukt mit Ausprägungen in zwei Dimensionen auffassen kann:

1. *Streben nach Vollkommenheit* (perfektionistisches Streben): fasst unter anderem die Eigenschaften hohe persönliche Standards und Organisiertheit zusammen.

2. *Übertriebene Fehlervermeidung* (perfektionistische Besorgnis): umfasst unter anderem die Eigenschaften Leistungszweifel und Fehlersensibilität, aber auch Angst vor Bewertung, besonders durch Eltern.[29]

Perfektionsstreben darf nicht ausschließlich als etwas Negatives betrachtet werden. Erst wenn *beide* Dimensionen bei einer Person stark ausgeprägt sind, spricht man von einem *ungesunden* oder *dysfunktionalen* Perfektionsstreben. Letzteres wird Perfektionismus genannt.[30]

Ursachen für die krankhafte Form des Perfektionismus sind wie bei allen anderen Persönlichkeitsstörungen in der Kindheit zu vermuten und lassen sich auf ein Verhalten der Eltern, das zum einen hohe Standards setzt und zum anderen zu wenig Wärme und Akzeptanz schenkt, zurückführen. Eine Neigung zum Perfektionismus kann aber auch angeboren sein. Ebenso ist perfektionistisches Verhalten ein angstvolles Vermeiden, genauer ein Unterdrücken von wahren Gefühlen, gegen oder für das man sich entscheiden kann.

> Der Narzisst ist der grundlegenden Überzeugung, man müsse bestrebt sein, sehr hohen „verinnerlichten" Ansprüchen bezüglich Verhalten und Leistung zu genügen, möglichst um Kritik zu vermeiden. Diese Haltung führt leider sehr oft zu Gefühlen von Druck oder Schwierigkeiten damit, es einmal ruhig angehen zu lassen. Narzissten, die in diesem Schema verharren, leiden oft darunter, sich nicht so wie andere vergnügen zu können. Sie wirken oft gehemmt in ihrer Freude, sind gestresst und stehen permanent unter Spannung. Ebenso glauben sie, niemals den perfekten Partner finden zu können, weil sie es nicht verdienen. Ihr Liebesleben stagniert. All das Positive, was entstehen kann, wird überlagert von der Angst, nicht auszureichen. Die Selbstachtung ist oft stark beeinträchtigt. Kleinere Misserfolge werden schon überbewertet. Narzissten mit diesem Erleben, können sich selber oft nicht verzeihen.
>
> Überhöhte Standards zeigen sich meist in Form von Perfektionismus, übermäßiger Detailgenauigkeit oder der Unterbewertung eigener Leistung. Auch fühlen sich Menschen in diesem Schema dem Druck ausgesetzt, möglichst effektiv und effizient zu arbeiten, um noch *mehr* zu schaffen und zu leisten in noch weniger

Zeit mit möglichst *null Komma null* Fehlern. Ihre Gedanken kreisen die meiste Zeit darum, wie sie besser und noch besser werden können. Ihre Grundsätze sind oft unrealistisch hoch und kaum zu erfüllen. Sie setzen sich selber viel zu hohe Maßstäbe, die sie oft in eine Depression stürzen, wenn sie bemerken, dass es ihnen nicht gelingt, wie sie sich das selber vorgenommen haben.

Jeffrey Young

Ich dachte immer, ich muss mehr machen, um gesehen zu werden. Ich habe immer mehr gedacht als andere, ob nun in der Schule, auf Arbeit oder in der Politik. Und immer wurden meine guten Ideen geklaut und als die der anderen ausgegeben, oder ich wurde ausgenutzt. Gewürdigt wurde ich aber nie. Gelobt wurden meistens nur die anderen.

Ich habe bis zu meinem Zusammenbruch stets die Kontrolle bewahren müssen, um das perfekte Ziel zu erreichen. Nach meinem Zusammenbruch wurde zunehmend vieles anders. Ich habe irgendwann die Freude verloren, für andere etwas zu tun. Irgendwann habe ich meine Nächstenliebe über Bord geworfen und nur noch für Geld gewisse Tätigkeiten übernommen. Wenn ich schon kein Lob oder keine Bestätigung für meine Leistung erhalten kann, möchte ich wenigstens ausreichend honoriert werden. Gute Arbeit muss gut bezahlt werden. Bei schlechter Bezahlung reicht mein Anspruch dann auch nur für das Geld, das bezahlt wird, aus. Perfektion gibt's von meiner Seite nur noch, wenn ich etwas davon habe.

Da es keine wirkliche Entscheidungsfreiheit bei narzisstischen Defiziten gibt, sondern immer nur Bestrebungen, vom psychosozialen Elend abzulenken und sich irgendeinen Ersatz zu verschaffen, um den empfundenen, selbst erfundenen Makel zu kompensieren, sind der „freie Markt" ebenso wie „freie Wahlen" in vielerlei Hinsicht eine trügerische Illusion. Der perfektionistische Mensch überlegt und überlegt und büßt viel an Spontanität ein, nur um sein brüchiges Selbst zu wahren, das er nach außen hin als möglichst perfekt darzustellen versucht. Leidet der Perfektionist unter seinem perfektionistischen Verhalten, ist eine Psychotherapie ratsam.

Laut Dr. Hans-Joachim Maaz wird auch das Wirtschaftssystem nach Überwindung kollektiver Not und Armut stets zum Tummelfeld narzisstisch begründeter Begehrlichkeiten. Werbung, Reklame, Mode, Status und Gruppendruck sind so wirkungsvoll, weil sie zu suggerieren verstehen, was Menschen mit narzisstischen Bedürfnissen brauchen, was sie angeblich viel glücklicher macht und wie man es schafft, (an-)erkannt zu werden und dazuzugehören. Denn aus sich heraus wissen die meisten Narzissten das nicht (wie auch viele selbsternannte Nicht-Narzissten, sofern es die noch gibt). Sie konnten sich nie so entwickeln und herausfinden, wer sie sind und wer sie werden könnten, wenn sie es wollten, und was sie wirklich brauchen und begehren. Sie wirken wie ferngesteuert, automatisiert, impulsgetrieben, aber niemals ausgeglichen, in ihrer inneren Mitte ruhend. Sie befinden sich permanent auf der Suche nach Anerkennung und Perfektion – auch gerade weil sie glauben, nur in dieser Form liebenswert zu sein.

So gestalten die narzisstischen Störungen auch die Gesellschaften aus, wobei die typische Kollusion von Größenselbst und Größenklein ein weitestgehend reibungsloses Zusammenspiel – jedenfalls bis zum Zusammenbruch – ermöglicht.

Dr. Hans-Joachim Maaz

4.3.5 Das ungesunde Gesundheitswesen

In unserem Gesundheitswesen geht es weniger gesund zu. Das merkt man an den Bandscheibenvorfällen, Burn-outs und Depressionserkrankungen infolge von Überlastung. Im sozialen Bereich geht es auch nicht immer sozial zu. Das liegt allein am Menschen. Menschen haben unterschiedliche Lebensläufe, Temperamente und entsprechend unterschiedliche Meinungen und Einstellungen, die sich unmittelbar auch auf ihr Umfeld auswirken. Im Gesundheitswesen wird nicht produziert, sondern verbraucht.

Im Gesundheitswesen wird niemand reich, dennoch werden viele Einrichtungen von großkotzigen Unternehmern zu Goldgruben auserkoren und entsprechend verramscht. In vielen Senioren- und Pflegeheimen, wie sie ja heute in jedem Stadtteil, von der Infrastruktur her ultramodern, neu eröffnet werden, wird an Ausstattung nicht gespart, am Personal hingegen schon. Dabei werden die Anforderungen nicht weniger, was eine Stelleneinsparung rechtfertigen würde. Vielmehr steigen sie: Immer mehr Arbeit ist zu erledigen, immer weniger Zeit steht dafür zur Verfügung. Die Erwartung an die Mitarbeiter wächst. Sie können dieser Anforderung jedoch nicht gerecht werden. Sie werden unzufriedener, und sie werden krank. Das ist es, was wir Tag für Tag in den Einrichtungen des Gesundheitswesens erleben. Die Wartezeiten werden immer länger, die Zeit, die wir mit den Menschen verbringen, immer geringer. Und trotzdem werden immer mehr Häuser eröffnet. Wie manch ein Betreiber das rechtfertigt, ist mir persönlich ein Rätsel.

Die Bezahlung für die Pflegekräfte ist nicht gerechtfertigt – es wird vom Gutmenschen ausgegangen (wobei freilich die Erklärungen dafür, was ein Gutmensch ist, auseinandergehen). Aber verdienen gute Menschen nicht gerade deswegen eine angemessene Bezahlung? Sicherlich gibt es Ausnahmen; es gibt durchaus Einrichtungen, die noch vorbildlich mit ihren Ressourcen umgehen, wo Mitarbeiter gut bezahlt werden und wo mit den Bewohnern umgegangen wird, wie es sich gehört. Aber auch diese Ausnahmen werden immer seltener, wenn sich nicht bald etwas an der Politik im Gesundheitswesen ändert oder ein Umdenken in unserer Gesellschaft stattfindet. Aus den Medien (u. a. Günter Wallraff) wissen wir ja längst, dass es Krankenhäuser und Seniorenheime gibt, in denen Zustände herrschen, die ihresgleichen suchen. Wenn ich bedenke, dass ich selber mal alt werde, graut es mir jetzt schon davor. Ich möchte nicht stundenlang in meinen Exkrementen liegen und darauf hoffen, dass sich eine Pflegekraft erbarmt, mir zu helfen. Strukturelle Gewalt, aber auch gefährliche Pflege sind immer noch aktuelle Themen, mit denen sich Betreuer und Gerichte auseinandersetzen müssen. Für mich war nicht zuletzt der Zwang, in einer solchen Weise arbeiten zu müssen, der Anlass, warum ich nicht mehr in diesem Umfeld tätig sein möchte; zu sehr bin ich angeeckt, wenn ich auf Mängel hingewiesen habe. Wo wir schon beim nächsten Meilenstein der Problematik sind: In Deutschland herrscht ein akuter Mangel an qualifiziertem Personal. Die Lobby der Pflegekräfte in Deutschland ist eher schwach, und von der Bevölkerung wird die Situation allem Anschein nach noch nicht als bedrohlich wahrgenommen.

Deutschlands Gesundheitssystem scheitert bei der angemessenen Versorgung der Patienten. Kranke und Erkrankte können nicht vernünftig behandelt werden, weil es an Ärzten und Krankenschwestern (genauso wie Ärztinnen und Krankenpflegern) mangelt. Die Folge: Kliniken können nicht alle Krankenbetten belegen, weil nicht ausreichend Personal für die Versorgung der Patienten da sind. Für Kranke und Angehörige bedeutet das längere Wege; doch oft ist die Situation an einem anderen Krankenhaus nicht viel besser. In Seniorenheimen dagegen werden die Plätze schnell aufgefüllt, ohne auf den Personalschlüssel zu achten; notfalls greift man auf Zeitarbeit zurück. Der wirtschaftliche Schaden ist enorm und zwingt bundesweit Krankenhausträger dazu, die Personallücken mit Fachkräften aus dem Ausland zu schließen. Und hier kommt die Hürde der „deutschen" Sprache zum Tragen: Die Verständigung findet mit Händen und Füßen statt. Fehler sind da nicht ausgeschlossen. In einigen Krankenhäusern arbeiten zusätzlich Hotel- und Servicekräfte, um Schwestern und Pfleger zu entlasten. Manchmal müssen ungelernte Mitarbeiter sogar medizinische Aufgaben übernehmen, und das ganz oft ohne vorherige Einarbeitung. Pflegefehler passieren aus Fahrlässigkeit heraus, aus Unwissenheit, aus Überlastung, aus Stress. Absicht, Vorsatz – das sind die Ausnahmefälle, die ein großes Medienecho hervorrufen und eine Sache für den Staatsanwalt sind. Aber meistens handelt es sich um Fahrlässigkeit. Und hier ist das Problem schlicht der Personalmangel. Das fällt jetzt den Krankenhausträgern und leider auch den Patienten auf die Füße. Die Dunkelziffer ist hier ein großes Problem, denn Pflegefehler werden gerne verheimlicht. Hauptsache, die Dokumentation stimmt. Ich persönlich wurde teilweise dazu genötigt, die Angaben zu frisieren, nur damit mehr Geld reinkommt. Ob man sich dabei an die Pflegecharta hält oder nicht, spielte keine Rolle. Auch wurde mir als Azubi in der Pflege mehrfach vorgemacht, wie man es nicht machen sollte, mit der Begründung, dass eine ausgelernte Kraft schummeln dürfe. Fragte ich zweifelnd nach, schimpfte meine Praxisanleiterin mit mir, ich möge dies doch bitte für mich behalten. Aber geht man so mit Menschen um, frage ich mich?

> Schuld an der Pflegemisere ist nach Einschätzung vor allem älterer Pflegekräfte die Einführung der sogenannten Fallpauschalen im Jahr 2004. Seitdem wird nicht mehr die Liegedauer eines Patienten bezahlt, sondern der Behandlungsfall. Nach einer Blinddarmoperation beispielsweise hütete man früher mindestens eine Woche das Krankenhausbett, heute sind es höchstens drei Tage. „Blutige Entlassungen" wird das umgangssprachlich auch genannt. Noch vor 20 Jahren verbrachten Patienten im Schnitt 14 Tage im Krankenhaus; heute ist es die Hälfte. Doch mancher pflegebedürftige Patient passt einfach nicht ins Schema. Einzig in der Psychiatrie und dann auch nur bei einer Langzeittherapie bleibt man länger. Aber muss es erst dazu kommen?
> Die müssen jetzt wirtschaftlich arbeiten, das ist ein reiner Wirtschaftsbetrieb. Die Menschlichkeit, die Fürsorge, die fällt runter, die gibt es nicht mehr. Der Patient kommt, wird in ein Schema gesteckt, der hat die und die Krankheit, die wird so und so behandelt, und er muss so schnell wie möglich wieder raus. Damit er wirtschaftlich ist. Das ist also kein Mensch mehr, das ist nur noch ein Datensatz, der abgearbeitet wird. Es wird nicht mehr individuell entschieden: Kann der nach Hause? Ist der zu Hause versorgt? Wie ist die Weiterversorgung? Kann der in Reha? Der hat seine Zeit in der Klinik abgegolten, mehr wird nicht bezahlt, also guckt man, dass der möglichst schnell weg ist.[31]

Eine gute Pflege in Deutschland ist unter diesen Umständen nicht möglich. Es ist zum Heulen, dass auch hier tragfähige Veränderungen auf sich warten lassen. Aber im Grunde brauchen wir uns nicht weiter darüber zu unterhalten: Es ist nicht nur ein Systemfehler, sondern es wird eine chronische Systemkrankheit. Viele Probleme werden nach wie vor totgeschwiegen. Das Gesetz zwingt uns so geradezu, den ungesunden Narzissmus weiter in unsere Gesellschaft zu übertragen. Leiste mehr, mach mehr – nur wer viel macht, ist etwas wert. Wer nicht imstande ist, zu leisten, was erwartet wird, den brauchen wir nicht. Diese Botschaft ist alles andere als förderlich für die Gesundheit, aber sie ist es, die immer und immer wieder vermittelt wird.

Viele meiner Kollegen haben aus Angst, den Job zu verlieren, einfach nur noch funktioniert. Ein Gerechtigkeitsfanatiker wie ich, dem schon immer das Leid der Schwachen und Kranken wichtig war, wurde einfach nur als nerviger Querulant gesehen. Und in der Tat habe ich auf meine sehr spezielle und narzisstische Art den anderen den Spiegel vorgehalten. Ich habe manchen Kollegen wehgetan, wenn es darum ging, die Bewohner und ihre Bedürfnisse ernst zu nehmen.

Auch zu diesem wichtigen Thema habe ich einige betroffene Pflegekräfte interviewt. Arbeitsüberlastung führt oft zu schwerwiegenden Krankheiten. Burn-out oder Narzissmus sind nur zwei mögliche Folgen; Bandscheibenvorfälle, Nervenzusammenbrüche, chronische Rückenprobleme sind ebenfalls keine Seltenheit, wie im Gespräch mit Sarah Bredlow, einer 23-jährigen Altenpflegerin aus Marburg, deutlich wird.

1. In Deutschland haben wir einen enormen Pflegenotstand. Was genau nimmst du davon wahr und wie wirkt sich das auf deine Arbeit aus?

Klar bekomme ich jeden Tag mit, dass Pflegenotstände herrschen. Wir sind jeden Tag viel zu wenig Personal, und gerade im Nachtdienst merkt man es extrem. Da ist dann oft eine Pflegekraft für zwei Etagen zuständig (normal wären zwei pro Etage). Der Job ist einfach Knochenarbeit und kostet einen sehr viel Kraft. Wenn man nicht mit ganzem Herzen diesen Job liebt, wird man früher oder später mit einem Burn-out in der Klinik liegen. Was noch auffällt, ist, dass es immer weniger Neuzugänge gibt. Es hat sich wohl langsam herumgesprochen wie heftig der Job ist. Keiner will ihn mehr machen.

2. Wenn du deine Arbeit nicht schaffst, wie wirkt sich das auf deine Zufriedenheit aus? Hast du ein großes schlechtes Gewissen?

Ich schaffe meine Arbeit immer, denn ich bin Perfektionistin und liebe die Menschen im Heim. Ich habe eine enge Beziehung zu ihnen und würde niemanden von ihnen jemals im Stich lassen. Ich ackere dann eben oft doppelt so viel oder dementsprechend länger. Die Menschen liegen mir zu sehr am Herzen, als dass ich einfach Feierabend machen könnte, wenn ich nicht fertig bin.

3. Was tust du, um die Belastung oder deine schlechte Laune auszugleichen?

Oft bin ich sehr fertig, auch psychisch. Was dort teilweise für Zustände herrschen, geht einem an die Substanz. Teilweise werden die Menschen behandelt wie Tiere oder noch schlechter. Ich mache sehr viel Sport, gehe nach der Arbeit immer eine Stunde Bahnen schwimmen. Anders würde ich mit dem psychischen Druck nicht klarkommen. Ich brauche das zum Ausgleich.

4. Wie gehst du mit der Unzufriedenheit deiner Kollegen um? Was muss passieren, damit du und deine Kollegen zufriedener sind? Wie kann man deiner Meinung nach seine Unzufriedenheit verbergen, ohne dass der Bewohner darunter leidet?

Viele Kollegen mobben mich, weil ich zu sehr mit dem Herzen drinstecke. Ich tue mehr, als ich müsste, und behandle die Leute wie Menschen. Ich glaube, das zeigt meinen Kollegen, wie scheiße sie teilweise mit den Menschen umgehen, und das macht sie wütend. Deswegen ist es mir ziemlich egal, ob sie unzufrieden sind. Wenn ich unzufrieden bin, kann ich das perfekt voneinander trennen – die alten Leute haben nie etwas mit meiner Unzufriedenheit zu tun, es sind eher die Umstände und die Arbeitsbedingungen, die beschissen sind. Wenn wir im Heim den ganzen Tag gefühlte 40 Grad haben, aber das Heim sich einfach keine Klimaanlage leisten kann, ist das wirklich hart an der Grenze und geht auch auf die Gesundheit. Viele Schwestern sind schon umgekippt wegen der Hitze. Es müsste sich so viel ändern in diesem Land. Wir machen einen Knochenjob und werden dafür mies bezahlt.

5. Das Gesundheitswesen wird immer narzisstischer. Mehr Arbeit für weniger Anerkennung. Burn-out, Bandscheibenvorfälle sind nicht selten eine Folge davon. Wie lange, glaubst du, wird das noch gut gehen?

Es geht meiner Meinung nach schon lange nicht mehr gut. Es werden auf der Arbeit immer weniger Leute, die den Job machen wollen. Es kommen immer weniger Auszubildende. Ich habe das Gefühl, so langsam spricht sich herum, dass der Job die reinste Ausbeute ist. Wenn da nicht bald was passiert, wird das System zusammenbrechen.

6. Man sagt, dass besonders im Gesundheitswesen viele Narzissten unterwegs sind. Was ist deine Meinung dazu?

Ich glaube, das stimmt, aber eher die verdeckten, die sich unter dem Mantel der Gutherzigkeit verstecken. Sie arbeiten sich zu Tode, um Anerkennung zu bekommen. Diese bleibt aber aus. Es ist ein endloser Teufelskreis.

4.3.6 Über Singlebörsen

Im Internet findet man selten etwas Internettes, und wenn, dann nur zu besonderen Konditionen. Singlebörsen werben mit Sprüchen wie „Finden Sie noch heute Ihren Traumpartner!". Traumpartner? Wie muss der denn aussehen? Wie aus dem Ei gepellt, frisch gebacken und am besten noch mit Zuckergussglasur? Am liebsten ein eingebildeter Lackaffe, der morgens länger im Bad braucht als die Frau und auf dem Kopfkissen eine dicke Portion Gel hinterlässt? Einfach nur nett reicht nicht. Ein Mann von Welt, immer gut gekleidet, gut gestylt, braun gebrannt, muskulös, gebildet, gut im Bett, ein Vorzeige-Ken, das wünschen sich viele Frauen, dazu noch ein bisschen Arschloch, aber nicht zu sehr. Und die Männer? 90–60–90 wäre toll, oder wenigstens in die Richtung, blond, geiler Arsch, volle Lippen, schöne Brüste, bitte keine Hängetitten, und eine Prise nymphoman.

Ist das realistisch? Wünschen darf man sich alles, aber sind diese Wünsche erfüllbar? Dazu kommt noch am besten ohne Kinder, ohne psychische Probleme, mit beiden Beinen im Leben stehend, gut verdienend. Die Liste reicht bis ins

Unermessliche. Dabei sind Menschen ohne Macke Kacke. Aber es heißt ja „Traumpartner", welch ein Glück. In der Realität geht es noch viel oberflächlicher zu. Im Internet sieht man nur Fotos, den Profiltext lesen nur die wenigsten, und das oft auch nur bei Gefallen der Fotos. Was also tun? Die Fotos weglassen, wenn man sich nicht sicher ist, ob man gefällt? Sie nachbearbeiten, um einen guten Eindruck zu hinterlassen? Oder doch ehrlich sein und dann das Risiko eingehen, länger Single zu bleiben, eben weil man nicht der Vorstellung seines Gegenübers davon, was ein Traumpartner zu sein hat, entspricht? Bei Frauen ist es dann oft so, dass sie, wenn sie gefallen, nur auf das eine reduziert werden, und wenn sie nicht gefallen, gehen sie das Risiko ein, verarscht zu werden.

Was machen die (manchmal fälschlicherweise) als Narzissten bezeichneten Männer in der Regel? Sie kompensieren ihr mangelndes Selbstbewusstsein durch übermäßigen Pornokonsum, während sie im Internet so tun, als wären sie ein Biedermann. Sie versuchen charmant zu wirken, dabei wollen sie eigentlich die Damen nur ins Bett kriegen. Sie geben an, dass sie zuhören können, dabei sprechen sie am liebsten nur von sich selber, oft auch nur, um eben diesem Mannsbild zu entsprechen. Aber ist das ein Traummann? Auch heißt es so schön: „Meine Rolex, meine Finka, mein Motorboot!" Geld ersetzt jedoch keinen guten Charakter. Auch Geld ist ein Kompensator für irgendwas, was im Innersten des Kerls Selbstzweifel und Komplexe verursacht. Wären sie ehrlich, wären sie verletzlich und schwach, aber man darf ja keine Schwäche zeigen, denn Frauen stehen in ihren Augen nur auf Typen, die stark sind. Ein starker Mann weint nicht, auch wenn Gefühle das Schönste sind, was man haben kann. „Mimimi und jammern" ist verpönt. Und heult man doch mal, fällt das Echo darauf eher gering aus oder man erntet mitleidiges Lächeln anstatt verständigem Interesse.

Dependente, selbstunsichere Frauen tun ihrerseits viel, um dem Mann ihrer Träume zu gefallen. Sie nehmen in Kauf, dass der Kerl gemein ist, sie machen schnell die Beine breit aus Angst, er könnte sich nicht mehr für sie interessieren, wenn sie auch einmal Nein sagen. Sie verlassen ihn selbst dann nicht, wenn er sie schlägt. Sie unterwerfen sich, weil sie denken, dass sie nichts Besseres verdienen. Sie sind ihrem Narzissten ausgeliefert. In einem solchen Fall hat die Übertragung bereits stattgefunden. Die Frau hat die narzisstischen Züge ihres Partners angenommen. Die eigene Autonomie wird mit Füßen getreten. Kein Wunder, dass sie auf lange Zeit den Ruf einer Frau hat, die alles mit sich machen lässt, und möglicherweise ihr Beuteschema unbewusst danach ausrichtet – bis zum Exzess. Und das alles liegt an der Kindheit. Da wurde den Männern eingeredet, stark sein zu müssen, denn sie sind ja keine Mädchen.

Ich habe große Probleme mich Frauen gegenüber zu öffnen. Ich halte es schlicht für unmöglich, dass eine Frau mich ganz und gar liebenswert finden könnte. Ich verachte mich diesbezüglich. Ich mache mich reflexartig immer kleiner. Ich gehe immer in den Schutzmodus. Ich vermeide Blickkontakt. Ich werte jemanden ab, sobald er mir zu nahekommt oder mir sagt, dass ich liebenswert bin. Ich konnte von keiner Frau, außer meiner 1998 verstorbenen Oma annehmen, dass ich attraktiv bin. Ich habe mir vor allem im Internet sehr oft (also bis vor einem Jahr genau) Legenden zugelegt, habe mich massiv erhöht, wirkte dadurch auch selbstbewusster, was ja auch sexy sein kann und große Sicherheit ausstrahlen kann. Leider funktioniert das Schutzschild nur so lange, bis ich nicht auf mein Aussehen angesprochen werde. Und hier ist es egal, ob jemand sagt ich sei hässlich oder hübsch. Bei hässlich bin ich verletzt, bei hübsch fühl ich mich verarscht.

Die Typfrage wird überbewertet

Oberflächliche Menschen haben oft nichts anderes verdient, als ihrerseits von oberflächlichen Menschen umgeben zu sein. Dabei ist die Aussage „Du bist nicht mein Typ!" nicht gleichzusetzen mit der Aussage „Du bist hässlich!".

Echte (aber auch nicht diagnostizierte) Narzissten allerdings nehmen ein ihnen gegenüber geäußertes „Du bist nicht mein Typ!" zu Herzen. Es löst bei ihnen Bilder aus, für die andere oftmals nichts können. Es suggeriert ihnen entsprechend ihrem Selbstwert, dass sie nichts wert sind. In diesem Punkt schenken sich Frauen und Männer nicht allzu viel. Nicht jeder oberflächliche Mensch ist deswegen ein Narzisst, aber es spricht doch viel dafür, dass der ein oder andere Wesenszug narzisstisch ist.

„Nicht mein Typ" kann auf die Optik bezogen sein, muss es aber nicht. „Nicht mein Typ" kann auch am Verhalten liegen, am Bildungsniveau oder am Umgangston. Ein „Nicht mein Typ", das sich auf das Aussehen bezieht, ist aus meiner Sicht aber tatsächlich sehr oberflächlich, auch wenn hier wieder andere Meinungen zum Ausdruck gebracht werden. Der Mensch ist halt, wie er ist. Erstaunlich dabei ist allerdings, dass Frauen und Männer andere abwerten, indem sie sie nach ihrem Aussehen beurteilen, selber aber herumjammern, wenn das Gleiche ihnen widerfährt.

Es sind oft ganz gewöhnliche Menschen, die das Leben besonders machen.

Kianimus

Ehrlichkeit nach Katalog

Heutzutage sind wir nicht mehr ehrlich im Internet, obwohl ehrlich immer noch am längsten währt. Heutzutage erzählen wir das, was die anderen hören und lesen wollen. Wir wollen gefallen. Wir alle lieben Komplimente, wir wollen akzeptiert werden, und zwar so, wie wir sind. Unser Gegenüber aber muss so oder so sein. Und es ist ganz egal, wo wir uns im Internet herumdrücken, ob nun bei Facebook, Twitter, Instagram, Jappy, Finya oder ElitePartner. Überall strahlen sie uns an, die Menschen, die schöner als wir oder sogar so schön sind, dass wir denken, dass sie für uns unerreichbar sind. So denken zumindest viele Menschen mit einem überschaubaren Selbstbewusstsein. So habe auch ich früher gedacht: Ich muss so sein, wie sie mich gerne hätte, ich muss ihr gefallen. Aber das ist Blödsinn. Ich muss nur mir selber gefallen, und wer mich nicht mag, wie ich bin, hätte mich auch dann nicht verdient, wenn ich so wäre, wie er mich gerne hätte. Ganz ehrlich, ich möchte nicht mit jemandem zusammen sein, der mich nur mag, weil ich so aussehe oder diesen Beruf ausübe und darin Geld verdiene, nur damit er mit mir angeben kann. Jede halbwegs normale Frau mit etwas Lebenserfahrung wird das ähnlich sehen. Man muss sich selber lieben können, denn genau das strahlt man auch aus. Und dafür muss man weder dem Schönheitsideal von jemand anderem entsprechen noch davon ausgehen, dass man niemals für irgendwen der ideale Traumpartner sein kann. Denn auch in so einen Menschen kann man sich verlieben. Man muss nur man selbst sein, authentisch, ehrlich, natürlich. Wer diesen Menschen nicht mag, wird ihn auch nicht mögen, wenn er das Gegenteil von dem ist, was er vorgibt zu sein.

> Wer sich selber bedingungslos akzeptiert und liebt, strahlt eine Attraktivität aus, die der hübscheste Mann oder die hübscheste Frau nicht ausstrahlen kann.
>
> Eveline Buchgeher

Im Gespräch mit Annett Gaida

Nachdem mir klargeworden war, dass die Frage nach toxischen Beziehungen und Partnerschaften im Zeitalter des Narzissmus wichtig für mich ist, stieß ich bei meinen Recherchen auf Annett Gaida, Singlecoach und Paartherapeutin aus Berlin. Einige Mails und ein Telefonat führten zu einer äußerst fruchtbaren Zusammenarbeit. Ich bin ihr sehr dankbar für die Zeit, die sie sich genommen hat, um auf meine Fragen schriftlich zu antworten.

1. Wie sollte ein Mann sich am besten darstellen, um interessant zu sein?

2. Wie sollte eine Frau sich präsentieren?

Online wie offline entscheidet der erste Eindruck, ob wir den Mann oder die Frau attraktiv und sympathisch finden. Das passiert in Sekundenschnelle und unbewusst. Der erste Eindruck kommt kein zweites Mal. Das Interesse ist geweckt oder erloschen.

Daher ist die Präsentation des eigenen Profils zuerst einmal das Wichtigste. Für mich passt der Vergleich eines Kaufhauses: Da gibt es so viele verschiedene Angebote, Farben, Preisklassen, Schnitte, Formen, und erst wenn mir etwas ins Auge springt, ist mein Interesse geweckt. Daher ist ein gutes Foto so wichtig. Ein Bild sagt mehr als tausend Worte. Und im Online-Bereich sollte das erst recht beherzigt werden.

Auf die Frage „Wie stelle ich mich am besten dar?" lautet meine Antwort: „So authentisch wie möglich!", denn Lügen haben kurze Beine. So sind aktuelle Fotos ein Muss, und zwar ohne Sonnenbrille und angezogen. Selfies vor dem Spiegel sind ein No-Go. Angaben sollten der Wahrheit entsprechen, denn bereits beim ersten Date kann einem die geschummelte Wahrheit schneller um die Ohren fliegen, als man „Guten Tag!" sagen kann – vor allem wenn es darum geht, einen Beziehungspartner zu finden. Ehrlichkeit und zu sich stehen mit einem gesunden Selbstwertgefühl sind daher wichtig. Und der Dating-Partner hat ja auch Augen im Kopf!

Also ein gutes Bild als Porträt und ein Ganzkörperfoto sind empfehlenswert, am besten aus verschiedenen Anlässen, beispielsweise entspannt auf einer Party (nüchtern!), im Urlaub, beim Hobby. Lieber hier eine Freundin oder Freund um Feedback bitten. Zigarette und Bier sollten dem Foto besser fernbleiben.

Ganz wichtig: lächeln! Das wird oft unterschätzt. Denn ein Lächeln sendet die Botschaft „Du bist mein Freund" und baut Brücken.

Ehrliche Angaben im Profil, je nach Portal unterschiedlich, sind wichtig. Man sollte sich überlegen, was einen selbst interessieren würde, wenn man sein/ihr Profil liest, und dann in kurzen Sätzen aufschreiben, was einen ausmacht und interessiert.

3. Woran erkennt man, ob der oder diejenige es ernst meint und nicht nur auf Sex oder Monetäres aus ist?

Wenn ehrliches Interesse da ist, kommen die Antworten und auch der Wunsch nach einem persönlichen Kennenlernen zeitnah, und nicht erst Tage oder Wochen später. Meine Empfehlung für meine Klienten und Seminarteilnehmer ist immer, nach den ersten Kontakten mindestens zu telefonieren. Sonst kann sich ein Bild vom Dating-Partner aufbauen, das den eigenen Wünschen und Bedürfnissen, gepaart mit den Erwartungen, entspricht, aber sich dann allzu oft als Enttäuschung entpuppt. Meist stellt sich sehr schnell heraus, ob derjenige nur auf Sex aus ist. Die Fragestellungen bzw. die Aussagen zum Aussehen sind hier meist sehr eindeutig. Über ein erstes Date abends zu Hause sollte frau gar nicht erst nachdenken!

Das Thema Geld ist meines Erachtens schon etwas schwieriger zu beantworten. Wenn der andere Partner deutlich jünger ist, dann kann das auch ein Hinweis darauf sein. Andernfalls ist beim Kennenlernen genaues Hinhören und Beobachten empfehlenswert. Mal angenommen, ein Pärchen findet sich, und für die Frau ist es selbstverständlich, dass der Mann *immer* zahlt. Auch wenn das etwas klischeehaft klingt, könnte das ein Beispiel sein. Wir Frauen sind heutzutage selbstständig, emanzipiert und verdienen unser eigenes Geld. Da ist es nicht selbstverständlich, sich immer einladen zu lassen. Im Gegenteil, auch Männer freuen sich über eine Einladung. Ein Hinweis, der hellhörig machen sollte, kann auch sein, wenn er/sie immer wieder betont, was der/die Ex immer alles bezahlt hat. Oftmals ist es einfach ein Tauschgeschäft: Jugend gegen Geld/Luxus. Ich finde, wie weit das geht, muss jeder für sich entscheiden. Und wenn es für beide okay ist, ist es gut.

4. Oberflächlichkeit ist ja ein vielseitiges Thema. Was fällt Ihnen dazu spontan ein?

Spontan denke ich daran, dass wir im ersten Moment gewissermaßen alle oberflächlich sind. Daher ist oberflächlich sein in gewisser Weise normal und wichtig. Denn wir leben in einer Welt, in der wir tagtäglich Hunderttausende Eindrücke und Informationen bekommen. Unsere Sinne werden überflutet, und durch unsere Filter, mit der wir die Welt wahrnehmen, selektieren wir. Wenn unser Interesse aber geweckt ist, dann können wir tiefer eintauchen.

Wichtig ist es doch, dass man nicht oberflächlich bleibt, sondern ehrlich am Anderen interessiert ist. Und es ist spürbar, ob jemand wirklich an mir interessiert ist oder sich nur selbst darstellen will. Wenn jemand im Gespräch oberflächlich bleibt und in der Kommunikation kein wirkliches Interesse an mir zeigt, empfehle ich, das Gespräch, das Date, die Beziehung zu beenden. Das Leben ist zu kurz, um es anderen recht zu machen oder deren Bedürftigkeit und Ignoranz zu bedienen. Und da sind wir beim Thema Selbstwert.

5. Sie bieten auch Single- oder Flirtcoaching an. Wie kann man sich gut verkaufen, ohne zu schauspielern?

Letztendlich geht es immer um das eigene Selbstwertgefühl. Wenn ich ein gutes/hohes Selbstwertgefühl habe, dann brauche ich weder schauspielern noch etwas dem anderen recht machen. Ich habe eine anziehende Ausstrahlung, wenn ich mich wohlfühle, so wie ich bin, und das wirkt anziehend, attraktiv und sexy.

Natürlich ist es oft nicht ganz einfach, bei sich zu bleiben. Wir kommen an unsere Grenzen, sagen öfter auch mal Nein und bekommen vielleicht auch Ablehnung zu spüren. Da spielen dann übergeordnete Motive eine wichtige Rolle. Wir alle wollen gemocht und geliebt werden, wollen uns zugehörig fühlen, haben aber oft die Erfahrung in der Kindheit gemacht, dass wir dafür etwas leisten müssen. Und das wurde dann konditioniert. Jetzt gilt es, die Erfahrung zu machen, dass ich einfach nur gemocht und geliebt werde um meiner selbst willen, ohne etwas darstellen zu müssen. Einfach nur ich.

Der rationale Verstand weiß das mehr oder weniger, aber das Gefühl sagt etwas anderes. Das gilt es dann im Coaching auf den aktuellen Stand und mit dem Wissen in Einklang zu bringen. Gerade wenn man oft die Erfahrung von Minderwertigkeit gemacht hat, ist das eine große Herausforderung. Wie soll mich denn jemand lieben, wenn ich mich selbst nicht liebe? Diesen Veränderungsprozess gilt es anzugehen, sich dafür bewusst zu entscheiden, denn nur dann habe ich die Chance, etwas in meinem Leben zum Besseren zu bewegen. Die Komfortzone verlassen, die eigentlich ganz kuschelig ist, mich aber ausbremst. Ein Seminarteilnehmer fasste es einmal als seine Erkenntnis aus dem Flirtseminar zusammen: „Mit ist klar geworden, dass die Komfortzone in Wirklichkeit gar keine Komfortzone ist. Wenn ich nicht den Schritt da herausmache, werde ich nicht glücklich sein und meine Ziele erreichen."

Meine Erfahrung ist, dass viele Menschen leider nicht so richtig wissen, wie man flirtet und ein Gespräch beginnt und fortführt. Für mich ist immer wichtig, meinem Gegenüber Wertschätzung, Respekt und Achtung entgegenzubringen. Freundliche, herzliche Worte, ein Kompliment ... und die Tür bleibt offen. Das kann man alles gut lernen. Und dann klappt es auch mit dem Flirten und Daten.

6. Funktionieren Ihre Tipps oder Ihr Coaching auch bei Ihnen privat?

Die Inhalte meines Coachings und meine Tipps beruhen auf ausreichend eigenen Erfahrungen. Da ich aufgrund meiner eigenen gescheiterten Beziehungen wissen wollte, wie eine glückliche Beziehung funktioniert, durfte ich sehr viel in diesem Bereich erleben und erfahren.

So kann ich heute authentisch weitergeben, was gut funktioniert und was nicht. Auch durch meine diversen Ausbildungen zum Coach und zur Heilpraktikerin für Psychotherapie habe ich sehr viele neue Konzepte gelernt, die das Leben und Beziehungen besser und einfacher machen. Auch über mich habe ich immens viel gelernt und konnte viele hinderliche Muster und Denkweisen ablegen. So weiß ich, wie sich meine Klienten fühlen und wie es anders bzw. besser sein kann.

Ich flirte einfach gerne und hab viel Spaß dabei. Es bereichert mein Leben, offen und freundlich mit Menschen in Kontakt zu kommen und zu sein. Ein kurzer Moment des Glücks. Und sollte ich doch mal einen Korb bekommen, kann ich gut damit umgehen.

7. Sollte sich ein Rothaariger die Haare färben, um bei Frauen zu landen, bzw. sollte man sich überhaupt optisch verändern (also das ändern, was die Natur vorgegeben hat), um jemandem zu gefallen?

Diese Frage möchte ich differenzierter beantworten. Zuerst einmal sollte niemand seine Haarfarbe oder sein Aussehen ändern, Schönheits-OPs machen lassen etc., um anderen besser zu gefallen bzw. einem Schönheitsideal zu entsprechen. Nur wenn ich selbst dazu Lust habe, es mir gefällt oder ich durch mein Aussehen gehandicapt bin, dann sollte ich das tun. Das hat auch wieder viel mit einem guten Selbstwertgefühl zu tun. Hier stellen sich wohl eher die Fragen:

– Was würde ich mir denn davon versprechen?

– Was wäre dann anders als jetzt?

– Und wäre das nicht auch so erreichbar? Und wenn ja, wie?

Es gibt genug Mainstream in unserer Gesellschaft. Individualität macht doch die eigene Persönlichkeit aus und weckt Interesse.

Andererseits ist es aber auch so, dass durch eine Typen- oder Stilberatung die eigene Schönheit erst richtig herauskommt. Eine neue Brille, ein neuer Haarschnitt, andere Farben und Schnitte … Hier geht es nicht darum, etwas zu verändern, um anderen zu gefallen, sondern darum, die eigene Persönlichkeit zu unterstreichen. Tatsächlich fühlt man sich dann auch wohler.

(Anmerkung des Autors: Das ist eine der ganz wenigen Fragen, die ich mir gestellt habe. Ich selber bin rothaarig und habe entsprechende Erfahrungen machen müssen. Deswegen war es mir wichtig, was eine Expertin dazu meint.)

8. Ein Wort zu Der Bachelor?

Fernsehen ist oftmals eine Scheinwelt. So auch *Der Bachelor*. Das ist nicht das reale Leben und sollte auch in keiner Weise als Maßstab angelegt werden. Zur Unterhaltung vielleicht, aber selbst das ist Ansichtssache.

> Durch Schubladen und *Klischees* probiert die Masse, gewisse Minderheiten zu schwarzen Schafen, vor allem aber *manövrierbar* zu machen. Ob es da um *Hexen*, *Rothaarige*, *Fettleibige*, *Narzissten*, *Clowns* oder *Casanovas* geht, ist egal, denn es ist das quantitative Spiel mit Projektionen. Gewisse Veranlagungen, die mit Merkmalen verbunden sind, werden dadurch noch übersteigert. Wer es nicht schafft, mit solcher Tradition zu brechen, oder schlichtweg nicht weiß, was da vor sich geht, treibt automatisch im Fahrwasser des übermächtigen Klischees.
>
> Die Farbe *Rot* ist erstens archetypisch ziemlich aufgeladen, zusätzlich sind rote Haare ein Indiz für spezifische innere Werte und Daten. Sei es die *Schläue* (Fuchs) oder die *Unberechenbarkeit* des Temperaments (Feuer), die bei Rothaarigen meistens seelische Veranlagungen sind, daraus wird im Laufe eines Lebens oder im Laufe Abertausender von Leben eine richtige Stigmatisierung. Einerseits kann sich der Rothaarige genau dadurch ausleben, andererseits wird er dadurch möglicherweise zu Umgangsformen und Reaktionen verleitet, die ihm nicht (mehr) entsprechen.

> Wenn es jemandem nicht mehr passt, sein Klischee 100 Prozent zu bedienen, kann er durch gezieltes Gegensteuern und *Irritation* die Richtung seiner Persönlichkeitsentwicklung mitbestimmen und die Weichen so stellen, dass er letztendlich ein einmaliges & *unorthodoxes Klischee* verkörpert ...
>
> Michael Pauli

4.3.7 Die Macht der Gier – Über Meinungen, Selbsterhöhung und Machtbestreben

„Wie können Menschen an Fettleibigkeit sterben, während andere verhungern?"

„Wie können Millionäre in einer fetten Villa hocken, während andere bei der Kälte erfrieren?"

„Wie kannst du deinen nicht aufgegessenen Burger in die Mülltonne werfen, während andere in Mülltonnen nach Essbarem suchen?"

Das ist die Macht der Gier, die uns dahin führt. Die Menschen wollen nicht nur reich sein, sondern am liebsten am reichsten von allen. Wir richten unsere Welt zugrunde. Wir gehen nicht achtsam mit unseren Ressourcen um. Anstatt aber Verantwortung dafür zu übernehmen, reden wir uns alles schön und flüchten uns in die Verdrängung. Wir wollen es einfach nicht wahrhaben, dass wir mit unserem Verhalten zu allem Übel beitragen und somit indirekt auch Einfluss nehmen können, und wir schließen jede Möglichkeit aus, dass es wirklich dazu kommt. Wie soll so das Mitgefühl und Verständnis innerhalb der Gesellschaft für die Gesellschaft wachsen, wenn wir gedankenlos mit unseren Mitmenschen umgehen und davon ausgehen, dass sie es uns durchgehen lassen?

Wir sind so gierig und ebenso blind geworden, dass wir vergessen, wo der ganze überflüssige Kram herkommt. Hauptsache das neueste Smartphone, die fetteste Uhr oder die hippsten Klamotten, die einen trendy erscheinen lassen, abgeboben von der Masse, den Normalos. Hauptsache Konsum und mir geht's gut! Das ist nicht krass, sondern das ist die Realität! Dass die Menschen aus den Drittländern für einen Stundenlohn arbeiten, für den wir gerade mal in unser Büro kommen und den PC hochfahren, ist uns einfach nicht bewusst. Wie denn auch? Wir sind viel zu sehr damit beschäftigt, uns nach neuen Trends und Idealen umzuschauen.

Das perverse Verhalten unserer Gesellschaft könnte durch *Bewusstsein* verwandelt werden. Keine „Wir sollten"-Moral kann hier helfen, nur das tiefe Verständnis psychologischer Zusammenhänge und emotionaler Bedürfnisse kann uns dazu bringen, freiwillig kontraproduktive Mechanismen zu überwinden. Nur: Woher soll dieses dringend benötige Bewusstsein kommen?

Umgangssprachlich bedeutet Gier auch Begehren. Ist Gier noch normal und erst die Habgier (Raffgier, Habsucht) als eine übersteigerte, rücksichtslose Form der Gier bedenklich? Was ich begehre, verehre ich auch, aber wonach ich giere, kann man sowohl gewinnen als auch verlieren. In unserer Gesellschaft kommt es immer mehr auf das Haben an. Wer sich alles nimmt, kann nichts mehr geben außer dem, was er dafür aufgibt, um alles zu besitzen, nämlich die Moral und womöglich seine Freunde, die er durch seine Illoyalität aufs Spiel setzt. Aber kann diese Habgier tatsächlich glücklich machen?

Eine andere Dimension entsteht, wenn man in die Kategorie Karriere eintritt. Hier wird bereits mit fußballerischen Mitteln gearbeitet. Ellenbogenchecks, Tritte in die Hacken oder gegen das Schienbein und andere Fouls gehören zum Erfolgsweg. Sie sind keine Voraussetzung, aber auch nicht ausgeschlossen. Und die Betroffenen wissen, wer ganz oben ankommt, der bekommt richtig viel Kohle und einen Obolus noch dazu: Macht.

Und da kommen wir wieder auf den Narzissmus zu sprechen. Geld zu haben, mächtig zu sein, das scheint für viele ein erstrebenswertes Ziel zu sein. Wer sich jedoch allein über Geld und Macht definiert, kann in ein tiefes Loch fallen, sobald er sein Geld verliert oder die Macht ihm genommen wird, weil sich keiner ihm unterstellen möchte. Die Gier nach Geld kann den Charakter zerstören, spätestens dann, wenn die Gier befriedigt worden ist und der Mensch sich und sein Umfeld über den Kontostand definiert und dadurch seinen gesellschaftlichen Rahmen minimiert.

Der Finanzbereich ist eines der markantesten Beispiele dafür, wie sich die Gier darstellt. Die Geschichte der Finanzmärkte zeigt, dass die Menschen sich selbst in Krisenzeiten und bei instabilen Verhältnissen auf das glatte Parkett begeben. Sie scheuen sich nicht, ihr Geldvermögen einzusetzen, immer mit dem Ziel und in der Hoffnung, es zu vermehren. Stellt sich dann sogar ein Gewinn ein, ist das in vielen Fällen kein Grund, es genug sein zu lassen. Jetzt fängt der Nervenkitzel erst richtig an. Es ist wie eine Sucht, vergleichbar dem, was nach dem Genuss von Hasch oder anderen Suchtmitteln in Erscheinung tritt.

Diese Macht der Gier erinnert mich an so manchen Vierbeiner, der, nachdem sein Futternapf gefüllt wurde, gierig mit der Schnauze ebendiesen ausschleckt und das darin befindliche Trockenfutter hinunterschlingt, um dann wenig später beim nächsten Rascheln aufzuschauen, mit treudoofem Blick und in der Hoffnung, noch ein weiteres Leckerli zu erhaschen. Hunde haben kein Sättigungsgefühl. Auch Menschen wissen oft nicht, wann es genug ist. Sie wollen mehr Geld, mehr Macht, mehr Urlaub, dafür aber weniger arbeiten, weniger geben, um ihrem Leben damit einen anderen Sinn zu geben als nach wahrem Glück zu streben.

> Der Mensch will immer mehr – bis nichts mehr bleibt. Er beutet die Erde aus, beutet Menschen aus, beutet Tiere aus, und das, obwohl er all den Luxus gar

nicht braucht. Seine Gier jagt ihn durchs Leben – in dem er ständig Angst hat, alles zu verlieren, was er sich von den Menschen, Tieren und der Erde bestialisch „erstohlen" und ergaunert hat.

Kianimus

Die Welt ist ein Chaos. Je mehr man hat, desto mehr will man. Jedes Wochenende, besonders vor den Feiertagen, boomt die Einkaufscenterindustrie. Menschen kaufen, und kaum haben sie gekauft, befinden sie sich wieder auf der Suche. Es ist wie ein Rausch, den ein Drogensüchtiger empfindet. Sie wollen nicht nur dazugehören, sie wollen der Herzschlag sein, der die Sache vorantreibt. Diese Sucht in ihrem Kopf redet ihnen ein: „Du brauchst immer irgendwas." Das ist die Marktphilosophie, die so viel besagt wie „Du sollst nie zufrieden sein". Für mich ist es die Forderung nach mehr krankhaften narzisstischen Glaubenssätzen wie „Hast du was, bist du was. Hast du nichts, bist du nichts" oder „Nur wenn dich viele Menschen mögen, bist du wertvoll. Niemand mag dich, wenn du zufrieden bist. Sie beneiden dich höchstens". Sind diese Glaubenssätze möglicherweise auch die Antwort auf die Frage, warum es immer noch Kriege gibt? Wer kriegt da nicht genug?

Es gibt Bücher und Lieder über die Gier oder das Streben danach, die weder gelesen noch gehört werden. Selbst über Dokumentationen oder durch klägliche Erziehungsversuche mancher überforderter Eltern vermitteltes Wissen kann nicht verhindern, dass unsere Kinder in den Strudel des Konsums geraten und nach immer mehr gieren. Immer dann, wenn ein neues Smartphone auf den Markt kommt, werden die Pausenhöfe mit der Gier nach materiellem Besitz überschwemmt, den man nur braucht, um den Selbstwert über den Neid der anderen aufzupolieren. Am Ende aber, wenn die Masse merkt, dass sie nicht mithalten kann, wendet sich ein Großteil ab und der Heranwachsende ist allein. Wie ja das bekannteste Sprichwort uns verrät: „Geld allein macht nicht glücklich", oder: „Freunde sind der größte Reichtum auf Erden."

Diese Erkenntnis täte so manchem Menschen gut, der oftmals nicht merkt, dass er in Wahrheit etwas kompensiert. Warum aber sollte er sich darum bemühen? Er hat ja alles, was er zum Leben braucht: Geld, Macht, ein dickes Auto und eben viele Menschen um sich herum, die sich am Ende als Neider entpuppen, weil auch sie mittlerweile angesteckt worden sind von dieser krankmachenden Droge, der Gier nach mehr. Ein bisschen mehr Dankbarkeit für all das, was sie haben, wäre angebracht, statt nach dem zu gieren, was sie noch nicht haben.

Generell meckern wir Deutschen viel zu viel! Im Sommer ist es zu heiß, im Winter ist es zu kalt. Und findet man ansonsten keine Gesprächsthemen, so sagt man: „Schieben wir's aufs Wetter." Wir sind selten zu befriedigen. In den ärmeren Ländern werden wesentlich weniger psychische Erkrankungen diagnostiziert – eine mögliche Erklärung ist unser Wohlstand in der westlichen Welt. Bei manchen Krankheiten steht ja immer noch zur Debatte, inwieweit sie eine Erfindung der Pharmaindustrie sind.

Wir haben schon so viel und wollen trotzdem noch mehr. Wir streben nach mehr Geld, mehr Macht, mehr Sex, mehr Ruhm und Anerkennung, mehr Essen, mehr Partys, wollen dafür aber weniger arbeiten, weniger dafür leisten, und das am liebsten ohne dass man uns dafür verurteilt. Papa schenkt uns zum Abi unseren ersten Wagen, einen Gebrauchtwagen, vielleicht einen alten Golf oder einen Opel. Lieber hätten wir allerdings einen fabrikneuen Audi oder Mercedes. Weihnachten wird auch immer mehr zum Fest des Kommerzes, obwohl es eigentlich das Fest der Liebe sein soll. Und wenn unterm Weihnachtsbaum nicht das neueste Handy liegt, ist der Frust am größten.

Wir wollen uns frei äußern dürfen, möglichst ohne dafür kritisiert zu werden. Wir wollen so vieles, und manchmal wollen wir dieses oder jenes auch nicht. Und immer sind die anderen schuld, wenn es uns nicht gelingt. Wo liegt der Fehler?

> Undankbare Menschen erkennen sich *niemals* selbst in diesem Text. Und du? Lies.
>
> Ich sehe sie ein iPhone in der Hand halten, aber sie schaffen es nicht, eine andere Hand festzuhalten. Ich sehe sie Beats-Kopfhörer tragen, aber sie ignorieren die Schreie der im Krieg sterbenden Kinder. Ich sehe sie ins Fitnessstudio gehen, aber höre sie sich über ihren Körper beschweren. Ich höre sie klagen über den Beinmuskelkater, während sie im komfortablen Benz sitzen. Ich höre ihr Rumgeheul über müde Füße, während diese von bequemen Nikes verwöhnt sind. Ich sehe sie in großen Häusern wohnen, doch höre sie kleinlich über Obdachlose lästern. Ich sehe sie in Goldkäfigen leben, aber sich mit fettigem Fleisch und Silberlöffel im Maul über den Hunger beschweren. Ich sehe Menschen, die Hass gegenüber Religionen, Völkern und Hautfarben haben, während sie sich selbst nicht mal wie „Menschen" benehmen.
>
> Wie ich schon einmal sagte und schrieb: Undankbarkeit ist eine Krankheit.
> Ich hoffe, du bist noch nicht „krank" geworden!!!!!
>
> Kianimus

Im Gespräch mit Werner Berschneider

Ein Buch zu schreiben, erfordert viel Ausdauer. Aber man muss auch loslassen können. Ich habe dieses Buch geschrieben, um anderen zu helfen, um die Gesellschaft mit teilweise unbewussten Entwicklungen zu konfrontieren, die Sinne zu schärfen auf das Wesentliche, nämlich die Gesundung und das Wohlergehen des eigenen inneren Kindes. Frau Bellersheim vom Tectum Verlag ermöglichte es mir, trotz einer anderen Terminabsprache weitere Interviews nachzutragen. Und ich habe zu der Frage nach den Symptomen unserer narzisstischen Gesellschaft und dem Narzissmus am Arbeitsplatz einen Menschen gewinnen können, der mit seiner Meinung, seiner Tätigkeit, seiner Erfahrung und seinen Büchern Wichtiges beigesteuert hat: Herrn Berschneider, der sich dankenswerterweise bereit erklärte, meine Fragen zu beantworten.

1. Lieber Herr Berschneider, vielen Dank, dass Sie sich Zeit nehmen für das Interview. Sie haben einige Ratgeber über den Umgang mit sich selbst im Arbeitsleben geschrieben, speziell auch mit Narzissmus am Arbeitsplatz. Wie sind Sie zu diesem Thema gekommen?

Im Rahmen meiner Tätigkeit als Coach hatte und habe ich häufiger mit narzisstischen Führungskräften zu tun. Darunter finden sich Narzissten vom grandiosen, aber auch vom hypervigilanten (sehr verletzbaren) Typus. Es sind durchweg Menschen von sehr hoher Intelligenz und mit sehr gutem Beurteilungsvermögen. Dennoch kommen sie meist mit den Auswirkungen ihres Narzissmus schlecht klar. Der grandiose Typus hat oft massive Beziehungsprobleme – am Arbeitsplatz und im Privatleben; der hypervigilante bleibt trotz bester Voraussetzungen in seiner Karriere frühzeitig stecken, weil er nicht selbstsicher genug auftreten kann. Und so leiden die Führungskräfte zum Teil selbst erheblich – und oftmals leidet auch ihr Umfeld. Gründe genug, sich mit diesem Thema auseinanderzusetzen und in der Zusammenarbeit nach gangbaren Lösungen zu suchen.

2. Es gibt Ratgeber über den Narzissmus der anderen. Auch gibt es Bücher, wie man mit dem narzisstischen Chef, dem nervigen Arbeitskollegen oder Mobbern umgeht. Webseiten warnen vor Narzissten oder geben Tipps über den Umgang mit den anderen. Leider gibt es in den Büchern (ausgenommen in Ihren) wenig über den Umgang mit den eigenen Bedürftigkeiten. Wie erklären Sie sich diesen Mangel in mancher Lektüre?

Bei zahlreichen Psychotherapeuten gelten Narzissten als sehr schwer behandelbar. Und die Ansätze für eine Therapie sind – je nach Schule – sehr unterschiedlich und vielfältig. Daraus lässt sich ableiten, dass es extrem schwierig ist, einen „Ratgeber für Narzissten" zu schreiben. Hinzu kommt ein weiteres Phänomen: Psychotherapeuten machen die Erfahrung, dass Narzissten keinen Zugang zu ihrer Persönlichkeitsstörung haben, viele davon lange Zeit in der Vorstellung leben, es sei alles in bester Ordnung und sie bräuchten überhaupt keine Hilfe – und schon gar keine Therapie. Und wenn sie in Therapie kommen, möchten sie nicht mit der Diagnose konfrontiert werden. Das aber bedeutet, dass ein „Ratgeber" keinen Markt hätte und sich kaum verkaufen ließe.

Meine Erfahrung ist übrigens, dass besonders die hypervigilanten Narzissten oft sehr genau über ihren Zustand Bescheid wissen und dies bereits gleich zu Beginn auf den Tisch legen. Ein Gesprächspartner sagte mir im Erstgespräch, wenn ich das Buch *Das Drama des begabten Kindes* von Alice Miller kennen würde, wüsste ich schon sehr gut, wie es um ihn steht.

3. Immer mehr Arbeitgeber definieren sich über Leistung. Auch in der Pflege hat sich vieles verändert. Auch hier geht es jetzt darum zu sparen oder als Betreiber möglichst viel zu verdienen. Die Folgen sind Burn-out, Selbstwertstörungen, Bandscheibenvorfälle, Pflegefehler und ein Nachwuchsmangel. Manch einer spricht sogar von einer Systemkrankheit. Wie erklären Sie sich diese Entwicklung und was würden Sie Personalchefs oder Dienstleistern in diesem Falle am besten raten?

Für mich ist Leistung ein positiv besetzter Begriff. Leistung darf sich aber nicht primär über Ertrag definieren, sondern über die Ergebnisse, die für die Gesellschaft erzielt werden – und nicht nur für die Anteilseigner. Das einseitige Shareholder-Value-Denken und der Neoliberalismus haben zweifellos ihre Spuren hinterlassen. Auch wenn inzwischen zahlreiche Wirtschaftsfachleute dies als Irrweg erkannt haben, wird es noch längere Zeit dauern, bis Korrekturen erfolgen.

Meine hauptsächliche Empfehlung für Unternehmen und speziell deren Führungskräfte lautet: Fragen Sie sich bei jeder wichtigen Entscheidung: Was ist sinnvoll? Und nicht nur: Was bringt den meisten Ertrag? Mit sinnwidrigem Verhalten haben mehrere Manager ihre Unternehmen an den Rand des Ruins gefahren (siehe Dieselskandal oder Milliarden an Strafzahlungen bei Großbanken).

Sinnvolle Ziele und Aufgabenstellungen verhindern Burn-out, erhöhen die Motivation und schaffen Voraussetzungen für Leistung. Das lehrte uns Viktor Frankl. Und C. G. Jung bestätigte: „Die Neurose ist die Krankheit der Seele, die ihren Sinn nicht gefunden hat." Mit Sinnorientierung haben wir die Chance, unsere Gesellschaft weniger neurotisch zu gestalten.

4. „Das Vergleichen ist das Ende des Glücks und der Anfang der Unzufriedenheit", mahnte schon der dänische Philosoph Søren Kierkegaard. Viele Arbeitnehmer vergleichen sich mit anderen und gehen in den Wettbewerb. Jeder will der Beste sein. Wie viel Wettbewerb ist Ihrer Meinung nach noch erträglich?

Grundsätzlich ist meiner Meinung nach Wettbewerb gut und spornt an. Sinnvoller Wettbewerb funktioniert aber nur zwischen Menschen mit etwa gleichen Voraussetzungen. Messe ich mich mit Menschen, die viel bessere Voraussetzungen mitbringen, werde ich zum Verlierer. Beim Tennis würde ich mich nicht mit Roger Federer vergleichen. Wir können aber auch Spitzenleistungen erbringen, wenn wir nicht in Konkurrenz zu anderen treten, sondern gemeinsame Ziele verfolgen und gemeinsam Aufgaben erledigen. Kooperation wird oft bessere Ergebnisse bringen als Konkurrenz.

5. Man sagt, der Narzissmus ist auch das Gier-Syndrom. Auch wird davon gesprochen, dass viele Menschen den Hals nicht vollkriegen und sich über ihren Status definieren. Dass dieses Bestreben nach mehr Macht und nach mehr Geld auf Dauer Krankheiten zutage fördert, ist ebenso bekannt. Warum aber werden psychische Krankheiten im Arbeitsleben immer noch tabuisiert?

Bei vielen Menschen herrscht die Meinung vor: Wenn du im Arbeitsleben Erfolg haben und Karriere machen willst, musst du selbstbewusst, fit, gesund, gut aussehend und immer vital sein. Mängel hat man nicht – oder man verschweigt sie. Dass dies kein menschliches Maß ist, liegt auf der Hand. Das übertriebene Streben nach Macht, Geld und Prestige lässt Rückschlüsse zu, dass es mit dem Selbstwertgefühl eines Menschen nicht zum Besten steht. Der konsequente Aufbau von Selbstwertgefühl könnte ein Ausweg aus dem Dilemma sein. Dann brauchen wir nicht mehr so viel Geld, Macht und Status – und wir können besser unsere Defizite annehmen und sie akzeptieren.

6. Die Feedbackkultur in Deutschland ist eher schlecht als recht. Man hat oft das Gefühl, dass wir gut darin sind, uns selbst zu kritisieren oder kleinzureden, statt zu uns und unserer Leistung zu stehen (oder auch zu Fehlern). Wie erklären Sie sich diesen Umstand und wie kann hier eine Veränderung eintreten?

Eigenlob stärkt! Natürlich nur, wenn es dafür gute Gründe gibt: eine hohe Leistung, ein soziales Engagement, eine liebevolle Handlung, ein erreichtes (sinnvolles) Ziel, eine schwierige Lebenssituation tapfer ertragen. Unglücklicherweise gilt für viele Zeitgenossen immer noch: „Eigenlob stinkt!" Unfug!

In Familien, im Freundeskreis und in Unternehmen brauchen wir die bewusste Entscheidung, eine positive Feedbackkultur einzuführen. Und dann benötigen wir Übung. Möglichst täglich. Wahrnehmen, was andere Positives tun oder sagen, und dann Feedback geben und die wertvollen Auswirkungen dazu spüren, erleben, verinnerlichen: intellektuell und emotional. Dann hat eine positive Feedbackkultur die Chance, zur Normalität zu werden – zum Nutzen von uns allen.

7. Sie sind beruflich als Coach unterwegs. Was genau bieten Sie an, wie arbeiten Sie und was ist dabei Ihre Philosophie (ich frage dies auch, weil ich Ihre Homepage gelesen habe und es wichtig finde, dass Ihr Angebot/Anliegen Gehör findet.

Mein Hauptangebot ist Coaching für Führungskräfte in der Wirtschaft. Die Aufgabenstellungen sind sehr heterogen: Motivation aufrechterhalten, Burn-out vermeiden, schwierige berufliche Phasen durchstehen, Umgang mit schwierigen Mitarbeitern (oder Chefs), Zielkonflikte bewältigen.

Meine Arbeit orientiert sich weitgehend an der Lehre von Viktor E. Frankl. Er schuf die Logotherapie (sinnzentrierte Gesprächspsychotherapie). Wenn Menschen sinnorientiert leben und handeln, haben sie gute Chancen, psychisch gesund zu bleiben. Dazu möchte ich beitragen. Eine Vorgehensweise ist der Sokratische Dialog – die Möglichkeit, mit geeigneten Fragen Menschen zu eigenen Erkenntnissen zu führen.

5 Die narzisstische Wut, die keinem guttut

Auch ich bin nur ein Mensch. Auch ich habe Gefühle. Und manchmal bin ich auch wütend. Besonders wütend war ich, als ich mich in Foren aufhielt und mich beschimpfen lassen musste, nachdem ich mich als Narzisst zu erkennen gegeben hatte. Manchen Forenbetreibern oder YouTubern musste ich gar mit Anzeigen oder Unterlassungen drohen, damit sie aufhörten, mich zu diffamieren. Einige wenige haben sich entschuldigt und ihre Fehler eingesehen. Die meisten – Namen nenne ich keine – glauben immer noch, sie täten sich und der Welt, aber allen voran sich selbst einen Gefallen, wenn sie sich über mich erheben und sogar meine Therapie infrage stellen.

Ich habe mich während des Schreibens dieses Buches exakt viermal derart aufregen müssen, dass ich mich schriftlich ausgekotzt und mir meinen Frust von der Seele geschrieben habe. Die folgenden Texte sollten daher nicht überbewertet werden. In ihnen finden sich aber auch Hinweise, die Ihnen helfen können, sich abzugrenzen, wenn es aus Ihrer Sicht erforderlich ist. Denn packt einen die narzisstische Wut, ist das alles andere als lustig. Manchmal wird mir so übel, dass ich mich wirklich übergeben muss. Dass ich in Wahrheit traurig und verletzt bin, kann man nur erahnen.

5.1 Narzisstische Wut – ein Blick in das Innenleben eines Narzissten, wenn er richtig wütend ist und austeilt (Ich krieg das Kotzen I)

Es gibt Menschen, die sehe ich und denke immer: Meine Güte, was hatte der nur für eine Mutter? Und vor allem: Mit wem hat's die Alte getrieben? Zum Schluss frage ich mich, warum der so leidet und seinem Leiden nicht einfach ein Ende setzt. Der kann von mir aus nicht nur zum Lachen in den Keller gehen, sondern für immer da unten verrotten.

Es gibt einfach Menschen, die beschissen sind. Da hilft weder eine Gehirn-OP noch eine Geschlechtsumwandlung, die bleiben so. Die pinkeln im Stehen daneben, erzählen dir aber, was für geile Stecher sie sind. Es gibt Menschen, die laufen durch die Gegend mit einem Blick, bei dem man sofort weiß: „So sehen also Hackfressen aus." Das sind Momente, in denen ich froh bin, dass sich mein Kindheitsberufswunsch nicht erfüllt hat. Ich wollte Arzt werden, aber was würde ich dann diesen Menschen sagen? „Tut mir leid, Ihnen ist nicht zu helfen"?

Es gibt Frauen, die stehen auf Muckis statt Hirn. Die tun auf gesundheitsbewusst, angeln sich aber ein drogensüchtiges Anabolikaopfer. Die haben irgendwann nicht nur ein Matschhirn, sondern sind auch noch impotent und müssen dann Viagra futtern. So ein Mucki-Prolet macht zumindest vorübergehend deutlich mehr her als der vegane Linksintellektuelle. Also schmückt frau sich eben mit dem Primitivling, um sich am Ende, wenn ihr das denn auffällt, zu fragen, warum sie sich eigentlich die ganze Zeit selber belügt. Oder aber ihr Prolet hat sie schon vorher auf Intelligenzdiät gesetzt, und am Ende läuft sie genauso dumm und abgestumpft rum und muss ihren Makel unter tonnenweise Make-up verstecken.

Dann gibt es noch Menschen, die sich Eltern nennen, die Kinder aber nur wegen des Kindergeldes in die Welt setzen, um dann das Kind abzugeben, während sie sich auf Partys die Birne volllaufen lassen.

Bezahlt wird der ganze Scheiß dann von Vater Staat. Kein Wunder also, dass wir pleite sind. Wie arm oder reich Deutschland ist, sieht man an jedem Wochenende, wenn die verzogenen, verwöhnten und angeblich hochbegabten Gören solcher Eltern die Notaufnahme mit einem Hotel verwechseln, nur um ihren Rausch auszuschlafen, nachdem sie auf einer Flatrate-Party versucht haben, den besten Kumpel untern Tisch zu saufen oder die heißeste Bitch abzufüllen.

Es gibt so viele Rabenmütter in Deutschland, aber das Jugendamt handelt erst, wenn die *Bild-Zeitung* mal wieder einen Skandal aufdeckt, wo ein Kind Tapete oder Teppich fressen musste und elendig an Mangelernährung krepierte, nur damit ihre Mama auf jeder Party die Bitch raushängen lassen konnte. Und dann rollen den Klatschblättern zufolge Köpfe. Die Beamten werden versetzt ins Taka-Tuka-Land, um dort die Gemeinde aufzumischen, nachdem sie in der Großstadt mal wieder zu viel Kaffee gesoffen, nach außen hin aber unter chronischer Überlastung gelitten und sich darüber beklagt haben, dass der Tag nur 24 Stunden habe und sie mit der Arbeit nicht hinterherkämen. Wussten sie eigentlich, dass Big Brother alles sieht? Denken sie, dass es gutes Karma gibt, wenn sie in ihrem Büro auf ihrem Computer Solitär spielen, um wenigstens ein Erfolgserlebnis am Tag zu haben?

Wie erklären Sie sich das Phänomen, dass all die hübschen und sehr hübschen Frauen im Internet sich groß präsentieren wie so eine dahergelaufene Discoqueen auf dem Basar, nach der großen Liebe fahndend, aufzählend, welche Vorzüge sie zu bieten haben, was sie auf keinen Fall wollen, aber sich am Ende dann doch für das Arschloch entscheiden, der sie im nächsten Augenblick betrügt? Haben diese Frauen Angst vor der großen Liebe? Leiden sie so gerne? Warum stehen sie auf

Arschlöcher? Gibt es dafür irgendeine Erklärung außer der von vielen Fachleuten vermuteten anerzogenen Abhängigkeit, die darin besteht, alleine nicht klarzukommen, also ohne den Kerl nicht klarzukommen, dem sie hinterherlaufen und gesund lieben können?

Als Frau verfällt man immer wieder ins gleiche Muster. Und aufgrund der vielen Stigmata stellt sich kaum einer hin und sagt (ehrlich): „Ich bin zwar der allergrößte Vollidiot der Nation, kann emotional *keiner* Frau dauerhaft etwas bieten, bin zudem ein Chauvinist … Nimm mich, ich bin ein Schnäppchen!" Das können die Frauen besser. Wenig Stoff und ganz viel Makeup ist für mich ein Zeichen von großer Verzweiflung. „Warum sieht mich denn keiner?" Auf ihren Singlebörsenseiten schreiben sie aber immer: „Bitte keine Fußfetischisten und keine Männer, die mein Daddy sein könnten." Da könnte man glatt denken, dass sie von ihrem Vater missbraucht oder zumindest gezwungen wurden, seine stinkenden Socken zu waschen. In Wahrheit suchen sie dann doch einen Mann, der sie an ihren Vater erinnert. Sie kommen aus ihren Mustern nicht raus. Oder aber sie haben selber einen Sockenfetisch.

Aber jetzt kann ich auch wieder eine Nuance Wertschätzung und Mitgefühl aufbringen, weil ich vermute, dass auch hier der Zugang oder Kontakt zum inneren Kind irgendwie verloren gegangen ist. Hat diese Erkenntnis dann erst mal gegriffen, stellt sich frau die Frage, wie sie aus diesem Dilemma rauskommt. Soll ich eine Therapie machen? Aber ich bin doch gar nicht krank. Okay, dann vertraue ich eben auf Robert Betz oder all die netten Damen und Herren von Astro TV oder Facebook, die sich mit ihrem Beraterscheiß anbiedern wie eine Bitch auf einem Basar. Dann kann ich mich wenigstens weiter belügen und muss nicht an mir arbeiten. Und das nächste vorzeigbare Arschloch erziehe ich mir um. Ich bin ja eine verdammt gute Mutter.

Ist das wirklich so? Es gibt sie leider wirklich, die Mütter, denen man das Kind eigentlich wegnehmen müsste, damit das Kind mit all der Liebe aufwächst, die es braucht. Leider sind manche Damen da wirklich sehr verantwortungslos. Das fängt bei der Verhütung an, geht über die Schwangerschaft (Stress, Gewalt, Drogen) und endet bei der Geburt, bei der die Väter entweder gar nicht anwesend sind oder bekifft und zugedröhnt, weil sie kein Blut sehen können oder sie mal wieder bis zu den Wehen nur am Counterstrike spielen waren.

Die werden niemals Mutter des Jahres. Im Übrigen werde ich leider sehr oft im Internet von Frauen angesprochen, deren Ex ein im Stehen pinkelnder (Muskel-) Prolet war, narzisstisch gestört, verzogen, verlogen und sehr unreflektiert, von Frauen, die dann in mir den Löwen sehen, der sich bändigen ließ und bei dem sie vielleicht jetzt endlich die Anerkennung und das Mitgefühl bekommen, nach dem sie sich ihr Leben lang gesehnt haben, während sie sich vorher erstmal von all diesen Arschlöchern benutzen lassen mussten, die sie mir in meiner Schulzeit vorgezogen haben. Die waren vorzeigbarer. Ja, am Arsch. Dann werde ich lieber schwul oder asexuell.

Frauen machen Fehler, entschuldigen sich und machen den Fehler noch einmal. Dann rennen sie zu Facebook und schreiben: „Männer sind scheiße" oder „Das Beste an meinem Ex war ich". Eigentlich müsste es heißen: „Ich bin zu doof zum Scheißen. Ich (provoziere und verletze andere unbewusst) und lasse mich schlecht behandeln und bin auch noch stolz darauf. Ich präsentiere mich mit sehr freizügigen Bildern, suche nach der großen Liebe, entscheide mich dann aber doch fürs Arschloch. Die Netten sind zu nett, und meine esoterischen Texte meine ich eh nicht ernst. Ich mag keine oberflächlichen Menschen, also mag ich mich auch nicht, denn ich bin die oberflächlichste Bitch von allen."

Narzisstische Wut kommt nicht von ungefähr. Wer austeilt, sollte auch einstecken können. Wer uns Männer aufs Aussehen, auf unseren Geldbeutel oder sozialen Status reduziert, wird von uns eben nur auf Geschlechtsverkehr und Intelligenz reduziert. Manchmal ist dumm nicht mal für Sex gut genug. Und in vielen Fällen trifft diese Aussage nicht nur auf Frauen zu. Manchmal sind sogar Männer zu doof zum Scheißen. Da ist jede Psychotherapie wirkungslos. Da helfen oftmals leider nur Drogen auf Rezept und wenn, dann die ganz harten Sachen wie Cyatyll, dann läuft man als Zombie durchs Irrenhaus. (Ich kenne mich da leider aus, Cyatyll macht einen echt zu einem Zombie.) Ganz ehrlich, wer will schon mit Menschen befreundet sein, die mit einem Fernglas nach Fehlern anderer suchen, statt im Spiegel zu erkennen, wie hässlich sie selber sind? Da bringt es auch nichts, im Glashaus das Licht auszumachen. Davon geht die Cellulitis (oder euer Schmerz mit dem einhergehenden Ablenkungszwang) auch nicht weg.

Übrigens, ich setze mich immer hin, wenn ich pinkeln muss, denn auf dem Klo entstehen die besten Texte. Ich nutze das stille Örtchen immer als Quelle meiner Inspiration. Und ja, ich kann auch unzensiert. (Wer sich von diesem Text angesprochen fühlt, der hat mein Mitgefühl! Im Übrigen meine ich damit nicht alle Menschen, sondern eben nur den Bruchteil, der sich davon angesprochen fühlt.)

Nachtrag:

Manchmal ist es tatsächlich so, dass ich bei Anspannung brechen muss. Mein Herzschlag beschleunigt sich. Die Gedanken rasen. Ich befinde mich im Rausch der narzisstischen Wut. Ich denke an Mord, an Totschlag, an Rache, daran, wie ich zum Beispiel meiner Mutter am ehesten wehtun kann oder wie ich mir am probatesten selber etwas antun kann. Und dann muss ich schnellstens den Weg zum Klo finden, weil ich mich sonst auf den Teppich übergebe.

Manchmal ist es aber auch Traurigkeit oder die Angst davor, verlassen zu werden, die mich zum Klo führt. Ich will es nicht, aber diese Gedanken gehören zu den prägenden Automatismen meines Lebens.

Ich schäme mich aber mittlerweile nicht mehr für meine Gedanken. Denn viele Menschen haben solche Gedanken wie ich. Leider sprechen nur die wenigsten sie aus. Lieber fressen sie alles in sich hinein oder lassen spitzfindige Bemerkungen gegenüber Unbeteiligten los. Diese Gedanken hat nicht nur der diagnostizierte Narzisst, sondern auch Otto Normalverbraucher (ob der unter einer NPS leidet, weiß ich nicht). Dass sich dahinter Traurigkeit verbirgt, ist ja mittlerweile bekannt.

Auch wir Narzissten leiden unter Streitigkeiten mit unseren Partnerinnen. Oft fühlen wir uns nicht ausreichend gesehen, haben Angst, verletzt zu werden, oder fühlen uns in die Ecke gedrängt. Da wir ohnehin schon Angst haben, verletzt zu werden, tun wir uns auch noch sehr schwer damit, unsere wahren Gefühle preiszugeben. Uns sind die schmerzlichen Gefühle oft bekannt. Nur haben wir in der Vergangenheit beigebracht bekommen, dass wir übersehen werden, wenn wir zu unseren verletzlichen Gedanken oder Gefühlen stehen. (Ich kann in diesem Falle beruhigt pauschalisieren, weil ich im Austausch mit anderen diagnostizierten Narzissten erfahren habe, dass sie ähnlich oder fast schon gleich denken wie ich.) Ich leide auch unter meinen Gedanken, meiner schwarz-weißen Welt. Ich möchte nicht ausrasten, aber manchmal ist der Schmerz so groß, dass ich nicht mehr anders kann. Und bevor ich mich übergebe, entlade ich mich meistens verbal. Beispiele habe ich wohl genug gegeben.

Der große Unterschied zum sadistischen und kriminellen Psychopathen (denn nicht jeder Psychopath ist ein Straftäter) ist aber, dass wir unsere Gedanken nicht ausleben. Ich kenne den Unterschied zwischen Recht und Unrecht. Ich weiß, dass körperliche Gewalt dumm ist und dass man mit Worten cleverer, aber auch mehr schaden kann. (Deswegen mache ich ja auch Therapie um meine Wut in Schmerz umzuwandeln, damit ich Trost erfahren kann.) Armin Meiwes, der Kannibale von Rothenburg, hätte sich jemanden gewünscht, mit dem er über seine Fantasien hätte reden können. Er fand keinen. Und dann lebte er seine Gedanken an Bernd Brandes aus.

5.2 Über Mobbing und das Böse in uns

Ich hatte nie wirklich viele Freunde. Und die, die sich mit mir anfreundeten, waren auch Außenseiter wie ich. Ich war halt anders als alle anderen, und ich sah auch anders aus. Rote Haare, Sommersprossen sind des Teufels Artgenossen, und so wurde ich auch behandelt. Meine Schulzeit war insgesamt scheiße. Um mich herum bildeten sich Cliquen, zu denen ich nicht gehörte. Auf dem Schulhof stand ich die meiste Zeit alleine oder mit anderen Außenseitern zusammen. Nur am Anfang meiner Realschulzeit hatte ich so etwas wie Freunde und ging gerne zur Schule.

Kleider machen junge Leute. In der Schule wurde ich aufgrund fehlender Markenklamotten oft belächelt, teils verspottet, ausgelacht und am Ende sogar gemobbt und verprügelt. Wir hätten uns ohne Weiteres Markensachen leisten können, aber meine Mutter hatte ihren eigenen Kopf. Ihr Totschlagargument war immer: „Ich zahle, also muss es mir gefallen."

Auch als ich nach einigen Auseinandersetzungen, in denen Außenstehenden nicht immer klar war, wer nun Opfer oder Täter war, die Schule wechselte, änderte sich für mich nicht viel. Sowohl schulisch als auch privat machte ich viele unschöne Erfahrungen, für die ich oftmals (wenn auch nicht immer) nichts konnte. Grausame Kinder gibt es leider überall, oder wie mein Vater es mal beschrieb: „In jeder Klasse gibt es Arschlöcher und Idioten."

Genauso war es bei den Mädels. Aufgrund meiner Gutmütigkeit und meiner mangelnden Attraktivität stand mir lediglich die Rolle des Trösters (auch Waschlappen genannt) oder Lückenbüßers zu. Und natürlich hatten auch diese Erfahrungen ihre Wirkung im späteren Verlauf meines Werdegangs nicht verfehlt. Am Ende habe ich mir einfach das genommen, von dem ich dachte, dass es mir zusteht.

Wenn man genau hinschaut, ist es oft vorbestimmt, zu wem oder was man gehört. Es gibt die Streber, die Skater, die Basketballer, die Chormitglieder, die Außenseiter, die Beliebten. Walt Disney hat im Jahr 2006 eine Trilogie verfilmt, die 2009 auch in Deutschland in die Kinos kam und in der diese Unterschiede noch mal herausgestellt werden. Anfangs wird Andersartigkeit als falsch beschrieben, glücklicherweise haben die Macher von Highschool Musical *dann doch noch die Kurve bekommen, indem sie deutlich machen, was eine tolerante und empathische Gesellschaft bzw. Gemeinschaft ausmacht, nämlich Akzeptanz von andersartigen Denk- und Verhaltensweisen, und indem sie zeigen, dass ein Basketballer nebenbei auch Kuchen backen oder in einem Musical singen darf. Zu meiner Zeit war das nicht möglich. Ich konnte mich ändern, wie ich wollte, ich blieb das Opfer. Als ich mir die Haare färbte, war ich trotzdem noch der Gleiche. Als dann meine Großmutter starb, war meine Kindheit endgültig vorbei. Ich musste viel zu früh erwachsen werden und habe viele Abschnitte meiner Jugend nicht so unbeschwert erleben dürfen wie vielleicht andere Jugendliche.*

Mobbing an Schulen ist ein weit verbreitetes Phänomen und auch bereits in der Grundschule in vielfältigen Formen anzutreffen. Dabei geht es nicht nur um Mobbing unter Schülerinnen und Schülern, sondern auch um solches von Lehrerinnen und Lehrern gegen Schüler und von Schülern gegen Lehrer. Aber selbst Mobbing unter Lehrkräften kommt vor. Alle sind einbezogen und betroffen: als Täter, als Opfer oder Zuschauer.

Mobbing berührt auf der schulischen Ebene verschiedene Bereiche: den der Sicherheit der Kinder und Lehrkräfte, der Verantwortung für deren physische und psychische Gesundheit, aber auch Fragen der Qualitäts- und Effizienzsicherung bis hin zur Schulkultur. Deshalb steht die Reduzierung schulischer Ursachen, wie Stressfaktoren, unklare Kompetenzverteilung, zu hohe oder zu niedere Arbeitsbelastung oder Schaffung klarer Regelung bei Konflikten im Vordergrund.[32]

Ein besonderer Tummelplatz des Bösen ist mittlerweile das Internet geworden. Im Internet gibt es nichts, was es nicht gibt. Das Internet mit all seinen (anti-) sozialen Netzwerken birgt sowohl für psychisch kranke als auch für gesunde Menschen große Gefahren, zumal auch hier differenziert werden sollte zwischen denen, die wirklich krank sind, denen, die wirklich bösartig sind, und denen, die im Großen und Ganzen als gesund gelten. Mobbing gehört zu den hässlichsten Waffen und Phänomenen unserer Gesellschaft. Menschen, die es im Internet mit all seinen Foren betreiben, nennt man Trolle. Sie verbünden sich teilweise in radikalen Netzwerken, um Stimmung zu machen gegen Politiker, Außenseiter der Gesellschaft oder Menschen, die einfach nur das Pech hatten, sich zu einem Thema unglücklich zu äußern. Früher hieß es noch, man werde geärgert oder gehänselt, aber auch das zählt bereits zum Mobbing. Und Mobbing ist wirklich böse. Es kann furchtbare Folgen für die Opfer haben, und im schlimmsten Fall werden die Rollen vertauscht – Erfurt und Winnenden sind Abschreckungsbeispiele genug.

Mobbing ist keine neue Gewaltform. Neu sind jedoch die zunehmende Willkür, Normenlosigkeit und Hemmungslosigkeit.

Wolfgang Kindler

Mobbing ist meistens subtil, aber es verkörpert auch das Böse, was in manchen Seelen schlummert.

Simon Brod

Das wirklich Böse verkörpern Menschen mit dissozialen, sadistischen und paranoiden Anteilen. Sie sind geprägt von Einsamkeit, Gefühlskälte und mangelnder Kontrolle. Das Böse steckt aber in jedem von uns, sagen Experten. Der französische Philosoph Vladimir Jankélévitch meint, Gutes tue man nie genug, Böses hingegen immer einmal zu viel. Woher kommt dieses Ungleichgewicht? Sollte man nicht viel mehr denken, Gut und Böse seien zwei symmetrische Pole, die Koordinaten menschlichen Handelns? Der Psychiater Dr. Michael Depner aus Wuppertal schreibt auf seiner Homepage:

> Obwohl *gut, böse* und *schlecht* sprachlich weit entfernten Wurzeln entstammen, stehen sie bei der Bewertung psychosozialer und religiöser Bezüge in enger Beziehung. Dabei sind zwei Ebenen zu betrachten:
> Was *gut, böse* und *schlecht* tatsächlich bedeuten
> Was als *gut, böse* oder *schlecht* beurteilt wird
> Während das tatsächlich Gute das ist, was sich in ein übergeordnetes Ganzes fügt und durch sein Gutsein dem Ganzen dient, ist das Ungute logischerweise das, was den Aufbau des Ganzen behindert. Gut ist relativ. Es bezieht sich auf die Notwendigkeiten jenes Ganzen, von dessen Standpunkt her es als gut beurteilt wird.[33]

Professor Reinhard Haller, einer der renommiertesten Gerichtspsychiater Österreichs, ist überzeugt: „Das Böse ist im Menschen vorhanden, das ist innewohnend, in der Regel kann er das ganz gut kontrollieren, aber es gelingt nicht immer, und die Frage ist, unter welchen Konstellationen kann das Böse in seiner ursprünglichen Form zutage treten." Er wagt einen Blick in die Zukunft: „Das Böse wandelt sein Gesicht, es passt sich an die Zeit an [...] und ich glaube nicht, dass die Grenzen des Vorstellbaren erreicht sind, leider nicht."

Trotz aller Normen, Moralvorstellungen und Gesetze ist das Böse mitten unter uns. Auch Lydia Benecke, Deutschlands bekannteste forensische Psychologin, untermauert die Aussagen Hallers: „Das Böse ist in jedem von uns. Aber nicht jeder, der böse ist, ist ein Narzisst, Psychopath oder sonst was. Jeder aber ist ein Mensch."

Viele Menschen (egal ob krank oder gesund oder gar böse) nutzen das Internet zur öffentlichen Selbstdarstellung und Meinungsbekundung. Manche Menschen spielen eine Rolle, andere offenbaren ihr wahres Ich – völlig ungefiltert. Doch wer sich öffentlich derart mitteilt, macht sich auch angreifbar: Jeder Post kann einen zum Ziel machen. Jeder Post kann dazu beitragen, dass andere auf die Idee kommen, dem Menschen dahinter ernsthaft zu schaden, indem sie die richtigen Knöpfe drücken, die dann dazu führen, dass der Betreffende sich so sehr verletzt oder angegriffen fühlt, dass er im Affekt seine bösen Gedanken ausspricht oder gar auslebt. Man spricht hier auch von Cybermobbing, und dass Mobbing psychische Krankheiten unmittelbar mit verursacht, ist hinlänglich bekannt.

Was aber treibt die Cybermobber dazu, andere aufgrund ihrer Postings anzugreifen? Sind es Neid, Scham, Hass, Missgunst oder Wut, die dazu führen, dass diese Menschen so handeln? Oder sind es, wie von vielen Therapeuten und Fachleuten beschrieben, die verleugneten und nicht bemerkten narzisstischen, emotional instabilen oder gar dissozialen Anteile, die sich hier bemerkbar machen? Dr. Hans-Joachim Maaz beschrieb den Mangelschmerz, der durch Projektion aufs falsche Objekt zum Tragen kommt. Aber egal, wie die Erklärungen lauten, Mobbing ist und bleibt für die Opfer furchtbar. In jedem Fall deutet vieles von dem, was im Internet ausgesprochen wird, darauf hin, dass, wie Professor Haller es beschrieb, sich das Böse an die Zeit anpasst und irgendwann in irgendeiner Form ans Tageslicht kommt.

> Die Geschichte unserer Kultur ist heute mehr denn je von jenen erfüllt, die sich in der Vorzeit Moloch oder Nero nannten und die unablässig Opfer forderten. Ihre Namen sind längst unserer Zeit angepasst. Heute nennen wir sie Mobbing, Selbstherrlichkeit, Verachtung und Lieblosigkeit.
>
> Peter E. Schuhmacher, Publizist[34]

Das Internet hat offensichtlich die Hemmschwelle für Mobbingaktivitäten gesenkt. Viele Kinder und Jugendliche trauen sich in der scheinbar anonymen virtuellen Welt eher, andere Menschen anzugreifen, zu beleidigen oder bloßzustellen. Dabei gibt es einen fließenden Übergang von „Spaß" oder „Neckereien" zur Gewaltausübung im Sinne von Mobbing. Rechtfertigungsversuche, die vorgeben, etwas sei nicht ernst gemeint, sei nur Spaß gewesen, verdeutlichen, dass jungen Menschen häufig das notwendige Unrechtsbewusstsein, die erforderliche Sensibilität für ihr eigenes Handeln fehlt. Freilich bekommen sie aber auch in der Schule, im sozialen Umfeld, in Medien und Politik immer wieder den Eindruck vermittelt, es sei ganz „in Ordnung", andere bloßzustellen oder zu beleidigen.

> Beim Cybermobbing können die Täter(innen) rund um die Uhr aktiv sein. Das heißt, ihre Aktivitäten erfordern keinen direkten Kontakt zum Opfer. Sie finden im Internet zudem ein großes Publikum: Tausende Menschen können ihre Tat, die sie oft noch für mutig halten, verfolgen, sie kommentieren oder unterstützen. Die veröffentlichten Texte, Fotos oder Videos werden durch andere Personen weiterverbreitet und somit weiteren Menschen zugänglich gemacht. Umfang und Auswirkungen der Veröffentlichungen lassen sich zum Nachteil des Opfers weder steuern, noch sind sie überschaubar. Da das Internet nichts vergisst, also selbst gelöschte Inhalte immer wieder auftauchen können, ist es möglich, dass

> das Opfer selbst nach einer Beilegung des Konflikts mit dem Täter immer wieder mit den Veröffentlichungen konfrontiert wird.[35]

Ich habe meine Therapeutin gefragt, warum, wenn jemand einen anderen mobbt, am Ende ganz viele auf den Zug aufspringen und mitmachen. Zum einen leben wir in einer Gesellschaft des Mitläufertums, was dafür spricht, dass manche sich ihrer Verantwortung gar nicht bewusst sind oder eben keine Verantwortung übernehmen wollen oder können aus der falschen Angst heraus, selbst zum Opfer zu werden. Andererseits kann man davon ausgehen, dass bei demjenigen, der einen anderen mobbt, dissoziale Züge vorliegen. Der Mobber merkt recht schnell, dass er damit durchkommt und keine Strafe zu erwarten hat, weil das Opfer oft alleine dasteht. Die Mitläufer, die sich diesem dissozialen Menschen anschließen, fühlen sich an seiner Seite mit aufgewertet (Parallele zum Co-Narzissmus?). Aber reicht diese Erklärung für ein Opfer aus? Im Nachhinein und bei großer Therapiemotivation sicherlich schon, denn dann kann das Opfer selber entscheiden, ob es ein Opfer bleibt und die Schuld bei anderen sucht oder ob es nun selbst Verantwortung für sein Leben übernimmt und mithilfe seines gesunden Erwachsenen sein geschundenes Kind mit dem Mitgefühl und Verständnis versorgt, das es braucht, um aufrecht durch die Gegend zu gehen und mit seiner Vergangenheit abzuschließen.

Diese Antwort allein hilft mir zumindest zu erkennen, wo der Sinn in meiner Krankheit liegt und was nun meine Aufgabe ist. Ich übernehme Verantwortung für mein Handeln und darf aus diesem Gefühl heraus nun auch über dieses heikle Thema sprechen, denn ich bin Betroffener und Getroffener in einem, was nicht bedeutet, dass ich nun geheilt bin. Nein, ich lerne nach wie vor, jeden Tag verantwortungsvoll mit mir und meinem inneren Kind umzugehen, damit mir in bedrückenden Situationen keine Ausrutscher passieren und ich weder anderen noch mir selber Schaden zufüge.

Die Macht des Bösen führt uns in menschliche Abgründe. Wie tief muss ein Mensch in seiner ohnmächtigen Wut gesunken sein, um sich in unmenschlicher und verachtender Art und Weise gegenüber anderen zu verhalten? Es vergeht kein Tag, an dem nicht über Morde, Kriege oder andere von Menschenhand herbeigeführte Katastrophen berichtet wird. Jeden Tag findet irgendwo da draußen eine Straftat statt. Auch psychische Gewalt ist eine Straftat.

> Früher sagte man: „Das ist normal, das wächst sich aus." Heute weiß man, dass dies eine gefährliche Verharmlosung ist, denn in neun von zehn Schulklassen wird gemobbt. Die Auswirkungen für die Opfer sind katastrophal und halten lange an, manchmal lebenslang. Und dass Aggression, Gewalt und Psychoterror auf unseren Schulhöfen und Straßen zunehmen, ist kein Geheimnis. Auch

Online-Netzwerke werden immer häufiger zu Schauplätzen von Psychoterror unter Jugendlichen. Dabei spiegelt diese Entwicklung das Klima unserer Wettbewerbsgesellschaft, die zunehmend durch einen Mangel an Rücksicht und Toleranz sowie soziale Ausgrenzung geprägt ist.[36]

Das Böse steckt in jedem von uns, wie auch die Liebe oder die Trauer. Es liegt ein Stück weit an der frühkindlichen Entwicklung und an der genetischen Veranlagung, inwieweit eine Gefühlskontrolle erlernt werden kann. Ich hoffe inständig, dass bei allen Zeitbomben, die sich durch Deutschland bewegen, irgendwann die Erkenntnis reift, dass man nur mithilfe von Fachleuten Kontrolle über sich selbst erlangen und somit dem tiefen Sog der bösen Gedankenflut entfliehen kann, oder dass wenigstens die Einsicht kommt, dass die bösen Gedanken nicht dazu führen dürfen, anderen etwas Böses anzutun.

Die gesamtpolitische und gesamtgesellschaftliche Entwicklung lässt allerdings erhebliche Zweifel zu. Also müssen wir jetzt anfangen, Verantwortung für unser Denken und Handeln übernehmen, damit wir verantwortungsvoll mit uns und mit anderen umgehen können, damit morgen die Welt nicht vom Bösen regiert wird. Mobbing kann nur verhindert werden, indem alle Beteiligten sich mit dem Problem auseinandersetzen, sensibel auf Entwicklungen reagieren und Maßnahmen bzw. Verhaltensweisen erproben und einsetzen, um dem Phänomen entgegenzuwirken. Dabei müssen Schülerinnen und Schüler, Klassenlehrkräfte und Fachlehrer, Beratungsfachkräfte der Schulen und die Eltern der Kinder und Jugendlichen einbezogen werden.

Auszug aus meinem Leben

Auf dem Pausenhof gab es öfters Streitereien. In erster Linie wurde ich gehänselt, selbst von Leuten, mit denen ich nichts zu tun hatte. Irgendwie hat mich dann jeder immer mal wieder beleidigt. Manche wollten wohl einfach nur dazugehören und beteiligten sich deshalb an den Hänseleien. Und jedes Mal tat es weh. Ich konnte aber auch nicht jeden verpetzen. Ich habe mich oft an die Lehrer gewandt, die mich aber ab der sechsten Klasse nicht mehr ernst nahmen und die Probleme stets auf nach den Unterricht verschieben wollten. Das leuchtete mir nicht ein, und ich war teilweise entsprechend uneinsichtig und ungeduldig – ich wollte immer alles sofort geklärt haben. Meine Resilienz war nicht sonderlich gut ausgeprägt. Ich habe damals viel geweint, aber auch das wurde irgendwann nicht mehr ernst genommen, und es wurde mir suggeriert, dass ich doch nur Aufmerksamkeit wolle. Selbstmordversuche, großer Hass und Gedanken an Amokläufe wechselten sich ab. Und fast wäre es auch zu einem Amoklauf gekommen.

Ich finde generell Leute, die einen mobben, verachtenswert. Das wird sich auch niemals ändern. Da ist zu viel in mir kaputtgegangen. Ich habe irgendwann gemerkt, dass ich den anderen ein Scheißgefühl geben konnte, wenn ich mich aufs Klugscheißen konzentrierte. Mein Mundwerk war dann meine stärkste Waffe. Ich wollte dazugehören, wie jeder sein, doch ich tat es nicht, egal was ich tat, was ich ausprobierte, was ich veränderte, wie ich mich im Kreis drehte, wie oft ich versuchte, mir etwas anzutun – ich gehörte nicht dazu, und das wusste ich irgendwann, auch wenn die Hoffnung niemals starb. Also habe ich diese nicht erhaltene Anerkennung kompensiert, indem ich überall als Tipp- und Ratgeber auftauchte. Ich half allen, nur mir selber durfte keiner helfen. Ich wollte alles alleine schaffen, denn wenn ich mir helfen ließ, so dachte ich, dann ließen sich die anderen vielleicht nicht mehr helfen, und das war meine einzige Möglichkeit, die Anerkennung und Nähe zu erfahren, die ich mir so sehr wünschte.

Irgendwann kam dann der NDR mit Kamerateam zu uns in die Schule. Es ging in dem Beitrag um Mobbing. Wurde ich befragt? Nein! Wer wurde dann befragt und kam ins Fernsehen? Die ganzen Kids, die mich jeden Tag hänselten und mobbten. Gaben sie zu, dass sie andere Kinder hänselten? Nein! Dann wurde gefragt, was so für Schimpfwörter verwendet würden. Pumuckel? Nein! Feuermelder? Auch nicht! Na, was dann? Etwa Arschloch? Nein! Wichser? Nee. Sie logen in die Kamera. Rübe, Möhre, Blödmann, Angsthase! Na, das sind ja tolle Schimpfwörter. Dem NDR hätte ich gerne was erzählt, ich durfte aber nicht. Am Tag nach der Ausstrahlung kam dann der Schüler an, der „Rübe" in die Kamera gesagt hatte, und nannte mich Pumuckel. Ich fragte ihn, warum er das nicht dem NDR erzählt habe. Darauf konnte er mir aber keine Antwort geben. Er sagte nur, ich hätte rote Haare, deswegen sei ich für ihn ein Pumuckel.

Mobbing ist grausam. Ich wurde in meiner Schulzeit massiv gemobbt. Dass ich selbst nicht zum Amokläufer wurde, ist ein kleines Wunder. (Im Kopf bin ich mehrfacher Serienmörder.) Ich hatte ganz viel *Wut* und *Hass* in mir. Ich bin froh, dass ich meine Traurigkeit und meine Wut immer anders kompensieren konnte. Jetzt entscheide ich, wer mich mobben darf. Als Kind hat man diese Entscheidungsfreiheit nicht.

Dass Mobbing krank macht, ist eine Tatsache. Ob jemand deswegen Amok läuft, einen Suizid begeht oder selber zum Täter wird, ist Spekulationssache. Während der Arbeit an diesem Buch bin ich auf Wolfang Kindler und Thomas Grieser gestoßen. Beide haben sofort zugesagt, mir bei meiner Suche nach Antworten zu helfen. Auch kann sich jedes „Mobbingopfer" an einen der beiden wenden, um von ihrem Expertenwissen zu profitieren.

Im Gespräch mit Wolfgang Kindler

1. Lieber Herr Kindler, Mobbing ist leider ein immer öfters auftauchendes Phänomen. Die Wahl der Mittel wird immer perfider und subtiler, die Hemmschwellen werden geringer. Wie erklären Sie sich die fehlende Empathie der Mobber für ihre Opfer?

Zunächst ist zumindest statistisch nicht eindeutig belegt, dass Mobbing insgesamt häufiger entsteht. Der Verlust von Empathie und Hemmschwellen hat mehrere Ursachen. Zunächst drückt sich das in fehlenden Sicherheiten, Werten, Verbindlichkeiten aus, was auf den gesellschaftlichen Prozess der Individualisierung (Ulrich Beck) zurückzuführen ist. Gruppen, seien es Teams in Firmen oder Schulklassen, denen gemeinsame Grundlagen fehlen, die definieren, was erlaubt und was tabu ist, sind weniger in der Lage, bei Fehlverhalten einzugreifen. Wenn alles geht, dann geht auch Mobbing. Eine wichtige Rolle spielen dabei auch die sozialen Medien. Zunächst sehr vordergründig: Wer im Internet diffamiert, muss sich nicht vor seinem Gegenüber rechtfertigen, er sieht nicht dessen Reaktion, dessen Schmerz und agiert deshalb weniger gehemmt, wobei Hemmung hier etwas Positives beschreibt. Manchmal führt beispielsweise der WhatsApp-Gebrauch in Gruppen zu einem widerlichen Wettbewerb. Cool ist derjenige, der die größten Gemeinheiten postet. Spitzer hat in seinem teilweise recht polemischen Buch *Digitale Demenz* auf ein anderes Problem hingewiesen: Kinder und Jugendliche, die sich in hohem Maße mit digitalen Medien beschäftigen, haben in der Regel weniger unmittelbaren Kontakt mit ihren Mitmenschen. Sie lernen nicht, Regungen anderer festzustellen, und entwickeln so nur sehr eingeschränkt die Fähigkeit zur Empathie.

2. Gerade im Internet werden Menschen öffentlich diffamiert. Politiker und Promis werden teilweise lächerlich gemacht, und das Volk springt auf den Zug auf und lässt sich im Rahmen von Mangelschmerz, Projektion und Wut dazu hinreißen, andere Menschen zu beleidigen. Wie erklären Sie sich dieses Verhalten?

Neben den zuvor geäußerten Argumenten spielt hier noch hinein, dass eigentliche Respektspersonen plötzlich niedergemacht werden können. Das verleiht gerade schwachen Persönlichkeiten Machtgefühle, die sie dann in scheinbarer Anonymität austoben.

3. Haben Mobber ein Schuldbewusstsein, sind sich Mobber der Folgen ihres Handelns bewusst?

Die Gewaltform Mobbing kann von Täterseite nur durchgeführt werden, wenn sie ohne Schuldgefühle handeln können, denn Mobbing ist eine dauerhafte Gewaltform. Schuldgefühle würden hier immer wieder als Hemmung wirken. Die Täter reden sich deshalb ein, dass die Ursache für ihre Attacken in den Schwächen des Opfers liegen würde. Dieser Gedanke, dass das Opfer selbst schuld an seinem Leiden ist, bewirkt, dass eine Vielzahl der Täter den Folgen, die ihre Gewalt hervorruft, eher gleichgültig gegenübersteht.

4. Es gibt Projekte von Schulen wie die „gläserne Schule" oder der „Täter-Opfer-Ausgleich". Was genau beinhalten diese Projekte und was kann man da gegebenenfalls verbessern oder optimieren?

Es gibt eine Vielzahl von Projekten, die Mobbing bekämpfen. Ihre Wertigkeit ist schwer zu verallgemeinern. Schulen sollten sich konkret Gedanken machen, wie sie im Rahmen ihrer Möglichkeiten und Bedingungen Strukturen entwickeln können, die mehr Lebensqualität und weniger Mobbing produzieren. Ein Täter-Opfer-Ausgleich ist möglicherweise hilfreich, er kann aber auch für das Opfer demütigend sein, wenn der Täter mit offener oder verdeckter Ironie reagiert.

5. Was muss in der Gesellschaft passieren, damit es zu weniger Mobbing kommt? Müssen Eltern und Lehrkräfte noch mehr sensibilisiert werden für das Thema?

Ich glaube, dass eine Sensibilisierung in größerem Rahmen, die auch langfristig wirksam ist, nur über (verordnete) Fortbildungsmaßnahmen funktionieren kann, in denen die Lehrer erfahren, wie sie Mobbing erkennen können, welche Möglichkeiten der Prävention und Intervention sie haben, welche Strukturen sie in ihrer Schule weiterentwickeln und einführen können.

6. Die Amokläufer von Winnenden und Erfurt wie auch aus Oklahoma waren alles Mobbingopfer. Ist Amoklauf tatsächlich eine Folge von Mobbing? Warum wird nach so einem Amoklauf nur über die Taten des Täters gesprochen und nicht über die Gründe dafür? Mir erscheint es leider oft so, dass narzisstische Kränkungen, die als Ursache gelten, verharmlost werden und dem Täter die alleinige Schuld gegeben wird.

Das sehe ich genauso. Sehr oft wird, um einen Amoklauf zu erklären, eine Mobbinggeschichte konstruiert. Allerdings kann Mobbing nach meiner Erfahrung tatsächlich dazu führen, dass die Opfer anfangen, dass Kollektiv zu hassen, in dem sie Mobbing erdulden müssen, die Gruppe zu verabscheuen, die Mobbing zulässt oder sogar unterstützt.

7. Viele Mobbingopfer vertrauen sich aus Scham oder aus falschem Schuldgefühl oft niemandem an. Was raten Sie persönlich den Opfern von Mobbing?

Mein erster Rat an Gemobbte ist: Suche dir Verbündete, Menschen, die dich unterstützen, die dir beistehen, suche dir Personen, mit denen du dich aussprechen kann. Mein zweiter Rat ist eine Feststellung, die auf das Selbstwertgefühl des Opfers zielt. Mobbing sagt nichts über die wirklichen oder angedichteten Schwächen des Opfers aus, denn jeder Mensch hat Schwächen, aber es sagt alles über die Persönlichkeit der Mobbenden aus, und es sagt viel aus über die Gruppe, die Mobbing zulässt.

8. Es gibt viel Literatur über Mobbing und wie man sich zu verhalten hat. Leider gibt es auch reißerische Literatur, welche Opfer dazu animiert, selber zum Täter zu werden. Was halten Sie davon?

Es ist nicht selten, dass Opfer später zu Tätern werden, um die Opferrolle zu verlassen. Das ist ein schrecklicher Irrweg. Alles, was das begünstigt, ist fürchterlich.

9. Ist Mobbing als Ausdruck einer antisozialen Persönlichkeit zu verstehen?

Zumindest findet man auf der Täterseite viele Personen, denen es Freude bereitet, ein Opfer zu demütigen, und die es nötig haben, Macht zu empfinden.

Auszug aus meinem Leben

Mein Stiefvater saß ganz oft nachmittags beim Direktor anderen Eltern gegenüber. Und immer wurde den anderen geglaubt, weil die ja in der Mehrheit waren. Der Direktor glaubte mir, weil er mich mochte, aber gegenüber den Eltern und später ihren Kindern konnte auch er mich nicht schützen. Ich wurde geärgert, provoziert, massiv beleidigt, und dann habe ich mich einmal gewehrt und bekam gleich den Anschiss, während die anderen mit ihrem Verhalten durchkamen. Ich dachte zu der Zeit beinahe jeden Tag an Selbstmord. Das zog sich 20 Jahre lang so hin, dass kaum ein Tag ohne Suizidgedanken verging. Es ist ein Wunder, oder vielleicht auch eher Schicksal, dass ich nicht in der Kinder- und Jugendpsychiatrie gelandet oder irgendwann Amok gelaufen bin. Früher wäre ich über Anlaufstellen wie Wolfgang Kindler oder Thomas Grieser sehr dankbar gewesen. Aber auch jetzt bin ich froh, dass es sie gibt.

Im Gespräch mit Thomas Grieser

1. Lieber Herr Grieser, vielen Dank, dass Sie sich Zeit genommen haben. Zunächst die Frage: Sind sich Mobber über die Folgen bewusst, die so ein Mobbing auslösen kann?

Bevor man über die Folgen redet – ist sich der Täter überhaupt bewusst, was er tut? Die Antwort lautet eindeutig „ja"! Mobbing geschieht immer vorsätzlich. Der Täter informiert sich vorab über sein Opfer, sucht gezielt nach Schwachstellen und setzt seine Pläne dann zielgerichtet in die Praxis um. Diese Systematik und Dauerhaftigkeit unterscheidet Mobbing grundsätzlich von anderen Konflikten, wie ich sie täglich in der Schule erlebe. Gerade dadurch, dass Mobbingattacken geplant sind und immer wieder geschehen, kommt es zu den verheerenden Auswirkungen. Es spielt dabei keine Rolle, ob Mobbing direkt geschieht, etwa durch abwertende oder bloßstellende Bemerkungen, oder eher indirekt (Ausgrenzungen, Verbreiten von Gerüchten usw.) – der Betroffene gerät in eine akute Stresssituation, die schnell chronisch wird.

Der Täter sieht sehr wohl, dass er Stress auslöst und sein Opfer in Bedrängnis bringt – das ist ja leider auch gewollt. Er wird auch die unmittelbaren stressbedingten Folgen mit Genugtuung wahrnehmen (das Opfer wehrt sich, versucht aber häufiger, die Angriffe zu ignorieren oder ihnen aus dem Weg zu gehen, soweit das möglich ist). Alles, was darüber hinausgeht, wird gerade Kindern und Jugendlichen aber wohl kaum bewusst sein: Kopfschmerzen und Schlafstörungen sind erst einmal nicht sichtbar, von den schwerwiegenden destruktiven Folgen ganz zu schweigen. Auf der anderen Seite haben fast alle Jugendlichen schon von Fällen gehört, in denen Mobbing sogar zum Suizid führte – geben Sie bei YouTube mal das Wort „Mobbing" ein! Thematisiert man solch extreme Folgen, ist die Betroffenheit groß. Nur ... muss es so weit kommen, um eine wirksame Sensibilisierung zu erreichen?

2. Warum wird nach Amokläufen, wenn bekannt ist, dass die Täter vorher Opfer waren, nur bedingt bei den Mobbern nachgeschaut?

Warum wird jemand zum Täter und läuft Amok? In solchen Szenarien finden wir Elemente, wie sie auch beim Mobbing vorkommen: Ein Ungleichgewicht in Bezug auf Macht und Ohnmacht, eine Weitergabe von erlittenem Unrecht und Schmerz, eine Kompensation von Minderwertigkeitsgefühlen, eine Aufwertung in der Täterrolle durch das Gefühl von Macht über andere. Und Macht ist etwas Berauschendes!

Es gibt weitere Parallelen: Der Täter erfährt große Aufmerksamkeit und öffentliche Wahrnehmung, vielleicht sogar stille Bewunderung, die er vorher nie hatte. Bei einem Amoklauf ist die erreichte Aufmerksamkeit allein durch das mediale Interesse kaum noch zu steigern. Auch Amokläufe sind vorsätzlich: Wer eine ganze Schule in seine Gewalt bringt, hat sich vorab genau informiert; wer sich Waffen beschafft, handelt planvoll und will anderen Menschen bewusst Schaden zufügen.

Tatsächlich haben alle mir bekannten Amokfälle der letzten Jahre einen Mobbinghintergrund als Motiv. Die Täter waren vorab auch immer Opfer! Nur kann diese Tatsache ja nicht die Konsequenz haben, in jedem Mobbingopfer einen potenziellen späteren Täter zu sehen – das wäre moralisch und ethisch nicht vertretbar, als Reaktion nicht angemessen und insgesamt wenig sinnvoll. Zum Glück kippen nur die wenigsten Mobbingfälle in ein solches Extrem. Präventiv bringt die Verknüpfung dieser beiden Bereiche also leider nichts.

Ich möchte aber noch kurz auf einen anderen Aspekt hinweisen: Jeder Täter hat in seiner Biografie Elemente, die ihn dazu gebracht haben könnten, erst zum Täter zu werden. Nun kommt unsere kollektive Angst ins Spiel, diesen Täter ein Stück weit in die Opferrolle zu entlassen und damit zu entlasten. Hier ist noch viel Aufklärungsarbeit zu leisten, weil die gängige gesellschaftliche Meinung noch allzu oft ist: Was nicht sein darf, kann nicht sein ...

3. Jemand, der gemobbt wird, ist oft alleine. Niemand glaubt ihm oder ihr. Wenn fünf gegen einen sind, ist es besonders schwer. Was können Gemobbte in dem Fall tun, außer sich jemandem wie Ihnen anzuvertrauen?

Zunächst einmal ist es für jemanden, der gemobbt wird, schon ein gewaltiger Schritt, sich überhaupt einem anderen Menschen anzuvertrauen. Das Gemeine ist ja: Mobbing greift die gesamte Psyche an, das Selbstvertrauen sinkt, die Selbstzweifel steigen. Wer täglich von fünf Personen hört, dass er ein „Loser" ist, wird irgendwann glauben, dass es stimmt.

Wichtig ist, keine Beweise zu vernichten, weil man sich dafür schämt. Egal ob ein Eintrag auf Facebook, eine WhatsApp-Nachricht oder der kompromitierende Zettel, den man „zufällig" in seiner Tasche findet. Bitte nicht missverstehen: Es geht nicht darum, dass der Betroffene beweisen muss, dass er gemobbt wird, sondern darum, die Täter konkret mit ihrem Tun zu konfrontieren, in schweren Fällen auch rechtlich dagegen vorgehen zu können. Mobbing an sich ist kein Straftatbestand, sehr wohl aber sind immer einzelne Straftatbestände erfüllt. Das reicht von Beleidigung und übler Nachrede bis hin zur Sachbeschädigung und Körperverletzung.

Wenn ich gemobbt werde und merke, dass mir die Person, die ich um Hilfe gebeten habe, offensichtlich nicht helfen kann (oder schlimmer: nicht helfen will), sollte ich mich an eine andere erwachsene Person wenden, die ich kenne, der ich vertraue und die ich mag. Kinder und Jugendliche haben da glücklicherweise ein ziemlich gutes Bauchgefühl. Gut gemeint, aber eher kontraproduktiv sind übrigens die üblichen Ratschläge: „Lass dir nicht alles gefallen, wehr dich doch mal!" oder „Nimm es nicht so schwer, das hört bestimmt bald von selbst auf!" – nein, das tut es eben nicht!

4. Was muss aus Ihrer Sicht in der Gesellschaft passieren, damit Mobbing in Zusammenhang gebracht wird mit psychischen Erkrankungen wie Narzissmus?

Eine komplexe Frage! Es gibt mit Sicherheit Zusammenhänge, die auch plausibel sind, leider aber nur wenige wissenschaftliche Studien. Mobbing ist ja per se keine Erkrankung und wird in der Gesellschaft oft noch zu sehr verharmlost.

Fest steht, dass Mobbing krank macht, der Auslöser für ernste Erkrankungen und psychosomatische Störungen sein kann. Eine breit angelegte Studie in England hat beispielsweise gezeigt, dass 30 Prozent der Erwachsenen, die unter einer Depression leiden, im Kindesalter Opfer von Mobbingattacken waren. Die Depression könnte hier eine Spätfolge sein. Vermutet wird auch ein Zusammenhang zwischen Mobbing und ernsten Störungen, die einer posttraumatischen Belastungsstörung ähneln, und zwar aufgrund des immens hohen psychischen Drucks während des Mobbings. Das Problem ist nur, Mobbing als primären Auslöser für eine psychische Erkrankung zu identifizieren, die ja noch Jahre und Jahrzehnte später auftreten kann.

Vielleicht macht es zurzeit einfach mehr Sinn, früher anzusetzen und Mobbing rechtzeitig zu bekämpfen, um psychische Erkrankungen, die sich daraus ergeben können, möglichst zu verhindern. Das ist für alle Beteiligten noch ein weiter Weg – wenn man aber bedenkt, dass Heinz Leymann erst 1993 mit seiner Arbeit die Basis für unsere heutige Mobbingforschung geschaffen hat, kann man doch feststellen, dass sich im positiven Sinne eine Menge getan hat.

5. Es gibt an Schulen einige Präventionsprojekte, die teilweise auch Wirkung zeigen. Wie kann man die Eltern mehr in die Verantwortung nehmen?

Grundsätzlich kann im Schulalltag nicht immer das umgesetzt werden, was notwendig erscheint. Da kann man den Lehrern auch gar keinen Vorwurf machen! Wie sieht die Praxis denn aus?

Erstens: Auch wenn öffentlichkeitswirksam gerne das Gegenteil behauptet wird: Die meisten Lehrer arbeiten permanent am oberen Limit. Ein Fachlehrer einer höheren Schulform unterrichtet pro Woche mehr als 200 Schüler und sieht viele von ihnen nur einmal in der Woche. Die gruppendynamischen Prozesse der Schüler untereinander sind da kaum erfassbar.

Zweitens: Wir haben heutzutage hervorragende Konzepte wie den „No Blame Approach", bei dem die Täter in eine Unterstützungsgruppe geholt und Schuldaspekte komplett ausgeblendet werden. Es gibt aber noch viel zu wenige Fortbildungsangebote, damit Lehrer Mobbing besser erkennen, sich ein hinreichendes Handlungsrepertoire aufbauen und angemessen intervenieren können. Und selbst dann sind solche Konzepte schon aus Zeitgründen nur in Einzelfällen umsetzbar.

Drittens: Das Positive ist, dass es mittlerweile – nicht ohne Grund – an fast allen Schulen Schulsozialarbeiter gibt. Sie sind quasi die „soziale Feuerwehr" einer Schule. Sie kennen die gängigen Anti-Mobbing-Konzepte genauer und schaffen es oft, auch hoffnungslos scheinende „Fälle" wieder in eine Gruppe zu integrieren. Das gelingt natürlich dann am besten, wenn Lehrer und Schulsozialarbeiter eng zusammenarbeiten.

Wenn Sie nach der Einbeziehung der Eltern fragen – dies ist in erster Linie Aufgabe des Klassenlehrers. Er kennt „seine" Kinder am besten und kann beurteilen, ob es sich um alterstypische Konflikte handelt, die eher harmlos sind, oder ob sich mehrere Schüler tatsächlich ein Opfer gesucht haben und mobben. Im Idealfall ist der Anführer dieser Gruppe identifizierbar – und jeder verantwortungsvolle Lehrer wird dessen Eltern umgehend zu einem Gespräch einladen. Solche Gespräche sind nicht immer einfach, weil Eltern das Fehlverhalten ihres Kindes oft nicht wahrhaben wollen und sogar dem Opfer Schuld zuweisen. Indirekt fördern sie das Mobbing damit noch. Meine Erfahrung ist, dass diese Eltern oft selbst sehr gestresst sind, viel arbeiten, ihrem Kind alles Mögliche bieten wollen, es aber emotional und sozial vernachlässigen und ihm nicht konsequent den richtigen Weg zeigen.

Das sind harte Worte! Deshalb sollte man hier sehr sensibel agieren und sich hüten, Erziehungsmethoden anzuzweifeln oder gar Vorwürfe zu machen. Ziel ist es vielmehr, die Eltern „ins Boot" zu holen nach dem Motto: „Wir brauchen Sie, um das Klima in der Klasse für alle zu verbessern, damit sich alle wohlfühlen!"

6. Wie genau sieht Ihre Arbeit aus? Sie bieten ja recht schnelle unbürokratische Hilfe an. Worauf darf sich ein Mobbingopfer einstellen, wenn es mit Ihnen Kontakt aufnimmt?

Ich erlebe das von zwei Seiten: Zum einen trage ich als Lehrer für meine eigenen Schüler Verantwortung und interveniere möglichst frühzeitig, wenn ich Mobbing beobachte. Zum anderen wenden sich auch zunehmend Betroffene, deren Eltern oder ältere Geschwister von anderen Schulen an mich, die ich erst einmal gar nicht kenne. Am Telefon oder per Mail kann man nicht wirklich sinnvoll helfen, und so lade ich die Betroffenen in der Regel zu einem Gespräch ein. Natürlich kann ich keine schnelle Lösung versprechen, dafür ist Mobbing viel zu komplex und hat über Wochen und Monate meist eine Eigendynamik entwickelt, die nicht von heute auf morgen durchbrochen werden kann.

Fest steht: Echtes Mobbing ist immer ein Notfall, bei dem rasch Hilfe geleistet werden muss – und die Not ist gerade in den Fällen, die von außen an mich herangetragen werden, meist recht groß: Da sitzt dann ein Mädchen oder ein Junge vor mir, völlig am Boden zerstört, voller Angst, weiter in die Schule gehen zu müssen, und schämt sich auch noch, überhaupt Opfer zu sein! Der typische Satz ist dann immer: „Vielleicht liegt es ja wirklich an mir!" Dann muss also erst einmal verdeutlicht werden, wie perfide die Mechanismen des Mobbings sind und dass das Ganze nichts mit der eigenen Persönlichkeit zu tun hat. Hier ist es wichtig, dem Betroffenen zuverlässig zur Seite zu stehen, eine verbindliche Zusage zu machen, dass nun etwas dagegen getan wird und es aufhören wird.

Oft dauert es, bis der Betroffene sich öffnen kann und bereit ist, von dem zu erzählen, was überhaupt passiert ist. Das ist auch in Ordnung! Ich kann hier nur wenige Aspekte eines ersten Gesprächs skizzieren; es muss dann ein Aufklärungs- und Hilfeprozess in Gang gesetzt werden, in den möglichst alle Beteiligten einbezogen werden. Ziel ist es letztendlich natürlich nicht, dass das Opfer aufgibt und die Klasse oder die Schule verlässt, zumal dann zu befürchten ist, dass im Internet weiter gemobbt wird („Endlich ist sie/er weg!"). Im akuten Fall ist es aber manchmal notwendig, das Opfer schnell aus der „Schusslinie" zu nehmen. Aufgrund der psychischen und körperlichen Symptome ist manchmal ohnehin eine Krankschreibung angeraten. Darum sollte man auch immer einen Arzt seines Vertrauens hinzuziehen. Das löst natürlich nicht die Probleme, entlastet aber kurzfristig und vermindert den Stress, damit überhaupt ein sachlicher Lösungsprozess in Gang gesetzt werden kann.

Umfangreiche Anti-Mobbing-Kampagnen an Schulen – oftmals durch Einbeziehung externer Fachleute – sind zwar ein guter Weg, Schüler auf Dauer zu einem Umdenken zu bringen. Jedoch sind sie für viele Schulen zu aufwendig bzw. zu zeit- oder kostenintensiv. Doch sind nicht nur professionelle Anti-Mobbing-Maßnahmen wirksam, sondern vor allem grundlegende Einstellungen und kleine Schritte, die jede Schule auch mit eigenen Ressourcen beherzigen und auf die Beine stellen kann:

– **Nichts unter den Teppich kehren:** Das Vorkommen von Mobbing darf niemals unter den Teppich gekehrt werden, nur um die Reputation zu schützen. Langfristig hilft gegen Mobbing nur offene Kommunikation.

– **Auf dem Laufenden bleiben:** Wichtig ist, sich selbst über die Gesetzeslage zu informieren: Welche Mobbing-Handlungen gelten bereits als Straftat und müssen dementsprechend geahndet werden?

– **Offen sein für Weiterbildungen:** Es gibt unzählige Fortbildungen in Sachen Konfliktmanagement, Mobbing-Prävention, Mediation etc.

– **Kontaktstelle einrichten:** Möglicherweise ist die Einrichtung einer Mobbing-Anlaufstelle an der Schule sinnvoll. Dies kann eine Person aus dem Kollegium, ein Schüler/Schülerin oder aber eine externe Person sein.

– **Mediation:** Eine Streitschlichter- bzw. Mediations-AG an der Schule ist ein besonders nachhaltiges Mittel, um Mobbing einzudämmen. Denn es ermutigt auch Außenstehende dazu, bei Mobbing zu intervenieren.

– **Eigene Grenzen kennen und wahren:** Lehrkräfte stoßen dann an ihre Grenzen, wenn massive psychische Störungen vorliegen, entweder beim Opfer oder bei einem Haupt-Mobbing-Täter. Dann ist die Konsultation eines Schulpsychologen unbedingt erforderlich.[37]

Ich bin an sich gerne in den Unterricht gegangen (sowohl früher als auch später), auch in der Erwachsenenbildung war ich noch wissbegierig. Was mir aber stets Bauchweh bereitete, waren die Unmutsäußerungen mancher Mitschüler, wenn ich mal wieder eine Frage stellte, entweder kurz vor der Pause, kurz vorm Unterrichtsende oder zu einem Thema, das nicht beliebt war. Da fiel dann die ein oder andere abfällige Bemerkung, die mich schmerzte. Mittlerweile weiß ich, dass beide Seiten keine Empathie hatten. Ich hätte meine Frage nach dem Unterricht stellen können, wenn alle nach Hause gegangen waren, oder in der nächsten Stunde, und meine Mitschüler hätten sich ihre Kommentare verkneifen können.

Im Gespräch mit Arno Engelmann

Mobbing ist ein aktuelles Thema. Es gibt Schulen, die mit der Mobbing-Problematik offensiv umgehen, wie z.B. die Holstenschule Neumünster. Herr Arno Engelmann ist dort Schulleiter.

1. Herr Engelmann, danke dass Sie sich Zeit nehmen. Sie leiten eines der ältesten Gymnasien in Schleswig-Holstein. Was fällt Ihnen spontan zum Thema Mobbing ein?

Eine kleine Richtigstellung zu Beginn: Die Schule, die ich leite, ist zwar nächstens 150 Jahre alt, aber es gibt in Schleswig-Holstein Gymnasien, die erheblich älter sind und auf mehrere hundert Jahre zurückblicken können. Zum Thema Mobbing fällt mir spontan ein, dass dieses Problem in den letzten Jahren deutlicher in den Fokus des Interesses gerückt ist, weil die Auffälligkeiten zugenommen haben. Das hat unter anderem mit zurückgehenden sozialen Kompetenzen durch Veränderungen in den familiären Strukturen zu tun und auch mit der durch die unterschiedlichen sozialen Medien verursachten Verringerung der Hemmschwelle, anderen gegenüber ausgrenzend, abwertend und beleidigend aufzutreten.

2. Wie viel Mobbing gibt es an Ihrer Schule und was glauben Sie, wie Sie im Bundesvergleich stehen?

Zu einer Position meiner Schule im Bundesvergleich kann ich Ihnen keine Auskunft geben, weil wir uns nicht auf solche Daten konzentrieren, sondern bemüht sind, dem jeweils akuten Fall zügig und wirksam zu begegnen. Wie viele Fälle es in der Schule insgesamt sind, lässt sich nicht sagen, weil die Ausprägung sehr unterschiedlich sein kann – es geht von der herabwürdigenden Bemerkung bis zu umfangreicheren Ausgrenzungsattacken in den sozialen Netzwerken. Insgesamt treten diese Fälle für eine Schule unserer Größe (ca. 900 Schülerinnen und Schüler, über 70 Kolleginnen und Kollegen) eher selten auf, was auch mit der Zusammensetzung der Schülerschaft zu tun hat und mit dem toleranten Verständnis füreinander, das wir unseren Schülerinnen und Schülern von Anfang an zu vermitteln versuchen.

3. Wie wird gegen Mobbing an Ihrer Schule vorgegangen?

Wir haben an unserer Schule ein Präventionsprogramm, das von der 5. Jahrgangsstufe an bis in die Oberstufe läuft und mit den Lehrkräften und den Klassen unter anderem Themen wie Sucht (Alkohol, Zigaretten, Drogen), Mobbing oder Gewalt behandelt. Dieses Programm durchlaufen alle Schülerinnen und Schüler während ihrer Schulzeit auf dem Weg zum Abitur. Neben diesem Präventionskonzept stehen Möglichkeiten wie Klassenleitungsstunde, Klassenrat, die Zusammenarbeit mit der Schulsozialpädagogin und gegebenenfalls mit der

Schulpsychologin, um sofort reagieren zu können, wenn Mobbingfälle auftreten. Dabei gilt es natürlich mit Blick auf die Schwere des Vorfalls abzuwägen, welche Maßnahme man ergreift. Mitunter genügt der Einsatz der an der Schule vorhandenen Konfliktschlichter, mitunter aber müssen auch Maßnahmen nach dem Schulgesetz ergriffen werden. Wesentlich ist immer, dass Täter und Opfer angehört werden und beide Seiten sich offen äußern können und dass dann Mittel und Wege gefunden werden, eine Einsicht in das falsche Verhalten zu erlangen und sich in das Gegenüber hineinzuversetzen. Zielsetzung ist, dass beide Seiten, Gruppen oder Einzelschüler, wieder zu einem gedeihlichen Miteinander in Respekt und Wertschätzung finden. Das leben die Kolleginnen und Kollegen der Schule ihren Schülerinnen und Schülern auch entsprechend vor.

4. Wird jeder Mobbingfall an Ihrer Schule publik?

Publik wird jeder Fall sicher nicht, dafür ist das Phänomen zu vielschichtig und die Dunkelziffer sicherlich zu hoch. Aber sobald ein Fall von Mobbing uns bekannt ist, wird dem unverzüglich mit den eben dargestellten Mitteln nachgegangen.

5. Wie gehen Ihre Schüler mit dem Thema Mobbing um?

Der Umgang der Schülerinnen und Schüler mit Mobbing ist differenziert. Natürlich treten Fälle auf, wo jemand sich wegen einer singulären kritischen Bemerkung schon gemobbt fühlt. Da muss dann entsprechend relativierend eingewirkt werden. Kindern, die sich sehr schnell gemobbt fühlen, kann man ja nicht sagen: „Stell dich nicht so an!" Denn das individuelle Empfinden ist unterschiedlich. Aber es hilft, empfindlichen Kindern bei der Entwicklung von mehr Resilienz zu helfen. Das kommt ihnen dann auch in vielen anderen Bereichen zustatten. Erfreulich ist, dass durch ein offenes und unverkrampftes Umgehen mit der Mobbing-Problematik bei den Schülerinnen und Schülern ein deutliches Bewusstsein festzustellen ist. Sie sehen das eigene Verhalten und das Verhalten anderer kritisch und können aufgrund ihrer Kenntnis der Strukturen sich selbst regulieren bzw. regulierend eingreifen, wenn sie ausgrenzendes Verhalten bei sich selbst oder in der Klassengemeinschaft, aber auch außerhalb der Schule beobachten.

6. Wurden Sie als Kind selbst gemobbt?

Das Wort existierte zu meiner Schulzeit, die ja viele Jahrzehnte zurückliegt, nicht, das Phänomen sicherlich schon. Natürlich hatte man manchmal das Gefühl, ausgeschlossen zu sein, nicht dazuzugehören, abgelehnt zu werden. Aber es gab auch gegenteilige Erfahrungen, wo man mittendrin war, eins mit der ganzen Gruppe und sich selbst, sodass insgesamt ein ausgeglichenes Gefühl entstand, wobei die Klassengemeinschaft, die Zusammengehörigkeit, das gemeinsame Erleben als Gefühl deutlich überwogen. Allerdings ist die fehlende Eigenerfahrung kein Maßstab. Nur weil ich Mobbing in meiner Schulzeit so nicht kennengelernt habe, darf ich mir nicht herausnehmen, das Phänomen als solches abzutun, es nicht ernst zu nehmen oder gar zu bagatellisieren. Die Welt der jungen Menschen heute ist eine völlig andere als zu meiner Schulzeit. Was Kinder und Jugendliche betrifft, muss Schule als wesentlicher Faktor auf dem Weg ins Erwachsenenalter immer ernst nehmen und Hilfestellung und Unterstützung anbieten, wo immer es vonnöten ist.

7. Erfurt, Winnenden, Emsdetten – das sind Städte, wo an Schulen Amokläufe begangen wurden. Glauben Sie, dass die Täter auch zuerst Opfer waren?

Die Vorfälle sind mir nicht mehr präsent genug, um eine zuverlässige Einschätzung abzugeben. Meiner Ansicht nach ist allen Fällen gemeinsam eine Negativerfahrung der Täter, eine Frustration, die gespeist wurde aus mangelndem schulischen Erfolg, fehlender sozialer Anerkennung und dem Gefühl, nicht wahrgenommen und vor allem nicht wertgeschätzt zu werden. Selbstverständlich sind diese Taten auf das Schärfste zu verurteilen. Aber wir müssen sie neben ihrer strafrechtlichen Relevanz auch als Ausdruck sehen für eine Gesellschaft, die sich immer mehr über quantifizierbare Aspekte definiert – dazu gehören auch Schulnoten. Es ist kein gutes Aushängeschild für eine Gesellschaft, wenn man den Schülerinnen und Schülern nicht beibringt, dass sie in ihrem Menschsein sehr viel mehr wert und viel kostbarer sind, als sich aus Schulleistungen, Gehaltschecks oder materiellen Besitztümern ablesen lässt.

Nachtrag: Ich war als Kind nicht nur Opfer. Ich war auch Täter und ich war auch Retter. Und wie ich es bereits schilderte, fühlt man sich als Täter mächtig. Ich verspürte Glücksgefühle, allerdings nur wenn ich alleiniger Täter (Herrscher war). Oft habe ich aus Wut, Verzweiflung, Traurigkeit und Rache gehandelt, aber gelegentlich habe auch ich mich dissozial verhalten. Ich habe gelogen ohne rot zu werden. Mein schlechtes Gewissen habe ich oft ausgeblendet. Irgendwann war ich ein Meister darin andere zu belügen und zu manipulieren. Meistens hielt ich mein „perfides Spiel" mit meinen gleichaltrigen Gefährten nur einen Tag durch. Ich war ja auch süchtig nach Lob und Anerkennung. Die bekam ich, indem ich die Situation (z.B. Diebstahl eines Spielzeugs) aufdeckte und mich wie der Retter (z.B. der ehrliche Finder des Spielzeugs) verhielt oder ausgab. Ich war für einen Tag der Held. Ich habe kein Mitleid empfunden. Ich hatte höchstens Angst, dass es rauskommt, weil ich dann nicht gewusst hätte, wie ich mich hätte verhalten sollen. Im Nachhinein tut es mir wirklich leid, sowohl für mein inneres Kind, als auch für das innere Kind meiner ehemaligen Kameraden.

5.3 Public Shaming

Niemand mag gerne öffentlich bloßgestellt werden, weder im Internet noch am Arbeitsplatz oder in seinem sozialen Umfeld. Menschen mit geringem Selbstwert durften dies als Kind zuhauf erfahren. Manch einer wurde mehr als nur einmal öffentlich bloßgestellt. Es ist schrecklich unangenehm für ein Kind, von einer Bezugsperson vor versammelter Mannschaft zusammengefaltet zu werden. Für mich ist es immer noch extrem verletzend. Es verunsichert mich völlig, und mein Bild der Menschen ändert sich von jetzt auf gleich. Mein Schutzschild fährt hoch, und je nach Intensität möchte ich immer noch am liebsten weglaufen oder den Leuten aufs Maul hauen. Ich frage mich nach wie vor, was in den Menschen vorgeht, die sich trauen, andere bloßzustellen.

Zum Glück gab es früher noch kein Internet. Denn mit diesem hat das öffentliche Zur-Schau-Stellen eine neue Dimension bekommen. „Public Shaming" nennt es der britische Autor Jon Ronson in seinem Buch *So You've Been Publicly Shamed*. Das Phänomen ist eine Art von virtueller Steinigung, eine Hexenjagd im Netz, eine Strafe am digitalen Pranger. Die Täter werden Trolle genannt, und so führen sie sich auch auf. Dissoziale Missgeburten! Vor einigen Jahren waren es vor allem Unternehmen, Prominente oder Institutionen, die den Zorn der Massen in Form von Shitstorms zu spüren bekamen. Doch jetzt kann es jeden treffen. „Macht, Einfluss und Prominenz sind keine Schlüsselkriterien mehr, um jemanden zu attackieren. Es geht jetzt um die sofort verständliche Normverletzung", sagt der Medienwissenschaftler und Buchautor Bernhard Pörksen. Jüngstes Beispiel in Deutschland: einfach mal bei Google gucken (es passiert jeden Tag, es kann jeden treffen – willkommen im narzisstischen Zeitalter).

Dazu möchte ich Ihnen gerne eine Geschichte erzählen. Es war ein Donnerstagmorgen. Ich hatte Zahnschmerzen und war zum ersten Mal bei meinem neuen Zahnarzt, genauer gesagt einer Zahnärztin. An sich ist das nicht erwähnenswert, aber ich erwähne es trotzdem. Denn bei meinem bisherigen Zahnarzt hätte ich trotz Schmerzen vier Wochen auf einen Termin warten müssen. Ich erwähne das auch, weil diese neue Praxis weiter weg war als die alte, zu der ich quasi rüberspucken konnte. Ich war guter Dinge. Man könnte sagen, ich war nach dieser für mich schönen Erfahrung richtig happy. Ich hätte nicht gedacht, dass sich meine Laune kurz darauf ändern sollte.

Ich fuhr mit dem Fahrrad zu meiner Weiterbildung ins Lernzentrum Lübeck. Dort setzte ich mich an meinen Computer und ging als Erstes auf web.de. Was ich dort dann las, verschlug mir die Sprache: „Unfassbar: Hoffenheim-Fan putzt sich während Spiel die Zähne". Hoffenheim hatte am Tag zuvor in Liverpool sehr unglücklich mit 2 : 4 verloren. Unter diesem unfassbaren Artikel las ich dann jede Menge Häme. Ich war schockiert. Die User machten sich entweder über den Hoffenheimer Fan lustig, der auf dem Foto abgebildet war, oder sie schimpften über den Artikel und verunglimpften den Autor derart, dass man sich die Frage stellen durfte, ob sie schon mal was von Respekt gehört hatten. Und ja, ich steigerte mich hinein. Meine zwei zugegebenermaßen bissigen Kommentare wurden von der Forenaufsicht gestrichen. Allein das ist schon unfassbar.

Ich versuchte herauszufinden, wer den Artikel geschrieben hatte. Ich rief bei web.de an – was ich nie wieder machen werde: Warteschleife, fünf Minuten langweilige Musik, dann die Ansage, die Leitung sei überstrapaziert, man solle es später nochmal versuchen. Ich versuchte mein Glück bei der dpa, die wussten es aber nicht. Im Kopf hatte ich wieder Hass, Wut, aber vor allem ganz viel Mitleid mit dem Hoffenheimer, erinnerte mich dieser aufkommende Shitstorm doch sehr an meine eigene Kindheit. Ich hatte wieder dieses Scheißgefühl. Ich wollte töten. Ich war sehr traurig, und am Ende musste ich dann sogar weinen, in aller Öffentlichkeit. Unfassbar! Und trotzdem tat es mir gut zu weinen. Würde das irgendwo unter der Überschrift „Narzisst heult in der Öffentlichkeit" gepostet werden, der Shitstorm wäre mir sicher.

Während es den eigentlichen Internet-Trollen um den Spaß am Stören geht – Studien attestieren ihnen gar einen Hang zu Alltagssadismus –, werden typische Troll-Taktiken inzwischen auch für ökonomische oder politische Ziele eingesetzt, bisweilen sogar von professionellen und industriefinanzierten Dienstleistern. Das ist wie die Suche nach einem Auftragskiller, nur dass dieser statt auf körperliche instrumentelle Gewalt nun auf massiven Psychoterror über das Internet zurückgreift. Viele dieser „Auftragskiller" sollen in Russland sitzen, da, wo das Blue Whale Game herkommt, in dem es darum geht, sich selbst umzubringen. Übrigens, was die Forschung ebenfalls bewiesen hat: Jeder kann zum Troll werden!

Auch Eltern in den USA haben Spaß am „Public Shaming". Sie machen Filmaufnahmen ihrer Kinder in witzigen Situationen und veröffentlichen das Material zur Schadenfreude anderer im Internet. Vom Baby, das lacht und dabei umfällt, über einen Jungen, der nach einer Zahn-OP unter Vollnarkose aufwacht und wirres Zeug redet, bis hin zu sogenannten „Fail Compilations" ist alles dabei. Wie es dem Kind dabei geht, spielt im ersten Moment keine Rolle. Es war ja nicht böse gemeint. Die Konsequenzen sind Mobbing, Ausgrenzung und, wie beschrieben, „Selbstwertstörungen" sowie eine unfreiwillige Bekanntheit auf der ganzen Welt: „Bist du nicht der Junge aus dem Video?" Manch einer mag das nach dem fünften Mal Anschauen immer noch lustig finden, für das Kind wird diese Leier irgendwann zum Spießrutenlauf. Ein besonders erschreckendes Beispiel dafür ist der US-Moderator und Familienvater Jimmy Kimmel, der Eltern in den USA zu Halloween aufrief, ihren Kindern zu erzählen, dass die Süßigkeiten weg seien.

Dabei sollten Eltern die Reaktion ihrer Kinder filmen. Ein entsprechendes Video fertigten 30.000 an, und diese „Kunstwerke" wurden über 20 Millionen Mal aufgerufen. Das Internet vergisst nichts.

Auf deutschen Autobahnen greifen immer mehr Gaffer zu ihrem Smartphone und filmen sterbende Unfallopfer, statt zu helfen. Oft bleiben sie mit ihren Fahrzeugen mitten auf der Fahrbahn stehen und riskieren ein Bußgeld, nur um ihre Sensationslust zu befriedigen. Nebenbei verhindern sie das zeitnahe Eintreffen der Rettungskräfte, ist ihnen doch ihre Sensationsgier wichtiger als das Bilden einer Rettungsgasse. Der Deutsche Bundestag diskutiert mittlerweile über einen Gesetzesentwurf, der diese besondere Art von „Hinschauen" unter Strafe stellt. Die Grenze des guten Geschmacks ist hier längst überschritten. Ich war mehrfach als Ersthelfer am Unfallort umringt von zahlreichen Schaulustigen, die, statt zu helfen, lieber im Weg rumstanden und dumme Sprüche zum Besten gaben. Dass genau solche Menschen als Erste im Netz den Zeigefinger erheben und den Moralapostel spielen, ist ein weiteres Indiz für die Entwicklung, die unsere narzisstische Gesellschaft genommen hat. Statt sich in das „Opfer" einzufühlen, wird gelacht, passiert es einem selbst, schimpft man über die anderen, die sich in ihrem Fall über sie lustig machen. Eine herrliche Doppelmoral, in der wir uns alle gegenseitig die Schuld zuschieben.

Es liegt in der Natur sozialer Medien wie Twitter und Co., dass Meinung hier oft nur schwarz oder weiß ist. Ein differenzierter Dialog wäre bei einer begrenzten Anzahl von Zeichen zu viel verlangt. Bei Facebook wurde ein Shitstorm-Smiley eingeführt, was viele Nutzer leider nicht davon abhält, auch noch persönlich ihren Unmut in Form von vernichtender Kritik oder der sogenannten „Du-du-Pistole" (mit der das Gegenüber mit Vorwürfen beschossen wird) zum Ausdruck zu bringen. Manch einen mag das nicht tangieren, aber für andere ist diese Form des „Blaming, Shaming"-Phänomens ein schwerer Einschnitt in ihre Persönlichkeit.

Dafür, dass das „Public Shaming" im Netz so gut funktioniert, ist aber auch die sogenannte Filterblase in den sozialen Medien verantwortlich. Viele Facebook-Freunde einer Person sind auch untereinander befreundet. „Da kann schnell der Eindruck entstehen, dass die ganze Welt zu einem bestimmten Thema eine eindeutige Position hat. Das erleichtert es, diese Position auch anzunehmen", so der Social-Media-Forscher Jürgen Pfeffer im Gespräch mit dem Tagesspiegel.[38] Das Ganze wird zudem technisch verstärkt, da von den Social-Media-Plattformen vermehrt Informationen gezeigt werden, die auch die Freunde mögen. „Trotzdem muss sich jeder Einzelne, der postet oder teilt, bewusst machen, dass er möglicherweise ein Beteiligter ist im großen Spiel der Menschenjagd." In London wurde ein Exempel statuiert. Eine angetrunkene junge Frau hat sich unbedacht an einem Shitstorm beteiligt und mit Vergewaltigung und Mord gedroht. Das Androhen von Straftaten ist keine Seltenheit. Das Gericht verurteilte die junge Frau hart, ihrer Meinung nach zu hart. Sie klärt jetzt Jugendliche über die Folgen von Alkoholmissbrauch auf.

Dazu passt die Aussage der Freiburger Narzissmus-Expertin und Schematherapeutin Eva Dieckmann:

> Unsere aktuellen gesellschaftlichen Bedingungen fördern die Dialektik von zunehmender kindlicher Ungeborgenheit und Grenzenlosigkeit. Damit bereiten sie den Boden für Selbstüberschätzung als Kompensation innerer Orientierungslosigkeit, ein verbreitetes Phänomen postmoderner Gesellschaften.
>
> Nur um ein Haar ist die Welt jüngst an einer Wirtschaftskatastrophe vorbeigerutscht, weil Stolz, Habsucht, Neid und Unmäßigkeit – die negativen Seiten narzisstischen Verhaltens – explodiert sind. Öffentliche Abwertung, Beleidigung und Zurschaustellung sind durch den Einfluss der Medien gesellschaftsfähig geworden, ganze Sendungen mit Kultcharakter leben davon. Von verbaler zu körperlicher Gewalt ist es oft nur ein Schritt. Menschen haben sich schon immer Gewalt angetan, aber jetzt filmen sie sich dabei schon in jungem Alter mit ihren Handys und stellen die Filme dann ins Internet. Sich mit Gewalt zu produzieren gehört zum extremeren narzisstischen Verhaltensrepertoire.
>
> Dr. med. Eva Dieckmann

Es passt aber auch das Folgende:

> Viele Menschen wollen es nicht so genau wissen und leben bequem mit ihren einfachen Wahrheiten!
>
> Eckhard Roediger

Meine Videos über Narzissmus wurden besonders von Co-Narzisstinnen im Netz zum neuen Hassobjekt auserkoren. Mittlerweile habe ich die Benachrichtigungsfunktion über neue Kommentare ausgeschaltet. Ich muss meinen Hatern und Neidern nicht mehr Aufmerksamkeit schenken als sie mir. Und so empfehle ich das jedem anderen auch. Scheißt auf die negative Meinung anderer. Wer recht hat, hat nicht immer die meisten Freunde, aber immerhin die loyalsten. Loyalität heißt, dass die Leute auch zu einem stehen, egal was andere denken. Und solche Freunde zu haben, macht mich reicher, als mit Geld jemals aufzuwiegen ist. Hat man dazu noch das Glück, einen Verlag wie Tectum an seiner Seite zu haben, der zu einem steht und an die Sache glaubt, der hat für die nächsten vier Geburtstage und Weihnachtsfeste sein

Karmakonto bis zum Anschlag aufgefüllt. Mittlerweile sehe ich das auch geschäftlich. Auch die negativen Rezensenten haben sich dieses Buch kaufen müssen. Und ob ich nun Narzisst, Polizist oder Astronaut bin, spielt dabei keine Rolle.

Viele meiner Gruppenmitglieder bei Facebook (Narzissten und Co- Narzisstinnen) mussten ähnliches erfahren. Sowas macht mich sehr traurig. Merken die Täter eigentlich, dass sie Täter sind?

Öffentliches Bloßstellen gibt es auch im Alltag. Tagtäglich auf der Arbeit, in der Schule oder an anderen öffentlichen Plätzen passiert es, dass Menschen die Kommunikationsregeln außer Acht lassen, nicht empathisch sind und andere im Beisein anderer kritisieren oder diffamieren. Oft trifft es die Gleichen und damit auch die Falschen. Leider sind auch oft Frauen betroffen, werdende Mütter oder junge Mädchen. Sexuelle Belästigung am Arbeitsplatz darf kein Tabuthema mehr sein. Moralapostel, Saubermänner, Biedermänner und Manager dürfen sich gerne angesprochen fühlen. Machtpositionen in beruflichen oder anderen Hierarchien werden immer wieder ausgenutzt, um zu grapschen oder anzügliche Bemerkungen zu machen und einen Einspruch damit abzutun, man bzw. frau solle sich nicht so anstellen. Es sind ohnehin nicht immer nur neidische Kollegen, sondern durchaus auch Vorgesetzte, die am Arbeitsplatz mobben. Auf der Homepage von ver.di Mühlheim finden sich einige Tipps, wie sich gegen Mobbing am Arbeitsplatz vorgehen lässt.

Was kann man gegen Mobbing am Arbeitsplatz machen?
Es gibt verschiedene Möglichkeiten, etwas gegen Mobbing zu unternehmen. Als zentrale Präventionsmaßnahme gilt der Aufbau einer Führungs- und Organisationskultur, die eine konstruktive Zusammenarbeit garantiert. Die Erarbeitung von Führungsgrundsätzen bietet eine gute Basis, wenn in ihnen der wertschätzende Umgang mit Mitarbeiterinnen und Mitarbeitern als Grundsatz deutlich gemacht wird. Ebenso kann der Abschluss von Betriebsvereinbarungen – Fairness am Arbeitsplatz – hilfreich sein. Eine offene, vertrauensvolle Kommunikation sowie klare Führungsstrukturen im Betrieb können ebenfalls Mobbing verhindern, damit nicht aus einem Konflikt ein Mobbingfall wird.

Gerade bei Veränderungsprozessen oder Umstrukturierungsmaßnahmen im Betrieb ist es wichtig, mit den Beschäftigten transparent zu kommunizieren. Jeder Veränderungsprozess bringt „Unruhe" in das bestehende System. Veränderungen erzeugen bei den Beschäftigten oftmals berechtigte Ängste vor Kündigung und Versetzung. Ohne eine transparente, wertschätzende Kommunikation und einen konstruktiven Umgang kann es bei den Mitarbeitern zu Gegenreaktionen kommen, und nicht selten wird das schwächste Glied in der Kette gemobbt.

Grundsätzlich kann jeder Beschäftigte gemäß § 84 Betriebsverfassungsgesetz (BetrVG) von seinem Beschwerderecht Gebrauch machen. Der Arbeitgeber muss, sieht er die Beschwerde für gerechtfertigt an, für eine Verbesserung der Situation sorgen. Die gesetzliche Interessenvertretung, beispielsweise der Betriebsrat, muss gemäß § 85 BetrVG eingeschaltet werden. Eine rechtliche Auseinandersetzung ist aber für das Mobbing-Opfer – ohne Zeugen – leider oft nicht sehr erfolgversprechend, liegt doch die Beweislast beim Opfer, und es ist schwierig, handfeste Beweise beim Gericht vorzulegen, um den Mobber schuldig zu sprechen. Hier hilft die Arbeit mit dem inneren Kind oder Achtsamkeitstraining, um sich zu beruhigen und gegebenenfalls auch zu trösten, denn dass Mobbing und Gewalt zu seelischen Verletzungen führen, ist hinlänglich bekannt.[39]

5.4 Trumpisierung oder die Goldwater-Regel

Ich habe mit meiner Therapeutin viele Gespräche geführt und auch mit meinem Psychiater Dr. Reiche über gesellschaftliche Aspekte gesprochen. Er ist der Ansicht, dass es deutlich mehr dissoziale als narzisstische Menschen gibt. Nicht jeder Narzisst hat dissoziale Anteile, und nicht jeder dissoziale Mensch hat narzisstische Anteile. Bevor man auf Internetseiten zurückgreift, wo Verhaltensweisen sehr undifferenziert beschrieben werden, oder gar selbst eine Ferndiagnose stellt, sollte man besser einen Arzt oder Psychologen fragen.

Mit Dr. Reiche habe ich auch über Donald Trump gesprochen und mich gefragt, wie es angehen kann, dass sich auf einmal so viele (Hobby-)Psychologen zu Wort melden und ihm eine narzisstische Störung andichten. . Er gab mir recht, dass man keine Ferndiagnosen vornehmen und auch nicht alles glauben sollte, was man im Netz oder in den Medien aufschnappt. So habe ich „Trump" und „Narzisst" gegoogelt und bin dabei auf den österreichischen Psychiater und Narzissmusexperten Dr. Bonelli gestoßen. In einem Interview ging er auf Trump ein – und ich fühlte mich wieder einmal bestätigt:

> Wenn Trump ein Narziss wäre, wäre das sicherlich nicht ungefährlich. Weil der Narziss sich selbst der Nächste ist und deswegen nicht selbstlos Verantwortung für andere übernehmen kann. Außerdem ist er leicht kränkbar, so im Sinne einer Majestätsbeleidigung, das kann durchaus ungemütlich werden.
>
> Aber man darf in dieser Diskussion nicht vergessen, dass einerseits jeder Mensch narzisstische Anteile hat und andererseits jeder Narziss auch gesunde Anteile. Den Hundertprozent-Narzissten, wie er im Buche steht, gibt es in der freien Wildbahn gar nicht. Und natürlich wird mit dieser Diagnose auch Politik betrieben – um den anderen herabzusetzen. Clinton zeigt übrigens auch einige narzisstische Züge, die sie halt – entsprechend ihrer Wählergruppe – anders präsentiert.[40]
>
> Dr. Raphael Bonelli

Auch fand ich weitere Aussagen die gegen die Behauptungen sprechen, Trump könnte ein Narzisst sein.

> Die meisten Amateurdiagnostiker wollen bei Trump eine narzisstische Persönlichkeitsstörung erkannt haben. Ich habe die Kriterien geschrieben, die für so eine Diagnose zutreffen müssen, und: Herr Trump erfüllt sie nicht.
>
> Allen Frances, Koautor der psychiatrischen Standardwerke DSM-III und DSM-IV in der *FAZ* über Donald J. Trump[41]

Ich verweise an dieser Stelle nur auf die in Kapitel 2 erwähnte Goldwater-Regel.

> Wer Donald Trump eine psychische Krankheit unterstellt, der spricht ihm jedes Recht ab, weiterhin gehört zu werden. Das ist aus zwei Gründen gefährlich: Einerseits, weil dieser Mann nun einmal Präsident der Vereinigten Staaten ist und deshalb sehr viele Dinge tun kann, die man ernst nehmen muss. Die Diagnose droht dann zur Ausrede fürs Weghören zu werden.
>
> Und zweitens, weil das Diagnose-Argument schlichtweg undemokratisch ist. Wenn einem das Handeln eines anderen nicht passt, muss man dagegen aktiv werden – mit allen nur denkbaren Protestformen. Es geht darum, andere zu überzeugen, damit bei der nächsten Wahl ein anderes Ergebnis rauskommt. Das ist Demokratie.[42]

Immer wieder wird Trump mit einem Sechsjährigen verglichen, der, wenn er nicht das bekommt, was er will, wild auf den Boden stampft. Ganz ehrlich, steckt dann nicht in jedem von uns ein kleiner Trump? Reagieren wir immer adäquat, wenn wir unseren Willen nicht erfüllt bekommen? Ich kann nur von mir sprechen, und ich weiß, dass ich mich manchmal wie ein beleidigtes Kleinkind aufführe, wenn ich frustriert werde, auch weil innere kindliche Bedürfnisse in der Kindheit besonders vernachlässigt wurden. Oder ich gehe in die Rechtfertigungs- und Verteidigungsposition obwohl es keinen wirklichen Anlass dafür gibt. (Ich könnte mich wirklich schämen für mein Schutzschild- manchmal.) Und so empfinde ich auch Mitgefühl für das innere Kind des vielleicht mächtigsten Menschen auf dieser Welt. Ich möchte nicht mit ihm tauschen. Ich glaube nicht mal, dass ich es besser machen würde als er. Ich würde es anders machen, aber wie das aussieht, weiß ich nicht.

Immer mehr wird zugunsten einer dezidierten Parteinahme und moralischen Belehrung des Lesers vonseiten der Medien sehr einseitig berichtet. Man hält diesen nicht mehr für fähig, sich eine eigene Meinung zu bilden, sie wird gleich mitgeliefert. Wenn man die deutschsprachige Medienlandschaft mit Blick auf den US-amerikanischen oder den österreichischen Präsidentschaftswahlkampf kritisch analysiert, so fehlten selten Werturteile in der Beschreibung des offensichtlich unliebsamen Kandidaten oder der unerwünschten Partei. Die Abwertung betrifft übrigens auch den Wähler: Er wird als Wutbürger abgewertet, als frustriert, wenig intelligent, ungebildet und vor allem voller Angst dargestellt. Soviel Moralinsäure in den Medien ist auf Dauer unbekömmlich, erklärte Dr. Bonelli auf die Frage, inwieweit die Medien verantwortlich sind für das narzisstische Denken und die moralisierende Beeinflussung.

Eigentlich hätte die Debatte sofort beendet sein sollen, als Allen Frances sich zu Wort meldete. In einem Beitrag für die *Huffington Post* schrieb der amerikanische Psychiater: Donald Trumps Verhalten rufe zwar bei vielen Menschen Stress und Unbehagen hervor, Trump selbst erscheine aber bemerkenswert stressfrei, seine Widerwärtigkeit stelle für ihn offenbar keine Beeinträchtigung dar. Kurzum: „Keine seiner entsetzlichen Eigenschaften kommt einer psychischen Störung auch nur nahe."

1964 erschien im inzwischen eingestellten US-Magazin Fact eine psychologische Vorverurteilung eines Präsidentschaftskandidaten. In der Folge und nach gerichtlichen Auseinandersetzungen verabschiedete die American Psychiatric Association, die Standesorganisation der US-amerikanischen Psychiater, 1973 die sogenannte Goldwater-Regel. Danach gilt es für Psychiater als unethisch, den Gesundheitszustand einer öffentlichen Person zu beurteilen, sofern sie keine Untersuchung durchgeführt und die erforderliche Erlaubnis für eine derartige Aussage erhalten haben. Die Goldwater-Regel galt mehr als 50 Jahre lang. Doch offenbar hat Donald Trump es geschafft, bei den Psychologen – bildlich gesprochen – die Sicherungen durchschmoren zu lassen. Das sagt am Ende vielleicht sogar mehr über den Berufsstand aus als über den Präsidenten.

> Zu fragen, ob der gegenwärtige amerikanische Präsidentendarsteller, der wie alle seine Vorgänger eine Rolle ausfüllt und nicht etwa mit ihr verwechselt werden sollte, gemäß Lehrbuch als krank gilt oder nicht, mag für Mediziner oder Psychologen, die um ihre Deutungshoheit streiten, interessant sein. Für die breite Allgemeinheit ist diese Auseinandersetzung nicht besonders relevant. Denn für die meisten ist die Frage, ob jemand gestört ist oder nicht, keine wissenschaftliche.[43]

Demnach ist also jeder gestört? Gestört ist der, der sich gestört fühlt, und nicht der, der stört! Was Sie jetzt über Trump denken, ist Ihre Sache. Mir ging es hierbei nur darum zu verdeutlichen, dass man nicht jedes Verhalten pathologisieren sollte. Wenn Sie das dann doch machen wollen, ist das natürlich Ihre eigene Entscheidung.

5.5 Gefangen in der eigenen H(ü/ö)lle

> Ist es für dich schon zur Gewohnheit geworden, dich so und so zu fühlen, dich in so einer Situation so und so zu verhalten? Ist es ein Mechanismus, ein Automatismus, der dadurch sich verfestigt hat? Brauchst du das in deinem Leben? Brauchst du das unbedingt in deinem Leben? Sei ehrlich, sei ganz ehrlich mein Mädchen, mein Männchen, wer auch immer du bist! Ja, ganz ehrlich! Ich glaube nicht, dass du das brauchst, und ich glaub auch nicht, dass du das möchtest! Wenn du ganz tief in dich reinguckst und dein inneres Kind befragst und fragst: „Was möchtest du, mein kleines Kind?" Dann wird dein kleines Kind sagen: „Ich möchte glücklich sein!" Ganz ehrlich, es möchte glücklich sein.

Makulele heißt „aus der Seele" und ist ein afrikanischer Buschtrommeltanz. Man schlägt dabei mit den Händen auf eine Trommel, bis sie wehtun, und hofft, durch die Schmerzen (das Opfer) alle bösen Geister zu vertreiben. Die Tänzer sind anfangs mit Bambusketten miteinander verbunden. Man tanzt dann so lange, bis die Ketten gesprengt sind. Ob das dem normalen Menschen auch hilft, sich aus seinem eigenen Verlies zu befreien: die Tür zu sprengen, mit der er sich vor üblen Eindringlingen schützen möchte, die aus seiner Sicht nur eins vorhaben: ihn zu zerstören?

Manche Menschen sind derart in ihrer Selbstverachtung, in ihrem Selbsthass gefangen, dass es keinem Therapeuten auf dieser Welt gelingt, in ihr Inneres vorzudringen. Vor dem Modus des aggressiven Beschützers (Gefängniswärter) türmen sich noch Löwen und Tiger auf, die jedem Empathen Furcht einflössen. Sie sind derart von sich und ihrem Hass, ihrer Wut eingenommen, dass es für sie kein Entkommen aus ihrem Kellerverlies gibt. Sie fühlen sich von aller Welt im Stich gelassen von allen guten Geistern, sie vertrauen nur noch sich selbst oder eben ihrem Modus. Ihr Modus ist ihr bester Freund. Ihr Modus hilft ihnen. Ihr Modus ist aber gleichzeitig auch ihr größter Feind, einer, der ihnen immer wieder einredet, ohne ihn nichts wert zu sein, ohne seinen Schutz hilflos ausgeliefert zu sein. Der Weg zum inneren Kind und damit auch der Weg zur Heilung scheinen so für immer versperrt. So war das auch einmal in meinem Fall.

Ich war verbittert, ich war voller Hass. Ich habe jedem misstraut und hatte dabei meinen Spaß. Ich wollte an so manchen Tagen jenen bösen Gestalten aus meiner Vergangenheit dieselben Qualen zufügen. Ich dachte, ich muss lügen, ich muss betrügen, um dazuzugehören. Ich dachte, ich muss mich dem Ganzen fügen. Und ich hatte voll keinen Bock darauf. Ich bin dann in mein Gefängnis gegangen, habe abgeschlossen und den Schlüssel tief vergraben. Dann ist so viel Zeit vergangen, dass ich vergessen habe, an welcher Stelle er vergraben war. Zudem war ich faul, zu faul, um zu suchen. Doch dann kam die Rettung. Ich begegnete Frau Dorn. Sie begann, an meiner Fassade zu rütteln. Sie erweckte meinen Zorn. Ich kam aus mir raus. Als ich dann schließlich Frau Wiedenmann traf, wurden meine Löwen und meine Tiger gezähmt. In Mainz wurde auf Station 5, wo Frau Wiedenmann Psychologin ist, mein Gefängniswärter angeleitet, zur Seite zu schreiten. Ich habe mir helfen lassen. Und dann habe ich mir selber geholfen.

Ich möchte gerne mit Ihnen allen den Brief an meinen aggressiven Beschützer teilen:

Lieber Modus,

als Erstes möchte ich mich gerne bei Dir bedanken. Du warst jahrelang mein treuster Begleiter, mein Beschützer, mein wichtigster Freund. Ich möchte Dich auch gerne an meiner Seite behalten. Du bist wichtig. Du darfst sein. Aber bitte stell Dich nicht vor mein inneres Kind.

Ich weiß, Du willst mich nur vor weiteren Schmerzen bewahren, und das finde ich auch ganz lieb von Dir. Aber auch mein inneres Kind gehört zu mir. Auch mein inneres Kind ist mir wichtig. Ich würde mich wirklich freuen, wenn Du einfach ein oder zwei Schritte zur Seite trittst, damit mein inneres Kind wieder rauskommen kann.

Siehst Du nicht, wie da draußen die Sonne scheint?

Lass uns zusammen rausgehen, Spaß haben, auch an Regentagen. Da können wir in die Pfützen springen, schrecklich schöne Lieder singen und uns gegenseitig zum Lachen bringen.

Ich würde so gerne mit Dir und meinem inneren Kind zusammen das Leben bestreiten. Denn nur gemeinsam sind wir stark. Ich sehe nämlich auch, wie müde Du geworden bist. Im bisherigen Leben warst Du sehr vielen Anstrengungen ausgesetzt. Du warst immer für mich da. Nun möchte ich auch gerne einmal für Dich da sein. Und ich möchte für mein inneres Kind mehr Verantwortung übernehmen und für es sorgen. Du darfst Dich entspannen und ausruhen. Du darfst auch weiter Deinen Dienst tun, aber auf Sparflamme. Den Rest übernehme ich. Du kannst Dich auf mich verlassen.

Dein Leonard (oder auch der gesunde Erwachsene)

5.6 Mir reicht's (Ich krieg das Kotzen II)

Ich weiß sehr wohl, dass ich inhaltlich oftmals richtigliege, aber dass ich an der Art und Weise arbeiten muss, wie ich mich ausdrücke. Ich verwende diese Art und Weise, weil man mir sonst kein Gehör schenkt. Es ist so, dass ich in Vergangenheit eher belächelt wurde, wenn ich mein Bedauern oder meine Traurigkeit ausdrücke (was meine Glaubenssätze prägte „schwache Gefühle" seien nichts wert). In diesem Sinne mache ich sie hier auf meinen nächsten Wutanfall aufmerksam. Mittlerweile weiß ich es besser, aber der Text muss trotzdem sein.

Trump liest Zeitung. Trump geht kacken. Trump macht ernst gegen Syrien. Trumpisten und trumpmatisierte Goldwater-Regelbrecher schmeißen mit unverschämten Diagnosen um sich. Ich verspüre großen Würgereiz gegenüber solchen Äußerungen in der Öffentlichkeit. Haben die keine eigene Nase, an die sie sich fassen können? Trump soll laut einigen selbsternannten Narzissmusexperten, von denen man jahrelang nichts hörte (weil sie wohl nichts zu melden hatten), ein maligner Narzisst sein, ein böser Mensch, der die Weltherrschaft an sich reißen will. Wer's glaubt – also mir hat er noch nichts getan. Bei mir war noch niemand, der gesagt hat, dass ich jetzt im Stehen pinkeln, mit Links schreiben oder frauenfeindliche Sprüche reißen soll, damit ich als männlicher Mann wahrgenommen werde.

Dieses Trump-Bashing ist widerwärtig. Es lenkt ab. Anstatt vor der eigenen Tür zu kehren, macht man lieber seinen Mist in den Vorgarten des Nachbarn. Deutschland wird wieder rückständig. Da hilft auch kein Fass Kölnisch Wasser, um aus der Kloake eine Oase zu machen. Die Pheromone verrecken alle. Die Liebe stirbt. Der Narzissmus breitet sich aus. Aber niemand will es gewesen sein. Und falls man die Betreffenden doch darauf hinweist, entschuldigen sie sich mit der Ausrede: „Ich bin hochbegabt, ich bin hochsensibel, und ich darf das." Ja, ja, ihr dürft das. Wer's glaubt?

Ein Durchschnittsnazi hält noch an alten Gebräuchen fest: Glatze, Bomberjacke, Springerstiefel, Sonnenbrille. Sie beleidigen jeden, dessen Meinung ihnen nicht passt, und glauben, dass sie das dürfen. Sie posten Bilder mit Hitler oder von sich mit all ihren „Kameraden". Wo sind die Frauen? Da wird man wohl mal fragen dürfen, ob die schwul sind. Sind Nazis schwul? Warum sonst machen sie sich über Erdogan lustig und posten Bilder von ihm, auf denen er geschminkt und mit Regenbogenflagge im Hintergrund zu sehen ist? Ich kann mich über so etwas nur noch lustig machen. Es ärgert mich kein bisschen. Ich hab weder Mitleid noch Mitgefühl. Im Ernst, ich finde die nicht mal scheiße. Sie sind mir gleichgültig. Sie erreichen mich null. Sie sind gewöhnlich, nichts Besonderes. Sie sind

Alltagsstaub, wie Laub, das von den Bäumen fällt. Sie merken nicht, dass sie dumm sind, weil sie eben dumm sind.

Kein Wunder, dass die meisten Kinder durch die PISA-Studie rasseln und als Berufswunsch Hartz-IV-Empfänger oder Spießer mit Wohnklo angeben, na, immerhin fortschrittlich und praktisch gedacht. Man will ja nicht den gleichen Fehler wie Papa machen, der immer noch im Stehen pinkelt und trotzdem nicht bereit ist, im Haushalt mitzuhelfen, schließlich ist das die Aufgabe der Frau. Ich wusste nicht, dass die AFD-Torte Frauke Petry sich so gern eine Schürze anzieht und mit Kopftuch auf dem Boden kniet wie meine Oma, der Sauberkeit immer so wichtig war. Früher musste man ja vom Boden essen.

Ghettoslanger mit ihrem Alter-Digger-Diss-Scheiß, die englische Wörter in ihre deutschen Raptexte einbauen, weil sie so berühmt wie der schwule und frauenfeindliche Bushido werden wollen, jammern rum, wenn man ihre Mutti beleidigt, dabei sind sie es doch, die dauernd andere dazu animieren, es zu tun: „You are a Motherfucker!" Sie rappen über ihr verbocktes Leben, wofür sie der Gesellschaft die Schuld geben. Sie reden von Verwahrlosung ihrer Seele, wollen aber keine Verantwortung übernehmen für Worte, die ihre Kehle verlassen. Stattdessen fluchen sie über jeden anderen gerappten Text, denn dissen und battlen scheint ihr liebstes Hobby zu sein.

Mir reicht's. Ich muss kotzen. Opfer, dumme Kinder, braune Soße – das ist Deutschland. Die Polizei macht auch immer erst einen auf dicke Hose, wenn man jemandem den Kopf abgeschlagen hat. Für präventive Maßnahmen haben die keine Zeit mehr. Dafür sind sie nicht zuständig. Das macht ja der Weiße Ring, jeden Freitag bei Kaffee und Kuchen im Seniorenzentrum, um vor dem Enkeltrick zu warnen. Der Spruch „Dein Freund, und Helfer" ist veraltet und sagt nichts mehr aus. In Hamburg machen die auf ihren Peterwagen Werbung, um ihren Nachwuchsmangel zu stoppen, dabei ist klar, dass auch bei der Polizei gemobbt oder wie in Berlin zu Unrecht gekloppt wird, wenn ein Vergewaltigungsopfer auf Speed mal wieder vor ihnen auf dem Boden kniet und ihnen auf die Schuhe kotzt.

Der Mordfall Maria Bögerl scheint aufgeklärt – nach sieben Jahren und drei Auftritten bei *Aktenzeichen XY*, nachdem ein Betrunkener zwei Jugendlichen gegenüber den Mord gestanden hatte, die dieses Geständnis mit ihren Handys aufnahmen und es live im Fernsehen zu hören war. Wer's glaubt. Heutzutage leidet doch beinahe jeder unter ADHS oder Narzissmus. Ich will Aufmerksamkeit. Und die bekomme ich am besten durch Lügen. Lügen verkaufen sich am besten. Für Lügen gibt der Steuerzahler Geld aus. Kürzlich sagte mir ein renommierter Publikumsverlag ab mit der Begründung, dass sich Sachbücher mit Halbwahrheiten besser verkaufen lassen. Dann hatte die männliche Politesse der ich übern

Weg lief ja wirklich Recht, als er mir gestern sagte, dass der Wahrheitsbringer früher auch geächtet wurde. Jesus wurde ans Kreuz genagelt und Donald Trump wird gebasht. Bald reden wir nicht mehr vom Börsencrash, sondern vom Behördencrash, spätestens dann, wenn alle Kartenhäuser in sich zerfallen und alle Luftschlösser explodieren, weil sie an ihren Lügen krepieren.

5.7 Es reicht mal wieder (Ich krieg das Kotzen III)

Meine Hauptbewältigung für Traurigkeit und Unverständnis war WUT und wenn ich wütete, wirkte es immer wie eine Endabrechnung. Leider schadete mir dieser Bewältigungsstil auch sehr oft, indem ich mir gute Dinge schlecht redete. Ich war immer der Überzeugung, dass es schlecht ausgehen würde und dementsprechend habe ich gehandelt. Ich war übertrieben wachsam und in meinen Entscheidungen übertrieben gehemmt. Ich brauch(t)e viel Sicherheit, um mich auf jemanden oder etwas einzulassen. Ich hatte immer die Angst im Nacken, die Kontrolle zu verlieren. Ich habe es nie ausgehalten, die Zügel locker zu lassen. Dass ich dadurch auch körperliche Probleme bekam, war klar. Allein 15 Operationen unter Vollnarkose sprechen da eine deutliche Sprache. Und damit kündige ich Ihnen den dritten Text der „Ich-muss-kotzen-Reihe" an.

Die Doppelmoral der Deutschen –
über Kadavergehorsam und Sündenböcke

frei nach Dr. Hans-Joachim Maaz

Alle vier Jahre der gleiche Rotz. Auf Plakaten an jeder Straßenecke, Litfaßsäule und Laterne strahlen sie uns an, die hässlichen Fratzen, die Politiker, die Lügner. Sie hauen schlaue Wahlsprüche raus, die sie meistens nicht umsetzen können, und werden dafür auch noch bezahlt. Sie kleiden sich wie Supermodels, lachen wie Geier, fühlen sich wie die Schlaumeier, und der opportunistische Wähler steht darauf sich belügen zu lassen. Noch nie war lügen und belogen werden so einfach. Und noch nie war lügen derart in Mode, dass sich jeder Journalist dafür interessiert, ohne aber zu erwähnen, dass es eine Lüge ist, sonst würde es ja wieder heißen „Scheiß Lügenpresse!". Es ist immer das gleiche Spiel. Der Wähler macht sein Kreuz an der falschen Stelle und gibt am Ende den anderen die Schuld, dass es scheiße geworden ist. Genauso scheiße wie letztes Mal. Da wurde dieses oder jenes versprochen, aber nicht umgesetzt.
Lügen ist TRUMP(f).

Die narzisstische Wut, die keinem guttut

Hier in Deutschland braucht man nur die Statements führender Politiker an einem beliebigen Wahlabend zu verfolgen, um die Problematik narzisstischer Störungen und Abwehr zu betrachten. Immer ist jeder irgendwie ein Sieger, ganz egal, wie das Wahlergebnis tatsächlich ausgefallen ist. Etwas wird immer zum Erfolg erklärt, und sei es nur, dass man im Stehen nicht danebengepinkelt hat. Das ist narzisstische Abwehrnotwendigkeit. Und wenn es kein blendender Erfolg ist, folgt sogleich die Abwertung und Moralisierung der anderen Parteien, bei denen doch irgendein Makel, ein Fehler, eine Trickserei zu finden ist, um von den eigenen schlechten Werten abzulenken. Und genauso idealisierend und später dann abwertend verhält es sich mit den allermeisten Wählern, die am Ende in Gutmensch und Wutbürger unterteilt werden.

Narzissten, Borderliner idealisieren andere. Sie idealisieren ihre potenziellen Partner, ihre Therapeuten oder sonst wen und werten diese dann ab, sobald es aus ihrer Sicht scheiße wird. Das ist mit den Politikern genauso. Die werden idealisiert, und wenn's scheiße wird, wird abgewertet. Merkel ist schuld an der Flüchtlingskrise, aber wir Deutschen sind schuld am Krieg. Wir haben Merkel gewählt, was ja nicht so schlimm ist, aber wir bauen Waffen und beliefern beide Seiten und wundern uns dann, damit beschossen zu werden. Wir wissen es angeblich *immer* besser, aber können es nicht umsetzen. Stattdessen pinkeln wir im Stehen daneben und haben nicht mal 50 Cent für die Kloputze übrig. Wählen gehen ist wie Zähneputzen, wenn man es nicht macht, wird es braun, ja, was für ein Glück, dass es Zahnärzte gibt, die auch Nichtwähler behandeln, sonst wären wir alle Zahnnazis. Wir Deutschen sollten uns schämen. Wir können uns nicht benehmen, aber Schuld haben immer die anderen, oder wir sind zu sehr mit unserer Opferhaltung beschäftigt, sodass wir die Verantwortung dafür nicht übernehmen können. Und dann verstecken wir uns hinter der Maske der Lüge (Unschuld). „Ich habe nicht gelogen, ich habe nur die Lüge geglaubt. Also darf ich wütend sein." Man könnte meinen, jeder Wutbürger, der das Kreuz an der falschen Stelle macht und sich danach darüber aufregt, sei ein Narzisst oder Borderliner und jeder Gutmensch der Dumme. Es ist ja eigentlich auch bewiesen, dass in jedem von uns gewisse Anteile stecken, aber krank sind ja immer die anderen. Von wegen: Ich sage, ich bin krank, die anderen sind es aber auch. Und jetzt? Wenn ich lüge, dürfte man mich ja eigentlich nicht beleidigen. Wenn ich jetzt aber beleidigt werde, dann darf ich davon ausgehen, recht zu haben, nicht wahr?

> Das demokratische System der Mehrheitsmacht ist wenig geeignet, notwendige, aber unpopuläre Entscheidungen durchzusetzen. Die Mehrzahl der Wähler will und muss belogen werden; ihnen muss etwas vorgemacht und versprochen werden, um ihre narzisstische Bedürftigkeit zu füttern.
>
> Hans-Joachim Maaz

Die Welt ist schlecht. Kriege werden geführt, Frauen in ihren Ehen misshandelt, Kinder missbraucht, Kollusionen ausgetragen, ohne diese zu therapieren, und die Partner geben sich gegenseitig die Schuld am Scheitern. Eine angemessene Aufarbeitung wird zugunsten einer Schlammschlacht aufgegeben. Wer dem anderen mehr schadet oder wehtut, gewinnt. Aber hier gibt es keine Gewinner. In Deutschland geht's um Alimente und um das Sorgerecht. Kinderseelen werden übergangen, der Mensch will immer recht haben, egal ob er recht hat oder nicht. Aus einer anfänglichen Augenhöhe wird ein Machtkampf, und die Leidtragenden sind immer die Kinder.

Zivilcourage ist auch ein Fremdwort geworden. Wir haben eine Gaffermentalität entwickelt. Wir gucken zu, wenn sich andere vor unseren Augen prügeln, wir gucken zu, wenn Verkehrsunfallopfer vor unseren Augen sterben, wir gucken immer dann zu, wenn es um andere geht, schreien aber auf, sobald es um uns geht. Der Kampf im Außen bleibt im Außen und verursacht nicht nur Herzschmerz. Das Verhältnis von Geben und Nehmen wird nachhaltig gestört, und es ändert sich nichts. Im Gegenteil: Es wird nur noch genommen, und gegeben wird oft nur noch, wenn man etwas bekommt.

Statistisch gesehen hat fast jeder Bundesbürger ein Handy. Bei DSDS anrufen, das kann man; seinen Freunden, die einem gegenübersitzen, ein dämliches Smiley oder einen Lästertext schicken, das kann auch jeder. Aber wenn es wirklich darauf ankommt, wissen die meisten mit ihrem Smart- oder iPhone nichts anzufangen. Lieber gucken sie zu und schließen womöglich Wetten ab, wer den Kampf ums Leben gewinnt, als einzuschreiten und einem Verbrechensopfer mal zu helfen oder aus einer ungerechten Welt eine mitmenschlichere und bessere zu machen.

Der Sozialismus ist gescheitert, weil die Menschen mehr haben wollten, als zu bekommen war, der Kapitalismus scheitert, weil die Menschen mehr verbrauchen, als sie verdient haben. Der Maßstab des Verdienstes orientiert sich nicht an der Realität, sondern an der irrationalen narzisstischen Bedürftigkeit. Heute reicht kein Fiat mehr, heute muss es der Ferrari sein. Ob man damit fahren kann, spielt keine Rolle. Und wenn gefühlskalte Narzissten dabei herauskommen oder skrupellose Psychopathen, wird das billigend in Kauf genommen.

Wenn einer Amok läuft, schimpfen alle auf den Täter. Wenn der Täter vorher gemobbt wurde, war er das *Opfer*, dem keiner zuhören wollte. Wenn ein Flüchtling aus der Reihe tanzt, werden gleich ganze Asylantenheime angezündet. Als das mit den pädophilen Priestern bekannt wurde, wurden, soweit ich weiß, keine Kirchen angezündet. Wenn bekannt wird, dass ein Lehrer sich an seinen Schülern vergreift, werden ebenso keine Schulen angezündet. Erfurt, Winnenden und zuletzt München wurden zwei Wochen heiß diskutiert, dann ad acta gelegt. Silvester 2015 in Köln und Hamburg ist immer noch in aller Munde.

Die Doppelmoral der Deutschen ist wirklich zum Kotzen. Und die Paradoxien nach Hagen Rether lassen jede Frage unbeantwortet. Linke Weltglobalisierer tragen Nike-Turnschuhe, also Kinderarbeitsschlappen. Wer wollte schon immer mal in einer Doppelhaushälfte schlafen? Veganer fahren Autos mit Ledersitzen. Frauen suchen die große Liebe und entscheiden sich fürs Arschloch. Und Kinder lernen schon im Kindergarten Schimpfwörter und gelten als hochbegabt. Warum? Was soll der Scheiß?

Dass ich noch nicht Amok gelaufen bin, sondern es nur angedroht habe, ist ein Wunder. Manchmal würde ich jedem Schaulustigen, der mir im Wege steht oder dumme Sprüche klopft, während ich einem Unfallopfer zu Hilfe eile, eine aufs Maul hauen, während ich dumme Sprüche klopfe und ihnen eine gute Reise in die Hölle wünsche. Leider bin ich nur ein vulnerabler Narzisst oder eben nur ein Hund, der laut bellt, aber nicht beißt. Ich bin nämlich immer noch der Meinung, dass sich Unrecht nicht mit Unrecht bekämpfen lässt, auch wenn ich mir wünschte, manchmal nicht zu fühlen, sondern eiskalt zu sein, damit ich nicht mehr leide. Aber damit wäre niemandem geholfen. Und solange es noch andere gute Menschen gibt, gebe ich die Hoffnung auf Liebe, Vernunft und Heilung nicht auf.

> Ich bin mir sicher, dass es zur Natur des Menschen gehört, in Frieden und Freundschaft zu leben, Liebe zu empfangen und zu geben, hilfsbereit zu handeln und solidarisch zu denken und zu entscheiden. Nur frühe Lieblosigkeit, Kränkung, Verletzung, Mangelversorgung, Gewalt und Verlassensein machen den Menschen übermäßig egoistisch, antisozial, brutal und süchtig. In diesen Fällen ist der Mensch aber auch schwer krank und gezwungen, eine kranke Gesellschaft sowie das System, in dem er sich bewegt, auszugestalten, um seinen Störungen und Behinderungen die angemessene Bühne zu verschaffen und trotz aller Fehlentwicklungen glauben zu können, gut und erfolgreich zu leben. Aber es ist eben nur das falsche Leben, das so hartnäckig verteidigt und umkämpft wird.
>
> Hans-Joachim Maaz

> Bedeutsame frühe Lebenserfahrungen (Verletzungen, subtiler Missbrauch, Grenzüberschreitungen etc.) werden sich vielleicht niemals wiederholen, aber ihre Auswirkungen bleiben und hinterlassen ihre Spuren. Sie sind gespeichert als Erinnerungen (Narben auf der Seele), als eine überdauernde Spur und als ein eingebetteter Stimulus (Trigger, der nur auf den richtigen Moment wartet, stimuliert zu werden). Einmal gespeichert, sind die Auswirkungen der Vergangenheit unauslöschlich, unaufhörlich und unausweichlich.
>
> Jeffrey Young

Diese Lebenserfahrungen gelten als Schemata, die sich fest in die Seele des Betroffenen gebohrt haben, und werden zu Glaubenssätzen. Diese Überzeugungen können nicht von heute auf morgen umprogrammiert werden. Für eine schlechte Erfahrung braucht man mindestens zwei gute Erfahrungen, die sich auch noch ähneln, um an diesen Grundsätzen zu rütteln. (In Kapitel 11 finden Sie nochmal eine Liste mit allen Lebensschemata, die ein in seinen Bedürfnissen frustrierter Mensch entwickeln kann.)

> Der Narzisst erträgt den Spiegel nicht, den andere ihm vorhalten, obwohl er selber eigentlich auch nur ein Spiegel für die anderen ist.
>
> Leonard

Nun wünsche ich Ihnen viel Freude bei meinem letzten chauvinistischen „Ich-krieg-das-Kotzen-Text". Wahrscheinlich fragen Sie sich, ob das sein muss. Warum kündige ich das an? Will ich mir meine guten Worte wieder schlecht machen? Nein, denn es geht nicht um Sie (es sei denn, Sie beziehen es auf sich). Es geht nur darum, dass ich meinen Schmerz nicht mehr verdränge. Probieren Sie es aus. Machen Sie es mir nach. Wut auf Papier ist besser als Mord und Totschlag in mir.

> Man kann mich nicht anhand von den lyrischen Sätzen, die ich als Künstler schreibe, als menschliche Person beschreiben. Meine Texte zeigen ein annähernd perfektes Abbild meiner selbst auf, und ich versuche meist, danach zu leben. Ich bin aber nicht perfekt, sondern habe Fehler. Fehler, die ich zurzeit gar nicht loswerden will: Ich beleidige z. B., wenn mir etwas nicht passt, weil ich Bock drauf hab! Nicht immer steht jemand vor mir, der es wert ist, ein intellektuelles Gespräch mit ihm einzugehen. Ein „Fick dich" tut manchmal richtig gut! Ich scheiße auf „Gutmenschen", ich scheiße auf dieses spießige „Ja, ich toleriere das, obwohl ich's nicht mag". Immer dieses Rumgeheule über Probleme, aber nie was dagegen tun! Ich hasse das! Alles Blabla! Wenn ich eine Meinung habe, die oft auch gegen die Meinung der Mehrheit geht – dann bin ich mutig genug, diese Meinung auszusprechen! Egal, ob ihr hier 100.000 oder 100 Millionen seid. Einen wahren Mann und eine wahre Frau macht aus, standhaft zu bleiben, egal wie viele sich gegen einen stellen!!!
>
> Kianimus

5.8 Klotzen statt Motzen – Über Promis, Comics, Krimis und Mimimis sowie Mamis und Papis (Ich krieg das Kotzen IV)

Was die Deutschen am besten können, ist motzen statt klotzen. Anstatt vor Selbstbewusstsein zu strotzen, kotzen sie sich nur aus oder auch gegenseitig an. Wertschätzende Kommunikation ist eine Rarität geworden; wer sie beherrscht, darf sich glücklich schätzen. Die weniger Zufriedenen haben sich unbewusst entschieden, sich im Internet zu berauschen und (innere) Einsamkeit gegen (äußere) Aufmerksamkeit zu tauschen.

> Ich hasse mittlerweile auch Menschen. Mit Menschen nur falsche Erfahrung gemacht. Sie haben mich kaputtgemacht. Möchte gar keine neuen Menschen mehr kennen lernen, da ich Angst habe, wieder enttäuscht zu werden bzw. dass sie wieder Gewalt anwenden.
>
> Aus einer Opfergruppe

Wer (m)eine Meinung nicht akzeptiert, wird abgewertet, wer sie teilt, wird idealisiert, ist für ein Tag der Held vom Erdbeerfeld. Statt Empathie und Wertschätzung gibt es oft Abwertung und Beleidigung. Wer anders ist und das auch zeigt, hat anscheinend zu wenig oder zu viel erreicht. Wer sich von der Masse abhebt und zu seiner eigenen Meinung (Wahrheit) steht, dem wird oft ein Strick gedreht, an dem er sich selber aufhängen kann (Mobbing sei Dank), oder eingeredet, *falsch* zu sein, was oft auf dasselbe rauskommt (siehe Trump, der versucht seine Wahlversprechen zu halten, um es den anderen nicht nach (oder gleich) zu machen). Aber die Wahrheit ist so unbequem, da lügt man lieber, denn weniger Anstrengung ist weniger unangenehm.

Im Internet finden Live-Übertragungen von Vergewaltigungen statt, und alle gucken zu, ohne etwas dagegen zu unternehmen. Stattdessen fangen viele an, über das Opfer zu lachen. Eisige Kälte macht sich breit. Der Weg vom Opfer zum Täter ist nicht mehr weit. In Deutschland herrscht Eiszeit. Mir tun jetzt schon alle Menschen leid. Jeden Tag liest man in den Medien vom Krieg oder von der Depression, wenn der andere siegt. Und am Ende sind wie immer die anderen schuld, und alle sollen dem Stärkeren Respekt zollen. Stets gewinnt die Ungeduld.

Beziehungen scheitern, bei Facebook geht's weiter. Sie zeigen mit dem Finger auf den oder die Ex. Statt den Schmerz zuzulassen und Heilung zu erfahren, wird mit *Hass* alles niedergemacht und mit *Wut* kompensiert. Und das alles nur, weil man es (und auch sich selbst) oft einfach nicht akzeptiert.

Ich hoffe ihr könnt mir helfen. Habe im Moment so einen Menschenhass. Ist hier auch jemand, der das hat? Was kann man dagegen tun? Ich weiß nicht mal, woher das kommt.

Aus einer Opfergruppe bei Facebook

Die U-Bahn-Treter werden immer brutaler und antisozialer, die Polizei verliert immer mehr ihren Ruf als Freund und Helfer. Selbstjustiz und Selbstsucht werden zur neuen Flucht nach vorn auserkoren. Rechte und linke Gewalt nimmt zu, die Comiczeichner und Fernsehkrimiautoren lernen eher nicht dazu. Gewalt wird verherrlicht, denn die scheinbar Guten dürfen das. (Der narzisstische Psychopath bzw. maligne Narzisst tötet jeden, der seiner Meinung nach böse ist.) Mobbingopfer werden ignoriert, Außenseiter ausgegrenzt, und der Grund fürs Schule-Schwänzen bleibt unentdeckt. Sie flüchten sich in virtuelle Traumwelten und werden entweder adipös (Hunger nach Anerkennung wird gern mit Essen kompensiert) oder monströs oder bitterbös (Gefühle lohnen sich nicht mehr, ich fühle mich ja so leer). Und auch wenn viele seelisch Verletze eine Therapie machen, dürfen sie nicht dazu stehen, sonst könnte man sie ja auslachen (nicht immer, aber immer mal wieder.)

Promis werden angeblich weniger hart bestraft. Unser Gesetz(-geber) ist wenig transparent und vielen unbekannt. Denn angeblich geht es den Reichen besser (ein wirklich fragwürdiger Gradmesser). Aber wer viel Geld hat, ist deswegen nicht unbedingt mehr wert – wird er aus Liebe zu ihm oder wegen seines Reichtums begehrt? Der soziale Aspekt wird nicht beachtet – wie immer werden nur die Fehler betrachtet.

Und dann wird über mich gesagt, dass ich ein komischer Freak sei, dabei verfolge ich nur meinen Lebenssinn. Ich habe Mut zur Wahrheit, ich will doch nur Klarheit, ich will Liebe und Empathie versprühen, mich darum bemühen, die Welt schöner zu machen – und was ernte ich? Verachtung, Beleidigungen und Niedertracht. Kein Wunder, dass mich das traurig macht. Aber meine Trauer wird oft übersehen, nicht mal die Behörden können damit umgehen (manche schon, sie sind aber selten). Die Polizei kommt erst bei *großer (narzisstischer) Wut* zu mir. Wieso vorher nicht? Naja, vorher ist doch scheinbar alles gut.

Ich würde gern sein, wer ich bin. Doch das ist in dieser Gesellschaft anscheinend nicht vorgesehen. Ja, ich weiß, jetzt argumentiere ich wie ein Opfer. Ich mache schon seit einem Jahr Therapie, um meine Wut zu besiegen, doch was ändert sich dann, Herr Krabst (ein gegen mich ermittelnder Kommissar)? Sind dann alle anderen auch zu mir brav, wenn ich nur noch Gutes *mache? (Das Verfahren wurde im Übrigen eingestellt, nachdem ich mich beim Polizeipräsidenten beschwert habe.)*

Statt Freude herrscht Leid, und oft ist es der Neid, der dazu führt, dass man nicht bereut, wenn man dem einen oder anderen den Erfolg nicht gönnt. (*Ich verlier nicht gerne.*) So ist das vor allem bei narzisstischen Eltern, die ihr Kind dafür benutzen, ihre eigenen Interessen in den Vordergrund zu stellen. Das Kind wird Mittel zum Zweck. Es wird funktionalisiert, um der Mutter zu dienen. Hat das Kind mehr Erfolg als die Mutter, wird es kleingeredet (*Du schaffst es nicht! Du bist nicht gut genug! Das tut dir nicht gut!* – Der strafende Elternanteil ist geboren). Hat das Kind weniger Erfolg, kann die Mutter das Kind bemuttern (*Ohne mich schaffst du es nicht, du brauchst mich, du bist wertlos ohne mich, niemand glaubt an dich außer mir!* – Die Abhängigkeit bzw. die dependente Persönlichkeitsstörung entwickelt sich). Dieses Verhalten lässt sich oft zwischen Mutter und Sohn oder Vater und Tochter beobachten. Eine Frau identifiziert sich meist eher mit ihrer Tochter. Wenn der Erstgeborene ein Junge ist, ist die Enttäuschung oft sehr groß. Das Kind fühlt sich dann häufig unerwünscht. Beim Vater ist das der Fall, wenn er sich einen Jungen gewünscht hat (aber es ein Mädchen wurde), auf den er seine eigenen Interessen projizieren kann, sowohl im Erfolgs- als auch im eigenen Misserfolgsfall (*Du lebst meinen Traum!*). Erreicht das Mädchen die in es gesteckten Erwartungen nicht, wird es fallen gelassen. (Es kommt zur Angst, verlassen zu werden – emotionale Instabilität wird forciert.) Beim Jungen dagegen wird der fordernde Teil betont (*Mach mehr, arbeite härter. Nur wenn du Erfolg hast, bist du wer. Du bist nur liebenswert, wenn du zu den Gewinnern zählst!*). Deswegen sagt man auch, dass Männer zum Narzissmus tendieren, Frauen hingegen zum Borderline-Syndrom. Aber auch das sollte und darf man auf keinen Fall generalisieren oder verallgemeinern.

Im Volksmund spricht man vom Vaterkomplex bei Frauen oder vom Mutterkomplex beim Sohn. Das jeweilige Elternteil wird idealisiert. Man sucht sich unbewusst einen Partner, der an das jeweilige Elternteil erinnert. Man spricht in der Fachwelt auch vom *Wiederholungszwang*. Eine traumatisierende, belastende Erfahrung muss immer und immer wieder gemacht werden, entweder um sich zu spüren oder um sich in seinem Selbstbild zu bestätigen, dem zufolge man es ohnehin nicht verdient hat, angenommen zu werden, wie man eigentlich ist. Der scheinbar Sensible kompensiert mit Wut, der scheinbar Selbstbewusste hat Komplexe. Die Rollen scheinen von vornherein vergeben. *Du musst stark sein, du darfst nicht schwach sein, Wut ist Macht, Weinen eine Schmach*, also sei tapfer und bleibe brav. Man unterwirft sich dem falschen Selbst und tut alles, um es aufrechtzuerhalten. Der sexuelle Missbrauch wird oft vertuscht, findet aber dennoch statt, weil das Kind die Fresse zu halten hat. Die Autonomie wird zur Idiotie – zu sich selbst findet man nie.

Wer solche Eltern hat(te), der hat ein schweres Los gezogen. Ganz ehrlich, manche Eltern brauchen wirklich einen Führerschein. Wenn Mama und Papa im

Misserfolgsfall (sowohl bei eigenem Versagen als auch beim Versagen des Kindes) zur Flasche greifen (dem Alkoholismus verfallen) oder den Frust am Kind auslassen (emotionale und körperliche Gewalt), dann ist Holland in Not. Aber das machen ja heutzutage alle so. (Wer es nicht macht, ist anders, und alles, was anders ist, ist schlecht und muss sich auch so fühlen – Projektion der Wütenden/Traurigen auf die Fröhlichen.) *Und eine Ohrfeige hat noch keinem geschadet.* Der berühmte Ersatzklaps auf den Po wird überall angewandt, egal wo, um sich schönzureden, dass man sein Kind nicht wirklich schlägt. Aber Gewalt bleibt Gewalt. Und bleibt der Trost aus (*Heul nicht, sei tapfer, sei keine Memme!*), wird es zum Graus, denn das Kind kann kein Mitgefühl entwickeln. Weder zu sich (*Denn ich bin es nicht wert* oder *Ich habe es nicht verdient*) noch zu anderen (*Heulen ist Schwäche, auch die anderen sind selber schuld*) kann es eine empathische und wertschätzende Beziehung aufbauen. Und am Ende fragt sich die Gesellschaft dann, wie es dazu kommen konnte, dass mal wieder ein Ehemann zum erweiterten Suizid griff oder die Frau ihre Kinder nach der Geburt ertränkt, unsere Jugend teilweise verroht und das Mobbingopfer mit einem Amoklauf droht.

Ich habe hier wie immer bewusst pauschalisiert und eine dicke Lippe riskiert, muss aber dazu sagen, es ist fein säuberlich recherchiert.

Ergänzung:

Ich zur Dozentin: *Ich begründe mein Chaos an meinem Arbeitsplatz damit, dass mich Ordnung immer an meine Mutter erinnert. Sie sagte immer: „Hör auf zu träumen von einer besseren Welt. Denn so verdient man kein Geld" oder „Du musst aufräumen, sonst darfst du nicht raus".*

Die Dozentin zu mir: *Mütter machen das so. So sind (fast) alle Mütter.*

Ich zur Dozentin: *Nur weil es (fast) jeder so macht, muss man es doch nicht nachmachen. Denn nicht alles ist richtig oder wichtig.*

Die Dozentin zu mir: *Stimmt, da haben sie recht.*

> Ich habe einen Ort gefunden, wo ich sein darf, wie ich bin. Danke, so macht mein Leben einen Sinn. Ich freue mich, dass ich hier sein darf. Sie sind o. k., ich bin o. k., wir alle sind o. k. Und manchmal gefallen mir sogar Ihre Schuhe.*
>
> *Insider, erfahren Sie, wenn Sie das Buch lesen

Politische Gewalt

Ich verabscheue Gewalt jeder Art. Aber bei mir fängt Gewalt nicht erst da an, wo jemand einen anderen körperlich verletzt. Ich rede von psychischer Gewalt. Ich rede von dem Druck, der auf Menschen ausgeübt wird, die nicht jedem Druck standhalten können. Dieser gesellschaftliche Druck macht krank. Er erzeugt Persönlichkeitsstörungen oder verstärkt die Symptome bei Menschen, die schon von Kindheit an so geprägt sind, dass ihre Seele erkrankt. Anschläge und Gewaltexzesse sind für mich somit auch als Ausdruck eines Symptoms zu verstehen. Und unter dieser Krankheit leiden wir am Ende schließlich alle.

Weihnachtsmarkt Berlin 2016

Mich hat das jetzt nicht sonderlich überrascht. Unsere politische und gesellschaftliche Entwicklung ist nun mal so, dass wirklich jeden Tag so etwas passieren kann. Natürlich ist es im ersten Moment immer sehr schockierend, und auch ich habe Mitgefühl für die Opfer und Verständnis für jeden, der diese Tat im ersten Moment verurteilt. Doch ich denke da etwas weiter. Ich frag mich, was unser gesellschaftliches System dazu beigetragen haben könnte. Ebenso stelle ich mir die Frage, warum man erst hinterher weiß, was man hätte anders tun können, damit dieses oder jenes nicht passiert.

Jeden Tag, wirklich jeden Tag wird irgendwo ein Kind missbraucht, eine Ehefrau misshandelt oder jemand irgendwie narzisstisch besetzt. Für manch einen erscheinen diese Taten weniger groß im Vergleich mit einem Amoklauf oder einem Attentat dieser Größenordnung. Aber auch hinter dieser Tat steckt ein Täter, ein Mensch – kein Monster –, der sich aus was für Gründen auch immer nicht im Griff hatte. Ich verstehe jeden, der in dieser Situation kein Verständnis für den Täter hat und möglicherweise die Augen verdreht, wenn ich diesen Menschen nicht als Monster bezeichne. Es war, wie bekannt, ein Tunesier, der sich unter die Flüchtlinge gemischt hatte. Viele unglückliche Umstände kamen zusammen. Aber was hab ich davon, wenn ich einen Menschen (ob nun Täter oder Behördenmitarbeiter) weiter dämonisiere, der in Wahrheit auch etwas Mitgefühl braucht? Hass ist ein viel stärkeres Gefühl, das mich nicht weiterbringt und mir im Endeffekt auch nichts nützt.

Gewalt ist ganz oft der Ausdruck von Machtlosigkeit über die eigenen Gefühle und Hilflosigkeit in Bezug auf das eigene Handeln. So ein Anschlag darf nicht passieren, aber er passiert, weil eben einem Menschen gerade wieder mal alles zu viel war. Er wurde möglicherweise in seinem Umfeld misshandelt, vielleicht sogar so sehr, dass er deswegen seine bösen Gedanken in Form von Rache ausleben musste, nur um sich wieder selbst zu spüren. Das sind zunächst reine Mutmaßungen, aber wie jemand dazu kommt, sich dem IS anzuschließen, weiß keiner, und ich glaube, niemand, der sich jemals in so einer Situation befunden hat, kann das so genau sagen.

Nachdem die erste Meldung erschienen war, dass ein Lkw-Fahrer in einen Berliner Weihnachtsmarkt gerast war und mindestens zehn Menschen in den Tod gerissen hatte, überschlugen sich zunächst einmal die Ereignisse. Die einen sprachen von einem Anschlag, man warte nur noch auf ein Bekennerschreiben, die anderen redeten von einem großen Unglück. Ich möchte mich nicht an Spekulationen beteiligen. Dann bete ich lieber für die Opfer und hoffe, dass es den vielen Verletzten bald wieder besser geht.

Die Diskussionen in den sozialen Netzwerken, die daraufhin entbrannten, führen meiner Meinung nach zu nichts. Fast jeder Zweite bei Facebook hat den lieben Politikern die Schuld gegeben (die ja von *uns* gewählt wurden!) oder an anderen Stellen nach Schuldigen gesucht. Doch ich bin nach wie vor der Ansicht, dass jeder Mensch die alleinige Verantwortung dafür trägt, was er tut, was er getan hat oder was er tun wird, weil eben das, was man selber tut oder eben nicht tut, zu einer unmittelbaren Reaktion im eigenen Umfeld führen kann. In diesem Fall trägt also der Täter die Verantwortung dafür, wenn es einen Täter gibt. Wie wir wissen, entstehen Kriege durch zu viel Macht, durch Gier und durch Neid. Psychopathen gibt es in jeder sozialen Schicht. Manche Menschen kommen mit mehr Aggressionspotenzial auf die Welt oder erleben in ihrer Kindheit furchtbare Dinge, die bei ihnen im Falle unterbliebener Intervention zu erheblichen Beeinträchtigungen führen. Deswegen bleibe ich dabei: Jeder trägt Eigenverantwortung, und jeder kann dazu beitragen, ob aus einem Opfer irgendwann ein Täter wird, auch wenn dies nicht gewollt ist.

Sicher tragen auch die Huldigung des Islams (Wer huldigt dem Islam? Menschen!) oder die einseitige Berichterstattung dazu bei (Wer berichtet einseitig? Die Medien? Wer sind die Medien? Menschen!), dass ein verzerrtes Bild entsteht, das im Grunde nur zu solchen Unglücksfällen führen kann, die dann die aufschreienden Massen entsprechend begründen (klar, Schuld haben immer die anderen). Anders kann und anders will ich mir das nicht erklären. Mag sein, dass ich so denke, weil ich selber als Kind ein Opfer der Gesellschaft war und nun unter einer narzisstischen Persönlichkeitsstörung leide, aber auch ich trage die Verantwortung für das, was ich tue, getan habe oder tun werde. Und ich bin mir meiner Verantwortung bewusst. Ich habe auch böse Gedanken in meinem Kopf. Aber ich bin viel zu reflektiert, um diese auszuleben. Und ich kann heute entscheiden, wie ich mit meinen als Kind erlittenen Traumata, mit meinen Schmerzen umgehe. Ich ändere nichts, wenn ich Schuldige suche. Und so übertrage ich das auch auf die Menschen in den sozialen Netzwerken und der ganzen Welt: Es bringt nichts, einen Schuldigen zu suchen.

Frau Merkel ist für mich alternativlos. Sie hat sich für die Öffnung der Grenzen entschieden, um Menschen aufzunehmen, denen es in ihrer Heimat schlecht geht, weil da entweder Krieg herrscht oder sie politisch oder aufgrund ihrer ethnischen Herkunft verfolgt werden. Deutschland hat Verantwortung übernommen. Frau Merkel wurde zum Teil harsch kritisiert. Hätte sie aber anders entschieden, wäre sie als herzlos oder gar als rechts beschrieben worden. Frau Merkel war eine von ganz wenigen Politkern, die sich nach dem Anschlag gezeigt hat – im Gegensatz zu den von allen geforderten AfDlern, die jetzt wieder ein Forum haben, um zu hetzen. Im Grunde wird es immer jemanden geben, der mit irgendwas nicht einverstanden ist und aus diesem Grund mit seinem Finger auf andere zeigt. Wie soll es auch anders sein?

Meine Meinung also zum Berliner Weihnachtsmarkt-Anschlag ist auch nur eine von vielen. Manche teilen sie, andere eben nicht. Und das ist o. k. für mich. Und wenn laut einem aufgebrachten Internetnutzer mein Helm brennt oder ich einen Knall habe, dann ist das eben so – aber auch nur seiner Meinung nach, für die er die alleinige Verantwortung trägt.

Gedanken zu den Krawallen in Hamburg (G20)

Gewalt ist keine Lösung, aber für viele Menschen leider immer noch ein Mittel zum Zweck. Die Polizei spricht vom Ausleben der eigenen Gewalt, der eigenen Aggression, der eigenen Wut. Jede Seite gibt der anderen die Schuld. „Er hat aber angefangen!" Ich denke, in unserer Welt oder in unserer Gesellschaft herrscht sehr große Unzufriedenheit, ein extrem hoher Mangelschmerz. Und am Ende leiden alle verletzten inneren Kinder. Ob man den Politikern die alleinige Verantwortung dafür übertragen kann, möchte ich gerne bezweifeln. Denn für mich sind Politiker auch nur Menschen. Und Menschen machen Fehler. Niemand ist perfekt.

Ich frage mich immer noch, warum die ganzen hasserfüllten Seelen ihren Mangelschmerz in Form von Zerstörungswut und Rachsucht auf einzelne Politiker projizieren. Die Entscheidungen dieses oder jenes Politikers mögen manchen nicht gefallen, aber durch Hass und brutale Gewalt wurde bislang noch niemand umgestimmt. Sicher, das, was wir über die Medien und ihre teilweise doch sehr einseitige Berichterstattung erfahren, kann schon Angst machen und bei manchen auch einen Würgereiz auslösen. Dennoch rechtfertigt das nicht, dass wir uns über diese Menschen erheben und ihnen das Recht absprechen, zu leben. Ebenso rechtfertigt das nicht diese sinnlose Zerstörungswut und die Missachtung unschuldiger Menschen und unbeteiligter Gegenstände. Der Frust der

Die narzisstische Wut, die keinem guttut

Geschädigten ist verständlich, ebenso auch die teilweise vorhandene Wut und Empörung.

Von außen gesehen, ist es immer leichter zu sagen, dieses, jenes oder alles würde ich anders machen, aber ob es dann im Endeffekt besser ist, kann keiner sagen. In dem Fall fehlt uns allen auch der Weitblick und ein bisschen die Empathie. Man kann das auch Größenwahn nennen, wenn sich das besser anhört. *Glaubst du nicht, dass die Politiker auch ein inneres Kind haben? Glaubst du, dass du deinem inneren Kind damit einen Gefallen getan hast?*

Mancher Politiker hat sicherlich ein riesengroßes Ego, aber viele Otto Normalverbraucher ein nicht weniger großes. Und schon wieder sind wir beim Thema Reflexion und Spiegel. Sie schauen in den Spiegel eines anderen und sehen, wie ungerecht die Welt ist, und fühlen sich dazu berufen, dieses Elend zu beenden. Anstatt bei sich selbst zu gucken und den eigenen Schmerz zu lindern, verursachen sie lieber Schmerz bei anderen, indem sie sinnlos ihrer Aggression und ihrer Wut freien Lauf lassen und sich zum Gott oder Herrscher aufspielen, der meint, er habe das Recht, aus seinem Gefühl der Hilflosigkeit, aus seinem angeblichen Gefühl der Herbeiführung von Gerechtigkeit so zu handeln, wie er handelt. Wer sich als Opfer fühlt und zum Täter wird, hat jegliches Verständnis in meinen Augen verspielt. *Was kann das Auto in der Elbchaussee dafür, dass du wütend bist? Was kann derjenige, der dieses Auto gekauft hat, dafür, dass du verletzt bist? In welcher Beziehung stehst du zu den Gütern, die sich ein Mensch leistet? In gar keinem! Du projizierst es nur auf dich und denkst, weil der was hat, was du nicht hast, und weil es anderen Menschen schlecht oder schlechter geht, hättest du das Recht, das zu tun, was du tust. Findest du dein Handeln gerecht? Sonst bist du doch derjenige, der immer über die anderen schimpft! Denk mal darüber nach, lieber Demonstrant!* Aber am Ende, wenn es dann vorbei ist, bleibt dir nur der Blick in den Spiegel und die Frage: Bin ich jetzt glücklicher?

Bin ich jetzt glücklicher? Geht es meinem inneren Kind deswegen besser? Wenn ich Kontakt aufnehme zu meinem inneren Kind und es frage, dann wird mein inneres Kind wahrscheinlich sagen, ich habe Mitleid mit den Leuten, aber kein Mitgefühl für mich selbst. Schade. Projektion! Braucht kein Mensch!

Aber vielen bleibt eben dieser Dialog mit dem inneren Kind verwehrt, weil sie stattdessen lieber im Außen kämpfen, mit ihrem Schutzschild, der das innere Kind verdeckt.

So schließt sich der Kreis. Hinter deiner Wut, die keinem guttut, steht immer ein kleines Kind, das eigentlich getröstet werden muss. Noch mal die Frage: Nachdem du jetzt getan hast, was du getan hast, geht es dir jetzt besser? Was wäre, wenn man das mit dir macht, man dein Auto in die Luft jagt, dich schwer verletzt? Ich glaube nicht, dass du das gutheißen würdest. Und ich glaube, dass niemand diese Erfahrung braucht.

Die Rechts-links-Diskussion

Kurz nach den G20-Krawallen erschien bei YouTube ein neues Video, sehr spontan am Wochenende des Gipfels gedreht, das mal wieder die Gemüter erhitzte. Die Rede ist von den Südtiroler Deutsch-Rockern (spitze Zungen nennen es Identitätsrock) mit dem herrlichen Namen Freiwild. Ich war auch schon auf einem ihrer Konzert, und es war ein schönes Erlebnis, zumal ich auf der Gästeliste stand (der Vorband Serum 114 sei Dank). Es war Winter, es war kalt, aber in der Hamburger Markthalle heizten mir beide Bands gehörig ein, und mir wurde warm ums Herz. Heimatverbundenheit hin oder her – ich wohne im Norden, fühle mich hier geboren, ich liebe das Meer, ich trinke besonders gerne Becks oder Flensburger, sitze am Strand, genieße das Meeresrauschen und singe auch Seemannslieder. Ich gehe auch gelegentlich auf Konzerte von Seemannschören, höre aber auch Deutsch-Rock. Und ja, ich höre sowohl Jennifer Rostock als auch Freiwild. Ich fahre VW! Ich mache gerne Urlaub in den Bergen. Ich kann Sonne eh nicht so gut ab – bin ich jetzt deswegen ein Nazi? Nein, ich bin nur heimatverbunden. Freiwild sehen sich als Südtiroler, nicht als Italiener, auch nicht als Österreicher, sondern als Südtiroler. Ich sehe mich als norddeutschen Küstenjungen, der Bücher schreibt, als Kind wegen seiner roten Haare gehänselt wurde, großer Meat-Loaf-Fan ist, aber auch Bands wie Freiwild oder Jennifer Rostock hört. Bin ich jetzt links, bin ich jetzt rechts? Oder mögen sie mich einfach nur nicht und sehen mich deswegen als Narzissten?

Ich bin bei Fußballeuropacupspielen immer für die deutsche Mannschaft, egal ob es jetzt Bayern oder Schalke ist (ich bin BVB-Fan). Ich sehe die Menschen. Ich sehe die Leidenschaft. Ich sehe das, für das sie brennen. Ich nehme ihr Leuchten in den Augen wahr. Ich spüre ihre Begeisterung. Ich höre die Musik, mag die Melodien und will mich nicht in eine politische Ecke drängen lassen. Ich wähle die Grünen, auch weil sie laut Hagen Rether die ehrlichste Partei Deutschlands sind, die es nicht hinkriegen, den Wähler zu belügen. Einmal habe ich die Piraten gewählt und …

Ich sehe es nicht ein, mich rechtfertigen zu müssen, nur weil ich mich nicht am Shitstorm beteiligen wollte, bzw. mit meinem Schutzschild dagegen anzuargumentieren. Ich bin betroffen. Ich habe großes Mitgefühl für die Leidtragenden, aber ich merke auch, dass Hass auf die „Täter" weder das Auto wieder heil macht noch mein Gefühl sich bessert. Die Krawallmacher waren keine Friedenskämpfer, nein es waren Smartphone tragende Doppelmoraliker mit einem verletzten inneren Kind und ganz viel Aggression und Zerstörungswut. Man kann ja gern rumschreien oder jemanden beleidigen (auch wenn das genauso sinnfrei ist), aber zu sagen, der hat zu viel Geld, deswegen mach ich sein Auto kaputt, ist in meinen Augen einfach nur bekloppt. Deswegen finde ich das Video von Freiwild ja auch so treffend und gelungen: „Macht euch endlich alle platt". Ich habe mich über die Polizei aufgeregt. Nach dem G20-Gipfel: touché. Ihr macht auch nur euren Job. Und ihr seid genauso wie ich auch nur Menschen, die versuchen, diese Welt ein bisschen besser zu machen. Auf dem Weg zur Frankfurter Buchmesse, wo ich Frau Bellersheim kennenlernen durfte und mir der Verlagsleiter Alfred Hoffmann ein sehr schönes Geschenk machte (danke!), habe ich auf dem Lübecker Hauptbahnhof einem Polizisten die Hand geschüttelt und mich dafür bedankt. Ebenso habe ich ihm versprochen, dies in meinem Buch zu erwähnen. Ich hatte mit der Lübecker Polizei in der Vergangenheit einige Differenzen, weil ich im Rahmen meiner Wut einige Male ausgeteilt habe. An dieser Stelle entschuldige ich mich dafür: ES TUT MIR LEID!

Freiwild hat wohl einige rechte Fans. Na und? Dortmund, Schalke und der HSV haben auch einige rechte Fans, ist der BVB deswegen ein Naziverein? Natürlich ist Rechtsextremismus, Nationalsozialismus und Faschismus nicht zu tolerieren. Aber es gibt nun mal solche und solche – kann ich nicht ändern! Durch Gewalt ändert man keine Meinungen. Und was da draußen teilweise abgeht, macht mich ziemlich traurig. Aber warum soll ich mich darüber aufregen? Warum regen Sie sich eigentlich darüber auf, wenn man Ihnen gegenüber nicht empathisch ist, während Sie einfach eine Band, die Sie nicht mögen, genauso antipathisch in eine Ecke stellen, wo die nicht hingehören? Und Fehler hat, glaube ich, jeder Mensch in seiner Vergangenheit schon einmal gemacht. Denken Sie an Ihr inneres Kind.

PS: Eigentlich wollte ich die „Ich kriege das Kotzen"-Reihe fortführen, aber auch ich habe gelernt, dass ich mit Empathie und Wertschätzung „auch für die deutsche Sprache" weiter komme oder zumindest mein inneres Kind glücklicher mache, als wenn ich meine Wut unzensiert am falschen Objekt rauslasse. Die nächsten Kapitel erklären Ihnen auch, warum ich nicht mehr wütend bin. Denn ich habe es begriffen. Ich muss mich nicht mehr auskotzen.

5.9 Offensichtlich uneinsichtig

Es ist so wunderschön einfach, im Außen nach Narzissten zu suchen, anstatt in sich selbst den Narzissten zu finden.
Beinahe jeder Mensch hat schon Erfahrungen mit einem potenziellen Narzissten gemacht. Gesehen wird oft das Offensichtliche. Das wirklich Wichtige wird hingegen gerne übersehen. Man ist zu sehr damit beschäftigt, sich vor dem Narzissten zu schützen. Der Auslöser bleibt unbeachtet. Eine Aufarbeitung findet nicht statt.
Trauma! Trennung! Schuldzuweisung!
Zwei Opfer und kein Täter, der sich seiner Tat bewusst ist.
Offensichtliche Uneinsichtigkeit.

> Wenn sie angegriffen werden, sind narzisstische Charaktere brutal, unfair und sehr effektiv. Um das nicht eskalieren zu lassen, muss man sich klar machen, dass es für Narzissten immer gleich ums Ganze geht. Jeder Zweifel an ihrem Selbstbild, das ihr Selbst nicht nur repräsentiert, sondern auch tatsächlich ersetzt, ist für narzisstische Menschen wie der Untergang einer ganzen Welt.[44]

Ihr Narzissmus wurde in einer feindlichen und gefühllosen sowie rein bedürfnisorientierten Macht-, Neid- und Leistungsgesellschaft zu einer Überlebensstrategie. Ohne sein Selbstbild wäre er nicht (über)lebensfähig, deswegen verteidigt er es mit Zähnen und Klauen.

Er/sie wurde wütend, obwohl er/sie traurig war.

Jeder Mensch ärgert sich im Durchschnitt einmal am Tag über sich oder andere. Sich über etwas oder irgendjemanden zu ärgern, ist etwas ganz Normales. Verkehrs(un)tüchtige Rowdys im Straßenverkehr, der Zug/Bus, der Verspätung hat, ein vergessener Jahres- oder Geburtstag, nicht wertgeschätzte Überstunden, eine spontan abgesagte Verabredung oder unabsichtlich übersehen worden zu sein (Warum hat er mich nicht zurückgegrüßt, der Arsch!) – irgendwas ist immer. Für Menschen mit einem gesunden Selbstwert, mit sozusagen gesunden narzisstischen Zügen, ist einmal in der Regel keinmal. Es belastet sie nicht. Kurz aufgeregt, dann schon vergessen. Das Leben geht seinen gewohnten Gang. Später kann er/sie eventuell darüber lachen. Gesund narzisstisch ausgeprägte Menschen können damit umgehen. Ihr Selbstwert bleibt gleich. Für einen narzisstisch gestörten Menschen ist dagegen einmal schon einmal zu viel. Bekanntlich hatten es Menschen mit einer narzisstischen Persönlichkeitsstörung wahrlich nicht einfach in ihrem bisherigen

Dasein. Sie durften nicht sein, sondern sie mussten, bis sie am Ende sich nicht mehr zu helfen wussten.

Die Welt ist voll von Triggern, von Auslösern, von existenziell bedrohenden Situationen. Die Chancen und Möglichkeiten, die diese real existierenden Schmerzen oder die Trauer bieten, werden überdeckt von der narzisstischen Wut. Ein Narzisst ist immer in Habtachtstellung. Er bewertet anders. Er bewertet extremer. Er ist verletzlich, hochsensibel, hochemotional, und dies alles oft zugleich und in einer Dimension, die für Außenstehende oft nicht zu erkennen ist. Gesehen wird die Reaktion. Gesehen wird alles, nur eben nicht das wirklich Wichtige, nämlich das tatsächliche Gefühl. Stattdessen sieht man nur die Schatten, die Ersatzleidträger, das grandiose Größenselbst, das bemitleidenswerte und voller Komplexe geplagte Größenklein, den Schutzschild, den Panzer, den Täter, der sich in Wahrheit wie ein Opfer fühlt, den weiblichen und/oder männlichen Narzissten, den aggressiven Beschützer, den Richter und Ankläger, den angeblich Empathielosen, den bösen, jähzornigen Mann, das falsche Selbst, das sich selber idealisierende Wesen, das sich augenscheinlich über andere stellt, den ungeliebten und dennoch salonfähigen Mensch, stark, robust, männlich (Irren ist ja oft männlich), den Indianer, die Diva, den harten Kerl, die Kampflesbe oder gar den mächtigsten Politiker der Welt (man sagt doch, dass in jedem von uns ein kleiner Trump steckt – Bullshit!). Warum nicht gleich alle Menschen?

Ich kenne solche Tage zur Genüge. Es sind in der Regel Mücken oder Ameisen, die mich umkreisen, mich innerlich zerreißen und mich zum wahrlich scharlachroten Elefanten im Porzellanladen machen. Ich rege mich auf. Es wird mir wieder einmal zu viel. Ich schieße weit übers Ziel hinaus. Ich ernte keinen Applaus, stattdessen nehmen die Leute Reißaus. Und ich kann es niemandem verübeln. Ich würde, glaube ich, vor mir selber weglaufen.

Und hinterher ist man immer schlauer. Hinterher reflektiere ich und frage mich, warum musste das jetzt wieder sein?

Ich schneide mir doch mit meiner Wut ins eigene Fleisch. Ich reiße meine eigenen Wände ein, ich mache mich selber klein, dabei muss ich weder das eine (groß) noch das andere (klein) sein. Ich darf im Grunde einfach ich sein. Aber eben aus Angst, nicht gesehen zu werden, aus Angst, mal wieder übergangen zu werden, aus Traurigkeit über die Uneinsichtigkeit meiner inneren und äußeren Widersacher, meiner krankmachenden Schmerzverursacher (Mama, Papa, ehemalige Lehrer, Mitschüler, Arbeitskollegen, Ex-Freundinnen, mich nicht ernst nehmende Ärzte und Krankenpflegpersonal, Arschlöcher, die ich nicht weiter beschreiben möchte) baue ich mich wie eine Festung vor meinem inneren Kind auf. Das Schicksal nimmt somit seinen Lauf. Leider! ☹

> Narzisstisch gestörte Menschen sind äußerst empfindlich gegenüber Kränkung und Verlassenwerden und reagieren darauf mit Wut, Empörung und Rachebedürfnis statt echter Trauer. Diese sogenannte narzisstische Wut übersteigt meist in ihrem Ausmaß den Anlass und ist von Rachegefühlen und Zerstörungslust begleitet. Sie hat Ressentimentcharakter und ist darauf gerichtet, den anderen zu bestrafen oder zu verletzen.
>
> Bärbel Wardetzki, *Weiblicher Narzissmus*

Das Gegenüber ist der Feind. Warum sonst hat er/sie sich mir gegenüber so ungerecht verhalten? (Früher gab es auch oft ohne Grund auf die Fresse!) Bei der narzisstischen Wut geht es mehr um Rache und Vernichtung, teilweise auch um das Ausleben sadistischer Gedanken (kommt in der Regel nur beim malignen Narzissmus vor), weniger um eine reife Art der aggressiven Auseinandersetzung. Das liegt an der hohen Reizbarkeit und Kränkbarkeit, wodurch der Narzisst sich schnell durch den anderen beleidigt oder angegriffen und verletzt fühlt (ohne dass er/sie etwas gegen diese intensiven Gefühle machen kann – zumindest nicht ohne Therapie).

Es erfolgt also keine der Realität angemessene Aufarbeitung der Enttäuschung oder Traurigkeit. Die würde nämlich bedeuten, das Gefühl der Enttäuschung, der Verletzung zu registrieren, anzuerkennen, es mitzuteilen und gleichzeitig die Beziehung zum anderen Menschen aufrechtzuerhalten. Das ist dem Narzissten ohne Hilfe und Verständnis von außen, ohne Therapie nicht möglich. Ist der Narzisst erst mal auf 180 (wie ich in meinem Ferrari-Modus), ist es (fast) schon zu spät. Er bricht die Beziehung zum anderen innerlich ab. Existenzbedrohende Kindheitstraumata (sexueller oder emotionaler Missbrauch, schwere Unfälle, Verluste wichtiger Bezugspersonen etc.) sind in solchen Momenten greifbarer als zuvor. Der Narzisst ist wie in einem Film. Das damalige Gefühl ist in einem Maße präsent, wie man es sich nicht vorstellen kann. In der Wut wird nicht nur die eigene Position verteidigt, sondern das eigene Leben. Diese fast schon lähmende Hilflosigkeit kann zu einem Um-sich-Schlagen führen. Narzissten bestrafen somit ihr Gegenüber (das eine Projektionsfläche darstellt bzw. eine Stellvertreterposition einnimmt), weil sie glauben, sie müssten dies tun. Sie leiden zwar selbst unter dem Kontaktabbruch (sie würden es insgeheim gerne rückgängig machen), aber sie sind es ihrem Stolz (falschen Selbst) schuldig. Der Schmerz des nun entstandenen Verlusts wird ausgeglichen durch weitere Rachegedanken. Der Narzisst vermeidet somit, sich traurig zu fühlen, was ja nur wieder zu einem Selbstverlust führen würde. Der andere muss mindestens genauso, wenn nicht sogar doppelt und dreifach leiden.

Wenn ich leide, müssen die anderen mindestens genauso leiden. Hinterher tut es mir aber umso mehr leid. Denn eigentlich will ich niemandem wehtun.

Bärbel Wardetzki spricht in ihrem Buch *Weiblicher Narzissmus* von der Mehrdeutigkeit der narzisstischen Wut. Neben der narzisstischen Abwehr kann diese Wut auch als Verlassenheitsgebärde, als „Schrei nach Nähe" verstanden werden. Wird der Wunsch nach Nähe und Kontakt bei einem Kind ständig frustriert, beispielsweise wenn man einen Säugling über längere Zeit schreien lässt, so entwickelt sich dem britischen Kinderarzt und Psychoanalytiker John Bolby zufolge eine dysfunktionale Wut, die über das ursprüngliche Ziel hinausschießt und zwei Signale in sich vereint: „Komm mir nicht zu nahe, ich hasse dich!" und „Komm in die Nähe, ich brauche dich!". In *diesem* Sinne ist die narzisstische Wut eine Verlassenheitsgebärde: Sie drückt die Verlassenheit zwar aus, wehrt sie gleichzeitig aber auch ab. Der Preis für dieses im Unterbewusstsein stattfindende Drama ist oftmals der Verlust der Beziehung. Es bleiben zwei Opfer und kein Täter, der sich irgendeiner Schuld bewusst ist.

Impulskontrollgestörte Narzissten aber auch Borderliner (und auch undiagnostizierte Menschen mit sensiblen Persönlichkeitsmerkmalen) haben Schwierigkeiten sich emotional zu reguliertn, so dass die wahren Bedürfnisse und Gefühle unerfüllt und versteckt bleiben. Sie kompensieren z. B. wie ich Traurigkeit mit Wut. Was gesehen wird ist die Wut. Was nicht gesehen wird, ist die Traurigkeit. Was bleibt, ist das Unverständnis darüber, dass der Narzisst wütend ist. Nicht selten erscheinen die Wutausbrüche als Abrechnungsszenarien oder Schuldzuweisungskämpfe. Dass dahinter ein kleines Kind steht, welches eigentlich nur getröstet werden möchte, wird nicht erkannt. Und es wird wieder gesagt, „Er mal wieder" oder „Typisch Narzisst". Das sind Aussagen, die einen Narzissten dann noch mehr treffen. Aber typisch ist dann leider oft die darauf folgende Reaktion. „verbale Vernichtung" des Kontrahenten, zumindest sieht das von Außen so aus.

Ich habe als Kind, wenn ich traurig war, keine Hilfe bekommen oder Trost. Entweder wurde es ignoriert, ich wurde verspottet, oder man hat weiter auf mich eingedroschen, obwohl ich auf dem Zahnfleisch kroch. Und irgendwann habe ich dann angefangen zu überkompensieren, und zwar immer. Ich habe meine Traumata auf alle projiziert, was mir natürlich Leid tut.

Ein geschulter Blick von außen kann da oft Wunder bewirken. Was aber meist fehlt, ist die Einsicht. Weder sieht der Narzisst seinen Hilfebedarf, noch sieht sein co-narzisstischer Partner sich in der Rolle desjenigen, der eine Therapie braucht.

Aber ohne eine angemessene Aufarbeitung kann kein Schmerz der Welt geheilt werden. Die Suche nach Trost wird wieder auf einen *anderen* oder *Neuen* gelenkt. Die Selbstachtung kann nicht von *innen* reguliert werden, sondern ist abhängig von der Außenwelt, also der Meinung des *anderen* oder von objektiven Erfolgen. Dabei ist die Lösung näher, als man glaubt. Sie ist in einem selbst. Sie muss nur aktiviert werden. Eine Therapie kann da wirklich helfen. Ich wünsche jedem, der unter einer narzisstischen Persönlichkeitsstörung leidet, den nötigen Erkenntnisschritt.

Wut verursacht nämlich hohe Kosten.
Wut tut keinem gut.
Wut ist scheiße!
Sie ist aber trotzdem erlaubt.

> Der narzisstisch gestörte Mensch hat im wahrsten Sinne des Wortes die Arschkarte gezogen. Er hat das Pech, nie wirklich bei sich selbst angekommen zu sein und sich gefunden zu haben.
>
> Wut bringt nichts. Verachtung ist die Steigerung. Beides heilt den Schmerz nicht. Beides kompensiert nur, und das nicht mal lange anhaltend. Heulen ist besser, aber die teilweise narzisstische Gesellschaft verhält sich so zwanghaft intolerant, dass man am Ende wieder in die *Wut* kommt, um nicht als Weichei oder Opfer zu gelten.
>
> Leonard über die Gründe narzisstischer Wut

5.10 Der Teufelskreis der Projektion aufs falsche Objekt

Warum die narzisstische Abwehr so gefährlich ist und Narzissten latente Frauenhasser sind

Wie der Körper, so hat auch die Psyche ein Abwehr- oder Immunsystem. Die *Projektion* ist ein wesentlicher Baustein davon. Der Begriff der Projektion umfasst das Übertragen und Verlagern eines innerpsychischen Konflikts durch die Abbildung eigener Emotionen, Affekte, Wünsche und Impulse, die im Widerspruch zu eigenen und/oder gesellschaftlichen Normen stehen können. Eine solche Projektion richtet sich auf andere Personen, Menschengruppen, Lebewesen oder Objekte der Außenwelt.

Wir alle kennen das Fieber, das kommt, sobald wir etwas ausbrüten. Es ist auch als Gesundheitspolizei bekannt und hilft uns beim Ausschwitzen und Aussitzen jeglicher Viren. Genauso kann man die Projektion verstehen. Nur dass es hier nicht den Körper betrifft, sondern die Psyche. Wir sitzen einen Konflikt aus, indem wir unser Gefühl zum Gefühl der anderen machen. Die anderen sind „schuld", dass wir uns so fühlen. Besonders Menschen mit einer Persönlichkeitsstörung sind von diesem Phänomen der Projektion betroffen. (Liebe Leidensgenossen, nicht nur wir Narzissten sind so!)

Die klassische Projektion liegt dann vor, wenn bestimmte psychische Eigenschaften wie Aggression, Sexualität, Gier, Neid, Lebendigkeit oder Unordnung in einer Person entwertet sind und daher von ihr nicht toleriert werden können. (Ich bin alles, was die anderen nicht sind.) Da diese Anteile als schlecht oder böse bewertet sind, findet man sie nicht bei sich, sondern schiebt sie anderen in die Schuhe, wo sie dann überdeutlich als störend wahrgenommen und bekämpft werden. Alles, was an uns schlecht ist, schreiben wir anderen zu. Wir wollen es nicht wahrhaben, dass es von innen kommt, daher bekämpfen wir gerne das Außen. Die anderen sind der Spiegel, der das falsche Selbst spiegelt. Wenn wir projizieren, übertragen wir also unsere eigenen Themen, Ängste oder Sorgen auf andere Menschen. Und das Gemeine ist, dass wir es im Normalfall nicht merken. Man nennt das übrigens auch: von sich auf andere schließen. Zur Projektion eigener Anteile gehört zudem, dass man emotional gereizt auf das jeweilige Thema reagiert und ihm scheinbar überall begegnet.

Fast jeder persönlichkeitsgestörte Mensch lebt in einer Welt, in der es oft nur Schwarz oder Weiß gibt und in der Grauzonen (andere mögliche Sichtweisen) eine Rarität sind. Jeder, der unsere Meinung nicht teilt, wird im Sinne der narzisstischen Abwehr abgelehnt. (Als Kind wurde der Betroffene zumeist für sein „Anderssein" abgewertet, was er nun als Schutz umgekehrt hat.) Jeder, der mit uns auf einer Wellenlänge ist, wird dagegen idealisiert. (Wir glauben, jeder, der uns bestätigt, mag uns, versteht uns und lässt uns sein, wie wir sind.) Wir vergessen allerdings immer wieder, dass niemand perfekt ist, dass man selber also nicht perfekt sein muss und weder Schwarz noch Weiß nötig sind, um sich eine Meinung zu bilden. Tränen sind keine Schwäche und Wut ist keine Stärke. Das wirkliche Gefühl, das die Abwehr oft verdeckt, wird immer mehr zum Manko, was den Selbstwert mindert. Anstatt zum wahren Gefühl zu stehen, projizieren wir unser erlerntes Schema auf andere. In der Folge hindert uns dies dann daran, stabile Beziehungen einzugehen und aufrechtzuerhalten. Anstatt uns einander anzunähern, entfernen wir uns. Unser eigentliches Bedürfnis nach Nähe und Zuwendung kompromittieren wir damit selber. Dabei will uns der andere an sich nichts Böses, er hat nur eine eigene Meinung.

Die reine Projektion ist ein reifer Abwehrmechanismus, die *projektive Identifikation* tritt vor allem im Rahmen schwerer Persönlichkeitsstörungen auf und ist ein unreifer Abwehrmechanismus. Auch hier wird der kognitive Anteil projiziert: „Nicht ich bin aggressiv, sondern die anderen, ich wehre mich nur." Der Unterschied liegt darin, dass man den emotionalen Anteil nicht wegbekommt. Im Selbsterleben heißt das, man meint genau zu spüren, was der andere vorhat, wie durchtrieben und hinterlistig er ist, denn das Hauptthema der projektiven Identifikation sind Arten von Aggression und Manipulation. Und wie böse der andere ist, schleppt man ständig mit sich herum, kommt jedoch auch hier nicht auf die Idee, dass es eigene Aggressionen sein könnten, die man sieht: denn man spürt ja genau, was der andere will und meint, und denkt, dass man sich nicht hinters Licht führen lässt und die Wahrheit nur etwas klarer sieht als alle anderen. Die Größenphantasien, die hier durchschimmern, sind typisch für die Ebene der schweren Persönlichkeitsstörungen.[45]

Die meisten Narzissten hatten (und haben oft noch immer) eine belastete oder manchmal auch keine Beziehung zur eigenen Mutter (oder zum Vater). Unbewusst sucht sich der Narzisst Frauen, die ihn an seine Mutter erinnern; die Narzisstin sucht sich gerne Männer, die sie an ihre Mutter oder ihren Vater erinnern. Die Bestätigung, nichts wert zu sein, symbolisiert den „Schatten", den wir nicht abschütteln können. Um sich diesem Leid zu entziehen, wird unser psychisches Immunsystem angeschmissen. Unser Partner – es kann aber auch situativ jemand anders sein, etwa ein Arbeitskollege – nimmt die Position eines Stellvertreters ein, auf den wir unsere Wünsche, Bedürfnisse und Sehnsüchte projizieren und der gleichzeitig zu unserem persönlich verifizierten Blitzableiter mutiert.

Wenn man sich viele meiner Ex-Freundinnen anschaut, fällt sofort auf, dass beinahe alle eine optische Ähnlichkeit mit meiner Mutter aufweisen. Sobald sie sich aber auch noch wie meine Mutter aufführten, wurden meine Kindheitstraumata maßgeblich getriggert. Ich ging dann automatisch von jetzt auf gleich in die Abwehr. Ich weiß, dass diese Frauen nichts dafür konnten und mir im Grunde nichts Schlechtes wollten, aber meine nachträgliche Bauernweisheit lindert leider auch nicht den Schmerz, den ich bei den Frauen verursacht habe. Ich weiß zwar, dass ich in meinen Beziehungen nicht wie der aus Fernsehen und Internet bekannte Klischeenarzisst aufgetreten bin, aber wirklich glücklich war ich in keiner. Ich hatte immer die unerträgliche Angst, die Liebe meiner Partnerin zu verlieren. Und bevor sie sich von mir trennte, weil sie vielleicht „etwas an mir nicht mag oder verändern will", habe ich mich getrennt. Meinen Mutterhass habe ich stets auf meine Mutter lenken können, aber meinen Mangelschmerz habe ich auf beinahe jede Frau projiziert, die mir emotional zu nahe kam, wenn sie dem beschriebenen Bild meiner Mutter entsprach.

Ich habe mich mittlerweile damit abgefunden, dass meine Mutter ist, wie sie ist. Ich bin nach wie vor verletzt. Aber ich werde nicht mehr um ihre Anerkennung oder

> *Liebe kämpfen. Meine Mutter kann sich einfach nicht ändern. Sie ist nicht fähig dazu, und es fehlt ihr schlicht die Einsicht dazu. Mithilfe der Therapie jedenfalls konnte ich den hauptsächlichen Teil meines Mangelschmerzes identifizieren und durch positive Erfahrungen mit meinen Therapeuten einigermaßen ausgleichen. Ich hoffe so, dass ich langfristig wieder (oder endlich) in der Lage bin, die Beziehung zu einer Frau zu führen, die mich glücklich macht.*

> Die eigene Psyche sonnt sich in Unschuld, das entwertete, böse, schlechte Element ist bei jemand anderem geparkt, und nie käme man von sich aus auf die Idee, es könne das eigene sein.

In vielen Internetforen begegnen uns Menschen, die ihre Verachtung für ihr Selbst, ihren Mangelschmerz und ihren Frust an anderen abreagieren. Ob jetzt in den einschlägig bekannten Narzissmusopfer-Diskussionsforen, in Selbsthilfegruppen für Ex-Frauen von Narzissten (die sich im Grunde auch nur einem Menschen emotional verfügbar machten, der sie unbewusst an jemanden erinnerte) oder auf anderen Webseiten, auf denen man in Kommentarfeldern seiner Wut freien Lauf lassen kann, spielt dabei keine Rolle. Die Doppelmoral, die sich aufdrängende Ambivalenz und die narzisstische Normopathie, die den Opferkult auf bemitleidenswerte Art und Weise weiter anstachelt, fallen besonders ins Auge. Anstatt sich zu reflektieren, wird um sich geschossen. Die Ex-Partnerinnen von Narzissten (oder auch Kinder narzisstischer Mütter) verhalten sich im Umkehrschluss genauso, wie sie es anderen vorwerfen, sich zu verhalten.

> Offensichtlich sind hier so einige tatsächlich so sehr „geschädigt" durch den Umgang mit einem narzisstischen Partner, dass sie wohl gar nicht mehr anders können. Das ist schade. Und ziemlich kaputt.
> Ich empfinde es als eine unglaubliche Anmaßung, wie stigmatisiert wird und andere Menschen, die jemand gar nicht kennt, als „dummtherapiert" und paranoid bezeichnet werden. Dass das unsachlich und primitiv ist, scheint offenbar niemandem aufzufallen. Alles, was nicht passt, wird angegriffen.[46]

Die Projektion wird zum Teufelskreis. Jeder Mensch, der „Opfer" narzisstischer Übertragung wurde, überträgt von nun an selber. Der Narzissmus entwickelt sich immer mehr zum Massenphänomen Jeder lässt sich aus und hetzt gegen jeden der nicht seiner Meinung ist, ohne Rücksicht auf Verluste. Was raus muss, muss raus, auch wenn es oft das falsche Objekt trifft. Um aus dieser „Opferhaltung" herauszukommen, bedarf es mitfühlender Menschen, die einem den Anstoß geben, innezuhalten und über das eigene Verhalten nachzudenken. Vorwürfe sind kontraproduktiv, Verständnis und Mitgefühl sind wichtig. Leider ist das im Falle der narzisstischen Abwehr nur schwer zu erfüllen. Zum einen werden auch empathische Menschen in die schwarz-weiße Welt der Projektion hineingezogen, zum anderen sind die Gefühle im ersten Moment zu extrem, als dass man in seinen Reflexen innehalten könnte. Oft kann nur eine Therapie (und ich empfehle die Schematherapie) dabei helfen, den Mangelschmerz zu lindern und das Erlebte angemessen aufzuarbeiten.

> Wenn man als Kind nicht weinen darf und als Erwachsener nicht mehr weinen kann, sondern mit Wut oder anderen starken Gefühlen seine verletzliche Seite zu überdecken versucht, dann ist das nicht böse, sondern traurig.
>
> Leonard

Manchmal erkenne ich meine Triggerpunkte erst, wenn sie ausgelöst wurden. Die Gefühle, die mich dann umgeben, überfallen mich schlagartig und machen mich zu einem Gefangenen in meinem Gefängnis, das sich „verletztes Kind" nennt. Mein aggressiver Beschützer ist mein Gefängniswärter, meine strafenden Elternmodi die Ankläger. Mein gesunder Erwachsener ist mein Anwalt und meine Konstante. Doch der Schein trügt manchmal.

Die Therapie war für mich eine große Hilfe. Ich habe Dinge erfahren, die plausibel klingen, die für mich aber nicht greifbar waren, obwohl Außenstehende immer kluge Sprüche reißen, dass es doch so einfach erscheint. Diese Auslöser können Gerüche, Geschmäcker, Geräusche, Musikstücke, Redewendungen, Orte, Assoziationen, Träume, Gedanken und Flashbacks sein. Im ersten Moment bist du dir selber ausgeliefert. Im Nachhinein bist du zusätzlich schockiert und hast ein schlechtes Gewissen, weil du durch deine Wut auch noch anderen Menschen einen Schaden zugefügt hast. Und erst nach einer gewissen Zeit, die vorher noch nicht absehbar war, erkennst du die Auslöser, und du machst in dem Moment dann noch mal das Trauma durch. Wenn du dann nicht therapeutisch begleitet wirst von einer Person, der du vertraust, von der du dich führen lassen kannst, dann hast du Pech gehabt. Jeder Angehörige oder Freund, der glaubt, er könne dir helfen, wird nach diesem Prozess selbst Hilfe brauchen. Deswegen wäre es besser, wenn man in solchen Momenten entweder in Ruhe gelassen wird oder sich in therapeutischer Obhut befindet. Derjenige, der die Wut abbekommt, sollte versuchen, sich in Deckung zu begeben, wenn er kein Mitgefühl oder Verständnis aufbringen kann und die Erkenntnis hat, dass er nur der Auslöser war und nicht der Grund, ergo keine Schuld hat. Dennoch ist Wut in dem Moment berechtigt, weil es das erlernte Ersatzgefühl für das eigentliche Gefühl ist und mich nur vor weiteren Verletzungen schützen soll.

Die narzisstische Wut, die keinem guttut

> Wenn du die Welt verändern möchtest, fange bitte bei dem Menschen an, den du jeden Morgen als Erstes vor dem Spiegel siehst.
>
> Mahatma Gandhi

5.11 Mein negatives Selbstbild – der Kampf mit dem Schutzschild

Manchmal mag ich mich, meistens aber nicht. Anderen erzähle ich aber immer, dass ich mit mir im Reinen bin. Wer gibt schon gerne zu, sich selber zu hassen?

Nach außen hin will ich also immer den Schein wahren. Ich möchte niemandem zeigen, wie schlecht es mir wirklich geht. Erstens will ich niemandem zur Last fallen und zweitens habe ich nicht immer das Gefühl, dass man mich versteht. Drittens bin ich manchmal der Meinung, es besser zu wissen als andere, und viertens möchte ich nicht schwach sein, sondern zeigen, dass ich die Kontrolle habe. Manchmal kann ich weder Mitgefühl noch Verständnis für die Probleme meiner Umwelt aufbringen. Das liegt wahrscheinlich daran, dass ich die Probleme anderer oft nicht als so ernst und wichtig einstufe wie die meinigen. Deswegen wirke ich wohl auch so narzisstisch. Mitgefühl und Verständnis sind nicht immer das Gleiche. Wenn mir jemand Verständnis entgegenbringt, dann bestätigt er mir, dass mein Gefühl berechtigt ist. Wenn mir jemand Mitgefühl entgegenbringt, weiß er auch, wie ich mich fühle. Ich traue aber niemandem zu, sich wirklich in mich einzufühlen. Generell traue ich den meisten Menschen in meinem Umfeld nicht allzu viel zu. Immer dann, wenn ich ehrlich war oder Verantwortung abgegeben habe, wurde ich verletzt.

Des Weiteren war es so, dass ich als Jugendlicher oder als junger Mensch, sei es als Klassensprecher, als Mediator (Streitschlichter) oder einfach nur als mitfühlender Mitpatient, anderen mehr gegeben als erhalten habe. Ich habe anderen immer geholfen, aber selber nie die Hilfe erhalten, die ich brauchte. Ich habe immer nur zugehört. Mein Ventil waren meine schlauen Texte, die die Person, an die sie eigentlich gerichtet waren, niemals gelesen hat – meine Mutter! Ich bekam dafür von anderen ganz viel Anerkennung. Frauen bewunderten mich. Aber ich konnte das nicht annehmen. Ich habe mir nichts anderes gewünscht, als dass meine Mutter einmal sagt, dass sie stolz auf mich ist und mich lieb hat, wie ich bin. Von anderen konnte ich es nicht annehmen. Wenn andere so was zu mir sagten, habe ich sie oft vergrault.

Mein Vater meinte, dass Ehrlichkeit mir gegenüber nichts Schlechtes sei und dass ich mir selbst gegenüber auch gnadenlos ehrlich sein dürfe. Andere könnte ich mit einer solchen Ehrlichkeit ihnen gegenüber aber vor den Kopf stoßen. Er hat recht damit. Und damit löst sich auch ein Teil meiner Angst. Ich muss nicht alles erzählen. Ich kann was weglassen. Ich darf nur nichts hinzufügen. Die Umsetzung fällt mir aber immer sehr schwer. Das goldene Mittelmaß ist für mich nicht immer greifbar. Dass mich deshalb andere ablehnen, ist verständlich. Manchmal will ich aber auch zu viel und das auch noch zu vehement. Ich will es um jeden Preis. Manchmal ist weniger mehr. Wenn ich versage, werte ich mich ab. Wenn andere mich ablehnen, habe ich die Bestätigung, nicht liebenswert zu sein. Und manchmal suche ich sogar die Bestätigung, nicht liebenswert zu sein. Zum Beispiel wenn ich eine Frau kennenlerne und sie am Anfang idealisiere. Dabei wünsche ich mir oft nichts anderes, als der Frau als liebenswert zu erscheinen. Ich will bedingungslos geliebt werden. Dafür muss ich mich selber aber auch bedingungslos lieben können, und ich glaube, das ist meine Krux.

Des Weiteren, glaube ich, hängt das Ganze viel mit meinem Selbstbild zusammen. Ich mag mich nicht besonders, will aber von anderen gemocht werden. Ich wirke oft unsympathisch, und meine Fähigkeit, empathisch zu sein, kommt dabei auch nicht zur Entfaltung. Ich entspreche somit dem Bild eines gefühllosen Narzissten, der ich eigentlich nicht bin und auch nicht sein will. Dadurch, dass ich mich selber aber nicht sonderlich mag, scheine ich genau das auch auszustrahlen. Natürlich bin ich sehr verletzlich, vor allem in Bezug auf „mein Äußeres". Ich weiß, dass ich nicht hässlich bin, und ich weiß ebenso, dass ich nicht auf der Welt bin, um allen zu gefallen. Vermutlich ist dadurch, dass ich in der Kindheit oft gehänselt wurde, bei mir eine verzerrende Sehnsucht danach entstanden, von allen gemocht zu werden, und das um jeden Preis. Vielleicht ist das zu viel verlangt. Man kann nicht von jedem gemocht werden, genauso wie man nicht jeden mögen kann. Manchmal passt es einfach nicht. Diese Erkenntnis muss ich verinnerlichen, auch wenn sie schmerzt. Ich will es immer allen anderen recht machen. Dabei muss ich es doch erst einmal mir selber recht machen.

Ehrlich gesagt finde ich mich scheiße und ertrage es nicht, wenn andere nett zu mir sind, weil ich es nicht gewohnt bin bzw. auch nicht mehr wahrnehme und denke, die wollen mir was Böses, wie früher, als ich, lebhaft wie ich war, dauernd auf die Fresse bekam und es damit begründet wurde, dass ich scheiße sei und ein Opfer. Meine Mutter hat mich ebenfalls nicht akzeptiert, wie ich bin, und mir meine Erfolge und meine Freude sowohl missgönnt als auch madiggeredet. Irgendwann dachte ich, ich müsse scheiße sein, warum sonst sollten die das alle sagen? Auch hatte ich oft das Gefühl, dass es nicht reicht. Ich war es gewohnt zu kämpfen. Deswegen mache ich mehr als andere und lasse mich ausnutzen und wundere mich am Ende darüber, ausgelaugt zu sein. Eigentlich bin ich ein Lieber, zumindest bekomme ich heutzutage öfters diese Rückmeldung, kann das aber nicht annehmen, weil ich denke, dass ich scheiße bin und die anderen es nicht ernst meinen. Bekomme ich gutes Feedback, mache ich es mir selber kaputt, weil ich die Bestätigung brauche, scheiße zu sein. Also bin ich immer doof, wenn ich jemanden mag und der mich auch mag, damit dieser jemand mich scheiße findet, und ich mache alles dafür, dass das passiert.

Erfolge in der Therapie

Mein persönliches Laster ist neben dem Konsum von Zigaretten die nicht sonderlich gut ausgeprägte Frustrationstoleranz. Auch ich durfte meine intellektuellen Fähigkeiten voll und ganz entwickeln. Ich bin rhetorisch sehr gewandt und verstehe es, zu überzeugen. Ich habe eine gute Merkfähigkeit, eine rasche Auffassungsgabe. Ich kann stundenlang Referate halten, ohne ständig auf den Zettel zu schauen, sodass sich andere langweilen könnten. Ich verstehe es, mit meinem Charme und meinem Enthusiasmus zu begeistern. Ich bin intelligent und verfüge über ein ausreichendes Ressourcenareal. Und ich bin gut im Bett. Emotional dagegen bin ich teilweise noch auf dem Niveau eines Kleinkindes. Wenn ich verletzt werde, reagiere ich auch entsprechend. Als Kind habe ich die Erfahrung machen müssen, dass ich, wenn ich meine echten Gefühle zeigte, keinerlei Aufmerksamkeit bekam. Mehr noch: Mein Gefühl wurde heruntergespielt und für unangemessen erklärt. Ich habe mir viel gefallen lassen, stand oft im Mittelpunkt der Kritik und war ein beliebtes Opfer, das für alle möglichen Hänseleien herhalten musste. Wehrte ich mich dann doch einmal, suggerierten mir meine erwachsenen Bezugspersonen, dass meine Reaktion nicht angemessen wäre. Wie aber hätte ich sonst auf die verbalen Abwertungen meines Umfeldes reagieren sollen? Wie konnte es sein, dass andere mit ihrem Verhalten durchkamen, während ich zum Sündenbock erklärt wurde? Wie kann es sein, dass ein Kind, das an sich schon schutz- und hilflos ist, diese gravierenden und einschneidenden Erfahrungen machen muss? Und wie kann es sein, dass mein heutiges Umfeld, das Kenntnis von meiner Verletzung hat, mir nach wie vor nicht abnimmt, dass ich in dem und dem Moment so und so gefühlt habe? Ebenso frage ich mich, wie es angehen kann, dass andere Menschen mich abwerten und damit durchkommen, während ich für meine Abwertung doppelt und dreifach büßen muss? Viele Gedanken kommen bei mir automatisch. Ich habe große Angst vor weiteren Verletzungen, also bleibt mir keine andere Wahl, als überzukompensieren. Durch die Therapie habe ich gelernt, mich selbst zu trösten und somit auch von der Erwartung zurückzutreten, dass sich mein Umfeld von sich aus bei mir entschuldigt. Ich lerne, die verletzlichen Kindanteile mithilfe des gesunden Erwachsenen zu lindern. Dies ist ein langer Prozess. Rückfälle sind nicht ausgeschlossen. Dennoch gebe ich mir die Chance, denn ich bin es mir wert.

Im Gespräch mit Professor Sven Barnow

Das Interview wurde im August 2017 telefonisch geführt, anschließend sinngemäß aus dem Gedächtnis durch den Autor wiedergegeben und von Professor Barnow nachträglich modifiziert.

1. Wenn man sich in einer Wutspirale befindet, wie baut man sie zielführend ab?
Wenn jemand in der Wutspirale steckt, ist es wie bei einem Tornado: Er/sie fühlt sich ohnmächtig der Situation ausgeliefert, und eins führt zum anderen. Wenn jemand im Vorfeld weiß, dass er leicht erregbar ist, kann diese Person entsprechend vorsorgen und Verhaltensstrategien erproben, die dabei helfen, Emotionen, hier speziell Wut, erfolgreich zu regulieren. Dazu gehören beispielsweise die Entwicklung einer Achtsamkeit für Ärgergefühle, Body Scan oder sogenannte De-Fusion-Techniken (wie unter anderem das Wort „Wut" sehr schnell für eine Minute laut zu sagen, um sich über sein eigentliches Gefühl bewusst zu werden und Abstand davon zu gewinnen). Hilfreich sind auch Körpertechniken wie unter anderem das sogenannte Power-Posing: Hierbei nimmt man eine Haltung mit nach oben gestreckten, ausgebreiteten Armen für etwa zwei Minuten ein. Das beruhigt die Nerven.

Wenn sich jemand in einer extremen Wutspirale befindet, können ihm diese vorher erprobten Strategien helfen, sich zu beruhigen. Am besten ist es jedoch, es erst gar nicht so weit kommen zu lassen und schon bei den ersten Anzeichen der Wut die oben genannten Strategien anzuwenden. Auch nützt es, die Situation zu verlassen oder zu versuchen, in der Situation einen Perspektivwechsel vorzunehmen (also zu verstehen, warum der andere so aufgebracht ist). Aus dem Bauch heraus impulsiv zu handeln, bringt niemanden weiter. Ich empfehle meinen Patienten generell, häufiger mal tief durchzuatmen, sich eine sportliche Betätigung zu suchen. Wut *dauerhaft* zu unterdrücken führt längerfristig zu körperlichen Symptomen wie unter anderem Verspannungen, erhöhtem Blutdruck, chronischen Kopfschmerzen usw. und ist damit keine gute Option.

2. Wie kann man im Vorfeld verhindern, dass sich Wut oder Aggression aufstauen? Gibt es da ein Pauschalrezept oder muss jeder seinen eigenen Weg finden?
Es gibt kein Pauschalrezept, denn jedem hilft bekanntlich etwas anders. Ein guter Anfang ist jedoch, Dinge gelassener zu sehen, unter anderem indem man nicht an Emotionen anhaftet oder sie dramatisiert. Auch kann man lernen, sich seine Bedürfnisse zu verdeutlichen und zu versuchen, diese mehr in den Alltag zu integrieren. Manchmal hilft es auch sich einzugestehen, dass man traurig ist und die Wut nur eine Kompensation darstellt, denn für viele fühlt es sich besser an, wütend zu sein, als Trauer zu empfinden. Erstere aktiviert uns, Letztere kann uns auch lähmen, und das halten viele nicht aus. Der Weg dahin ist

zwar manchmal steinig, aber es ist nicht unmöglich, über den eigentlichen Schmerz der Wut zu entgehen und sich gegebenenfalls Trost zu suchen.

3. Was kann das Umfeld tun, um sich bei Wut und Aggression zu schützen?

Am besten sind deeskalierende Maßnahmen und Akzeptanz. Mit Akzeptanz ist nicht gemeint, einfach alles hinzunehmen (das wäre Resignation), sondern sich die Emotion, das Gefühl anzusehen, ohne es sofort zu bekämpfen, und erst später zu handeln. Es führt zu nichts, mit einem Menschen, der sich gerade in einer Wutspirale befindet, zu diskutieren und ihn weiter zu reizen. Am besten lässt man diese Person erst einmal in Ruhe. Die Situation zu verlassen kann schon sehr hilfreich sein. Wichtig ist aber auch, den anderen zu verstehen, nachdem die Emotionen abgeklungen sind. Ein Gespräch kann dabei helfen. Speziell Menschen mit narzisstischen Persönlichkeitszügen zeigen vor allem dann massive Wutreaktionen, wenn sie sich angegriffen fühlen oder den Eindruck haben, die Kontrolle zu verlieren. Das ist dann durchaus auch irrational und für den anderen in der Intensität nicht nachvollziehbar. In der Regel entsteht Wut aufgrund eines Triggers (Auslösers) und der Unfähigkeit, mit den daraus erzeugten Gefühlen, wie unter anderem Trauer, Ekel, Scham und Schuld, umzugehen. Das Gegenüber fungiert in dem Moment als Projektionsfläche, ist aber in Wahrheit oft gar nicht gemeint. Kommt es jedoch immer wieder zu solchen Wutattacken beim Partner, bei der Partnerin oder beim Freund, dann gilt es, auch sich zu schützen, eine Trennung zu erwägen oder eine Paartherapie zu beginnen.

4. Als Kind wird einem gern gesagt: „Männer weinen nicht", oder: „Sei tapfer", oder: „Sei kein Weichei". Welchen Rat haben Sie für die Eltern diesbezüglich?

Auch die Eltern waren mal Kinder und geben nun ihre eigenen in der Kindheit erworbenen Einstellungen und Gefühle oft unbewusst an die Kinder weiter. Wichtig ist, dass die Eltern die Wut/Aggression oder Trauer der Kinder ernst nehmen. Auch kann es helfen, die eigenen Gefühle nicht vor dem Kind geheim zu halten. Das Kind kann nur lernen, mit seinen Gefühlen oder Emotionen umzugehen, wenn man ihm auch die Möglichkeit gibt, diese zu zeigen und bei anderen wahrzunehmen, und selbst als Modell fungiert. Wenn das Kind permanent dazu angehalten wird, Emotionen zu unterdrücken, kann es später als Erwachsener oft kein Mitgefühl für sich oder andere zeigen. Weinen ist nicht gleich Schwäche, Wut manchmal angebracht, es kommt dabei jedoch immer auf die Situation bzw. auf den Kontext an. Es geht also eher darum, diese Gefühle auszuhalten und zu lernen, sie so zu regulieren, dass sie uns nicht beherrschen. Mein Team und ich forschen momentan sehr viel dazu, wie sich Gefühle so regulieren lassen, dass Menschen ihre Gefühle als wertvoll und nicht als störend ansehen (unter anderem Barnow, *Gefühle im Griff*, 2017). Ein Kind muss diese Erfahrungen also machen, und es muss Emotionen zeigen dürfen – nur so kann es lernen, diese auch zu regulieren.

5. Aggression unter Geschwistern: Wann sollten Eltern einschreiten? Wie viel Aggression ist noch vertretbar und wie körperlich darf dieser Streit werden?

Streit unter Geschwistern ist normal und manchmal auch wichtig. Wie in jeder Beziehung kann ein Streit auch reinigend wirken und neue Perspektiven eröffnen. Sobald das Kind aber instrumentelle Gewalt einsetzt und sein Gegenüber körperlich quält (beispielsweise an den Haaren ziehen, beißen etc.), sollte eingegriffen werden. Instrumentelle Aggression (also das Einsetzen von Gewalt zur Durchsetzung eigener Ziele und Einschüchterung anderer) ist hingegen problematisch und oft ein erstes Anzeichen antisozialer und gar psychopathischer Persönlichkeitszüge. Kommt dies häufig vor, sollten Eltern eingreifen und sich Rat bei einem Psychotherapeuten holen. Je früher, desto besser.

Herrn Professor Barnows Antworten auf meine Fragen waren für mich sehr bereichernd. Persönlich bedeutet mir sein Beitrag eine ganze Menge, auch weil er das, was ich erarbeitet habe, ergänzt und unterstreicht und damit das Thema Wut und Aggression abrundet.

Über Sadismus:

mit Auszügen von Claudia Brockmann (Hamburger Kriminalpsychologin)

Menschen, die in ihrer Kindheit schwere Kränkungen und Demütigungen erfahren haben, können extrem gewalttätige Fantasien entwickeln. Kinder, die Zeugen wurden, wie der Vater die Mutter vergewaltigt, oder gar selbst das Opfer von körperlicher und sexueller Gewalt sind, können später ebenso dissozial-sadistisch-schizoide oder narzisstische Muster der Eltern als Coping-Stil bzw. Bewältigungsmuster eigener Aggressionen entwickeln. Wenn die anfänglichen Gedanken so extrem und stark werden, dass sie ausgelebt werden müssen, um eine gewisse Befriedigung oder Kompensation (nicht nur im sexuellen Sinne) zu erlangen, spricht man von instrumenteller Gewalt bzw. Sadismus. Manche Straftäter beschreiben in ihren Biografien, dass sie beim Ausleben ihrer Fantasien Gefühle von Macht und derartig viel Genugtuung verspürten, dass sie danach süchtig wurden. Der Konsum von sogenannten Rape- und Snuff-Videos (Folter- und Vergewaltigungspornos) bot nur eine vorübergehende Befriedigung. Vor allem Sexualstraftätern bereitete „normaler Sex" keine Freude, während sie erst beim erzwungenen und teilweise sadistischen Verkehr etwas fühlten, wahrnahmen. Fakt ist aber auch, dass nicht jeder Mensch mit sadistischen Gedanken und Fantasien zum Straftäter werden muss.

Jeder Mensch hat Fantasien, die ihm helfen, sich zwischendurch aus der Realität zurückzuziehen, wenn diese gerade unbefriedigend oder belastend ist. Junge

Mädchen träumen vielleicht vom Prinzen, der sie auf Händen durchs Leben trägt, und Jungs davon, ein Held zu sein. Auch Erwachsene träumen, beispielsweise davon, dem Chef mal eine reinzuwürgen, jemanden umzubringen oder (im finanziellen Sinne) reich zu sein. Diese Fantasien befriedigen Bedürfnisse. Sie beheben Mängel, etwa an Anerkennung, Bestätigung und Zuwendung, oder sie können Kränkungen lindern. Werden diese Kränkungen oder Verletzungen jedoch sehr häufig erfahren oder sind sie sehr groß (z. B. häufiger emotionaler Missbrauch durch Bezugspersonen oder Mobbing), können die Fantasien besonders viel Raum einnehmen. Dies führt dazu, dass diese Gedanken zu Tagträumen werden, die schließlich auch in der Realität ausgelebt werden. Am Ende spricht man im Fachjargon von Abartigkeit oder Perversion.

Für Menschen, die kein Fachwissen über die Borderline- oder Narzisstische Persönlichkeitsstörung haben oder sich nur in unabhängigen Foren fadenscheinig informieren, ist es normalerweise schwierig, das Ausmaß der Verzweiflung zu verstehen, dass die Betroffenen in diesem Modus erleben. Die Betroffenen sind teilweise oft selbst abgestoßen oder verwirrt von der Intensität der Gefühle, denen sie sich hilflos ausgeliefert fühlen. Sie befinden sich im Überlebenskampf (Überkompensationsmodus Wut und Rache).

6 Über die angeblichen Opfer des Narzissmus

Narzisst oder Arschloch?

Die Frage ist natürlich sehr provozierend gestellt, aber seien wir doch einmal ganz ehrlich, wer hat wirklich so viel psychologisches Wissen und die nötige Erfahrung, um diesen Unterschied wirklich beurteilen zu können?

Seit ich mich wieder intensiver mit dem Thema beschäftige, ist mir aufgefallen, es hat sich über die Jahre mehr verschärft als gebessert. Was und wie meine ich das? Wenn ich in den sozialen Medien und in den Foren lese, fällt mir immer wieder Folgendes auf: Die Anzahl der vermutlich betroffenen Menschen mit einer narzisstischen Persönlichkeitsstörung ist deutlich geringer als die Anzahl der sogenannten „Opfer" im Internet. Trotzdem dichten sie ihren Partnern oder Ex-Partnern die Diagnose narzisstische Persönlichkeitsstörung an!

Da stimmt doch irgendetwas nicht, oder?

Bedeutet dies, die Diagnose narzisstische Persönlichkeitsstörung wird zur Modediagnose? Oder haben die sogenannten „Opfer" mehr Erfahrung und Ahnung als Psychologen oder Psychiater? Oder war der Ex vielleicht doch einfach nur ein Arschloch?

Sind sich die betroffenen Ex-Partner eines vermuteten Narzissten eigentlich darüber im Klaren, was das für sie selbst bedeutet?

Ist es nicht so, dass eine lange Beziehung mit einem Menschen mit einer Persönlichkeitsstörung für einen „gesunden" Menschen nicht völlig unmöglich ist? Ist es nicht so, dass Partnerwahl nie Zufall ist? Treffen sich vielleicht sogar zwei psychisch kranke Menschen? Die eine Person ist der narzisstisch Gestörte, die andere Person co-abhängig oder hat vielleicht eine dependente Persönlichkeitsstörung. Sonst würde das doch nicht wirklich so lange funktionieren.

Wissen die „Opfer" das wirklich? Wie gehen sie damit um?

Bleibt nur noch einmal die Frage zu stellen: „Oder war der Ex doch einfach nur ein Arschloch?"[47]

6.1 Die narzisstische Kollusion – Wenn Narzisst und Co-Narzisstin aufeinandertreffen

in Zusammenarbeit mit dem Essener Paartherapeut Hilmar Benecke

Es gibt Ratgeber zu der Frage, wie man sich von einem Narzissten trennt oder wie man sich ihm gegenüber verhalten soll. Ebenso wird in vielen Internetforen oder

Gruppen bei Facebook darüber diskutiert, wie man mit seinem narzisstischen Partner umgeht bzw. wie er mit einem selbst umgegangen ist. Darin findet man aber häufig nichts zum Umgang mit sich oder seiner eigenen narzisstischen Bedürftigkeit, die vor der Beziehung schon vorhanden war und/oder während der Beziehung gefüttert wurde. Leider sind solche Ratgeber oder Gruppen wenig hilfreich, wenn es darum geht, selbst zu reflektieren. Der Narzisst wird häufig oder gar immer als der böse Teil in der Beziehung bzw. als Täter dargestellt, obwohl es niemals seine Absicht war, böse zu sein, es sei denn, er ist maligne, aber dann liegt bekanntlich nicht bloß eine narzisstische Persönlichkeitsstörung vor. Die Frau dagegen ist das Opfer, obwohl sie eigentlich während der Beziehung als Co-Narzisstin in Erscheinung trat bzw. zur Co-Narzisstin wurde.

„Warum war ich so lange mit dem Narzissten zusammen? Warum habe ich mich manipulieren lassen? Ich hätte mich schon viel früher trennen können, aber ich konnte nicht – warum?" Diese Fragen werden nicht beantwortet, geschweige denn überhaupt gestellt. Als Opfer ist es wunderbar einfach, die alleinige Schuld beim Täter zu suchen, denn Selbstreflexion ist zu anstrengend und teilweise auch gar nicht mehr möglich. Wut ist ein wichtiger Bestandteil des Trauer- und Verarbeitungsprozesses. Leider wird diese „narzisstische" Wut sehr oft am falschen Ort gegen das falsche Objekt gerichtet. Jeder Mensch hat erwiesenermaßen narzisstische Anteile in sich, aber nicht jeder Mensch ist dadurch im Sinne des ICD-10 an einer narzisstischen Persönlichkeitsstörung erkrankt. Viele Narzissten sind sich oftmals nicht bewusst, dass sie daran erkrankt sind und ihr Umfeld unter ihnen leidet. (Ich bin normal, weil ich es nicht anders kenne.)

In der „narzisstischen Kollusion" treffen sich Narzisst und „Co"- bzw. „Komplementärnarzisst" zur wechselseitigen Befriedigung ihrer Bedürfniswelten. Während der eine die Bewunderung, Verehrung und Bestätigung genießt, fühlt sich der andere durch die demonstrierte Grandiosität und gegebenenfalls durch die materiellen Erfolge des Partners mit aufgewertet. Dabei hat der Co-Narzisst meistens die gleichen seelischen Probleme (hohe Kränkbarkeit, Sehnsucht nach Akzeptanz, Liebe und Verständnis), wählt nur einen anderen Weg, um sein Defizit zu stillen. Er identifiziert sich mit dem überlegenen Partner, um über die Zugehörigkeit zum Idealisierten eine Aufwertung der eigenen Person zu erfahren. Daher müssen der Glorienschein erhalten und Mängel ignoriert oder ausgeglichen werden. (Ich liebe ihn doch!)

Der Komplementärnarzisst (oder auch der regressive Narzisst bzw. die dependente Persönlichkeit) empfindet die eigennützige Behandlung zunächst nicht als eine Zurücksetzung, sondern verspürt eine große Genugtuung, dem anderen zu Diensten zu sein und ihm dadurch Freude zu bereiten. Er will es dem Narzissten in jeder Hinsicht recht machen und ärgert sich oder klagt sich selbst an, wenn ihm dies nicht gelingt. Er opfert sich auf und lässt sich dadurch emotional missbrauchen. Und das bedeutet hier: Das Muster der Kindheit wird bedient, das Selbstbild genährt, die Glaubenssätze bestätigt.

Helfen können nur Menschen, die selbst keine Hilfe (mehr) benötigen. Das ist wie im Flugzeug: Bei den Sicherheitseinweisungen erklärt die Stewardess jedes Mal ausdrücklich, dass im Notfall jeder Mensch *zuerst sich selbst* die Sauerstoffmaske aufsetzen soll, bevor er bedürftigen Mitmenschen hilft. Dies gilt immer. Sich aufopfern, bis einem selbst die Puste ausgeht, führt nur dazu, dass *alle* Schaden erleiden. Die Co-Narzisstin erwartet in diesem Fall Dankbarkeit. Doch ihr Partner denkt, dass sie dies tut, weil sie ihn liebt, und dafür muss man sich nicht bedanken.

Die Idealisierung innerhalb einer Beziehung hat viel mit der Beziehung des Narzissten zur eigenen Mutter zu tun. Der Narzisst (oder auch das kleine Kind) denkt, er bekomme nur unter bestimmten Voraussetzungen die Liebe und Anerkennung seiner Mutter, und unterdrückt somit seine eigenen Gefühle. Er bekommt den Eindruck vermittelt, dass sich echte Gefühle wie Trauer oder Wut nicht lohnen oder dass die eigene Verletzlichkeit nicht gern gesehen wird. Andersherum ist das Kind dazu da, die narzisstischen Anteile der Mutter zu füttern, um dadurch die benötigte Aufmerksamkeit zu erfahren. Um das Bild der Liebe der Mutter zu schützen, idealisiert der Narzisst seine Mutter und lässt keine negativen Gefühle zu oder verleugnet ihre Fehler; er bekommt die Liebe von seiner Mutter nur, wenn er ihren Erwartungen entspricht und auf seine Bedürfnisse keinerlei Rücksicht nimmt. Dieses Abhängigkeitsverhalten überträgt sich dann am Ende auch auf die Partnerin oder Co-Narzisstin. Der Narzisst tut am Anfang alles, um die Liebe seiner Partnerin zu erhalten. Er umgarnt sie mit viel Charme. Die Partnerin genießt die Aufmerksamkeit und Bestätigung ihres Partners in vollen Zügen. Gleichzeitig aber hat der Narzisst Angst vor einer Einmischung in seine Autonomie, weil er in dem Punkt eine große Verletzlichkeit offenbart. Im Ergebnis erleben die Partnerinnen von Menschen mit hohen narzisstischen Persönlichkeitsanteilen meist ein Wechselbad der Gefühle von Anziehung und Abstoßung. Erobernde Werbung oder kalte Zurückweisung werden danach gesteuert, wo die ersehnte Bewunderung gerade am vielversprechendsten oder am „sättigendsten" erscheint: ob vom Partner oder in der „freien Wildbahn". Ist der narzisstische Partner zu lange auf Bestätigungsentzug, wird er schnell zu einem Ausbund an schlechter Laune und ewiger Kritik. Die Partnerin wird emotional entbehrlich, weil sie ungewollt viele Persönlichkeitsmerkmale der narzisstischen Kindsmutter angenommen hat. Gleichzeitig werden ihre eigenen narzisstischen Anteile gefüttert: Sie hat sich an die Bestätigung und Anerkennung gewöhnt. Damit hat die Übertragung bereits angefangen.

Die typischen Partnerinnen von **Narzissten** (es gibt freilich auch andere) sind bescheidene Menschen, die es gewohnt sind, sich anzupassen und ein geringes Selbstwertgefühl zu entwickeln. Sie sind von Kindheit an daran gewöhnt, zurückzustehen und entwertet zu werden; sie haben gelernt, ihre eigenen Wünsche nicht so wichtig zu nehmen und sich auf die Bedürfnisse anderer einzustellen. Diese Menschen neigen dazu, ihr Ideal-Selbst, das heißt die Vorstellung davon, wie sie sein möchten, auf einen idealisierten Partner zu projizieren, um sich so mit ihm zu identifizieren und zu einem eigenen akzeptablen Selbst zu gelangen. Die Partnerinnen leben den Modus der Unterwerfung.

An diesem Punkt können sie nicht mehr ohne diese Form der Zuwendung leben und machen sich von ihrem Partner abhängig. Sie tun nun alles, um die Bestätigung ihres Narzissten zu erhalten. Sie unterwerfen sich, oftmals aus Angst vor weiteren Verletzungen oder einer Zurückweisung. Der Narzisst suggeriert seiner Partnerin dann in abwertender Weise, dass sie ohne ihn nicht sein kann, und sie glaubt ihm oftmals. Sie nimmt damit die Rolle des Opfers ein, die der Narzisst in der Beziehung zu seinen Eltern innehatte – mit dem feinen Unterschied, dass die Partnerin kein Kind mehr ist.

Zu einer Partnerschaft gehören allerdings immer zwei – und jeder trägt für das, was er tut und lässt oder was er zu erdulden bereit ist, selbst die Verantwortung. Für Beziehungen, in denen die jeweiligen neurotischen Schwächen der Partner wie Schlüssel und Schloss zusammenpassen, hat der eidgenössische Paartherapeut Jürg Willi den Begriff der „Kollusion" geprägt.

> Man darf nicht unterschätzen, dass der Narzisst ob seines ungehemmten Egoismus auch Schuldgefühle hat. Diese werden jedoch in aller Regel verdrängt oder projiziert bzw. wandeln sich um in Aggression, Kritiksucht und sogar Demütigung des Co-Narzissten. Opfert sich dieser daraufhin noch mehr auf, wird er noch devoter, so verstärken sich wiederum sowohl Schuldgefühle als auch Kritik des Narzissten. Das heißt, er wird umso mehr Täter, je mehr der andere Opfer wird und umgekehrt. Es kann nun sein, dass der Narzisst die abhängige, teils demütige Haltung des kritiklosen Bewunderers als einengend, unwürdig oder gar verachtenswert empfindet oder er einen gesellschaftlich höherwertigen Bewunderer findet, der die Brüchigkeit seines Charme-Repertoires noch nicht durchschaut. Oder es reift beim Co-Narzissten irgendwann der Impuls heran, selbstständiger zu werden. Dann beginnt er, sich gegen die als demütigend erlebte Selbstherrlichkeit des narzisstischen Partners zu wehren, und begehrt gegen dessen kalte Rücksichtslosigkeit auf. Im darauffolgenden Stadium gegenseitiger Schuldzuweisungen bleibt den Betroffenen der entscheidende Erkenntnisschritt in aller Regel verwehrt: dass es erforderlich ist, den aktuellen Konflikt mit den anfänglichen, jeweils beziehungsstiftenden Bedürftigkeiten in Bezug zu setzen. Die meisten diagnostizierten Narzissten haben aus diesem Grund auch

den Kontakt zu ihrer Mutter abgebrochen, weil die Mutter sich nach wie vor in das Leben des Narzissten einmischt und seine Autonomie mit Füßen tritt, um am Ende ihre eigene Bedürftigkeit nach Anerkennung und Bestätigung zu stillen, während der Narzisst gezwungenermaßen auf seine Bedürfnisse verzichtet, um die Liebe der Mutter nicht zu verlieren. Im Ergebnis benötigen nun beide eine Therapie: der Narzisst wegen seiner Mutter und die Partnerin wegen ihres Narzissten und wahrscheinlich auch wegen der mit in die Beziehung gebrachten Bedürftigkeiten.[48]

Frau Nadine Offermann antwortet (II)

Warum übersehen Partnerinnen von Narzissten ihren eigenen Anteil bzw. ihr eigenes Muster und glauben, ihr Typ sei ein Narzisst bzw. passe in das Bild, das im Internet von einem Narzissten gezeichnet wird, weshalb sie selbst keine Hilfe bräuchten?

Eine sehr interessante Frage. Grundsätzlich gehören zu einer klassischen Paarbeziehung immer zwei Parteien. Diese zwei Parteien haben ihre jeweiligen Schemata biografisch erworben. Die Schemata laufen zunächst automatisiert ab und sorgen für die jeweilige Dynamik innerhalb der Beziehung. Diese Dynamik kann förderlich sein oder problematisch. Gerade innerhalb der Paartherapien, die ich anbiete, ist die Analyse der Beziehungsdynamik ein wichtiger Bestandteil. Durch die individuelle Analyse der Biografie mit dem jeweiligen Beteiligten werden die unbewussten Schemata aus der Biografie deutlich und können konstruktiv gemeinsam bearbeitet werden. Zu sagen, der sei schuld, ist zu plakativ.

Wenn man sich grundsätzlich die Reviktimisierungsrate anschaut, wird sehr schnell deutlich, dass Menschen mit frühen Gewalterfahrungen sehr häufig Opfer weiterer gewalttätiger Übergriffe werden. Diese Wiederholungen entstehen vor dem Hintergrund der erworbenen Schemata, welche die Wahrscheinlichkeit erhöhen, problematische Beziehungen zu führen. Speziell bei Narzissten erlebe ich es häufig, dass sie von der Ehefrau oder anderen Angehörigen geschickt werden. Andere teilen ihnen mit, dass es so nicht weitergeht.

6.2 Wenn Opfer bzw. Co-Narzisstinnen ihre eigenen Anteile übersehen

„Ich bin nicht krank, also muss ich mich auch nicht ändern". Ein Trugschluss, leider. Wie eben beschrieben, sind die Partnerinnen von Narzissten oft unterwürfige oder devote Personen, die durch die Aufwertung des Narzissten – oft idealisiert der Narzisst jene Anteile seiner Partnerin, die bei ihm selbst nur schwach ausgeprägt sind – ebenso eine Aufwertung ihrer eigenen Person erfahren. Oft heißt allerdings nicht immer. An einen Narzissten kann jeder geraten, denn wie erwähnt versteht es ein (nicht diagnostizierter) Narzisst, seine Partnerin derart mit seinem Charme um den Finger zu wickeln, dass sie gar nicht bemerkt, dass ihr Bewunderer dies nur tut, um selbst bewundert zu werden (er tut dies allerdings niemals in bewusster Absicht, ihr zu schaden). Hat die Partnerin sich bewusst gemacht, in was für einer Beziehung sie steckt, gilt es für sie, selbst zu reflektieren, warum sie dafür empfänglich war und vor allem wie sie in Zukunft damit umgeht. Tut sie dies nicht, handelt sie ebenso uneinsichtig wie ihr narzisstisch gestörter Partner und kann nicht unbedingt auf das Verständnis ihres Umfeldes zählen.

Sie hat schlimme Demütigungen erfahren und wurde ihrer Autonomie beraubt – das steht außer Frage, und dafür verdient sie unser Mitgefühl. Die Antwort, warum es dazu kam oder gar kommen musste, wird sie aber nicht in ihrem Ex-Freund finden, sondern nur in sich selbst. Nicht umsonst heißt es im Volksmund: „Man bekommt, was man verdient", oder: „Was man aussendet, empfängt man." Und jeder Topf findet seinen Deckel. Der Narzisst blendet, um sich zu schützen (er überspielt sein falsches Selbst). Die Co-Narzisstin (oder auch die dependente Frau) lässt sich blenden. Sie genießt die Aufmerksamkeit und sucht am Ende am falschen Ort nach einer Antwort für das Scheitern der Beziehung.

Ihr Ex, wenn er denn noch nicht diagnostiziert ist, bei dem aber mit hoher Wahrscheinlichkeit eine narzisstische Persönlichkeitsstörung vorliegt (er kann freilich auch unter etwas anderem leiden), wird ihr diese Antwort nicht geben können. Dafür hat er viel zu große Angst, selbst verletzt zu werden, was dann wie beschrieben zu einem Selbstverlust führen würde, der unbedingt abgewehrt werden muss. Ob sich der Narzisst helfen lässt, ist allein seine Entscheidung; entscheidet er sich dafür, verdient das in jedem Fall Respekt und Anerkennung. Das gilt auch, wenn man sich selber Hilfe sucht! Und kommt es zu einer gemeinsamen Paartherapie, kann man sowohl dem Narzissten als auch seiner Partnerin nur dazu gratulieren. Es heißt ja nicht umsonst: „In guten wie in schlechten Zeiten."

> Also ich war ja auch schon in diesem „Drama-Dreieck". Ich finde es überheblich, nur einer Seite (dem sogenannten Narzissten) die ganze „Schuld" aufzubürden. Es machen immer beide bei diesem Nähe-Distanz- aka „Retter-Verfolger-Opfer"-Spielchen mit, sonst gäbe es ja das Spielchen gar nicht. Einige der Opfer von Narzissten sind selbst Narzissten und gefallen sich in der Opferrolle. Sie finden sich ebenfalls sehr wichtig und spielen oft lange mit.
>
> Eine meines Erachtens sehr reflektierte Co-Narzisstin[49]

Dass man im Falle einer Trennung und/oder nach erfolgter Therapie wieder an einen Narzissten gerät, ist nicht sehr wahrscheinlich, kann aber auch nicht ausgeschlossen werden. Manche Co-Narzisstinnen vermissen nach einiger Zeit, wie es zu Beginn ihrer Beziehung war, als sie die Wertschätzung und Bewunderung erfahren haben, die sie vielleicht auch brauchten. Fast jede Frau bekommt gerne Komplimente. Nach einer erfolgreichen Aufarbeitung der eigenen Anteile kann die Getroffene jedoch stark genug sein, sich gegen den dominanten unreflektierten Narzissten zu wehren. Die Gefahr, die dabei besteht, ist, dass sie in jedem Mann, der ihr ein Kompliment macht oder ihr sagt, dass er sie mag, einen Narzissten sieht. Größer ist die Gefahr der Verallgemeinerung allerdings, wenn keine Aufarbeitung stattgefunden hat. Wurde die Partnerin so verletzt (oder auch narzisstisch gekränkt bzw. vernachlässigt), dass sich ihr Co-Narzissmus zu einer eigenen Persönlichkeitsstörung entwickelt hat (bevorzugt Narzissmus oder Borderline), befindet sie sich selber in der Spirale des Verdrängens und Nicht-Erkennens bis hin zur vollständigen Entwicklung eines dysfunktionalen Modusmodells mit entsprechenden Bewältigungsmechanismen.

Narzissmus ist übertragbar. Man nennt es auch Coping-Stil, Bewältigungsstrategie oder Bewertungsmuster, nach dem man sich verhält, um das Bild, das man von sich hat, zu bestätigen oder abzuwehren. Ein diagnostizierter Narzisst erfährt beispielsweise innerhalb einer Therapie, dass die Gründe für seine Erkrankung in seiner Kindheit zu suchen sind (Verhältnis zu Bezugspersonen: vor allem zur Mutter, aber auch zum Vater oder zu anderen an der Erziehung beteiligten Personen – also narzisstische Besetzung innerhalb seines Werdens). Und auch in einer Beziehung kann eine Übertragung der Krankheit stattfinden, ohne dass man dies selbst bemerken muss. Ist dieser Fall eingetreten, verhält man sich automatisch und oftmals ohne es zu merken genau so wie die Person, die einen mit dieser Störung infiziert hat, nämlich wie der ehemalige Partner (der Narzisst oder, wenn man es genau nimmt, die eigenen Eltern).

> Ich habe mir vor einiger Zeit das Buch von Joe Navarro – *Die Psychopathen unter uns* – durchgelesen. Es ist erschreckend, was für Leute unter uns weilen. Im narzisstischen Kapitel erkannte ich meine Ex zum größten Teil wieder. Ich informiere mich gerne aus mehreren Quellen, um einen Gesamteindruck zu erhalten. Auch das hier Beschriebene trifft zum Großteil auf sie zu. Allerdings fand ich auch Infos, denen zufolge sich der männliche und weibliche Narzissmus unterscheiden.
>
> Ein Ex, der sich über seine Ex auskotzt[50]

Auffallend sind die Kämpfe mit dem Außen, in denen sich Narzisst und Co-Narzisstin wie beschrieben gegenseitig die Schuld in die Schuhe schieben, ganz nach dem Motto „Er ist schuld, weil er ist der Narzisst". Das in die Beziehung mitgebrachte Schema ist zumeist unbewusst und kommt auch erst in der narzisstischen Kollusion zum Vorschein. Die Schuldfrage wird deswegen leider oft überbewertet. Die eigene Energie wird auf den Kampf gerichtet, obwohl man selber es in der Hand hat, aus der Rolle auszusteigen. Vergessen wird dabei, dass der Narzisst einem nach der Trennung nichts mehr tun kann (es sei denn, man lässt es zu) und man selber nun die Verantwortung dafür trägt, wie man mit sich, seinem verletzten inneren Kind (narzisstischen Bedürftigkeiten) und seinen Mustern umgeht. Also sind ständige Selbstreflexion und Eigenverantwortung für sein inneres Kind und die daraus resultierenden Verhaltensweisen unerlässlich, um langfristig mit dem erlittenen Trauma oder dem Schmerz und dem daraus resultierenden Leid angemessen umzugehen.

> Und dennoch: Wir selbst dürfen solchen Wesen keine Macht geben! Sie verdienen Ignoranz und Verachtung! Das schulden wir uns selbst und allen anderen, die hier ihre Leidensgeschichte mit uns teilen!
> Diese Wesen sind eine einzige Lüge, berechnend, zerstörend, kalt wie etwas Lebloses. Ist sowas liebenswert? Lieben wir eine Lüge? Ja, im Bett sind sie leidenschaftlich. Aber auch dabei lügen sie und missbrauchen uns. Das sage ich mir ständig auf, um die Schmerztränen zumindest in Wuttränen zu verwandeln.
> Uns allen wünsche ich Kraft und Ausdauer für diesen Kampf! Den Narzissten wünsche ich nur den Tod, weg mit dem widerlichen Abschaum!!!
>
> Ein typischer „Opferbeitrag" einer Co-Narzisstin,
die zur „bösen Märtyrerin" wurde
und zum Kampf gegen Narzissten aufrief

Sich selber Vorwürfe zu machen oder zu fragen, was man hätte anders machen können, bringt oftmals keine befriedigende Antwort mit sich. Das Einzige, was man vielleicht hinterfragen sollte, ist, warum man es so lange erduldet hat, dass mit einem in dieser Weise umgegangen wird. Denn irgendetwas scheint die Getroffene ja an den Betreffenden gebunden oder an ihm fasziniert zu haben, dass sie es so lange ausgehalten hat.

Leider sind es immer die besonders schmerzhaften Erfahrungen, die das größte Potenzial an Weiterentwicklung und Heilung beinhalten. Steckt man jedoch noch mittendrin im Schmerz oder Chaos, ist man meist nicht fähig, den Sinn und das Wertvolle hinter dem Schmerz zu erkennen. Erst mit einem zunehmenden, bewussten Verarbeitungsprozess und zeitlichem Abstand, gegebenenfalls auch mithilfe eines einfühlsamen Psychotherapeuten mit neutralem Blick von außen und entsprechender Gesprächsmöglichkeit, kann man rückblickend irgendwann den Sinn erkennen, im besten Fall das Geschehene wirklich annehmen und dazu innerlich sagen: „Ja, es hat alles seine Richtigkeit", vielleicht sogar mit Dankbarkeit für das daraus Gelernte, und das neue Wissen und das dazugewonnene Stück Selbstwertgefühl in eine etwaige neue Beziehung mitnehmen.

> Ich frage mich seit Jahren, ob ich im klassischen Sinne lieben kann. Es ist, als ob ich „liebe", was ich nicht haben kann. Das ich Frauen „liebe", die emotional nicht verfügbar sind. Meistens Frauen mit Borderline, mit denen ich die dysfunktionale Beziehung, die ich früher mit meiner Mutter hatte, wiederhole. Ich konnte nie Liebe von meiner Mutter bekommen und versuche diese Liebe jetzt von meiner Partnerin zu erhalten. Diese ist aber oft selber nicht in der Lage, Liebe zu geben. Ich bin mir nicht mal sicher, ob ich jemanden ohne eine Cluster-B-Persönlichkeitsstörung überhaupt lieben könnte (das war zumindest zum Zeitpunkt, wo ich dies schrieb, so; ich glaube mittlerweile, es geht doch). Oft „liebe" ich zwei Frauen gleichzeitig. Mal die eine, mal die andere. Je nachdem wer mir bessere narzisstische Zufuhr gibt. Ich fühle mich deswegen manchmal schuldig. Meine Partnerin ist einer der wenigen Menschen, dem ich Mitgefühl und Reue entgegenbringe. Außerdem denke ich, dass ich nur in eine idealisierte Fantasieversion der Frau verliebt bin, aber nicht in die Frau selber. Nur in die narzisstische Zufuhr, die sie mir gibt, und wenn sie sich so verhält, wie ich es mir in meiner Fantasie vorstelle. Offensichtlich kann niemand die Fantasien eines Narzissten erfüllen, es sei denn, sie hätte selber eine Persönlichkeitsstörung. Aber in der Regel heißt das, dass meine Partnerin etwas tun wird, was nicht meiner Fantasie entspricht, und dies wird mich enttäuschen. Woraufhin ich dann wütend werde und sie abwerte. Das bedeutet, ich höre auf, sie zu „lieben". Meine Beziehungen sind von ständiger Abwertung und Idealisierung geprägt. Ich zeige dies aber selten, da ich weiß, dass es sich auch schnell wieder in die andere Richtung ändern wird. Aber es scheint auch so, dass ich mir unbewusst Frauen suche, die mich enttäuschen und verraten werden.
>
> Eine Art emotionaler Masochismus und selbsterfüllende Prophezeiung. Klingt das wie normale Liebe? Ich entwickelte üblicherweise eine Besessenheit, die mit Gefühlen einhergeht für meine Partnerin. Ich würde die gesamte menschliche Rasse für meine Partnerin ausradieren, wenn sie mich danach fragen würde. Aber liebe ich sie wirklich? Ich weiß es nicht – vielleicht auf meine eigene, verdrehte Art. Jeder Mensch definiert „Liebe" anders, und ich denke, das Gerücht, dass Narzissten nicht lieben können, ist Humbug. Unsere Liebe ist anders. Extrem, egozentrisch, besitzergreifend und oft auch toxisch. Ich bin seit ca. 20 Jahren wie besessen auf der Suche nach meiner idealen Partnerin. Viele Narzissten sind davon besessen, die perfekte Liebe zu finden (hängt vom Einzelnen ab, was das für ihn bedeutet). Ich bezweifle, dass ich sie je finden werde. Ich muss diese Idee von der perfekten Liebe aufgeben oder ich werde nie wirklich glücklich sein. Bis jetzt kann ich das noch nicht und werde weiter jemanden suchen, der meine Vorstellung von Liebe teilt. Logisch gesehen muss es ja narzisstische Frauen geben, die genauso denken wie ich. Ist leider nur wie die Suche nach der Nadel im Heuhaufen.
>
> Mark Becker, ein Narzisst aus Köln

Im Gespräch mit Annett Gaida

Manchmal gehen Beziehungen und Ehen trotz aller guten Vorsätze und Bemühungen auseinander. Dann kann es für die Beteiligten sehr unterstützend sein, sich professionellen Beistand zu holen. Sei es in Fragen zu dem eigenen Gefühlszustand, Schuldgefühlen dem Partner oder den Kindern gegenüber, Verlustgefühlen und Verlustängsten oder auch der Wunsch einer geführten Mediation, um die Beziehung wertschätzend und respektvoll zu beenden.

„Wenn sich eine Tür schließt, öffnet sich eine andere."

Oftmals ist es uns während eines Trennungs- oder Trauerprozesses nicht möglich, eine Trennung auch als Chance zu sehen. Wir verbinden mit dem Partner vieles und fürchten, dass Bedürfnisse nicht mehr erfüllt werden. Jedoch ist es nicht hilfreich, an etwas um jeden Preis festzuhalten.

Manch einer fühlt sich enttäuscht, traurig, betrogen, hilflos, ohnmächtig oder wütend und vielleicht auch irgendwie befreit. Doch wie mit diesem Gefühlschaos umgehen? All diese Gefühle beruhen auf Verletzungen des Selbstwerts, man sagt auch narzisstische Kränkung dazu.[51]

Beschrieben habe ich den Kampf von Narzisst und Co-Narzisst innerhalb einer narzisstischen Kollusion. Wenn wir, wie ich das in diesem Buch vorhabe, den Narzissten und die Co-Narzisstin entdämonisieren und mit gesundem Abstand die entsprechenden Dynamiken betrachten, bieten sich uns viele unerwartete Möglichkeiten. Eine Trennung kann schließlich auch ein Neuanfang sein und die Chance, sein inneres Kind neu kennenzulernen und ihm vielleicht endlich das zu geben, wonach es sich sein ganzes Leben schon gesehnt hat.

Wie man aus der emotionalen Abhängigkeit kommt und wie diese innerhalb der Beziehung oder gar vor der Beziehung entstanden ist, werden wir im siebten Kapitel noch näher betrachten. Was man aber schon davor tun kann, erzählt uns Annett Gaida, die wir bereits im vierten Kapitel als Paartherapeutin und Singleberaterin aus Berlin kennengelernt haben.

1. Liebe Frau Gaida, danke, dass Sie sich Zeit genommen haben für ein zweites Interview. Wie sollten sich Paare in Streitsituationen Ihrer Meinung nach verhalten? Wie streitet man fair?

„Es ist gut zu diskutieren, aber verheerend, sich zu streiten." (Javier E. Ivars, Prof. und Lehrstuhlleiter Universität von Navarra und Valencia)

Diskussionen sind gut und wichtig, Streitkultur müssen wir lernen. Wenn wir in Konfliktsituationen nicht wollen, dass der Meinungsaustausch zerstörerisch wirkt, sollten bestimmte Regeln eingehalten werden. Meist geht es in Streitsituationen ab einem bestimmten Punkt eher um das Rechthaben und nicht um eine Lösung. Und das ist dann ein Ego-Spiel. „Willst du recht haben oder lieben?" Beides geht nicht!

Wie kann man also verhindern, dass aus einer Diskussion ein Streit wird? Hilfreich ist hier zum Beispiel das 4-Ohren-Modell von Friedemann von Thun. In Streitsituationen hören wir statt der rein sachlichen Botschaft meist nur Vorwürfe und Kritik, so beispielsweise auf dem Beziehungs- oder Appellohr. Dann fühlt man sich schnell angegriffen und ist genervt und geht in die verschiedenen Modi, die wir schon seit Urzeiten kennen: Kampfmodus, Fluchtmodus oder Totstellmodus.

Um eine Diskussion zu entschärfen, sind folgende Formulierungen sehr hilfreich:

- Zustimmung: „Du hast recht mit dem, was du sagst." Dieser Satz wirkt einlenkend. Er sollte jedoch nur fallen, wenn man wirklich damit einverstanden ist.
- Gefühle zeigen: „Ich fühle mich ..., wenn du so etwas sagst." Oftmals ist dem anderen nicht richtig bewusst, wie verletzend oder berührend Gesagtes sein kann. Denn jeder hat seine eigene Gefühlswelt und bewertet sie subjektiv.
- Ernst nehmen und Interesse zeigen: „Es tut mir leid, wenn dich das verletzt hat. Sag mir, wie du dich fühlst, damit ich dich besser verstehen kann." Damit kann mein Gegenüber besser in meine Gefühlswelt eintauchen und mich verstehen. Dann kann es sogar passieren, dass sich seine Sichtweise ändert.
- Lösung finden wollen: „Wieso versuchen wir nicht, einander zu helfen?" Mit dieser Frage zeigt man, dass man sich eine positive Wendung der Diskussion wünscht und einlenken will.
- Fehler zugeben: „Ich habe einen Fehler gemacht und bin mir dessen bewusst." Diese Aussage zeigt dem anderen, dass man bereit ist, die Verantwortung zu übernehmen.

Letztendlich geht es aber oft darum, dass persönliche Bedürfnisse und Wünsche nicht erfüllt sind und wir in der Vergangenheit nicht gelernt haben, wie wir diese gut formulieren können. Zielführende Kommunikation in der Ich-Form anstatt in der Du-Form sind hier ebenfalls hilfreich. Anstatt „Du unterstützt mich nie ..." ist es zielführender zu formulieren: „Es ist mir wichtig / Ich wünsche mir, dass du mich unterstützt, indem du morgen den Einkauf erledigst." Erkläre ich meinen Wunsch (anstatt mich zu rechtfertigen), so ist die Wahrscheinlichkeit groß, dass der andere nicht in den Widerstand geht, sondern mir zuhört, Verständnis für mich aufbringt und bereit ist, mir meinen Wunsch zu erfüllten.

Wir sind oft in dem Irrglauben, dass wir den anderen mit Vorwürfen und Kritik zum Handeln bringen. Vielleicht tut der andere dann das, was ich will, aber er tut es nicht gerne, und er tut eher nur das Nötigste, und das mit Widerwillen. Das Problem ist beim nächsten Mal dann immer noch nicht gelöst und der Konflikt beginnt von Neuem.

Im Coaching frage ich meinen Klienten, ob er, wenn er Vorwürfe und Kritik hört, sich selbst damit gut fühlt und bereit ist, dann auf den anderen zuzugehen. Diese Erkenntnis gibt immer einen Aha-Effekt und die Erkenntnis, dass Vorwürfe und Kritik kein guter Ansatz sind. Hilfreicher ist es daher, sich zu fragen, wie man selbst behandelt werden möchte, und dies dann auch beim Partner so umzusetzen.

Wichtig finde ich, dass man sich die Meinung oder den Standpunkt des anderen wirklich anhört und erst einmal akzeptiert. Punkt. Und dann geht man in die Diskussion mit der Maßgabe, eine gemeinsame Lösung zu finden.

„Du darfst nicht vergessen, dass jede Diskussion mindestens drei Sichtweisen beinhaltet: deine, die deines Gesprächspartners und der anderen." (Napoleon Hill)

Im Streit gehen oft die Gefühle durch. Daher ist es so wichtig, sachlich zu bleiben, anstatt persönlich oder sogar beleidigend zu werden. Auf der sachlichen Ebene kann dann auch eine Lösung, die oftmals ein Kompromiss sein kann, gefunden werden. Und für den schlimmsten Fall sollte ein Codewort vereinbart werden. Wenn es fällt, wird der Streit *sofort* unterbrochen und die Gemüter können sich erst einmal wieder beruhigen. Erst dann führt man das Gespräch weiter mit deeskalierender Gesprächsführung (siehe oben).

2. Martin Koschorke sagte, dass Männer Probleme lösen und Frauen über Probleme reden, weil es befreit. Wie schafft frau es, ihren Partner im Problemfall adäquat anzusprechen, ohne dass das Ganze im Streit ausartet und umgekehrt?

So verallgemeinert würde ich das nicht sehen. Es stimmt, dass Frauen sich mehr mitteilen wollen als Männer – aus der Menschheitsgeschichte heraus gesehen völlig normal. Es gibt Frauen, die einfach nur erzählen wollen, um zu erzählen oder um Mitgefühl oder Aufmerksamkeit zu bekommen. Andere Frauen wieder reflektieren beim Erzählen und finden dadurch selbst die Antworten. Dann ist einfach nur Zuhören angesagt. Die Motive können also variieren.

Ich empfehle den Frauen, am Anfang des Gesprächs dem Mann zu sagen, ob sie einfach nur erzählen wollen, um es „raus" zu haben und sich mitzuteilen, oder ob sie seine Hilfe brauchen. Der Mann kann das natürlich auch die Frau fragen, nachdem er sich alles angehört hat. Dann ist die Intention klarer und der Mann weiß, welchen „Handlungsauftrag" er bekommen hat.

3. Was kann man tun, wenn man vom Partner sichtlich belogen wird? Was kann der Belogene tun, um wieder zu vertrauen? Und was kann der „Lügner" tun, um wieder Vertrauen herzustellen? Die gleiche Frage gilt für einen Seitensprung. Nicht alle Paar wollen sich deswegen trennen.

Für eine glückliche Beziehung ist es wichtig, dass man ehrlich ist und dem anderen vertrauen kann. Einfach ist das vielleicht nicht immer. Studien haben gezeigt, dass kleine Notlügen für die meisten Menschen alltäglich sind, um Konfliktsituationen zu vermeiden oder den Partner nicht zu brüskieren. Im Falle offensichtlichen Lügens sollte der Partner jedoch offen damit konfrontiert werden und es sollte darüber gesprochen werden. Menschen lügen meist, weil sie Angst haben, beispielsweise Angst, verlassen oder nicht so, wie sie sind, akzeptiert zu werden oder Ablehnung zu erfahren. Hier kann ein klärendes Gespräch viel bewirken.

Wenn das Vertrauen einen Knacks bekommen hat, ist es wichtig zu wissen, dass Vertrauen nur aufgrund positiver Erfahrungen wiederaufgebaut werden kann. Je mehr positive Erfahrungen, umso besser und umso schneller. Hier gilt es, sich Gedanken zu machen und darüber zu sprechen, woran derjenige erkennt, dass er wieder vertrauen kann. Das kann bei jedem unterschiedlich sein.

Lügen sollte nicht toleriert werden und Konsequenzen haben! Glaubhaft ist man nur, wenn die Konsequenzen dann auch konsequent umgesetzt werden. Es geht hier nicht um Bestrafung, sondern um Eigenverantwortung.

Bei einem Seitensprung spielen Faktoren wie zum Beispiel Monogamie oder Toleranz eine Rolle. Diese Thematik und mögliche Konsequenzen sollten vom Beginn einer Beziehung an besprochen werden und klar sein. Auch stellt sich hier für mich eher die Frage, warum jemand einmalig oder ständig Seitensprünge macht.

4. Wie unterscheiden Sie Idealisierung und echte Liebe? Wie machen Sie Ihren Klienten klar, dass sie „nur" jemanden idealisiert haben? Und wie gehen Sie damit um, wenn ein Patient Sie idealisiert?

Idealisierung ist ein Wunschbild, echte, bewusste Liebe ein Gefühl und das Wissen darum. Im Gegensatz zur Idealisierung bin ich mir in einer Beziehung mit echter Liebe der Stärken und Schwächen meines Partners bewusst, akzeptiere diese und weiß, wie ich damit umgehen kann. Dazu gehört eine gewisse emotionale Reife. Menschen, die einem idealen Partnerbild nachjagen, werden diesen so nicht finden. Hier spielen auch die vielen Hollywood-Filme eine prägende Rolle. Denn hier kommt der Prinz auf dem weißen Pferd und rettet die Prinzessin. Die Filme enden immer mit Happy End – entsprechen aber nicht der Realität. Wir glauben jedoch zu gerne, dass das im realen Leben auch so ist, und sind dann enttäuscht, wenn sich der Traumprinz oder die Traumfrau letztendlich als Traum entpuppt.

Die Erwartung des idealen Mannes bzw. der idealen Frau kann auch ein unbewusster Schutzmechanismus sein. Im Coaching stellt sich oftmals heraus, dass die Frau bzw. der Mann in einer oder mehreren früheren Beziehungen sehr verletzt wurde. Unbewusst wird dann ein Idealbild, das niemand so erfüllen kann, geformt, um nicht wieder sich einzulassen und verletzt zu werden.

Wenn Klienten zu mir ins Coaching kommen, geht es um deren Geschichte und wie sie da herauskommen, Lösungen finden, Entscheidungen treffen, gestärkt und selbstbewusster werden, um ihr Leben in die richtigen Bahnen zu lenken. Da ich im Bereich Beziehung selbst die vielfältigsten Erfahrungen positiver und negativer Natur gemacht habe, fließen diese in meine Arbeit ein. Für mich ist es wichtig, menschlich zu bleiben und auch zu meinen Schwächen zu stehen. Das schätzen meine Klienten. So bin ich eher ein Vorbild oder Mentor als ein Ideal.

5. Viele Paare kommen mit ihren Paketen in eine neue Beziehung. Es sind nicht nur die Pakete der Kindheit, sondern auch zuletzt gemachte Erfahrungen. Was sagen Sie Paaren, damit sie ihre vorangegangenen Erfahrungen loslassen, um sie nicht auf den neuen Partner zu projizieren, etwa wenn sie zu sehr eifersüchtelt, er zu sehr klammert etc.?

Leider ist es mit „sagen" nicht getan, denn hier zeigen sich tief im Unterbewusstsein verankerte und oftmals über Jahrzehnte konditionierte Muster und Glaubenssätze. Glaubenssätze sind per Definition Annahmen mit dem Gefühl der Richtigkeit. Die meisten Glaubenssätze werden im Alter von drei bis sechs Jahren geprägt. Die Erfahrungen, die wir als Kinder machen, zeigen dann, dass diese Annahmen in unserer Wahrnehmung richtig und wahr sind. Aus diesem Glaubenssatz heraus handeln wir und machen entsprechende Erfahrungen, die mit einem positiven oder negativen Gefühl verbunden sind und abgespeichert werden. Jede weitere Erfahrung prägt diese Annahmen, also diesen Glaubenssatz, und vertieft das damit verbundene Gefühl. Eine Studie der Harvard-Universität kam zu dem Ergebnis, dass jeder Mensch bis zum 18. Lebensjahr 150.000 negative Suggestionen hört. Danach sind es durchschnittlich 22 negative Suggestionen jeden Tag! Das erklärt dann auch, warum so viele Menschen kein hohes Selbstwertgefühl haben.

Im Coaching gibt es verschiedene Ansätze und Formate, wie diese Glaubenssätze und Gefühlsmuster durch neue neuronale Synapsenverbindungen unterbrochen und verändert werden können. Beispielsweise ist Eifersucht oder Klammern eine tief sitzende Angst, verlassen zu werden, und ein Zeichen fehlenden Vertrauens in sich selbst (Thema Selbstwertgefühl und Eigenliebe) wie auch zum anderen. Hier geht es also auch wieder darum, sich auf den Weg zu machen und sich zu reflektieren, aus der Opferrolle herauszukommen und zu lernen, Verantwortung für sich, seine Handlungen und sein Leben zu übernehmen.

Ich empfehle Paaren, die sich trennen, erst einmal die alte Beziehung zu beleuchten und verletzte Gefühle zu heilen. Oftmals ist die Trennung zwar im Außen vollzogen, jedoch nicht in der inneren Gefühlswelt. Dann werden Enttäuschungen, Wut bis hin zu Hass auf den neuen Partner übertragen und er wird stellvertretend für Dinge verantwortlich gemacht, die aus einer alten Beziehung herrühren. Das ist keine Basis für eine glückliche und erfüllte Beziehung.

6. Wenn in Ihren Paartherapie-Sitzungen ein Streit ausbricht, wie intervenieren Sie, und zwar so, dass sich keiner der beiden benachteiligt fühlt?

Wichtig ist, dass sich beide Partner gesehen und gehört fühlen. Beide Partner sind gleichwertig. Und es gibt kein Richtig oder Falsch, sondern es geht darum zu verstehen, was mein Handeln beim anderen bewirkt und wie er/sie sich damit fühlt. Dann kommt es meiner Erfahrung nach gar nicht zu einem Streit. Meinungsverschiedenheiten sind erlaubt und lassen sich klären.

Mit meinen Klienten bespreche ich eine meist neue Art der Kommunikation, unter anderem einander erst einmal ausreden lassen und hinhören. Das klingt einfach und selbstverständlich, kann aber in der Umsetzung eine ziemlich große Herausforderung sein. Ein weiterer wichtiger Punkt ist, dass die Partner so lange ihre Wünsche und Bedürfnisse in einer Art und Weise kommunizieren, dass der andere dies auch genau so versteht, wie es gemeint war. Das geht nur durch konkretes Nachfragen. Denn wir sprechen zu oft in Verallgemeinerungen und denken, dass der andere schon versteht, was wir meinen. Da sind Enttäuschungen und Konflikte vorprogrammiert.

7. Man sagt, dass dependente Frauen sich im Licht ihres narzisstischen Partners sonnen. Nach der Trennung sind sie dann oft hilflos. Was kann eine Frau tun, um den Trennungsschmerz bestmöglich zu verarbeiten, ohne dabei in Wut und Hass zu verfallen?

Ein zu wenig ausgeprägtes Selbstwertgefühl und mangelnde Liebe lassen sie sich dann hilflos bis hin zu wütend fühlen. Auch das Thema Eigenverantwortung ist enorm wichtig. In so einem Fall arbeite ich mit den Frauen erst einmal daran, ihre Gefühlswelt wieder zu beruhigen, sodass sie rational denken und handeln können. Auch ist es bei verlassenen Partnern oft so, dass sie abstürzen, weil sie glauben und dies in dem Moment auch fühlen, dass alle ihre Wünsche ans Leben, ihre Erwartungen und Werte, die sie mit dem Partner verbunden haben, nicht mehr erfüllbar sind und auch nicht mehr erfüllbar sein werden. Wichtig ist es daher erst einmal zu akzeptieren, dass der Partner sich getrennt hat. Positives Denken ist hilfreich, jedoch oft schier unmöglich in dieser Situation. Und trotzdem ist es wichtig, dass es noch so viele andere tolle Partner gibt, die gut zu einem passen.

Wenn wir in so einem Gefühlschaos stecken, haben wir auch keine gute Atmung. Diese ist jedoch enorm wichtig. Wenn man also gefühlsmäßig durcheinander ist, hilft es immer, sich auf seine Atmung zu konzentrieren und drei bis fünf Minuten bewusst tief ein- und auszuatmen. Wenn wir mit unserer Aufmerksamkeit bewusst unserem Atmen folgen, kommen die Gedanken zur Ruhe und die Gefühle beruhigen sich – man kann wieder klarer denken.

Wenn der Trennungsschmerz jedoch zu tief ist, empfehle ich einen Coach oder Therapeuten, der sich darauf spezialisiert hat. Der Prozess der Trauer gehört zu einer Trennung dazu, aber durch professionelle Hilfe kann er verkürzt werden und der Klient muss nicht so lange darunter leiden, sondern kann schneller damit abschließen und im besten Fall die Trennung als Chance sehen.

8. Wenn sich jemand, der gerade eine Trennung hinter sich hat, zu einem Coaching bei Ihnen entscheidet, auf was lässt er/sie sich dann ein?

Klienten, die zu mir aufgrund einer Trennungssituation kommen, bekommen zuerst einmal Unterstützung, die Trennung und die damit einhergehende Trauer und auch Wut zu verarbeiten. Sie tauchen in ihre Gefühlswelt ein und bekommen damit die Chance, blockierenden Mustern, die sie an einer glücklichen und erfüllten Beziehung hindern, auf die Spur zu kommen und sie nachhaltig aufzulösen. Ihre eigenen Wünsche, Werte und Bedürfnisse werden sichtbar gemacht, und der Prozess des Trauerns kann dadurch verkürzt werden.

Manche Klienten machen das erste Mal die Erfahrung, dass sie gemocht werden, wie sie sind. Andere lernen erst einmal, was ihre Wünsche und Bedürfnisse oder auch Ziele eigentlich sind und wie sie diese kommunizieren können. Neue Sichtweisen, positive Erfahrungen und Gefühle lösen dann den sogenannten „Dominoeffekt" aus, was zu mehr Selbstwert, Selbstbewusstsein und Eigenliebe führt. Das vermeintlich größte Unglück kann damit zum großen Glück werden. Dem Leben wird eine neue Wendung gegeben: Endlich können sie das Leben leben, das sie wirklich glücklich macht. Letztendlich ist es eine Reise zu sich selbst, zu mehr oder einem anderen Verständnis für sich selbst und andere, zu mehr Lebensfreude, Bewusstsein, Akzeptanz und Zufriedenheit.

6.3 „Aber ich liebe ihn doch, warum leidet er so"?

Wie Sie mit Ihrem Partner zusammenbleiben können. Die perfekte Konstellation heißt: (Selbst-)Liebe

mitwirkende Personen: Bärbel Wardetzki und Martin Koschorke

Man muss sich nicht immer trennen. Wo Liebe ist, wohnt auch Hass. Aber muss es dazu kommen, dass man sich hasst? Muss es dazu kommen, dass man in der Öffentlichkeit – vor allem bei Facebook – über seine Beziehungsprobleme redet? Muss man seinen Partner als den Bösen darstellen? Ich denke nicht. Reden hilft zwar und verschafft Erleichterung, aber am Ende des Tages sitzt man mit seinem Schmerz oder seiner Trauer über das Scheitern der Beziehung wieder alleine und fragt sich, wann das Leiden endlich nachlässt. Ich habe mich nun, um das Thema „toxische Beziehungen" oder „die narzisstische Kollusion" abzurunden, dazu entschieden, auch einen wohlwollenden Text darüber zu schreiben, um die Möglichkeit aufzuzeigen und gleichzeitig auch die Hoffnung zu geben, dass es auch anders geht.

Wenn Narzisst und Co-Narzisst (dependente Persönlichkeit oder auch Komplementärnarzisst) aufeinandertreffen und sich ineinander verlieben, muss es nicht im Krieg enden. Es kann auch eine ganz wundervolle Beziehung daraus werden. Diese Beziehung nennt man dann „Symbiose". Eine Abhängigkeit, die auf Dauer nicht gesund sein kann. Die perfekte Konstellation wäre die (Selbst-)Liebe und damit auch „lieben und geliebt werden" statt „lieben, um geliebt zu werden". Sie erreicht man durch die Erkenntnis, dass man ist, was man ist, und sich von außen gegebenenfalls Hilfe holt, damit eine perfekte Konstellation daraus werden kann.

Liebe bedeutet *nicht* emotionale Abhängigkeit oder unbegrenzte Leidensfähigkeit. Liebe bedeutet auch nicht, den Verstand oder jeden Bezug zur Realität zu verlieren. Das sind alles Zeichen für *Verliebtheit* – und Verliebtheit ist eher vergleichbar mit einem Drogenrausch denn mit Liebe. Wenn ich liebe, dann bedingungslos, mit allen Macken, Ecken, Kanten und Verletzlichkeiten, in guten wie in schlechten Zeiten, bis der Tod uns scheidet (im besten Falle). Wenn ich aber liebe, nur damit ich selber geliebt werde, dann stelle ich eine Bedingung, die ich selber nicht erfüllen kann, weil ich mich selber nicht liebe und damit auch meinen Partner nicht bedingungslos lieben kann.

Ich habe mich, was diese Frage anbelangt, explizit mit zwei Büchern befasst. Mit beiden Autoren hatte ich darüber hinaus bereits Kontakt. Beide haben es mir gestattet, mit ihren Werken zu arbeiten und sie zu zitieren. Am Ende dieses

Buches, wenn ich auf den Prozess des Schreibens und einige Therapiebausteine meiner eigenen Therapie eingehe, werde ich die beiden – Bärbel Wardetzki und Martin Koschorke – näher vorstellen.

> Liebe lässt Zeit vergessen.
> Italienisches Sprichwort

Wenn wir uns verlieben, vergessen wir alles um uns herum. Wir können sogar erblinden, während wir einen Platz im Herzen des anderen finden. Am Anfang ist wirklich alles schön. Man hat auf einmal Lust und Zeit für Dinge, für die man als Single weder Lust noch Zeit aufbringen konnte oder wollte. Die Motivation, ins Kino zu gehen, ist zu zweit viel größer als alleine – ist man allein, verbringt man die Abende lieber vor dem Fernseher. Was soll man auch alleine im Kino? Wir verbringen viel Zeit mit unserem neuesten Schwarm, schwelgen in großer Hoffnung, dass er oder sie der Richtige für uns ist. Nachdem wir so lange alleine waren oder unsere letzte Beziehung auf diese oder jene Art zu Ende gegangen ist, freuen wir uns einfach nur, endlich jemanden gefunden zu haben, von dem wir uns angezogen fühlen, bei dem wir uns wohlfühlen und der sich vor allem Zeit nimmt für uns, der Zeit mit uns verbringt, etwas von sich erzählt, uns erzählen lässt und uns somit das Gefühl gibt, verstanden zu werden. Unser neuer Partner hat absolute Priorität. Wir zählen die Minuten, bis wir uns wiedersehen. Jeder Augenblick, den wir zusammen sind, zählt zur wichtigsten Zeit in unserem Leben. Diese Anfangszeit ist kostbar, wir genießen jeden einzelnen Moment und wünschen uns, dass es möglichst lange anhält.

Wir gehen beide freiwillig einen Vertrag ein. Uns ist nicht mal bewusst, dass es ein Vertrag ist, weil er im Stillen geschlossen wird. Aber dennoch hat dieser Vertrag für uns erhebliche Konsequenzen. Wir beschließen in diesem unausgesprochenen, stillschweigenden Vertrag, ganz viel angenehme gemeinsame Zeit zu verbringen. Denn wir lieben uns. Wir gehören zusammen. Mit dir möchte ich leben. Zeit mit dir ist mir wichtiger als jede andere Beschäftigung. Ich denke nur an dich.

Solange man frisch verliebt ist, ist das wie ein Rausch. Aber man kann nicht ewig frisch verliebt sein. Irgendwann wacht man aus dem Rausch der Verliebtheit auf. Und dann kommt der Alltag. Und damit aus dem Alltag keine Tristesse wird, möchte ich Ihnen in diesem Zusammenhang etwas über die Gefühlswelt eines Narzissten erzählen, nämlich meine, darüber, wie ich die Anfangszeit einer Beziehung für mich erlebt habe.

Da ich mich nicht selbst lieben konnte, habe ich einfach genossen, es gesagt zu bekommen. Aber ich konnte dem Braten nicht wirklich trauen. Ich hatte viel zu große Angst davor, nicht um meiner selbst willen geliebt zu werden. Ich dachte also, ich müsste ganz besondere Dinge tun, um ihr immer und immer wieder zu zeigen, wie sehr ich sie liebe. Ich war nicht mehr ich selbst, weil ich dachte, wenn ich ich selber bin, dann bin ich nicht liebenswert. Ich habe jeden Fehler an ihr erst einmal hingenommen. Ich habe ihre Fehler aber nicht lieben können, weil auch ihre Fehler mir Angst machten und mich befürchten ließen, dass es am Ende nicht reicht. Also habe ich schon früh versucht, mir ihre Fehler schönzureden. Oder ich habe versucht, ihr dabei zu helfen, diese „vermeintlichen" Fehler loszuwerden. Wenn sie mich auf einen Makel ansprach, den sie vielleicht nicht als Makel sah, sondern als etwas Besonderes, konnte ich das nicht annehmen. Ich habe das dann sogar als Kritik aufgenommen und im Kopf schon angefangen, sie abzuwerten. Es war bereits jetzt eine Hass-Liebe. Gleichzeitig aber wollte ich unbedingt ganz viel Zeit mit ihr verbringen. Ohne sie ging es mir schlecht. Sie gab mir das Gefühl, wichtig zu sein. Ich habe mir immer Sorgen um sie gemacht und gedacht, wenn sie das tut, was sie tut, verliere ich sie. Also muss ich alles dafür tun, damit sie bei mir bleibt. Ohne sie konnte ich mir jetzt schon mein Leben nicht mehr vorstellen. Und ich dachte schon jetzt daran, mich wieder zu trennen.

Bärbel Wardetzki schrieb dazu in ihrem Buch *Eitle Liebe* Folgendes:

> Verliebtheit, sich gegenseitig verführen, verschmelzen in der gemeinsamen Grandiosität, das ist wie Feuerwerk. Die Gefühle sind heiß, die Begierde ist groß, das Erlöschen folgt auf dem Fuß. „Meine Beziehungen sind wie ein Lauffeuer. Das Feuer meiner Verliebtheit brennt so stark, dass es immer wieder zum Flächenbrand kommt. Meine Sehnsucht, Leidenschaft und Erwartungen sind so heftig, dass sie den anderen in die Flucht schlagen. Und dann bleibe ich in meinem Elend allein zurück und weiß, dass ich viel zu schnell viel zu viel wollte. Doch immer wieder falle ich drauf rein."
>
> Wer seine Hilflosigkeit mit allen Mitteln verteidigt, ist so mächtig, dass keine Unterstützung daran etwas ändern kann.

Bevor ein Narzisst nicht in der Lage ist, sich selbst zu lieben, wird er auch nicht die Liebe seiner Partnerin annehmen können, geschweige denn seine Partnerin aufrichtig lieben können. Zu oberflächlichen Gefühlen – und dazu zähle ich die „Verliebtheit" – ist der narzisstisch gestörte Mann durchaus in der Lage. Er wird aber, sobald es intimer wird, also sobald der Alltag kommt, seine verletzlichen Gefühle abspalten. Auch wird er versuchen, die verletzlichen Gefühle seiner Partnerin nicht an sich heranzulassen, denn täte er das, würde er sich schuldig und hilflos zugleich fühlen, weil er es auf sich beziehen und nicht wissen würde, wie er das ändern kann. Man spricht hier von der als eines der Hauptmerkmale identifizierten mangelnden Empathiefähigkeit gegenüber anderen.

Da der Narzisst schon gleich am Anfang mit seinen eigenen intensiven Gefühlen zu kämpfen hat, wird er alles dafür tun, dass es seiner Partnerin gut geht, sie also aus seiner Sicht keinen Grund hat, sich schlecht zu fühlen. Er wird sie permanent aufwerten und bestätigen, ihr Geschenke machen und seine eigentlichen Pflichten vernachlässigen, immer aus Angst, seine Partnerin zu verlieren. Damit sein Bild von ihr langfristig aufrechterhalten bleibt – sie ist seine Retterin –, wird er irgendwann anfangen, sie narzisstisch zu besetzen. Man spricht hier vom „expanded self", ein von Frank Petermann geprägter Begriff. Der Narzisst vereinnahmt sein Gegenüber für sich selbst. Das Gegenüber – die Partnerin – dient als Projektionsfläche seiner eigenen Gefühle. Die Gefühle der Partnerin werden nicht wirklich respektiert, sie dient vielmehr als „erweitertes Selbst". Was gut für mich ist, wird auch gut für sie sein. Wenn es mir gut geht, muss es ihr auch gut gehen, und wenn es mir schlecht geht, muss auch sie mitleiden. Im Internet kursiert dazu der Begriff des „Love Bombing".

Diese Erklärung muss für den Anfang erst einmal ausreichen. Mein Tipp an die betroffene Partnerin: Bleiben Sie Sie selbst, sagen Sie Ihrem Freund, dass sich an Ihren Gefühlen zu ihm nichts ändert, auch wenn es Ihnen nicht gut geht. Er braucht die Bestätigung Ihrer Liebe um jeden Preis. Gleichzeitig braucht er aber auch die Sicherheit, dass es nicht seine Schuld ist, wenn es Ihnen mal schlecht geht. Und zeigen Sie ihm, dass sie trotzdem gerne mit ihm zusammen sind, wenn es Ihnen mal schlecht geht. Verzichten Sie nicht darauf, gemeinsam angenehme Zeit miteinander zu verbringen. Dabei sollte aber nicht über Probleme gesprochen werden. Diese Einstellung enthält für beide Parteien eine wichtige Botschaft: „Du bist nicht mein Feind. Ich bin nicht dein Feind. Ich liebe dich, auch wenn es dir nicht gut geht oder wenn es mir nicht gut geht. Ich bin gerne mit dir zusammen."

> „Beziehungskultur" beginnt wesentlich mit dem Eingeständnis und der Suche nach den eigenen Schwächen, Fehlern, Behinderungen und Begrenzungen. Die große Frage, die uns ein Leben lang herausfordert, lautet: **„Wer bin ich wirklich?"** – und nicht, wie uns suggeriert wird: „Wie soll ich sein?"
>
> Hans-Joachim Maaz

Missverständnisse und Meinungsverschiedenheiten treten in jeder Beziehung auf. Wichtig ist dann aber, dass man bei sich bleibt und zu seinen Gefühlen steht. Wenn zwischen Ihnen beiden Probleme auftauchen, sozusagen dicke Luft herrscht, ist es wichtig, dass nicht gleich alles infrage gestellt wird. Lassen Sie sich auch von diesen Problemen niemals davon abhalten, trotzdem gemeinsam etwas mit Ihrem Partner zu unternehmen. Vermeiden Sie dabei aber, über das Problem zu reden. Machen Sie ihm keine Vorwürfe. Problemgespräche führt man nicht zwischen Tür und Angel, nicht während einer angenehmen Aktivität und schon gar nicht bei einem romantischen Candle-Light-Dinner. Kerzenlicht erweicht die Seele und der Wein die Zunge. Und Sie wissen ja selbst, dass man angeschwipst eher dazu neigt, seine Hemmungen fallen zu lassen, den anderen seine Meinung zu sagen. Im Endergebnis ist der romantische Abend im Arsch (für die ohne Schutzschild einfach nur im Eimer). Aber reden Sie trotzdem irgendwann über Ihr Problem – nur bitte nicht, während Sie mit Ihrem Partner unterwegs sind. Am besten eignen sich in Zeiten von Streit und Unstimmigkeit Aktivitäten, die nicht unbedingt das Reden anregen, wie zum Beispiel Schwimmen, Tennis oder ein Kinobesuch. Bestrafen Sie sich nicht mit Nichtbeachtung, sondern versuchen Sie trotzdem so viel angenehme Zeit wie möglich miteinander zu verbringen. Aus der Ferne und mit etwas Abstand lässt sich dann viel leichter über das Problem reden, um es aus der Welt zu schaffen. Wie Sie mittlerweile herausgelesen haben, hat es der Narzisst sehr schwer, offen über seine Gefühle zu reden. Lassen Sie ihm Zeit. Und vor allem: Haben Sie Vertrauen. Er hatte es nie leicht. Und nun soll er von jetzt auf gleich vertrauen, nach allem, was er erlebt hat? Sie selbst brauchen auch diese Zeit. Seien Sie empathisch, dann wird er es auch sein können.

Ich hasse Streit. Vor allem hasse ich Streit mit meiner Liebsten. Ich habe jedes Mal panische Angst davor, sie zu verlieren. Ich habe Angst, dass sie mich verletzt bzw. dass ich mich so verletzt fühle, dass ich ausraste und sie meinerseits verletze. Mir wäre es bei einer Meinungsverschiedenheit am liebsten, die ganze Sache erst mal so stehen zu lassen. Ich möchte nicht diskutieren. Ich möchte das emotionale Leiden vermeiden. Ich leide so schon genug. Wenn ich jetzt auch noch über meine Gefühle spreche, kann es passieren, dass ich projiziere. Ich rede ihr dann ein, schuld zu sein, weil ich es nicht ertrage, mich schuldig zu fühlen. Ich versuche also wirklich, jeden Streit im Keim zu ersticken. Ich habe meine Meinung, die auf meinen Erfahrungen gründet. Ebenso hat sie ihre Meinung, vermutlich aus gleichen Motiven. Mein Pragmatismus kommt durch. Das mag dann im ersten Moment etwas kalt wirken, aber das meine ich gar nicht so. Ich brauche einfach nur in dem Moment eine kleine Pause. Wenn sie mir diese Pause aber nicht lässt und gleich anfängt zu diskutieren, dann muss ich mich zusätzlich zu meinen Gefühlen auch noch mit ihren Gefühlen auseinandersetzen. Das alles überfordert mich. Meine Mutter wollte auch immer alles sofort klären. Es gab nie ein Entkommen für mich. Ich fühle mich an diese Zeiten zurückerinnert. Aus Angst, verlassen oder verletzt zu werden, verlasse ich dann entweder die Situation, während ich gleichzeitig mit einer Trennung kokettiere, oder ich werte sie ab oder ich verlasse sie auf der Stelle. Und dann ist es mir auch scheißegal, wie sie sich fühlt. Wenn sie keine Rücksicht auf mich nimmt (ja ich weiß, sie leidet – Frauen leiden sowieso immer mehr, weil sie immer über alles reden wollen), bin ich auch nicht mehr gewillt, mich zurückzuhalten. Bevor ich implodiere, explodiere ich lieber. Angriff ist dann die beste Verteidigung.

Eine Pause ist immer gut, um Zeit für sich zu finden. Man kann sich selber etwas Gutes tun. Man muss nicht zu jeder Zeit mit seinem Partner zusammen sein. Es ist auch wichtig, dass man mal an sich denkt und etwas mit anderen Menschen unternimmt. Aus der Distanz lassen sich viele Unstimmigkeiten viel effektiver besprechen. Verzichten Sie aber, wenn sie dieses Gespräch dann führen, unbedingt auf die „Du-du-Pistole": „Du hast, du bist, du warst, du kannst nichts!" Bleiben Sie bei sich. Sagen Sie, wie Sie sich fühlen. Erklären Sie Ihre Gefühle und versuchen Sie gleichzeitig Ihrem Partner zu vermitteln, dass dieses Gefühl am eigentlichen Gefühl zu ihm (der Liebe) nichts ändert. Sie werden sehen, dass Ihr Partner gelassener und verständnisvoller reagieren wird. Er wird sich sicherer fühlen und diese Sicherheit dann auch ausstrahlen. Nichts ist furchtbarer, als in Unsicherheit zu sein. Bedrohung forciert die Impulse, sich zu verteidigen. Und in der Verteidigung sind alle Mittel erlaubt.

Martin Koschorke beschrieb die Problemlösungsansätze bei Beziehungspartnern wie folgt:

> Männer haben keine Probleme. Männer lösen Probleme. Das ist das Problem.[52]

Frauen dagegen brauchen Reden. Reden löst nicht immer Probleme, aber es kann erleichtern. Und Reden schafft Kontakt.

Wenn Ihr narzisstischer Partner (Mann) gerade nicht reden will oder kann, bedenken Sie immer, dass er als Kind vermutlich gezwungen war, den Kontakt zu seinen Gefühlen zu unterbrechen. Er weiß nun nicht mehr, wie er damit umgehen soll, wenn er sie spürt. Es ist ihm in dem Moment schlichtweg zu viel. Gleichzeitig gerät seine für ihn wichtige Identität als Mann innerhalb der gesellschaftlichen Wahrnehmung in Gefahr. Männer sind tapfer. Männer sind stark. Männer haben keine Angst. Männer sind wie Indianerhäuptlinge die keinen Schmerz kennen.

Das Mann-Sein wurde erlernt durch die Überwindung aller verletzlichen Gefühle. Ein Mann ist erst dann ein Mann, wenn er seine kindlichen und weiblichen Anteile komplett abgetötet hat. Diese Überlegenheit bezahlt er allerdings mit der immerwährenden Angst, dem Druck nicht gewachsen zu sein. Dagegen hilft am besten, Gefühle, Gemütsbewegungen und die Wahrnehmung der Innenwelt (des inneren Kindes) zu ignorieren und sich auf die Außenwelt, also das Objektive und Eindeutige, zu konzentrieren. Der Narzisst stellt sich wie ein Schutzschild vor sein inneres Kind. Der Mann baut einen Damm gegen seine Gefühle auf und verliert damit im Laufe der Zeit das emotionale Wissen, dass ihm als Kind irgendwann einmal zur Verfügung stand. Als hätte er das Schreiben verlernt und sei zum Analphabeten mutiert.

Dadurch, dass Sie Ihren Partner mit Ihrem Drang, alles sofort auszudiskutieren zu müssen, in eine sehr bedrohliche Lage bringen und sein Inneres angreifen – er empfindet sein Innerstes als eine gefährliche Zone, die er nur äußerst ungern betritt; für ihn stellt sie ein Minenfeld dar –, nötigen Sie ihn zum Gegenangriff gegen diesen Widerwillen. In diesem Fall ist die Partnerin, also Sie, dieser Widerwille, gegen den er kämpfen muss. Viele Untersuchungen bestätigen, dass Frauen stärker emotional reagieren als Männer. Das ist von der Natur so mitgegeben. Louann Brizendine, eine amerikanische Neuropsychologin, behauptet, Frauen hätten einen achtspurigen Highway, um ihre Gefühle auszudrücken, Männer dagegen nur eine Landstraße. Nehmen Sie es also Ihrem Partner nicht übel, wenn er weniger emotional reagiert, wie Sie es sich wünschen. Männer sind nun mal so, und das werden auch Sie nicht ändern können. Sie können Ihre eigene Emotionalität auch nicht ändern, so sehr es sich Ihr Partner vielleicht wünscht. Akzeptieren Sie diese Tatsache einfach. Es ist das Beste für alle Parteien. Bedenken Sie auch, dass jedes Gefühl seine Berechtigung hat. Menschen können mehrere Gefühle gleichzeitig haben. Auch gegensätzliche. Sagen Sie Ihrem narzisstischen Partner in einer solchen Situation niemals nur, was Sie gerade fühlen, also dass Sie traurig oder sauer sind, sondern sagen Sie am besten: „Ich bin traurig, aber ich hab dich trotzdem lieb." Erwarten Sie aber im Umkehrschluss nicht, dass Ihr Mann das genauso zu Ihnen sagt. Wenn er es Ihnen sagt, dann freuen Sie sich und seien Sie dankbar dafür. Wie Sie ja schon gelesen haben, fällt es dem Mann tatsächlich schwer, so etwas zu sagen.

> Es ist meist kein böser Wille, wenn einer der Partner dem anderen einen oft genannten Wunsch nicht erfüllt. Was der eine vom anderen erwartet, ist für den, der es wünscht, leicht, für den anderen jedoch das Schwerste, was man von ihm verlangen kann. Das Schwierigste ist am schwierigsten zu ändern.
>
> Martin Koschorke

Kennen Sie eigentlich die sechs giftigsten Wörter in einer Beziehung? Es gibt bestimmte Signalwörter, die bei sich liebenden und nahestehenden Menschen gravierende Folgen haben können. Deswegen sollten Sie tunlichst vermeiden, alles zu generalisieren, zu pauschalisieren und zu verallgemeinern. Es geht insbesondere

um die Worte „immer", „nie", „alles", „nichts", „typisch" und „selbstverständlich". Sie glauben gar nicht, wie oft wir diese Worte verwenden, ohne dabei etwas wirklich so zu meinen. Aber gehen wir der Reihe nach.
Ihr Partner verspätet sich. Sie sind sauer oder enttäuscht. Anstatt ihm aber zu sagen, dass Sie enttäuscht sind, passiert es häufig, dass Sie unbewusst sagen:

„Immer bist du zu spät."
„Nie kommst du pünktlich."
„Typisch Mann."
„Pünktlichkeit ist doch selbstverständlich."
„Nichts kriegst du alleine hin."
„Alles machst du falsch."

Sagen Sie das mal zu einem Narzissten. Sie werden sehen, er wird sich das nicht gefallen lassen. Er wird Sie bekämpfen mit allen möglichen Waffen. Er wird unter anderem anfangen, Sie zu benutzen, Sie zu manipulieren, er wird sein Verhalten nicht ändern und Ihnen dafür auch noch die Schuld geben. Aber er hat nicht angefangen. Er hat nur reagiert. Er hätte anders reagieren können, wenn er das gelernt hätte. Da dem Narzissten aber der Zugang zu seinem Innersten verwehrt ist und ihm erst infolge von Verlust oder Trennung die Einsicht kommt, wird er sich im Moment des Konflikts auch nicht fair verhalten können. Er ist von seinen existenziellen Ängsten umgeben, die ihn lähmen. Er wird nicht in der Lage sein, adäquat zu reagieren.

Durch diese sechs giftigen Signalwörter packen Sie ihn in eine Schublade, aus der er nicht wieder rauskommt. Wie denn auch? Es ist eben typisch Mann, dass er nicht pünktlich kommt. Er wird auch niemals in der Lage sein, Ihre unsichtbare Latte an Erwartungen zu erfüllen, denn für Sie ist es ja selbstverständlich, pünktlich zu sein. Und da er aus seiner Sicht nicht immer zu spät kommt, was Sie ihm aber durch das „immer" suggerieren, wird er sein Verhalten auch nicht ändern, weil es ja aus seiner Sicht nichts an ihrer Sichtweise ändern würde, dass er „immer" zu spät kommt.

Machen Sie diese Bemerkung in der Öffentlichkeit, landet Ihre Beziehung in einer Sackgasse, und eine Trennung ist nahe. Sie beschämen Ihren Partner nicht nur, sondern Sie stellen ihn in der Öffentlichkeit bloß. Ein Mann mit gesundem Narzissmus wird dies nicht verstören, aber einen Mann mit krankhaften narzisstischen Zügen katapultiert es in die Verteidigungsrolle. Er wird versuchen, seine Gefühle auf Sie zu projizieren. Und in dieser Rolle sieht er sich im Recht, Sie zu bestrafen. Diese Bestrafung wird oft als Psychoterror gesehen: Liebesentzug, tage-

oder wochenlanges Schweigen, Schuldgefühle machen, Schuld zuweisen, Sie im Grunde den gleichen Gefühlen aussetzen, unter denen er leidet. Ich möchte Ihnen jetzt auf keinen Fall sagen, dass Sie immer schuld sind, wenn Ihr narzisstischer Partner sich so verhält oder so fühlt. Für seine Vergangenheit können Sie nichts. Aber in der Gegenwart können Sie es verhindern, indem Sie sich Ihrer Worte bewusst werden, die für Sie wahrscheinlich harmlos klingen, weil Sie sie nicht so extrem bewerten, die für ihn aber eine Katastrophe darstellen, weil er nun seine Identität in Gefahr sieht. Er hat panische Angst davor, nicht zu genügen. Er fühlt sich als Versager. Sein mühsam erarbeitetes Selbstwertgefühl fängt an sich aufzulösen.

Bärbel Wardetzki schreibt dazu:

> Funktionelle und intakte Liebesbeziehungen beruhen auf Selbstakzeptanz, Selbstliebe, Selbstschutz und Selbstfürsorge oder auch Selbstförderung und führen sowohl zu einem gesunden Narzissmus (die perfekte Konstellation namens (Selbst-)Liebe) als auch zu reifen, stabilen und befriedigenden Beziehungen. Zu einem gesunden Selbstwertgefühl gehören aber nicht nur Selbstachtung und Annahme, sondern auch Kompetenzerfahrungen. Wenn das (innere) Kind erfährt, dass es etwas kann, stärkt das seine Selbstwirksamkeit und das Gefühl, in Ordnung zu sein. Es entwickelt Vertrauen in seine Fähigkeiten und gewinnt die Überzeugung, dass Dinge, die es anpackt, zum Erfolg werden können. Wird von dem Kind aber erwartet, etwas zu können, was es nicht kann, oder es wird unterfordert, indem man dem Kind neue Erfahrungen verweigert, entsteht das Gefühl, inkompetent zu sein, unabhängig davon, ob das Kind intelligent ist und etwas kann oder nicht. Die Erfahrung, lernen zu dürfen, Fehler zu machen und dabei unterstützt zu werden, fördert die Selbstsicherheit und Kompetenz.
>
> Ein Narzisst hat als Kind leider oft die Erfahrung machen müssen, dass er nur Lob und Anerkennung bekam, wenn er keine Fehler machte und nahezu perfekt war.

Narzissten (betroffene Männer, aber auch Frauen) müssen unbedingt die Kontrolle bewahren. Sie brauchen das Gefühl, wertvoll zu sein. Sie brauchen die Bestätigung, kompetent zu sein. Ebenso muss man ihnen die Möglichkeit bieten, sich sicher zu fühlen, egal ob sie jetzt perfekt sind oder einen Fehler gemacht haben. Durch die sechs giftigen Signalwörter, die einem oft unbewusst über die Lippen kommen, entsteht aber zwangsläufig eine Spirale von Versagens- und Verlassenheitsängsten und immer höheren Ansprüchen an die eigene Leistung: „Ich muss perfekt sein, um geliebt zu werden." Tatsächliche Anerkennung wird nicht mehr wahrgenommen, da die Wertschätzung (Selbstliebe) für die eigene Person fehlt. Auf diese Weise wiederholt sich beim Narzissten im Inneren die frühe Ablehnung und Entwertung durch die primären Bezugspersonen. Er wird sie als Projektionsfläche benutzen.

Egal, was ich mache, es reicht nicht. Warum ist sie dann überhaupt mit mir zusammen, wenn ich ihre Erwartungen eh nicht erfüllen kann? Ich bin scheiße, weil sie sagt, dass ich immer zu spät komme, dabei bin ich doch nur heute zu spät gekommen. Ich hasse sie dafür, dass sie mir so wehgetan hat. Ich wollte doch nicht zu spät kommen. Aber ich kann nichts dafür, dass so viel Verkehr war. Ich hätte ihr natürlich eine SMS schreiben können, aber ich hab einfach nicht daran gedacht. Aber egal, jetzt habe ich versagt. Ich bin ein Versager. Und es ist alles ihre Schuld, dass ich mich so schlecht fühle. Ich liebe sie zwar noch, aber es wird weniger. Meine Schmerzen sind zu groß, aber die interessieren sie ja nicht, weil ich aus ihrer Sicht immer zu spät komme, niemals pünktlich bin, alles falsch und nichts richtig mache. Dabei macht sie doch auch Fehler. Sie macht mir immer Vorwürfe, obwohl sie selber nicht perfekt ist. Kann sie nicht einfach mal ihre Fresse halten? (Muss ich immer so direkt werden?) Wenn sie nicht aufhört, mir ein schlechtes Gewissen zu machen, dann bestrafe ich sie dafür mit Nichtachtung. Sie ist ja schlimmer als meine Mutter.

> Gewalt passiert nicht da, wo Partner nichts mehr voneinander wollen, sondern dort, wo sie zu viel voneinander wollen.
>
> Martin Koschorke

Gewalt ist das Gegenteil von Liebe. Deswegen ist die am Anfang beschriebene angenehme Zeit ja auch so wichtig. In der angenehmen Zeit tun sie sich beide etwas Gutes. In dieser Zeit machen sie sich keine Vorwürfe. In dieser Zeit geben sie ihrer Beziehung den nötigen Raum, die sie braucht, um zu wachsen. Und sie geben sowohl sich als auch ihrem Partner die Möglichkeit, so zu sein, wie sie sind. Sie lernen sich zu schätzen und auch über ihre eigenen Fehler zu lachen, wenn sie diese nicht problematisieren. Bedenken Sie einfach, dass Ihr Problem nicht zwangsläufig das Problem Ihres Partners ist. Gehen Sie in sich. Erkennen Sie Ihre Anteile. Arbeiten Sie an sich. Dann fällt Ihnen die tägliche Arbeit an Ihrer Beziehung auch nicht mehr so schwer. Sie werden viel mehr Freude an der gemeinsamen Zeit finden und müssen keine Angst haben, dass diese angenehme Zeit durch irgendetwas gefährdet wird.

Und bedenken Sie:

> Immer und nie, gibt es in einer Beziehung nie.
>
> Martin Koschorke

> Du bist nicht perfekt. Ich bin nicht perfekt. Und das ist perfekt so.
>
> Virgina Satir

Manche Menschen behaupten, dass „Monogamie" gar nicht funktionieren kann. Das ist dieselbe Art von Menschen, die früher behaupteten, dass schwarze und weiße Menschen niemals zusammenleben dürfen.

Kianimus

Im Gespräch mit Martin Koschorke

Martin Koschorkes Bücher waren für meine Auseinandersetzung mit dem Narzissmus wichtig, und ich wollte auch ihn für ein Interview gewinnen. Ein Gewinn, denn er hat sich, als er mir im Juli 2017 auf meine Fragen antwortete, etwas getraut: Seine Aussagen wirken durchaus kontrovers. Aber das scheint mir ja das Gute an meinem Buch: Jeder der Expertinnen und Experten hat seine eigene Meinung, und es ist wichtig, diese dann auch zu hören.

1. Sie schreiben in Ihrem 2014 erschienenen Buch Männer haben keine Probleme. Männer lösen Probleme – das ist das Problem, *dass Männer eher lösungsorientiert sind – und gerade dies für eine Beziehung problematisch ist. Warum haben Frauen damit ein Problem? Was könnten Frauen Ihrer Ansicht nach tun, damit sie weniger darunter leiden?*

Verliebte verstehen die Sprache des anderen – oder glauben sie zu verstehen. Sind Verliebte dann nicht mehr frisch verliebt, so beginnen sie ihre Unterschiede zu spüren. Frauen reden gerne. Männer möchten mehrheitlich etwas tun. Frauen verstehen nicht, dass das Verhalten des Mannes seine Sprache ist, mit der er etwas ausdrückt. Männer verstehen nicht, dass die Frau sein Verhalten nicht als die Sprache begreift, die er beherrscht.

2. Hat sich Ihrer Meinung nach seit dem Erscheinen des Buches etwas bei Ihnen, Ihrem Umfeld oder Ihren Lesern verändert?

Sobald eine Frau das Verhalten ihres Mannes als seine ihm eigene Sprache versteht, lernt sie zwei Dinge. Zum einen: An bestimmten Stellen sind wir unterschiedlich – mein Mann wird wahrscheinlich nie so oder so viel reden wollen wie ich. Da ich meinen Mann nicht ändern kann, heißt das: Ich muss auf bestimmte Wünsche, die ich an ihn richte, verzichten. Zum anderen: Sie ist dabei, seine Art und Weise, sich auszudrücken, zu entdecken und wertzuschätzen. Normalerweise tut das beiden gut, ihm und ihr.

3. Viele Beziehungen scheitern, weil es an der Kommunikation mangelt. Die Du-du-Pistole und die sechs giftigen Worte „alles", „nichts", „nie", „immer", „selbstverständlich" und „typisch" lösen oft unbewusste Blockaden oder offensichtliche Streitigkeiten aus. Wie kann man sich aus Ihrer Sicht diese Vorgänge in der Praxis bewusst machen?

Fast alle Paare sind der Überzeugung, sie könnten ihrem Partner ihr Herz öffnen und ihm alles anvertrauen, was sie im Sinne haben. Als sie verliebt waren, hat das geklappt, denn sie haben sich nette Sachen gesagt. Nach der Verliebtheit möchten sie meist auch das mitteilen, was sie am anderen stört. Nur, dazu haben sie kein Recht. Wer dem anderen etwas Kritisches sagen möchte, müsste ihn vorher erst um Erlaubnis fragen: „Passt es dir jetzt?" Oder: „Passt es überhaupt?" Bittet man den anderen nicht um die Erlaubnis, auch Unangenehmes zu sagen, so fühlt dieser sich angegriffen. Das führt fast zwangsläufig zu Streit, Probleme werden verschärft. Fragt man um Erlaubnis, so gibt es selten Streit. Denn man achtet den anderen und seine Eigenarten und beweist Respekt.

4. Frauen werden in der gesellschaftlichen Wahrnehmung noch oft als das „schwächere Geschlecht" wahrgenommen, obwohl sie seit mehr als zehn Jahren emanzipiert sind. Warum, glauben Sie, halten manche Frauen gerne an der alten Rolle fest? Was kann frau tun, um einen Weg zu finden, der aus dieser Situation herausführt?

Frauen sollen das „schwache" Geschlecht sein? Das behaupten die Männer. Pure Muskelkraft ist heute kaum noch gefragt. Frauen leben im Durchschnitt länger als Männer. Frauen können Kinder gebären und Säuglinge stillen. Das können Männer nicht.

Jeder Mensch fühlt sich wohl im Vertrauten, in dem, was er kennt. Zugleich ist jeder Mensch neugierig und wünscht sich Neues. Mädchen und Frauen emanzipieren sich seit Jahrhunderten. Sie dringen in Bereiche vor, die bislang Männern vorbehalten waren. Das kann die Männer stören, möglicherweise macht es ihnen Angst. Bezeichnen die Männer die Frauen vielleicht deshalb als das schwache Geschlecht, damit sie in der Top-Position bleiben können?

5. Sie schreiben: „Gewalt passiert nicht da, wo Partner nichts mehr voneinander wollen, sondern dort, wo sie zu viel voneinander wollen." Was genau meinen Sie mit dieser Aussage?

Schauen Sie sich an, wenn Fernsehen und Zeitungen von Gewalt sprechen: Es sind stets Menschen, die sich nahestehen, die sich Gewalt antun. Warum sollten Personen, die sich nicht kennen, wütend aufeinander sein? In nahen Beziehungen braucht man den anderen, man wünscht sich etwas von ihm, man benutzt ihn. Weigert er sich, so ist man frustriert. Das lässt man sich nicht gefallen. Heiße Liebe schlägt schnell um in Hass, Enttäuschung äußert sich in Wut.

6. Warum sind Sie Paartherapeut geworden und was macht Ihrer Meinung nach einen guten Paartherapeuten aus?

Zunächst habe ich Einzelberatung gelernt, dann Familienberatung. Ich habe in Berlin gearbeitet – gekommen sind die Paare. Fast alle Familienprobleme konnten mit dem Paar, der „Chefetage" einer Familie, behandelt werden. Es sind dieselben Menschen, die einst unsterblich ineinander verliebt waren und die sich heute nicht mehr ausstehen können. Sie haben dieselbe Kindheit, dieselbe Herkunft wie zuvor. Nur haben sie ihren Partner inzwischen auch von seiner Kehrseite kennengelernt. Nun müssen sie die Vergnügungssteuer für ihre Partnerwahl bezahlen. Diese Paare haben ein Problem miteinander. Meist brauchen sie keine Therapie. Darum nenne ich mich nicht Paartherapeut, sondern Paarberater.

Als Erwachsener liegt es an jedem selbst, wie sehr man mit sich, also seinen „Schwachstellen" kämpft und wie lange bzw. intensiv man dies tut.

Wären die eigenen Mängel/Trigger nicht so groß, wäre es nie zu den bekannten typischen Szenarien gekommen. Die Einsicht zu erlangen, Opfer wie auch gleichzeitig Täter zu sein, ist der erste und wichtigste Schritt! Auch wenn ich jetzt dafür Unverständnis erhalte ... ja, auch das vermeintliche Opfer hat mit seiner übertriebenen Empathie bzw. Empathie an falscher Stelle stetig auch als Täter fungiert und sein Gegenüber in eine bedrohliche Lage (z. B. Machtverlust) gebracht. Dass dies unbewusst geschah, steht nicht zur Debatte, ist aber unentbehrlich für eine bewusste Reflexion seines Handelns!! Ist man sich dessen bewusst, ist ein Grundstein gelegt, nie wieder in narzisstische Abhängigkeit zu gelangen!!

So weit so gut ... doch was ist, wenn Kinder aus einer Beziehung hervorgegangen sind??

Ich erlebe diese Belastung und innere Zerrissenheit meiner Söhne hautnah mit. Ich spüre so intensiv ihren Schmerz, bin aber gleichzeitig gezwungen, mit innerer Stärke wie ein Fels in der Brandung da zu sein. Begleitet von Gerichtsterminen, Jugendamtsgesprächen, Anwaltstermin und dem normalen Arbeitsalltag sowie auch eigenen Befindlichkeiten.

Die wahren Opfer sind unsere Kinder!

Kinder, denen egal ist, wer als gut oder böse meint bezeichnet zu werden. Kinder, denen das Recht auf Mutter oder Vater genommen wird! Kinder, denen das Recht auf sich selber und ihre unbefangene Kindheit genommen wird! Kinder, die in jungen Jahren als Druckmittel benutzt und somit zum Spielball gemacht werden ... nur weil die Eltern sich selber wie Kinder benehmen, welche am klassischen „Täter – Opfer"-Denken festhalten, und darauf eine klassische Umkehrung geschieht. Die Größe und Weitsicht zu besitzen, davon wegzukommen, ist den wenigsten gegeben, da man ja genügend Unterstützung mit Beifall und warmen Worten von „gleichgesinnten" unreflektierten Menschen erhält!

Wer meint, immer dann die Schuld an das Gegenüber richten zu können, wenn es um das Kindeswohl und den Umgang geht, trägt bewusst die Schuld am Leid der eigenen Kinder! Egal ob Narzisst oder Co ... wer gefangen in alten Strukturen bleibt ... schadet sich und den geliebten Kindern.

Ich lese in diversen Foren immer die wilden Postings von Frauen/Müttern, welche so unreflektiert und abwertend sind, dass ich mich des Öfteren frage, wer hier Täter oder Opfer ist?!?!

> Weiblicher Narzissmus wird als versteckter Narzissmus bezeichnet, welcher schwer auszumachen/belegen ist. Intensiv, Impulsiv, intrigant, hochmanipulativ ... perfekt getarnt mit einer Maske, unter der ein Mensch existiert, welcher den extremen Mangel an Selbstwert und Angst, dass dies erkannt wird, alles daran setzt, das Gegenüber zu vernichten ... Kinder sind Mittel zum Zweck und werden zur Not bewusst geopfert nur zum Schutze der eigenen Maske.
>
> Patrick Weißgerber

Mal unter uns

Liebe Ex (ganz egal, welche ich jetzt meine),

ich wollte Dir nie wehtun. Ich wollte mich immer nur selbst vor einer Verletzung schützen. Meine Kindheit und auch meine Jugend waren echt nicht schön (das ist noch untertrieben), und ich weiß auch, dass Du nichts dafür kannst. Aber bitte, dann lass mich auch gehen, wenn ich gehen will, und hör auf zu klammern oder gleich zu denken, dass ich immer alles infrage stellen will. Nein, das will ich nicht. Ich will in Momenten, wo wir diskutieren und irgendwann ein Punkt bei mir erreicht ist, einfach nur für mich bzw. mein kleines Kind in mir sorgen. Ich gehe dann wortlos. Das mag in Deinen Augen respektlos wirken, aber in solchen Momenten muss ich für mich allein sein, mich sammeln. Ich kann dann auch nichts sagen, weil ich mich sonst aufregen würde. Und das möchte ich um jeden Preis verhindern. Ich kann nicht immer, wie Du willst. Und ich möchte auch mal wirklich nur für mich allein sein. Ich meine das dann nicht böse, ich muss nur zusehen, dass ich mich beruhige. Ich weiß nämlich, dass ich ausrasten kann. Und das möchtest Du nicht erleben. Wenn ich wütend bin, dann tut's richtig weh. Weil Deine Nichtakzeptanz meiner Autonomie mich an meine Kindheit erinnert und an alles, was mir als Kind angetan wurde. Ich bin dann umgeben von vielen extremen und heftigen Emotionen und Gefühlen, denen ich machtlos ausgeliefert bin. Es ist wie ein Gefängnis im Gefängnis. Und um auszubrechen, muss ich mir Luft verschaffen. Ich drücke dann Deine Knöpfe, möchte im Grunde, dass es Dir genauso beschissen wie mir geht. Ich nehme in dem Moment auch keine Rücksicht auf Dein kleines Kind. Wie Du mir, so ich Dir! Nur, ich mach's doppelt, weil doppelt hält besser. Bitte einfach mal akzeptieren, wenn ich eine Situation oder eine Diskussion wortlos verlasse. Ich mache das wirklich nicht, um Dir wehzutun. Ich mache das einfach nur, um mich zu schützen. Ich möchte nicht unter meiner Krankheit leiden, und ich möchte noch weniger, dass Du darunter leidest, indem ich ausraste und Dich verbal so niedermache, wie ich mich fühle. Ich bin leicht zu kränken, ich mache auch Therapie, aber ich werde trotzdem weiterhin leicht zu kränken sein und verletzlich bleiben. Ich lerne nur eben, in diesen Fällen mir das zu geben, was Du mir nicht geben kannst: Selbstliebe und vor allem Selbstannahme. Denn die fehlt mir. In solchen Momenten fühle ich mich abgelehnt und wertlos. Und ich bin überfordert. Und glaub mir, ich möchte nicht, dass es Dir so schlecht geht wie mir in solchen Momenten.

Deswegen ... respektiere einfach, wenn ich gerade nicht reden will ... Irgendwann werde ich reden können, aber setze mich bis dahin nicht unter Druck. Du kannst meine Mama fragen. Mama und ich haben dauernd diskutiert. Und wir haben uns gegenseitig getriggert und auf 180 gebracht. Wir haben uns beide sehr wehgetan und immer die Knöpfe des anderen gedrückt. Wir haben immer die Stopps des anderen ignoriert. Mein Ferrari und Mamas Porsche sind dauernd zusammengestoßen. Wir hatten in manchen Momenten keinen Respekt. In manchen Momenten war sie nicht mehr meine Mutter und ich nicht mehr ihr Sohn. Glaub mir, so viel Schmerz, der zwischen Mama und mir verursacht wurde, das möchtest Du nicht. Aber dank der Therapie in Mainz konnte ich anfangen, Frieden mit meiner Vergangenheit zu schließen. Und ich wünsche mir, dass Du und ich ebenso respektvoll und freundschaftlich miteinander umgehen können.

Liebe Grüße

Partner von Narzissten haben eine Erwartungshaltung an einen Narzissten. Sie wollen geliebt werden von „ihrem" Narzissten, und wenn dieser das nicht tut, weil er dazu gar nicht in der Lage ist, dann bedienen sich viele Partner der Narzissten der emotionalen Erpressung, indem sie dem Narzissten versuchen Schuldgefühle zu suggerieren oder ihn sogar offen beschuldigen, dass er schuld sei, dass es ihnen schlecht geht, dass er sehen solle, was er angerichtet hat.

Mit so einer Haltung, einen anderen Menschen darauf aufmerksam machen zu wollen, dass man sich durch gewisse Verhaltensweisen des anderen gestört oder gar verletzt fühlt, kann man an psychisch gesunde Menschen herantreten und von ihnen gehört werden. Nicht aber an einen Narzissten. Der kann nicht anders. Und ich habe nie wirklich verstanden, wieso jemand von einem Menschen etwas verlangt, während der gar nicht in der Lage ist, dieses Verlangen zu erfüllen.

Niemand würde von einem Analphabeten verlangen, einem etwas vorzulesen. Aber von einem narzisstischen Partner wird verlangt, dass der den anderen lieben solle. Das kann der genau so wenig, wie der, der nicht lesen kann, einen Text vorlesen kann.[53]

Im Gespräch mit Nicole Just

Es gibt viele verschiedene Ansätze, sich mit dem Narzissmus oder der Bewältigung der eigenen und der Fremdanteile auseinanderzusetzen. Nicole Just ist Heilpraktikerin für Psychotherapie und behandelt in erster Linie Menschen, die von narzisstischer Gewalt betroffen sind. Ich habe bei meinen Recherchen ihre Website gefunden und dann festgestellt, dass sie ebenfalls aus Lübeck kommt. Dankenswerterweise hat sich Frau Just im Juli 2017 Zeit für ein ausführliches Interview genommen.

Wie kommen Sie zu diesem doch sehr speziellen und komplexen Thema? Was ist Ihr Hintergrund?

Nun, „im klassischen Sinn": „wie die Jungfrau zum Kind", nämlich durch meine eigene Geschichte und deren Aufarbeitung, die vor ca. 24 Jahren ihren Anfang nahm. Und als ich mich vor rund acht Jahren als Heilpraktikerin für Psychotherapie selbstständig machte, fiel mir ziemlich am Anfang meiner therapeutischen Tätigkeit auf, dass bei ca. 80 Prozent der mich konsultierenden Menschen narzisstische Gewalterfahrungen im Hintergrund standen, auf welche die aktuellen Symptome zurückzuführen waren. So wurde ich praktisch in zweierlei Hinsicht „organisch gewachsen" zu einer Expertin auf dem Gebiet erlebter narzisstischer Gewalterfahrungen sowie der narzisstischen Persönlichkeitsstörung. Ziemlich schnell entwickelte sich dies zu meinem Praxisschwerpunkt.

Im Laufe der Zeit spezialisierte ich mich immer mehr auf dieses Thema. So setzte sich „meine Forschungs- und Erkenntnisreise" im Lehren sowie im Lernen der individuellen Biografien und Lebensmodelle der mich konsultierenden Menschen permanent fort und erweitert sich immer noch – bis hin zu den soziokulturellen und volkswirtschaftlichen Aspekten der Gesellschaft in den westlichen Industriestaaten.

Wissen Ihre Klientinnen um ihre eigenen Anteile? Meiner Erfahrung nach sind Co-Narzisstinnen oder Co-Abhängige selber psychisch angeschlagen, leiden selber unter einer Selbstwertstörung wie beispielsweise Borderline oder Dependenz-Vaterkomplex etc.

Das lässt sich weder in der Frage noch in der Antwort pauschalisieren. Der heutige Evolutionsstand der Menschen in den westlichen Industrienationen und die unermüdliche „Pionierarbeit" von Menschen wie Alice Miller, Heinz-Peter Röhr und Hans-Joachim Maaz, um nur drei Wichtige zu nennen, in den letzten Jahrzehnten machen es möglich, dass die „Saat", die durch diese Pioniere gelegt wurde, heute mehr und mehr ins Bewusstsein der Bevölkerung gelangt, einen Boden bildet und sich weiterentwickelt. Immer mehr Menschen, die bisher rat- und hilflos vor verbal, emotional und psychisch gewalttätigen Verhaltensweisen enger Bezugspersonen standen und dadurch selbst schwerwiegendes Leid erfuhren, kommen in Kontakt mit dem Wissen, dass das, was sie erleben, einen „Namen" haben und eine schwerwiegende charakterliche Erkrankung sein könnte.

Naturgemäß sehen wir Menschen dann erst einmal „den Bösen" oder „den Täter" im Gegenüber. Die Realisierung und das Durchdringen erlebter narzisstischer Gewalt, ob männlicher oder weiblicher Natur (nicht geschlechtlich sondern verhaltensbezogen gemeint), ist ein individueller Entwicklungs- und Reifeprozess der Persönlichkeit und hängt maßgeblich von der individuellen Dimension und Reife der ureigenen Natur („wahres Selbst"), der durch Prägung bzw., wie wir heute dank der Erkenntnisse der Neurobiologie wissen, durch Beziehungserfahrungen ausgebildeten Persönlichkeitsstruktur, der Resilienzfähigkeit sowie den individuellen Weiterentwicklungsmöglichkeiten ab. Und natürlich vom Willen des Menschen, sich weiterentwickeln zu wollen.

Meiner Ansicht nach sind wir Menschen alle in unserem Selbstwert verletzte Geschöpfe. Ob ein Mensch daran erkrankt ist, wie bei der narzisstischen Persönlichkeitsstörung, hängt von der Komplexität der Selbstwertverletzung, dem biografisch frühen Beginn, der Häufigkeit bzw. Dauer des Ausgesetztseins, der Abwehr- und Resilienzfähigkeit der ureigenen Natur und davon ab, ob es Fluchtmöglichkeiten sowie Kompensationsmöglichkeiten gibt – und noch von einigen anderen Aspekten. Von daher gibt es natürlich einen grundsätzlichen, zentralen „Andockpunkt" bei jedem Menschen – den verletzten Selbstwert. Dieses Wissen um Interaktionszusammenhänge ist seit Längerem in den klassischen Psychotherapieschulen angekommen.

Jeder Täter ist gleichsam Opfer und jedes Opfer ist gleichsam Täter. Zu meinem persönlichen Sprachgebrauch gehören diese Bezeichnungen nicht. Für mich geht es nicht und nie um „Schuld". Aber im Prozess der Heilung von Wunden, die aus erlebter narzisstischer Gewalterfahrung entstanden sind, ist es in einer der ersten Phasen für die Betroffenen wichtig, diese Begriffe zu verwenden. Heilung ist eben wie alles im Leben ein Prozess, in dem in den einzelnen Abschnitten unterschiedliche Dinge wichtig, berechtigt und heilsam sind, wenn wir uns diese erlauben.

Helfen Sie Ihren Klientinnen bei der angemessenen Aufarbeitung und Reflexion?

Ja, selbstverständlich. Bei der Einordnung, Verarbeitung, Neusortierung und Neubewertung, bei der Übernahme der Verantwortung für sich selbst auf allen Ebenen sowie dem Umgang mit an einer narzisstischen Persönlichkeitsstörung erkrankten nahestehenden Menschen. Ohne dies ist eine nachhaltige Gesundung des Körper-Geist-Seele-Systems meiner Erfahrung nach unmöglich.

Wie genau darf man sich Ihre Arbeit vorstellen?

An mich wenden sich überwiegend Menschen, die eines gemeinsam haben: Sie sind betroffen von verbal und emotional hoch gewalttätig aufgeladenen Verhaltensweisen enger Bezugspersonen ihnen und gegebenenfalls auch ihren Kindern gegenüber, die plötzlich und unberechenbar über sie hereinbrechen und sie einer wiederkehrenden Rat- und Hilflosigkeit, Ohnmacht und Angst aussetzen. Dies lässt sie immer wieder an ihrer eigenen Wahrnehmung zweifeln, was ein wesentlicher Aspekt ist, der häufig zu Verzweiflung, Lähmung, Angstzuständen, Depressionen und Symptomen einer Posttraumatischen Belastungsstörung führt, um nur die häufigsten, aber noch nicht einmal die schwersten Folgen zu nennen.

Diese Menschen suchen bei mir nach Erklärungen und Lösungen. Sie wollen erkennen, verstehen, einordnen, „was da los ist", und Lösungen finden, wie sie „da rauskommen" bzw. was sie ändern können und müssen, um frei von dem genannten Leid zu werden. Und genau damit arbeite ich. Das ist sehr umfangreich, da sehr komplex, und jeder Mensch bringt einen anderen Entwicklungsstand, ein anderes Bewusstsein, andere Fähigkeiten und Stärken sowie Einschränkungen mit.

Man kann die Arbeit mit den von narzisstischen Gewalterfahrungen sekundär Betroffenen, wie ich sie persönlich bezeichne (nicht Opfer), in abgrenzbare Phasen einordnen:

- Information über die Verhaltensweisen (narzisstische Gewalterfahrungen) eines an NPS Erkrankten (den ich biografisch gesehen und vom Schweregrad des ihn permanent innerlich bedrohenden Leids her als Primärbetroffenen bezeichne) zwecks Einschätzung und Einordnung des Erlebten sowie über die Unterschiede zwischen „männlicher" und „weiblicher" narzisstischer Gewalt
- Aufklärung über die grundsätzlichen Entstehungsbedingungen, also die (persönlichen und soziokulturellen) Einflussfaktoren der NPS, die diagnostischen Einordnungsmodelle und die grundsätzlichen Erscheinungsbilder von NPS in ihrer Komplexität und ihren Schweregraden
- Information und Aufklärung über die zugrunde liegende innere Psychodynamik der sich zeigenden Verhaltensweisen des Primärbetroffenen – also der narzisstischen Gewalt –, auch hier im Unterschied zwischen „männlicher" und „weiblicher" narzisstischer Gewalt
- Information über das spezifische Leid und den Schweregrad eines narzisstisch kranken Menschen
- Aufzeigen der „Gemeinsamkeit" bzw. „Verbindung" (Topf-Deckel-Prinzip) von und zwischen primär und sekundär Betroffenen
- Aufzeigen der Chance, die in dem Bewusstsein dieser Gemeinsamkeit liegt, für sich selbst sowie für die Beziehung
- Traumatherapie zur Verarbeitung der in der aktuellen Beziehung erlebten narzisstischen Gewalt sowie ähnlicher, die Persönlichkeitsstruktur nicht wünschenswert prägender biografischer Erlebnisse mit engen Bezugspersonen und Entwicklung neuer, hilfreicherer und realistischerer Ein-

stellungen in Richtung Selbstliebe, Selbstverantwortung und Selbstfürsorge im eigenen Leben
- zu guter Letzt eine individuelle Strategieentwicklung von hilfreichen, Leid reduzierenden Verhaltensweisen in (manchmal unumgänglichen) Kontakten mit der an NPS erkrankten Bezugsperson sowie Vermittlung und Bewusstseinsförderung von den Grenzen dieser Strategie, also Schaffung eines Bewusstseins, dass es keine „Lösung" gibt, sondern lediglich eine individuell möglichst optimale Beziehung, die durch die Erkrankung des Primärbetroffenen begrenzt ist

Gehen Sie auch auf den narzisstischen Partner ein und fragen ihn, warum er „austickte"?

Ich mache keine Paartherapie. Diesen Aspekt, „warum er austickte", versuche ich durch die oben beschriebene Arbeitsweise zu vermitteln. Manchmal kommt es aber vor, dass ich mich auf eine oder zwei „Paartherapiestunden" einlasse, um grundsätzliche Klarheiten zu schaffen. Manchmal kommen auch Primärbetroffene in narzisstischen Krisen zu mir. Diese bestätigen mir regelmäßig und wiederkehrend meine Erkenntnisse über die „Gründe" „des Austickens" und meine Erkenntnisse über die zugrunde liegende Psychodynamik eines an NPS Erkrankten.

Differenzieren Sie den Narzissmus? Also unterscheiden Sie zwischen gesundem Narzissmus, Egoismus und einer narzisstischen Persönlichkeitsstörung?

Selbstverständlich. „Narzissmus" bzw. „Narzisst" ist ja im allgemeinen Sprachgebrauch zu einem – dazu noch recht unqualifizierten – Schimpfwort mutiert. Narzissmus ist im Grunde die Bezeichnung für die gesunde Selbstliebe, aus der eine gesunde und gelebte Selbstverantwortung und Selbstfürsorge resultiert. Nicht mehr und nicht weniger. Daher spricht man ja in der Fachwelt auch von „narzisstischer Persönlichkeitsstörung".

Die narzisstische Persönlichkeitsstörung ist ja eine Übertragungskrankheit. Erkennen Sie bei Ihren Klientinnen narzisstische Züge?

Die narzisstische Persönlichkeitsstörung gehört zu den sogenannten frühen Störungen und beginnt im Kleinkindalter. Sie beschreibt eine „chronische", tief greifende und komplexe Störung der gesunden Entwicklung von Fühlen, Denken, sozialen Interaktionen, Wahrnehmen und Erleben. Dies bildet sich in einer Zeit aus, in der das menschliche Gehirn am schnellsten wächst und reift und so die Persönlichkeit bzw. den Charakter „formt". Das geschieht auf dem Boden einer unsicheren Bindung zu der primären Bezugsperson oder den primären Bezugspersonen, deren Interaktionsverhalten mit dem Baby/Kleinkind emotional, verbal, psychisch und eventuell auch körperlich gewalttätig ist, dem das Baby/Kleinkind dauerhaft ausgesetzt ist, ohne „Fluchtmöglichkeiten" zu haben (längere und häufige Abwesenheit aus diesem Klima und „guten Ersatzkontakt" zu Menschen). Dadurch entwickelt sich der sogenannte Bindungstyp D, der desorganisiert-desorientierte Bindungsstil.

Aufgrund der Besonderheit von Persönlichkeitsstörungen per se fallen Menschen mit diesen Erkrankungen auch nur in sozialen Beziehungskontakten auf. In dem Sinne kann man eine Persönlichkeitsstörung sicher als „Übertragungskrankheit" bezeichnen. Ich persönlich finde diese Bezeichnung zu eindimensional. Sie wird der unvorstellbaren inneren Not eines an NPS erkrankten Menschen nicht gerecht. Denn diese ist die Ursache für seine in sozialen Beziehungen sichtbaren gewalttätigen oder aggressiven Verhaltensweisen. Und von dieser zentralen Ursache fühlt sich ein an NPS erkrankter Mensch während eines jeden Atemzuges bedroht: von der Erinnerung, wenn auch nur latent und nebulös – sozusagen als Ahnung –, an die Todesangst von einst, als er/sie gezwungen wurde, sein/ihr *Ich* „zu töten", um zu „überleben". Dies vorweg.

Durch meine jahrzehntelange indirekte „Schulung" von an NPS erkrankten Eltern sowie meine später mehr und mehr erworbene „Übersicht" darüber und meine 24-jährige, permanent weitergehende Aufarbeitung der eigenen, maßgeblich durch meine Eltern entstandenen, narzisstischen Wunden, bin ich zu einer Expertin im Erkennen von Menschen mit krankhaften narzisstischen Zügen geworden. Und natürlich hat sich über die Zeit ein „Gespür" für diese entwickelt, auf das ich mich verlassen kann. Es gibt bestimmte, teilweise auch in den psychiatrischen Klassifizierungssystemen enthaltene Kardinalmerkmale, die alle erfüllt sein müssen, ebenso Nebenmerkmale aus bestimmten Merkmalsgruppen, die auch erfüllt sein müssen, um einen pathogenen Narzissmus feststellen zu können. Natürlich stelle ich keine Fern- und auch keine Pauschaldiagnosen, das muss ich an dieser Stelle betonen. Darüber hinaus möchte ich an dieser Stelle sagen, dass ich mit dem Vorhandensein eines Leidensdrucks, wie es z.B. im ICD-10 für eine Diagnose gefordert wird, nicht übereinstimme. Denn dies und das Wesen der narzisstischen Persönlichkeitsstörung schließen sich gegenseitig aus. Und selbst in narzisstischen Krisen wird ein Leidensdruck von dem an NPS Erkrankten nur so lange zugelassen und gezeigt (im Grunde die Existenz des eigenen Leides toleriert), wie dem Erkrankten die Quellen zur narzisstischen Bedürfnisbefriedigung und/oder seine Möglichkeiten dazu abhanden sind.

Würde dieser Aspekt für eine Diagnosestellung aufgehoben, würden der Primär- aber auch die Sekundärbetroffenen es leichter haben, wirklich nützliche Hilfe von Außen zu bekommen. Dies wiederum würde viel häufiger dazu führen, dass insbesondere die sekundär betroffenen Menschen überhaupt oder wenigstens viel schneller vor der narzisstischen Gewalt geschützt werden können. Insbesondere denke ich da an die Babys und Kleinkinder von an NPS Erkrankten, die am schwersten und tiefgreifendsten (für ihr gesamtes Leben) von dieser Gewalt betroffen sein können.

In diesem Zusammenhang möchte ich auf ein Gesetz verweisen, dass jedem Kind ein Recht auf gewaltfreie Erziehung zusichert:

Auszug:
„Am 2.11.2000 wurde das „Gesetz zur Ächtung der Gewalt in der Erziehung und zur Änderung des Kindesunterhaltsrechts" (BGBl. I, S. 1479) verabschiedet. Sein die Ächtung der Gewalt in der Erziehung betreffender Teil trat am 8. November 2000 in Kraft und hat § 1631 Abs. 2 BGB wie folgt gefasst: „Kinder haben ein Recht auf gewaltfreie Erziehung. Körperliche Bestrafungen, seelische Verletzungen und andere entwürdigende Maßnahmen sind unzulässig."

Dieses Gesetz müsste viel leichter anwendbar sein, damit es zum Schutz des Kindeswohls auch anwendbar ist! Hier ist der Staat und seine Durchführungsorgane, insbesondere das Jugendamt, gefordert, die Durchführungsmöglichkeiten der Realität anzupassen. Und auch den Begriff „Kindeswohlgefährdung" um den Aspekt der seelisch gewalttätigen Erziehung zu erweitern. Gerade bei Babys und Kleinkindern. Hierzu liegen aus der Kleindkind- und Bindungsforschung sowie aus der Psychotraumatologie in Kombination mit der Neurobiologie seit Jahrzehnten fundierte und anerkannte Studien vor! Diese müssten einfach nur in die Beurteilungskriterien, ob eine Kindeswohlgefährdung vorliegt oder nicht, einbezogen werden!

Insbesondere bei der gegenüber Dritten im Verborgenen ablaufenden Gewalt von narzisstisch kranken Menschen und der im Wesen der Krankheit liegenden Brillanz, Tatsachen zu verdrehen, glaubwürdig zu leugnen und die Sekundärbetroffenen durch Einschüchterung zu verunsichern und zu verängstigen (aktuelles Stichwort: „alternative Fakten" von Donald Trump)!

Wie begegnen Sie kollusiven Beziehungen?

Durch Aufklärung und Bewusstseinsarbeit mithilfe der Anwendung der „narzisstischen Sprache" – eine Entwicklung und Wortschöpfung von mir.

Was würden Sie Männern empfehlen, die Opfer von narzisstischer Gewalt (durch Mütter, Ehefrauen oder Vorgesetzte) sind?

Schematherapie oder emotionsbezogene Psychotherapie mit dem Ziel, sich von der Angst vor den Gefühlen anderer und den eigenen, echten Gefühlen oder der Angst, ungeliebt oder ausgeschlossen zu sein und alleine nicht zurechtzukommen, zu befreien, um immer adäquater, selbstverantwortlicher und angstfreier in Beziehungskontakten agieren und reagieren zu können.

Was halten Sie von der Dämonisierung des Narzissten und der gleichzeitigen Bagatellisierung des Narzissmus in unserer Gesellschaft?

Dies ist meines Erachtens eine rigide Abwehrreaktion der meisten Menschen. Sie resultiert daraus, dass das Gros der Menschen, aber auch leider immer noch zu viele Therapeuten der „Psychoanalytischen Gesellschaft", sich ihren eigenen tief greifenden, insbesondere narzisstischen Wunden noch nicht ausreichend zugewendet haben. Dies hat natürlich zur Folge, dass keine ausreichende Heilung der wesentlichen Aspekte des Selbstwertes möglich wurde, welche es meiner Erfahrung nach aber für die erfolgreiche Behandlung anderer Menschen, die von Selbstwertverletzungen oder Selbstwertstörung betroffen bzw. daran erkrankt sind, braucht.

Darüber hinaus braucht es auch einen im Sinne des Wortes „entsprechenden" methodischen Ansatz. Meine Erfahrungen zeigen, dass der psychoanalytische kein geeigneter ist. Es liegt sogar in der Natur dieser Methode, dass sich die Symptomatik sowie die Selbstwertverletzung noch verstärkt! Solange das Gros der Menschen ihre narzisstischen Verletzungen abwehrt, erleben wir das Phänomen, welches Sie mit Ihrer Frage zum Ausdruck bringen. Über Abwehrmechanismen hat Freud ja eine Menge geforscht und veröffentlich – dafür gebührt ihm Dank.

Sind Sie sich über Ihre eigenen Anteile bewusst und können Sie sich von den Problemen bzw. Traumata Ihrer Klientinnen abgrenzen?

Ich denke schon, dass ich mir über diese ausreichend bewusst bin und sie bereits in ausreichend tiefgreifendem Maße in die Heilung gebracht habe. Sonst könnte ich nicht so erfolgreich und verantwortlich psychotherapeutisch mit den sich mir anvertrauenden Menschen arbeiten. Aber wie alles im Leben unterliegt dies einem permanenten Anpassungsprozess, den ich persönlich sehr in meinem Leben willkommen heiße und begrüße. Ich lerne und heile mich sozusagen *auch* über die Arbeit mit meinen Klienten, nur auf einer „tieferen" Ebene als der, auf der meine Klienten Heilung benötigen. Und mit dem, was mir über mich bewusst geworden ist, gehe ich in solchen Fällen dann in den eigenen therapeutischen Prozess oder lasse mich supervidieren.

Glauben Sie, dass ein Narzisst anderen absichtlich wehtun will?

Nein, das glaube ich nicht. Es ist die Folgewirkung bzw. implizierte Wirkung seiner eigenen „Überlebensstrategie" in Kombination mit dem, was er an tatsächlich hilfreichem, wenn auch gewalttätigem und krankem Verhalten von seinen primären Bezugspersonen hat lernen müssen, um zum einen seine ihn permanent bedrohende Todesangst abzuwehren und zum anderen seine Bedürfnisse zu befriedigen, also zu bekommen, was er braucht/will.

Vor dem Hintergrund, dass ich als Betroffener sowohl die Opfer- als auch die Betroffenen-(Täter-)Seite reflektiere – wie viel nehmen Sie davon mit?

Ich persönlich finde es großartig, dass Sie jetzt diesen Weg gehen. Ich sehe darin, wie ich Ihnen bereits in unseren persönlichen Gesprächen sagte, eine Bereicherung für unsere Gesellschaft. Es ist ein vermutlich noch von keinem an NPS erkrankten Menschen beschrittener Weg und eine große Chance für die Weiterentwicklung unserer Gesellschaft, die darin liegt und die Ihr Beispiel gibt. Es ist ein Weg, der sich beim Gehen entwickelt, mit allem, was darin steckt: Anpassung an das, was wirklich *ist*. Und daraus kann mehr und mehr *gesunde Selbst-Liebe, Selbst-Verantwortung* und *Selbst-Fürsorge* entstehen und wachsen.

> Ich wünsche Ihnen alles erdenklich Gute dafür und ganz viel Begeisterung, Staunen, Erfüllung und Freude an der zurückgewonnenen oder auch zum ersten Mal erlebten echten Lebensqualität, die Ihr Weg mit sich bringen wird.

6.4 Der Weg der Anderen. Neun Frauen erzählen, wie sie zu sich selber fanden

Mein Anspruch war es nicht, nur ein Sachbuch zu schreiben und die Menschen einzuladen, sich selbst zu reflektieren, sondern ich wollte auch anderen Menschen eine Stimme geben, es ihnen ermöglichen, sich mitzuteilen. Von Frau zu Frau kann man das eine oder andere besser nachvollziehen, und ich bin mir sicher, dass auch viele Frauen dieses Buch lesen, weil sie hoffen, dadurch einen Weg aus ihrer narzisstischen Kollusion zu finden. Ich habe also in meinem Umfeld herumgefragt, wer meiner weiblichen Bekannten eine Geschichte darüber schreiben möchte, wie sie aus ihrer Opferrolle herausgefunden hat.

Im Folgenden werden Sie neun Geschichten von neun starken Frauen lesen, die auf unterschiedliche Art und Weise ein Leben zu meistern hatten, das eher der Hölle auf Erden statt dem siebten Himmel glich. Ich bin sehr froh, diese Frauen kennengelernt zu haben, und auch sehr dankbar, dass sie sich in meinem Buch mitteilen möchten. Auch diese Frauen haben in den Spiegel geschaut und zuerst die Gesellschaft gesehen. Mittlerweile sehen sie sich selber, und somit können die Wunden der Vergangenheit anfangen zu heilen.

Wie ich zu mir selber fand

Mein Umdenken begann mit meiner Psychotherapie. Zusätzlich habe ich in Selbsthilfegruppen Rat gesucht und bekam letztendlich den Tipp, dass es sich um Narzissmus handeln könnte. Als ich anfing, alles an Artikeln darüber zu verschlingen, was ich finden konnte, fiel es mir wie Schuppen von den Augen. Auf richtigen Seiten, die über die „narzisstische Persönlichkeitsstörung, auch NPS genannt", informierten – und *nicht* in Opfergruppen! –, kam ich darauf, dass es nicht am NPS-Betroffenen allein liegt, wie es leider in diversen Opfergruppen zelebriert wird.

Opfergruppen sind anfangs vielleicht hilfreich, weil viel Zuspruch und Mitleid kommt, aber aus eigener Erfahrung muss ich sagen, dass mir das nicht geholfen hat. In Selbstmitleid zu zerfließen bringt keinem was. Es löst kein Problem und verursacht eher Depressionen, und da kommt man kaum mehr raus. In der Gruppe, wo Narzisst und Co-Narzisst die gleichen Rechte haben und sich auf Augenhöhe begegnen, habe ich zu meiner großen Überraschung viel über mich selbst gelernt und dass auch ich vorbelastet in die Beziehung ging und somit meine Anteile hatte. Ich ging unbewusst und gleichzeitig mit zu viel Erwartung auf Besserung in eine neue Beziehung, die kein Mann erfüllen kann. Somit entsteht erneut Unzufriedenheit, was schließlich zum Scheitern führt. Durch all das kam ich erst darauf, dass es trotz liebevoller, zu fürsorglicher Mutter und desinteressiertem, cholerischem Vater im Kindesalter zu diesem Dilemma gekommen war. Ich habe viel verdrängt und vergessen, aber seit ich mich sehr intensiv mit dem Thema befasse, nehme ich mein Inneres mehr wahr und spüre meine Mankos und Blockaden auf. Aus meiner Beziehung konnte ich mich trotz Therapie erst nach diversen Erlebnissen langsam lösen, da ich erst nach und nach immer mehr zu mir zurückfand. Es war ein Prozess über viele Monate, und es wird auch noch dauern, aber ich denke, ich bin auf einem guten Weg.

Zum Abschluss: Egal ob jetzt Narzisst oder Borderliner oder nicht, man darf nicht vergessen, dass beide verletzte Kinder sind. Jeder Betroffene lebt es anders aus. Durch einen guten Bekannten habe ich jedenfalls gelernt, dass nicht alle NPS-Betroffenen gleich sind und man in der Thematik nichts verallgemeinern darf!

Astrid Buchner, 44, aus Wien

Mein Weg aus der Opferrolle

Ich lernte aus meiner Sicht den absoluten Traummann meines Lebens kennen, den ich heiraten und nie wieder gehen lassen wollte. Doch es sollte alles ganz anders kommen als erwartet.

Er war dunkelhaarig, groß, schlank und doch männlich stark, selbstbewusst, zuvorkommend, aufmerksam, einfühlsam und all das, was ich ach so sehr vermisste. Er war zwar schon damals wegen Burn-out, Spielsucht, Depressionen, Angststörung und Panikattacken in Behandlung, aber das war mir egal.

Schnell stellte sich heraus, dass irgendetwas ganz und gar nicht stimmte. Tja, aber was nur? Ich begann nachzuforschen und mich mit allerhand Psychokram zu befassen. Meine erste Hobbypsychologendiagnose lautete: Er leidet an einer Borderline-Störung. Kleinste Kleinigkeiten brachten ihn total zum Ausrasten. Er wechselte schneller zwischen „Du bist meine absolute Traumfrau" und „Du bist die größte Schlampe unter Gottes Sonne", als ich meinen Spitznamen (Evi) buchstabieren kann. Erste gemeinsame Therapieversuche bei seiner Gesprächstherapeutin folgten, blieben aber mehr als erfolglos.

Die Beziehung war geprägt von permanentem Zuckerbrot-und-Peitsche-Spiel zwischen Narzisst und Co-Narzisst. Auf derbste Beschimpfungen und Beleidigungen folgten enthusiastische Liebeserklärungen und Reuebekundungen. Das Ausmaß, wie immens krankhaft gestört unsere Interaktionen waren, war mir damals noch nicht bewusst.

Je mehr mir Freunde, Bekannte und Familie aufzeigen wollten, dass die Beziehung eine absolute Katastrophe war, umso intensiver beschäftigte ich mich damit, eine perfekte Fassade aufzubauen und allen inklusive mir selbst eine perfekte Beziehung vorzuspielen. Ich wollte ihnen beweisen, dass sie falsch lagen. Wir waren für einander bestimmt. Scheitern ging gar nicht! Ich ging in meiner Rebellion gegen erlebte und auch erlernte Verhaltensmuster der Kindheit auf.

In Gesprächen mit einer Kollegin, deren Mann NPS-diagnostiziert ist, kam ich dann auf die Folgediagnose Narzisstische Persönlichkeitsstörung. Ich begann mein intensives Studium diverser Internetseiten zu diesem Thema und der Hintergründe der NPS. Mein Ehrgeiz war geweckt worden. Mein Vorsatz lautete fortan: *„Ich liebe ihn gesund. Ich heile seine tiefen Narben der Kindheit. Ich bin stark, ich schaffe das. Geht nicht gibt's nicht!"* Mehrere gemeinsame Therapieversuche folgten, scheiterten aber kläglich aufgrund mangelnder Einsicht beiderseits.

Eines Tages stieß ich auf einen Leidensgenossen, der sich durch einen berührenden und ergreifenden offenen Brief an seine Freunde seinen Frust von der Seele schrieb. Wie das Leben so spielt, trafen wir uns durch Zufall an meiner Arbeitsstelle, und aus Dankbarkeit über die gute Behandlung wurde ich mehrfach bekocht – in einem vollkommen verdreckten Haus unter hygienisch sehr fragwürdigen Bedingungen (drei Katzen und ein irischer Wolfshund sorgten für den entsprechenden Naturhaarteppich).

Hier startete mein Loslösungsprozess aus dieser Wahnsinnsbeziehung. Ich hinterfragte, warum ich mich in einem Haus wohlfühlte, in dem es aussah wie bei den Barbaren, und mir zu Hause die Decke auf den Kopf fiel. Mir kam in den Sinn, dass hier etwas absolut nicht stimmt! Dazu kam noch, dass Vereinbarungen der aktuellen Therapie wieder einmal nicht eingehalten wurden. Ich war nicht mehr bereit, meine Grenzen torpedieren zu lassen. Meine Devise wandelte sich zu: „Mit mir nicht mehr! *Niemand* behandelt mich so!"

Es kam, wie es kommen musste: Ich wollte die gefühlt tausendste Trennung.

Bis zu diesem Zeitpunkt war ich immer noch der festen Überzeugung, *alles* sei allein *seine* Schuld. Er müsse sich doch endlich seine Krankheit eingestehen, und alles würde gut werden, denn dann könnte er – und auch nur er – daran arbeiten und sich ändern. Ich musste ja nicht, denn ich war ja *normal*. Nie im Leben kam mir in den Sinn, dass auch ich etwas beigetragen hatte. Ich war das arme, arme, arme Opfer, das sich in sein Opfersein hilflos ergab und im eigenen Mitleid badete.

Grundsätzlich war mir zwar immer schon bewusst, dass ein „Narzisst" nichts dafür kann, dass er handelt, wie er handelt, weil ja in seiner Kindheit etwas falsch gelaufen ist, weshalb er eben agiert, wie er agiert – auf eine für „normale" Menschen unverständliche Weise. Auf den öffentlichen Hass-Zug mancher Opfer bin und wollte ich nie aufspringen, denn dazu hatte ich zu viele Hintergrundinformationen gesammelt, und dies war auch nie meine Art.

Dann, *endlich*, folgten die ersten Sitzungen mit meinem Therapeuten, den ich mir aufgrund meines immensen Leidensdrucks gesucht hatte. Nie wieder wollte ich auf einen Mann hereinfallen, der mich ausnutzt oder mich nicht zu schätzen weiß. Schnell wurde mir dabei bewusst, dass die Wurzel allen Übels auch bei mir und in meiner Kindheit lag.

Ich habe nunmehr erkannt, dass jeder verantwortlich ist für sein Leben und auch dafür, was er mit sich machen lässt. Die Einhaltung der eigenen Grenzen liegt allein in der eigenen Verantwortung und nicht beim Gegenüber.

In meiner Therapie beleuchtete ich dann meine Kindheit und meine Verhaltensmuster und erarbeitete deren Bedeutung für mein Leben. Ich fing an zu verstehen, warum ich in vielen Situationen handelte, wie ich es getan hatte.

Ich sehe mich nun am Beginn meines Lebens, denn ich übernehme endlich Verantwortung für mich und mein Handeln.

Mein Tipp an jeden Einzelnen, der die Schuld nur bei anderen sucht: Macht einen Schritt zurück. Macht einen Schritt zur Seite. Und nun schaut euch euer Leben von einem anderen Blickwinkel an. Was habe ich beigetragen? Wo hätte ich etwas anders machen können? Wie hätte ich die Situation positiv beeinflussen können? Wo liegen meine Anteile?

Eveline Buchgeher, 47, aus Linz

Das schwarze Schaf

Ich muss wohl meine Geschichte von heute aus nach hinten aufrollen. Jetzt mit 50 Jahren erscheint alles so klar; es hat ein halbes Jahrhundert gedauert, um an dem heutigen Punkt angekommen – ja, angekommen im positiven Sinne – zu sein. Wenn auch mit einer Wunde:

Ich habe und hatte nie eine Mutter – aus der Sicht des Herzens. Traurig, aber dieser Schmerz ist erträglicher als die Illusion einer Mutter.

Was aus meiner Kindheit hängen geblieben ist, gleicht an manchen Tagen einer Horrorgeschichte, so kalt, so exzentrisch – aber ich habe überlebt!

Alle Erinnerungen, die ich habe, sind letztendlich belegte Erinnerungen. Das brauchte ich immer, damit ich meiner Wahrnehmung traue. Mir wurde oft von meinen Eltern glaubhaft erzählt, dass ich mir dies oder jenes nur einbilde.

Mit drei Jahren war ich in der Uniklinik Frankfurt für drei Monate, da ich eine Nierenbeckenentzündung hatte. Mit 35 Jahren habe ich mir den Bericht zukommen lassen.

Erschreckend: Ich werde im Aufnahmebericht als trauriges, lethargisches Kind beschrieben. Es war eine verschleppte Nierenbeckenentzündung, die wohl meine Eltern nicht ernst genommen hatten, obwohl ich schon 14 Tage über 40 Grad Fieber hatte. Damals hatte meine Mutter vermutlich schon gedacht: Die will nur Aufmerksamkeit, sie ist zu faul etc. Der Ärger mit mir hat sich bis zum 18. Lebensjahr hingezogen, und mit diesen Worten wurde auch mein Rausschmiss begründet.

Ich hatte so mit zwölf Jahren epileptische Anfälle, die sich aber wieder legten. Mit so zwanzig, als die ersten Süßstofftabletten raus kamen, hatte ich Angst, panische Angst vor diesen Tabletten. Da denkt man ja echt, man hat was an der Klatsche. Die Angst resultierte aus kleinen weißen Tabletten, die ich mit etwa sechs Jahren bekommen hatte. Es war Valoron, damit ich nachts ruhiggestellt war. Der Trick meiner Mutter bestand darin, dass sie die Tablette in ein Glas legte und Vita-Malz einschenkte, und ich bekam das Vita-Malz zum Runterspülen.

Meine Mutter war immer sehr bemüht, mich irgendwie loszukriegen. Schielen wurde auch dafür benutzt; ich war dann mehrere Jahre immer in den Sommerferien zum Sehtraining in der Uniklinik Heidelberg; einer OP hatte sie nicht zugestimmt, da sie der Überzeugung war, dass ich zu faul sei, geradeaus zu schauen.

Mit 14 bin ich regelmäßig abgehauen, mit der Folge, dass ich auch regelmäßig geschlagen wurde, wenn ich zurückkam oder von der Polizei nach Hause gebracht wurde. Die Polizei musste mich wieder zurückbringen, da gegen meine Eltern keine Strafanzeige vorlag. Mein bester Polizist brachte mich dann erst abends um zehn zurück, weil er wusste, dass ich eigentlich nicht nach Hause wollte.

Geschichten über Geschichten, nein: Fakten über Fakten. Wenn ich hier so schreibe, zittere ich und habe richtige Schweißausbrüche, und ich könnte noch locker tausend andere Dinge schreiben, die mir hier gerade einfallen. Aber es ist in der Vergangenheit, und dort soll es auch bleiben. Vergessen werde ich es trotzdem nie!

Genauso wenig werde ich jene Therapeuten vergessen, die daran gearbeitet haben, dass man den Kontakt zu den Eltern hält oder dass man verzeihen muss, weil sie jetzt einem nichts mehr tun. Alles Bullshit, denke ich aus jetziger Sicht. Dadurch wurde nur das ungesunde System aufrechterhalten, die ganze Familie hatte wieder ihr schwarzes Schaf, und somit war alles wieder in Ordnung. Sie mussten sich mit nichts auseinandersetzen, und ich lebte natürlich meine Opferrolle – klar, ging ja gar nicht anders.

Zweifel kamen mir erst, als mein Sohn so mit zwölf nicht mehr zu meinen Eltern wollte mit der Begründung, die würden immer so schlecht reden über mich, wenn er bei ihnen sei, und das hat ihn verletzt. Irgendwie war das zum ersten Mal in meinem Leben die Bestätigung, dass ich doch alles irgendwie richtig wahrnahm.

Da kam der erste resolute Kontaktabbruch, den ich mit dem begründete, was Felix mir gesagt hatte. Aber mit dem Versprechen, sich zu bessern oder zu ändern, begann ein emotionaler Krieg. Alles wurde wieder hochgeholt, ich wurde schlechtgemacht, sie drohten, mir Felix wegzunehmen, sie machten mich in der Verwandtschaft schlecht – ich war immer noch das schwarze Schaf, und das brauchten sie wohl, um sich nicht mit ihren eigenen Defiziten auseinandersetzen zu müssen.

Das Kuriose daran war ja, dass es mir dann schlecht ging. Ich traute meiner Wahrnehmung nicht mehr, hatten sie doch recht etc., und passenderweise bin ich dann auch in eine Geliebtenbeziehung geraten, hatte ja nichts Besseres verdient. Der Kompromiss bestand in sporadischem Kontakt. Ich war dadurch nicht halb und nicht ganz; ich hatte Eltern, und gleichzeitig war diese Lösung noch unehrlicher als alles andere zuvor.

Mir war jeden Tag nach Kontaktabbruch. Ich brauchte Klarheit: Entweder ich habe Eltern, die zu mir stehen und die mich annehmen, wie ich bin, oder ich habe eben keine Eltern. Meine Eltern brauchten mich natürlich, aber nicht als ihr liebenswertes und stolzes Kind, sondern als schwarzes Schaf. Ich hatte mal meiner Mutter gesagt, letztendlich bestehe ich aus 50 Prozent Papa und 50 Prozent Mama, und somit würden sie sich ja letztendlich selber schlechtmachen. Selbst das wurde vehement verneint.

Ich habe das Muster erkannt: Ich kann es meinen Eltern nicht recht machen. Ich war Geliebte, mehr war ich mir wohl nicht wert. Das ist zwar eine ganz traurige Erkenntnis, aber man muss aussteigen aus dieser Rolle, und zwar am Anfang, das heißt bei den Eltern, dann entknoten sich auch die anderen kranken Verbindungen.

Der Schlüssel zum endgültigen Ausstieg war, dass ich einfach gesagt habe, ich komme an Weihnachten nicht (für mich hat es bedeutet, ich komme nie wieder). Ich habe es als Tatsache formuliert, ohne Hoffnung, hart. In diesem Moment sind meine Eltern für mich gestorben. Ich habe es aufgegeben, auf Anerkennung durch meine Eltern zu hoffen. Ich möchte keine Energie mehr in Dinge setzen, die aussichtslos sind. Ich werde es ihnen niemals recht machen können; ich kann mich anstrengen, wie ich will, sie werden mich niemals annehmen. Das Tragische daran ist, dass es die eigenen Eltern sind, aber man würde sich so etwas niemals von einem Außenstehenden gefallen lassen. Deswegen darf man auch loslassen.

Das Wunderbare geschah dann am ersten Weihnachtsfeiertag. Da haben sie natürlich alles auf die böse Petra geschoben, und da hat sich doch glatt jemand getraut zu sagen: Ich kann Petra verstehen, dass sie den Kontakt abgebrochen hat, sie wurde ja als Kind wie der letzte Dreck behandelt.

Seit diesem Moment habe ich Frieden mit mir, innerlich und äußerlich. Der Bruder, der noch bei meinen Eltern wohnt (47 Jahre), meldet sich auch nicht mehr bei mir. Jetzt kommt doch wohl das schlechte Gewissen. Sie durften mich schlagen, sie haben meiner Puppe die Haare abgeschnitten, meinen Einkaufsladen haben sie mit dem Beil zerhackt, ich habe in den letzten zwei Jahren im Keller gewohnt, damit jeder ein eigenes Zimmer hatte, mir wurde der Strom im Keller abgestellt ...

So pervers es sich vielleicht für Ausstehende anhört, aber dieser Satz an jenem Weihnachtstreffen, dem ich ferngeblieben war, machte mich zu dem glücklichsten Menschen auf Erden. Als ich es erfahren hatte, musste ich weinen, vor Glück. Es gab mir die Bestätigung, dass ich mir nicht alles eingebildet habe, was so in meiner Kindheit passiert ist.

Petra Noelle, 51, Koblenz

Mein Weg zu mir

Wir lernten uns kennen und es war der Himmel auf Erden. Mein Gott, ich war so verliebt, und ich war gerne bereit, den Nebenkriegsschauplatz zu ignorieren, den mein Liebster da mitbrachte. Vielleicht ist es ja auch eine Lüge meinerseits, denn mein Hauptproblem bei meiner vergangenen Partnerwahl war immer, dass ich mir Männer mit sehr hoher Bedürftigkeit und dem Anschein der Hilflosigkeit suchte.

Es war mir nicht immer so bewusst, deshalb war der Weg lang und hart und hat mich viele gute Jahre gekostet. Das Schema wiederholte sich ständig, und natürlich waren die andern schuld. Mir war irgendwie klar, dass etwas in meinem Leben in Bezug auf Männer falsch läuft, und ich habe genug Bücher über Beziehungen und dergleichen gelesen, aber geholfen hat mir davon nichts. Neues Spiel, neues Glück – versuchen wir es doch mit einem anderen, dann wird es schon werden.

Die letzte Beziehung hat mich stark an meine Grenzen gebracht. Über Demütigungen, Kontrollen, massive Eifersucht und seelische Grausamkeiten bis über Manipulation habe ich alles geduldet, alles nur, um geliebt zu werden. Über meine eigenen Anteile war ich mir selten im Klaren. Ich war doch gesund, so glaubte ich. (Natürlich habe ich ihn unbewusst provoziert.) Der Preis war hoch, zu hoch ... Ich hatte mich selbst verloren in völliger Hingabe und Selbstaufgabe, und ich fand trotzdem nicht, was ich wollte.

Die letzten zwei Jahre waren so extrem, dass ich zeitweise dachte, ich müsste irgendwann in die Psychiatrie. Nach 15 Anläufen zur Trennung bemerkte ich, dass sich was verändert hatte – meine Gefühle ...

Ich fühlte mich schuldig, unser gemeinsames Kind dieser Situation des offenen Streits auszusetzen, und erkannte, dass ich es mir ziemlich gemütlich eingerichtet hatte in dieser Beziehung. Ich ignorierte bis zum Verrecken alles, um nicht die Augen öffnen oder gar aktiv Veränderungen durchführen zu müssen. Mir fehlte jedoch nicht nur die Kraft zum Leben, sondern auch mein Lachen und die positiven Gefühle, die das Leben so lebenswert machen. Ich fühlte mich, als ginge mein Leben nicht mehr weiter, als würde immer und immer wieder dieselbe Schallplatte von vorne abgespielt. Ich war es leid, unter diesen Umständen weiterzumachen.

Ende des Jahres 2016 ereignete sich dann der Super-GAU, indem ich nach einem handfesten Streit handgreiflich wurde und das Handy meines Partners zerbrach. Ich war erschrocken über diese blinde Wut und den Hass meinerseits, dass ich fluchtartig das Haus verließ, um mich zu beruhigen und um mich nicht noch weiter provozieren zu lassen. Zu dem Zeitpunkt wäre ich so weit gewesen, ihm Schlimmeres anzutun.

Heute weiß ich, dass es viele Dinge gab, die ich selbst zu verantworten habe. Meine geringe Selbstliebe und Selbstfürsorge, die fehlende Bereitschaft, die eigenen Gefühle und Anteile ins Auge zu fassen, die Ignoranz und die Scheuklappen haben zum Misserfolg meiner Beziehung beigetragen.

Durch den steten Leidensdruck und den Wunsch nach Veränderung habe ich im Netz eine Gruppe gefunden, in der ich den Autor dieses Buches kennenlernen durfte. Diese Hilfe, die von außen geleistet wurde, brauchte ich dringend. Es gab keine Schönfärberei mehr, sondern Ehrlichkeit, Offenheit und der Schubs in die richtige Richtung. Danke, Leonard!

Dank meiner Therapieerfahrungen und meiner Reflexionsfähigkeit empfinde ich heute Mitgefühl und habe ein besseres Verständnis für meinen Ex-Partner. Ich habe die Verantwortung für mich übernommen und somit den Weg aus dem Leiden gefunden.

Nicole Krüger, 43, Salzwedel

Das richtige Maß

Mein Mann und ich lernten uns vor 14 Jahren kennen. Am Anfang war es wie bei jedem anderen frisch verliebten Paar auch: Man sah noch alles rosarot und hatte täglich Schmetterlinge im Bauch. Nach ungefähr einem Jahr – als der Alltag bei uns einzog – waren die Schmetterlinge fast verflogen und die Brille hatte man abgelegt.

Ich merkte, dass mein Mann mir nie so richtig seine Gefühle mitteilen, geschweige denn zeigen oder erleben konnte. Das hatte, wie ich später aus ihm herauskitzelte, mit seiner Jugend und Erziehung zu tun. Ihm wurde immer gesagt, er dürfe nicht schwach sein, geschweige denn weinen und erst recht nicht einer Frau gegenüber Gefühle zeigen, er wäre dann kein Mann mehr. Wie sich herausstellte, war er ein Opfer seines narzisstischen Vaters, der wiederum von seinem Vater schlecht behandelt worden war. Was man auch an der Ehe meiner Schwiegereltern sah und sieht. Meine Schwiegermutter ist eine Frau, die ruhig und gelassen alles hinnimmt, was mein Schwiegervater sagt und tut. Im näheren Gespräch merkte ich aber, dass auch sie, geprägt durch ihre Mutter, zu einer Frau herangewachsen war, die dem Mann immer untergeben ist.

Die Partnersuche meines Mannes gestaltete sich dann auch auf diesem Niveau. Er suchte eine Frau, die alles macht (Haushalt usw.), also ihm untergeben ist und den Rücken freihält, denn er ist ja derjenige, der arbeiten geht. Dieses Bild verkörperte ich nun gar nicht. Ich bin als selbstständige Frau herangewachsen und habe seit dem 16. Lebensjahr mein Leben selbst in die Hand genommen. Mein Mann hatte sich aber nun mal in mich verliebt.

Die Erziehung meines Mannes zeigte sich in unserer Beziehung so, dass er sich bei Problemen immer wieder aus der Verantwortung zog und mir einige Dinge, die man in einer Beziehung gemeinsam lösen muss, verschwieg. Er dachte, das werde schon wieder, und versuchte es anschließend damit zu begründen, früher sei es auch von alleine wieder weggegangen. Erst als ich diesen Hintergrund verstanden und im Gespräch mit seinen Eltern (insbesondere mit der Mutter) einiges erfahren hatte, konnte und versuchte ich damit umzugehen und als Schlussfolgerung daraus auf meinen Mann näher einzugehen.

Das beste Beispiel für die Erlebnisse, die mein Mann erfahren hat, ist die ungleiche Behandlung der Brüder. Er hat einen jüngeren Bruder, der bevorzugt wurde und auch heute noch bevorzugt wird. Dieses Maß an Ungerechtigkeit habe ich (ich habe einen jüngeren Bruder) nie erfahren. Unsere Eltern haben uns immer gleich behandelt; auch als mein Bruder sehr krank wurde und als meine Mutter starb, hatte sich nichts verändert. Aber zurück zu meinem Mann und mir.

Ich merkte, dass zwei Seiten in unserer Beziehung prägend waren. Die eine

Seite: Immer wieder geschah etwas Neues in unserer Beziehung, niemals kam Langeweile auf. Die andere Seite: Mein Mann vereinnahmte mich derart, dass das Leben mit ihm mein eigenes Leben komplett in den Hintergrund drängte bzw. dass ich es aufgeben sollte. Für mich war einfach kein Platz darin vorgesehen, außer der bescheidenen Rolle, die mir zugewiesen wurde.

Ich merkte, dass mein Mann allmählich damit begann, unauffällig Forderungen zu stellen, die mal eben nebenbei erledigt werden konnten. Ich tat ihm gerne diese kleinen Gefälligkeiten – schließlich liebe ich ihn und will ihn glücklich machen. Am Anfang bedankte er sich auch noch bei mir, was aber mit der Zeit immer weniger wurde. Ich bekam gar nicht mit, wie die Dosis allmählich erhöht wurde und immer mehr Aufgaben in meinen Bereich überschwappten. Aber ich kam mir langsam vor wie ein zum Diener degradierter Mensch. Als mir das bewusst wurde, war klar, dass er bei mir an der falschen Adresse war.

Ich versuchte es erst behutsam, aber als es nicht funktionierte, war mir bewusst, dass ich etwas ändern musste. Ich machte ihm klar, dass es so nicht weitergehen könne und dürfe. Ich zeigte meine eigenen Grenzen auf, ich verteidigte die eigenen Bedürfnisse und blieb den eigenen Überzeugungen treu. Seine Äußerungen betrachtete ich immer mit dem notwendigen Abstand und blieb ihm gegenüber kritisch.

Ich fing langsam an, sein Verhalten zu durchschauen und zu verstehen, was mir die Ehrfurcht und die Angst vor seinem Auftreten nahm. Nach und nach verlor er seine Macht, weil ich nun hinter seinem selbstverliebten und egoistischen Verhalten den schwachen, sensiblen Mann sah, der sich nach Liebe sehnt und innerlich mit einem Gefühl der Minderwertigkeit zu kämpfen hat.

Ich nahm meinen eigenen Standpunkt ein und gab meiner Meinung Raum. Ich ließ mich nicht mehr zu irgendwelchen Handlungen oder Zugeständnissen hinreißen, sondern räumte mir im Zweifel immer Bedenkzeit ein. Mit etwas Abstand gelang es mir immer besser, mein eigenes Urteil zu fällen, es mit Argumenten zu untermauern und standfest zu bleiben. Er versuchte zwar immer wieder, mir meine Meinungen und Argumente auszureden, wenn sie ihm nicht in den Kram passten, aber das schaffte er nach und nach immer weniger.

Immer wieder versuchte ich ihn mit seinen Aussagen zu konfrontieren bzw. wiederholte diese. Schließlich kam er selbst darauf, wie lächerlich oder gar peinlich sein Imponiergehabe wirkte. Ich sagte zum Beispiel: „Findest du das wirklich großartig?" Oder: „Findest du das nicht etwas übertrieben?" Am Anfang war er so manches Mal gekränkt oder reagierte mit Abweisung. Aber das wurde immer weniger, je mehr wir miteinander redeten.

Ich merkte auch, dass es einfacher war, mit ihm zu reden, wenn ich ihn erst lobte und dann das Problem ansprach. Das richtige Maß an Lob und Kritik musste ich erst finden. So manches Mal wurde er bei zu wenig Lob gereizt, nervös und reagierte manchmal zornig. Übertrieb ich das Lob, wirkte er oft oberflächlich und nahm mich nicht ernst. Das Lob muss also echt und authentisch sein. Auch das musste ich erst richtig lernen, und ich benötigte Jahre dazu.

Das Fazit aus unserer Lebensgeschichte ist, das ich im Umgang mit meinem Mann immer wieder meine Grenzen deutlich und unmissverständlich aufzeigen muss. Ich mache ihm klar, dass ich nicht zu allem bereit bin. Dadurch werde ich zwar seine Ausschweifungen nicht verhindern, wohl aber reduzieren und ihn zu mehr Vorsicht anhalten. Ich nehme mich zurück und werde nicht unfreundlich, sondern bleibe konsequent und verbindlich.

Diana S., 45, Lübeck

Wie Liebe den Hass besiegte

Kurz nachdem ich meine erste große (Jugend-)Liebe nach fünf Beziehungsjahren beendet hatte, lernte ich einen sympathischen, attraktiven Mann kennen, mit dem ich eigentlich nur meinen 20. Geburtstag feiern wollte – die Party dauerte letztendlich fast 20 Jahre. Weder die Tatsache, dass er 15 Jahre älter war als ich, noch dass er verheiratet war und zwei schulpflichtige Volksschulkinder hatte, störte mich sonderlich. Ich habe mich damals nie nur als seine Affäre oder die „andere" Frau gefühlt.

Um einerseits meinen eigenen hohen Ansprüchen auf Unabhängigkeit gerecht zu werden und mir andererseits nie auch nur ansatzweise den Vorwurf machen (lassen) zu müssen, der Ehefrau oder gar den Kindern Geld wegzunehmen, war ich stets darauf bedacht, meinen gesamten Lebensunterhalt selbst zu bestreiten. Dies setzte ich natürlich auch fort, als er nach etwa zwei Jahren bei mir einzog. Als wir in eine andere Bleibe übersiedelten, richtete ich diese mit meinem ersparten Geld ein. Er musste ja ohnehin die Wohnung für seine Ursprungsfamilie finanzieren und zahlte Unterhalt für die ehelichen Kinder.

Ich unterstützte ihn auf jede erdenkliche, mir mögliche Weise beim Aufbau seiner Firma bzw. seiner Firmen. Er machte sich ja mit *unserer* gemeinsam entwickelten Geschäftsidee selbstständig und hatte – unter anderem deswegen – seinen gut bezahlten Job gekündigt. Dies bedeutete allerdings, Raubbau an mir selbst und meinen Ressourcen zu betreiben. Ich fuhr zum Beispiel um drei Uhr morgens 300 Kilometer zur Arbeit, nach Nachtdiensten setzte ich mich selbstverständlich unentgeltlich für ihn ein bis zum nächsten Nachtdienst oder fuhr 600 Kilometer am Tag, um dann bis spät in die Nacht für ihn zu kellnern. Ich nahm einen Kredit auf, um seinen drohenden Konkurs abzuwenden, eröffnete selbst eine Firma, um ihm Steuervorteile zu verschaffen. Leider musste ich dadurch aber einen nicht unerheblichen Betrag zurückzahlen und bekam auch noch eine saftige Strafe aufgebrummt. Ich hielt ihn vom Suizid ab und beschützte ihn, als er volltrunken einige Schläger anpöbelte. Ich prostituierte mich zusätzlich zu meinem Vollzeitjob auf diversen Sexseiten im Internet, um *sein* Einkommen aufzubessern. All das machte ich, um ihm finanziell den Rücken für seine geliebte Ursprungsfamilie freizuhalten.

Nach zwölf Jahren bezogen wir gemeinsam eine Eigentumswohnung, die selbstverständlich ich finanzierte, weil er die Wohnung der Ehefrau bezahlte. Dann begann meine biologische Uhr zu ticken, und wir bekamen zusammen eine wunderbare Tochter. Alles schien so perfekt zu sein. Doch nach nur neun Monaten „durfte" ich wieder arbeiten gehen, denn er konnte mich finanziell nicht unterstützen, und meine Geldreserven waren bereits aufgebraucht. Sowohl die Einrichtung unserer neuen Wohnung als auch einen Großteil unserer Lebenshaltungskosten bestritt nach wie vor ich alleine.

Unsere Beziehung war nur noch eine perfekte – ausschließlich durch mich aufrechterhaltene – Fassade, hinter der es mehr und mehr bröckelte. Ich rackerte mich ab, arbeitete 40 Stunden, hielt die Wohnung in Schuss und kümmerte mich jede Sekunde, die ich zu Hause war, um meine Kleine. Versuche, mehr Beteiligung von ihm zu fordern, wurden im Keim erstickt. Er musste ja *Geld* verdienen – tja, nur für wen oder was eigentlich? Zusätzlich erkrankte seine fast 90-jährige Mutter schwer und war auf Hilfe durch die Angehörigen angewiesen. Verständnisvoll, wie ich war, schraubte ich meine Bedürfnisse noch weiter herab und kümmerte mich bereitwillig auch weiterhin alleine um alle Belange meiner Minifamilie, denn er war ja mit seiner „anderen, wichtigeren" Familie und den erfolglosen Firmen beschäftigt genug. Ich wollte nach wie vor weder ihm noch seiner Ursprungsfamilie zur Last fallen.

Ich überwand eine Fehlgeburt im Alleingang, und auch die darauffolgende Problemschwangerschaft meisterte ich mit Bravour ohne seine Unterstützung. Nach der Geburt unserer zweiten Tochter war ich nun – de facto ohne Hilfe – für zwei kleine Mäuse zuständig. Mein Frustpegel stieg dadurch natürlich weiter und weiter an. Endgültig in die Brüche ging die Beziehung allerdings erst, als seine Mutter starb. Er zog dann aus, aber nicht ohne einen unerbittlichen Kampf um die Kinder zu entfachen, der bis heute andauert!

Mit jeder Eingabe bei Gericht wuchs mein Hass auf dieses unliebsame Wesen. Die Akten umfassten meistens unzählige Seiten mit sehr verletzenden Vorwürfen gegen mich und detaillierte Beschreibungen meines untragbaren „Fehlverhaltens". Ich habe die letzten sechs oder sieben Jahre damit verbracht, meinen Hass vor absolut jedem zu zelebrieren, den es interessierte oder auch nicht interessierte. Er hatte es nicht anders verdient – dieses Schwein! Er hatte mich zwei Jahrzehnte auf schäbigste Weise ausgenutzt. Ohne jegliche Gegenleistung ließ er sich von mir durchfüttern und beutete mich für seine Firmen aus.

Die Dinge, die ich vermeintlich für ihn tat, hatte ich unbewusst an eine immens hohe, aber nie artikulierte Erwartung oder Bedingung geknüpft: *Später* wird er mich dafür bestimmt belohnen, mir unendlich dankbar sein und mir den Rücken frei halten! Wie sehr ich mich doch irrte! Als er mit Geben an der Reihe war, stahl er sich aus seiner Verantwortung und haute feige ab. Ich überlegte sogar ernsthaft mehrfach, wie ich ihn loswerden oder verletzen lassen könnte, ohne dafür zur Rechenschaft gezogen zu werden. Ihn vom Sprung in die Donau abgehalten zu haben, bereute ich zutiefst.

Dann passierte das Unfassbare: Meine mittlerweile 13-jährige Tochter wollte zu ihrem Vater ziehen, weil sie meinen Hass und meine Verbitterung nicht mehr ertragen konnte und wollte. Es traf mich wie ein Blitz, ich fiel aus allen Wolken.

Um weiter ein wichtiger Teil im Leben meiner Töchter bleiben zu können, musste dringend etwas geschehen.

Wie stelle ich das an? Schon wieder war ich sein Opfer!! *Dieser* Mann hat mich 20 Jahre ausgenutzt, und nun wird er durch die Zuneigung *meiner* Tochter belohnt! Das darf doch alles nicht wahr sein! Dass das Leben mich so grausam bestraft! Kann er nicht einfach nur sterben, damit ich meine Ruhe habe? Dies waren nur einige der Gedanken, die mir immer wieder durch den Kopf schossen.

Dann führte ich ein langes und intensives Gespräch mit meiner Schwester und meinem Schwager (von Beruf Sozialarbeiter für Problemfamilien), das mir quasi zur ultimativen Erleuchtung verhalf. Wir redeten über meinen allgegenwärtigen unbändigen Hass und meine Verachtung für meinen Ex, die ich ohne Rücksicht auf Verluste auslebte. Da wurde mir bewusst, was ich damit anrichtete. Wie auch immer ich das jetzt anstellen sollte - ich musste mich aller negativen Gefühle entledigen.

Gesagt getan – ich analysierte wieder einmal mein Leben und diese Beziehung. Als Hauptproblem erkannte ich zunächst meine immens hohen Erwartungen an ihn. Er muss doch endlich irgendwann erkennen, wie sehr er mich ausgenutzt hat, dachte ich immer. Weiter fiel mir aber auch auf, dass ich nie gezwungen worden war, alles zu bezahlen. Ich hatte immer freiwillig auf vieles verzichtet oder auch Leistungen erbracht, die niemand eingefordert hatte. Ich erkannte ebenso, dass dieser Hass und die Verachtung eigentlich mir selbst galten, denn ich war zu blöd gewesen, mich zu behaupten bzw. Forderungen durchzusetzen, die absolut berechtigt gewesen wären. Ich hatte die Lösung gefunden: Meine Erwartungshaltung musste ich schleunigst ablegen, denn er würde sie *nie und nimmer* erfüllen.

Mit Meditationsübungen zum Thema Loslassen erreichte ich rasch mein Ziel. Ich fühlte nach jeder Übung, wie meine Lebensenergie zunahm und wie erleichtert ich war, weniger Negativität in mir zu tragen. Die Liebe zu meinen beiden wunderbaren Töchtern hat mir sehr dabei geholfen, mich vom Hass auf ihren Vater, eigentlich aber auf mich selbst und aus der Erwartungshaltung zu befreien. Ich akzeptiere, dass die Vergangenheit vergangen und daher nicht mehr zu ändern ist. Ich sehe mich nicht mehr als sein Opfer – das war ich ja ohnehin nie gewesen, allenfalls ein Opfer meines eigenen Verhaltens. Ich selbst habe meine Grenzen und Bedürfnisse nicht berücksichtigt.

Jetzt achte ich rechtzeitig auf meine Grenzen und Bedürfnisse. Mein Blick ist nun in Liebe nach vorne und in die Zukunft gerichtet. Die hasserfüllte Verhaftung in der Vergangenheit habe ich beenden und mich von meinen Erwartungen lösen können. Blicke ich nun zurück, schaffe ich es, nachsichtig mit mir zu sein und Lehren aus meinem Handeln zu ziehen. Ich bin nicht perfekt, aber ich akzeptiere mich und auch meine Mitmenschen, wie sie sind, mit all ihren guten und weniger guten Eigenschaften.

Neues Motto: Wer ein Problem mit mir hat, darf es gerne behalten, denn es ist ja seines!

Monika Klug, 42, München

Die verlorene Unschuld

Von klein auf lernen wir, dass wir so, wie wir sind, nicht in Ordnung sind. Unsere Persönlichkeit wird manipulativ zum Wohle der Gesellschaft verformt. Wir lernen, dass man sich zum Wohle anderer verändern muss und dass man manipulieren darf, um Veränderungen herbeizuführen. Mit diesen unbewussten Lernerfahrungen im Gepäck werden wir älter. Manche übermalen diese Erfahrung mit einer stark übertriebenen Ich-Bezogenheit – die Gesellschaft nennt es Narzissmus. Andere hingegen bleiben in ihrer Opfererfahrung haften.

Treffen nun zwei solche extrem ausgeprägten Charaktere aufeinander, ist der Konflikt vorprogrammiert. Der Narzisst wird erniedrigen, um sich in jeder Situation über Wasser halten zu können, und das Opfer wird es hinnehmen, um sich selbst immer wieder in der festgefahrenen Rolle zu bestätigen. Da keiner von beiden bewusst so handelt, kann es oft Jahre dauern, bis einer die Kraft dazu findet, aus der Beziehung auszusteigen.

In Gesprächen mit anderen über die Vergangenheit bekommt man oft Dinge zu hören wie „Was für ein Egoist", „Dass er dich *so* abwertend behandelt hat" etc. Als Opfer erhält man Zuspruch, Verständnis und Hilfe. Der Narzisst wird zum alleinigen Täter deklariert und die Sache scheint klar zu sein.

Für mich persönlich war es an diesem Punkt aber nicht klar. Da ich immer versuche zu verstehen, war mir diese Erklärung nicht genug. Hatte mein Ex bewusst so gehandelt? Nein. Aber was steckt dann so tief in ihm fest, dass es in gewissen Situationen immer wieder zu den alten Verhaltensmustern kommt? Haben wir nicht zahlreiche Gespräche geführt, in denen wir beide der Meinung waren, es zukünftig zum Wohle unserer Beziehung besser machen zu können? Bei klarem Verstand war das alles so einfach und klar – beide einig und die Zuversicht im Gepäck, dass wir es schaffen könnten, weil wir im Prinzip der gleichen Meinung waren. Aber dann – eine Situation nach altem Muster, und schon steckten wir beide wieder so tief in unseren Rollen, dass der Verstand keine Chance hatte. Bis ich den Entschluss fasste zu gehen. So hatte das Ganze keinen Sinn mehr.

Nun war es aber so, dass ich die Kindheitsgeschichte kannte. Da musste es doch irgendeinen Zusammenhang geben – und wenn das Ganze in der Kindheit zum Eigenschutz entstanden ist und man sich daran nicht erinnern kann, kann man dann überhaupt Dinge umsetzen, wenn es emotional wird?

Dieser Frage ging ich nach. Ich fing an, meinen Ex zu verstehen und Mitgefühl für ihn aufbringen zu können. Triggerte mich irgendetwas, hatte ich das Bild von dem kleinen Jungen vor mir, und meine Emotionen konnten wieder besser herunterfahren. Aber wenn er nun aus seinem inneren kindlichen Bewusstsein heraus handelte und ich es eigentlich nicht ausstehen konnte, wenn man Kinder zum Wohle der Gesellschaft zu formen versucht, hatte ich dann nicht auch einen Fehler gemacht? Was gab mir das Recht, Erwartungen an meinen Ex-Partner zu stellen, um mich dann besser zu fühlen? Und genau an dieser Stelle fing ich an zu reflektieren.

Auch ich habe gelernt, dass man nur geliebt wird, wenn man so funktioniert, wie es erwartet wird. Auch ich habe meine kindlichen Erfahrungen mit in die Beziehung gebracht. Habe versucht, das zu bekommen, was mir guttat: Schließlich liebt er mich doch, und wenn er mich liebt, wird er das doch bestimmt machen, und wenn er es nicht macht, habe ich ihn weniger lieb! So einfach ist das, oder nicht?

Aber hat nicht jeder das Recht, so sein zu dürfen, wie er ist? Muss ich jemandem Vorwürfe machen, weil er nicht nach meinen persönlichen Erwartungen funktioniert? Ich hatte doch selbst meine Erfahrungen auf meinen Ex projiziert, hatte versucht, ihn mit Vorwürfen und Gemeinheiten zur Änderung zu zwingen. Und mit meinem zusätzlichen Helfersyndrom und der Motivation, ihn in ein Leben zu führen, das frei von Trauma ist, hatte ich das Ganze nur noch über Jahre in die Länge gezogen. Unterschwellig hatte ich für mein eigenes Ego genauso manipuliert, wie er versucht hatte, für sein Ego an meinem Selbstwertgefühl zu kratzen. Bei meiner Suche nach Antworten habe ich einmal folgenden Satz gelesen: Es gibt immer einen, der es macht, und einen, der es machen lässt.

Ich hatte also die ganzen Jahre über im Grunde immer die Möglichkeit gehabt, aus meiner Rolle auszusteigen und im besten Falle die Zelte abzubrechen. Ich hatte es selbst zugelassen, hatte mich zum Opfer degradieren lassen, um mein Helfersyndrom zu füttern und meinem Ego zu beweisen, dass ich es schaffen würde. Diese Erkenntnis traf tief. Aber das zog mich nicht runter, im Gegenteil. Natürlich hätte ich jetzt jammern können, weil ich so blöd gewesen war, hätte der Zeit nachweinen können. Stattdessen spürte ich in mir plötzlich eine Kraft. Also ob eine Tür aufgebrochen worden wäre.

Ich fing an, mich mit meinem inneren Kind zu beschäftigen, meine alten Muster herauszukramen, abzustauben und mir anzusehen. Schritt für Schritt, Schicht für Schicht. Ich stecke immer noch mitten in meiner Arbeit mit mir selbst. Aber was einmal wirklich im Bewusstsein ist, kann auch in Angriff genommen werden, und ich merke jetzt bereits in meiner neuen Beziehung, dass ich es auch schon umsetzen kann. Rutsch ich wegen zu mächtiger Emotionen in alte, manipulierende Verhaltensmuster, kann ich es mir zumindest eingestehen und als „Aha-Effekt" nutzen, kann es mir selbst genauer anschauen oder auch meinem Partner erklären.

Keiner hat Schuld, wenn sich der andere schlecht fühlt! Das sind meine eigenen Gefühle, die durch meine Erfahrungen hervorgerufen werden. Ich kann es beim Gegenüber ansprechen, aber ich habe nicht das Recht, Erwartungen daran zu knüpfen. Gibt es einen gemeinsamen Weg und beide wollen die Veränderung für sich selbst, ist das o. k. Aber nicht, wenn sich jemand in seiner Persönlichkeit verbiegen muss, um dem anderen zu gefallen. Passt mir das nicht, habe ich die Wahl. Komme ich damit klar, ohne dass es meine Persönlichkeit untergräbt, oder müsste ich mich dann verbiegen?

Manche Erkenntnisse brauchen Zeit. Aber auch hier hat jeder das Recht, für sich selbst zu entscheiden, ob er nun aus diesen Schuhen wachsen möchte und vor allem auch in welchem Tempo. Denn egal, wie ich mich zum Wohle meiner Persönlichkeit entscheide – für jeden Topf gibt es den passenden Deckel!

Melanie Wirth, 41

Der Anfang vom Ende

Anfangs gab er sich sehr viel Mühe. Ihm lag viel daran, mein Herz zu erobern. Er war wahnsinnig lieb, machte mir Komplimente und meinte es anscheinend sehr ernst. Ich war sehr misstrauisch, machte oft Vorwürfe und beendete unser Verhältnis mehrmals. Er kämpfte, tat alles, damit ich ihn nicht verließ. Ich bemerkte dabei nicht, wie sehr ich ihn damit verletzte. Irgendwann hatte er die Schnauze voll, und so wendete sich das Blatt. Er wollte nichts mehr von mir wissen. Nun tat ich alles, um ihn zurückzugewinnen. Nachdem ich zwei Wochen hinter ihm herlief, gab er mir noch mal eine Chance. Ich war so glücklich. Dachte, jetzt ist wieder alles in Ordnung. Dann beendete er es und brach mir das Herz. Ich verstand die Welt nicht mehr, wollte eine Erklärung. Doch er wollte seine Ruhe und wurde böse. War unterschwellig gemein, tat mir weh und blockierte mich letztendlich. Zwei Wochen Ruhe, dann fing ich wieder an, ihm hinterherzulaufen. Dieses Spiel ging ein halbes Jahr. Immer hin und her. Es wurde immer schlimmer. Er gab mir eine Chance, dann beendete er es und wir stritten. Er beschimpfte und beleidigte mich. Ich verstand es nicht. Wie konnte er nur so böse sein? Warum tat er das?

Ich litt extrem. Die Schuldgefühle machten mich kaputt. Die Schuld, wie ich anfangs zu ihm gewesen war. Und ich verstand nicht, wieso er einfach nicht normal mit mir reden konnte. Irgendwann hörte ich auf, mich zu fragen, warum er etwas tat, und begann mich zu fragen, warum ich das mit mir machen ließ und was *ich* da eigentlich tat. Immer mehr achtete ich auf mein Verhalten und woher diese Gefühle kamen. Ich suchte in mir nach Antworten und erkannte Parallelen zu meiner Kindheit. Mein Erzeuger hatte unsere Familie verlassen und mir nie Aufmerksamkeit und Liebe geschenkt. Und so, wie ich als Kind darum hatte kämpfen müssen, tat ich das jetzt auch. Ich erkannte, dass die Aufmerksamkeit, die ich mir von ihm so sehr wünschte, mir in Wahrheit selbst geben muss.

Ich bin nur so lange ein Opfer, wie ich mich wie eins verhalte. Er war so lange so böse für mich. Ich habe lange Zeit nicht erkannt, dass ich ihn mit meinem Verhalten genervt, verletzt und verärgert habe. Ich trage alleine die Verantwortung für meine Gefühle und für mein Handeln. Ich habe mir immer gewünscht, dass er wieder so zu mir ist wie am Anfang. Eigentlich wollte ich ihn wieder gerne so haben. Aber genau das kann ich nicht kontrollieren. Ich kann ihn nicht ändern. Ich muss ihn so akzeptieren, wie er ist. Und wenn mir sein Verhalten nicht gefällt und er mir wehtut, dann kann ich mich von ihm entfernen. Ich habe ihn idealisiert. Hatte ein Bild von ihm, in das ich mich verliebt hatte. Aber zu diesem Bild kann ich ihn nicht machen. Er handelt so, wie er handeln will, und nicht so, wie ich es möchte. Nun gehen wir getrennte Wege. Die Liebe, die ich mir von ihm gewünscht habe, muss ich mir selbst geben.

Stephanie Schulz, 29, Ilmenau

Der reflektierte Co-Narzisst

Ich selbst lasse mich gerade von einer Narzisstin scheiden. Und mir wurde zehn Jahre übelst mitgespielt. Aber ich muss zugeben, ich bin ebenso narzisstisch gewesen. Erst durch eine Therapie habe ich den Kern überwunden. Es sind eigentlich *immer* beide. Am Anfang unsere Beziehung vor 15 Jahren war *ich* der progressive Narzisst; inzwischen ist eher sie es. Aber die Eigenschaften vermischen sich.

Meine Frau hat sich in acht Jahren so an die zehnmal von mir getrennt; sie hat mich jedes Mal bei der Trennung komplett abgewertet, und ich habe mich dann aus Panik um Kopf und Kragen geredet (das wird von Frauen gern als „einreden" wahrgenommen, ist aber nur manifestierte Verlustangst).

Meine Frau hingegen hat den Sprung leider nicht geschafft und sich getrennt. Sie gibt mir keine Erklärung ab, redet nichts mit mir; ich weiß nicht mal genau, warum. Sie geht immer auf Kontaktabbruch. Sie stellt sich ebenso nicht den Auseinandersetzungen. Und diese Flucht *ist* Manipulation. Erwachsene Menschen reden sich aus, nehmen den anderen wahr.

Aus ihrer Sicht war ich der „böse Verfolger", der sie manipulieren wollte. Dabei wollte ich nur nahe sein (das habe ich auch so kommuniziert). Und nachdem ich es verstanden hatte und das nicht mehr tue – beschwert sie sich, wenn *ich* mal auf Flucht gehe (hab es probiert, sehr kurios).

Im Unterschied zu den meisten hier denke ich, dass beide gleichermaßen Opfer und Täter sind. Und jede Dame und jeder Herr, der sich alleine als Opfer sieht, liegt wohl falsch. Das System haben beide erschaffen.

Mein Problem ist nur: Ich hab's gecheckt, bin in Scheidung, will ihr nichts Böses – und sie will mir die Kinder wegnehmen. Sieht aber nur ihre Seite. Das heißt, jeder Fehler wird mir vorgeworfen. Ich sehe ihre genauso, aber wenn ich es ihr vorwerfe, ist es wieder narzisstisch.

Auf jeden Fall möchte ich mal klarstellen: Schweigen ist Missbrauch. Und das ist extrem narzisstisch. Nicht das viele Reden, sondern das Schweigen. Denn wenn du nie weißt, woran du bist beim anderen, macht dich das wahnsinnig.

Patrick Weißgerber

6.5 Der (post-)moderne Mann, der sich selbst ernähren kann

Über das Ur-Rollenverständnis
und über die Emanzipation des Mannes.
Oder über die eierlegende Wollmilchsau namens Frau

Große Verwunderung, fast schon Entsetzen macht sich bemerkbar. Manche Frauen fordern die Männer heraus. Sie erwarten, dass die Männer wieder mehr zu dem werden, was sie in der Urzeit mal waren. Der Mann soll wieder mehr die Initiative übernehmen, dominanter auftreten und sich über die Frau erheben. Sie wollen kein Weichei, sondern einen Beschützer. Sie fühlen sich genötigt, Dinge zu tun, die aus ihrer Sicht nicht zu ihren Aufgaben gehören. Der Mann verlernt sein Mann-Sein, entwickelt sich dafür vom Neandertaler zum Menschen weiter, lernt lesen, lernt schreiben, zeigt Gefühle, hat Mut zur Schwäche (Stärke), zeigt sich immer mehr von seiner weiblichen, fast schon memmenhaften Seite, findet Zugang zu seinem inneren Kind, seinem Selbst, als hätte er diesen Teil immer verstecken müssen. Eine emanzipierte moderne Frau von heute wird das nicht weiter beunruhigen, wenn sie sich nicht an ihr angelerntes Ur-Verständnis von Frau-Sein klammert und die vor Jahren geforderte und eingeführte Gleichstellung infrage stellt. Gleiche Rechte bedeuten auch gleiche Pflichten. Verantwortung tragen von nun an beide Parteien. Willkommen in der „Moderne".

Manch einem, dem das zu schnell gegangen ist, dem die Pflichten weniger Annehmlichkeiten bereiten als die allgemeingültigen Rechte, fühlt sich überfordert, beschwert sich, jammert aus Angst, dem Druck nicht gewachsen zu sein, und leidet unter Höllenqualen. Der Mann ist nicht mehr sexy, wenn er Herz zeigt und seine sensiblen Anteile offenbart. Ein Mann hat gefälligst die Frau zu beschützen. Ein wahrer Mann erobert die Frau seines Herzens. Ein Mann tut alles, um die Frau glücklich zu machen. Er versorgt und umsorgt sie, und sie bekommt alles auf Knopfdruck.

Ein echter Mann kennt keinen Schmerz. Ein echter Mann zeigt seine Schwächen nicht. Doch wer entscheidet über Richtig oder Falsch? Wer stellt die Regeln auf? Und wer entscheidet, wie sich ein Mann zu verhalten hat? Ist es der abhängige, schwächere Anteil der Frau, die eine verzehrende Sehnsucht nach ihrer eigentlichen (Opfer-)Rolle in der Gesellschaft in sich verspürt? Ist es die Frau, die wie eine Prinzessin auf der Erbse behandelt werden möchte, während sie im Fast-Food-Restaurant mit Händen isst, statt, wie es sich gehört (oder auch nicht gehört?!?), nach Messer und Gabel zu fragen? Ist es die Frau, die nicht allein sein kann und sich deswegen genau an den Mann klammert, der gelernt hat, alleine klarzukommen, oder ist es die Frau, die ihre eigenen Erwartungen und Ansprüche nicht erfüllen kann und die Verantwortung dafür der (post-)modernen Gesellschaft in die Schuhe schieben will?

Und damit beantwortet man(n) sich gleichzeitig die Frage, warum viele Frauen ein Mysterium sind und wohl (leider) auch immer bleiben werden. Manche Frage wird immer eine Antwort nach sich ziehen, die die Frage letztendlich offenlässt. Dafür hat sich durch die Emanzipation der Frau viel zu viel Individualität manifestiert. Leider sehen nicht alle das Potenzial, das dieser (Fort-)Schritt in die neue (unbekannte) und doch so befreiende Richtung bietet. Es gibt immer noch zu viele Meckerfritzen und Tanten, die in der Vergangenheit leben, weil sie die Zukunft fürchten. Und dennoch ist dieser Weg der richtige. Wie Mahatma Gandhi einst prophezeite: Es gibt nur einen richtigen Weg: deinen eigenen! Aber der eigene Weg ist oft der schwerste – und gerade deshalb der lehrreichste. Der Mensch ist, wie er ist, und somit schließt sich an dieser Stelle der Kreis. Was Männer und Frauen gemeinsam haben, ist, dass sie Menschen sind.

Was ist daran so schlimm, wenn der Mann sich so zeigt, wie er sich fühlt? Gar nichts! Und so ganz neu ist das nun auch nicht. Albert Einstein zeigte Emotionen und wurde für verrückt erklärt. Heute ist er berühmt und für viele ein Vorbild. Selbst König Ludwig XIV., auch Sonnenkönig genannt, gönnte sich so manch weibliche Freude. Wenn man die Bibel richtig interpretiert, übernahm Jesus Christus auch die eher weibliche Funktion, nämlich die Vergebung der Sünden, das Trösten und die Heilung der Kranken. Heute übernimmt das die Krankenschwester. Sie kümmert sich um die Kranken, egal ob diese gesündigt oder gerettet haben. Jeder Mensch hat Mitgefühl verdient.

Die Frau von früher kümmerte sich um Haus, Hof und Nachwuchs. Sie übernahm Tätigkeiten wie Waschen, Bügeln, Kochen, wofür sich mittlerweile sogar Männer begeistern lassen. Fühlt sich die Frau durch die Emanzipation des Mannes entbehrlich? Der Mann hat sich nicht verändert, er hat sich bloß weiterentwickelt und öffnet somit (s)einer Frau das Tor zu einer Welt mit ungeahnten Möglichkeiten. Gleichzeitig lässt er los. Er findet den Zugang zu seinem wahren Selbst. Er lernt sein inneres Kind kennen und lieben, entflieht immer mehr seiner Rolle als Hirte (überkompensierender Narzisst) und übernimmt Verantwortung für sich und sein Handeln. Er lässt sich nicht mehr bemuttern. Er wird selbstständig. Er erkennt seine wahre Männlichkeit. Er weint sogar bei Beerdigungen oder Liebesfilmen, schreibt Liebesromane, erkocht sich Sterne, erfindet Bügeleisen, mit denen auch er bügeln kann, und bezieht (s)ein Bett selber. Dass er nebenher trotzdem arbeiten geht, alten Riten wie der Jagd frönt, seine Hobbys pflegt, zeigt doch nur, wie stolz er darauf ist, sein Potenzial frei zu entfalten.

Mein Appell an die Frauen: Lasst den Mann seinen Weg gehen. Geht mit oder lasst es bleiben. Seid zufrieden und glücklich und hört auf zu leiden. Der nächste Fortschritt steht schon an und lässt sich (leider) nicht vermeiden. Der Krieg ist vorbei und die Me-me-me-Generation ist nicht mehr in. Ergreift eure Chance, euch selbst neu zu erfinden. Ihr dürft ja trotzdem Frau sein (und euch auch so fühlen) und euch Zeit nehmen zum Leben. Niemand hindert euch daran. Und euer Mann ist auch nur ein Spiegel, wie ihr ein Spiegel für ihn seid.

Denn der (post-)moderne Mann von heute, auch Integral-Mann genannt, möchte nicht mehr von Mami abhängig sein. Er möchte aber auch nicht das narzisstische Arschloch raushängen lassen. Er möchte so gerne authentisch sein (zumindest ist das bei mir so). Er untergräbt seine Männlichkeit nicht, wenn er seine weiblichen Seiten zeigt. Er kann sowohl Mann als auch mitfühlend und empathisch sein. Er kann dreckige Witze reißen und trotzdem Sensibilität zeigen. Er möchte beweisen, dass er für sich sorgen kann. Und er zeigt es immer wieder. Wer damit nicht klarkommt, dem ist nicht zu helfen. Die wahren Helden sind still und leise. Sie haben zu sich gefunden und drehen trotzdem ihre Runden. Oder möchte die Frau weiterhin als eierlegende Wollmilchsau gesehen werden? Wärmen, säugen, Sex haben und sterben – und am Ende nichts darüber hinaus zurücklassen? Ohne Schweiß kein Fleiß, und ohne Fleiß kein Preis. Es gilt also: Nutze deine Chance auf ein selbstbestimmtes und zufriedenes Leben!

Auf den vorstehenden Text bin ich gekommen, nachdem ich in einer Selbsthilfegruppe im Internet bzw. bei Facebook auf folgenden Beitrag gestoßen war:

> Hallo ihr Lieben,
>
> wie sollte der Mann heutzutage sein und wie die Frau? Männer sollten ja der aktivere Teil sein und der starke, an den wir Frauen uns anlehnen können. Frauen der passive und empfangende Teil.
>
> Warum erlebe ich es so oft, dass der Mann die Frau kommen lässt und sie dir dann irgendwann schreiben: Meldest du dich denn gar nicht?
>
> Warum meldet sich denn der Mann nicht? Warum ist jegliche Kreativität für ein Treffen von der Seite des Mannes nicht mehr zu erkennen? Sie überlassen alles der Frau. Warum gibt es nur noch weibliche Männer und männliche Frauen? Durch diese Energie kommen wir gegenseitig ins Drama. Wo sind die Männer, die man lieben kann?
>
> Eine Frau aus einer Narzissmusopfergruppe

Im Gespräch mit Björn Süfke

Björn Süfke ist ein Psychologe aus Bielefeld, geboren in Lübeck (der Stadt, in der ich wohne), und Autor diverser Bücher über den Mann. Seine Art zu schreiben gefiel mir. Er spricht Männern aus dem Herzen, hilft aber auch so mancher Frau, ihren Mann zu verstehen. Besonders gut gefiel mir, dass er auf seiner Homepage einige Anekdoten seines Mann-Werdens nachzeichnete (Juni 2017). Einige Parallelen zu meinen eigenen Erfahrungen fielen mir dabei auf. Zum Beispiel seine Geschichte aus dem Jahr 1984, meinem Geburtsjahr:

Ich werde an meiner Schule erpresst. Ein sehr großer und kräftiger Junge droht mir, mich zu verprügeln, wenn ich ihm nicht jeden Tag eine Mark gebe. Sechs Wochen lang bringe ich ihm jeden Morgen eine Mark – von dem Geld, das ich für ein neues Fahrrad gespart hatte. Dann beschließe ich, dass das so nicht weitergehen kann, mehr aus Vernunft und auf der Basis buchhalterischer Kalkulationen denn aus Heldentum. Ich sage dem Jungen, dass ich ihm kein Geld mehr bringen würde, und es passiert: gar nichts.

Das Traurige ist, dass ich glaube, bloß Glück gehabt zu haben. Ich fühle keinen Stolz, sondern erlebe mich als schwach und minderwertig, weil ich erst nach sechs Wochen geschafft habe, was für andere ein Kinderspiel gewesen wäre. Mit meinen zwölfeinhalb Jahren verstehe ich noch nicht, dass ich etwas Großes vollbracht habe, etwas persönlich Großes, nämlich dass ich getan habe, wovor ich Angst hatte. Weil ich das noch nicht verstehe, muss ich die Lektion noch einmal lernen:

Mit 16 Jahren habe ich ein schrecklich schmerzhaftes Erlebnis bei einem Pfuscher von Zahnarzt und gehe daraufhin acht Jahre lang nicht mehr zum Zahnarzt. Erst als ich vor lauter Zahnschmerzen nicht mehr studieren kann, mache ich einen Termin. Als ich ins Behandlungszimmer geführt werde, setze ich mich nicht auf den Stuhl, sondern erwarte den Zahnarzt an der Tür. Er fragt freundlich: „Oh, hat man Ihnen keinen Platz angeboten?" Ich sage: „Doch, doch, aber da kann ich mich heute noch nicht hinsetzen. Wir müssen erst reden!" „Gut", sagt der Zahnarzt, „reden wir!" Vermutlich kennt er so Schätzchen wie mich zur Genüge. Ich erzähle ihm von meiner Angst, bin erleichtert und muss irgendwann über die ganze Situation lachen: der angehende Psychotherapeut, der beim Zahnarzt erst mal „nur reden" will. Nach einer Weile sagt der Zahnarzt: „Wollen wir denn mal einen Blick riskieren? Nur gucken, natürlich!" Ich lasse es zu und frage am Ende: „Ist es sehr schlimm?" Er lächelt mich wieder an und sagt: „Nun ja, ‚sehr schlimm' ist es nicht, jedenfalls nichts, was wir nicht wieder hinkriegten. Aber ein halber Kleinwagen dürfte für mich schon dabei herausspringen!" Er ist mir bis heute ein Vorbild dafür, Humor und Ernsthaftigkeit zu verbinden.

Es war klar für mich, dass ich Björn Süfke anschreibe und um ein Interview bitte. Und obwohl er bis über die Ohren mit „Arbeit" überhäuft ist, fand er Zeit für „den kleinen Leonard" und beantwortete mir meine vier Fragen an ihn.

> *1. Männer haben es generell schwer, über Gefühle zu reden. Sie haben Angst davor, als Weichei oder Memme gesehen zu werden (negativer Glaubenssatz?!?). Welchen Rat geben Sie Männern, um ihnen die Angst vor dieser äußeren Bewertung zu nehmen?*

Ich denke, dass diese Angst vor der Abwertung durch andere nicht der entscheidende (wenngleich natürlich ein durchaus zutreffender) Punkt ist. Vielmehr wird es uns Männern im Laufe unseres Aufwachsens auf verschiedenste Arten und derart umfassend suggeriert, dass Männer keine Gefühle (zu haben)

haben, dass wir schon früh beginnen, unsere inneren Impulse abzuwehren, abzuspalten, zu ignorieren. Entsprechend können wir dann als Erwachsene oft gar nicht mehr groß darüber sprechen, weil wir oft gar nicht wissen, wie es uns geht, was wir ganz genau empfinden. Männer schweigen also oft nicht in erster Linie andere an, sie schweigen sich selber an. Vielleicht könnte man daher auf Ihre Frage auch antworten: Viel schlimmer als die Abwertung, die man durch andere erfährt, wenn man diesem traditionellen Bild einer gefühllosen Männlichkeit nicht entspricht, ist die Abwertung durch einen selbst!

So oder so ist mein Rat derselbe, er steht ja im Grunde schon im Titel meines letzten Buches: *Männer, erfindet Euch neu!* Ich meine damit, dass wir Männer uns endlich emanzipieren sollten von diesen ganzen Anforderungen, wie wir zu sein oder nicht zu sein haben, sowohl von diesen traditionellen Anforderungen, hart, gefühl- und fehlerlos sowie unerschütterlich zu sein, als auch von den modernen Anforderungen, allzeit kommunikativ, zugewandt und gefühlsbezogen zu sein. Dass wir uns endlich, endlich dem zuwenden sollten, wie wir tatsächlich *sind*, als männliche Individuen – egal, inwieweit das irgendwelchen äußeren Anforderungen entspricht. Wenn man sich derart emanzipiert, dann wird es zwangsläufig auch Abwertungen geben, das ist klar – das haben auch all jene Frauen erlebt, die sich emanzipiert haben. Das sollten wir überleben können. Ich selber spreche nun seit fast zwei Jahrzehnten mit Männern über Gefühle und seit über zehn Jahren auch öffentlich; selbstverständlich bin ich schon etliche Male als „therapeutische Tunte", „Weichei" und „gefühlsduseliger Psycho-Fuzzi" bezeichnet worden. Natürlich lässt es mich auch heute noch nicht völlig kalt, wenn das passiert – aber deswegen kann ich doch nicht verleugnen, was ich bin, wer ich bin und was ich für wichtig halte.

2. Um über seine Gefühle zu sprechen, ohne die klassische Du-du-Pistole zu verwenden, gehört ein reflektiertes Selbstbild. Wie können wir Ihrer Meinung nach zu einem reflektierten (und damit vielleicht auch einem besseren) Selbstbild kommen?

Das gefällt mir, dass Sie den Begriff „reflektiert" verwenden! Ich würde nämlich sogar so weit gehen zu behaupten, dass der Grad an Selbstreflektiertheit letztlich der stärkste Prädiktor für psychische Gesundheit ist, stärker noch als „innerer Frieden/Balance" oder gar „Glück" – und damit auch mein Hauptziel als Therapeut. Wenn man diese Fähigkeit besitzt – oder sagen wir: entwickelt und ausbaut –, alles, auch und vor allem sich selbst, von außen betrachten zu können, nicht sich selbst als Standard, als Normalfall zu setzen, wenn man die gleiche innere Offenheit und Akzeptanz dafür hat, dass das, was man tut, irgendwie schräg ist, wie dafür, dass die anderen sich schräg verhalten, wenn man vielleicht sogar geradezu scharf darauf ist, weitere eigene Schrägheiten zu entdecken, dann kann man diese klassische „Du-du-Pistole", wie Sie es nennen, gar nicht mehr abfeuern. Sie kommt einem nämlich völlig absurd vor. So absurd wie die „Du-du-Pistole" des anderen, die auf einen selbst abgefeuert wird ...

3. Viele Psychologen oder psychologischen Berater dämonisieren im Internet den Narzissten. Es heißt immer wieder „der Narzisst" und nicht „die Narzisstin". Und es wird somit auch der Generalverdacht erhoben, dass viele Chefs oder Vorgesetzte Narzissten wären. Wie sehen Sie diese Entwicklung und welchen Fehler sehen Sie in den Ausführungen mancher Kollegen?

Dass Narzissmus einzig mit Männern in Verbindung gebracht wird, ist zunächst einmal ein psychologisch nachvollziehbarer Irrtum: Wir sehen nun einmal nur das, von dem wir glauben, dass es existiert! Daher haben wir bis vor einigen Jahrzehnten auch keinen sexuellen Missbrauch gesehen und keine mathematisch begabten Frauen. Und Narzissmus wird nun einmal einzig den Männern zugeschrieben, so wie ADHS, Sexsucht, häusliche Gewalt und ... naja, und eigentlich alles, was irgendwie dreckig und böse ist. Und genauso verbreitet ist natürlich das Phänomen der Verallgemeinerung: Weil zweifelsohne so einige männliche Chefs/Vorgesetzte narzisstische Tendenzen haben, ist dann gleich jeder Vorgesetzte, der nicht intensiv auf die privaten Sorgen seiner Mitarbeiter eingeht, ein ausgemachter Narzisst.

Grundsätzlich ist die Psychologisierung des gesellschaftlichen Diskurses mit einem lachenden und einem weinenden Auge zu sehen: Einerseits ist es natürlich gut, dass ein zumindest rudimentäres Wissen über innere Prozesse und auch Schwierigkeiten Einzug in die Gesellschaft hält. Auf der anderen Seite wird aber nun auch vorschnell bei jedem eine behandlungswürdige psychische Problematik küchentischdiagnostiziert. Flapsig gesagt ist so mancher, dem nun am Arbeitsplatz eine narzisstische Persönlichkeitsstörung angedichtet wird, einfach jemand, der schlicht auf seinen eigenen Vorteil bedacht ist. Einen solchen Egoismus muss man ja nicht mögen, pathologisch ist er allerdings nicht. Und wo wir schon eben über Selbstreflektiertheit sprachen: Man könnte da ja auch mal unvoreingenommen über seine eigenen Egoismen kurz nachdenken.

4. Martin Koschorke schrieb: „Männer haben keine Probleme. Männer lösen Probleme. Das ist das Problem." Und: „Frauen dagegen brauchen Reden. Reden löst nicht immer Probleme, aber es kann erleichtern. Und Reden schafft Kontakt" Wie können beide Parteien aus Ihrer Sicht in Kontakt kommen, ohne dass sich einer benachteiligt fühlt? Und wie ist das bei Ihnen? Funktionieren Ihre Tipps auch bei Ihnen?

Dem Zitat ist aus meiner Sicht zuzustimmen, schön auf den Punkt gebracht! Wobei: Dass Männer gerne Probleme lösen, ist grundsätzlich ja ein wunderbarer, effizienter und auch sehr sympathischer Wesenszug. Nur ist nun einmal nicht jedes einzelne Problem von jedem einzelnen Mann immer unmittelbar lösbar – und dann braucht es eben a) zunächst eine Akzeptanz dieser eigenen Hilflosigkeit, b) eine Hilfesuche, c) ein tieferes Verständnis des Problems, d) ein Brainstorming über Lösungsmöglichkeiten und so weiter. All das erfordert Gespräche, vor allem erst einmal auch Gespräche mit sich selbst.

> Ich plädiere in meinem Buch daher auf der gesellschaftlichen Ebene auch für etwas, das ich „männliche Versagenskultur" nenne, also einen offenen, sichtbarmachenden Umgang mit Versagen, dieser – ob es einem nun gefällt oder nicht – absoluten Alltäglichkeit des Daseins. Versagen muss auch für Männer in die eigene Geschlechtsidentität integrierbar sein, darf sie nicht infrage stellen oder gar einstürzen lassen. Solange das nicht der Fall ist, wird auch weiterhin ein anderes trauriges Zitat zutreffend bleiben: „Männer lösen ihre Probleme selbst – und wenn es das Letzte ist, was sie im Leben tun!"
>
> Ob meine Tipps bei mir selber funktionieren? Sagen wir es mal so: Nur was bei mir selber halbwegs funktioniert, würde ich auch als Tipp geben. Das Schöne ist ja, dass ich selber auch so ein Mann bin, der mit all diesen Themen zu kämpfen hat, sich beständig damit auseinandersetzen muss und dabei immer wieder herrlich scheitert. Ich glaube aber fest daran, dass manche Böcke durchaus passable Gärtner abgeben können ...

Seit wann er sich mit dem Thema Mann-Werden bzw. Mann-Sein beschäftige, musste ich Björn Süfke nicht fragen, da das auf seiner Homepage zu lesen war:

> Das Thema „Mann-Sein" beschäftigt mich bereits, seit ich als junger Psychologie-Student durch die langen Reihen der Abteilung „Geschlechterforschung" der Universitätsbibliothek Bielefeld stöberte, auf der Suche nach den wenigen Männerbüchern, die es Anfang der 90er Jahre schon gab: Böhnisch und Winters „Männliche Sozialisation", Connells „Masculinities", Brods „The making of masculinities". Vielleicht begann alles auch ein paar Jahre zuvor, als ich dem Verhaltenskodex für männliche Jugendliche entweder nicht entsprechen wollte (Frauenabwertung, Prügeleien, Athletik, Promiskuität) oder konnte (Prügeleien, Athletik, Promiskuität).
>
> Auf jeden Fall aber lässt mich das Thema der Konstruktion männlicher Identität seit gut zwei Jahrzehnten nicht mehr los. Die theoretische Frage, wie Männlichkeit in unserer Gesellschaft konstruiert wird, interessiert mich (fast) ebenso wie die praktische Frage, wie Männern mit ihrem Leiden, ihren Sorgen oder auch ihrem Mangel an Zugang zur eigenen Innenwelt solidarisch beigestanden und therapeutisch geholfen werden kann. Ich bin sehr froh, dass ich aus diesem persönlichen „Steckenpferd" einen Beruf machen konnte.[54]

Das Aschenputtel-Syndrom

Die Vorstellung, dass ein schöner Prinz in Rüstung und auf edlem Ross dahergeritten kommt, um seine Prinzessin mit einem Kuss ins Leben zurückzuholen wie bei Dornröschen oder das triste Leben einer Küchenmagd zu beenden wie bei

Aschenputtel, muss zwar schön sein, es passiert aber nie oder nur selten. Das Cinderella- bzw. Aschenputtel-Syndrom wurde von Colette Dowling erforscht, die auch ein Buch mit dem Titel *Der Cinderella-Komplex: Die heimliche Angst der Frau vor der Abhängigkeit* geschrieben hat.

Dem Märchen nach soll eine Frau unschuldig, schön und unterwürfig und natürlich von ihrem „Prinzen" abhängig sein. Bei Aschenputtel verwandelt eine gute Fee das Mädchen in eine Prinzessin, um ihren Prinzen auf dem Königsball zu treffen. Dowling zufolge kann eine Frau nur dadurch ihren Lebensweg ändern, indem sie mit einem Mann eine Beziehung eingeht, andernfalls bliebe sie ewig eine Sklavin oder Dienerin.

Viele Frauen denken nun, dies wäre ein Angriff auf die weibliche Existenz, weil Frauen heutzutage bei all ihren Aktivitäten unabhängig sein wollen. Andererseits sind sie der Meinung, dass es nicht schlecht wäre, wenn der Mann beispielsweise das Geld nach Hause bringen würde, während sie sich um Heim und Kind kümmerten. Ein langer Kampf um Gleichberechtigung hat es den Frauen ermöglicht, heute emanzipiert leben und gleichberechtigt ihren Rechten und Pflichten nachgehen zu dürfen. Diejenige, der dies jedoch zu viel erscheint, möge sich einen erfolgreichen Narzissten angeln, der viel Geld nach Hause schleppt, aber emotional eher chauvinistisch ist, weil er ganz in diesem Sinne, wenn auch von der anderen Seite her, geprägt worden ist: die Frau hinterm Herd, der Mann auf dem Pferd.

Kann das wirklich Liebe sein?

Wenn Mann und Frau heiraten, haben beide weiterhin das Recht, für ihre Träume und Ziele zu kämpfen und sie zu verwirklichen. Das Aschenputtel-Syndrom besagt jedoch das Gegenteil: Die Frau unterwirft sich und bleibt zu Hause, während sie sich von ihrem Mann „beschützen und versorgen" lässt. Willkommen in der Abhängigkeit. Andere Meinungen sagen wiederum, dass diese Störung ein Vorbote von Borderline-Narzissmus oder der gravierenden Form des weiblichen Narzissmus gepaart mit Histrionie sei. In flottem Märchenton: „Ich bin die eine, sonst gibt es keine, kommt da noch eine, mach ich ihr Beine!" Oder anders gesagt: Mein Mann gehört mir, er darf mich nie verlassen.

Bei diesem Denken wird sich der Mann allerdings irgendwann freischlagen und sich als Tyrann auf irgendwelchen Opferseiten wiederfinden, da die Frau sich weiterhin als unschuldige Prinzessin sieht, die ihren Traumprinzen ja nur lieben wollte. Sie sagt von sich, sie sei eine Emphatin oder HSPlerin und ganz normal, der Mann hingegen asozial und brutal, das Leben mit ihm eine Höllenqual. Solche Frauen haben ihre Fühler für ihre Beute hoch entwickelt und fahren die Krallen aus, um den Mann zu erobern und ihn nie wieder gehen zu lassen. Er hat ihren Vorstellungen und Wünschen zu entsprechen; tut er dies nicht, fahren erneut die Krallen aus, und die Frau sucht im Netz in diversen Opfergruppen Zustimmung und wertet ihn mit der Modelaiendiagnose „Narzisst" ab, weil er nicht für ihre Liebe empfänglich und undankbar war und es von den Symptomen so schön stimmig ist.

Infolge der nicht erhaltenen Sonderbehandlung als Prinzessin, die die beschriebenen Frauen ihrer Meinung nach verdienen, gibt es heute plötzlich unzählige Narzissten und noch mehr Opfer. Da soll noch mal jemand sagen, dass es nur selbstverliebte Narzissten gibt. Es gibt eben auch genug selbstverliebte Narzisstinnen oder dependente Co-Narzisstinnen, die sich als Heimchen am Herd sehen wie im Mittelalter, ohne zu bedenken, dass sie eigentlich das Gleiche machen, was sie ihrem Mann vorwerfen.

Sobald sich eine Frau von ihrem Mann abhängig macht – was oft nicht einmal bewusst geschieht –, entsteht für beide eine äußerst einengende, oft die Luft zum Atmen raubende Situation. Dieser Komplex einer „Prinzessin im höchsten Turm, die auf ihren Prinzen wartet, der sie rettet", kann zu einer wahren Belastungsprobe in der Ehe bzw. der Beziehung werden. Das Beziehungsleben ist nun mal keine Märchengeschichte. Wenn die Frau nicht in der Lage ist, Selbstsicherheit zu verspüren und eigene Entscheidungen zu treffen, wird es für keinen der Partner ein Happy End geben – weder für sie in ihrer Opferrolle noch für ihn als Narzissten, der nicht in der Lage ist, sich zu lieben, geschweige denn jemand anders.

Es fängt ja schon bei der Bräutigamsuche an. Sie datet nur Männer, die das nötige Kleingeld haben, um zu bezahlen. Das ist ihre Bedingung, um sich mit ihm zu treffen. Er hat die Hosen an und sie nur einen Rock. Und ja, es gibt tatsächlich auch männliche Cinderellas. Meistens Einzelkinder, die von ihren Eltern verwöhnt wurden und alles in den Hintern geschoben bekamen. Materielle Versorgung statt Wärme und Geborgenheit. Und muckt der Mann dann irgendwann mal auf, wird er als undankbar betitelt. Er hatte doch alles! Es hat ihm an nichts gefehlt. Alles? Sind Liebe, Wärme und Geborgenheit wirklich das Gleiche wie Geld und Schokolade?

> Ein Mann sagte mal zu mir: „Ich brauche eine Frau, weil sie mir kochen, backen, die Wäsche machen und putzen soll." Ich fragte ihn: „Warum lernst du es nicht selbst? Du machst dich so total abhängig von ihr! Hast du keinen Stolz?" Er meinte: „Wieso mache ich mich abhängig, immerhin bringe ich Geld nach Hause!" Dann sprach ich: „Wow, du bringst Geld nach Hause, aber lässt deinen Stolz draußen. Lässt dich bemuttern wie so ein Muttersöhnchen, anstatt die Dinge selbst in die Hand zu nehmen. Wenn du alles könntest, was du von ihr erwartest, und sie sagt: Nein, mein Mann, ich mach das gerne, dann wärst du ein stolzer Mann und könntest dich zurücklehnen."

Jungs, lernt alles selbst zu machen, macht euch nicht durch euren Machocharakter abhängig.

Ich kann alles, was ein Mann kann und was eine Frau kann, so muss es sein!

Kianimus

Im Gespräch mit Peter Bartning

Besonders dieses Kapitel lag oder liegt mir am Herzen, weil ich gerade hier die Lösung vieler Beziehungsprobleme sehe. In meiner Facebook-Gruppe „Narzissmus und Narzissten F60.80" habe ich vielen Frauen aus der Opferrolle helfen können. Ich habe diese Gruppe gegründet, weil mir aufgefallen ist, dass in vielen anderen „Narzissmus-Gruppen" der männliche Narzisst sehr schlecht wegkommt und die „Opfer" in ihrer Rolle feststecken und somit auch keinen Zugang zum inneren Kind finden – genau wie der Narzisst, der sein inneres Kind abspaltet oder mit seinem Schutzschild zu schützen versucht.

Ich habe viel in den Büchern von Bärbel Wardetzki, Jürg Willi, der das Wort „narzisstische Kollusion" prägte, und Martin Koschorke gelesen, um das Thema so unparteiisch wie möglich aufzugreifen und nicht nur über meine Erfahrungen zu schreiben. Nachdem der Text soweit abgeschlossen war, musste ich feststellen, dass mir noch einige Expertenaussagen fehlten. Ich recherchierte also erneut und stieß auf Peter Bartning, der zwei wunderbare Bücher genau zu den Themen geschrieben hat, die in diesem Kapitel behandelt werden: *Auf dem Weg mit dem Inneren Kind* und *Das Innere Kind in der Paarbeziehung*. Auf Anfrage erklärte er, der übrigens wie ich aus Lübeck kommt, sich zu einem Interview per E-Mail im Juli 2017 bereit.

1. Herr Bartning, das Thema „narzisstische Kollusion" in Beziehungen dürfte Ihnen sicherlich auch als Paartherapeut in Ihrer Arbeit geläufig sein. Wie identifizieren Sie den Narzissten und den Co-Narzissten bzw. wie konfrontieren Sie Ihre Klienten damit?

Allgemein stelle ich mir sehr selten Diagnosen vor, das sind mir zu starre Etiketten. Ich arbeite lieber mit der Dynamik zwischen ihnen. Und schon im Erstgespräch sage ich immer unter anderem Folgendes, was ich in meinem zweiten Buch so formulierte: „Jedoch wird auf einer tieferen Ebene immer von den Inneren Kindern entschieden, ob sie sich tatsächlich verlieben, nämlich auch nach den Fragen ‚Wie passt der andere in meine Biografie?' und noch konkreter: ‚Wie passt er zu den Wunden meiner Biografie?'. ... Hier greift nämlich eine Eigenheit des Unterbewusstseins, die Sigmund Freud ‚Wiederholungszwang' genannt hat."

Daraus folgt die Frage, die ich immer im Erstgespräch stelle: „Ihr Unterbewusstsein hat Sie beide zusammengeführt. Was will Ihr (!) Unterbewusstsein, dass Sie also durch den anderen lernen sollen?" Und daraus folgt die nüchterne, aber ehrliche Feststellung: „Ohne eine gewisse Charakteränderung werden Sie Ihre Probleme kaum in den Griff bekommen."

Es gibt ja „depressive" Narzissten, und bei denen achte ich besonders darauf, dass sie sich nicht nur wegen der Paarbeziehung ändern wollen, sondern auch aus Eigenmotivation. Andernfalls würden solche Änderungen vom Unterbewusstsein früher oder später torpediert. Und „grandiose" Narzissten habe ich auch schon mehrfach im Erstgespräch gehabt, jedoch haben diese eine solch immense Abwehr, dass sie letztlich zu verstehen geben: „Meine Frau hat ein Problem, ich nicht!" Dann ist es natürlich schwierig, eine Paartherapie zu machen, wenn nicht beide einen Auftrag an mich haben.

2. Ich nehme mal an, dass sich viele Frauen bei Ihnen melden (wie bei vielen Ärzten auch), die sagen, mein Mann ist ein Narzisst, können Sie ihm bitte helfen. Was erzählen Sie diesen Frauen?

„Alle Menschen leben zu 90 Prozent im Unterbewusstsein; nur 10 Prozent können wir frei entscheiden. Und Ihr Unterbewusstsein hat Sie beide zusammengeführt. Was könnte also Ihr (!) Unterbewusstsein meinen, dass Sie durch ihn lernen sollen? Also: was sind Ihre Lebensthemen, die schon lange vor der Paarbeziehung bestanden haben?"

3. Es ist bekannt, dass alle Menschen mit einem „Mangelschmerz" auf die Welt kommen und dass aufgrund des Zweiten Weltkrieges und der traumatischen Folgen nicht viel Zeit für das innere Kind blieb. Aufgrund dieses Mangelschmerzes, der ja damals weitergegeben wurde, ist unsere Gesellschaft narzisstischer geworden. Wie sehen Sie die Chancen für die Menschen, sich dessen bewusst zu werden und den Schmerz zu lindern?

Ich bin mir nicht sicher, dass wirklich alle Menschen einen Mangelschmerz haben. Zum Beispiel lautet der Untertitel des Klassikers *Auf der Suche nach dem verlorenen Glück* von Jean Liedloff: „Gegen die Zerstörung (!) unserer Glücksfähigkeit in der frühen Kindheit." Für unsere Kultur jedoch gebe ich Ihnen Recht.

Es ist vielleicht schwierig, sich „dessen bewusst zu werden", weil wir ja zu 90 Prozent eben nicht bewusst sind! Aber je mehr „unsere Gesellschaft" sich Zeit nimmt (!) zu Meditation, Yoga, Gebet usw., desto mehr wird sie sich dessen bewusst werden. Denn diese Art von Bewusstsein kommt dann weniger vom Nachdenken – von den uns zugänglichen 10 Prozent der Psyche – sondern aus der Tiefe des Unterbewusstseins. Und dann ist es nur eine Frage der Zeit, dass man sich auf die Suche nach Hilfe und Unterstützung macht.

4. Welche Voraussetzungen muss Ihrer Meinung nach ein Paartherapeut mitbringen, um effektiv helfen zu können?

Er muss logischerweise seinen eigenen narzisstischen Anteilen auf die Spur gekommen sein und sie immer mehr geheilt haben.

5. Welchen konkreten Ratschlag haben Sie an die „Opfer", um aus der „Opferrolle auszusteigen", und wie reagieren Ihre Patienten darauf, wenn Sie ihnen diese Vorschläge machen (Heilung findet im Inneren statt, nicht im Außen)?

Wie schon früher beantwortet: „Ihr Unterbewusstsein hat Sie beide zusammengeführt. Was will *Ihr* (!) Unterbewusstsein, dass Sie also von/durch den anderen *lernen* sollen? Im Grunde genommen ist das genial: Wachstum aneinander und miteinander! Machen Sie sich also bewusst: Ihr Partner ist ein Spiegel für Ihre eigenen Seiten. Nehmen Sie diesen Spiegel als Geschenk an! Sie werden natürlich in diesem Spiegel nicht nur Ihre hellen Seiten sehen, sondern auch Ihre dunklen. Aber insgesamt können Sie daran nur wachsen und sich weiter entwickeln."

Am Schluss meines zweiten Buches habe ich einige Übungen beschrieben, wie der Partner als Spiegel für die eigenen Seiten nützlich sein kann.

6. Was muss in unserer Gesellschaft passieren, dass die Menschen anfangen, zuerst bei sich zu schauen und Kontakt mit dem inneren Kind aufzunehmen, statt das Außen zu bekämpfen?

„Die Gesellschaft" klingt für mich zu pauschal. Das mag aber vielleicht auch daran liegen, dass Sie und ich unterschiedliche Erfahrungen gemacht haben. Denn ich kenne sehr viele Menschen, die sich auf den Weg gemacht haben zu ihrem Inneren Kind. (Das liegt nicht nur an meinem Beruf.) Aber wenn wir uns auf den Teil der Gesellschaft beschränken, auf die die Frage zutrifft, dann kann ich Folgendes dazu sagen:

Der Kampf im Außen geschieht ja unterbewusst. Und das Unterbewusstsein hat 90 Prozent Aktien an unserer Psyche, nur zu 10 Prozent können wir etwas „wollen"! Und im Außen etwas zu bekämpfen ist immer leichter und bequemer und zählt ja bekanntermaßen zu den (recht primitiven) Abwehrmechanismen. Da „die Gesellschaft" vielleicht immer mehr von sich wegkommt (durch Medienüberflutung zum Beispiel), könnte das in der Tat schwierig werden. Aber auch immer mehr Menschen verweigern sich aus Überzeugung beispielsweise den sozialen Netzwerken, haben kein Fernsehen usw. Das ist begrüßenswert.

7 Die dependente Persönlichkeitsstörung (auch Co-Narzissmus oder Komplementärnarzissmus)

7.1 Der dependente Persönlichkeitsstil

Die abhängige, auch asthenische, dependente, inadäquate, passive oder selbstschädigende Persönlichkeitsstörung zeichnet sich nach Kuhl & Kazén durch geringes Selbstbewusstsein, eine depressive Grundstimmung, mangelndes Durchsetzungsvermögen, fehlende Eigeninitiative und fehlende Entscheidungsbereitschaft aus. Betroffene fühlen sich schwach, hilflos, inkompetent und unnütz. Sie stehen dem Leben eher passiv gegenüber – lassen häufig ihre Mitmenschen für sich entscheiden und äußern aus Angst, verlassen zu werden, selten ihre Meinung. Sie erscheinen unterwürfig und anhänglich, wollen versorgt werden und haben Angst davor, alleine gelassen zu werden und für sich selbst sorgen zu müssen. Sie stellen ihre eigenen Bedürfnisse zurück, um nicht die Beziehung zu den Menschen zu gefährden, von denen sie abhängig sind. Für diese Beziehungen werden diese sonst eher als passiv geltenden Personen jedoch oft sehr aktiv und zeigen sich dann als handlungsbereit. Endet eine enge Beziehung, suchen sie dringend nach einer neuen, die die alte ersetzen kann.

> Grundsätzlich wird diese Art der Persönlichkeitsstörung in zwei verschiedene Interaktionsmuster untergliedert. Es gibt sowohl die aktiv-dependente als auch die passiv-dependente Form. Erstere ist charakterisiert durch Lebhaftigkeit, soziale Angepasstheit, Charme und dramatische Gefühlsbetonung, letztere zeichnet sich durch Unterwürfigkeit, Zärtlichkeitsbedürfnis und eine geringe Anpassung aus. Die Prävalenz für diese Persönlichkeitsstörung innerhalb der Gesellschaft liegt bei etwa eineinhalb Prozent. In Indien und Japan ist die Prävalenzrate höher; dies könnte an den gesellschaftlichen Strukturen liegen, die insbesondere in diesen Ländern unterwürfiges Verhalten fördern. Die Störung tritt häufiger bei Frauen auf als bei Männern, was sich teilweise auf geschlechterspezifische Sozialisationserfahrungen in der Kindheit zurückführen lässt. Häufig besteht eine Komorbidität mit der Borderline-, der schizoiden, der histrionischen, der schizotypischen und der ängstlichen Persönlichkeitsstörungen. Auch mit bipolaren Störungen, Depressionen, Angststörungen und Bulimie tritt die abhängige Persönlichkeitsstörung komorbid auf.[55]

Das tief greifende Bedürfnis der Betroffenen, versorgt zu werden, führt zu unterwürfigem und klammerndem Verhalten und Trennungsängsten führt. Mindestens fünf der folgenden Kriterien müssen laut Dr. Christine Amrhein für eine dependente Persönlichkeitsstörung erfüllt sein:

1. Die Betroffenen haben Schwierigkeiten, alltägliche Entscheidungen zu treffen, ohne ausgiebig den Rat und die Bestätigung anderer einzuholen.
2. Sie benötigen andere, damit diese die Verantwortung für ihre wichtigsten Lebensbereiche übernehmen.
3. Sie haben Schwierigkeiten, anderen gegenüber eine andere Meinung zu vertreten – aus Angst, dann deren Unterstützung und Zustimmung zu verlieren.
4. Es fällt ihnen schwer, Unternehmungen selbst zu beginnen oder Dinge unabhängig durchzuführen – und zwar weniger aus mangelnder Motivation oder Tatkraft, sondern eher durch mangelndes Vertrauen in die eigene Urteilskraft oder in die eigenen Fähigkeiten.
5. Sie tun alles Erdenkliche, um sich die Versorgung und Zuwendung anderer zu erhalten – bis hin zur freiwilligen Übernahme unangenehmer Tätigkeiten.
6. Sie fühlen sich alleine unwohl oder hilflos – aus übertriebener Angst, nicht für sich selbst sorgen zu können.
7. Wenn eine enge Beziehung endet, suchen sie dringend eine andere Beziehung als Quelle der Fürsorge und Unterstützung.
8. Sie sind in unrealistischer Weise von der Angst eingenommen, verlassen zu werden und für sich selbst sorgen zu müssen.
9. Nach einer Trennung haben sie das Gefühl, am Leben vorbeizulaufen.
10. Sie haben ein Gefühl von innerer Leere.[56]

Mögliche Ursachen der dependenten Persönlichkeitsstörung

Die Ursachen einer dependenten Persönlichkeitsstörung sind noch wenig erforscht. Eine Theorie sieht die Ursachen im Elternhaus: „Übermächtige Eltern, die ihrem Kind wenig zutrauen und keine Selbstständigkeit zulassen, tragen zur Entstehung abhängiger Eigenschaften bei", so der Heidelberger Psychologie-Professor Sven Barnow. „Die Betroffenen lernen nicht, sich von ihren Eltern abzugrenzen – und sind deshalb später emotional stark auf andere Menschen angewiesen". Die zweite Theorie besagt, dass Kinder einen umso stärkeren Wunsch nach Nähe und Fürsorge entwickeln, je weniger liebevoll oder ablehnend sie von den Eltern behandelt werden. „Diese Kinder scheinen auch als Erwachsene permanent das Gefühl zu haben, dass sie alleine nicht sicher sind", erklärt Sven Barnow. Aber auch genetische Faktoren bedingen die Entwicklung dependenter Persönlichkeitszüge.[57]

Abhängige Persönlichkeitsstörung aus schematherapeutischer Sicht

Nadine Offermann, Psychologische Leiterin der Vogelsbergklinik in Grebenhain, ist Spezialistin für komplex traumatisierte Patientin und eine wirklich großartige Therapeutin. Sie wurde mir von der Schematherapeutin Dr. Neele Reiss empfohlen. Nach einem anregenden und offenen Telefonat im Juni 2017 schrieb sie mir zur Frage nach der schematherapeutischen Sicht auf die abhängige Persönlichkeitsstörung folgenden Text:

> Dieser Beitrag hat das Ziel, die wichtigsten Charakteristika der abhängigen Persönlichkeitsstörung hinsichtlich der Entwicklungsbedingungen, Schemata und Modi darzustellen. Mit jedem Betroffenen sollte das Modus-Modell vor dem Hintergrund seiner persönlichen Biografie individuell ausgearbeitet werden.
>
> Die abhängige (asthenische) Persönlichkeitsstörung wird laut internationalem Klassifikationssystem ICD-10 durch folgende Kriterien beschrieben: eingeschränkte Entscheidungsfähigkeit, Unterordnung eigener Bedürfnisse, unverhältnismäßige Trennungsangst sowie Glaube, nicht für sich alleine sorgen zu können.
>
> Diese Überzeugungen und Verhaltensweisen sind im Alltag der Betroffenen fest verankert. Das führt in ihrem Leben zu schwerwiegenden Beeinträchtigungen und Einschränkungen, da es zu einer langjährigen Bedürfnisfrustration im beruflichen und privaten Bereich kommt, die die Betroffenen erschöpft und entkräftet.
>
> Die Entstehungsbedingungen, die zur Entwicklung einer abhängigen Persönlichkeitsstörung führen, sind vielfältig und individuell. Dennoch gibt es mögliche prädisponierende Faktoren, die aus der Wechselwirkung zwischen Erbe und Umwelt bestehen. Unter anderem wird ein schüchternes, zurückhaltendes und ängstliches Temperament diskutiert. Einen weiteren Einfluss auf die Entwicklung besitzt der Erziehungsstil. Eine weitere mögliche Ursache ist, dass die oben erwähnten Verhaltensweisen über Verhaltensbeobachtungen erlernt werden.
>
> Bei den Erziehungsstilen kann sowohl ein extrem autoritärer, kritischer und abwertender als auch ein überbehütender Erziehungsstil zur Entwicklung beitragen.
>
> Der überbehütende Erziehungsstil wird häufig aufgrund der eigenen Ängstlichkeit der Eltern praktiziert, dem Kind werden keine Aktivitäten (z. B. Fahrradfahren, Rollschuhlaufen, Klettern) erlaubt, die sie als bedrohlich ansehen. Aus den gleichen Sorgen heraus können Eltern das Kind bei leistungsbezogenen Herausforderungen entmutigen, um ein vermeintliches Scheitern des Kindes zu vermeiden. Sie raten ab, statt zu fördern („Schuster bleib bei deinen Leisten"). Dadurch wird vermeintliches Unheil abgewehrt, jedoch führt dies langfristig zu einem eingeschränkten Kompetenzgefühl. Die Selbstwirksamkeit eines Menschen kann durch solch einen Erziehungsstil nachhaltig beeinträchtigt werden. Fertigkeiten im Umgang mit Gefühlen können sich durch mangelnde Erfahrungen

ebenfalls nicht völlig entfalten. Soziale Fertigkeiten werden durch Konfliktvermeidung nur bedingt geschult. Dadurch werden im späteren Leben häufig Herausforderungen vermieden und mögliche Bedrohungen in der Umwelt ständig analysiert; eine diffuse Ängstlichkeit im Alltag wird zum Begleiter.

Ein autoritärer, kritischer und abwertender Erziehungsstil führt häufig zu einer großen Unsicherheit hinsichtlich der eigenen Gefühlswelt und der eigenen Identitätsentwicklung. Gefühle und Ansichten des Kindes werden abgewertet („Deine Meinung zählt nicht"). Eine große innere Unsicherheit entsteht, der eigene innere Lebenskompass für Entscheidungen kann nicht entwickelt werden. Autoritätspersonen werden notwendig, um sich im Leben zurechtzufinden („Ich bin unfähig, alleine zu leben"). Aus dieser Annahme heraus kann sich die Strategie des vorauseilenden Gehorsams entwickeln, um wichtige Personen nicht zu verärgern und an sich zu binden. Daraus resultiert eine hohe Verantwortungsübernahme für die Gefühle und Bedürfnisse anderer, die notwendig ist, um die Beziehung und damit die Existenz zu sichern.

Ausgehend von der schematherapeutischen Theorie werden durch solche prädisponierenden Faktoren wichtige Kernbedürfnisse in der Kindheit und Jugend nicht erfüllt. Insbesondere das Kernbedürfnis nach Autonomie wird gravierend ignoriert und Bestrebungen dahingehend werden sogar sanktioniert. Daraus entwickelt sich ein Kompetenzdefizitgefühl („Ich bin alleine nicht lebensfähig"). Den Betroffenen wurde suggeriert, dass sie andere Menschen brauchen, um überleben zu können. Aus diesem Grund ist das Bedürfnis nach Bindung für die Betroffenen lebensnotwendig und muss um jeden Preis erhalten werden. Mögliche, dahinter liegende Schemata können sein: Unterwerfung/Unterordnung („Alle anderen wissen es besser!") und Unzulänglichkeit/Scham („Ich kann alleine nicht leben!").

Aus den erwähnten Punkten ergibt sich das Modus-Modell. Innerhalb dieses Modus-Modells können die erwähnten ICD-10-Kriterien eingeordnet werden.

Den schmerzhaften Modi sind die Kriterien unverhältnismäßige Trennungsangst, der Glaube, nicht für sich alleine sorgen zu können, und die eingeschränkte Entscheidungsfähigkeit zuzuordnen. Betroffene berichten, dass auf Autonomiestrebungen ihrerseits häufig mit strafendem oder abwertendem bis hin zu schuldinduzierendem Verhalten reagiert wurde. Diese damaligen Reaktionen sind in den internalisierten Eltern-Modi vorzufinden und besitzen bis heute ihre Gültigkeit für die Betroffenen. Unterschieden werden die Eltern-Modi in den emotional fordernden Eltern-Modus und den strafenden Eltern-Modus.

Der emotional fordernde Eltern-Modus zeichnet sich durch eine Verantwortungsübernahme für die Gefühle und Stimmungen anderer aus. Ziel ist der Erhalt des Bedürfnisses nach Bindung und Schutz. Daraus folgt, dass ein nicht vorauseilender Gehorsam zur existenziellen Bedrohung wird.

Die Bestrafungsangst ist im strafenden Eltern-Modus vorzufinden. Hierunter werden Erfahrungen wie Abwertungen, Liebenszug oder andere Sanktionen subsumiert. Dabei ist es wichtig zu beachten, dass es häufig keine logischen Schlussfolgerungen für die genannten Konsequenzen gab, sondern dass die

Strafen willkürlich erfolgten. Damit wird das Bedürfnis nach Vorhersagbarkeit grundlegend erschüttert. Um dies zu umgehen, findet man häufig Schuldzuschreibungen gegenüber der eigenen Person vor („Ich habe mich nicht genug angestrengt").

Diese internalisierten Erfahrungen wirken sich auf die Gefühlsqualität des verletzlichen (abhängigen) Kind-Modus aus. Dieser Modus kennzeichnet sich bei Betroffenen durch eine tiefe Verletzlichkeit, Hoffnungslosigkeit, Traurigkeit, Trennungsangst und Einsamkeit aus („Keiner wird mich je lieben können, ich bin alleine nicht lebensfähig").

Um mit dieser Gefühlsgewalt umgehen zu können, bilden sich Bewältigungsstrategien heraus. Der dominierende Modus bei einer abhängigen Persönlichkeitsstörung ist der Unterwerfungs-Modus. Die Verhaltensreaktion in diesem Modus beinhaltet den vorauseilenden Gehorsam. Betroffene, die sich in diesem Modus befinden, stellen ihre eigenen Bedürfnisse zurück, die Orientierung liegt bei den Bedürfnissen der anderen. Oftmals steht das Bedürfnis dahinter, die Bindung zu erhalten. Dadurch werden die eigenen Bedürfnisse, beispielsweise nach Selbstschutz und Autonomie, missachtet. Betroffene mit diesem Modus sind aufgrund ihrer grenzenlosen Hilfsbereitschaft häufig sehr geschätzte, beliebte und anerkannte Personen. Diese grenzenlose Hilfsbereitschaft führt langfristig zu einer großen Erschöpfung und Verzweiflung aufgrund der langjährigen Bedürfnisfrustration.

Als Therapeuten können wir auf der einen Seite helfen, beim Betroffenen ein sich selbst wertschätzendes Bewusstsein für die Ursache seines Leidens zu entwickeln, auf der anderen Seite geht es im Hinblick auf Erziehung und Erlebnisse darum, die Selbstwirksamkeit behutsam auszubilden und zu stärken.

Ziel in der Therapie ist es, die Autonomie der Betroffenen zu fördern, ohne sie jedoch zu überfordern. Betroffene erscheinen während der Therapie hoch motiviert und bedingungslos engagiert. Diese Eigenschaften können jedoch von ihrem Unterwerfungs-Modus geleitet sein, weshalb es wichtig ist, diese Bewältigungsstrategie rechtzeitig mit den Betroffenen zu thematisieren. Im wünschenswerten Idealfall bewirkt eine Therapie, dass die Betroffenen einen Zugang zu ihren eigenen Bedürfnissen erhalten und Schritt für Schritt lernen, diese anzubringen und in einer adäquaten Weise erfüllt zu bekommen. Dazu werden die Eltern-Modi begrenzt, der verletzliche (anhängige) Kind-Modus getröstet, der Unterwerfung-Modus reduziert und der gesunde Erwachsene bekräftigt.

Im Gespräch mit Eckhard Roediger

Als ich 2016 mit dem Schreiben dieses Buches begann, war mir das Thema Dependente Persönlichkeitsstörung noch nicht besonders geläufig. Ich wollte das mit der Dependenz dann aber genauer wissen und wandte mich an Dr. Eckhard Roediger, einen Experten auf dem Gebiet der Schema-Paartherapie innerhalb der narzisstischen Kollusion. Er war begeistert von meinem Anliegen und gab mir im Januar 2017 rasch und äußerst kompetent Antwort auf meine Fragen.

> *1. Lieber Herr Roediger, danke, dass Sie sich Zeit genommen haben. Schematherapie wird auch für Paare angeboten. Kann man also auch eine erfolgreiche Therapie bei einem Narzissten und seiner dependenten Partnerin durchführen? Jürg Willi beschrieb diese Beziehung als narzisstische Kollusion. Auf einigen nicht fundiert genug recherchierten Webseiten wird von einer Paartherapie abgeraten. Was sagen Sie als Experte dazu?*

Dazu möchte ich zweigeteilt antworten: Solange die dependente Partnerin genug Vorteile aus der Beziehung zieht, kann eine derart kollusive Beziehung sehr lange im Sinne einer Symbiose funktionieren. Wenn der abhängige Partner allerdings irgendwann mehr oder weniger frustriert den Rückzug antritt, droht das System instabil zu werden. Erst dann kommt das Paar in der Regel in Therapie. Wenn der narzisstisch-dominante Partner dann vor dem Hintergrund des Modells versteht, dass die eskalierende Dominanz den anderen immer mehr in die Flucht treibt und seine Selbstbehauptungsimpulse zurücknehmen und bindungsorientiertes Verhalten zeigen kann, dann stehen die Chancen ganz gut.

> *2. Meine Lieblingsfrage, weil ich sie jedem stelle: Im Internet sind viele Hobbypsychologen, Forendiagnostiker und Möchtegern-Psychiater unterwegs, die für jeden Verhaltens- und Wesenszug gern den Begriff „Narzissmus" missbrauchen. Was kann man bei diesen Menschen als Grund dafür vermuten?*

Dieses Thema war bis zum 28.12. mein Steckenpferd. Ich bin es therapeutisch angegangen (Modusanalyse), weil ich viel angeeckt bin und sehr für eine Differenzierung von Narzissmus, malignem Narzissmus und Dissozialität einstehe. Ich sehe in einem Narzissten das Gleiche wie Alice Miller oder Wendy Behary (amerikanische Schematherapeutin für Narzissmus): einen Menschen, der furchtbar leidet, aber sich eben sehr unglücklich und ungeschickt verhält im Versuch, sich zu schützen. Am 28.12. war ich einen Moment unachtsam (zum Glück) und habe meinen Überkompensationsmodus beiseitegeschoben und das innere Kind den Schmerz bewusst spüren lassen. Ich sage Ihnen, dank der Schematherapie kann ich wieder weinen und mich selber viel bewusster und besser spüren. Seitdem regen mich die ganzen Scharlatane nicht mehr auf und es geht mir viel besser. Weinen tut gut!

Wenn ein Begriff oft gebraucht wird, scheint er wohl etwas zu treffen. Eine narzisstisch-selbstzentrierte Haltung ist dabei das eine „Bein", auf dem wir alle stehen, wenn wir unserem Bedürfnis nach Selbstbehauptung und kontrollorientierter Einflussnahme folgen. Von daher haben wir alle eine „narzisstische" Seite. Beziehungen zu anderen Menschen gelingen aber meist besser, wenn wir wieder mit unserer verletzbaren Seite in Kontakt kommen und aus diesem

Erleben heraus vertrauens- und hingabebereiter (kurz „weicher") auf dem „Bindungsbein" mit anderen in Kontakt treten, denn dann holen wir die anderen auf deren „Bindungsbein" ab. Das haben Sie ja am 28.12. erlebt. Ein bisschen narzisstisch sind also alle Menschen. Die Frage ist, wie flexibel wir mit diesen Tendenzen umgehen können und wie gut wir beide Beine ausbalancieren.

3. Es wird immer wieder behauptet, dass Borderliner und Narzissten nicht allzu verschieden sind. Inwieweit trifft das zu und inwieweit findet das dann auch Eingang in die Therapie und die Erarbeitung eines Modus-Modells?

Beide gehören zur selben Gruppe von eher externalisierenden Persönlichkeitsstörungen im DSM-IV und überschneiden sich. Beide haben starke Kindmodi – meist sowohl verletzbar als auch wütend. Borderliner sind oft impulsiver und selbstschädigender und haben daher meist ein niedrigeres Funktionsniveau im sozialen Leben. Narzissten haben meist mehr Selbstkontrolle (durch ihre inneren Kritiker und Antreiber) und können durchaus erfolgreich sein, wenn sie die Überkompensation nicht allzu sehr übertreiben und zwischendurch etwas bindungsorientiertes Verhalten zeigen. Da wir mit einer Balance-orientierten Fallkonzeption arbeiten, treten die Unterschiede bei der Beschreibung der Ausgangssituation zunehmend zurück.

4. Otto Kernberg forderte eine Konfrontationstherapie für Narzissten, weil er glaubte, dass Narzissten nur so ihr Verhalten ändern. Dagegen haben sich der Psychoanalytiker Heinz Kohut und einige andere – unter anderen auch Sie, soviel ich von meiner Therapeutin weiß – sehr für Mitgefühl, Verständnis und Reparenting ausgesprochen. Wie sind bislang Ihre Erfahrungen in der Behandlung von Narzissten?

Wir versuchen ja eine balancierte und flexible Verbindung von Empathie und Konfrontation im Sinne einer „empathischen Konfrontation". Wendy Behary ist eine Meisterin darin. Kernberg ist da meines Erachtens zu sehr auf der Konfrontationsseite, Kohut vielleicht zu gewährend. Eva Dieckmann, Wendy Behary und ich schreiben gerade an einem Buchkapitel über dieses Thema.

5. Es wird immer wieder gerne gesagt und geschrieben (unter anderem auch von Alice Miller in ihrem Buch Das Drama des begabten Kindes), dass Psychoanalytiker selber Narzissten seien. Es gibt zudem einen Artikel über ein Interview mit einer Münchener Arztpraxis zum Thema Narzissmus und Helfersyndrom. Glauben Sie, dass es auch Psychologen oder Schematherapeuten gibt, die selber unter einer NPS oder vielleicht auch einer BPS leiden und Betroffenen helfen können?

Ich vermute, dass es unter Analytikern nicht mehr Narzissten gibt als unter anderen Therapeuten. Therapeut zu sein ist eine Form des kompensierenden Umgangs mit den eigenen Schemata. Wenn man diese kennt und reflektiert und balanciert damit umgehen kann, kann man durchaus ein guter Therapeut

> sein, weil man die entsprechenden Patienten sogar besonders gut versteht. C. G. Jung hat ja in diesem Sinne den Archetyp des „verwundeten Heilers" beschrieben.
>
> 6. *Was zeichnet einen guten Schematherapeuten aus?*
>
> Eine gute Kenntnis der eigenen Schemata und der daraus resultierenden Modi im Umgang mit den Patienten; die Bereitschaft, das auch gegenüber Patienten zuzugeben, damit eine heilende Begegnung auf Augenhöhe entstehen kann; die Anwendung des Modells im Alltag auf sich selbst und die umgebenden Menschen; Selbstachtsamkeit üben und einen Erwachsenenmodus aufbauen, der die eigenen Kind- und Kritikermodi erkennt, bevor man in einen maladaptiven Bewältigungsmodus fällt, um dann besonnen, flexibel und balanciert reagieren zu können; eine ausreichende Selbstfürsorge im Alltag; ein konstruktiv-offener Umgang mit den Kollegen.

7.2 Kriegsenkelproblematik und vorgeburtliche Prägung

Es ist logisch, dass immer mehr Menschen unter Narzissmus leiden, weil unsere Gesellschaft immer leistungsorientierter wird und auf diejenigen, die schwächer sind (was ja nichts Schlechtes ist), immer weniger Rücksicht genommen wird. Als Kind waren wir, „die heutigen Narzissten", auf unsere Mütter angewiesen. Wir waren abhängig von ihnen. Und wenn die Mutter dann höchstwahrscheinlich selbst krank ist, wird das Kind es nicht leichter haben. Viele Krankheiten werden schon im Mutterleib übertragen. Das Kind entwickelt aufgrund von Stress vor, während und nach der Geburt unbewusste Traumata. Das Umfeld, in dem das Kind aufwächst, spielt ebenfalls eine Rolle für die weitere Entwicklung.

Meine Mutter ist 1961 geboren und zählt ebenso wie ich zur Kriegsenkelgeneration. Die Psychologie hat inzwischen erkannt, dass die seelischen Folgen des Zweiten Weltkrieges auch in der zweiten und dritten Generation noch erkennbar sind. Sie spricht von der „transgenerationalen Weitergabe" von (Kriegs-)Traumata.

> Nichts wirkt seelisch stärker auf die Kinder als das ungelebte Leben der Eltern.
>
> C. G. Jung

Martin Miller hat nach dem Tod seiner Mutter ein Buch geschrieben. Er schreibt darin, dass er so gut wie nichts über seine Mutter wusste. Er erlebte genau wie Dr. Hans-Joachim Maaz, Walter Kohl oder ich eine miserable Kindheit, aber er rüttelt auch nicht an ihrem Denkmal. Was sie getan hat, schmälert ihr Werk nämlich nicht – ihre Bücher waren gut und hilfreich. Die Kinderpsychologin Alice Miller setzte sich zeitlebens für geschlagene Kinder ein, schützte ihren Sohn aber nicht vor dem gewalttätigen Vater. Dennoch will Martin Miller mit seiner Mutter nicht abrechnen. Und das will ich auch nicht mit meiner Mutter tun, obwohl sie im Gegensatz zu meinem Vater mir gegenüber einige Male gewalttätig war. Ich will meiner Mutter (und vielleicht auch anderen Müttern) lediglich dabei helfen, sich über ihre erlittenen Schmerzen bewusst zu machen, dass es Zeit ist, an sich zu denken, ohne dauernd die starke, grandiose, perfekte Frau zu spielen. (Ich denke, ich widerspreche mir ein wenig, auch weil ich mein Leid und meine Schmerzen in Worte fassen musste.) Mein Vater hat mir nach meiner Therapie in Mainz erzählt, was der Grund für seinen psychischen Zusammenbruch im Jahr 2009 war, als er sich wegen einer depressiven Episode in Behandlung begab. Bei ihm handelte es sich auch um eine dependente Persönlichkeitsstörung. Aus seiner Therapie ging er gestärkt hervor. Ich freue mich für ihn, dass er es geschafft hat, seine Kindheit und den Rattenschwanz, den sie nach sich zog, für sich einigermaßen zu verarbeiten.

Dies alles hat mich dazu bewogen, auf Spurensuche zu gehen. Ich möchte wie Martin Miller versuchen, das Leben meiner Mutter als Kind zu ergründen, mehr noch aber auf die ältere Generation einzugehen, die unter den verheerenden Folgen des Zweiten Weltkrieges und der NS-Zeit litt und teilweise immer noch leidet. Damals war die Zeit eine andere, was sich manch einer nicht vorstellen kann. Natürlich ist das für die Wunden der Kindheit meiner Generation nur eine Erklärung oder ein schwacher Trost, auch weil die Generation unserer Eltern nicht darüber spricht und nicht an einer Aufarbeitung interessiert ist, aber es kann zumindest helfen, ein wenig Verständnis aufzubringen. Auch unsere Eltern haben ein inneres Kind. Ich habe mich zwar entschieden, den Kontakt abzubrechen, aber auch nur, um weiteren Schaden abzuwenden.

Meine narzisstische Mutter

Meine Mutter wollte nur das Beste. Ich glaube ihr, auch wenn es nicht immer das Beste für mich war. Und ich glaube auch, dass das, was ich hier jetzt beschreibe, niemals ihre Absicht war. Sie wollte mir nicht schaden. Sie wollte alles besser machen als ihre Mutter. Leider kopierte sie ihre Mutter und machte es genauso.

Meine Mutter war sehr konsequent und willensstark. Sie saß acht Jahre lang im Elternbeirat meiner Klassen. Auch sonst war meine Mutter immer sehr sozial für andere engagiert. Sie gab sich wirklich Mühe, half mir sogar beim Aufräumen des Zimmers, auch wenn sie davor gesagt hatte, ich dürfe erst raus, sobald mein Zimmer aufgeräumt wäre. Wenn ich dann mein Zimmer aufgeräumt hatte, kam sie, um mich zu kontrollieren, und weil ich niemals so ordentlich war, wie sie es gerne gehabt hätte, fing sie dann an, bei mir aufzuräumen. Ich konnte ihr das in der

Hinsicht niemals recht machen. Ich wollte nach der Schule ganz oft nur entspannen, runterkommen, an nichts Schlechtes denken – und wurde von meiner Mutter unter Androhung einer Strafe davon abgehalten. Für mich war es eine Strafe, aufräumen zu müssen. Ich habe es einfach gehasst. *Du musst. Ich muss*, obwohl ich nicht *muss, du willst es nur* – da haben wir den Anpassungszwang.

Für mich war Physik ein böhmisches Dorf. Auch als ich die Schule wechselte, veränderte sich nichts – ich fand Physik immer noch doof und schrieb mit Glück mal eine vier. Als mein Vater dann meinen ehemaligen Klassenlehrer traf, der auch Physik unterrichtete, war Mama erleichtert, einen Nachhilfelehrer gefunden zu haben. Und der wollte es sogar für umsonst machen. Dass Herr F. zu diesem Zeitpunkt geschieden war und sein Coming-out hinter sich hatte, wusste sie nicht. (Ich will damit nicht homosexuelle Lehrer pauschalisiert als pädophil darstellen.) Ich war 15 und rothaarig, was für viele homosexuelle Männer ein Fetisch ist. Herr F. jedenfalls versuchte, mich anzumachen. Danach wollte ich nicht mehr zu ihm.

Warum ich Dir das nicht erzählt habe, Mama? Hättest Du mir geglaubt? Du hast mir ja auch niemals geglaubt, dass ich Physik nicht verstand. Du bist immer davon ausgegangen, dass ich keinen Bock darauf habe und mich gesperrt habe. Ich habe mich nicht dagegen gesperrt. Ich habe es einfach nicht begriffen.

Ich musste jedes Mal, wenn ich eine schlechtere Note nach Hause brachte, mich hinsetzen und lernen und durfte erst raus, wenn es aus ihrer Sicht saß. Ich weiß, dass meine Mutter das nicht tat, um mich zu verletzen, sondern weil sie wollte, dass ich eine anständige Mittlere Reife bekam. Nur: Physik war einfach nicht mein Ding.

Immer wenn meine Schwester mich nachmittags mit ihren Freundinnen provozierte und ich mich dann zur Wehr setzte, wurde nicht sie bestraft, sondern ich. Und das, obwohl ich wirklich jeden Tag bereits in der Schule das Opfer vieler dissozialer Kinder war, die ihre Freude daran hatten, mich zu quälen.

Irgendwann hast Du dann sogar gesagt, dass ich selber Schuld habe, weil ich mich ja provozieren lasse. Mama, ich war ein Kind! Und es hat mir sehr wehgetan. Und ich fühlte mich hilflos und allein gelassen. Ich brauchte Deinen Schutz. Ich habe mir jeden Tag gewünscht, tot zu sein. Ich dachte immer, die Welt sei besser dran ohne mich.

Meine Mutter war nie dabei. Im Nachhinein und immer erst dann, wenn ich mich gewehrt hatte und als Reaktion eine Schulkonferenz einberufen wurde, setzte sie sich für mich ein. Ich weiß aus Gesprächen mit ihr, dass sie und mein Vater immer versucht haben, sich vor den Lehrern für mich einzusetzen. Aber irgendwann haben auch sie gemerkt, dass sie machtlos sind. Wenn fünf Leute etwas anderes behaupten, wem glaubt man dann mehr?

Ich mache Euch dafür keine Vorwürfe. Trotzdem habe ich mir als Folge dessen gewünscht, dass ihr mich wenigstens einmal von der Schule abholt, um euch ein Bild davon zu machen, wie grausam die anderen Kinder mit mir umgehen.

Ich kann mich sehr gut in Martin Miller hineinversetzen. Er wusste so gut wie nichts von seiner Mutter. Trotzdem hat er ein wirklich großartiges Buch über sie geschrieben.

Alles, was ich von Dir und Deiner Kindheit wissen wollte, hat Papa mir erzählt oder Deine Schwester. Dank diesen beiden Menschen, Mama, konnte ich Mitgefühl für Dich entwickeln. Deine Entschuldigungen habe ich immer angenommen, auch wenn ich wusste, dass der Frieden zwischen uns nie von langer Dauer war.

Weißt Du, wie oft ich als Kind wegen meiner Klamotten gehänselt wurde? Und weißt Du, wie weh das tut, wegen der Klamotten, die Du für mich ausgesucht hast, für die ich also nicht mal etwas konnte, nicht dazuzugehören?

Weißt Du, wie schlimm es für mich war, wenn ich deswegen heulend aufs Klo rennen musste, androhen musste, mir was anzutun, weil der Lehrer sagte, ich solle aufhören zu heulen, weil es den Unterricht störe?

Du hast als Erwachsener nur meine Wut abbekommen. Das tut mir leid. Ich habe Dir wehgetan. Das würde ich wirklich gerne rückgängig machen. Es gab sehr oft Abrechnungsszenarien am Telefon. Nicht einmal aber hast Du geweint. Ich habe mir so sehr gewünscht, dass Du es schaffst, mir gegenüber Schwäche zu zeigen.

Eltern sind die Vorbilder ihrer Kinder. Du bist für mich kein gutes Vorbild gewesen. Ich möchte niemals so werden wie Du. Deswegen habe ich auch immer in puncto Ordnung und Sauberkeit gegen Dich rebelliert.

Wie sich ein Kind verhält, liegt nicht am Kind, sondern an dem Umfeld, indem es groß wird.

Aber ich als Kind habe auch oft nur Deine Wut abbekommen. Du hast dich in vielen Dingen eingemischt, weil Du Angst hattest, dass ich es nicht packen würde, weil Du mein Bestes wolltest. Ich glaube Dir, dass Du vieles anders in Erinnerung hast, und ich weiß, wie sehr Dich meine Worte treffen. Ich habe mich aber entschieden, darüber zu reden, damit ich es verarbeiten kann. Wenn Du eine andere Ansicht hast, kann ich es verstehen. Aber ich kann leider keine Rücksicht nehmen.

Du hast mir ganz oft die Hoffnung genommen, und, Mama, bis Mainz (ja, Mainz war meine Rettung) habe ich wirklich jeden gottverdammten Tag an Selbstmord gedacht. Dank Mainz, dank meiner Freunde und all der Kinder, denen es ähnlich mit ihren Müttern erging, ist es mir gelungen, für Dich, für Dein Leben, für Dein Verhalten eine Erklärung zu finden, mit der ich leben und somit auch meinen Frieden schließen kann. Alles, was im Vorlauf zu diesem Buch passierte, war eine Folge meiner therapeutischen Auseinandersetzung mit dem Thema Mangelschmerz und Mutterhass.

Ich halte fest: Ich hasse Dich nicht.

Aber: Dein inneres Kind tut mir leid.

Autonomiebestrebungen

Die Wahrnehmungen zwischen dem traumatisierten Kind und der nicht wahrhaben wollenden traumatisierenden Mutter werden immer unterschiedlich sein. Es gibt also für das mittlerweile erwachsene Kind nur die Möglichkeit, sich damit abzufinden und therapeutisch zu versuchen, die Wunden irgendwie zu heilen. Streit, Vorwürfe und Schuldzuweisungen führen nicht zum gewünschten Ziel. Die Mutter wird immer darauf bestehen, alles richtig gemacht oder zumindest nichts getan zu haben, was dem Kind geschadet hat. Mehr noch wird es dem Kind stets sagen, dass sie alles versucht hat, um ihm zu helfen, und dass es Dankbarkeit zeigen solle. Und das Kind hat keine Chance, dagegen anzukommen, weil es sonst die Restliebe der Mutter aufs Spiel setzen würde.

> Autonomiebestrebungen des Kindes werden unterbunden, bestraft und mit der Erzeugung von Schuldgefühlen belastet bzw. nur soweit zugelassen, wie sie im Dienste der mütterlichen Bedürfnisbefriedigung narzisstisch ausbeutbar sind. Jedes Abweichen von den Erwartungen der Mutter wird von ihr als verletzender oder aggressiver Akt, als Ausdruck des Verrats empfunden. Innere wie äußere Trennungen aber müssen um jeden Preis vermieden werden. Daher entbrennt ein Machtkampf nicht nur hinsichtlich des Verhaltens des Kindes, sondern auch hinsichtlich der Kontrolle seiner Gefühle und Gedanken. Die Mutter ist davon überzeugt, das Kind besser zu kennen, als es sich selber kennt. Besser als das Kind meint sie zu wissen, was es wirklich denkt, fühlt, will und braucht und was

es demzufolge zu denken, zu fühlen, zu wollen und zu tun hat. Es reicht ihr aber nicht aus, dass es sich ihren Erwartungen lediglich beugt: Es soll selber wollen, was es soll, sich also ganz und gar mit dem Bild, das sie von ihm entworfen hat, identifizieren, und sei es ihm auch noch so wesensfremd. Um die Wünsche und Erwartungen der Mutter erfüllen und befriedigen zu können, muss das Kind unter Verzicht auf innere und äußere Abgrenzung sein Selbst verraten und sich für die Mutter verfügbar halten, zumal sie dem Kind vermittelt, dass sie es dringend braucht.

In der Summe unterliegt das Kind dem Diktum eines Individuationsverbotes. Das Recht auf ein eigenes Selbst wird ihm abgesprochen; an dessen Stelle tritt im Laufe der Zeit ein unter enormem Anpassungs- und Loyalitätsdruck entstandenes „falsches Selbst". Authentische ethisch-moralische Maßstäbe haben in diesem „falschen Selbst" keinen Platz, weil Werte und Normen nicht in Selbstverantwortung und Freiheit erworben werden konnten, sondern immer nur als fremdbestimmt und aufgezwungen erlebt wurden.

Da die Grunderfahrung eines narzisstisch missbrauchten Kindes darin besteht, dass in einer Beziehung zu einem anderen Menschen immer nur Platz für ein Ich ist, kann es sich Beziehungen zu anderen Menschen nur in der Polarität von Unterwerfung und Herrschaft vorstellen. Liebe und Bindung sind auf diesem Hintergrund nicht oder nur in verzerrten und destruktiven Ausprägungen lebbar. Da die Erfahrung besagt, dass sowohl Liebe als auch Bindung Mittel zum Zwecke der Ausbeutung, Manipulation und Kontrolle sind, ist jeder Versuch, Nähe und Intimität zuzulassen, zum Scheitern verurteilt, weil er mit der Angst vor erneuter identitätsvernichtender Vereinnahmung unlösbar verbunden ist.[58]

Meine Mutter arbeitet selbst im sozialen Bereich. Sie ist Erzieherin. Sie verdrängt ihre Fehler im Umgang mit mir aus Angst, dass man an ihrem guten Ruf kratzt. Ich habe oft gedroht, sie anzuzeigen oder ihrem Arbeitgeber zu erzählen, wie ich es empfunden habe. Nur hätte das nichts gebracht. Menschen können in ihrem Beruf gut sein und trotzdem Fehler bei ihren eigenen Kindern machen. Das eine schließt das andere nicht aus. Das beste Beispiel dafür ist Alice Miller: Als Kinderpsychologin und Psychoanalytikerin war sie großartig, was nicht hinderte, dass sie als Mutter Fehler machte.

Nachtrag: Am Ende habe ich es doch gemacht. Mama: Es tut mir leid, ich wusste mir nicht mehr anders zu helfen. Die Gründe dafür werde ich in meinem ersten Live-Interview, das ich bei Deutschlandfunk haben werde, erläutern und mich nochmal entschuldigen.

Liebe Leidensgenossen,

ich glaube wirklich ganz fest daran, dass es vielen von Euch genauso geht. Und wenn man jetzt noch sieht, wie es um unsere Gesellschaft bestellt ist, die ja wirklich den kranken Narzissmus jeden Tag in all seinen Facetten zeigt, dann kann ich wirklich verstehen, dass viele lieber grandios sind und den Kontakt zu ihrer Mutter abbrechen, statt sich in Therapie zu begeben, auch wenn ich dem widerspreche und sage, dass die Schematherapie (Arbeit mit dem inneren Kind) für mein Leben die Rettung war.

Für manche von Euch war es sicher die Rettung, den Kontakt abzubrechen und Eure Vergangenheit zu verdrängen oder hinter Euch zu lassen. Ich habe die Hoffnung leider noch nicht aufgegeben. Ich hoffe, Ihr nehmt es mir nicht übel. Meine Therapeutin sagt, dass ich jedes Mal, wenn ich versuche, Kontakt aufzubauen, mir selber wehtue. Vielleicht denke ich, dass ich es nicht verdient habe, glücklich zu sein, und hole mir deshalb die Bestätigung meiner Mutter, die keine Bestätigung ist.

Als Kinder waren wir dependent (abhängig). Aber jetzt sind wir erwachsen und haben womöglich eigene Kinder, die von uns abhängig sind. Jetzt haben wir die Chance, Verantwortung zu übernehmen und es anders, besser zu machen.

Ihr habt nur diese eine, und es war ja nicht alles schlecht!

Und meine Mutter ist auch nicht absichtlich böse oder schlecht. Sie wusste es einfach nur nicht besser. Und damit ist alles gesagt!

7.2.1 Ich bin für euch alle da!

**Kinder handeln wie ihre Eltern
und sind wieder für alle anderen da**

von Gottfried Huemer[59]

Jede Generation will es anders machen als die vorangegangene. Sie will die Sünden, die ihre eigenen Eltern an ihnen begangen haben, nicht wiederholen. Dazu zählen lügen, schimpfen oder drohen. Noch kinderlos, leisten sie sich selbst den Schwur: „Wenn ich eigene Kinder habe, werde ich *das nie tun!*" Voller Überzeugung schlittern frischgebackene Eltern in diese Illusion. Doch früher oder später weichen die guten Vorsätze der Realität. Und ehe Eltern sich versehen, machen sie genau das, was sie sich geschworen hatten, nie zu tun. Das, was die eigenen Eltern auch getan hatten.

Unbewusst verhalten sich Menschen dann wie ihre Eltern, obwohl sie es ganz anders machen wollen. Sie versuchen zwar die „Welt im Außen" zu retten, indem sie die beste Mutter, der beste Vater, die fleißigste Vereinskollegin, der mitfühlendste Chef, die liebste Lehrerin, die liebende Kindergärtnerin oder Tagesmutter, die netteste Arbeitskollegin oder der freundlichste Mitarbeiter sind, vernachlässigen aber sich selber wieder genauso, wie sie es von den Eltern gelernt haben. Sie geben sich zu wenig Zuwendung, Geborgenheit, Liebe und Aufmerksamkeit. Sie behandeln ihren inneren bedürftigen kindlichen Anteil also genau wieder so, wie sie es von ihren Eltern vorgelebt bekommen haben. Und dieser „kindliche" – in jeder Zelle – abgespeicherte Anteil will natürlich, dass es nicht ewig so weitergeht. Dies ist auch der Grund, dass er versucht darauf aufmerksam zu machen.

„Mama, Papa ich mache es ganz anders als ihr. Ich schaue auf meine Kinder und bin ihnen eine liebende Mutter ein liebender Vater", ist die häufige Botschaft von jungen Eltern. Unbewusst sagen sie dann allerdings oft auch zu ihrem inneren kindlichen Anteil: „Für dich habe ich leider keine Zeit, weil das habe ich ja von meinen Eltern so vorgelebt bekommen." Die Konsequenz ist dann eben dieses anfangs oft undefinierbare Gefühl von Unruhe, Unzufriedenheit und Unwohlsein, obwohl man ja alles so richtig gut macht. Irgendwie versucht uns unser innerer vernachlässigter Anteil darauf aufmerksam zu machen, und wenn wir nicht darauf reagieren, werden die Botschaften lauter und lauter. Dies zeigt sich dann in Aggression, Ärger, Traurigkeit, innerer Leere bis hin zur handfesten Depression. Erschwerend kommen dann oft auch noch körperliche Beschwerden dazu, und man spricht dann von psychosomatischen Symptomen. Man weiß einfach nicht, dass dies ein verzweifelter Versuch des „inneren Kindes" ist, auf sich aufmerksam zu machen.

Menschen in der Falle des Helfersyndroms

Besonders Menschen in helfenden Berufen sind sehr gefährdet, aus diesem inneren Mangel heraus für alle anderen da zu sein. Sie wollen es einfach besser machen und gehen deshalb oft weit über ihre Grenzen. Da sie aber viel zu wenig auf sich selber achten, werden sie zunehmend nicht nur erschöpfter und frustrierter, sondern haben oft auch mit Gewichtsproblemen und körperlichen Beschwerden zu kämpfen. Dies zeigt sich dann in Aggression, Selbst- und Fremdabwertung, Rückzug oder Burnout.

Unser innerer kindlicher Anteil will beachtet werden

Wenn Betroffene also im ersten Schritt lernen, diesen bedürftigen Anteil in sich zu entdecken und liebevoll anzunehmen, dann öffnet dies die Türen zu einem neuen selbstbestimmten und freudigen Leben. Wer verinnerlicht, dass wirkliche Zuwendung, Friede, Liebe und Geborgenheit zu diesem „inneren Kind" gehen sollten, der belohnt sich selber am meisten. Dann können die im Außen gesuchten Gefühle, wie Anerkennung, Zuversicht, Gelassenheit, Ruhe, Zufriedenheit und Vertrauen, in einem selber wachsen. Man beginnt dann sozusagen das eigene innere Kind „nachzunähren", und dieses bekommt dann endlich das, was es eigentlich seit der Kindheit so schmerzlich vermisst hat. Der Dank dafür ist, dass dann oft jahrelange Beschwerden oder unangenehme Gefühle verschwinden, da unser Körper und die Psyche uns nicht mehr mit solchen Symptomen darauf aufmerksam machen müssen. Und das Schöne daran ist, dass man dann mehr für andere leisten kann, da man es ja aus dieser inneren Freude heraus macht und dadurch in der Kraft bleibt, auch wenn man nach getaner Arbeit vielleicht angenehm müde ist.

Die Grenzen der Kinder – was Eltern beachten sollten

Einige unserer Grenzen haben wir von unserem Elternhaus mitbekommen, also aus dem Haus, aus dem wir stammen. Oft liegen hier Spreu und Weizen gemischt. Die Trennung dessen ist das, was es uns teilweise heute so schwierig macht, unsere uns selbst auferlegten Grenzen aufrechtzuerhalten. Es gibt solche Grenzen, die für Kinder und Eltern gleichermaßen zum Teil gut und konstruktiv gewesen sind, die das Zusammenleben möglich machten. Die Art und Weise, wie diese Grenzen gesetzt wurden, war mit Sicherheit auch wertschätzend. Manche dieser Grenzen kann man auch an die Nachfolgegenration weitergeben, ohne ein schlechtes Gewissen zu haben. Manche Grenzen aber sind völlig überaltert, weil sie zu einer Zeit gesetzt wurden, in der diese Grenzen nötig waren. Es gilt also, neue Grenzen abzustecken, über die unsere Eltern noch nicht nachgedacht haben. Zum Beispiel sollte man nicht zu selbstlos sein und auch mal an sich denken. Das ist eine dieser Grenzen, die man früher als Kind nicht leben konnte. Früher waren die Zeiten anders.

Und dann gibt es noch Grenzen, die unsere Eltern uns setzten und damit unsere eigenen Grenzen verletzten und demütigten. Auch weil Teile dieser Grenzen nur einseitig gelebt wurden. Vom Kind wurde erwartet, diese Grenze einzuhalten, während die Eltern diese Grenzen ständig übertraten. Hat das Kind dieses Verhalten kopiert, wurde es stets begrenzt, und auch heute noch werden diese Ambivalenzen in manchen Elternhäusern weitergegeben.

Oft nehmen wir bewusst Abstand von diesen schmerzhaften Grenzen und nehmen uns vor, unsere eigenen Kinder niemals so zu behandeln, und dann tun wir es doch!

Wir tun es ganz gewiss nicht, um unseren Kindern wehzutun, sondern weil wir unsere Eltern geliebt haben und ihnen vertrauten. Wir sind mitgezogen, wir haben kooperiert, und wenn es zu schmerzhaft wurde, dachten wir stets, es liegt an uns. Wir glauben, wir wären schuldig und hätten diese Behandlung verdient.

Ob nun der Klaps auf den Hintern, die Ohrfeige (zählt für mich schon zur instrumentellen Gewalt) oder der Hausarrest (Freiheitsentzug), wir glauben stets, diese Bestrafung wäre gerechtfertigt. Wir haben es nicht anders verdient.

Viele Kinder von damals, die jetzt selbst erwachsen oder teilweise Eltern sind, haben das, was besonders wehgetan hat, vergessen. Der Schmerz von damals war so groß, dass wir ihn unbedingt verdrängen mussten. Wenn dann unsere Kinder sich ähnlich verhalten wie wir, taucht der Schmerz teilweise wieder auf, aber eben nicht als Schmerz, sondern als Wiederholung der Muster unserer eigenen Eltern. Und dann fällt auch unser Kind in den Brunnen, weil wir den Schmerz lieber weitergeben, statt Verantwortung für ihn zu übernehmen.

Auch diese Schmerzübertragung kann man als transgenerationale Weitergabe bezeichnen. Wir übertragen unseren in der Kindheit erlittenen Schmerz auf unsere Mitmenschen oder gar unsere Kinder. Manche Familien sind dafür prädestiniert, diese „Macke oder Grenze" stets weiterzugeben, statt über den heutigen Sinn nachzudenken oder die Form der Grenzsetzung infrage zu stellen. Das Erbgut setzt sich fest.

Dazu kommt dann noch das sogenannte „Strandgut" (Jesper Juul), also all das Lose, was wir ringsumher aufsammeln, beim Fernsehen, beim Musikhören, von Erziehern und Erzieherinnen, Lehrern und Lehrerinnen, Brüdern und Schwestern von Freunden und Freundinnen, von Nachbarn und Nachbarinnen, aus Printmedien und Vorträgen. Manches davon ist es wert, dass wir es annehmen, anderes wiederum ist vollkommen sinnfrei. Kraftausdrücke oder Fäkalsprache zählen dazu, genauso wie mehrdeutige Redensarten, die wir irgendwo aufschnappen. Jeder reagiert auf Grenzüberschreitungen anders. Laut Jesper Juul werden sowohl das Erbgut als auch das Strandgut erkennbar, wenn die Eltern anfangen, ihren sogenannten Elternanrufbeantworter anzuschalten, ihm Gehör schenken und ihre schlauen Regeln und Weisheiten runterleiern, sobald das Kind in Hörweite kommt. Manche Dinge hat das Kind schon übernommen und wird dann trotzdem daran erinnert. Das Kind bekommt in dem Falle das Gefühl vermittelt, dass man ihm diese „Selbstverständlichkeit" nicht alleine zutraut, wie zum Beispiel Schuhe ausziehen, Hände schütteln, zurückgrüßen oder Danke sagen.

Viele Eltern täten wirklich gut daran, sich selber zuzuhören. Mindestens die Hälfte von dem, was uns (aber auch unseren Eltern, deren Eltern und deren Eltern …) aus dem Mund fällt, erweist sich als unhaltbar. Und auch von den anderen 50 Prozent kann man einen Großteil streichen. Stellt sich die Frage, ob wir die richtigen Grenzen gesetzt bekamen und entsprechend auch die richtigen Grenzen setzen. Braucht ein Kind diese Art von Begrenzung? Die Antwort müsste Nein lauten. Lediglich Grenzen, die das Kind schützen (wenn etwa im Straßenverkehr Rot anzeigt, dass man warten muss), erweisen sich als sinnvoll.

Viele Eltern von heute haben als Kind mehr Zeit mit Erziehern verbracht als mit den eigenen Eltern. Aber Erzieher ersetzen keine Eltern. Die Kinder konnten Erfahrungen sammeln im Umgang mit anderen und auch, wie die Erzieher damit umgehen. Die Erfahrungen mit den Eltern sind hingegen defizitär. Sie verfügen daher nicht über das nötige Wissen, das man nur durch Erfahrung (Kontakt) erwerben kann, wenn also Eltern mit den eigenen Kindern über längere Zeit den ganzen Tag zusammen sind. Hans-Joachim Maaz sprach in dem Interview, das ich mit ihm führte, davon, dass viele Probleme unserer heutigen Zeit weniger an der Erziehung liegen als vielmehr an der Beziehung, die wir zu unseren eigenen Eltern hatten.

Erzieher erziehen Kinder professionell, und das schließt das Persönliche weitestgehend aus. Professionell heißt, dass man bemüht ist, in Übereinstimmung mit einer Theorie zu handeln. Es bedeutet im Umkehrschluss aber nicht, dass man kalt ist oder ohne Engagement, sondern dass viele Entscheidungen auf Logik basieren statt auf Gefühl, also eher vom Kopf her kommen als vom Herzen. In mancher Hinsicht (etwa Impulskontrolle) ist diese Professionalität sinnvoll. Für Eltern aber ist dieses Modell nicht gut und für Kinder nicht hilfreich, um den Kontakt zueinander aufrechtzuerhalten. Theorie ist nicht Praxis. Wenn im Lehrbuch steht, dass Kinderkacke braun und dünnflüssig ist, sie in der Praxis aber auf einmal grünlich schimmert, ist die Not besonders groß, wenn man dann auch noch vergessen hat, dass man seinem Kind heute ein Glas Spinat kredenzt hatte. Das Beispiel ist nicht wörtlich zu nehmen, unterstreicht aber, was ich meine.

Theorie und Praxis stimmen selten miteinander überein, und wenn Eltern ständig logisch und rational handeln, dann beeinträchtigt das den lebenswichtigen Kontakt zwischen ihnen und ihren Kindern. Also müssen sich Eltern fragen, welche Grenzen sie sich selber setzen, um zusammen mit den Kindern eine Atmosphäre zu schaffen, in der sich alle wohlfühlen. Manchmal muss man nicht andere begrenzen, sondern sich selber einfach nur abgrenzen (fürs innere Kind sorgen), um eben nicht rein rational zu reagieren. Nur über unsere eigene Grenzsetzung lernt unser Gegenüber uns kennen und respektieren. Wenn wir uns nicht an unsere eigenen Grenzen halten, wie sollen das unsere Kinder dann tun? Nur so können wir unseren Kindern die Vorbilder sein, die sie brauchen und zu denen sie aufschauen.

> Wie wäre es, dem Kind nicht ständig zu erklären, wie es zu sein hat, sondern einfach mal vorleben, was man für richtig findet, und das Kind in seiner Eigenheit akzeptieren und unterstützen? Wenn es fragt: antworten. Aber doch bitte nicht permanent in den kleinen Schädel reinpressen, was alles sein soll und was nicht. *Es sein lassen.* Es kommt eh mit fragen, ganz von allein.

Eva Wächter

Bewältigungsversuche (Copingstrategien)

Wesentliche negative emotionale Schemata werden schon in früher Kindheit und Jugend angelegt, wenn die Grundbedürfnisse des Kindes nicht befriedigt werden. Um unangenehme Erlebnisse möglichst zu verhindern und einen Kompromiss zwischen den Grundbedürfnissen und den verinnerlichten Erwartungen der Eltern zu schaffen, entwickeln wir Bewältigungs- bzw. Copingstrategien, die ebenfalls wie die Schemata eingebrannt werden. Je nach der persönlichen Veranlagung und den Beziehungserfahrungen können diese einen eher unterordnend-erduldenden, einen gefühlsabspaltend-vermeidenden oder einen kämpferisch-überkompensierenden Charakter haben und stellen damit Ausgestaltungen der biologisch angelegten Unterwerfungs-, Flucht- bzw. Erstarrungs- oder Kampfbereitschaft dar. Auch die Bewältigungsversuche werden zur Gewohnheit, d. h. bilden Attraktoren und neigen dazu, sich selbst aufrechtzuerhalten. Dadurch besteht die Tendenz, aktuelle Probleme im Erwachsenenleben mit in der Kindheit entwickelten Lösungsstrategien anzugehen, was langfristig zu unbefriedigenden Ergebnissen führen kann. In Momenten der Schemaaktivierung erleben wir wieder wie als Kind, sehen die Welt gewissermaßen mit Kinderaugen und setzen mangels Alternativen die gewohnten Kindheitslösungen ein. Die Lösungsversuche, die in der Kindheit adäquat und die relativ bestmöglichen waren, nutzen nicht die Möglichkeiten, die wir jetzt als Erwachsene haben. Daher müssen diese Lösungsversuche jetzt bewusst als begrenzend erkannt und verändert werden. Dann können die verinnerlichten Regeln hinterfragt und neue, erwachsene Lösungen gefunden werden, die den Grundbedürfnissen besser gerecht werden. Dies ist Aufgabe der Psychotherapie.

Dr. Eckart Roediger

Vorbilder

Je älter ich werde, umso mehr merke ich, wie die Erwachsenen, die früher meine Vorbilder waren – einfach nur behindert sind.

Rauch nicht, mein Kind, sagten sie, während sie sich die Kippe in den Mund steckten. Und uns passiv mitrauchen ließen. Klau nicht, mein Kind, während sie Staatsgelder und Steuern hinterzogen. Trink nicht, mein Sohn – doch warum versucht ihr euer stressendes Brennen in der Brust mit Alkohol zu sterilisieren? Ihr sagt uns: Lügt nicht – doch ich sah so viele Ehen kaputtgehen, weil ihr nicht mutig genug für die Wahrheit wart. War's das? Mehr hattet ihr uns nicht zu bieten? Die, die ihr eure Zukunft nanntet, so zu erziehen? Heute raucht, trinkt, klaut, lügt und betrügt diese Jugend. Und ihr klagt über diese wütende Jugend? Wer ist denn schuld als fehlgeschlagenes Vorbild für diese nichts fühlende Jugend?

Kianimus

7.2.2 Hauptsache, Mutti geht es gut. Der Versuch, etwas aufzuarbeiten

Einer der Gründe für immer mehr narzisstisches oder unterwürfiges Verhalten sind die Auswirkungen des Zweiten Weltkrieges und der NS- wie auch der Stasi-Zeit. Viele Menschen, die zu der Zeit im Jugendlichenalter waren oder zu der Zeit lebten, wurden davon geprägt, haben seelische Verletzungen davongetragen und Verhaltensmuster entwickelt, die sie unbewusst an die Nachfolgegeneration übertragen haben. Meine Großmutter war um das Jahr 1945 14 Jahre alt. Mein Urgroßvater war gezwungen worden, der NSDAP beizutreten, sonst hätte er im KZ arbeiten müssen. Mein leiblicher Vater hat sich unter anderem aus diesem Grund von der ganzen Familie distanziert. Er konnte nicht nachvollziehen, dass man damals keine Wahl hatte. Seine Eltern (über-)forderten ihn und erwarteten von ihm, sie glücklich zu machen, ohne dabei auf sein eigenes Glück zu achten. Meine Großmutter erwartete von ihm, dass er sich von Lederjacke und Ohrring trennte, sonst bekäme er nicht den Segen dafür, meine Mutter zu heiraten. Die Ehe hielt drei Jahre. Er gab sich große Mühe, mir ein guter Vater zu sein. Meine Mutter wurde zu einer lieblosen Mutter, die sich zwar bemühte, aber dennoch Fehler machte. Bis zu meiner Geburt litt sie selbst unter einer dominanten Mutter und einem sich in Alkohol flüchtenden Vater. Mitgefühl und Zuwendung war die Ausnahme. Bis zu ihrem 15. Lebensjahr wurde sie „gezüchtigt".

Ich litt unter chronischem Leistungsdruck einer stark nach Anerkennung suchenden Mutter, die immer besser als ich sein wollte und mir entweder alles kaputtmachte, indem sie sich einmischte, oder sich vor mich stellte und mir einredete, nicht zu genügen. Alle Frauen in meiner Familie haben zweimal geheiratet. Dies alles ist unmittelbar auf diese Zeit zurückzuführen, was immerhin ein wenig mein „Leid" erklärt, auch wenn es dies keinesfalls entschuldigt. Noch heute spüre ich ihre emotionale Kälte mir gegenüber. Nicht umsonst fällt im Zusammenhang mit der Kriegsthematik der Begriff „kalter Krieg". Empathie und individuelle Entwicklung standen im Hintergrund. Zusammenhalt war das Einzige, was zählte. Die Bedürfnisse eines Einzelnen wurden zugunsten des Wohlergehens der Masse zurückgestellt. Und so war's dann auch in der Erziehung nach dem Krieg. Hauptsache, „Mutti" geht es gut.

> Die sogenannten Kriegskinder (also auch meine Mutter) haben in der Regel keine familiäre, geschweige denn fachliche Begleitung bekommen, um ihre traumatischen Erlebnisse aufzuarbeiten. In den Familien wurde vieles verschwiegen und verdrängt; ihre Eltern (also meine Groß- und Urgroßeltern) kämpften in erster Linie ums Überleben. Um emotionale Bedürfnisse und die gesunde psychische Entwicklung der Kinder konnte sich niemand kümmern. Wenn man nichts zu essen und kein Zuhause hat, ist all dies nebensächlich.

> Somit verharren Kriegskinder oft lebenslang in einer emotionalen Sprachlosigkeit und haben diese weitervererbt. Der Begriff „vererben" kann dabei durchaus wörtlich genommen werden: Genforscher stoßen zunehmend auf Hinweise, dass traumatische Erlebnisse auch das Erbgut dauerhaft verändern.
> Die Kinder der Kriegskinder leiden oft unter den gleichen Verlust- oder Mangelerfahrungen, ohne dass sie den Krieg selbst erlebt haben. Sie beklagen zudem depressive Verstimmungen, Kinderlosigkeit und Selbstzweifel, leiden unter Antriebslosigkeit, unklaren Schuldgefühlen und mangelnder Durchsetzungsfähigkeit, berichten von Heimatlosigkeit und inneren Blockaden.[60]

Leider hat meine Mutter bis heute nie mit mir über die Zeit von damals geredet. Auch meine Großmutter hat bis zu ihrem Tod versucht, ihren Schmerz zu unterdrücken. Ich wusste auch als Kind schon, dass irgendwas nicht stimmt. Meine Mutter hat mein Gefühl auf mich projiziert, so dass ich glaubte, dass mit mir etwas nicht stimmt. Sicher habe ich das Verhalten meiner Mutter kopiert und mich unter anderem auch dadurch zum Ziel von Mobbing und Ausgrenzung gemacht. Aber ich war Kind. Ich wusste es nicht anders. So wie mir erging es vielen anderen Menschen. Narzissmus, Borderline, Posttraumatische Belastungsstörung, Depression, manchmal Psychosen und ganz selten antisoziale Persönlichkeiten sind die Folgen.

> In Albträumen oder unvermittelt einschießenden Bruchstücken von Erinnerung, sogenannten Flashbacks, macht der traumatische Inhalt sich weiter bemerkbar. Kinder verpflanzen den unerträglichen, unintegrierbaren Teil der Täter ins eigene Innere, wo diese Repräsentation als sogenanntes Introjekt am Werk ist: Die „schlechte Mama" wird zum „schlechten Kind", um die gute Mutter am Leben zu erhalten. In der Vorgeschichte jugendlicher Straftäter findet sich fast immer ein solcher Vorgang. Je nachdem, wie früh und wie intensiv das Trauma erlebt wurde, dauert die Linderung länger oder weniger lang. Klar ist vor allem, dass in kaum einem (frühen) Fall die Heilung ohne ein Gegenüber, eine Beziehung gelingt.
> Geistige Tätigkeit, aber auch Gefühle und Erlebnisse in zwischenmenschlichen Beziehungen haben im Gehirn biologische Veränderungen zur Folge, über die wir bis ins Detail hinein inzwischen einiges wissen. Hätten wir die Möglichkeit, einmal im Jahr eine Reise in unser Gehirn zu machen und uns dort mit einem Elektronenmikroskop umzusehen, würden wir jedes Mal erheblich veränderte „Landschaften" entdecken. Der Grund dafür ist, dass Ereignisse, Erlebnisse und Lebensstile die Aktivität von Genen steuern und im Gehirn Strukturen verändern.
>
> Joachim Bauer: *Das Gedächtnis des Körpers*

Um welche Symptome, subjektive Gefühle handelt es sich also bei den Nachkommen der Tätergeneration, insbesondere den Kindern der Kriegskinder?

Es sind Gefühle der Schuld und Scham (ich bin falsch, statt ich habe etwas falsch gemacht), der gehemmten Lebensenergie, des Ausgeschlossenseins und Fremdfühlens, der Rast- und Heimatlosigkeit. Die VertreterInnen dieser Generation kennen es sehr gut, wenig bis keinen emotionalen Zugang zu den eigenen Eltern zu finden, das Gefühl, sich alles „erkämpfen" zu müssen und nichts „verdient" zu haben. Sie haben wenig Körperlichkeit durch die Eltern erlebt und haben dadurch oft Schwierigkeiten mit dem Bezug zum eigenen Körper.

Es sind starke Bedürfnisse nach Anerkennung im Sinne des „nie-gut-genug-Seins", einer maximalen Anpassungsfähigkeit an Erwartungen anderer (vornehmlich der Eltern), die bis zur Selbstaufgabe gehen kann. Kriegsenkel haben oft die Erfahrung gemacht, durch die Eltern kontrolliert worden zu sein, aber nicht „gesehen" worden zu sein.

Mangelnde Abgrenzungsfähigkeit, um einen gesunden Egoismus aufzubauen, geht mit schlechtem Gewissen einher. Dadurch entstehende Überforderungen, das Gefühl des Ausgebranntseins durch hohe Leistungsbereitschaft, wirken sich behindernd auf die Lebensfreude und die Entspannungsfähigkeit aus. Behindert wird ein gesundes Verhältnis von Spannung und Ruhe, von Geben und Nehmen, von Leistung und Entspannung, von Arbeit und Freizeit und vielem mehr.[61]

Wie man erkennen kann, sind diese Symptome ebenso Bewältigungsstrategien im Sinne der narzisstischen Persönlichkeitsstörung, der posttraumatischen Belastungstörung oder des Burn-out-Syndroms. Warum wurde bislang kein Zusammenhang gesehen?

1980 wurde die „posttraumatische Belastungsstörung" in den USA in den Katalog der medizinisch anerkannten Symptomatiken aufgenommen. Entdeckt hatten sie bald Kultur- und Literaturwissenschaftler wie auch Historiker. Vom Dreißigjährigen Krieg, dem größten kollektiven, traumatischen Ereignis der Geschichte vor der Schoah, bis zur Neudeutung von Goethes „Faust", worin das Trauma des schwangeren Gretchens auftaucht, die, unfähig, ihren Kerker und Keller zu verlassen, in ihrem Unglück verharrt, wurde nun unter anderen Vorzeichen interpretiert und dekretiert.

Heilung dient auch der Prävention, denn unverheilte Traumata machen sich auf den Weg zur transgenerationalen Weitergabe. Wie sie subtil und unbewusst an Kinder und Kindeskinder weitergereicht werden, ist ein relativ neuer Gegenstand der Forschung.[62]

Bis ein Zusammenhang mit den vorherrschenden Problemen unserer leistungsorientierten Gesellschaft hergestellt wird, wird wohl noch etwas Zeit vergehen. Vielleicht trägt aber dieses Buch ein wenig dazu bei.

Im Gespräch mit Monika Weidlich

Um meine Mutter besser zu verstehen, habe ich mich an Monika Weidlich gewandt, eine ausgewiesene Kriegstraumaexpertin. Ich hoffe, sie bringt etwas Licht ins Dunkel, damit sowohl Sie als auch ich unsere Mütter, Großmütter und sonstigen Familienangehörigen etwas besser verstehen können. Nach einem sehr erfrischenden Telefonat im Juli 2017 beantwortete sie mir folgende Fragen.

1. Meine Mutter ist Erzieherin und echt gut in ihrem Beruf. Warum aber gelingt ihr diese Warmherzigkeit nicht gegenüber ihren Kindern?

Nach Ihren Erzählungen ist Ihre Mutter eine Kriegsenkelin. Kriegsenkel sind bei Eltern (das sind die Kriegskinder) aufgewachsen, die als Kinder keine Emotionen zeigen durften. Im Luftschutzkeller und auf der Flucht waren Gefühle hinderlich; dort ging es um das nackte Überleben. Insofern haben Kriegskinder es oft nicht gelernt, auf die Emotionen anderer Menschen einzugehen bzw. sich selbst auszudrücken. Dieses Muster lebten sie später vor allem in ihrer eigenen Familie weiter und haben es unreflektiert an ihre Kinder, die Kriegsenkel, weitergegeben. Sofern die Familie nicht irgendwann angefangen hat, sich dieser Gefühlskälte bewusst zu werden und etwas zu ändern, kann das Muster auch noch an die Generation der Kriegsurenkel weitergegeben worden sein.

Gleichzeitig hat Ihre Mutter eine Ausbildung genossen, die sich unter anderem mit den Bedürfnissen von Kindern befasst hat. Als Erzieherin nimmt Ihre Mutter eine andere Rolle ein, und im Schutze der Rolle hat sie offensichtlich gelernt, empathisch mit Menschen umzugehen. Es wäre bei ihr ein Bewusstwerdungsprozess nötig gewesen, in dem sie das beruflich Erlernte auf das private Handeln übertragen hätte. Und dieser ist auch heute noch möglich!

2. Viele Erwachsene aus der heutigen Generation berichten über patriarchische Väter und schweigende Großeltern. Wie kann man das Schweigen brechen und über den erlittenen Mangelschmerz hinwegkommen, ohne dass das Verhältnis zu den Großeltern leidet?

Zum Reifeprozess des Menschen gehört für mich vor allem, dass man aufhört, Erwartungen an andere Menschen zu hegen. Solange man einem Menschen vorschreiben möchte, wie er zu denken und zu handeln hat, hängt man noch in einer kindlichen Identität fest. Erwachsensein bedeutet also, die Großeltern so sein lassen zu können, wie sie nun mal – aufgrund ihrer Biografie – sind und geworden sind. Wenn wir Nachgeborenen für uns einfordern, dass wir so sein dürfen, wie wir sind, so müssen wir dies gleichzeitig auch unseren Eltern und Großeltern zugestehen.

Das bedeutet in der Praxis sicher, dass man manche Gesprächsthemen umgeht, bei denen keine Verständigung möglich ist. Dazu gehört auch das Akzeptieren der Tatsache, dass Großeltern und Eltern für manche Dinge keinen Wortschatz besitzen und ihre Befindlichkeit nicht ausdrücken können. Das bedeutet weiterhin, dass man eine gewaltfreie Gesprächskultur lebt. Vorwürfe, Jammern und „Du-Botschaften" bringen Gespräche zwischen den Generationen sofort zur Eskalation. Wenn aber jeder im Gespräch nur von sich selbst und seinen Gefühlen spricht, ist meistens eine Annäherung oder Stabilisierung des Verhältnisses möglich. Erst wenn solch ein vorurteilsfreies Gesprächsklima herrscht, ist es nach meiner Erfahrung möglich, den (Groß-)Eltern (offene) Fragen zu ihren Erlebnissen im Krieg zu stellen.

Der eigene Mangelschmerz wird nicht wirklich geringer, wenn er lediglich als Vorwurf in die Welt gegeben wird; Klagen bewirkt nur eine kurzfristige und vordergründige Entlastung. Den Schmerz zu spüren und abzubauen, ist Inhalt einer guten Therapie. Und diese mündet wiederum in persönliche Reifungsschritte, die aus der Vorwurfshaltung den Vorfahren gegenüber hinausführen.

3. Viele Männer leiden unter ihrer Mutter, die sich auch gern in ihre Beziehungen einmischt. Manche Partnerinnen dieser Männer fühlen sich kontrolliert. Wie können sich die Männer bestenfalls verhalten, um weder die eine noch die andere Beziehung zu gefährden?

Eine Lebensweisheit sagt: *„Einen* Tod muss man sterben." Das bedeutet, dass man beim Abwägen von zwei alternativen Lösungen nicht beides haben kann.

Sofern die Mutter ihren Sohn innerlich noch nicht ins Erwachsenenleben und in die Selbstständigkeit entlassen hat (das ist der Fall, wenn sie sich einmischt und Kontrolle ausübt), sollte der Sohn geradezu aus eigenem Interesse die Beziehung zur Mutter gefährden! Er könnte selbst ein Interesse daran haben, von der Mutter als Erwachsener „auf Augenhöhe" behandelt zu werden und nicht als „kleiner Bub". Für solche Männer muss sich die Frage stellen, welche (emotionalen) Vorteile sie noch aus der Bindung an die Mutter ziehen und ob sie bereit sind, zur Gänze die Verantwortung für ihr eigenes Leben und Tun zu übernehmen. Wenn ein Mann an einer guten Beziehung zu seiner Partnerin interessiert ist, sollte er folglich der Mutter Grenzen setzen, wenn diese sich in der geschilderten Weise „übergriffig" verhält.

Im Übrigen steckt hinter dem Wunsch, die Beziehung zur Mutter nicht zu gefährden, wahrscheinlich eine „Parentifizierung", das heißt eine Rollenumkehr zwischen Mutter und Kind. Der Sohn fühlt sich verantwortlich für die Stimmung der Mutter, weil er es von klein auf so gelernt hat. Aus diesem Muster gilt es auszusteigen, denn die Mutter ist – als erwachsene Person – für ihre Emotionen ganz allein verantwortlich. Allerdings sind Kriegsenkel- und Kriegskind-Eltern im oben geschilderten Sinne oftmals nicht erwachsen geworden und suchen deshalb einen Verantwortlichen für ihre (schlechten) Gefühle in ihrem Umfeld.

Aber zu jedem „Psycho-Spielchen" gehören zwei: einer, der den Ball ins Feld gibt, und einer, der mitspielt. Oder aber das Spiel verweigert und – um in Ihrer Frage zu bleiben – die Mutter damit auf sich selbst zurückwirft. Denn sie ist

„die Große" und hat in der geschilderten Weise eine Verantwortung für sich selbst und auch für das Loslassen des Kindes.

4. Der Narzissmus wird gefördert durch unsere Leistungs- und konsumorientierte Gesellschaft. Welche Parallelen gab es dazu im Zweiten Weltkrieg bzw. in der alten DDR? Welches Umdenken muss aus Ihrer Sicht stattfinden?

Vielleicht ist es ja auch umgekehrt? Möglicherweise konnte die Leistungs- und konsumorientierte Gesellschaft nur wachsen und gedeihen, weil es (inzwischen) so viele Narzissten gibt? Ich kenne sehr viele starke Persönlichkeiten jeden Alters, die bei Leistungszwang und Konsumrausch nicht mitmachen. Gegenüber dem Mainstream Nein zu sagen, braucht innere Stärke.

Wir leben inzwischen in einer sehr offenen und freiheitlichen Gesellschaft. Diese funktioniert nur, wenn jeder nicht nur seine Rechte, sondern auch seine Verantwortlichkeiten kennt und lebt. Darauf wurden unsere Eltern und Großeltern jedoch denkbar schlecht vorbereitet. In ihrer Schulzeit gab es keine Diskussionen, sondern Frontalunterricht. Es ging nicht um selbstständiges Denken, sondern um exakte Wiedergabe des vom Lehrer Vorgetragenen. Freiheit muss insofern auch „gelernt" werden, und darauf haben die Gesellschaftssysteme in der DDR und im Nationalsozialismus (und auch davor) keinerlei Wert gelegt.

Ich denke, dass sich unsere Gesellschaft mit jedem Menschen, der seinen (pathologischen) Narzissmus aufgibt oder durch Therapie überwindet, ein kleines Stück ändern wird. Politische Konzepte und Reden nutzen da aus meiner Sicht nur bedingt.

5. Das Schwierigste an der Aufarbeitung ist zu verstehen, dass unsere Eltern uns im Grunde immer geliebt haben, sie aber aufgrund ihrer eigenen Erziehung und sozialen Konditionierung handelten. Auch sie unterlagen gewissen Glaubenssätzen. Die innere Überzeugung „Unartige Kinder müssen bestraft werden" ist so ein Glaubenssatz. Diese Glaubenssätze bestehen teilweise heute noch. Wie kann man diese außer Kraft setzen?

Manche Kriegsenkel und -urenkel dürfen heute erleben, dass die Eltern ihr Denken und Handeln von damals bedauern und ihnen dies auch sagen. Diese ausgesprochene Reue ist sehr wohltuend für die Nachgeborenen und gleichzeitig die Pflicht der Elternseite. Auf der Seite der Kinder gilt es anzuerkennen, dass die Eltern damals nicht klüger waren, als sie eben waren.

Oftmals hilft es, das eigene innere Bild der Eltern in eine jüngere und eine heutige Version aufzuspalten. Mit dem inneren Bild der jungen Eltern vor Augen ist es dann gut, sich seiner kindlichen Gefühle in verschiedenen damals erlebten Situationen bewusst zu werden. Wahrscheinlich tauchen hier Wut, Trauer, Trotz, Unverständnis, Sehnsucht, Liebe und viele andere Emotionen gleichzeitig auf. Diesen „Gefühlscocktail" gilt es anzuschauen und (in einer Therapie) zu verarbeiten.

Wer selbst als Kind geschlagen oder für sein – aus Elternsicht unangemessenes – Verhalten bestraft wurde, tut gut daran, dies erst einmal tiefgründig aufzuarbeiten. Ansonsten drängen sich Gefühle des Neides und der Frustration sehr schnell in die Erziehung der eigenen Kinder, und dann reagiert man als Elternteil genau auf die Art, wie man es eigentlich vermeiden wollte, nämlich auch mit Schimpfen und Bestrafung. Damit würde dann das „Staffelholz der negativen Glaubenssätze" wieder in die nächste Generation weitergereicht. Diese transgenerationale Weitergabe von Überzeugungen und Glaubenssätzen gilt es zu vermeiden, und jede Generation kann (endlich!) damit anfangen.

6. Es gibt bereits mehrere Bücher zu diesem Thema, trotzdem habe ich das Gefühl, dass dieses Bewusstsein alleine nicht ausreicht, um gegebenenfalls seinen Eltern zu verzeihen. Wie kann man doch zur Trauer kommen über die Eltern, die niemals welche waren?

Ein Buch ist eine wunderbare Sache, aber im Sinne des Neuro-Linguistischen Programmierens zeigt es Ihnen beim Lesen lediglich die „Landkarte" Ihrer Probleme auf. Und Sie wissen: Wenn Sie eine Urlaubsreise planen, dann ist die Landkarte eben nur ein Stück Papier und ersetzt nicht das Gefühl und die Erlebnisse auf der Reise. Das Bewusstmachen der Problematik entspricht hier also der Landkarte, und die Reise könnte man mit einer Therapie gleichsetzen. Sofern man also mithilfe von Büchern und Gesprächen mit guten Freunden noch keinen Durchbruch erzielt, ist es gut, sich eine passende Methode der Selbsterfahrung oder Therapie und fachkundige Begleiter zu suchen.

7. Was genau beinhaltet Ihre Therapie? Wie gehen Sie an dieses sensible Thema heran?

In der Synergetik-Sitzung lässt der Klient, der sich in einem Zustand der Tiefentspannung befindet, Erlebnisse aus seiner Kindheit, Glaubenssätze aus seiner Familie, handlungsleitende Muster und Ähnliches auftauchen und verarbeitet sie mit fachkundiger Hilfe. Dabei kommen auch die Emotionen, die das Kind damals gefühlt hat, zum Vorschein.

Alle früheren Erlebnisse und auch die Geschichten, die wir von unseren Vorfahren gehört haben, haben sich in einem inneren Bilderarchiv abgespeichert. Dieses Archiv hat den Charakter einer Programmierung, das heißt, es steuert unser Denken und Handeln ganz maßgeblich. Indem wir diese inneren Bilder bearbeiten, ändert sich also die eigene Programmierung; diesen Sachverhalt darf man ruhig mit der Funktion des Computers vergleichen.

Synergetik ist im Übrigen eine absolut nicht direktive Methode. Das heißt, nicht ich als Therapeutin bestimme, was der Klient in dieser Sitzung zu bearbeiten hat, wie er es anzufangen hat und wo sein Entwicklungsziel liegen muss. Vielmehr fragt die Klientin bzw. der Klient quasi das eigene Unbewusste, was es sich heute zutraut und was es an verdrängten Bildern freizugeben bereit ist. Er oder sie findet auch (manchmal mit Hilfe) die eigenen Lösungen in der Innenwelt, arbeitet also mit seiner eigenen inneren Weisheit. Insofern schützt der Klient sich gleichzeitig selbst vor Überforderung oder Retraumatisierung. Man könnte auch sagen, dass die Synergetik vornehmlich mit den Ressourcen des Klienten arbeitet.

Meine Klienten entscheiden auch selbst, in welcher Häufigkeit sie sich die anstrengende innere Arbeit der Synergetik zutrauen. Man kann durchaus mehrere Sitzungen in einer Woche machen, um endlich einmal in der Innenwelt „aufzuräumen"; man kann aber auch alle paar Monate einmal in die Innenwelt reisen und zwischendrin die geleistete Arbeit „verdauen". Vielfach bearbeiten Klienten zuerst Erlebnisse aus ihrem Erwachsenenleben, etwa gescheiterte Beziehungen, bevor sie sich stark genug fühlen, sich ihrer Kindheit zu stellen.

8. Was halten Sie von dem Therapiekonzept von Luise Reddemann, was von EMDR?

Zwei ganz wunderbare Methoden, um im eigenen menschlichen Reifungsprozess voranzukommen! Nicht jede Methode liegt jedem Klienten gleich gut. So ist jeder Mensch, der sich verändern möchte, aufgerufen, die für ihn passende Methode zu finden. Insofern finde ich es wunderbar, dass man wie an einem kalten Buffet wählen kann, was gerade das Richtige ist. Und es kann auch sein, dass man im Verlauf seiner Entwicklung an die Grenzen einer Methode stößt und dann mit etwas anderem weitermacht. Jeder Klient sollte da auf seine innere Stimme hören und sich keinesfalls von einem Therapeuten oder einer Methode abhängig machen. Es geht ja gerade darum, immer mehr in die eigene Freiheit und raus aus der Konditionierung zu kommen.

9. Was könnte Ihrer Meinung nach noch wichtig sein?

Wer sich eine Therapeutin oder einen Therapeuten sucht, sollte auch auf das Alter und den Erfahrungshintergrund der Person achten. Jeder Mensch – auch Therapeuten! – hat irgendwo einen blinden Fleck in sich, trägt also ein Thema mit sich herum, dem er oder sie sich nicht stellen möchte. Menschen aus der Generation „Kriegskind" sind deshalb oft keine geeigneten Therapeuten für Kriegsenkel, denn hier ist der blinde Fleck das Nichtanerkennen des Leidens der Nachgeborenen. Ich habe von Kriegskindern mehrfach den Satz gehört: „Was wollt ihr (Kriegsenkel) denn, (im Krieg) gelitten haben doch wir! Ihr hattet doch die behütete Kindheit mit allem Luxus!" Und die Generation „Kriegsurenkel" braucht ebenfalls Therapeuten, die die Erfahrungen dieser familiären Konstellation wertfrei nachvollziehen können. Es schadet auch nichts, darauf zu achten, ob der Therapeut systemisch ausgebildet ist. Oft ist er nur dann in der Lage, den familiären Hintergrund mit einzubeziehen.

Der folgende Beitrag stammt von der Diplom-Psychologin Claudia Wollenberg, einer Lübecker Traumatherapeutin, die sich speziell mit älteren Menschen auseinandersetzt. Sie gilt ebenso wie Monika Weidlich als Spezialistin für Kriegstraumata. Ursprünglich wollte ich ein Interview mit ihr führen. Sie war begeistert von meinem Projekt, meinte aber, ein Interview sei zu wenig, und entschied sich nach unserem Treffen, einen eigenen Text zu schreiben, der dieses Thema abrundet. Dafür bin ich ihr zu Dank verpflichtet.

7.2.3 Wir Kriegskinder! Von Lebenslast, Lebenslust, Lebensleistung, Lebenskraft

von Claudia Wollenberg

> Die Erinnerung, sagt Jean Paul, ist das einzige Paradies, aus dem wir nicht vertrieben werden können. Manchmal mag das zutreffen. Öfter aber ist die Erinnerung die einzige Hölle, in die wir schuldlos verdammt werden.
>
> Arthur Schnitzler

Das Erleben von Verlust, Trauer, Bedrohung, Flucht und Vertreibung, Bombenhagel, Hunger und Kälte hat tiefe Narben in der Generation der Kriegskinder, geboren vor und während des 2. Weltkriegs, hinterlassen.

Nicht immer waren diese Narben sichtbar, jetzt da die Kriegskinder älter werden, können sich diese Verlusterfahrungen reaktivieren, um dann auf verschiedenste Art und Weise ihr Gesicht zu zeigen. Ein schicksalhaftes Erbe ... begeben Sie sich auf eine Spurensuche, die Achtens- und Beachtenswertes zutage fördert, denn hinter all der getragenen Last der Kriegskinder steckt auch Kraft und Stärke. Wagen Sie – egal ob als Kriegskind, Kriegsenkel oder nachfolgende Generation – den Perspektivwechsel, sodass (Familien-)Erinnerungen wach werden und damit die Sicht frei wird auf vorhandene (Lebens-)Leistungen und Überlebensstrategien in schwierigen Zeiten! Diese Spurensuche führt ins Gestern und Heute – begleiten Sie mich ein Stück des Weges in meiner täglichen Arbeit als Psychologin.

Die Besonderheit der Kriegskinderthematik liegt in der Tatsache begründet, dass unmittelbar jede Familie vom 2. Weltkrieg betroffen war und ist und sie somit eine eigene Familiengeschichte mit diesem Thema verbindet. Der Krieg als kollektives Ereignis braucht daher auch den kollektiven Austausch, die Diskussion miteinander über die Generationen hinweg, sodass ein In-Kontakt-Kommen möglich wird.

Als Psychologin in einer geriatrischen Klinik, in der Menschen über 65 Jahre nach einer körperlichen Erkrankung behandelt werden, habe ich täglich mit Kriegskindern zu tun. Was ist so besonders an diesem Thema, dass es einen gesonderten Blick verdient?

Es gibt ein Damals, den Krieg von einst, und es gibt ein Heute, doch was passiert, wenn dieser Krieg von einst bis ins Hier und Jetzt in den Seelen Einzelner andauert und weitertobt oder aber plötzlich und unvermittelt und überwältigend wieder ausbricht? Wenn Narben oder Wunden wieder aufbrechen und das, was als vergessen oder geheilt galt, wieder zum Vorschein kommt? Es gibt Menschen, die völlig unbeschadet und unbeeinträchtigt durch den Krieg gelangten, aber auch Menschen, die eine schwere Last davongetragen haben. Dieser Last vor allem soll die Aufmerksamkeit dienen.

Zu den Jahrgängen der Kriegskinder werden die ca. 1925 bis 1945 Geborenen gezählt. Aus unserem Verständnis heraus von dem, was Kinder brauchen, um sich gut entwickeln zu können, würden wir sicher sofort sagen, dass Liebe, Nähe, Wärme, Geborgenheit, Zuwendung, Nahrung und Sicherheit wesentliche Merkmale und Bedingungen dafür sind. Der 2. Weltkrieg setzte all diese Grundfesten für eine gute Entwicklung außer Kraft. Wie wir inzwischen aus entwicklungspsychologischen Studien wissen, sind die ersten Jahre sensibel und prägend für das weitere Leben. Frühe Erfahrungen hallen über das gesamte Leben nach, und viele der frühen Strategien werden über das gesamte Leben beibehalten. Somit sind gut gemeinte Sprüche, die ich oft von meinen Patientinnen zu hören bekomme, ein Dilemma für die Generation der Kriegskinder geworden. Mit Sätzen wie „Ihr habt es so gut gehabt im Krieg, ihr habt von alle dem nichts mitbekommen, ihr wart so klein" wurde dem Einzelnen das Gefühl genommen, Bedürfnisse zu haben oder bedürftig zu sein. Innere Spannungen und Nöte wurden weder wahrgenommen noch erhört oder erkannt. Heute wissen wir, dass besonders die Kriegskinder, die zwischen 1940 und 1945, also mitten im Krieg geboren sind, diejenigen also, die am kleinsten waren, am meisten von den Spätfolgen des Krieges in psychischer und körperlicher Weise betroffen sind.

Wie sahen Lebenswelten von Kriegskindern aus und was hat das mit heute zu tun?
Statt Stabilität, Sicherheit und Geborgenheit erlebten viele Kinder den Verlust von Wohnung, Haus und/oder Heimat. Sie waren zum Teil schutzlos Bedrohungen, Bombenangriffen und Gewalt ausgesetzt oder verbrachten Tage und Wochen in Luftschutzkellern, immer in Angst und Furcht vor dem Ungewissen. Das Fehlen von Sicherheit und Geborgenheit, der Verlust zentraler Bezugspersonen machte es für viele Kinder nicht möglich, sich zu verabschieden und Trauerprozesse zu durchleben. Trauer hat eine wichtige Funktion, da sie die Integration des Verlusterlebens in die eigene Biografie ermöglicht, sodass im weiteren Verlauf das Leben wieder lebbar wird. Im Krieg ist kein Platz für Trauer, es geht um das Überleben; sich eigenen Gefühlen und Emotionen zuzuwenden würde einem Selbstmord gleichen. Trauer ist in den Biografien der Kriegskinder ungelebt und unverarbeitet

geblieben. Bei vielen meiner PatientInnen ist Trauer unbewusst ein Lebensthema; die Vermeidung von erneutem Verlusterleben und damit Schmerz ließ viele Paare zusammenbleiben, auch wenn die Beziehung geprägt war von Destruktivität – lieber eine schlechte Ehe als erneut einen Verlust erleiden. Zu erleben ist aber auch das andere Extrem, Kontaktabbrüche zur Vermeidung von Spannungen und Verletzungen in Beziehungen. Die Schwierigkeit und Größe dieses Themas zeigt sich vor allem jetzt im Alter, da nahe Angehörige und Verwandte unweigerlich sterben – die Trauer klopft für viele in bedrohlicher Weise wieder an die Tür.

Eine Patientin, geboren 1927 in Westpreußen, berichtet: Mein Mann hat sein ganzes Leben nicht über die Zeit in der russischen Gefangenschaft gesprochen, aber dann plötzlich, als er krank wurde, fing er an zu reden, es wurde immer schlimmer, schon morgens am Kaffeetisch hat er geweint. Ab und zu kam unsere Nachbarin, die die Geschichte auch schon kannte, sie hat ihm immer gesagt: „Schau dir deine toten Kameraden an und sag ihnen, dass du ihnen nicht helfen konntest, weil es keine Möglichkeit gab."

Beispielhaft höre ich auch immer wieder Erzählungen von Patientinnen über die Kinderlandverschickung (KLV-Lager), eine Maßnahme der NS-Regierung, die potenziellen Mütter und Soldaten von morgen aus den vom Luftkrieg bedrohten deutschen Städten längerfristig in weniger gefährdetes Gebiet zu evakuieren. Für einige meiner PatientInnen war das KLV-Lager ein Abenteuer, in der die nationalsozialistische Erziehung getreu dem Motto Adolf Hitlers, das deutsche Kind habe wie folgt zu sein: hart wie Kruppstahl, zäh wie Leder und flink wie Windhunde, vollzogen wurde. Bei nicht wenigen jedoch ist diese Zeit mit dem Gefühl des Verlassensein, der Einsamkeit und der Härte der Lageraufsicht verbunden und hat traumatische Eindrücke hinterlassen. PatientInnen berichten immer wiederkehrend von denselben Geschichten, den sogenannten „Deckgeschichten", denn unter dem Mantel der Erzählung sind Gefühle verdeckt und konserviert worden, die im Augenblick des Geschehens nicht gelebt werden konnten. Im Sinne eines Verarbeitungsversuchs des Organismus werden diese „Geschichten" immer und immer wieder aufs Neue erzählt. Die Frage nach den Gefühlen, die in diesem Moment präsent waren, können das Muster der Wiederkehr unterbrechen und die Sicht freimachen für das, was darunter liegt.

Statt Nahrung bestand der Alltag, vor allem auch nach dem Krieg, als Lebensmittel noch knapper waren, für viele aus Hunger, Kälte, Unterernährung, Krankheit und Verletzungen. Wie schafft es der Körper, solche extremen und existenziellen Situationen zu überstehen? Nur durch das Nicht-Spüren, durch Härte gegen sich selbst und die Abkehr von den eigenen Bedürfnissen war ein Überleben möglich. Auch hieraus haben sich lebenslange Muster entwickelt. So erlebe ich bei vielen Kriegskindern wenig oder kein Gespür oder Bewusstsein für den eigenen Körper. Ich höre immer wieder den Spruch: „Was von selbst kommt, geht auch wieder von selbst", oder: „Erst wenn ich den Kopf unterm Arm trage, gehe ich zum Arzt." Oft kümmern sich Kriegskinder rührend im Krankenhaus um ihre BettnachbarInnen und vergessen dabei, dass sie selbst krank sind. Nicht wenige Patientinnen gehen, obwohl sie bereits eine fortgeschrittene Erkrankung haben, die sie selbst gar nicht bemerkt haben, erst auf Drängen anderer zum Arzt.

Aus diesem permanenten Mangel in Kindertagen ist es aber auch eine Generation, die mit wenig auskommen kann und sich Dinge einteilt. Nichts wird verschwenderisch ausgegeben, und die nachfolgenden Generationen werden für ihr Verschwendertum schief angeschaut. So horten viele Patientinnen im Nachtschrank die abgepackten Butter-, Marmeladen- oder Honigdöschen, denn „Vorrat ist der beste Rat"; sie kommen in innerliche Bedrängnis, wenn nicht genügend Lebensmittel vorrätig sind. Das Gefühl, hungern zu müssen, und die damit verknüpften Erinnerungen sind so tief eingebrannt, dass es gilt, diesen Mangel zu vermeiden und vorzusorgen.

Statt Beständigkeit und Zugehörigkeit erlebten Kriegskinder ständig neue, bedrohliche Situationen. Sie lebten in Provisorien, mussten improvisieren und günstige Gelegenheiten erkennen, immer einen Schritt vorausdenken können. Durch diese erlebte Hilflosigkeit und das Gefühl des Ausgeliefertseins an eine durch den Krieg bedingte unveränderliche Situation war für viele die einzige Form, Kontrolle zu erlangen, die über das eigene Leben. Somit lernten viele Kriegskinder früh, unabhängig und selbstständig zu sein. Diese lebenslang anhaltende Überlebensstrategie stellt im Alter oftmals eine Schwierigkeit für die Umgebung dar; vorgeschlagene Unterstützungsmaßnahmen, wie zum Beispiel ein Rollator oder andere Hilfsmittel, die entlastend und hilfreich wirken könnten, werden abgelehnt. Schwäche, das hat der Körper gelernt, stellt eine Bedrohung dar und kann „den Kopf kosten". Besonders im Alter sind wiederkehrende und routinehafte Abläufe und Strukturen wie die Tagesstruktur Konstanten, die alltagsstabilisierend wirken. Da Kriegskinder schon in frühen Jahren ständig mit Überraschungen konfrontiert waren, stehen sie Neuem bzw. Überraschungen skeptisch, sogar verängstigt gegenüber. Wohlwollende und gut gemeinte Veränderungen oder Absichten vieler Angehöriger der Kriegskinder, etwa die Umgestaltung der Wohnung oder das Verrücken der Möbel, um es bequemer und ökonomischer zu machen, verursachen massiven Stress bei den Kriegskindern und führen unter Umständen auch zur Destabilisierung.

Sind die Bedingungen für Kriegskinder beispielsweise während eines Krankenhausaufenthaltes noch extremer, fühlen sie sich komplett hilflos, ausgeliefert und verängstigt. Die einzige Form, Kontrolle auszuüben, ist oft die permanente Aktivierung der Umgebung in Form von Dauerklingeln oder das „Terrorisieren" der Pflegkräfte, der ritualisierte Versuch, wieder in irgendeiner Form handlungsfähig zu werden. Hier braucht es, soweit machbar, Ansprache, Vertrautes, Konstanz und Kontinuität.

Statt Heimat erlebten viele Kriegskinder Flucht und Vertreibung. Rund 14 Millionen Menschen flohen aus den besiedelten deutschen Gebieten oder wurden vertrieben. Daraus entstanden bei vielen eine Ungewissheit und das Gefühl, nicht zu wissen, wo man hingehört, aber auch, alles verloren zu haben. Auch die Erfahrung, nicht gewollt zu sein in der neuen Heimat, wirkte verstörend und brachte schon früh die Erfahrung, wie es sein kann, ausgegrenzt zu werden. Somit kann der erneute Umzug zum Beispiel ins Heim verheerende Auswirkung haben; nicht selten höre ich Sätze wie diesen: „Jetzt muss ich wieder umsiedeln und werde vertrieben, das letzte bisschen Heimat, dass ich noch hatte, wird mir genommen."

Trauma
Traumatisierungen haben verschiedene Wege, sich bemerkbar zu machen, und können in verschiedenen Lebensphasen auftreten. Sie können vom beschädigenden/traumatischen Ereignis in der Kindheit und/oder Jugend an bestehen bzw. auch chronifizierend fortbestehen. Es kann aber auch zur erstmaligen und/oder erneuten Manifestierung bei bestimmten Anlässen kommen; häufig sind dies gravierende Lebensereignisse, wie beispielsweise der Tod von Bezugsperson oder der Eintritt ins Rentenalter, oder aber historische Ereignisse, etwa aktuelle Kriegsgeschehnisse. Auch können bestimmte Krisen wie Lebenskrisen und anstehende Entwicklungsaufgaben im Erwachsenenalter, zum Beispiel Heirat, Kinder oder berufsbedingte Themen, traumatische Erlebnisse aktivieren und/oder reaktivieren. Das zunehmende Alter als solches bringt die Kindheit wieder näher an uns heran. Somit steigt allein durch das höhere Lebensalter die Wahrscheinlichkeit, dass verdrängte, vergessen geglaubte Erlebnisse sich wieder ins Bewusstsein drängen – ein Grund unter anderen, warum die Kriegskinderthematik erst so spät in die Öffentlichkeit trat und wir uns erst Jahrzehnte später mit den psychischen und körperlichen Auswirkungen des 2. Weltkriegs beschäftigen.

Eine Strategie der Stabilisierung infolge des Krieges war die Aktivität, der Aufbau des Landes. Das Schaffen neuer Sicherheit führte zum Blick nach vorn und ermöglichte eine Handlungsfähigkeit. Jetzt, im Alter, werden die Kriegskinder gebrechlicher, ihre Körperlichkeit lässt nach, es kommt zur Schwächung der psychischen Abwehr durch Passivität, Krankheit, veränderte Lebensbedingungen, etwa einen Umzug ins Heim. Bei Menschen, die an einer Demenz leiden, verändern sich die Hirnstrukturen, die die bewusste Kontrolle ausüben; das Verdrängen ist nicht mehr möglich und das Unbewusste wird wach. Sobald sich der Körper im realen Leben an eine traumatische Situation aus dem Krieg erinnert fühlt, wird das Alte wach. So kann es zum Beispiel sein, dass bei der Intimpflege Pflegedürftiger eine Gewalterfahrung aktiviert wird. In diesen Extremsituationen kann es zu einer Traumareaktivierung kommen, PatientInnen erleben erneut körperliche, psychische und sexualisierte Gewalt und können nicht mehr zwischen heute und gestern unterscheiden. Hierbei benötigt es geschultes und sensibles Personal, das mit der Kriegskinderthematik vertraut ist und sich in den Lebenswelten von einst auskennt (AWO-Leitfaden Pflege: Der Einfluss von Kriegserinnerungen auf die Praxis).

Was brauchen Kriegskinder heute?
In unserer Gesellschaft, die nach Jugendlichkeit, Schönheit und Perfektionismus strebt, ist Alter oft mit negativen Attributen wie gebrechlich, senil, nicht leistungsfähig und unproduktiv verbunden. Viele meiner PatientInnen berichten, dass sie das Gefühl haben, in vielen Lebensbereichen nicht mit Würde behandelt zu werden. Würde und Würdigung, vor allem auch von Lebensleistung, stehen im Zentrum meiner Arbeit mit Kriegskindern. Neben persönlicher Würde darf auch die Trauer Raum bekommen, die über ein ganzes Leben hinweg unterdrückt, nicht gespürt wurde. Nur so kann es möglich werden, auch spät Verluste zu realisieren, entsprechende Gefühle zuzulassen und günstigstenfalls zu verarbeiten und zu integrieren.

Oft sind es in meinem beruflichen Alltag die kleinen Dinge, auf die es ankommt: Grundbedürfnisse, die genährt werden müssen, bevor überhaupt größere Themen angegangen werden können. So sind eine warme, angenehme Atmosphäre und der Tee oder Kaffee zum Gespräch wichtig, um dem Organismus zu signalisieren: „Du bist in Sicherheit." Die Krankenhaussituation ist für viele verwirrend; häufig hat sie existenziellen Charakter und bedeutet nicht selten eine gravierende Lebensveränderung, unter Umständen den Umzug ins Heim, Hospiz oder gar das Sterben. Diese Sicherheit wird gestützt von verlässlichen Absprachen und Kontakten, denn Konstanz ist wichtig bei dieser Generation, die keine Überraschungen mag, und der Krankenhausalltag bedeutet nun einmal Wechsel und Ungewissheit.

Das Wissen um die Biografien und Lebensgeschichten der Einzelnen ist wichtiger Bestandteil meiner Arbeit, um den Zugang zu ihnen zu gestalten. Fragen Sie doch einmal nach dem Jahrgang, dem Geburtsort und den Besonderheiten dieses Jahrgangs oder dieser Generation. Da auch bei den Kriegskindern das Alter oft negativ besetzt ist, werden Sie sehen, wie es mit der Jahrgangsfrage zu sprudeln beginnt. Meist zeigt sich eine große Dankbarkeit, endlich einmal reden zu dürfen, denn oft will die Familie „die ollen Kamellen" nicht mehr hören. Durch das Gespräch eröffnen sich Räume zum Zuhören, aber auch das Un-Erhörte kann einen Platz finden, sodass eine der wichtigsten und elementarsten Aufgaben das Aus-Halten und Tragen der Emotionen und Gefühle ist, das Dasein und die Verlässlichkeit dieses Moments, dass die Patientin oder der Patient im Unterschied zu damals hier und heute nicht allein ist in seiner Not.

Als Tätergeneration war es nicht möglich, Opfer zu sein, ja sogar ein Tabu, und somit fand kein Reden über den erlebten Schrecken statt. All die Trauer und das Leid haben sich nun inzwischen über Generationen konserviert und sich als transgenerationales Muster weitervererbt. Auch die Kriegsenkel und Urenkel und wahrscheinlich auch noch einige Generation danach tragen den 2. Weltkrieg unbewusst in ihren Seelen. Das „Darüber-Reden", eine Sprache finden für das Unaussprechliche, ist ein weiterer Baustein auf dem Weg zur Genesung und Heilung von Wunden nach seelischer Verletzung. Die Eröffnung von Sprachräumen und der kollektive Austausch über die Generationen hinweg kann der erste Schritt der Annäherung zwischen den Generationen sein. Dieser Austausch sollte jedoch nicht erzwungen werden. Widerstände haben in der Regel schützenden Charakter und sollten daher nicht gebrochen werden.

Im Krankenhausalltag, der beherrscht ist von neuen Situationen, stellt sich die Frage nach Ritualen. Diese geben uns Halt und Kraft, stabilisieren und geben Orientierung. Gibt es Rituale, die bekannt sind? Vielleicht ein Gebet, ein Gedanke, eine Geste, ein Gedicht oder ein Lied? Was braucht es jetzt, hier und heute? Vielleicht braucht es auch gerade jetzt den Glauben. Für viele Kriegskinder war der Glaube elementar im Kampf ums Überleben. Vielleicht fragen Sie sich selbst einmal: Woran glaube ich? An was habe ich früher geglaubt, was gab mir Halt in schweren Zeiten und was davon würde mir jetzt guttun? Eine Patientin, geboren 1930 in Danzig, die die Internierung im Lager Auschwitz überlebt hatte, sagte hierzu: „Mein Glaube an Gott ist das, was mir in den dunkelsten Stunden immer am meisten geholfen hat. Hätten wir Gott nicht gehabt, hätten wir nichts gehabt. Mein Bruder ist im Krieg umgekommen, und ich weiß, dass Gott für ihn eine andere Aufgabe hatte und für uns die, hier weiter auf der Erde zu sein. Im Leben hat mir der Glaube immer den Weg gewiesen mit dem tiefen Wissen, dass es irgendwie schon weitergehen wird, man sich nicht verrückt machen lassen darf, sondern dass sich alles irgendwie fügen wird, und so ist es auch gekommen."

Enden möchte ich mit Trost. In Notlagen brauchen wir andere Menschen die uns trösten. Wir sind soziale Wesen und streben nach Verbindung, Kontakt und Austausch. Es bedarf oft nur wenig, um Trost zu spenden, vielleicht das Reichen oder Halten der Hand als kleine Geste, denn was hat damals Trost gespendet oder was hat gefehlt? Was hätte es damals gebraucht und kann heute vielleicht Trost spenden?

Worin stecken die Chancen der Arbeit mit Kriegskindern?
In meiner psychotherapeutischen Arbeit ist der Blick der Kriegskinder auf die Dinge, die das Leben lebenswert machten, oft durch Krankheit, Schwäche, Verlust, Einsamkeit etc. verdeckt. Wie lässt sich der Blick wieder so weiten, dass Erinnerungen wach werden und der Zauber längst vergangener Tage wieder entfacht wird? Wie können vorhandene Kräfte und Überlebensstrategien in schwierigen Zeiten wieder sichtbar und spürbar werden?

Ich begebe mich mit meinen PatientInnen auf eine Entdeckungs- und Zeitreise zurück in die Vergangenheit, an die Stationen des Lebens, die bedeutsam waren und sind. Die meisten von ihnen haben ihr Leben bisher nur selten so betrachtet, oft sich diesen Blick nicht gegönnt oder zugetraut, immer war anderes oder waren andere wichtiger. Somit reisen wir gemeinsam zurück und sammeln in einem „imaginären Erinnerungskoffer" Schätze und Kostbarkeiten, Andenken und Erbstücke, Nippes und Kitsch und entdecken die Kraft dieser Schatzsuche. Am Ende steht ein persönlicher Erinnerungskoffer, reich angefüllt mit großen und kleinen Erinnerungsschätzen, bei einigen Kriegskindern auch mit einem Geheimfach für die Dinge, die gut verschlossen werden und auch verschlossen bleiben sollten, die oft auch zum ersten Mal angeschaut werden und dann nie wieder. Für einige Kofferbesitzer, die ich begleite, ist es auch der Koffer für die letzte Reise. Welche Dinge, Erlebnisse, Erinnerungen sind für die letzte Reise bedeutsam und wichtig, sollten vielleicht sogar überdauern oder vererbt oder aber ein für alle Mal ad acta gelegt werden?

Diese Erinnerungsschätze sind Erinnerungssamen nicht nur für den Einzelnen, sondern auch für die Zukunft, und sie werden bereits vielfach zu Lebzeiten zu wertvollen Hinterlassen- und Erbschaften für die nachfolgenden Generationen. Meine PatientInnen erleben diese Spurensuche als sehr bereichernd. Vielen wird klar, warum sie sich in bestimmten Situationen und Momenten in ihrem Leben genau so und nicht anders verhalten haben. Sie können erkennen, dass hinter bestimmten „Marotten" Überlebensstrategien und Verhaltensmuster stecken, die sich in Kindertragen in Extremsituationen ausgeprägt haben und im späteren Leben dann zum Problem wurden und weiterhin ein Problem sind. Diese Erkenntnis führt bei vielen meiner PatientInnen zu einem anderen Verständnis für das eigene Selbst, für das Tun und Handeln.

Durch diese Arbeit kann sich ein bei vielen bisher verborgener Zugang zur eigenen Lebens- und Familiengeschichte entwickeln. Durch das Wissen über die Lebenswelten von Kriegskindern und ihre Besonderheiten wird auch ein versöhnlicher Blick der nachfolgenden Generationen möglich. Die Zahl der Zeitzeugen ist jedoch begrenzt, die Arbeit ist somit ein wichtiger Teil im Sinne einer Erinnerungs- und

Wissenskonservierung, auch Teil des Verständnisses von Geschichte für spätere Generation – vieles von dem, was einst geschah, geschieht tagtäglich aufs Neue.

Ausblick
Was bleibt neben all der Lebenslast, die eine ganze Generation tragen musste und die sie sogar unbewusst als transgenerationales Muster und Erbe an die nachfolgenden Generationen weitergegeben hat? Ich erlebe Lebenslust, ein unzerstörbarer Drang nach Geselligkeit, nach Verbindung, Hilfsbereitschaft und nach den schönen Dingen des Lebens, und wenn es manchmal auch nur ein Sehnen und Träumen ist. Es geht um die Lebensleistung und vor allem auch deren Würdigung, darum, trotz widriger Umgebungseinflüsse wieder Halt zu finden, zu schaffen, was unmöglich erscheint und gleichzeitig so selbstverständlich ist und war. Und zuletzt geht es um die Lebenskraft. In meinem Arbeitsalltag beggenen mir zahlreiche hochaltrige Menschen, vor denen ich voller Respekt und Hochachtung vor dem geleisteten Leben stehe, wenn ich ihre Biografien erfahre.

Fragen Sie doch einmal beim nächsten Gespräch mit einem Kriegskind nach dem jeweiligen Lebensmotto oder der Lebensphilosophie der Familie – Sie werden erstaunt sein. Das Lebensmotto meiner Familie lautet: „Immer wenn du denkst, es geht nicht mehr, kommt von irgendwo ein Lichtlein her!"

7.2.4 Vorgeburtliche Prägung im Mutterleib

Hunger, Angst, Stress. Was eine schwangere Frau erlebt, hinterlässt nicht nur bei ihr selber Spuren, sondern auch bei ihrem ungeborenen Kind. Denn schon im Mutterleib beginnt der Fötus zu reagieren und stellt sich auf die Welt ein.

Sie haben es sicher schon bemerkt. Das Kind tritt manchmal um sich. Sie spüren es, wenn es durch den Bauch zieht.

Liebe beginnt schon vor der Geburt. Die werdende Mutter spricht in der sogenannten Uterus-Sprache zu ihrem Kind. „Obwohl diese Sprache eine Sprache ohne Worte ist, besitzt sie eine große Macht, vielleicht die größte, die wir je in unserem Leben erfahren", so der amerikanische Psychologe Arthur Janov in seinem Buch *Vorgeburtliches Bewusstsein. Das geheime Drehbuch, das unser Leben bestimmt*, das sich speziell mit der vorgeburtlichen Prägung auseinandersetzt. Jede Äußerung oder Nahrungszufuhr hat bedeutende Auswirkungen. Durch ihre Physiologie sagt die Mutter dem Kind: „Ich bin ruhig, ich bin entspannt, ich liebe dich." Diese Äußerungen der Zuneigung drücken sich in der Energie der Mutter aus, in ihrer Leidenschaft und ihrer Sexualität. Wenn diese Zuneigung und Äußerungen aber ausbleiben oder sich ins Gegenteil verkehren, können grundlegende Entwicklungsprozesse des Kindes im Mutterbauch gestört werden. Aus neurologischer Sicht bewirken Zuneigung und Ruhe der Mutter eine Stärkung des Gehirns beim Kind und eine vermehrte Ausschüttung von Glückshormonen wie Endorphin, was dem Kind später hilft, besser mit Schmerzen, Stress und Schwierigkeiten zurechtzukommen. Das Kind ist insgesamt leidensfähiger und entwickelt deutlich mehr Resilienz. Ein sogenanntes Kriegskind bekommt demnach mehr vom Krieg mit, als den meisten von uns bewusst ist. Die transgenerationale Übertragung findet also schon während der Schwangerschaft statt.

Ein Kind hat nicht nur nach der Geburt Bedürfnisse, sondern auch davor. Je besser diese Bedürfnisse befriedigt werden, desto gesünder und glücklicher wird das Kind und desto besser werden sich seine intellektuellen Fähigkeiten entwickeln. Gestützt auf die Forschungsergebnisse des Engländers David Barker konnte in den letzten 30 Jahren festgestellt werden, dass die Schwangerschaft von entscheidender Bedeutung ist, ob ein Mensch im späteren Leben dazu tendiert, gesund oder krank zu sein, welche Krankheiten in seinem Leben auftreten, wie er altert und wie er stirbt. Die Medizin spricht dabei von der fötalen Programmierung. Vor allem die ersten drei Monate der Schwangerschaft spielen eine wesentliche Rolle, da in ihnen die Organe gebildet werden.

Im Winter 44/45 riegelte die deutsche Wehrmacht Holland ab. Es war bitterkalt, bald gab es nichts mehr zu essen. Die Kinder, die nach diesem Hungerwinter geboren wurden, sind heute 70 Jahre alt, aber noch immer sind die Folgen der Mangelernährung im Mutterleib zu spüren.

> Menschen, die damals gezeugt wurden, haben heute häufiger Herzkrankheiten, Diabetes, sie leiden öfter unter Depressionen, und mehr Frauen haben Brustkrebs. Das betrifft ein ganzes Spektrum von Krankheiten.
>
> Tessa Roseboom

Natürlich reagieren nicht nur Geist und Psyche auf Stress, sondern auch das Immunsystem. Wenn eine Mutter ängstlich, nervös und chaotisch ist, wird der Fötus sich physiologisch darauf einstellen, nach der Geburt eine bedrohliche chaotische Welt vorzufinden, so Arthur Janov.

Trauma und Hysterie im Mutterbauch

Ein frühes Trauma kann unsere Fähigkeit zur Schmerzunterdrückung beeinträchtigen. Die Übermittlung von Informationen an höhere Gehirnebenen meist auf dem Weg über den Thalamus muss sich fließend vollziehen. Normalerweise produzieren wir Stoffe wie Serotonin, die den Informationsfluss hemmen, wenn er überwältigend wird. Ein vorgeburtliches Trauma kann allerdings dieses

Gating-System überfordern und zu durchlässigen Pforten führen. Wenn das geschieht, können Gefühle und Empfindungen in den Denkapparat vordringen und die Konzentration und das Wohlbefinden stören. Folgt darauf eine lieblose Kindheit vielleicht mit emotionaler Vernachlässigung oder Misshandlung, schwächt sich das Gating-System möglicherweise weiter ab, weil es nun unter dem Ansturm aufsteigender Gefühle steht. In einem Zustand ständiger Angst oder Anspannung werden die Stoffe, die wir zum Zurückhalten von Schmerz und zur ordnungsgemäßen Funktion der Gates brauchen, nicht in ausreichendem Maße produziert.

Freud verwendete für solche durchlässigen Gates den Begriff „Hysterie", der sich vom griechischen Wort „Hysterion – Uterus" ableitet. Er benutzte ihn erstmals in Zusammenhang mit der in Wien geborenen jüdischen Feministin Bertha Pappenheim, die unter anderem an Halluzinationen, Lähmungen und Suizidgedanken litt. Freuds Interpretation des Falls gilt heute als Beginn des psychoanalytischen Zeitalters. Seiner Einschätzung nach basiert die Hysterie auf einem unterdrückten Sexualtrieb und könnte durch eine Gesprächstherapie behandelt werden. Obwohl seine Definition der Hysterie heute weitgehend abgelehnt wird, ist Freuds Einschätzung der Symptome noch anwendbar. Hysterische Personen reden und bewegen sich ständig, handeln oft unüberlegt und neigen beim kleinsten Anlass zu Überreaktion. Das dürfte mit durchlässigen Pforten zu tun haben. Impulse aus dem limbischen System befördern Angst und Schrecken in die Region des Kortex. Wenn die Pforten diese Reaktion nicht regulieren können, brechen die Dämme. Das führt zu Panik und dem Bedürfnis, Probleme sofort zu lösen. Aus diesem Grund sind hysterische Personen selten zurückhaltend und sagen, was ihnen gerade in den Sinn kommt.

Ein Trauma ist ein einschneidendes Ereignis, durch das sich bestimmte überlebenssichernde Verhaltensweisen einprägen. Leider beherrschen diese frühen Einprägungen unser Verhalten dann auch in gefahrlosen Situationen, denn das Nervensystem hat ein enormes Erinnerungsvermögen und tut im Interesse des Überlebens immer sein Möglichstes. Das hat Darwin uns schon vor fast 200 Jahren gelehrt. Neugeborene fühlen intensiver und umfassender als zu jeder anderen Lebenszeit. Ihr sensorisches Fenster ist weit geöffnet, und sie können so umfassend reagieren wie niemals wieder. Ihre allerersten Lebenserfahrungen werden nicht von Illusionen und Ideen verschleiert.

Spielt es eine Rolle, warum wir Kinder haben wollen? Beeinflussen unsere bewussten oder unbewussten Gründe das winzig kleine Leben, das im Uterus heranwächst? Ja! Verschiedenen Studien zufolge sind Kinder von Müttern, die – aus welchen Gründen auch immer – unglücklich über ihre Schwangerschaft waren, öfter reizbar und ruhelos, sie schreien mehr, essen wenig und erbrechen oft. Diese Tatsache spricht für die Annahme von Professor Arthur Janov in dem bereits genannten Buch. Alles hat seine Gründe, wird immer gesagt. Und einer dieser Gründe ist tatsächlich die Prägung im Mutterbauch. Aber kann man damit schon den krankhaften Narzissmus erklären? Nein! Dennoch ist es wichtig, sich dieser Zusammenhänge im Klaren zu sein.

Im Gespräch mit Ludwig Janus

Auf der Suche nach einem Psychologen, der sich intensiv mit der vorgeburtlichen Prägung auseinandergesetzt hat, stieß ich auf Ludwig Janus. Wir führten, nachdem ich ihm eine E-Mail geschrieben hatte, ein sehr interessantes Gespräch über dieses Thema.

1. Wie sind Sie zu diesem breiten und dennoch sehr wichtigen Forschungsfeld gekommen und seit wann gibt es dieses Thema?
Es gab in meiner psychotherapeutischen Ausbildung keinen Hinweis, dass die vorgeburtliche Zeit und die Geburt bedeutsam sein könnten. Doch hatte ich einen Hinweis bekommen, dass es in den zwanziger Jahren des letzten Jahrhunderts im Rahmen der Psychoanalyse zu diesem Thema schon eine ausführliche Diskussion gegeben hatte. Insbesondere die Schriften von Otto Rank öffneten mir die Augen für die lebensgeschichtliche Bedeutung dieser Zeit. Vor allem nach dem Zweiten Weltkrieg begann dann auch eine intensive Forschung zu diesem Thema: Es gab Tagungen und Bücher, etwa von Thomas Verny *Das geheime Leben der Ungeborenen* oder von mir *Wie die Seele entsteht*, und inzwischen haben wir sogar ein *Lehrbuch der pränatalen Psychologie"* herausgegeben (Informationen finden sich auf den Webseiten www.isppm.de, www.birthpsychology.com oder auch www.Ludwig-Janus.de).

2. Kann man überhaupt das „perfekte" Kind zeugen? Ist es möglich, weitestgehend für ein stressfreies Umfeld während der Schwangerschaft zu sorgen?
Ich glaube, die Frage ist überzogen gestellt. Im Leben und in der Natur ist nichts perfekt. Wenn aber die Zeit vor, während und nach der Geburt eine so große Bedeutung hat, wie es die Befunde der Pränatalen Psychologie nahelegen, dann macht es sehr viel Sinn, werdende Eltern zu unterstützen.
Letztlich müsste die Vorbereitung auf die Lebensdimension Elternschaft schon in der Kindheit und in der Schule beginnen. Ein Drittel des Lehrplans müsste dem Thema „Leben lernen" gewidmet sein: Wie will ich meine Beziehungen gestalten, wie gehe ich mit Konflikten um, wie will ich meine Mutterschaft, Vaterschaft und Elternschaft leben usw. Das Wissen zu diesen Themen ist heute da, wird aber erst, wenn überhaupt, zu spät vermittelt, nämlich dann, wenn etwas schiefgegangen ist. Für werdende Eltern gibt es konkret mit der sogenannten

„Bindungsanalyse" eine Methode zur Förderung der vorgeburtlichen Mutter-Kind-Beziehung (siehe www.bindungsanalyse.de).

3. Wenn die Mutter nun während der Schwangerschaft besonders viel Stress ausgesetzt ist, wie kann man nach der Geburt dafür sorgen, dass das Kind nicht allzu sehr darunter leidet?

Heute besteht die Möglichkeit, sich in einer solchen Situation Hilfe zu holen, sei es nun in Form von psychotherapeutischer Hilfe für die Mutter selbst oder auch in Form einer sogenannten „Babytherapie" oder einer Kindertherapie für das kleine Kind, wenn es Schwierigkeiten hat.

4. Welche Geburtsform ist für das Kind am förderlichsten? Hausgeburt? Entbindung? Kaiserschnitt? Wie wirkt sich das auf Geist, Psyche und Immunsystem aus?

Wichtig ist, dass die Mutter den Rahmen wählt, bei dem sie sich am wohlsten fühlt. Das kann die Hausgeburt sein, das kann aber auch die Klinik sein. Die Geburt selbst ist eine elementare, prägende Erfahrung, die wie ein Muster in uns fortlebt. Darum lohnt es, sich mit den Bedingungen seiner eigenen Geburt zu beschäftigen. Dazu gibt es heute vielerlei Anregungen, zum Beispiel in meinem Buch *Geburt* oder in dem Artikel des Pioniers der pränatalen Psychologie, William Emerson, „Psychische Auswirkungen geburtshilflicher Eingriffe" in dem Buch *Die pränatale Dimension in der Psychotherapie*, das ich herausgegeben habe.

5. Unsere Gesellschaft wird aus meiner Sicht immer narzisstischer, leistungsorientierter, und nur teilweise ist noch freiheitliches Leben möglich. Welchen Zusammenhang sehen Sie mit den vorgeburtlichen Prägungen?

Ich glaube nicht, dass sich die heutige Gesellschaft in der angedeuteten ungünstigen Richtung entwickelt. Wir sind nur sensibler und wacher für die Herausforderung geworden, die eine individuelle Lebensgestaltung, wie sie heute möglich ist, darstellt. Gerade darin, dass wir die Gefährdungen, die damit verbunden sind, genauer spüren, besteht die Chance, dass wir daran arbeiten können, diese Schwierigkeiten zu verstehen und uns aus ihnen herauszuarbeiten, kurz gesagt, Verantwortung für unser Leben zu übernehmen und diese nicht an andere zu delegieren, wie dies früher üblich war.

Zur Frage nach dem Zusammenhang mit den vorgeburtlichen Prägungen: Wir müssen uns vergegenwärtigen, dass viele Eltern unvorbereitet und oft ungewollt in eine Elternschaft hineinstolpterten. Das kann eben die Folge haben, dass das Kind aus einer solchen Schwangerschaft sich in der Tiefe ungewollt, irgendwie schlecht und überflüssig fühlt. Dann kann eben Leistung eines der Mittel sein, sich doch noch das Gefühl von Wichtigkeit und Gewolltsein zu verschaffen. Die große Liebebedürftigkeit ist ein Hintergrund für narzisstisches Verhalten, weil sich dann alles darum dreht, anerkannt und gewollt zu sein.

6. Was ist aus Ihrer Sicht für eine erfolgreiche Heilung möglicher erlittener Schmerzen notwendig?

Die Wahrnehmung der Zusammenhänge und die Auseinandersetzung mit ihnen, wozu es heute vielerlei Hilfen gibt, wie zum Beispiel die Arbeit mit dem inneren Kind. Wichtig kann aber auch sein, sich dabei psychotherapeutische Hilfe zu holen. Wichtig ist zudem Geduld – man kann Schwierigkeiten nicht einfach überwinden, aber man kann aus ihnen herauswachsen. Das ist immer ein längerer Prozess.

7. Manche Frauen bringen Kinder zur Welt, die durch Vergewaltigungen, One-Night-Stands oder im Suff gezeugt wurden. Wie kann man Ihrer Meinung nach dem Kind vor und nach der Entbindung das Gefühl geben, dennoch gewünscht zu sein?

Entscheidend scheint mir hier zu sein, dass die Mutter eine solche Situation als einen Weckruf versteht, sich in grundsätzlicher Weise mit ihrer Lebensgeschichte und ihren Wünschen an ihr Leben auseinanderzusetzen. Aus einer solchen Klärung kann dann die Kraft für die Bewältigung der neuen Lebenssituation erwachsen. Auch da kann es sinnvoll sein, sich Hilfe zu holen.

8. Wie nehme ich als Erwachsener Kontakt zum inneren Kind vor der Geburt auf?

Es gibt dazu vielerlei Anregungen aus Büchern, das wäre ein erster Schritt. Dann finden sich heute Selbsterfahrungsmöglichkeiten, um sich mit dem eigenen Erleben vor und während der Geburt auseinanderzusetzen (siehe www.isppm.de).

7.3 Über Co-Abhängigkeit und Missbrauch

> Anne Wilson Schaef hat 1986 den Begriff der Co-Abhängigkeit geprägt, indem sie die übertriebene Rücksichtnahme und die Selbstaufgabe als eigenständige Krankheit, nicht als normale Reaktion auf Süchtige, erkannt und benannt hat. Denn die Bereitschaft, die eigene Wahrnehmung auszuschalten und das verdrehte Denken und Fühlen des anderen zu übernehmen und zu verstärken, zeigt durchaus, dass sich auch in uns selbst ein paar Rädchen falsch herum drehen, findest du nicht?[63]

Missbrauch ist vielfältig. Er hinterlässt immer Spuren. Verzeihen ist nur schwer möglich, aber es ist möglich, irgendwann. Der Weg dahin ist aber ein steiniger. Der Missbrauchte muss sich erst einmal klar- und bewusstmachen, dass er missbraucht wurde. Dann kommt die Frage nach dem Warum inklusive der Suche nach der Schuld, sowohl im Innen als auch im Außen. Ein Kampf, den man ohne Unterstützung nicht wirklich gewinnen kann. Eine Therapie ist leider oft unumgänglich, auch weil das Gefühl, „selber schuld zu sein", und damit die Scham, die einen hindert, sich zu öffnen, immer größer werden. Das führt oft zu einem Kreislauf von Sucht (im Sinne von Verdrängung oder Verlagerung) oder von verdrängender Schönrederei, indem man sich sagt, es sei ja nicht so schlimm oder man habe es nicht anders verdient. Auch hier bildet sich gern der Wiederholungszwang aus.

Die meisten Süchte, Co-Abhängigkeiten und Vermeidungsstrategien hängen sehr eng mit dem verletzten inneren Kind zusammen. Gleichzeitig fehlen uns oft die spielerische Unschuld, die Phantasie und das unbekümmerte Selbstvertrauen eines Kindes, das immer wieder aufsteht, egal, wie oft es hinfällt.[64]

Genauso verhält es sich mit der Co-Abhängigkeit. Man weiß, dass diese Art von Missbrauch (Suchtmittelmissbrauch, Ausnutzen von Vertrauen etc.) falsch ist, dennoch ist man bereit, es zu tolerieren, da man stets die Angst im Nacken hat, verlassen zu werden. Man denkt, man brauche diesen Menschen und der Mensch brauche uns. Doch dieser Mensch braucht uns nicht – wir merken es nur nicht. Er braucht vielmehr die Bestätigung, dass es keine Sucht ist und dass er das Vertrauen nicht missbraucht hat. Aus Liebe oder falsch verstandener Loyalität dulden wir dieses Verhalten, bis wir selber erkranken oder zumindest einem Gewissenskonflikt ausgesetzt werden. Und dann stellen wir fest, dass wir loyal waren, während der andere hinter unserem Rücken sich gegen uns und für seine Sucht entschieden hat. Er hat unser Vertrauen missbraucht, nur damit er sich nicht verändern muss. Einem Süchtigen kann man nur helfen, wenn er einsichtig ist. Diese Einsicht aber bekommt er nicht, wenn wir ihm sein Verhalten durchgehen lassen oder ermöglichen, indem wir es tolerieren.

Diese Art von Toleranz führt auch in uns zu einem Substanzverlust, unter Umständen zu einem Verlust von Vertrauen in uns oder unsere restliche Umwelt. Und schneller als erwartet sind wir selber auf Hilfe angewiesen. Irgendwie müssen wir unser Gewissen erleichtern. Und dann finden wir auch genügend Ausreden dafür, warum wir im Außen suchen und nicht bei uns anfangen, weil wir ja nicht abhängig, sondern nur co-abhängig sind. Wir reden uns diese Abhängigkeit schön. Wir suchen nach Erklärungen. Und dann werden wir selber süchtig danach, süchtig nach der Verdrängung, süchtig nach der Bestätigung, nicht verantwortlich dafür zu sein. Dabei tragen wir genau die gleiche Verantwortung wie die Person, an deren Seite wir co-abhängig wurden. Wir hätten uns jederzeit distanzieren können. Wir hätten es tun können, aber irgendwas in uns sträubte sich dagegen. Wir haben ja auch das Gute in dem Menschen gesehen. Und wir wollten nur diesen Aspekt wahrhaben oder zulassen, alle anderen haben wir verdrängt. In der Regel kennen wir den Betreffenden schon länger und kennen daher auch seine guten Seiten; an ihnen halten wir fest. Wir leben in der Vergangenheit. Wir wollen ihm helfen – und uns selber natürlich auch –, dass die Sucht besiegt wird und dieser Mensch wieder zu dem Menschen wird, in den wir uns verliebt haben. Nur: Dieses Ziel ist utopisch. Aber Irren ist ja bekanntlich menschlich.

Oft sind die Abhängigen so in ihrer Welt gefangen, dass sie gar nicht erkennen, dass sie süchtig sind. Sie führen sich moralisch und in der Theorie als die großen Meister auf, während sie den Ist-Zustand komplett ignorieren. Weil sie dabei oft so glaubhaft sind, bemerkt man als Co-Abhängiger gar nicht, dass es im Grunde nur darum geht, vom eigentlichen Dilemma abzulenken. Moral und Realität sind oft zwei paar verschiedene Schuhe. Die Ausrede, dass man nichts gegen diesen Missbrauch bzw. die Manipulation tun konnte, ist genauso wie die Aussage des Süchtigen, nicht süchtig zu sein, seine Behauptung, alles, was jetzt gerade wahrgenommen werde, sei nur eine schlechte Phase. Na, was denn sonst? Und da kommen wir nun unweigerlich zum Co-Narzissmus.

> Co-Narzissten sind manchmal die größeren Narzissten und beruhigen sich mit der Schuldzuweisungskeule, dass ihr Partner einer ist, man selber aber nicht.
>
> Leonard

Manche Menschen wollen sich einfach scheiße fühlen. Es ist ihr Lieblingsgefühl geworden. Anstatt sich einzugestehen, dass *nur* sie alleine etwas tun und aus dieser Rolle aussteigen können, halten sie lieber an diesem Gefühl fest, ist das doch immer noch besser, als allein zu sein. Aber im Ernst, liebe Co-Narzisstin, lieber Co-Narzisst: Ich an deiner Stelle würde mich distanzieren, mich auf mich besinnen und meine inneren Wunden heilen. Dein inneres Kind leidet ganz schön. Du musst in deiner Kindheit ähnliche Erfahrungen gemacht haben, anders kann ich mir nicht erklären, dass du an solche Menschen gerätst, die dir immer wieder dein Selbstbild bestätigen: „Lieber lasse ich mich scheiße behandeln, als allein zu sein!" Aber du bist Täterin und Opfer in einem. Täterin, weil du dich selber scheiße behandelst, um dich eben scheiße zu fühlen, und Opfer, weil du dich dadurch so scheiße fühlst und über ihn Geschichten erzählst, von dir ablenkst und hoffst, dass er sich verändert. Eigentlich brauchst du diesen Menschen nicht. Aber du brauchst dieses Gefühl, deswegen bleibst du bei ihm. Irgendwas in dir hofft, dass du diesen Menschen retten kannst, weil du dich selber nicht retten kannst. Wenn du aber ihn rettest, rettet es, so glaubst du, auch dich.

> Das habe ich lange gedacht, den anderen „heilen" zu können. Bis ich mich auf den Weg gemacht habe, mich selber erst mal zu verstehen. Und zu verstehen, dass wir alle narzisstische Züge haben. Danach ging es besser. Und ich konnte somit auch besser mit meinem Partner umgehen, weil ich ihn besser verstanden habe.
> Man muss niemanden heilen. Und es gibt immer einen Schlüssel: Die Liebe und die Akzeptanz. Für sich selber, und für das Gegenüber.
>
> Sandra Störzer, 34, Hannover

Die dependente Persönlichkeitsstörung

Manchmal begegne ich Menschen, die kommen zu mir, um mich als Lückenbüßer zu benutzen. Sie nutzen meine Gutmütigkeit und meinen Intellekt aus und bleiben so lange, wie ich von Nutzen bin. Und ich bin glücklich, dass so eine Frau mir Aufmerksamkeit schenkt. Ich verkaufe mich unter Wert. Ich mache mir Hoffnung auf mehr. Ich mache mir im Grunde immer Hoffnung auf mehr. Ich wünsche mir so sehr, als Ganzes betrachtet zu werden und entsprechend auch als *Ganzes* geliebt zu werden. Ich habe mehr zu bieten als nur den Narzissten in mir. Mein Narzisst ist ja nur mein Schutzschild, der mir helfen soll, nicht verletzt zu werden. Mein Narzisst steht seit der Pubertät an meiner Seite. Ich bin so süchtig nach dem Narzissten in mir geworden, dass ich die ganzen Menschen, die mich so wollten, *wie ich bin*, mit all denen über einen Kamm scherte, die mich nur als Lückenbüßer sahen und mich austauschten, sobald jemand „Vorzeigbareres" in ihrem Leben erschien. Ich habe mich missbrauchen lassen und leider ganz oft an meiner Opferrolle festgehalten. Ich bin jetzt dabei, zu verzeihen. Ich komme aus der Vermeidung und versuche neue Erfahrungen zu machen und zuzulassen. Leider bin ich dadurch auch auf Menschen getroffen, die im Sinne eines Süchtigen auftraten, also nach außen hin das, was sie selber taten, moralisch verwerflich fanden und mich damit unbewusst zum Co-Abhängigen machten.

Ich bin mehr als ein Accessoire, das man beliebig aus- oder umtauschen kann. Ich bin mehr als eine Brosche oder eine Handtasche. So fühle ich mich manchmal in dieser Wegwerfgesellschaft, und dann bleibt mir oft nur mein Narzisst, mein treuer Begleiter und Beschützer in meinem Leben übrig. Ich weiß, dass es auch Frauen, überhaupt Menschen gibt, die mehr in mir sehen als nur den „Intellektuellen". Aber aufgrund meiner frühkindlichen Missbrauchserfahrungen, die sich wiederholten, habe ich mich einfach daran gewöhnt. Dieses Gefühl war immer gleich. Auf dieses Gefühl konnte ich mich verlassen. Ich war süchtig danach. Es lieferte mir Schutz. Und gehabte Schmerzen hab ich einfach gern. Ich konnte nicht loslassen, auch wenn ich es eigentlich nicht haben durfte (die Lehrer verboten es mir), und ich brauchte am Ende einfach nur die Bestätigung, die mir dieses Gefühl einbrachte, von dem ich mir so viel Schutz versprach. Früher war es noch verpönt, über seine Gefühle zu reden.

> Wir lernen in der Schule, zu äußern, was wir denken, nicht aber, was wir fühlen. Man bläut uns sogar ein, klares Denken müsse immer fein säuberlich getrennt sein von Gefühlen. Wenn wir als Kinder unsere Gefühle heftig äußerten, schickte man uns aus dem Zimmer, bis wir wieder „Vernunft annahmen" und uns wie ein „großer Junge" oder „großes Mädchen" verhielten.
>
> Anne Wilson Schaef

Im Gespräch mit Susanne Hühn

Wie das Leben so spielt: Auf der Suche nach weiteren Menschen, die dieses Buch voranzubringen versprachen, bin ich auf Susanne Hühn gestoßen, eine Frau, die sich sehr viel mit der Arbeit am inneren Kind, aber auch mit anderen Themen auseinandergesetzt hat. Sie schreibt Bücher, die einem helfen, zu sich selbst zu finden, und die mir ganz unabhängig davon, dass ich Kontakt zu ihr aufgenommen hatte, empfohlen wurden. Unser Gespräch fand im Juni 2017 statt und mag vielen dabei helfen, wie es das auch bei mir getan hat, die Dinge, die mit Sucht und ihrer Entstehung zu tun haben, klarer zu sehen.

1. Warum halten Ihrer Meinung nach viele Menschen an dem Gefühl fest, ein Opfer zu sein, anstatt sich die Sucht einzugestehen?

Das Gefühl, ein Opfer zu sein, ausgeliefert zu sein und in einer Falle zu sitzen, ist, so schmerzhaft es sich anfühlt, weitaus weniger schlimm, als sich einzugestehen, dass man selbst emotional süchtig ist. Es ist ein sehr langer, sehr schmerzhafter Weg, sich die eigene tiefe Bedürftigkeit und all die Scham, die damit verknüpft ist, einzugestehen. Die innere Schmerzvermeidung sorgt dafür, dass sich die eigene emotionale Sucht tarnt. So lange, bis man anerkennen muss: Doch, ich habe ein eigenes Problem, das nichts mit dem Partner zu tun hat: Ich spüre mich selbst nicht, wenn ich niemandem helfen, niemanden retten kann. Wer bin ich selbst, wenn ich nicht gebraucht werde? Das ist die Frage, vor der Co-Abhängige zurückschrecken, weil sie die Antwort darauf nicht kennen. Sie spüren sich nicht, wenn sie nicht umgeben sind von Bedürftigen, für die sie sorgen müssen. Dieses Sich-selbst-nicht-Spüren tut so weh, ist so schambehaftet, dass alles besser ist, als dieses vernichtende Gefühl aus früher Kindheit wahrzunehmen.

Noch eines kommt dazu: Man braucht ein paar Informationen über Co-Abhängigkeit, um sie bei sich selbst zu erkennen. Weiß man nicht, dass hinter all diesen Gefühlen und dem sich selbst schädigendem Verhalten eine eigene emotionale Suchterkrankung steckt, dann kann man es nicht benennen und es sich auch nicht eingestehen. Ich habe es als äußerst erleichternd erlebt, endlich zu erkennen, dass das Ausgeliefertsein, das Opfersein, all das, was damit zusammenhängt, schlichtweg die Symptome sind, die entstehen, wenn ich meine Co-Abhängigkeit ausagiere!

2. Warum meinen Partnerinnen und Partner, ihren süchtigen Partner gesundlieben zu können?

Das hat viele Gründe, echte und vorgeschobene. Um Co-Abhängigkeit wirklich zu verstehen, halte ich es für sinnvoll, sich mit der Definition von Anne

Wilson Schaef, die diesen Begriff prägte, zu befassen. Sie sagt, und das erlebe ich selbst auch so, dass Co-Abhängigkeit eine eigene emotionale Suchterkrankung ist. In der Co-Abhängigkeit brauchst du jemanden, der dich braucht, damit du dich selbst wahrnimmst und spürst. Ein Co-Abhängiger spürt sich über die Beziehung zu einem anderen, nicht über die Beziehung zu sich selbst, weil er diese nie aufbauen, entwickeln und pflegen durfte. Wenn du als Kind immer nur dann wahrgenommen wurdest, wenn du in irgendeiner Weise für einen anderen Menschen sorgtest und da warst, wenn du wie ein Seismograf ständig die Stimmungen derer, die dich versorgten, erspüren musstest, damit du nicht in emotionale oder auch physische Gefahr gerietest, dann entwickeln sich dein Selbstbild und deine Selbstwahrnehmung eben über dieses Für-andere-da-Sein und über das Andere-statt-mich-selbst-Wahrnehmen. Ein Co-Abhängiger weiß sehr genau, was der andere spürt, hat aber erschreckend wenig Zugang zu den eigenen Gefühlen. Wenn man nun weiß, dass Co-Abhängigkeit eine eigene, nicht stoffliche, aber ebenso dramatische Suchterkrankung ist, dann versteht man, dass Menschen glauben müssen, dass sie ihren Partner über ihre Liebe heilen können.

Dafür gibt es, wie weiter oben gesagt, viele Gründe. Zum einen stimmt es einfach: Liebe heilt. Aber nur, wenn der andere bereit ist, sich heilen zu lassen, und das ist ein Süchtiger nicht, solange er nicht krankheitseinsichtig ist und alles tut, um vom süchtigen Verhalten loszukommen, um abstinent zu werden. Das will der Co-Abhängige nicht wahrhaben, sonst müsste er Konsequenzen ziehen, zu denen er nicht in der Lage ist.

Zum Zweiten projizieren Co-Abhängige das, was sie für sich selbst so dringend brauchen, nach außen. Sie geben, was sie selbst benötigen, und erhoffen sich Erleichterung ihrer eigenen Sehnsucht nach Liebe und Anerkennung. Sie glauben, würden sie selbst nur genügend geliebt, dann würden sie selbst heil und glücklich werden. So geben sie das, was ihnen in ihrer Vorstellung Heil verspricht, dem Partner, um ihn stellvertretend für sich selbst zu heilen. Das Vertrackte ist: All das ist genau richtig. Aber die Adresse stimmt nicht. Würde ein Co-Abhängiger das, was er dem Partner gibt, zuallererst sich selbst geben und dann für den Partner da sein, wäre alles gut.

Und zum Dritten brauchen Co-Abhängige einen Grund, um in der Beziehung bleiben zu müssen. Sie sind ja selbst abhängig, nämlich von dem Gefühl, gebraucht zu werden. Nicht umsonst heißt Co-Abhängigkeit auch „Beziehungssucht". Und wie könnte man seine eigene Beziehungssucht besser nähren und zugleich vor sich selbst verschleiern, als durch die Beziehung zu jemandem, der einen doch so dringend braucht?

Das wirklich Schwierige ist, dass sich die Co-Abhängigkeit so gut tarnt und oft nicht wahrgenommen wird. Doch wie ein Magnet ziehen sich Süchtige gegenseitig an, um ihren so vertrauten Tanz miteinander zu tanzen. Warum glauben Co-Abhängige, ihre Liebe würde den Partner heilen? Weil sie es glauben müssen. Denn so tarnen sie höchst erfolgreich ihr eigenes bedürftiges, süchtiges System. Sie erkennen ihr ständiges Scheitern nicht, um nicht auf sich selbst zurückgeworfen zu werden, und verstärken noch ihre Bemühungen dem anderen gegenüber. Meistens müssen Co-Abhängige physisch krank werden, um anzuerkennen, dass sie sich in eine Sackgasse begeben haben.

3. Wie erklären Sie einer Co-Abhängigen, dass sie co-abhängig ist, ohne dass sie gleich denkt, sie wäre ebenso Täterin?

Nun, sie ist Täterin, wenn man dieses Wort nutzen möchte, nämlich sich selbst gegenüber. Sie erkennt nicht, dass ihre eigene Suchtthematik dafür sorgt, dass sie in dieser so schwierigen Situation festhängt. Das Kümmern um den süchtigen, narzisstischen, bedürftigen Partner, dem sie helfen will, ist ihr eigenes Suchtmittel, das dafür sorgt, dass sie die unermessliche Einsamkeit und die Todesangst ihres inneren Kindes nicht fühlen muss. Sie ist ebenso Opfer ihrer eigenen emotionalen Suchterkrankung, wie der Partner Opfer seiner Sucht ist – Täter gibt es hier in Wahrheit gar nicht. Sie muss, um das ungesunde System zu verlassen, erkennen, dass sie ihre eigene, vom Partner unabhängige Sucht ausagiert. Wäre es nicht dieser Partner, dann würde sie sich einen anderen suchen, der sie ebenso braucht.

4. Warum ist die Schuldzuweisungsmaschinerie schneller in Gang zu setzen als die Selbstreflektion?

Weil sie weitaus weniger wehtut ... es ist wirklich so einfach. Die innere Schmerzvermeidung ist äußerst wirksam und hochfunktional. Sie nutzt alles, was verhindert, dass jemand seine eigenen tiefen Verletzungen, vor allem die Scham des inneren Kindes, spüren muss, bevor das eigene System aus Körper, Seele und Geist dafür bereit ist, selbst wenn es für alle Umstehenden sehr unvernünftig wirkt. Für den Betreffenden ist es ein wirksamer Schutz vor dem, was er sonst fühlen müsste. Wenn das System bereit und in der Lage ist, all das, was einem zugestoßen ist, zu verarbeiten und mit Hilfe von außen in die Heilung zu bringen, dann kommt der Mensch auch zur Selbstreflexion, gewollt oder ungewollt. Aber eben erst dann, und das ist auch sinnvoll so. Sonst wird er nur erneut traumatisiert, und das weiß das System zu verhindern.

5. Wie gehen Sie als Therapeutin damit um, wenn Ihr Patient Sie idealisiert bzw. süchtig nach Ihnen wird und glaubt, er müsse Ihnen alles recht machen?

Das erlebe ich nicht bewusst, weil ich das nicht zulasse. Ich erkenne sehr schnell, wenn mich jemand idealisiert, und ich werfe ihn immer wieder auf sich zurück. Ich eigne mich nicht besonders dazu, idealisiert zu werden, weil ich nichts für den Klienten übernehme, was er selbst für sich tun kann. So wirke ich eher unbequem als wie jemand, der in einer Mutter- oder Engelrolle daherkommt. Wenn mich jemand idealisiert, dann hat er immer bestimmte Vorstellungen von mir. Ich erlebe das energetisch wie einen Kokon, der sich sehr unangenehm um mich legt. Ich befreie mich immer wieder von den Vorstellungen anderer über mich, weil sie mich daran hindern, meinen eigenen Weg zu gehen – doch das muss ich, um meine Arbeit wirklich authentisch zu machen.

Ich achte sehr auf meine eigenen co-abhängigen Tendenzen und weise lieber jemanden für eine Beratung ab, als ihm über längere Zeit hinweg zu erlauben, sich von mir allzu abhängig zu fühlen. Für eine kurze gewisse Zeit ist das in Ordnung. Aber ich mache einen sehr großen Unterschied zwischen dem, was ich vermittle, und mir als Person. Sollte ich idealisiert werden, ohne es zu bemerken, kann ich natürlich auch nicht darauf reagieren, aber ich lege es alles andere als darauf an – ich möchte nicht als Person von meinen Klienten gebraucht werden. Ich erlebe mich selbst eher als Lehrerin denn als Therapeutin, und so verhalte ich mich auch. Die Rechnung dafür, idealisiert zu werden, ist viel zu hoch.

6. Welchen Bezug haben Sie zum Thema Co-Abhängigkeit? Was ist Ihr Hintergrund?

Ich erkannte 1999 meine eigene Co-Abhängigkeit und ging lange in die 12-Schritte-Selbsthilfegruppen der Anonymen Co-Abhängigen (www.coda-deutschland.de). Sie arbeiten mit dem gleichen Programm wie die Anonymen Alkoholiker, das ich als äußerst sinnvoll und hilfreich erlebe. Ich habe mich innig und ausführlich mit Co-Abhängigkeit beschäftigt, weil ich selbst sehr darunter litt und mein Suchtverhalten auch heute noch immer im Blick haben muss. Ich meide Sucht auslösende Situationen, zum Beispiel eben die, dass mich jemand vergöttert und es mir recht machen will – und im Gegenzug unterschwellig, wie das Co-Abhängige nun mal tun, sehr viel Aufmerksamkeit und Zuwendung fordert. Ich lebe mit einem depressiven Familienmitglied zusammen, so darf ich jeden Tag üben, klar, eindeutig und hilfreich, aber nicht co-abhängig zu sein.

7. Ich hatte Ihnen von meiner Dozentin Frau Schmedemann erzählt, die mir Ihre Lektüre ans Herz gelegt hat. Wie fühlt sich dieses Lob an?

Ich freue mich von Herzen, dass meine Erkenntnisse und das, was ich daraus gemacht habe, so anerkannt und wertgeschätzt werden. Mein inneres Kind freut sich, dass ich gesehen werde, und die Autorin in mir fühlt sich tief bestätigt in dem, was sie macht. Und auf eine gewisse Weise erstaunt es mich immer wieder und immer noch, dass das, was ich so gerne tue, so viel positive Resonanz erzeugt. Ich bemühe mich sehr, authentisch zu sein und fundiert zu schreiben, und wenn jemand wie Frau Schmedemann meine Bücher anerkennt, dann bestätigt mich das sehr in dem, was ich tue. Ich fühle eine tiefe Befriedung und Erleichterung.

8. Sucht soll ja immer etwas kompensieren. Wie wählt ein Süchtiger sein Suchtmittel aus?

Eine Sucht, so erlebe ich es, ist immer eine Therapie gegen die unermesslich tiefe Einsamkeit des nicht gesehenen Kindes, später des inneren Kindes. Jede

Sucht, wirklich jede, dient einer der wichtigsten und ältesten Gehirnfunktionen und ist ein Werkzeug eines wesentlichen Anteils unseres Gehirnes: der Schmerzvermeidung, die im sogenannten limbischen System angesiedelt ist. Das limbische System dient der Verarbeitung von Emotionen und regelt unser Triebverhalten.

Wie entsteht eine Sucht? Man lernt während einer sehr traumatischen Situation eine starke Belohnung kennen. In einer Schmerzsituation, in einem Schockzustand bekommt das Gehirn durch ein Verhalten oder eine Substanz also plötzlich Reize im Belohnungszentrum. Man kann sich vorstellen, dass die Schmerzvermeidung sich das merkt und diese Erfahrung auf der Stelle als hervorragend funktionierendes Werkzeug zur Schmerzvermeidung zu nutzen beginnt.

Ein Beispiel: Du bist allein, weinst, bist ein Kind, bist in Not, weißt nicht, ob du verlassen wurdest oder ob deine Mutter in ein paar Minuten wiederkommt. Das kannst du auch nicht wissen, denn du kennst keine Zeit und kannst dich noch nicht selbst halten. Dein Stammhirn weiß aber eines ganz genau: Du wirst sterben, wenn sich nicht innerhalb von 48 Stunden jemand um dich kümmert. Dein Weinen ist zu Beginn ein leichtes Unwohlsein, eine Beunruhigung, doch schon bald entsteht Todesangst. Zu Recht! Denn die Erfahrung, zu sterben, wenn die Mutter weg ist, ist real und weit verbreitet. Indigene Völker tragen ihre Kinder jederzeit mit sich herum, sie werden nicht allein gelassen, sie haben immer Körperkontakt – so wie einige Tierarten das auch tun. Allein gelassen zu werden bedeutet für diese Kinder und Tiere den sicheren Tod, und dein Stammhirn weiß das. Es ist eine brandneue Erfahrung, als Baby allein gelassen und immer wieder vor dem sicheren Tod gerettet zu werden. Wir wissen als Erwachsene vielleicht, dass wir als Kind weder dem Tod noch dem Verlassenwerden nahe waren. Aber das innere Kind, das damals geprägt wurde und heute in uns wirkt, weiß es nicht, und vielleicht stimmt es auch nicht.

Du weinst also. Deine Mutter kommt und schiebt dir etwas Süßes in den Mund, damit du ruhig wirst. Dein Gehirn erkennt Nahrung, Zucker sogar, also schnell verfügbare Energie, es geht dir auf der Stelle besser. Natürlich geht es dir deshalb besser, weil deine Mutter auf einmal wieder da ist. Aber nicht nur. Auch der Zucker selbst trägt viel dazu bei, aktiviert er doch das Belohnungszentrum im Gehirn. Augenblicklich hören Angst und Schmerz auf. Was geschieht im Gehirn? Dein Zentrum der Schmerzvermeidung wird mit dieser Erfahrung von plötzlicher Erleichterung durch Zucker verknüpft. Von nun an wird dein Gehirn genau diese Substanz zur Schmerzvermeidung einzusetzen. All das spielt sich völlig unbewusst ab. Wenn du dich ab jetzt unwohl fühlst, nicht nur, wenn die Mutter weg ist, sondern immer, wird diese Verknüpfung zwischen Schmerzvermeidung und Zucker aktiv.

Und hier kommt das innere Kind ins Spiel. Denn das innere Kind ist Träger fast all der emotionalen Schmerzen, an denen du leiden könntest. Wenn du aus dem inneren Kind heraus lebst, agierst und fühlst, weil du es nicht anders gelernt hast, dann ist dein Schmerzvermeidungszentrum ständig aktiv. Und weil es ein besonders gut funktionierendes Werkzeug zum Lustgewinn kennt, sei es ein Lächeln, das du anderen abringst, indem du brav bist, sei es ein Lob, das du für dein Angepasstsein bekommst, sei es Zucker, sei es Heroin oder Angel Dust, wird dein Gehirn dich nötigen, diese Substanz zu dir zu nehmen. Eine Droge, jede Droge, ist für dein Gehirn wie ein Werkzeug, mit dem es Schmerzvermeidung betreibt. Es gibt eine Schmerzmittelwerbung, deren Slogan hier hervorragend passt: „… schaltet den Schmerz ab. Schnell." Und genau darum geht es deinem Gehirn.

Nach einer kleinen Weile tritt ein, was eine Sucht so tragisch macht und so unfassbar schwer heilen lässt: Die Sucht selbst fügt dir irgendwann Schmerz zu. Du wirst dick. Du verleugnest dich selbst, du bekommst Entzugserscheinungen. Du kannst nicht mehr gut atmen. Du weißt im Geheimen, dass du dich selbst schädigst, und schämst dich. Deine Beziehungen funktionieren nicht gut, du bist ständig in Geldnöten. Jede Sucht hat ihre eigene Tragik, aber tragisch ist sie zwangsläufig. Dein Gehirn hat also eine sehr effiziente Möglichkeit gefunden, auf Schmerzen zu reagieren, und wendet dieses Mittel an. Das Mittel selbst schädigt dich und erzeugt neue Schmerzen. Dein Gehirn erkennt nur „Schmerz", also schickt es noch dringlichere Impulse heraus, endlich wieder das Schmerzmittel zu nutzen. Das Problem bei einer Sucht ist die beinah untrennbare Verknüpfung zwischen der so tief greifenden Schmerzvermeidung und dem oder der zunächst Lustgewinn erzeugenden, dich auf die Dauer aber schädigenden Stoff oder Verhaltensweise.

Ich glaube nicht, dass man sich seinen Stoff selbst aussucht, denn nicht alles funktioniert bei jedem. Nicht jeder kann nach allem süchtig werden. Ich habe einmal scherzhaft gesagt: Menschen, die nicht süchtig sind, haben einfach nur das Glück gehabt, in einer traumatischen Situation eben nicht mit dem für sie funktionierenden Stoff oder Verhalten in Kontakt gekommen zu sein. Ich habe nach einer Operation einmal ein Schmerzmittel bekommen, es war Valoron. Ich nahm es, und noch nie habe ich mich so leicht und entspannt gefühlt. Plötzlich war diese innere Spannung, die ich sonst immer ganz unterschwellig erlebe, weg, und ich spürte mich als ich selbst, aber eben ohne diese Spannung. Das wäre definitiv ein Suchtmittel, das für mich funktionieren würde, dachte ich, und ich meide es seither beinahe panisch. Bei der zweiten Operation wollte mir der Arzt erneut Valoron geben – ich nahm es natürlich nicht. Ich wäre eine sehr gute Kandidatin für Tablettensucht, dachte ich, dankbar dafür, dass ich es so schnell bemerkte. Doch viele nehmen Valoron und haben keinerlei Probleme damit.

9. Die Gesellschaft suggeriert uns immer mal wieder, was wir angeblich brauchen, um in zu sein. Wie kann man sich gegen diese Suggestionen erfolgreich zur Wehr setzen, um nicht in eine Sucht zu kommen?

Indem man sich liebevoll, mitfühlend und bewusst um sich selbst kümmert, sehr ehrlich sich selbst und den eigenen Schwachpunkten gegenüber ist. Wenn

> ich weiß, womit man mich verführen kann, wessen Zielgruppe ich aufgrund meiner ungestillten Sehnsüchte bin, dann kann ich dafür sorgen, dass ich meine Bedürfnisse und Sehnsüchte auf sinnvolle und gesunde Weise erfülle. Dazu braucht es die unbedingte Bereitschaft, sich seiner selbst bewusst zu werden und die Verantwortung für sich selbst mit allen Konsequenzen wirklich zu tragen. Eine der unabdingbaren Voraussetzungen dafür ist meiner Erfahrung nach, sich bewusst mit seinem inneren Kind zu beschäftigen und ihm einen guten und sicheren Platz im eigenen Inneren zu geben. Außerdem hilft ein wenig Humor. Wenn ein Produkt wirklich genau meinen Geschmack trifft und meinen Wunsch nach einer heileren, zärtlicheren Welt zumindest scheinbar erfüllt, dann freue ich mich darüber, schenke es mir, wenn es erschwinglich ist, und ziehe lächelnd meinen Hut vor dem, der mich so gekonnt verführt hat.

Der narzisstische Sex als Überkompensation

Die Frage, die sich hier wohl jeder stellt, ist, ob Narzissten verkappte Machos oder charakterlose Arschlöcher sind, die Frauen nur ausnutzen, narzisstisch besetzen und verarschen, oder doch Menschen wie du und ... (ich)? Oder sind alle Frauen gar dependent und demnach eine leichte Beute für mich? Wonach bin ich gegangen, als ich meine Partnerinnen und Spielgefährtinnen ausgewählt habe? Habe ich sie gefunden, haben sie mich gefunden, oder fanden wir uns gegenseitig? Pauschalisierenden Seiten im Internet zufolge suchen wir Narzissten uns bewusst unsere Opfer aus, mit denen wir dann unser perfides Spiel treiben. Nur, ich habe meine Partnerinnen nie als Opfer gesehen, sondern als menschliche Wesen, mit denen ich einfach nur eine schöne Zeit verbringen wollte. Manchmal habe ich auch an die große Liebe geglaubt oder davon geträumt. Sex war am Ende nur häufig ein Mittel zum Zweck, weil ich einfach nicht mehr wusste, wie ich Frauen beeindrucken soll. Ich bin überzeugt davon, ein guter Stecher zu sein. Dabei lag es so nah. Ich bin wertvoll, weil ich wertvoll bin. Du bist wertvoll, weil du wertvoll bist.

Es gibt über Sex viele Theorien. Manche halten Sex für ein Fortpflanzungsmittel, andere sehen in ihm ein Zeichen von Zuneigung und Verbundenheit. Triebgesteuerte Menschen halten Sex für die schönste Nebensache der Welt, konsumieren Pornos, besuchen Prostituierte oder suchen sich besonders naive und beeinflussbare junge Frauen, die alles dafür tun würden, ein bisschen Aufmerksamkeit zu erhalten. Manchen ist das Aussehen besonders wichtig, anderen die Vorlieben, und einigen wenigen ist es egal, denn Loch ist Loch. Ich denke, bei mir war es mal das eine, mal das andere. Ich habe große Freude am Sex, kenne aber den Unterschied zwischen Sex aus Geilheit und Sex aus Liebe. Allerdings kann ich mich nicht mehr wirklich verlieben. Jedes Mal, wenn ich mich aufrichtig verliebt hatte, wurde ich ernsthaft ent-

täuscht und verletzt. Auch wurde ich als junger Mensch von den Frauen ständig ausgenutzt, ohne Zärtlichkeiten dafür zu erfahren. Und irgendwann habe ich dann stets genommen, was ich wollte, ohne Rücksicht auf Verluste (sprich ich habe Frauen bequatscht, war aber nie zudringlich oder respektlos). Auch hatte ich Sex mit Männern. Beziehungen hatte ich einige wenige gute, ansonsten viele Affären oder One-Night-Stands. Fremdgegangen bin ich einmal aus Rache, nachdem ich „sie" mit einem anderen gesehen hatte. Mittlerweile habe ich nur noch Affären oder Freundschaften mit Extras. Ich bin sogar ehrlich zu den Frauen und sage ihnen, dass ich weniger an einer Beziehung interessiert bin. Erstaunlicherweise finde ich auch immer wieder Frauen, die sich mit mir treffen und auch recht schnell ins Bett gehen. Im Gespräch mit meiner Therapeutin habe ich erörtert, dass ich mir wohl mit Sex Bestätigung und Aufmerksamkeit hole. Es ist keine Liebe, es ist nur ein Ersatzgefühl. Man könnte es auch Egomasturbation nennen. Ich soll mich nicht unter Druck setzen, was das Verlieben oder den Aufbau und die Entwicklung einer Partnerschaft angeht.

Der narzisstische Sex ist wie ein Wettkampf zu verstehen. Jeder will der Beste sein. Der eher grandiose Narzisst denkt nur an sich und lebt ungehemmt seine Geilheit aus, ohne wirklich auf die Bedürfnisse seiner Partnerin einzugehen. Er hält sich für einen Superabspritzer. Ihm ist seine Männlichkeit sehr wichtig. Er hat den Druck, seinen Mann zu stehen, „in doppelter Hinsicht". Er kann immer, er will immer, und wenn er mal nicht kann, hat er dafür auch eine passende Erklärung parat. Um aber die Auserwählte zu erobern, spult er am Anfang sein ganzes Repertoire der Verführungskunst durch. Sex mit einem Narzissten ist für viele Menschen am Anfang wie der Himmel auf Erden. Berauscht durch den eigenen Trieb, bringt der Narzisst sein Gegenüber ständig in sexuelle Ekstase. Irgendwann aber lässt auch dieser Zauber nach, und der Narzisst fängt an, nur noch an sich zu denken.

Die Unfähigkeit, sich im Bett wirklich auf den anderen einzulassen, schürt das Desinteresse und die Langeweile auf beiden Seiten. Der Narzisst findet nicht mehr die notwendige Bestätigung durch den Partner. Dessen Begeisterung wiederum nimmt umso stärker ab, je weniger die eigenen Bedürfnisse eine Rolle spielen. Doch da ein Narzisst krankhaft von sich und seiner Unfehlbarkeit überzeugt ist, muss die Schuld für das unbefriedigende Sexualleben auf der anderen Seite des Bettes liegen. Streit und Frust nehmen dann zu, für die Partner von Narzissten wird Sex zur Last. Beim Narzissten kann es zu Potenzstörungen und dem völligen sexuellen Rückzug kommen – aus Angst vor dem Versagen, was sein Selbstbild zum Einsturz bringen könnte. Als letzter Ausweg bleibt ihm dann häufig nur die Selbstbefriedigung. Hier behält er die volle Kontrolle und muss nur auf die Bedürfnisse des einzigen Menschen Rücksicht nehmen, der ihn interessiert: sich selbst.

Der depressive (oder auch vulnerable) Narzisst denkt weniger an sich. Ihm ist die Bestätigung, ein guter Liebhaber zu sein, viel wichtiger. Er unterwirft sich zwar nicht direkt den Bedürfnissen seines Partners, aber er meint, er gibt mehr, als er nimmt. Dabei handelt er genauso egoistisch, wie der Grandiose, nur andersherum. Ihm ist wichtig, dass der andere auf seine Kosten kommt. Auch er geht nicht wirklich auf die Bedürfnisse der Frau ein, wenn auch manche Frau die Bestätigung braucht, gut zu sein. Und auch die Frau ist hin und wieder frustriert, wenn ihr Partner „ihrer Meinung nach" nicht auf seine Kosten kommt. Das liegt sicher auch daran, dass sich in dem Falle beide zu sehr unter Druck setzen. Der Orgasmus wird überbewertet oder gar als Erfolgserlebnis angesehen. Aber wer sich über den Orgasmus anderer definiert, befriedigt damit im Grunde auch nur sein Ego.

Bei der Frau äußert sich der Narzissmus überwiegend darin, begehrt zu werden. Dies führt häufig dazu, dass sie sich einem Mann verweigert und an seinem Verlangen Befriedigung findet, etwa indem sie vor ihm masturbiert. Eine gesteigerte Form wäre, dass er zusehen soll, während sie Sex mit anderen hat. Doch da auch die narzisstische Frau unfähig ist, die Persönlichkeit des Partners wirklich zu sehen und anzuerkennen, spielt auch er oft nur die Rolle des reinen Sexualpartners, der ihr im Extremfall zum Beispiel nur ein Kind zeugen und anschließend wieder verschwinden soll.

Auch hier habe ich nun wieder pauschalisiert, was heißt, dass es nicht immer so ist. Aber so habe ich es selbst erlebt, erlebe es auch immer noch oder höre es von anderen. Natürlich ist es auch möglich, dass das Rollenverhältnis umgekehrt ist, schließlich gibt es ja auch grandiose Frauen. Nicht jede Frau ist das „schwache Geschlecht".

Ein Geständnis zum Schluss

Ich war jung und arm, hatte aber einen großen Schwanz in der Hose, und ich war rothaarig. Rothaarige sind in der Männerwelt ein echter Fetisch. Ich habe selber mal gelesen, dass Sex mit Rothaarigen etwas Besonderes sein soll. Ich kann es bestätigen. Den besten Sex hatte ich bis zu diesem Zeitpunkt mit einer Rothaarigen. Meine Sexlehrerin war eine Rothaarige.

Ich wusste, dass die Kerle auf Frischfleisch stehen. Frischfleisch war schwer zu kriegen. Frischfleisch wurde hoch gehandelt. Viele Männer ab 40 plus ließen sich vieles kosten, nur um in den Genuss von junger, glatter, samtweicher Haut zu kommen, faltenfrei, durchtrainiert, einfach jung und unverbraucht. Anfangs war mir gar nicht klar, welche Möglichkeiten sich da für mich auftaten. Ich war trotzdem überzeugt von mir. Und ich war ja auch ein Naturtalent. Die ersten drei Männer konnten gar nicht genug kriegen. Alle sind nach recht kurzer Zeit gekommen. Ich war Blasweltmeister, Dragqueen und dazu noch ein liebenswerter Mensch, mit dem man sich gerne über die Bettkante hinaus unterhält. Ich war flexibel einsetzbar. Ich war auch für die nicht szenekundigen Herren ein begehrenswerter Mensch. Ich bekam viel dafür, kleine Geschenke, wurde eingeladen und musste oft nichts dafür tun, außer ein bisschen knutschen und meinen Schwanz hinhalten, um mich leersaugen zu lassen. Ich sah mich nicht als Callboy oder Escort, denn an sich wollte ich kein Geld. Aber etwas anderes konnten mir viele dieser armseligen Seelen nicht bieten. Sie dachten, sie wären mir was schuldig, dabei wollte ich nur ihre Aufmerksamkeit. Trotzdem habe ich nie Nein gesagt, wenn sie mir einen Fünfziger zugesteckt haben.

Ich war eine schlanke Rarität. Und so verkaufte ich mich auch eine Zeit lang, auch wenn ich eigentlich nur Freunde suchte. Sex stand für mich nicht im Vordergrund. Sex war für mich nur das Zahlungsmittel, um Aufmerksamkeit und Anerkennung und ein bisschen Liebe zu erfahren.

7.4 Warum die Lösung des Narzissmus Liebe ist und nicht Hass

> Es ist nicht viel, was der Mensch von Beginn an braucht, aber dieses Wenige scheint häufig so unendlich schwer: die Fähigkeit zu einem Dialog auf Augenhöhe, eine Atmosphäre der liebevollen Annahme, in der das Kind von Beginn an aufwächst mit der Erfahrung: „So, wie du bist, bist du gut! – Ich heiße nicht alles gut, was du tust, aber dich, dich heiße ich gut, und ich freue mich jeden Tag, dass du da bist! Ich freue mich, dir zu helfen, der zu werden, der du bist."
>
> Wenn dies nicht gelingt, dann haben wir nur eine Chance: zu lernen, das, was uns damals zu Unrecht nicht gegeben worden ist, uns selbst zu geben, und uns auf den mühevollen Weg zu uns selbst zu machen – durch all die Ablehnung, Wut, Trauer und all den Schmerz hindurch – so lange, wie es braucht. Nicht in Schuld und Wiedergutmachung zu verharren, sondern zu der tiefen Einsicht gelangen: Das, was ist, ist – und ich habe nur eine Chance: dem auf Augenhöhe zu begegnen und das Bestmögliche daraus zu machen – mich von Zerstörung abzuwenden und dem Leben zuzuwenden, in mir und um mich herum – und Leben ist dort, wo Liebe und Begegnung sind.
>
> Dr. med. Mirriam Prieß

Wenn ich traurig bin und es zeige, mich mitteile, mein inneres Kind nicht mehr verstecke, wenn mir die Tränen kommen und ich weine, gelte ich als schwach, als hilflos, als Opfer. Wenn ich dann in meinen Beschützermodus wechsle und wütend, aggressiv, polarisierend, impulsiv und überbordend die Grenzen anderer massiv überschreite, gelte ich als böse, als Narzisst – aber ich bekomme Feedback. Ich bekomme somit Aufmerksamkeit. Das, was ich mir wünsche, werde ich so aber niemals erhalten. Niemand sagt mir auf diese Weise, dass ich gut bin, da kann ich mich aufführen wie Donald Trump – ich werde nicht zu meinem Ziel kommen.

Alternativ kann ich auch in die Vermeidung gehen und mich in meinem Selbstmitleid verkriechen und meinem Leben ein Ende setzen. Aber das beseitigt auch nicht den Narzissmus und löst schon gar nicht das Problem, das ich habe. Gut, wenn ich tot bin, kann es mir ja egal sein, aber ich kann einfach nicht so herzlos und egoistisch die Menschen zurücklassen, die mir etwas bedeuten oder denen ich etwas bedeute. Ich kann nicht einmal meine Mutter hassen, obwohl ich das so gerne würde, aber ich kann nicht. Sie ist meine Mutter, und auch sie war mal ein Kind. Und auch wenn ihre Kindheit nichts entschuldigt, was sie mir angetan hat, kann ich sie nicht hassen. Wenn ich sie hassen würde, müsste ich mich ja auch hassen, weil ich genauso wie sie mein Verhalten mit meiner Kindheit begründet habe. Aber darin sehe ich die Chance. Ich bin ja jetzt erwachsen. Ich kann dem Kind in mir das geben, was andere mir nicht geben können.

Und ich kann das richtige Leben leben, mein Leben. Ich muss meine Eltern nicht mehr imitieren. In manchen schlimmen Augenblicken, in denen mir bewusst wurde, wer ich bin und wie meine Eltern sind, dachte ich: So wie die will ich niemals werden. Mit Siegmund Freuds „Wiederholungszwang" hatte ich zwar eine gute Erklärung dafür, warum ich bin, wie ich bin. Der Begriff bezeichnet den sonst schwierig zu verstehenden menschlichen Impuls, unangenehme oder sogar schmerzhafte Gedanken, Handlungen, Träume, Spiele, Szenen oder Situationen zu wiederholen. Dazu gehört unter Umständen auch, das Verhalten der Eltern zu kopieren. Aber das abzulegen und etwas Neues zu erlernen und anzuwenden, schien mir nicht möglich.

In meiner Therapiestunde wollte meine Therapeutin sowohl mit meinem Elternmodus reden, was mir scheißegal war, und dann auch mit meinem kleinen Kind, wobei ich sagte, dass ich es nicht ertrage, wenn jemand nett zu mir ist. Als sie dann die Rolle meiner Oma annahm, was ich ihr versuchsweise gestattete, knackte sie meinen Beschützer mal wieder, und es brachen alle meine Dämme und ich weinte. Sie tröstete mich. Sie ließ mich diesmal nicht alleine. Und sie gab mir Sicherheit. Ich machte eine gute Erfahrung. Sich trösten zu lassen fühlt sich schön an. Über meine Texte, die ich schreibe, veröffentliche und mit deren Hilfe ich reflektiere, drücke ich aus, was ich fühle, womit ich auch andere erreiche, was mich durchaus freut. Aber wenn ich dann gelobt werde dafür oder wenn man mir zu nahe kommt, dann ertrage ich es einfach nicht. Dann werde ich ätzend. Dann erwachen meine Elternmodi in mir, die mir sagen, dass ich es nicht wert bin. Wenn dir hundert Leute sagen, dass du blöd bist, und wenn du ein Kind bist und kaum jemand da ist, der dir das Gegenteil sagt, wie sollst du dann zu einer positiven Selbstannahme kommen? Das geht einfach nicht. Man kann keine Selbstliebe entwickeln, wenn man von allen Seiten nur Hass und Neid entgegengebracht bekommt. Man kann kein gesundes Verhältnis zu sich und seiner Umwelt aufbauen, wenn man sich andauernd behaupten muss, um nicht unterzugehen.

Einzig meine Oma war ein Mensch, der mich erreichte. Als sie starb, war ich 13 Jahre alt, und meine Welt brach zusammen. Ich hatte niemanden mehr, der mir sagte, dass ich gut genug bin, wie ich bin. Der Narzisst in mir wurde mein bester Freund, mein Beschützer, mein treuester Begleiter, der mir auch das Gefühl gab, wertvoll und gut zu sein. Und wenn ich dann auf Menschen traf, die mir nicht guttaten, trat mein Narzisst in mir erneut auf und wertete die ab und mich auf, damit es mir besser ging. Ich habe große Traurigkeit in mir und auch große Angst. Ich möchte Mitgefühl, Wertschätzung, Aufmerksamkeit und Liebe erhalten, auch wenn ich so bin, wie ich bin, wenn ich schwach bin, wenn ich traurig bin, wenn ich hilflos bin. Ich möchte aber auch nicht im Stich gelassen werden, wenn ich mal wütend bin, denn meine Wut ist nur die Wut darüber, traurig zu sein, weil ich dann ja in den Augen der Gesellschaft, die mich prägte, schwach erscheine. Ich denke aber nicht, dass es schwach ist, wenn man seine Gefühle zeigt. Ich denke auch nicht, dass es schwach ist, wenn man bei sich bleibt. Ich finde ebenfalls nicht, dass ich kein Mitgefühl habe oder ohne Empathie für andere bin, wenn ich mal nur an mich denke, mein kleines Kind tröste. Wie soll ich anderen helfen, wenn ich mir nicht selber helfen kann? Wie soll ich andere trösten, wenn ich selber Trost brauche? Wie soll ich an andere denken, wenn es mir selber schlecht geht? Wie geht das? Wenn jeder in der Gesellschaft ein bisschen mehr bei sich bleibt und nicht nur im Außen nach Defiziten Ausschau hält, dann brauchen wir auch nicht mehr den Narzissmus als Schutzschild. Wenn wir uns selber lieben, uns Mitgefühl geben, haben wir auch ein besseres Selbstbild und müssen uns dann auch nicht mehr gegenüber anderen überbordend und provozierend behaupten.

Die Lösung für den Schutzschild, den die Gesellschaft Narzissmus schimpft, ist also Liebe, nicht Hass. Ein Narzisst schützt sich selber, stellt sich dabei aber unglücklich an, weil er immer wieder in den Kampf mit dem Außen steigt, weil er selber sein Innerstes (sein inneres Kind) verachtet. Ein Narzisst braucht Trost, er braucht Zuwendung. Nur so kommt er zu einem positiven Selbstbild. Nur so kann er auch Liebe für sein inneres Kind (also auch sich selbst) empfinden. Bekommt er Hass, bestätigt sich sein Bild von der aus seiner Sicht „kranken Gesellschaft", und er kotzt sich unreflektiert aus und wird möglicherweise zum verbitterten Märtyrer. Und dann verhält er sich ganz so, wie ich mich im fünften Kapitel ausgedrückte habe. Er spaltet seine Gefühle komplett ab, er wird rücksichtslos, gewissenlos, er wird zum Mörder, zum Vergewaltiger, er verleiht seinem Leiden Ausdruck, indem er sein Außen niedermetzelt. Er handelt dann auch nicht mehr rein affektiv, sondern manchmal mit eiskalter Berechnung. Erstaunlicherweise bekommt er dann aber schneller Aufmerksamkeit als vorher. Dann erst fragt sich die Gesellschaft, was man hätte anders machen können. Die Lösung bleibt aber immer die gleiche: Liebe und Mitgefühl und dadurch ein besseres Selbstverständnis und die Möglichkeit der Selbstannahme.

Was ist daran so schwer?

> Jeder Mensch befindet sich ständig in einem Wachstumsprozess, daher darf niemand je aufgegeben werden und wer noch nie manipulativ, berechnend und eiskalt gewesen ist, der werfe den ersten Stein.
>
> Leonid Tolstoi

> Ganz persönliche Meinung: Es bringt weder etwas, sich a) zu „verzeihen", bis man die vermeintliche Erlösung findet, noch b) sich selbst zu geißeln, weil man glaubt, man hätte an etwas die alleinige Schuld gepachtet ---- das sind beides nur Kauknochen, die den geraden Weg des eigenen Ichs verhindern. Genau das meine ich mit emotionalen Verflechtungen. Abarbeiten, die Schuld nicht suchen, Fluss des Lebens, weitermachen – und zwar *so*, wie's beliebt – ohne sich ständig zu fragen, ob man was falsch macht oder Gott (in meinem Fall Luzifer, der musste es sein) einen eigentlich in die Wiege gekotzt hat, also im übertragenen Sinn. Klingt harsch, aber so etwas hindert uns an der Entwicklung der eigenen zugrunde liegenden Persönlichkeit. Nicht dass ich gegen Reflexion und Tiefgang bin – müsste man schon bemerkt haben –, aber eben *ohne* eigenkaschierte Vorverurteilung durch genau solche Kauknochen, die dann im Leben kumuliert und von eigener Hand gewählt ihre Spuren hinterlassen. Was ich tue, tue ich mit reinem Gewissen. Was andere mit mir tun, davon gehe ich aus, ist ebenso für sie mit ihrem Gewissen vereinbar – dazu gibt es Kommunikation. Sollte es Differenzen geben, sind diese zu klären. Nicht durch Suche nach Schuld bei sich selbst oder automatisch bei anderen, egal wie die Situation aussehen mag ... eher nach dem Sinn der Sache, ohne die Verwischung durch Gefühle. Wie gesagt, ganz persönliche Meinung.
>
> Kevin Drutschmann, ein weiterer Narzisst aus meiner Gruppe

8 Lehren und Reflexionen

Was ist heutzutage schon normal? Bin ich normal? Sind die anderen normal? Gibt es ein normales Normal? Und will ich überhaupt normal sein? Was wäre, wenn ich normal wäre? Was wäre, wenn ich kein Opfer wäre? Würde ich etwas vermissen?

Das frage ich mich jeden Tag, nicht nur einmal, sondern mehrmals. Ich weiß es nicht. Ich habe zwar eine Ahnung, aber ich komme nicht weiter und finde keine Antwort. Wer mich kennt, findet mich vielleicht normal. Aber wer kennt mich schon richtig? Ich bin ja nicht mal sicher, ob ich mich selber jemals richtig kannte. In mir steckt so viel drin, aber anscheinend finde ich zu mir keinen Zugang, oder mir ist die Sicht versperrt. Zu gerne würde ich wissen, wer ich bin und warum ich so bin, wie ich bin, und warum mein Umfeld mich so sieht, wie es mich sieht, und ob es auch sieht, wie ich wirklich bin, oder nur, wie ich gerade bin? Kann man diesen Zustand normal nennen oder nicht? Ich weiß sehr wohl, dass ich narzisstische Züge in mir habe, die mit Sicherheit auch ein Stück meines Lebens ausmachen (und mein Leben in der Vergangenheit teilweise zur Hölle gemacht haben). Aber ist das alles? Also wer bin ich wirklich?

Bislang habe ich Ihnen etwas über den gesellschaftlichen Narzissmus erzählt, wie er sich auswirkt, wie er entsteht, wie er sich weiterentwickelt hat. In diesem Kapitel werden Sie unterschiedliche Ansichten diverser Therapeuten bzw. Therapieverfahren kennenlernen. Dabei haben Sie die Möglichkeit, sich selbst im Spiegel zu sehen. Das Kapitel basiert auf vielen Beobachtungen, die ich gemacht habe, und zeigt Wege zu mir selbst, die ich gegangen bin (Heilung des inneren Kindes).

8.1 Die Opferrolle

Warum manche „Opfer" lieber Opfer bleiben

Sie haben immer eine Wahl. Auch der Narzisst hat eine Wahl. Wenn Sie es mit dem unreflektierten Narzissten nicht aushalten, steht es Ihnen frei, jederzeit zu gehen. Wenn Sie sich aber dafür entscheiden zu bleiben, dann sind Sie in meinen Augen nicht das Opfer Ihres Partners, sondern das Opfer Ihrer eigenen Entscheidung. Was wäre so schlimm daran, das ganze Opferrollendenken einmal wegzulassen und sich ganz mit sich selbst zu befassen? Sie entscheiden sich immer für irgendetwas. Treffen Sie die bestmögliche Entscheidung für sich und Ihr Innerstes und seien Sie stark genug, die Verantwortung zu übernehmen und die Konsequenzen zu tragen. Denn dann muss ich mich auch nicht mehr dafür einsetzen, dass Ihr, unser oder mein Krankheitsbild so in den Dreck gezogen wird.

Woher wissen Sie eigentlich, dass Sie kein Narzisst sind? Woher wissen Sie, dass Ihr Narzisst wirklich ein Narzisst ist? Sind Sie Arzt? Sind Sie Gott? Sind Sie der alleinige Bestimmer? Und wenn das jemand mit Ihnen macht? Können Sie sich überhaupt vorstellen, dass jemand Sie als Narzissten bezeichnet? Oder glauben Sie, nur weil Sie sich selber als Opfer darstellen, bekommen Sie automatisch von allen Seiten Mitgefühl? Glauben Sie dann auch, dass nur Ihnen dieses Mitgefühl zusteht? Ist das nicht narzisstisch?

Ich weiß, dass ich Fehler mache. Deswegen reflektiere ich und schreibe diesen Text. Wissen Sie auch, dass Sie Fehler machen, oder glauben Sie, Sie wären fehlerfrei? Halten Sie sich deswegen für etwas Besseres? Glauben Sie, Sie tun anderen einen Gefallen, wenn Sie sie vor jemandem warnen? Was haben Sie davon? Geht es Ihnen dann besser? Haben Sie dann weniger Schmerzen? Woran denken Sie gerade? Und wie ist das? Ist das dann normal? Diese Entscheidung überlasse ich Ihnen!

> Ich habe es so erlebt, dass man, solange man unter den Symptomen einer PTBS leidet und irgendwie seinen Alltag noch nicht wieder geregelt kriegt, sich selbst immer wieder mit der Opferrolle entschuldigen und ausruhen kann, sich selbst eventuell sogar Aufmerksamkeit schenkt, die man sich sonst vermeintlich nicht schenkt und die ja im Außen auch für alles andere sensibilisiert ist.
>
> Aber es ist ein wunderbares Gefühl, die Opferrolle zu verlassen und zu erkennen und sich zu reflektieren. Ich persönlich habe für jeden Verständnis, der noch nicht so weit ist, seine eigenen Anteile zu erkennen, und noch in der Luft hängt, aber inzwischen fehlt mir das Verständnis dafür, sich nicht weiterentwickeln zu wollen. Und kaum verlässt man die Opferrolle, wird man selbst von anderen „Opfern" als Narzisst abgestempelt, weil Sie sich „verlassen" fühlen.
>
> Ich mag in niemandem mehr Opfer oder Täter sehen ... wir sind alle „wir selbst" mit unseren ganz eigenen Erfahrungsmosaiken.
>
> Kiki Rödel, Mitglied meiner Gruppe in Facebook

Wie man aus der Opferrolle herauskommt

Ich hatte mit meinem Psychiater Dr. Reiche einige erhellende Momente. Sie halfen mir, aus meiner Opferrolle auszusteigen. Ich habe gelernt, Kontakt zu meinem inneren Kind aufzunehmen und mich selber zu spiegeln oder zu reflektieren. Im Grunde gibt es aber viele Möglichkeiten, aus der Rolle herauszukommen. Sie finden am Ende dieses Abschnitts einige hilfreiche Hinweise, was Sie machen können. Ob Sie diese annehmen, dürfen Sie selber entscheiden.

Dr. Reiche: Hallo, wie geht es Ihnen?
Das (noch) Opfer: Hallo Herr Doktor, ich fühle mich schlecht, weil ich ein Opfer bin.
Dr. Reiche: Hallo Opfer
Das (noch) Opfer: Ja, ich bin ein Opfer.
Dr. Reiche: Warum sind Sie ein Opfer?
Das (noch) Opfer: Keine Ahnung. Ich weiß nur, dass ich ein Opfer bin.
Dr. Reiche: Und wer hat Ihrer Meinung nach Schuld?
Das (noch) Opfer: Der Täter!
Dr. Reiche: Und wer ist der Täter?
Das (noch) Opfer: Der andere (mein Ex, mein Partner, mein Lover, mein Vater etc.).
Dr. Reiche: Und warum lassen Sie sich das alles gefallen?
Das (noch Opfer): Weil ich das Opfer bin.
Dr. Reiche: Schon klar, weil Sie das Opfer sind. Sie haben aber die Möglichkeit, sich zu verteidigen oder zur Wehr zu setzen.
Das (noch) Opfer: Das kann ich nicht.
Dr. Reiche: Warum können Sie das nicht?
Das (noch) Opfer: Weil ich zu schwach dafür bin. Der andere ist viel stärker als ich. Der andere ist schuld. Der andere ist böse.
Dr. Reiche: Sie fühlen sich also schwach. Und Sie sind ein Opfer. Habe ich das richtig verstanden? Zudem glauben Sie, dass der andere stärker ist, böse ist und Schuld hat. Warum glauben Sie das?
Das (noch) Opfer: Egal, was ich mache, er hat immer recht. Er weiß immer alles besser. Er ist einfach böse. Ich bin ein Nichts, ein Niemand, ich bin schwach, ich bin ein schwaches Opfer.
Dr. Reiche: Und wie fühlen Sie sich dabei?
Das (noch) Opfer: Schlecht, Herr Doktor, und hilflos. Ich fühle mich schwach. Ich fühle mich wie ein Opfer. Ich fühle mich ihm gegenüber hilflos ausgeliefert.

Dr. Reiche: Sie fühlen sich also schwach und wie ein Opfer? Und Sie fühlen sich hilflos und ihm gegenüber auch noch hilflos ausgeliefert?

Das (noch) Opfer: Ja, das tue ich. Ich bin eben voll das Opfer.

Dr. Reiche: Eben sagten Sie, Sie fühlen sich wie ein Opfer. Jetzt sagen Sie, Sie sind ein Opfer. Sind Sie also Ihr Gefühl?

Das (noch) Opfer: Häää?

Dr. Reiche: Eben sagten Sie, Sie fühlen sich wie ein Opfer. Jetzt sagen Sie, Sie sind ein Opfer. Sind Sie also Ihr Gefühl? Oder ist das nur Ihr Gefühl und Sie sind Sie selbst?

Das (noch) Opfer: Sie haben recht, Herr Doktor. Ich fühle mich wie ein Opfer, weil ich eben ein Opfer bin.

Dr. Reiche: Sind Sie immer ein Opfer? Fühlen Sie sich immer wie ein Opfer? Oder gibt es auch Momente, wo Sie sich anders fühlen?

Das (noch) Opfer: Nein, ich fühle mich auch mal gut.

Dr. Reiche: Also sind Sie nicht immer ein Opfer. Sie fühlen sich nur manchmal so.

Das (noch) Opfer: Ja, das ist wahr. Ich bin nicht immer das Opfer. Ich fühle mich nur manchmal so.

Dr. Reiche: Dann sind Sie eigentlich kein Opfer, sondern es gibt Tage, da fühlen Sie sich wie ein Opfer, an anderen Tagen aber fühlen Sie sich gut. Glauben Sie nicht, dass es einem Opfer auch mal gut gehen kann?

Das (noch) Opfer: Sie haben recht, Herr Doktor. Ein Opfer fühlt sich immer schlecht. Ich fühle mich dagegen auch manchmal gut. Also bin ich ja kein Opfer, sondern fühle mich nur so.

Dr. Reiche: Sie sind nur so lange Opfer, wie Sie es zulassen bzw. fühlen. Sie müssen kein Opfer sein, wenn Sie nicht wollen. Geben Sie den anderen nicht zu viel Macht, über Ihr Leben zu bestimmen. Sie haben die Freiheit, Ihre eigene Entscheidung zu treffen, und auch die Wahl, ob Sie sich gut oder schlecht fühlen. Oder zwingt Sie jemand dazu?

Das (nicht mehr) Opfer: Nein, mich zwingt niemand dazu.

Dr. Reiche: Ich bin stolz auf Sie. Ich kann Sie nur dazu ermutigen, weiter an Ihnen und Ihren Gefühlen, Ihren Gedanken und Ihren Erkenntnissen zu arbeiten. Sie sind auf einem guten Weg. Machen Sie weiter so!

Anhand dieses fiktiven Dialogs (wobei Dr. Reiche tatsächlich mein Behandler ist) können Sie erkennen, dass unsere Gefühle manchmal so intensiv und so stark sind, dass sie uns hilflos erscheinen lassen. Wir befinden uns dann in der Opferrolle unseres eigenen Denkens. Besonders in Krisenzeiten oder nach traumatischen Flashbacks oder wenn wir getriggert wurden, neigen wir dazu, in diese Opferrolle zu schlüpfen. Diese Rolle ist ein automatischer Mechanismus, der in Gang gesetzt wird. Sie bietet Schutz. Sie bietet Sicherheit. Diese Rolle scheint im ersten Moment in der Lage zu sein, unsere Bedürfnisse zu erfüllen. Sie erlaubt es uns, Verantwortung abzugeben. Pauschalisierungen und Schuldzuweisungen sind dann keine Seltenheit. Pauschalisierungen an sich helfen uns, uns abzugrenzen. Aber in Verbindung mit Wut und dem Gefühl, ein Opfer zu sein, können sie dazu führen, dass sich unser Umfeld von uns distanziert. Ein Opfer möchte getröstet werden. Ein Opfer möchte beschützt werden. Ein Opfer braucht Mitgefühl. Ein Opfer braucht Verständnis. Ein Opfer braucht auf keinen Fall Vorwürfe. Aber möchten Sie einem Opfer helfen, das allen anderen die Schuld gibt? Fühlen Sie sich dieser Verantwortung gewachsen? Können Sie das Risiko eingehen, sich verletzen und abwerten zu lassen und selbst Opfer einer Pauschalisierung zu werden?

> Bei vielen Berichten hier, wo Frauen ihren Leidensweg beschreiben, weil sie an einen narzisstischen Mann geraten sind, habe ich den Eindruck, dass die meisten sich als Opfer sehen und den Narzissten als Täter. In gewisser Weise ist das wohl auch so. Aber dennoch: Zum Opfer wird man nicht gemacht, die Opferrolle ist vielmehr das Ergebnis eigener Entscheidung. Was auch immer passieren mag – niemand kann uns zwingen, uns wie ein Opfer zu verhalten. Es ist sehr viel effektiver, wenn wir uns auf unsere Möglichkeiten konzentrieren statt auf unser Unglück. Wer sich selbst als Opfer betrachtet, tut sich damit nichts Gutes. Denn er schafft und zementiert auf diese Weise sein eigenes Unglück. Die Opferhaltung ist niemals logisch zwingend, sondern wohlgemerkt: eine gewählte Lebenseinstellung. Auch wer faktisch zum Opfer gemacht wird, muss nicht zwangsläufig wie ein Opfer empfinden und handeln. Wir können immer entscheiden, wie wir mit den Dingen umgehen wollen. Vielen Opfern ist das nicht bewusst, oder aber sie wollen nichts davon wissen. Stattdessen tun sie so, als hätten sie keine Wahl. Sie machen in erster Linie den anderen für ihre Situation verantwortlich und fühlen sich ausgeliefert. Sie meinen, hilflos zu sein, und verhalten sich deswegen passiv. Sie warten auf Rettung von außen, und sollten sie einmal selbst einen Versuch zu ihrer Rettung unternehmen, geschieht das meist halbherzig, weshalb das Unterfangen häufig fehlschlägt. Das wiederum wird als sichtbarer Beweis für die Aussichtslosigkeit der eigenen Situation gewertet. Auf diese Weise fühlen sich diese Frauen, die sich selbst zum Opfer machen lassen, in ihrer Hilflosigkeit bestätigt.
>
> Gefunden auf einer „Opferseite"[65]

Dass man selber einmal ein Opfer war, rechtfertigt es nicht, zum Täter zu werden. Nur weil ich als Kind von anderen Kindern gehauen wurde, habe ich jetzt nicht das Recht, auch andere zu hauen. Nur weil meine Mutter mich schlecht behandelt hat, habe ich jetzt nicht das Recht, alle schlecht zu behandeln, die mich an meine Mutter erinnern. Weil ich mich schlecht fühle, sollen andere auch leiden? In der Schematherapie nennt man das „Wut-Schuld-Wippe". Wenn ich wütend bin, sind die anderen schuld. Und wenn die dann wütend sind, ist es auf jeden Fall nicht meine Schuld. So denkt ein unreflektiertes „Opfer". Die Pauschalisierung sieht wie folgt aus: Ich bin das Opfer, also habe ich keine Schuld. Oder alle sind schuld – außer mir. Und wenn ich deswegen andere beleidige oder verletze, ist es auch nicht meine Schuld, denn ich bin ja das Opfer, ergo tragen alle anderen die Verantwortung für mein Handeln. Deren Reaktion darauf ist mir egal!

Jetzt mal ehrlich: Glauben Sie daran?

Der Physiker Isaac Newton sagte einmal: Aktion gleich Reaktion. Nur weil ich mich wegen meiner Mutter schlecht fühle, die mir ja jetzt gerade nichts mehr tut (es sei denn, ich lasse es zu), habe ich das Recht, alle, die nicht meiner Meinung sind, zu beleidigen und zu verletzen? Glauben Sie das wirklich? Möchten Sie sich von mir beleidigen lassen, nur weil Sie mich an meine Mutter erinnern oder Sie mir einen Rat geben, wie ich damit umgehen soll?

Ich spreche hier aus eigener Erfahrung, denn ich habe in früheren Krisenzeiten ähnlich gedacht. Ich bin als Kind durch die Hölle gegangen. Ich war hilflos. Es ist mein gutes Recht, als Kind mich zu wehren, mich zu verteidigen oder auch zurückzuhauen. Ebenfalls ist es mein gutes Recht, traurig zu sein, wütend zu sein oder Angst zu haben. Aber jetzt bin ich kein Kind mehr. Jetzt bin ich alt genug, meine eigenen Entscheidungen zu treffen. Ich möchte kein Opfer sein, weil ich mich sonst schlecht fühle. Und wenn ich mich mal schlecht fühle, kann ich alles machen und tun, was ich will. Ich tendiere dann dazu, mir etwas Gutes zu tun. Ich könnte natürlich wieder in die Opferrolle verfallen und dieselben Fehler machen wie vor zehn Jahren.

Damals war ich nach meinem ersten Klinikaufenthalt in der Psychiatrie – wo mir im Übrigen eine Borderline-Störung diagnostiziert wurde – auch in der Opferrolle. Ich habe nach Schuldigen gesucht. Ich habe in Büchern gelesen, dass ich für meine Krankheit nichts könne und dass die Ursachen dafür in meiner Kindheit zu suchen seien. Da stand aber auch drin, dass ich lernen könne, nicht aus dem Gefühl heraus zu handeln. Da stand ebenfalls drin, dass ich nicht mein Gefühl sei. Nur war mir das in dem Moment egal. Ich las, dass es mit meiner Kindheit zu tun habe. Also, dachte ich, haben alle die, die mir in meiner Kindheit wehgetan haben, Schuld. Und so habe ich jeden böse abgewertet und abgestraft. Ich habe böse Beleidigungen und Verleumdungen in ihre Gästebücher im Internet geschrieben. Ich habe Leuten im Internet Angst gemacht und ihnen gedroht. Ich habe mich massiv in meine Wut hineingesteigert. Die Reaktionen, die ich geerntet habe, waren, man mag es sich denken, nicht schön. Da ich diese ganzen Hasstriaden vom PC meiner Tante aus ins Internet geschickt hatte, musste sie sich rechtfertigen. Dass ich dafür dann kein Mitgefühl bekam, war für mich unverständlich. Ich wollte, dass die anderen sich ändern und sich bei mir entschuldigen. Nur vergaß ich dabei, dass jeder Mensch für sich selbst verantwortlich ist und entsprechend auch nur er es in der Hand hat, sich zu ändern.

Ich kann nicht jedes Kind, das mich hänselt, allein dafür verantwortlich machen. Ich kann dem Kind sagen, dass ich verletzt bin, und ich kann mir dann Mitgefühl und Trost wünschen. Das Kind muss mich aber nicht trösten. Es reagiert nicht so, wie ich es mir wünsche. Es reagiert so, wie es fühlt, wenn es denn etwas fühlt. Ich habe aber jedes einzelne Kind, das ja nun kein Kind mehr, sondern 18 bis 25 Jahre alt war, angeschrieben und beleidigt. Ich habe auch mit meiner Mutter ganz oft gekämpft. Aber ich habe diesen Kampf nicht gewinnen können. Das, was ich wollte, bekam ich nicht, und das, was ich bekam, wollte ich nicht. Meine Mutter und jeder andere, der mir früher wehgetan hat, tut mir ja jetzt nichts mehr (bzw. nur dann, wenn ich es zulasse, und ob ich es zulasse, entscheide immer noch ich). Sie alle tragen irgendwie eine Mitverantwortung für das, was sie mit mir gemacht haben, aber ich allein trage die Verantwortung dafür, wie ich jetzt, wo ich kein Kind mehr bin, damit umgehe. Stellen Sie sich vor, Sie wären meine Mutter: Ändern Sie sich nur, weil ich Ihnen jetzt zehn Jahre später Vorwürfe mache für etwas, das Sie damals getan haben?

Meine Mutter hat in ihrer Kindheit genau den gleichen Schmerz erfahren. (Wie Sie merken, schwanke ich zwischen Verständnis und Vorwurf. Aber Gefühle und Gedanken müssen verbalisiert werden, bevor sie verarbeitet werden können.) Im Grunde habe ich Mitgefühl für das innere Kind meiner Mutter. Ich kann den Schmerz, den sie erlitten hat, nachvollziehen. Zugleich war aber auch ich als Kind ihrer Unfähigkeit zu lieben ausgesetzt. Deswegen schreibe ich darüber. Ich reflektiere und therapiere mich ein Stück weit selbst.

Ich kann alles dafür tun, dass es mir gut geht. Ich kann eine Therapie machen und die Verletzungen meiner Kindheit aufarbeiten. Ich kann aber auch weiter im Außen kämpfen, in der Opferrolle verharren, kann die anderen, die nicht meiner Meinung sind, abwerten und mich weiter schlecht und unverstanden fühlen. Aber dann wird es schwer, das von ihnen zu bekommen, was ich möchte. Im Grunde habe ich es selber in der Hand, wer ich bin und wie mich mein Umfeld sieht. Wenn ich mich nicht wie ein Opfer präsentiere, wird mein Umfeld mich auch nicht als Opfer wahrnehmen, geschweige denn beschimpfen – es sei denn, es sind selbst Opfer. Aber auch die sind deshalb nichts Besseres oder Schlechteres, sondern einfach noch nicht so weit. Distanzieren Sie sich, wenn Sie glauben, dass es nötig ist.

Wie kommen Sie aus der Opferrolle raus? Theorie und Praxis sind gewiss zwei Paar Schuhe, aber es zu versuchen, macht klug. Mein Tipp daher: Machen Sie sich bewusst, wann Sie dazu tendieren, die Schuld auf andere (Menschen, Umstände …) zu schieben. Und dann fragen Sie sich Folgendes:

- Sind es immer die gleichen Situationen (beispielsweise dann, wenn Sie überfordert sind)?
- Weisen Sie nur gewissen Menschen die Schuld zu?
- Begeben Sie sich nur gegenüber bestimmten Personen in die Opferrolle, von denen Sie sich zum Beispiel Zuspruch oder Mitgefühl wünschen?
- Hat Ihnen bereits jemand Ihre Opferhaltung vorgeworfen? Wenn ja, in welchem Zusammenhang?
- Was belastet Sie derzeit am meisten? Wer ist schuld daran?

Passivität wirkt wie eine angezogene Handbremse und verhindert das Vorankommen, das Erreichen einer Besserung. Auch wenn Sie vollkommen schuldlos sind, wenn Sie also in eine ungute Situation hineingeschlittert sind – machen Sie sich bewusst, *dass Sie eigenverantwortlich zu einer Besserung beitragen können.* Und wenn das im ersten Schritt nur darin besteht, die eingetretene missliche Lage zu akzeptieren. Beantworten Sie diese Frage: Was kann *ich* tun, damit es mir besser geht?

Sich mit sich selbst auseinanderzusetzen oder zu hinterfragen, ist im ersten Moment des Schmerzes oft unmöglich, weil die Gefühle zu intensiv sind. Trotzdem können Sie etwas dagegen machen. Mir zum Beispiel hilft mein Modusnotfallplan oder meine Trostbox. Werden sie aktiv und schaffen Sie sich ihre eigenen Erfolgserlebnisse. Tun Sie sich etwas Gutes. Niemand muss ein Opfer sein, wenn er nicht will. Der Narzisst ist jedenfalls nicht der alleinige Sündenbock für Ihr Scheitern. Und auch Sie müssen sich nicht schuldig fühlen, wenn Ihr dominanter narzisstischer Partner es Ihnen mal wieder einzureden versucht. Sie sind wertvoll, weil Sie wertvoll sind. Narzissmus ist nicht das Problem der anderen, sondern es ist das Problem von uns allen, wenn wir es zu einem Problem erklären. Manchmal hilft radikale Akzeptanz oder Abgrenzung, um das eigene Leiden zu minimieren und um sich nicht in die Opferrolle zu begeben.

Mein Schutzschild, mein intimster Feind, zugleich aber mein vertrautester Freund, führte mich durch etliche Täler, deren Regenrinnen bis zum Anschlag mit Tränen gefüllt waren, die ich nicht weinen konnte. Mein Schutzschild war eine Maske, hinter der sich ein vermeintlich verachtenswertes, verletzliches und minderwertiges Etwas verbarg, das sich unendlich hilflos und ungeliebt fühlte und die gut gemeinten Hilfsangebote von außen nicht mehr annehmen konnte, zu sehr fürchtete es sich davor, sich etwas zu trauen, also auch darauf zu vertrauen, dass nicht jeder Mensch den Menschen gleicht, die es enttäuschten und damit in seinem Kern frustrierten. Dieses Etwas nennt sich inneres Kind. Der Weg zur Heilung oder wenigstens vorübergehenden Linderung des schmerzhaftesten Schmerzes schien für immer versperrt zu sein, aber nicht, weil da eine

Sperre war, sondern weil ich mich dagegen sperrte, diesen neuen Weg zu gehen. Ich blieb also auf der Stelle stehen. Mein Schutzschild redete mir ein, dass dieser Weg mir verwehrt sei: Einerseits verdiene ich es nicht, auf der anderen Seite mitzuschwimmen, andererseits habe ich aber auch etwas Besseres verdient und müsse nur ein bisschen Geduld haben. Doch wenn man stehen bleibt, kann man keine neue Erfahrung machen. Und je länger man steht, desto schwieriger wird es, weiterzugehen. Je länger man sich nicht bewegt, desto anstrengender wird der nächste Schritt. Und erst wenn es zu spät ist, läuft man los, rennt und hofft, durch das Überspringen der ersten drei Schritte aufzuholen, was man verpasst hat. Aber der erste Schritt ist eben nicht nur der schwerste, sondern auch der wichtigste. Alles, was danach kommt, kommt dann schon, aber davor muss der erste Schritt gegangen werden. Denn der erste Schritt erfordert Mut. Drei Schritte auf einmal sind dagegen Übermut oder auch Hochmut, und der kommt bekanntlich vor dem Fall – was in dem Falle ein Rückfall wäre. Also ruhig Blut. Denn mit dem ersten Schritt kommt die Erkenntnis, die vielen Überfliegern verwehrt bleibt.

Übernehmen Sie also Verantwortung! Das ist extrem anstrengend, aber es lohnt sich. Selbst heute ertappe ich mich noch oft dabei, wie ich mich in die Opferrolle begebe. Es gibt immer wieder Rückfälle. Aber niemand ist perfekt, und ich bin froh, es nicht sein zu müssen. Wichtig ist: Ich habe mich für Therapie, Reflexion und Sport entschieden. Ebenso habe ich mich dafür entschieden, mich von den Menschen, die mir nicht guttun, zu distanzieren. Wofür entscheiden Sie sich?

8.2 Über Selbstanalyse und Selbstreflexion

Nach eigenen Anteilen zu suchen, ist im Augenblick des Schmerzes nur selten möglich. Es kostet Anstrengung und Überwindung. Oft will man es nicht wahrhaben oder ist überfordert damit, weil man der Ansicht ist, alles richtig gemacht zu haben. Dem anderen die Schuld zu geben ist viel einfacher. Dafür dann Verständnis und Zuspruch zu erwarten, empfinde ich jedoch als unangemessen, auch wenn es aus Sicht des Reflektierenden ein verständliches Anliegen ist. Wenn man den Schmerz zulässt, ihn nicht wegdrückt oder durch ein anderes Gefühl ersetzt, dann kann man viel leichter bei sich bleiben und über die eigenen Gefühle sprechen, ohne dem anderen die alleinige Schuld geben zu müssen. Verantwortungsbewusstes Handeln mit dem eigenen Selbst nenne ich das. Es ist nicht einfach, aber es lohnt sich am Ende wirklich. So lernt man, sich das zu geben, was man braucht: Trost und Zuspruch statt Wut und Ohnmacht.

Die Erklärung findet man nur in sich selbst, niemals im Gegenüber. Warum war ich empfindlich? Nicht weil er ein Arsch war, sondern weil ich in diesem Fall empfindlich war. Ich hätte ja auch anders reagieren können. Oder springen Sie aus dem Fenster, nur weil Ihr Gegenüber es von Ihnen erwartet bzw. es selber tut? Sind Sie auf der Welt, um so zu sein, wie die anderen es erwarten? Was erwarten Sie von sich selbst?

Große Ahnungslosigkeit und unreflektierte Tradition sind das Fundament unserer Gesellschaft. Da glaubt man sich geradezu von Automaten umgeben oder reagiert selbst automatisch, ohne nachzudenken, ohne zu reflektieren, und fühlt sich in der Konsequenz einsam, weil nur wenige Menschen überhaupt etwas hinterfragen. Wir können nämlich nicht automatisch davon ausgehen, dass unser Gegenüber reflektiert oder genau weiß, wie wir das meinen. Wir sind ja nicht aus Glas.

Sich selbst zu kennen, ist schon viel wert. Danach zu handeln, noch mehr. Und dann auch noch zu reflektieren, sich über sein Handeln bewusst zu sein, vorher darüber nachzudenken, wie man handelt oder handeln möchte, das zeugt von wahrer Größe.

Die Gesellschaft schreibt uns vor, wie wir zu reagieren haben. Nicht, weil wir es normal finden, sondern weil die Gesellschaft uns suggeriert, dass es anormal wäre, anders zu reagieren. Dass wir damit wieder so leben, wie andere es von uns erwarten (in dem Falle die Gesellschaft), wir uns also von der gesellschaftlichen Meinung abhängig machen, fällt uns meist erst nach einiger Zeit auf. Dann aber ist es oft zu spät, um noch zu reflektieren, weil wir eventuell durch unser Handeln bei unserem Gegenüber etwas ausgelöst haben, was bei ihm dazu führt, dass er die Handlungsebene betritt, gegen die wir dann machtlos sind. Denn auch unser Gegenüber hat die Wahl, sich so oder so zu entscheiden. Auch unser Gegenüber trägt die Verantwortung für sein inneres Kind, ergo für seine Entscheidungen.

Im Gespräch mit Michael Begelspacher

Michael Begelspacher wurde 1959 in Freiburg im Breisgau geboren und berät seit über 25 Jahren Menschen, die sich aufgrund ihrer Lebensumstände hilfesuchend an ihn wenden. Auf der Grundlage seiner langjährigen Erfahrung als Hypnoselehrer, Persönlichkeitscoach und Lehrcoach hat er die MB-Methode entwickelt, deren Prozess er selbst durchlaufen hat: Raus aus dem Leiden, rein in die eigene wache Lebendigkeit. Es ist seine Leidenschaft, Menschen wieder mit sich und ihrer eigenen Kraft in Verbindung zu bringen. Kennengelernt haben wir uns über seinen YouTube-Beitrag über Narzissmus, zu dem ich einen Kommentar hinterlassen hatte, woraus sich ein reger Austausch ergab.

1. Herr Begelspacher, Sie beraten Menschen mit narzisstischen Verletzungen der Kindheit. Wie begegnen Sie den Menschen?

Wie ich jedem Menschen begegne, mit Respekt. Respekt vor seiner eigenen Hölle. Denn in dieser lebt jede/jeder, die/der nicht versteht, wie sie/er „funktioniert". Die wenigsten wissen, was das Ego, dieses falsche Ich, ist und was es bewirkt.

2. Warum, glauben Sie, suchen viele „Narzissmusopfer" die „Schuld" für ihr Dilemma beim anderen und nicht bei sich selbst?

Das ist ganz einfach: Sie wollen dadurch von ihrem eigenen Schmerz ablenken. Eine völlig normale und unbewusste Reaktion des Reptilhirns. Um die eigene, natürlich meist unbewusste Schuld zu verschleiern, greift man andere an gemäß dem Motto: „Angriff ist die beste Verteidigung!" Nur unbewusste Menschen greifen andere an. Sie sind also nicht Opfer eines Narzissten, sie sind Opfer ihrer Unbewusstheit.

Bei sich selbst die Schuld zu suchen, wäre allerdings auch nicht der richtige Weg. Es sollte nie um Schuld gehen, sondern um Erkenntnis dessen, was in der Vergangenheit passiert ist und jemanden entweder zum Narzissten oder Narzissmusopfer werden ließ.

3. Warum spielt die Schuldfrage in unserer Gesellschaft Ihrer Meinung nach noch eine so große Rolle? Wann begreifen die Menschen, dass es nicht um Schuld geht, sondern höchstens um grobe Fahrlässigkeit oder Eigenverantwortung?

Weil es bequemer ist! Die Schuldfrage lenkt immer von der Verantwortung sich und dem Leben gegenüber ab. Unsere Gesellschaft hat wohl Angst herausfinden zu müssen, dass wir mehr als nur unsere Gedanken und Gefühle sind. Es geht, wie Sie schon andeuten, um Eigenverantwortung und Bewusstheit.

4. Sie sind ja nun selbst von vielen „Narzissmusopfern" im Internet geshitstormt worden. Wie erklären Sie sich dieses Verhalten und wie gehen Sie damit um? Mehr noch, was empfehlen Sie Menschen, bei denen eine NPS diagnostiziert worden ist, wie sie mit öffentlichen Anfeindungen umgehen sollen?

Da ich den Symptomkomplex eines solchen Ablaufes bzw. Verhaltens kenne und auch weiß, dass niemand eine Wahl oder gar einen freien Willen hat, sofern er oder sie sich nicht aus dem Sumpf des unbewussten Seins befreit, macht mir das nichts aus. Ich nehme es nicht persönlich, denn es hat nichts mit mir zu tun.

Wenn mich ein Narzissmusopfer angreift, dann nur, so war es in meinem Fall, weil ich diesem Opfer die Drogen entziehen wollte. Die Droge (körpereigene Stresshormone) „Schuldgefühle". Ein unbewusster Mensch, dessen Körper von den Drogen des Schuldkomplexes abhängig ist, wird natürlich wie jeder Junkie ausrasten, wenn man ihm die Drogen wegnimmt. Es ist für den Körper eines unbewussten Menschen die Hölle (Drogenentzug), wenn man nicht, um an diese Drogen zu kommen, andere als Täter bezeichnen kann. Schließlich benötigt man die Droge Schuld.

Es ist ein gefährlicher und absolut selbstzerstörerischer Prozess, zu glauben, dass es außerhalb unseres unbewussten Verstandes einen Täter oder Schuld gibt. Dies wird alles von unserem Ego erschaffen und findet auf einer Reptilhirnebene statt.

Ich kann diesen öffentlichen Anfeindungen so begegnen, wie ich allem begegne, mit Liebe und Respekt. Diese Anfeindungen haben mich nicht entsetzt, eher etwas überrascht, da ich doch nur helfen wollte. Es hat mir allerdings ganz deutlich gezeigt, wo ich stehe und was es für mich noch zu lernen gibt. Kann es ein größeres Geschenk geben? Deshalb möchte ich an dieser Stelle allen von ganzem Herzen danken.

5. Wenn eine Frau zu Ihnen kommt und Ihnen erzählt: „Mein Mann ist ein Narzisst, bitte helfen Sie ihm", oder: „Wie kann ich meinen Partner gesundlieben", was sagen Sie dann zu der Frau?

Ich frage, ob sie jemals mit einem Flugzeug geflogen ist, denn dort lernt man, sich zuerst die Sauerstoffmaske aufzusetzen, nicht dem danebensitzenden Kind. Ich helfe ihr dann, sich selbst helfen zu lernen. Ich erkläre ihr natürlich auch, dass sie dem Narzissten doch nur helfen möchte, damit sie ihr Leid nicht sehen und fühlen muss. Man kann in einem anderen nichts sehen, was man nicht selbst kennt und von dem man nicht erfahren hat, wie furchtbar es sich anfühlt. Wenn ein Mensch mit Opfermentalität denkt, er mache etwas, um anderen zu helfen, begeht er einen großen Irrtum. Es dient nur dazu, nicht mehr in einen Spiegel schauen zu müssen.

6. Was halten Sie generell von „Opfergruppen" und welchen Tipp würden Sie Menschen geben, die das hier jetzt lesen und vermutlich trotzdem noch in einer Opfergruppe Mitglied sind?

Opfergruppen oder sogenannte Selbsthilfegruppen für Opfer von Narzissten werden oft von Narzissmusopfern geführt, die ihren Heilungsprozess nicht abgeschlossen haben und dadurch sehr gefährlich für die anderen Mitglieder werden können. Wie Sie schon erwähnt haben, habe ich dies in einigen Gruppen am eigenen Körper erlebt. Aus einem Narzissmusopfer wurde dann ein gefährlicher, maligner Narzisst.

Das ist aber immer und überall so, nicht nur in solchen Gruppen. Das liegt in der Natur eines unbewussten Menschen. Deshalb habe ich absolutes Verständnis und Mitgefühl dafür. Menschen, die sich für solche Gruppen interessieren, sollten zuerst einmal die Richtlinien lesen und dann einfach mal Probemitglied werden. Wenn es in diesen Gruppen erlaubt ist, böse über Narzissten zu sprechen oder diese gar als allein verantwortliche Täter hinzustellen, wenn es erlaubt ist, Beiträge zu posten wie zum Beispiel „Wie kann ich den Narzissten loslassen?", „Welches Sprachmuster hat ein Narzisst?" oder „Wie kann ich mich vor Narzissten schützen?" usw., würde ich dringend von dieser Gruppe abraten, denn es ist keine Selbsthilfegruppe, sondern eine Selbstzerstörungsgruppe.

Mutter Theresa wurde einmal gefragt, ob sie zu einer Antikriegsdemonstration mitkommen würde. Sie antwortete: „Wieso sollte ich dem Krieg noch mehr Aufmerksamkeit geben?! Wenn ihr eine Friedendemonstration macht, komme ich mit." Genau so sollte es in diesen Gruppen ebenfalls sein. Das Thema sollte eher lauten: „Wie kann ich die Verantwortung für mein Leben und meine Unbewusstheit übernehmen? Wie kann ich durchschauen lernen, was da genau passiert ist und wie ich es gewinnbringend für mich anwenden kann? Wie kann ich ein selbstbestimmtes Leben führen? Frei von angeblichen Tätern? Wie komme ich an meine Göttlichkeit?" Den gleichen Tipp würde ich auch Selbsthilfegruppen für Narzissten geben, die sich gegen die Narzissmusopfer wehren wollen.

7. Was tun Sie sich persönlich Gutes, um Ihrem inneren Kind zu helfen, wenn es mal traurig ist?

Das ist ganz einfach: Klappe halten, Augen schließen, den Schmerz fühlen, meist ein Gefühl im Bauch oder Brustbereich und die Hand auf diese Stelle legen. Dann einfach nur offen sein für das, was dann kommt bzw. passiert. Möchte der kleine Michael traurig sein, darf er weinen. Möchte er anklagen, darf er anklagen, möchte er aggressiv sein, darf er aggressiv sein. Ich gebe diesen alten Emotionen des kleinen Michael (des inneren Kindes) den Raum und die Zeit, die er/ich früher nicht hatte und die er/ich heute nur noch von mir bekommen kann.

Dieser emotionale Prozess ist so schön und heilsam. Es kommt zu einer Verbindung zwischen dem kleinen Michael (den unterdrückten Gefühlen der Vergangenheit) und dem erwachsenen Michael, der dem kleinen jetzt all das geben kann, was die Eltern damals nicht zu geben vermochten. Es ist nie zu spät für eine glückliche Kindheit! Dadurch lernt mein Körper, jede einzelne Zelle meines Körpers, dass es nicht wichtig ist, was außerhalb meines Körpers abläuft, sofern ich da bin und mich nicht mit dem Außen ablenke. Das ist meine Selbstliebe, die am Ende zur Selbstheilung führt.

Auf der Suche nach den möglichen Gründen, warum wir manchmal impulsiv und unreflektiert handeln, fand ich in einem von Michael Begelspachers Videos eine Erklärung über das Reptilhirn, das er auch in dem Gespräch, das ich mit ihm führte, erwähnt. Da wir uns einig waren, dass er sich mit einem Interview an meinem Buch beteiligt, bat ich ihn zudem, einen Text über das Reptilhirn für mich zu schreiben. Ich danke ihm sehr, dass er sich dazu bereitgefunden hat, uns die Zusammenhänge aus seiner Sicht deutlich zu machen.

Das Reptilhirn

von Michael Begelspacher

Das Reptilhirn ist das entwicklungsgeschichtlich älteste, quasi das „prähistorische" Gehirn im Hinterkopf. Medizinisch nennt man es Stammhirn. Es ist für das Überleben zuständig. Medizinisch gibt es hierüber genügend Infos. Ich werde ausschließlich auf die psychologische Wirkung eingehen. Da dieses alte Bauteil unser Leben bestimmt, ist es wichtig, darüber Bescheid zu wissen.

Wir Menschen glauben, einen freien Willen zu haben. Wie kann das sein, wenn uns unser Reptilhirn alle unsere Entscheidungen abnimmt bzw. selbstständig und ohne unser Dazutun entscheidet? Hätten wir einen freien Willen, wären wir in der Lage, diesen in Besitz zu nehmen. Ein Beispiel: Sie sehen einen Hund. Was passiert? Das können Sie überhaupt nicht entscheiden.

Wahrnehmung ist immer Projektion. Das Bild des Hundes wird über Lichtreflexe durch das Auge wahrgenommen. Dieses Bild wird dann an das Gehirn gesendet. Dort wird es auf „Kenne ich" oder „Kenne ich nicht" überprüft. Kenne ich es nicht, wird das Gehirn unruhig, denn es benötigt unbedingt eine Erfahrung. Wie unruhig das Gehirn reagiert, hängt vom Grad des Bewusstseins des Menschen und der Prägungsphase (Kindheit) ab. Ist sich ein Mensch dieses anfälligen Bauteils bewusst, beginnt er, an sich zu arbeiten. Eine Bewusstseinsarbeit. Eine Bewusstseinsveränderung. Denn unbewusste Menschen können sich nie aus der Reiz-Reaktions-Kette des Reptilhirns befreien.

Von was hängt die Reiz-Reaktions-Kette des Reptilhirns ab? Grundsätzlich sorgt dieses Teil durch das Auswerten von Informationen für ein einigermaßen reibungsloses Leben. Im wirklichen Ernstfall für das Überleben. Wenn ein Embryo im Bauch der Mutter mit positiven Gefühlen (Hormonen) umgeben ist, ist das System (das limbische System) entspannt. Hat die Mutter aber Angst oder ist unsicher (das ist ebenfalls eine Form von Angst), ist das System des Embryos im Alarmzustand. Es entsteht ein Flucht- oder Kampfreflex, der allerdings in diesem Moment nur Nachteile hat, denn weder angreifen noch fliehen bringen etwas. Der Organismus (Embryo) steckt jetzt in einer Todeszelle und würde anhand der überschüssigen Hormone schweren Schaden nehmen. Vielleicht sogar an einem Apoplex (Schlaganfall) oder Herzstillstand sterben. Jetzt müssen die Gefühle der Todesangst eingefroren werden, es entsteht ein Trauma (eine starke seelische Erschütterung).

Gefühle werden eingefroren, was dem Erwachsenen später zum Verhängnis wird. Denn der Erwachsene versucht später diese Gefühle, anstatt sie zu heilen, loszuwerden. Dies versucht er durch viel arbeiten, viel Sport, ständiges Reden,

WhatsApp, Facebook, Fernsehen und vieles mehr. Wenn die Mutter zum Beispiel nicht auf die Schwangerschaft vorbereitet war, wird sie verständlicherweise bei der „Diagnose" Schwangerschaft überrascht oder gar überfordert sein. Diese negativen Gefühle bekommt der Embryo über die Nabelschnur mit – über Stresshormone (Katecholamine, Glukokortikoide) wie Adrenalin, Noradrenalin und Cortisol. Diese Stresshormone führen zum Flucht- oder Kampfreflex, also genau wie oben beschrieben zu einer nicht lösbaren Situation. In der Psychologie nennt man es „double-bind". Egal, was ich mache, ich habe verloren, also keine Chance zu überleben.

Was macht ein intelligenter Organismus in so einem Fall? Ganz einfach – er macht zu und nie wieder auf. Oder würden Sie sich freiwillig die Hand ein zweites Mal auf einer heißen Herdplatte verbrennen wollen? Dies würde Ihre Hand nicht zulassen. Darum müssen Sie sich gar nicht kümmern. Würden Sie rückwärts auf eine Hitzequelle zulaufen, diese also nicht sehen, Ihre Hand würde rechtzeitig und ohne Ihr Zutun zucken, sich also wegbewegen. Das passiert automatisch, also autonom, auf einer unbewussten Ebene.

Genau das macht ein Reptilhirn ebenfalls. Wenn das Reptilhirn eines Embryos sich bedroht fühlt und, um zu überleben, zumacht, sich verschließt, wird es sich, um es einmal in menschlicher Sprache zu formulieren, schwören: „Ich möchte niemals mehr so etwas erleben müssen!" Es würde sich fragen: „Was ist denn überhaupt passiert? Ich komme hier im Bauch meiner Mutter an und finde keine Unterstützung, da diese nicht auf mich vorbereitet war und dadurch völlig überfordert ist und nicht für mich da sein kann!" Dies ist nur deshalb so schmerzhaft, weil ich als Embryo ebenfalls nicht darauf vorbereitet war und mit dieser so entstehenden Todesangst nicht umgehen kann.

Damit so etwas nie mehr passiert, verschließe ich jetzt am besten mein Herz, denn ich komme mit weit offenerem Herz hier an und es wird nicht erwidert. Ich hätte eben nicht vertrauen dürfen, denn dann wäre dies nicht passiert, mein Herz wäre nicht gebrochen, nicht verletzt worden. Mit diesem Schutzpanzer und dem unbewussten Programm, dass ich, um nicht verletzt werden zu können, am besten niemanden mehr an mich heranlasse, geht man dann später in die große weite Welt. Dies wäre der Fluchtreflex.

Der Angriffsreflex wäre: „Wenn ich lebend aus dem Bauch meiner Mutter herauskomme, werde ich, um nicht mehr verletzt zu werden, selbst verletzen." Nach dem Motto „Angriff ist die beste Verteidigung". Dieses unbewusst etablierte Programm dient immer dem Überleben und ist außerhalb unserer bewussten Kontrolle. Es hat also eine absolut positive Absicht und kann in jeder Lebensphase entstehen. Auch ein Erwachsener, der von einem Freund oder einer Freundin betrogen wird, wird solche unbewussten Muster kreieren.

Normalerweise verleiht niemand mehr Geld, wenn er/sie es nicht mehr zurückbekommen hat und sein Leben davon abhing. Dieses Muster (Programm) entsteht mit der positiven Absicht, um jeden Preis überleben zu wollen. Koste es, was es wolle. Und da es auf einer unbewussten Ebene abläuft, können wir das nicht nur nicht wissen, sondern wir kommen überhaupt nicht dran. Es sei denn, irgendjemand oder irgendetwas erinnert mich daran.

Ein nachhaltiges Problem eines Traumas ist, dass die Stresshormone nie mehr den Körper verlassen, es sei denn, man macht eine sinnvolle Therapie, die darauf abzielt, diese im Körper eingeschlossenen Gefühle wieder aus dem System zu entlassen. Erfolgt dies nicht, leidet ein Mensch von früh an unter einer „Drogenabhängigkeit" und wird möglicherweise schwer krank werden.

Diese körpereigenen Drogen (Stresshormone) erneuern sich von Beginn eines Traumas an ständig neu, denn der Körper weiß nicht, ob nicht gleich wieder ein Angriff (Angst) auftauchen wird, also fährt er sein Alarmsystem nicht mehr herunter. Er befindet sich in einem ständigen Alarmzustand. Wie im Krieg – da kann ich mir auch nicht einfach eine Auszeit nehmen. Dieses ständige Erneuern bzw. Erhalten der Stresshormone führt zu einer Art Sicherheit (Beruhigung). An diese körpereigenen Drogen gewöhnt sich der menschliche Organismus. Bekommt er diese Drogen nicht mehr, kommt er sofort auf Entzug.

Anders als beispielsweise bei Heroin kommt man jedoch leichter an diese Drogen. Ich muss einfach nur dafür sorgen, dass ich wieder fliehen oder angreifen kann. Auf Drogenentzug muss ich mir als Narzisst nur einbilden, mein Gegenüber könnte mich wieder verletzen, dann kann ich diesen ja aufgrund meiner Angst (Drogencocktail) wieder in Schach halten bzw. angreifen. Als Narzissmusopfer missbrauche ich hingegen meinen Narzissten, indem ich diesen wieder für sein So-Sein verurteile. Dadurch wird ebenfalls Angst auftauchen (Drogencocktail), und ich kann wieder in mein Versteck, die Opferrolle, fliehen und als armes Opfer erstarren oder einen hinterhältigen Gegenangriff starten. Diesen tarne ich dann mit der Aussage: „Ich armes Opfer kann nichts dafür!" Ein gutes Beispiel in Bezug auf diese Reiz-Reaktions-Kette ist eben das Thema – wie eben schon erwähnt – „Narzissmus".

Sie wissen bestimmt, dass jedes Kind durch den Geburtsvorgang traumatisiert wurde. Im weiteren Verlauf unseres Lebens gibt es noch unzählige weitere Traumatisierungen. Beispielsweise streiten die Eltern viel, der Vater ist kaum da, die Mutter ist zu viel da (Übermutter), die Mutter ist in ihren Ängsten gefangen, das Kind wird zu früh von der Mutter getrennt, Tod in der Familie, Scheidung … Wenn ein Kind bei narzisstischen Eltern aufwächst, hat es keine Wahl außer Flucht. Im Kindesalter regiert Flucht in Form von Rückzug und Erstarrung. Sie dient dem Überleben. Später, als Erwachsener, gibt es zwei Möglichkeiten: Entweder ich werde selbst zum Narzissten, ich hatte ja gute Lehrer (Eltern) und konnte es hervorragend modellieren (nachahmen), oder ich werde bzw. bleibe Opfer. Beides ist wie immer außerhalb einer bewussten Kontrolle.

Das bedeutet, dass der Narzisst und das Narzissmusopfer auf der Reptilhirnebene absolut identisch sind und keinerlei Wahl haben. Beide wollen einfach nur überleben. Der Unterschied zwischen ihnen ist dennoch gravierend. Narzissten sind meist absolut berechenbar. Sie haben (vermeintlich) alles im Griff und sorgen dafür, dass sie nicht mehr angegriffen und verletzt werden können. Narzissmusopfer, genauer gesagt angeschlagene Narzissmusopfer, sind absolut unberechenbar, vergleichbar mit einem angeschlagenen Boxer, der plötzlich völlig unkontrolliert und unlogisch um sich schlägt. Der Schmerz und die Angst vor neuen Schmerzen bzw. das Aus durch einen K. o. lassen den Boxer wie eine wütende Bestie um sich schlagen. Völlig irrational und auf Überleben programmiert, koste es was es wolle, lassen ihn alle vernünftigen und sinnvollen Kampftechniken als Boxer vergessen. Ebenso reagieren mache Narzissmusopfer. Sie mutieren plötzlich zu malignen (bösartigen) Narzissten. Völlig unberechenbar und gefährlich für sich und andere. Vor allem gefährden diese mutierten Narzissmusopfer andere, wirkliche Narzissmusopfer, indem sie sich militarisieren und instrumentalisieren.

Auf der Reptilhirnebene ist das ein völlig verständlicher und menschlicher Prozess. Das Problem hinter dem Thema Narzissmus und Narzissmusopfer ist damit ein völlig überholtes Bauteil: das prähistorische Gehirn (Reptilhirn). Wenn ich also verstehen lerne, dass ich niemals die Realität wahrnehmen kann, wie diese wirklich ist, kann ich mich aus dieser Falle herausbewegen.

Ein Narzisst wie ein Narzissmusopfer haben nicht nur dieselbe Vergangenheit (Angst), sondern auch dieselbe Zukunft. Eine Zukunft voller unnötiger und irrationaler Angst. Diese Angst lähmt natürlich unseren Verstand, denn jeder, der seinen Verstand nur ansatzweise gebrauchen könnte, würde diesen auf Lügen aufgebauten Wahnsinn durchschauen. Die Lüge besteht darin, dass das Reptilhirn noch immer glaubt, dass es sich im Kriegszustand befindet und jederzeit sterben könnte.

Wenn ein Narzisst und ein Narzissmusopfer durchschauen, dass sie als unschuldige, unprogrammierte und absolut liebenswerte Wesen auf die Welt (in den Bauch der Mutter) kamen, also von Grund auf absolut gleich, eins sind, gäbe es die Möglichkeit, die unbegründete Feindschaft zu überprüfen und niederzulegen. Man würde dann durchschauen, dass beide dem größten Narzissten auf den Leim gegangen sind. Nämlich ihrem eigenen Ego. Einem Ich, das glaubt, was es denkt und fühlt. Als wir auf die Welt kamen, gab es dieses Ich (Ego) noch nicht. Es entstand hauptsächlich durch die ersten Menschen in unserem Leben.

Normalerweise sind das unsere Eltern. Sie haben uns, sicherlich mit einer positiven Absicht, ihre Vergangenheit aufgedrängt. Diese „Weisheiten und Wahrheiten" wurden von ihnen sicherlich ebenfalls nie überprüft. Wir glauben als Kinder erst einmal alles, was uns mitgeteilt wird. Wir haben auch keine andere Wahl bzw. die nötigen Erfahrungen, um das Gesagte zu überprüfen.

Unser Ego versucht uns natürlich immer zu schützen. Es wird vom Reptilhirn gesteuert. Ein Narzissmusopfer fällt ständig auf sein Ego herein, das ihm aufgrund der Angst (Reptilhirn) signalisiert: Du bist in Gefahr und kannst nichts dagegen tun. Eine absolute Lüge, die diese Opferrolle überhaupt erst möglich macht bzw. aufrechterhält. Narzissmusopfer sagen oft: „Ich kann doch nichts dafür, dass ich in eine narzisstische Familie geboren wurde!" Das mag ja sein und ist auch furchtbar. Nur, wie lange möchte sich ein Narzissmusopfer auf dieser Aussage ausruhen oder dahinter verstecken?

Ein Erwachsener sollte lernen, seinen Verstand zu gebrauchen, in Besitz zu nehmen, um sich klarzumachen, dass man nur aus der Narzissmusopferfalle herauskommt, wenn man die Verantwortung für das Hier und Jetzt übernimmt. Was auch immer passiert ist, man kann es aufarbeiten und sogar gewinnbringend anwenden, indem man zum Beispiel später, nach der Verarbeitung bzw. Heilung, anderen Opfern aus dieser Falle heraushilft.

Dies kann allerdings nur ein Ex-Narzissmusopfer. Leider leiten die meisten Narzissmusopfer-Selbsthilfegruppen noch immer erkrankte Narzissmusopfer. Das ist ein hilfloser Versuch, aus der Opfernummer herauszukommen. Sicherlich schaffen das manche, indem sie ihre Rolle missbrauchen und selbst zum Narzissten werden. So sieht das Verhalten einiger auf jeden Fall aus. Narzissmusopfer-Selbsthilfegruppen sind dann genauso schädlich wie Anonyme Alkoholiker oder welche Selbsthilfegruppen auch immer, in denen nur gejammert und verurteilt wird. Die armen Opfer und der böse Narzisst – ein gefährlicher Fehler, denn wenn man jemanden anderen angreift, greift man automatisch sich selbst an. Durch einen Angriff provoziere ich einmal mehr meine körpereigenen Stresshormone, was zu dem „Straftatbestand" der schweren und selbstverursachten Köperverletzung und zur unterlassenen Hilfeleistung führt.

Da ein Narzisst und ein Narzissmusopfer in der Kindheit entstanden, kann man hier auch von einem schwer verletzten Kind sprechen. Wird das Trauma nicht gelöst, tragen wir unser schwer verletztes Kind noch immer in uns. Es ist unser inneres Kind, das noch immer Todesangst hat und doch einfach nur geliebt werden möchte.

Wer könnte das besser verstehen und heilen als du selbst? Wenn du allerdings auf andere losgehst, dann doch nur, um den Schmerz deiner Vergangenheit (das innere Kind) nicht fühlen zu müssen. Was sowohl für den Narzissten als auch für das Narzissmusopfer dasselbe bedeutet: Heile den Schmerz der Vergangenheit, heile den Schmerz deines inneren Kindes! Jeder ist als Erwachsener selbst für sich und sein inneres Kind verantwortlich.

Täter- wie Opferrollen werden dazu missbraucht, um diesen Schmerz der Vergangenheit nicht fühlen zu müssen. Ein auf Dauer tödlicher Fehler, der den Körper langsam, aber sicher durch die Stresshormone zerstören wird. Narzisst wie auch Narzissmusopfer sind also beide Täter wie Opfer. Wer könnte sich demnach besser verstehen und heilen lernen als Narzissten und Narzissmusopfer? Nicht nur, weil sie in der Vergangenheit die gleichen liebenswerten und unschuldigen Wesen waren, sondern auch, weil sie doch einfach nur geliebt werden wollten. Was ein Narzisst durch übertriebene oder falsche Selbstliebe und Ichbezogenheit versucht, machen Narzissmusopfer, indem sie den Narzissten als für sie Verantwortlichen missbrauchen. Sie wollen von jemandem geliebt werden, der das gar nicht kann.

Wenn also beide erfahren, dass sie in der Tiefe gleich sind und nur ein Ziel verfolgen: Liebe, geliebt zu werden, dann könnten sich beide nicht nur verstehen und respektieren lernen, sie könnten sich hervorragend unterstützen. Dazu müssten sie sich allerdings aus der Falle des Egos und des Reptilhirns befreien. Also ihren Verstand benutzen lernen und ihr Bewusstsein erweitern. Dieser wunderbare Prozess einer Metamorphose vom unbewussten Verstand zu einem höheren Bewusstsein ist einer der schönsten und erstrebenswertesten Prozesse, die ich kenne. Ich beglückwünsche jeden Narzissten und jedes Narzissmusopfer, denen dies gelingt.

Ist dieser Prozess vollzogen, wird der Narzisst dem Narzissmusopfer und das Narzissmusopfer dem Narzissten danken. Denn das Gegenüber hat dem jeweils anderen einen Spiegel vorgehalten, in dem er immer nur den eigenen Schmerz gesehen und gefühlt hat. Dieser Schmerz wurde nur aufgrund von Unwissenheit abgelehnt. Das innere Kind wurde abgelehnt. Das, was mir die Eltern angetan haben, habe ich mir selbst (dem inneren Kind) angetan. Nach der Metamorphose weiß ich, dass ich dank des Spiegels überhaupt erst in die Lage versetzt wurde, mein wahres Ich erkennen zu lernen. Dann weiß ich auch, dass man einem Lehrer für seine Lektionen dankbar sein sollte. Ein Narzissmusopfer sollte also immer dankbar sein für das, was es durch den Narzissten lernen durfte oder musste. Ist dies nicht der Fall, bleibt die Opferrolle bestehen.

Dasselbe gilt natürlich für den Narzissten, der dann verstanden hat, dass er nie ein Monster war und ebenfalls nichts dafür konnte und doch einfach nur überleben wollte. Er wird verstehen, dass er keine Opfer mehr benötigt, um sich selbst nicht mehr als Opfer fühlen zu müssen. Er wird dann ebenfalls dem Narzissmusopfer mit Liebe und Respekt begegnen, denn schließlich hat dieses sich auf eine schmerzvolle Erfahrung mit ihm eingelassen.

Es gibt auch hier keine Schuld zu beklagen. Einige Narzissten, mit denen ich gesprochen habe, leiden, genau wie die Opfer, unter dem Glauben, sie hätten etwas Böses oder Falsches gemacht. Sie können nicht erkennen, dass sich Täter und Opfer gegenseitig bedingen – nicht nur für die Täter- und Opferrolle, sondern ebenfalls für den Heilungsprozess. Wenn ein Narzisst sich selbst als Täter anklagt, macht er sich dadurch automatisch zum Opfer – zum Opfer seiner Unbewusstheit. Wenn ein Narzissmusopfer einen Narzissten als Täter stigmatisiert, macht sich das Opfer selbst noch mehr zu einem Opfer. Als würde einmal Opfer nicht schon genügen! Wie beim Narzissten geschieht dies auch hier aufgrund von Unbewusstheit.

Wenn beide ihre Rolle im Drama ihres Egos, das vom Reptilhirn erschaffen wurde, durchschauen, könnte eine wunderbare und tiefe, heilende Freundschaft entstehen. Wenn ich meinen vermeintlichen Feind ernst nehme und annehme, kann ich meinem inneren Kind begegnen und diesem dadurch zeigen, dass ich jetzt hier und da bin. Dadurch erfährt der Organismus (das innere Kind), vielleicht zum ersten Mal, einen anderen Ausgang, denn es wird von mir angenommen und darf all die alten unterdrückten Gefühle herauslassen. Und dies unter meiner Obhut. Das Kind lernt in diesem Augenblick, dass es willkommen ist und mit all dem Schmerz da sein darf.

In dem Moment findet zum ersten Mal eine Erkenntnis und Veränderung statt, denn das Kind erfährt, dass es gehalten und getragen wird – was es in der Kindheit, in der traumatischen Situation, nicht erfahren durfte. Es lernt, dass nicht der vermeintliche Täter da draußen wichtig ist, sondern der Schmerz des inneren Kindes. Das innere Kind selbst und dadurch auch der Erwachsene, der sich ernst nimmt und sich nicht ständig durch das Außen (Schuldzuweisungen) ablenkt. Nur durch diesen bewussten Prozess kann das Reptilhirn eine neue und andere Erfahrung machen. Man kann sich also aus der Falle des Egos und des Reptilhirns befreien.

Es ist nie zu spät für eine glückliche Kindheit!
Ich würde es beiden von Herzen wünschen.

Ihr Michael Begelspacher

Warum Gefühle etwas Wundervolles sind und einem helfen zu wachsen

Gefühle sind etwas Wundervolles ... auch wenn sie manchmal gemein sind und den Eindruck vermitteln, dass sie deinen Leidensdruck vergrößern oder dich lähmen wollen, wie der Biss einer Schlange.

> Bis vor einem Jahr noch hielt ich Gefühle für eine Schwäche und habe meine Verletzlichkeit verachtet. Mittlerweile bin ich froh, fühlen zu dürfen und empfänglich dafür zu sein.
>
> Leonard über seine Gefühle

Gefühle zeigen, dass wir zu Empathie in der Lage sind. Wir nehmen etwas wahr. Wir fühlen, auch wenn es sich nicht immer schön anfühlt. Sie helfen uns dabei, uns selbst zu spüren. Manche Gefühle sind schwächer, andere umso intensiver. Wichtig ist es, die Gefühle zuzulassen, zu erkennen und zu benennen. Schnell entstehen negative Gefühle, verbunden mit impulsiven Handlungsimpulsen, die dafür sorgen können, dass unser Umfeld gelähmt wird. Es sind die Wahrnehmungen, die uns gern einen Streich spielen. Sie lösen Gedanken aus, die, wenn wir nicht aufpassen, schnell zu einer negativen Bewertung führen und uns in einen Strudel aus negativer Energie reißen, der aus Wut, Hass, Trauer, Verachtung und Rachegedanken besteht. Gefühle können uns aber auch ängstigen und davor bewahren, etwas Furchtbares zu tun. Sie haben im Vorfeld eine wichtige Funktion: Sie können uns schützen oder vor bedrohlichen Einflüssen von außen warnen. Sie sind Teil unseres Instinkts.

Wir kommen voran, auch wenn es sich im ersten Moment wie ein Rückschritt anfühlt. Manchmal sind Schritte, die sich im ersten Moment so anfühlen, auch Fortschritte, gerade dann, wenn man nicht aus dem Gefühl heraus handelt, sondern analysiert, was gerade mit einem passiert ist, indem man darauf achtet, was das Gefühl bei einem selbst auslöst. Wir müssen nicht immer sofort handeln und in Aktionismus verfallen (emotionale Empathie). Wir können auch einfach abwarten, stillhalten und schauen, was passiert (kognitive und soziale Empathie). Manchmal löst sich unser Handlungsimpuls zu unserem Wohlgefallen auf. Manchmal werden aus negativen Gefühlen positive Gefühle, nämlich dann, wenn man es geschafft hat, nicht aus dem Gefühl heraus zu handeln, wie man es in der Vergangenheit oft getan hat. Aber selbst wenn wir einmal aus dem Gefühl heraus gehandelt haben, brauchen wir uns nicht schuldig zu fühlen – es passiert eben manchmal. Wichtig ist nur die Selbstreflexion, die am Ende der Handlung steht. Sich selber verzeihen zu können, ist dabei ein gutes und hilfreiches Gefühl.

An unseren Gefühlen können wir auch wachsen und etwas lernen, mit ihrer Hilfe können wir uns besser kennenlernen und vor allem einen Zugang zu unserem inneren Kind finden. Das innere Kind ist oft empfänglich für verletzliche Gefühle, aber auch für fröhliche Gefühle. Wer in der Kindheit nicht weinen durfte und jetzt als Erwachsener nicht mehr weinen kann, der ist wirklich zu bedauern. Dann bedarf es der Hilfe von außen, um wieder fühlen zu können. Niemand darf uns verbieten zu fühlen oder uns vorschreiben, wie wir zu fühlen haben.

Gefühle sind auch gerade deswegen etwas Wundervolles, weil sie zeigen, dass unser inneres Kind lebendig ist. Unser inneres Kind ist empfänglich sowohl für positive als auch für negative Gefühle. Unser Kind kann viel mehr als nur reflektieren, was es erst hinterher tut. Gehen Sie in sich, horchen Sie in sich hinein. Versuchen Sie sich zu konzentrieren, hören Sie auf Ihren Atem, auf Ihren Herzschlag. Schließen Sie dabei die Augen. Vertrauen Sie Ihrem Geruchssinn. Seien Sie achtsam mit sich und Ihrer Umwelt. Und beschreiben Sie, was Sie riechen. Wie fühlen Sie sich?

All diese kognitiven Fähigkeiten Ihrer Sinne können Ihnen helfen, noch achtsamer und wachsamer mit sich und Ihrem inneren Kind umzugehen, damit es sich wohlfühlt, an jedem Ort der Welt, wo auch immer Sie gerade sind. Erlauben Sie sich, zu fühlen. Sie dürfen alles sein. Sie dürfen sich gut fühlen, Sie dürfen sich schlecht fühlen. Fühlen Sie einfach, was Sie fühlen. Erkennen Sie Ihr Gefühl. Benennen Sie Ihr Gefühl (kognitive Empathie). Aber handeln Sie nicht danach (emotionale Empathie)! Denn Sie sind nicht Ihr Gefühl. Ich freue mich mit Ihnen, wenn es Ihnen gelingt.

> In zwischenmenschlichen Beziehungen kommt es häufig vor, dass man anderen Menschen **fehlende Empathie** unterstellt. Dies kann daran liegen, dass eine Person eine besonders stark ausgeprägte emotionale Empathie hat, während die andere die soziale oder kognitive Empathie besonders gut beherrscht. So kann es zu Missverständnissen und Enttäuschungen kommen. Man sollte nicht voreilig von fehlender Empathie sprechen, sondern zuerst prüfen, ob die betroffenen Personen „die gleiche Sprache sprechen". Die Empathie, die man selbst bevorzugt, hat einen großen Einfluss darauf, wie wir andere Menschen wahrnehmen.[66]

8.3 Über Achtsamkeit, Skills und emotionale Kompetenzen

Der Weg der Achtsamkeit ist immer da, stets erreichbar, in jedem Augenblick.

Jon Kabat-Zinn

Was mache ich eigentlich, wenn es mir besonders schlecht geht? Was mache ich, wenn meine Trigger mich gefangen nehmen und bestimmte Bilder in mir für eine kurzzeitige Re-Traumatisierung sorgen? Was mache ich, wenn ich merke, dass ich wütend bin, wenn meine Verletztheit von Trauer in Wut umschlägt?

In der Klinik, aber auch in meiner ambulanten Therapie konnte ich einige sehr wirksame Fertigkeiten entwickeln. In der Dialektisch-Behavioralen Therapie (DBT) nennt man das Skills, die man anwendet, um die Gedankenketten zu unterbrechen. In der Schematherapie ist von emotionalen Kompetenzen die Rede. Im Allgemeinen aber kann man von Achtsamkeit sprechen und von der Regulierung starker Gefühle, die aufgrund von Bewertungen entstanden sind.

Wie kann ich also für mein inneres Kind sorgen, sobald ich merke, dass es verletzt wurde, sich verletzt fühlt oder durch bestimmte Ereignisse re-traumatisiert wurde, die möglicherweise durch die Elternmodi (Du bist nichts wert, du bist scheiße etc.) noch verstärkt werden? Es gibt viele unterschiedliche Möglichkeiten. Jeder muss herausfinden, was ihm am besten liegt. Jedem hilft etwas anderes. Mir persönlich hilft mein *Modusnotfallplan* besonders gut. Der beinhaltet, dass ich bestimmte Menschen anrufen kann, die mir dann helfen, mich selber zu regulieren. Es sind meine persönlichen Helden. Das sind Menschen, die mich schon länger kennen, denen ich vertraue und die mir bereits in der Vergangenheit das ein oder andere Mal geholfen haben, zu mir zurückzufinden.

Langfristig findet man Trost und Heilung im Inneren. Kurzfristig aber helfen uns auch äußere Impulse, die uns auf andere Gedanken bringen. Man darf sich helfen lassen. Wenn es meinem Gegenüber zu viel wird, dann kann er sich abgrenzen. Entsprechend umfasst meine Telefonliste nicht nur einen, sondern mehrere Freunde. Ist keiner erreichbar, rufe ich in der Notaufnahme oder beim Gesundheitsamt an. Über eine solche Telefonliste sollte jeder verfügen. Sie gibt Sicherheit. Und wer niemanden hat, den er anrufen kann, der kann immer noch bei der Telefonseelsorge anrufen.

Manchmal sind wir in Krisensituationen unseren Modi hilflos ausgeliefert. Wir stehen unter enormer Anspannung und können oftmals keinen klaren Gedanken mehr fassen. Diese Krisen machen sich häufig auch körperlich bemerkbar. Jedem Modus aber liegt ein unerfülltes Bedürfnis zugrunde.

Nehmen wir als Beispiel den Modus des verlassenen, verletzen Kindes. Oft befinde ich mich in diesem Modus, wenn ich mich traurig, allein gelassen oder besonders ängstlich fühle. Mein Bauch zieht sich dann zusammen, meine Körperspannung ist besonders hoch. Manchmal tut es mir sogar in der Brust weh, ich bekomme Atemnot und meine Gedanken drehen sich oft nur noch um negative Erlebnisse aus meiner Vergangenheit. Meine Hauptbedürfnisse sind dann *Trost, Zuspruch, Zuwendung* und *Bestätigung*. Und hier hilft es wirklich, wenn ich meinen besten Freund anrufe, baden gehe, laut singe oder über eine Imaginationsübung Kontakt zu *meinem sicheren Ort* oder *meinem inneren Helfer* aufnehme. Während einer solchen Übung setze ich mich in einer bequemen Sitzposition auf einen Stuhl, schließe die Augen und horche in mich hinein. Meine Therapeutin hat mir einige entsprechende Übungen auf Band gesprochen. Wer keine solche Audioaufnahme hat, kann seinen Therapeuten darum bitten, sie im Fachhandel besorgen oder auch sie selbst anfertigen. Bei Letzterem ist darauf zu achten, empathisch mit sich selbst zu sein und nur positive Dinge aufzunehmen, die einen motivieren. Ich persönlich habe die Aufnahme meiner Therapeutin genommen, auch weil ihre Stimme mich beruhigt.

Alternativ helfen kognitive Skills, wie geschmackliche Reize zu setzen, bestimmte Gerüche wahrzunehmen oder einzuatmen oder sich ein Hörspiel anzuhören. Der Fantasie sind keine Grenzen gesetzt. Alles, was hilft, ist sinnvoll. Und jedem hilft etwas anderes. Man kann vieles ausprobieren, um für sich zu sorgen. Und es ist immer gut, im Vorfeld für sich zu sorgen, sich beispielsweise einen *Notfallkoffer* oder eine *Notfallkiste* zuzulegen, in der man hilfreiche Utensilien aufbewahrt. Ich stehe ganz auf Latschenkiefernöl. Ich mag den Geruch einfach, er entspannt mich völlig. Ebenfalls mag ich Zitrusfrüchte. Ich rieche es gerne, es beruhigt mich ungemein. Der Vorteil eines solchen Notfallkoffers ist, dass ich ihn sogar mitnehmen kann, also auch bei der Arbeit für mich sorgen kann, ohne mich gleich in den Krankenstand zu verabschieden. Es ist jedem Narzissten, der sich über die Arbeit definiert, zu empfehlen, sich einen solchen Koffer zuzulegen. Man muss ihn ja nicht in der Öffentlichkeit aufmachen, man kann dafür auch auf die Toilette gehen oder um eine Atempause bitten (oder eine rauchen gehen).

Es ist wirklich wichtig, sich im Vorfeld auf diese Krisen vorzubereiten. Die Frage, was unser gesunder Erwachsener in dieser Situation tun würde, hilft dabei ungemein. Jeder von uns hat diesen gesunden Erwachsenenanteil in sich. Übung macht in diesem Falle wirklich den Meister.

Was hilft mir bei Wut? Was hilft Ihnen bei Wut? Wenn ich wütend bin, merke ich das mittlerweile relativ gut, und das oft schon, bevor ich die Handlungsebene betrete, bevor ich also meinem Gefühl folge, entsprechend handle und möglicherweise anderen und im Endeffekt dann auch mir selber schade. Körperlich macht sich der Modus des wütenden, impulsiven Kindes durch eine schnellere Atmung mit einhergehender rascherer Herzfrequenz bemerkbar. Auch Gedanken wie Bockigkeit, Lustlosigkeit oder einfach nur diese allseits bekannte Wut im Bauch können auftreten. Die Bedürfnisse sind hier eindeutig. Oft will ich *meine Wut rauslassen*, will *Aufmerksamkeit und Unterstützung*. Wenn ich meinen Bedürfnissen nachgehe und mein Außen bekämpfe, erreiche ich oft nicht das gewünschte Ziel. Mein Umfeld zieht sich zurück, um sich vor meiner Wut zu schützen. In dem Falle kann ich mir wirklich nur selber helfen. Als besonders effektiv erweist sich körperliche Ertüchtigung, wie beispielsweise joggen gehen oder in einen Sandsack boxen, oder ich muss die Situation umgehend verlassen. Auf Arbeit oder im Kontakt mit anderen Menschen sieht das jedoch ein wenig komisch aus. Hier hilft mir mein Notfallkoffer. Wenn ich mich mit starken kognitiven Reizen auseinandersetze, ist mir schon sehr geholfen. Dazu dienen Kühlpacks, Ammoniak oder Chilischoten, also im Grunde sämtliche Vorräte meines persönlichen Notfallkoffers. Der Vorteil ist, dass ich ihn überall mit hinnehmen kann. Und mit viel Übung gelingt es sogar, ihn im richtigen Moment anzuwenden. Wenn Sie sich dazu entschließen, muss es Ihnen nicht peinlich sein. Sie sorgen ja nur für sich. Und damit sorgen Sie auch automatisch für die anderen. Haben Sie keine Wut, geht es auch allen anderen gut.

Viele von uns haben große Schwierigkeiten damit, Unterstützung zu holen, Hilfe anzunehmen oder um Rücksichtnahme zu bitten. Wir wollen alles mit uns selber ausmachen. Wir halten uns für schwach, wenn wir uns nicht selber helfen können. Niemand soll uns als bedürftig einschätzen. Wir wollen den Schein wahren, alles im Griff zu haben. Häufig hängt das mit den Botschaften der Elternmodi zusammen. Was mir in solchen Fällen am besten hilft, ist, mich genau entgegengesetzt zu verhalten. Ich habe immer an dieser Regel festgehalten und mit meinem entgegengesetzten Verhalten auch nachhaltigen Erfolg gehabt. Meine Therapeutin hat mich ermutigt, es einfach zu tun.

Es gilt also: Sie dürfen sich helfen lassen. Es ist Ihr Leben und damit auch Ihr gutes Recht, sich das zu geben oder zu holen, was Sie brauchen. Manche Menschen haben leider niemand in ihrem sozialen Umfeld, dem sie uneingeschränkt vertrauen können. Hier ist es wichtig, gemeinsam mit dem Therapeuten schrittweise am Aufbau eines sozialen Netzes zu arbeiten. Und wie ich eingangs schon erwähnte, im äußersten Notfall gibt es auch noch die Telefonseelsorge. Mir hat das früher in krassen Krisenzeiten immer sehr geholfen. Mittlerweile verfüge ich über einen Notfallkoffer und einen Notfallplan, der meistens greift. Ich habe ein soziales Umfeld, an dass ich mich wenden kann. Und ich glaube ganz fest daran, dass es auch Ihnen gelingen kann, für sich selbst zu sorgen. Haben Sie Mut! Vertrauen Sie sich selber. In Ihnen steckt mehr, als Sie denken. Gehen Sie achtsam mit sich und Ihrem inneren Kind um.

Im Gespräch mit Dr. Maren Franz

Eine bedeutende therapeutische Neukonzeption aus den USA befasst sich mit „Mindfulness". zu Deutsch „Achtsamkeit". Zu den wichtigsten auf Achtsamkeit basierenden Ansätzen zählt die „Mindfulness-Based Stress Reduction" (MBSR) nach Jon Kabat-Zinn.

MBSR

MBSR steht für die intensive Schulung von Achtsamkeit zur Stressbewältigung. Achtsamkeit bedeutet hier, sich und seine Umwelt bewusst im gegenwärtigen Moment wahrzunehmen, ohne sie zu beurteilen oder zu bewerten. Wenn wir gedanklich in der Zukunft oder in der Vergangenheit sind, verpassen wir die einzige Zeit, in der wir das Leben wirklich erleben können – das Hier und Jetzt. Achtsamkeit ist damit keine Technik, sondern vielmehr eine Art zu sein und zu leben, die durch regelmäßiges Training kultiviert werden kann.

Was bewirkt MBSR?

Es gibt umfangreiche Begleitforschung zu MBSR, die vielfältige Wirkungsweisen zeigen konnte, unter anderem:

- Geringer empfundener Stress und besserer Umgang mit Stress-Situationen
- Stärkeres Selbstvertrauen und Selbstakzeptanz
- Größere Gelassenheit, Energie und Lebensfreude
- Stärkere Empathie und emotionale Intelligenz
- Was lernen Sie konkret beim MBSR?
- Geh- und Sitzmeditation, Körper-Wahrnehmungsübungen (Bodyscan, achtsame Yoga-Übungen)
- Achtsamkeitsübungen für den Alltag
- Techniken zum Umgang mit inneren und äußeren Stressoren, achtsame Kommunikation
- Übungen zur Wahrnehmung von Gedanken und Emotionen
- Reflexion persönlicher gewohnheitsmäßiger Handlungsmuster (der eigene „Autopilot")
- Andere Leute, die sich für diese Themen interessieren[67]

Da auch mir Achtsamkeit hin und wieder hilft, habe ich mich an die Expertin Dr. Maren Franz aus Hamburg gewandt, die so freundlich war, für dieses Buch meine Fragen zu beantworten. Sie ist Heilpraktikerin für Psychotherapie sowie NLP-Lehrtrainerin und bietet seit zehn Jahren MBSR-Kurse an (weitere Infos auf: http://www.mbsr-hamburg.de).

1. Warum ist aus Ihrer Sicht Achtsamkeit so extrem wichtig, um Krisen zu überstehen?

Achtsamkeit ist in Krisen deshalb so hilfreich, weil es uns erlaubt, einen inneren Abstand herzustellen, und ohne diesen inneren Abstand reagieren wir automatisch emotional und auf eingefahrenen Wegen per Autopilot. Durch das Achtsamkeitstraining können wir innerlich ein Stück zurücktreten und haben so die Möglichkeit zu überlegen, was man jetzt am besten tun kann. Die Achtsamkeitspraxis hilft uns auch in Krisen, wenn uns Emotionen übermannen, innerlich Stabilität zu bewahren.

2. Was kann jeder Einzelne für sich selbst tun, um mit sich und seiner Umgebung achtsam umzugehen?

Ich denke, die Basis dafür ist, selbst einmal einen Achtsamkeitskurs – also einen MBSR-Kurs (Mindfulness-Based Stress Reduction), auf Deutsch Stressbewältigung durch Achtsamkeit – mitzumachen. Denn es braucht schon eine gewisse Übung, ein gewisses Training, um diese Fähigkeiten in sich zu stärken. Ganz wichtig ist auch, immer wieder Pausen zu machen, innezuhalten, zu reflektieren und in sich hineinzuspüren. Das gelingt am besten, wenn man es geübt hat.

3. Welche Achtsamkeitsübung hat sich aus Ihrer Sicht als am wirksamsten herauskristallisiert?

Der Body Scan hilft vielen Menschen, besser zu schlafen. Gerade bei Einschlafproblemen ist er sehr hilfreich, aber auch für die Entspannung zwischendurch. Das Herzstück der Achtsamkeitspraxis ist aber die Atemmeditation, bei der man wirklich trainiert, Gedanken kommen und auch wieder gehen zu lassen. Wo man lernt, Gedankenketten nicht bis in die Emotionen sich entfalten zu lassen, sondern immer wieder innerlich ein Stück zurückzutreten. Das ist für mich das Herzstück. Ergänzend haben sich kleine Atemübungen, die beruhigend wirken, als sehr hilfreich erwiesen. Auch eine App namens Breathing Zone ist ein sehr gutes Hilfsmittel, um zu trainieren, die Atemfrequenz abzusenken.

4. Wie wirksam ist MBSR? Gibt es dazu Studien?

MBSR hat sich im Bereich der Stressbewältigung und bei vielen psychosomatischen Problemen, aber auch bei der Behandlung von Depressionen, bei Angststörungen und Panikattacken als sehr wirksam erwiesen. Hierzu gibt es zahlreiche Studien. In Deutschland ist MBSR seit ungefähr zehn Jahren mehr und mehr im Kommen.

5. An wen richtet sich Ihre Arbeit?

Seit 20 Jahren arbeite ich mit Menschen, die sich an ganz unterschiedlichen Punkten ihrer persönlichen Entwicklung befinden und die oft eines gemeinsam haben: Sie stehen vor (neuen) Herausforderungen am Arbeitsplatz oder an

Wendepunkten ihres Lebens. Meine Seminare richten sich an alle, die an beruflicher oder persönlicher Weiterentwicklung interessiert sind. Der respektvolle Umgang miteinander ist eine wesentliche Grundlage meiner Seminare und Ausbildungskurse. In meinen MBSR-Kursen sitzen Studenten und Berufstätige aus allen Berufen. Einige kommen zur Prävention, anderen sind erkrankt und werden von Ärzten oder Psychologen geschickt, wieder andere kommen nach einer Reha-Maßnahme.

6. Es gibt Situationen, in denen Menschen einen Blackout haben oder einen Tunnelblick entwickeln. Wie verhilft man denen zu mehr Achtsamkeit?

Wenn man regelmäßig MBSR erlernt und nach dem Kurs auch weiter übt, bekommt man viel mehr Abstand zu den eigenen Gedanken und merkt auch viel früher, wenn man in bestimmte Muster, in eingefahrene Verfahrensweisen hineinzurutschen droht. Das hilft, früher wahrzunehmen, wenn ein Tunnelblick oder Blackout droht.

Werden ein Blackout oder Tunnelblicke durch traumatische Erlebnisse und Triggerpunkte ausgelöst, kann MBSR nur begrenzt hilfreich sein, weil es einfach zu schnell geschieht. Aber in viele Sachen rutschen wir eher langsam hinein, oder wir steigern uns in sie hinein, und dafür entwickelt man durch ein regelmäßiges Achtsamkeitstraining einfach mehr Aufmerksamkeit und lernt auch, früher aus solchen Geschichten auszusteigen.

7. Inwieweit hilft MBR bei schwierigen Beziehungen?

Zu meinen Teilnehmern gehören auch manchmal Ehepaare, Lebenspartner, manchmal auch einfach Freunde, die gemeinsam den Kurs machen und sich gegenseitig unterstützen. Ob Ehepartner dadurch wieder mehr zueinander finden, dazu habe ich leider keine Erfahrung. Ich könnte mir jedoch gut vorstellen, dass das Konzept zumindest hilfreich ist, weil ja viele schwierige Situationen in Partnerschaften durch Stress befeuert werden.

8.4 Es geht immer besser, aber es muss nicht sein

Warum wir nicht perfekt sein müssen und eine Zwei manchmal die bessere Eins ist

Für wen lebe ich? Ich lebe für mich. Für wen lebst du? Du lebst für dich. Für wen auch sonst? Für die anderen? Was habe ich davon? Lob, Anerkennung, was noch? Nichts! Na also. Ich lebe für mich, und ich genüge mir, wie ich bin. Ich vergleiche mich nicht mit anderen. Ich muss niemandem etwas beweisen. Und du musst mir auch nichts beweisen. Du bist du, ich bin ich. Wir sind Menschen. Du bist o. k., ich bin o. k., wir sind o. k. Du glaubst mir nicht? Was ist denn, wenn du besser bist als ich oder schneller oder gar effektiver? Genau, dann hast du eine raschere Auffassungsgabe als ich. Was noch? Nichts weiter? Und für eine raschere Auffassungsgabe gehst du mit mir einen Wettkampf ein? Was hast du davon? Nichts! Was hab ich davon? Auch nichts! Dann hast du halt eine raschere Auffassungsgabe. Die nützt dir was, mir aber nichts. Dann bist du im Vorteil, was das angeht. Okay. Aber zu einem besseren Menschen macht dich das nicht. Und mich macht das auch nicht zu einem schlechteren Menschen. Wie ich schon sagte: Du bist o. k., ich bin o. k., wir sind o. k.

Im Berufsleben habe ich oft das Gefühl gehabt, ich müsse perfekt sein, um Anerkennung und Wertschätzung zu erfahren. Ich habe diesen Druck gehasst. Ich hatte immer Angst, jemand könnte besser als ich sein. Mittlerweile weiß ich, dass es nicht darum geht, der Beste zu sein. Aber ich vermute, vielen Menschen geht es genau so, wie es mir lange ergangen ist.

Wir alle kommen mit unterschiedlichen Temperamentseigenschaften auf die Welt. Dies zeigt sich bereits bei der Geburt und auf der Neugeborenenstation. Aber wer am lautesten schreit, bekommt genau dieselbe Zuwendung oder Nahrung wie das Kind, das kaum oder gar nicht schreit. Wie es dann später zu Hause ist, steht auf einem anderen Blatt. Auch wenn die Bedürfnisse dieselben sind, ist das Umfeld der entscheidende Punkt. Aber dafür kannst du nichts, und ich auch nicht. Wir sind Babys. Wir können noch nicht reden. Wir sind leider dependent, also abhängig. Und diese Abhängigkeit verhält sich bei jedem anders.

Die Eltern sind zwar die Vorbilder für ihre Kinder, aber am Ende haften die Kinder für ihre Eltern. Als Kind werden wir nach bestem Wissen und Gewissen von unseren Bezugspersonen erzogen. Und auch unsere Bezugspersonen sind nicht perfekt. Sie machen Fehler. Diese Fehler können fatale Auswirkungen haben. Sie prägen uns, sie geben uns ein gewisses Grundgefühl. Wie wir das Erlernte dann aber in die Tat umsetzen, liegt in unserer eigenen Verantwortung. Und wie wir das Erlernte an unsere Kinder weitergeben, ebenso. Wenn ich als Erwachsener einen Fehler mache, trage ich dafür die Verantwortung, nicht meine Eltern. Denn trotz der Fehler schenkte das Leben mir ein Hirn und ein Herz. Natürlich sind die Umstände oft nicht dieselben. Auch das Umfeld, unsere direkte Umgebung, in der wir aufwachsen, trägt seinen Teil dazu bei. Aber sie bestimmt nicht dauerhaft über unser Handeln.

Unser Handeln wird ausgelöst durch einen Impuls. Diesen Impuls nennt man auch Trigger. Solche Impulse kommen vom Hirn. Forciert wird dieser Handlungsimpuls durch die Bewertung einer Situation, die ein (un-)bestimmtes Gefühl nach sich zieht. Wenn dieses Gefühl bekannt ist und wiederkehrend auftritt, spricht man von einem Automatismus. Oft basieren diese Bewertungen, das

Gefühl und der auftretende Automatismus auf den individuellen (prägenden oder auch traumatisierenden) Erfahrungen und den damit einhergehenden Glaubenssätzen. Die Bewertung wird in dem Falle durch die Elternmodi vorgenommen. Um es deutlich zu machen: Du bist nicht dein Gefühl. Das, was passiert, ist, dass deine un(ter)bewussten erworbenen Automatismen greifen, die dich nach deinen (falschen) Glaubenssätzen oftmals unüberlegt handeln lassen. Diese Handlung wirkt sich (un-)mittelbar auf die Reaktionen deines Umfeldes aus. Wie du siehst, geht es den anderen nicht besser als dir. Auch die anderen haben ihre Erfahrungen machen müssen, die sie durch ihre erlernten Bewertungsmuster in Form von Gefühlen auf die Handlungsebene führen, die sie somit ausdrücken. Du magst dich dabei hilflos, machtlos, kraftlos, erfolglos, motivationslos, überfordert oder nicht ernst genommen fühlen. Aber auch dieses Gefühl entsteht aufgrund deiner Bewertung.

Mir fällt es sehr schwer loszulassen. Ich bin mir selbst gegenüber wahrscheinlich nachtragender als gegenüber anderen. Vieles hängt wohl mit der Verachtung meines inneren Kindes zusammen. Ich verachte mein Kind dafür, dass es so verletzlich ist. Gleichzeitig befürchte ich, dass mein Mitleid größer ist als mein Mitgefühl. Von den Problemen anderer kann ich mich recht gut abgrenzen. Meine Probleme dagegen holen mich immer dann ein, wenn ich nicht damit rechne. Es sind oft nur Kleinigkeiten, die in der Summe einen Vulkanausbruch forcieren. Ich gehe dann mit mir selber hart ins Gericht und verspüre den Drang, mich zu bestrafen. Mit Blick auf die anderen Menschen kommt mir der Gedanke, dass die was Besseres als mich verdient haben. Also versuche ich mich ihnen gegenüber abzuwerten. In bestimmten Situationen, in denen das Glück nahe erscheint, verbiete ich es mir zuzugreifen, weil ich denke, es nicht verdient zu haben, glücklich zu sein. Das, was ich anderen Leuten angetan habe, kommt dazu. Ich bereue es manchmal, auf dieser Welt zu sein. Ich denke oft, die Welt wäre ohne mich besser dran.

Weglaufen, Vermeidung und Verdrängung waren sehr oft ein probates Mittel für mich, wenn es mir mal wieder zu viel wurde. Ich fühle beinahe jeden Tag den Drang, alle Kontakte abzubrechen oder mich tausendmal wegen irgendwelchem Kleinscheiß zu entschuldigen.

Wenn mir Fehler unterlaufen, mache ich mir selbst oft Vorwürfe. Meine inneren Kritiker sind ständig auf der Hut. Anstatt mal innezuhalten und die Situation zu analysieren, fahren meine Bewertungsmechanismen meinen Ferrari in mir hoch. Oft bin ich schon auf 180, bevor ich es registriere. Gerade dann ist meine Fehlerzahl beson-

ders hoch. Und gerade dann fällt es mir schwer, es zu korrigieren. Oder würden Sie Sekunden später, nachdem Sie „Arschloch" gesagt haben, auf die Idee kommen, sich zu entschuldigen?

Ich würde mir gerne verzeihen können. Ich denke dann aber, wenn ich mir verzeihe, stets, dass jemand von außen mir wieder vor Augen hält, dass meine Anwesenheit auf dieser Welt ein Unding ist, was nicht zu verzeihen ist. Ich habe oft ein schlechtes Gewissen. Ich fühle mich oft schuldig. Ich lasse mich auch zu sehr von äußeren Impulsen leiten. Ich glaube eine Beleidigung eher als ein Kompliment. Wenn ich jetzt noch einmal lese, was ich eben geschrieben habe, denke ich immer, jetzt sagt bestimmt gleich jemand wieder, das, was du denkst, ist falsch. Du hast wieder Fehler gemacht beim Nachdenken. Egal, wie ich es drehe oder wende, es ist nicht richtig. Ich resigniere vollkommen und versuche nur noch Schadensbegrenzung zu betreiben. Nebenbei hoffe ich, dass mein Umfeld davon nichts mitbekommt, und tue so, als ginge es mir gut.

Nachtrag: Mit Frau Bellersheim und dem Tectum Verlag habe ich eine für meinen weiteren Lebensweg wundervolle Erfahrung gemacht, genauso wie mit meinem Therapeuten, der namentlich nicht genannt werden möchte, meiner Beraterin bei der Schuldnerberatung, Frau Braune, und meiner neuen Vermittlerin Frau Harder vom Jobcenter. All ihnen gebührt mein Dank, an diesem Glaubenssatz nicht mehr festhalten zu müssen. Der Insolvenzverwalterin aber bin ich böse, und das darf ich auch.

Du kannst zwar nicht direkt etwas für dein Gefühl, aber du trägst die Verantwortung für dein Handeln. Dein Umfeld wirst du nicht ändern können. Dein Umfeld ist oft genauso hilflos, überfordert oder angespannt wie du. Du kannst nur dich selbst verändern. Dein Fernglas kannst du also getrost stecken lassen.

Als die Insolvenzverwalterin mich in Kenntnis setzte, auch meinen Verlag kontaktiert zu haben, hatte ich wieder krasse Auslöschungs- und Vernichtungsgedanken. Dass ich diese nicht ausgelebt habe, verdanke ich meinem neuen Weg. Ich rede mit Freunden drüber, die mich ein wenig kennen und wissen, wie es in mir ausschaut. Von denen lasse ich mich auch beruhigen. Auch habe ich meine Achtsamkeitsübungen gemacht und ein Entspannungsbad genommen. Danke, Pino.

Erkenne deine Glaubenssätze, überprüfe sie, überprüfe, ob sie dir helfen oder dich behindern. Mach dir bewusst, welche Gefühle sie bei dir auslösen (du kannst sie auch aufschreiben), und dann sei achtsam und überlege, wie du sie verändern kannst. Manchmal ist der Schritt zum Psychologen, Heilpraktiker oder Coach der einzig richtige.

Für mich war diese Entscheidung genau richtig. Es war nicht einfach, aber ich bin froh darüber, diesen Schritt getan zu haben. So habe ich erkannt, dass ich mein Leben aufgrund meiner wenig förderlichen Glaubenssätze aufs Spiel gesetzt und meine Welt ins Wanken gebracht habe. Unzählige Male bin ich aufgrund meiner Glaubenssätze und Bewertungsmuster an die Grenzen anderer und an meine eigenen gestoßen. Chaos, Depression, Unruhe und Lebensgefahr waren die Folgen. Ich habe erkannt, dass ich für mich lebe, dass ich die Macht darüber habe, zu entscheiden, dass diese Macht im Grunde viel Kalkül erfordert. Ich bin nicht verantwortlich für meine Automatismen, aber für mein daraus resultierendes Verhalten. Denn ich habe die Macht und die Fähigkeit, es aktiv und bewusst zu verändern, damit es mir besser geht. Jeder Tag, an dem ich mich nicht meinen alten Glaubenssätzen hingebe, sondern meinen neu erlernten Glaubenssätzen zuwende, ist ein Gewinn. Ich darf Ja zu meinem Leben sagen, das ich jetzt lebe. Ich darf mir und meinem inneren Kind das geben, was es braucht. Es ist in Ordnung, wenn ich auf mein Bauchgefühl höre und meine Bedürfnisse einfordere oder sie mir selbst stille. Ebenfalls ist es total okay, wenn ich mich zeige, wie ich bin. Für die Bewertung anderer bin ich nicht verantwortlich. Ich kann aber dafür sorgen, dass es mir gut geht (was du wie jeder andere selbstverständlich auch kannst). Ich bin nicht auf der Welt, um anderen zu gefallen. Wenn ich eine Zwei schreibe, ist das eine gute Note. Es muss keine Eins sein. Eine Eins ist immer schön. Eine Zwei ist aber genauso schön. Im Grunde reicht sogar eine Vier, denn eine Vier ist bestanden, bestanden ist gut, und gut ist fast eine Eins. Wenn ich die Eins schreibe, freue ich mich. Wenn es eine Zwei wird, erinnere ich mich daran, dass ich es für mich tue und nicht für die anderen. Und ich erinnere mich an die Tage, wo ich mir das Leben selber zur Hölle gemacht habe, weil es nur eine Zwei oder Drei wurde.

Und dann sag ich mir „Es geht immer besser, aber es muss nicht sein."

> Glänze wie Gold für diejenigen, die böse Augen auf dich werfen. Sei hart wie Gold, damit sie sich die Zähne an dir ausbeißen. Sei wertvoll wie Gold, selbst wenn die anderen dir keine Wertschätzung entgegenbringen. Doch sei niemals kalt wie Gold, sondern bewahre Wärme durch deinen goldenen Charakter in deinem goldenen Herz.
>
> Kianimus

Kennen Sie das auch? Sie gehen einkaufen und kaufen dann mehr, als Sie ursprünglich wollten. Und danach machen Sie sich wieder Vorwürfe und fragen sich, warum. Lassen Sie das, machen Sie sich keine Vorwürfe. Wenn Sie in dem Moment so gefühlt haben, dass Sie das und das und das kaufen wollten, dann ist das vollkommen in Ordnung. Beruhigen Sie Ihr Gewissen. Sagen Sie sich einfach: „Das war jetzt einfach einmal was für mein inneres Kind. Ich habe es gesehen und wollte es haben. In dem Moment war ich glücklich, und nur das zählt."

Sie machen sich jeden Tag Vorwürfe für Dinge, die Sie ohnehin nicht ändern können. Wenn Sie die Dinge, die Sie dann getan haben, nicht so negativ bewerten würden, nicht als Fehler betrachten würden, dann ginge es Ihnen viel, viel besser. Sie machen sich über Dinge Gedanken, über die man sich eigentlich gar keine Gedanken machen muss. Zwar sagt irgendwas in Ihnen, dass Sie diese Gedanken haben müssen. Aber Sie brauchen sie nicht. Sie brauchen diese Gedanken wirklich nicht.

Denn sie hindern Sie daran, glücklich zu werden. Sie hindern Sie daran, sich gut zu fühlen. Sie hindern Sie daran, klar zu denken, Freude zu empfinden, einfach loszulassen von all dem Schlechten, was Sie sowieso Tag für Tag umgibt. Aber Sie können es nicht ändern. Sie müssen es akzeptieren. Nur über die Akzeptanz werden Sie glücklich. Denn wenn Sie sich akzeptieren, können Sie andere auch akzeptieren. Wenn Sie sich akzeptieren, akzeptieren Sie alles – und dann kann Ihnen keiner was!

Im Gespräch mit Arne-Matz Ramcke

Weiter oben haben wir bei der Frage nach den Ursachen und dem Umgang mit Mobbing bereits davon gesprochen, hier nun soll aber das Thema Job und Arbeit aus einer anderen Perspektive betrachtet werden. Für dieses Gespräch dachte ich an meinen ehemaligen Jobcoach, der wirklich eine Bereicherung für mich darstellte. Er half mir, meinen blinden Fleck noch besser kennenzulernen. Wenn Sie sich gerade auf der Suche nach einem Arbeitsplatz befinden, wird sein Rat sicher auch für Sie hilfreich sein.

1. Herr Ramcke, in Deutschland herrscht eine bescheidene, wenn nicht sogar eine schlechte Feedbackkultur. Was glauben Sie, woran das liegt, und was könnte jeder Einzelne ihrer Meinung nach besser machen?

Kurz gesagt würde ich behaupten, dass wir als Gesellschaft es nicht ausreichend gelernt haben. Aus eigener Erfahrung weiß ich, dass es nicht immer ganz einfach ist, Feedback zu geben und auch zu bekommen, denn es beinhaltet eine gewisse Abstraktion zwischen dem eigenen und dem fremden Erleben, im direkten Moment sowie unter Einbindung bereits erfolgter Erfahrungen in der jeweiligen Begegnung.

Feedbacks sind häufig nicht ganz frei von Wertungen. Auch wenn es sich um ein sauberes Feedback handelt, kann sich das Gegenüber bei einem Trigger sofort angegriffen fühlen, ohne das eigentliche Feedback wahrzunehmen. Auch wenn die grundlegende Beziehung der beiden Akteure von Spannungen gekennzeichnet ist, werden selbst gut gemeinte Feedbacks nicht immer als solche erkannt.

Eine Lösung hin zu einer guten Feedbackkultur besteht meines Erachtens darin, miteinander zu kommunizieren und sich in einem Fall von Lob oder Kritik im Vorfeld über eine gemeinsame Form der Auseinandersetzung zu einigen. Um gegenseitige Anfeindungen und Verletzungen zu vermeiden, sollte die Feedback erhaltende Person, sobald sie sich angegriffen fühlt, erst einmal innehalten und versuchen, durch Fragen zu ergründen, ob es sich um Feedback handelt und wie das gemeint war. Für die Personen, die bereits geübt sind, Feedback zu erhalten und zu geben, wird es in der Regel auch einfacher sein, diese Fähigkeit in neuen Begegnungen anzuwenden.

Resümierend würde ich als Voraussetzung für ein erfolgreiches Feedback die Basis der zwischenmenschlichen Beziehung sehen. Ein gegenseitig respektvoller Umgang auf Augenhöhe und die Bereitschaft, sich gegenseitig zuzuhören, werden mit Sicherheit hilfreich sein.

2. Sie sind ja unter anderem Jobcoach. Worin sehen Sie genau Ihre Aufgaben und was gibt Ihnen diese Tätigkeit?

Im Grunde besteht meine Aufgabe darin, zu übersetzen. Infolge meiner eigenen Erfahrungen (als Technischer Außendienst, im Marketing, im Vertriebsaußendienst, im Zuge einer Unternehmensgründung, in der Beratung von kleinen und mittelständischen Unternehmen und bei der Berufswegeberatung) wie auch durch meine Qualifikationen habe ich viele verschiedene Perspektiven der Arbeitswelt erfahren und kennenlernen dürfen. Als weiterer Baustein ist es wichtig, die mir gegenübersitzenden Menschen in ihren beruflichen Vorstellungen und Bedürfnissen zu verstehen. Diese Bausteine zu vereinen und Menschen neue Perspektiven aufzuzeigen, Wertschätzung zu vermitteln und mit neuem Mut und Selbstbewusstsein in die Herausforderung eines neuen Lebensabschnitts zu schicken, ist meine persönliche Motivation, und bei entsprechenden Feedbacks (verbaler oder nonverbaler Natur) erfahre ich eine Bestätigung in meiner Motivation.

3. Viele Arbeitnehmer klagen über Überlastung, Überstunden oder ungerechte Bezahlung. Wie kann man diese Defizite Ihrer Meinung nach ausbessern?

Diese Frage ist sehr politisch, aber ich versuche, sie einmal aus meiner Sicht als Coach zu beantworten.

Einem Arbeitsverhältnis liegt ein Vertrag zugrunde. Dieser Vertrag legt gewöhnlich für beide Seiten verbindliche Rechte und Pflichten fest. Bei einem Angestelltenverhältnis schuldet der Arbeitnehmer dem Arbeitgeber seine Zeit und bekommt dafür ein Entgelt. Ein Arbeitgeber hat neben seiner direkten Führsorgepflicht gegenüber seinen Mitarbeitern auch eine Führsorgepflicht gegenüber dem erfolgreichen Bestehen des Unternehmens im Markt. In dieser

Hinsicht muss der Unternehmer eine Balance finden und die Bedürfnisse aller Seiten berücksichtigen. Dabei setzt er bei seinen Mitarbeitern häufig auf ein extraproduktives Verhalten, statt Dienst nach Vorschrift zu erwarten. Die angesprochenen Defizite bei Überstunden ergeben sich beispielsweise, wenn die Arbeitnehmer sich nicht wertgeschätzt und unter Druck gesetzt fühlen. Eine Lösung im Sinne extraproduktiven Verhaltens liegt hier aus meiner Sicht im nachhaltigen Handeln des Arbeitgebers und in einer positiven Motivation der Mitarbeiter. Bei dem Thema Überlastung oder ungerechte Bezahlung kann der Mitarbeiter selbst für sein Wohlbefinden kämpfen: über die eigene Abgrenzung gegenüber den Erwartungen des Arbeitgebers oder durch den Zusammenschluss mit anderen Arbeitnehmern, beispielsweise durch Arbeitnehmervertretungen oder Gewerkschaften.

Aus meiner Sicht benötigt man keine neuen Gesetze, vielmehr ist ein Wandel in der zum Teil antiquierten Führungskultur – allein über Druck zu führen – notwendig. Zusätzlich sollten sich die Mitarbeiter die Möglichkeiten des eigenen „Empowerments" bewusst machen. Jeder Mitarbeiter muss für sich selbst entscheiden, wo seine Bedürfnisse und die Grenzen seiner Belastungen liegen, und er hat die Möglichkeit, diese zu verteidigen. Ein Arbeitgeber wird im Zweifel diese Grenzen immer ausreizen mit dem Ziel, extraproduktives Verhalten bei seinen Mitarbeitern zu erhalten.

4. Was empfehlen Sie Arbeitnehmerinnen und Arbeitnehmern, die sich im Job nicht genug wertgeschätzt oder gar gemobbt fühlen?

Diese beiden Punkte würde ich sehr stark unterscheiden. Während Mobbing eine juristische Dimension beinhaltet und hier auch rechtliche Schritte zu prüfen sind, wird Wertschätzung ganz individuell wahrgenommen. Frei nach dem schwäbischen Sprichwort „Keine Kritik ist genug des Lobes" sind die Bedürfnisse der Wertschätzung als Motivation für die eigene Arbeit bei jedem Arbeitnehmer unterschiedlich. Meine Empfehlung an alle Arbeitnehmer, die sich nicht wertgeschätzt fühlen, ist, aktiv Feedback einzufordern (dabei aber auch die Feedbackregeln zu berücksichtigen) und, wenn das nichts nützt, zu schauen, ob man Wertschätzung oder Bestätigung in anderen Positionen der Firma erhalten kann, und gegebenenfalls zu versuchen, intern zu wechseln. Alternativ kann man auch versuchen, durch ein Hobby außerhalb der Arbeit Wertschätzung und Bestätigung zu erhalten und bewusst seine Erwartungshaltung beim Arbeitsplatz zu reduzieren.

Sollte sich eine Arbeitnehmerin oder ein Arbeitnehmer gemobbt fühlen, ist es sehr wichtig, eine Vertrauensperson hinzuzuziehen und das Problem zu thematisieren. In der Regel hat der Arbeitgeber kein Interesse daran, dass die Produktivität unter solchen Spannungen leidet, und kann somit ein guter Ansprechpartner sein. Sollte das Mobbing von der Geschäftsführung ausgehen, stehen gegebenenfalls andere Ziele im Vordergrund. In diesem Fall sollte man sich extern für eine Unterstützung umschauen – hier gibt es eine Vielzahl an möglichen Institutionen, die Hilfe anbieten (Gewerkschaften, Arbeitnehmervertretungen, Anwälte etc.).

5. Wie gehen Sie persönlich mit Kränkungssituationen im Job um?

Zu allererst versuche ich, mich nicht aus der Fassung bringen zu lassen und auf sachlicher Ebene das Problem und die Ursache im Vier-Augen-Gespräch zu ergründen. Oft ist es auch hilfreich, erst einmal Zeit zwischen dem Vorfall und der Reaktion von bis zu ca. 24 Stunden verstreichen zu lassen und anschließend auf einer sachlichen Ebene das Problem zu ergründen. Wenn ich das Problem nicht selbst lösen kann oder die Kränkung bewusst und willentlich aufrechterhalten wird, suche ich mir schnellstmöglich Hilfe und Unterstützung bei meinen Vorgesetzen oder Vertrauenspersonen.

6 Sie sind ja auch in der Kommunalpolitik tätig. Wie viel Narzissmus ist Ihrer Meinung nach in der Politik notwendig, um bestehen zu können? Oder sind manche Politiker schon zu narzisstisch unterwegs?

Um Themen zu fördern und politisch tätig sein zu können, bedarf es keiner narzisstischen Verhaltensstörung. Vielmehr sind verschiedene Attribute hilfreich, wie beispielsweise Durchsetzungsvermögen, Authentizität, Ehrlichkeit, vielleicht auch eine Form von Gemeinwohl und Selbstlosigkeit. Meiner Überzeugung nach sind Know-how, Authentizität, Ehrlichkeit und respektvolles Verhalten die wichtigsten Attribute, aber hier liegt auch ein Vorteil in den jeweiligen Unterschieden der handelnden Personen. Ein Rezept für das Bestehen in der Politik gibt es meiner Meinung nach nicht.

Und ja, mit Sicherheit gibt es Politiker, die narzisstisch veranlagt sind, und bestimmt auch welche, denen diese Verhaltensweise weder nützlich ist noch besondere Sympathie verschafft. Eine allgemeingültige Bewertung kann ich bei der Frage nicht vornehmen, hier bedarf es konkreter Beispiele.

7. Donald Trump soll ein Narzisst sein. Auch Angela Merkel oder Christian Albig wurden psychische Krankheiten angedichtet. Was halten Sie davon, Menschen des öffentlichen Lebens aus der Ferne eine Diagnose anzudichten?

Nichts. Das Leben und das Verhalten verschiedener Menschen sind so facettenreich, ein undifferenziertes pauschales Urteil in Form einer Laien-Diagnose ist meiner Meinung nach weder zielführend noch in allen Punkten zutreffend. Trotzdem wird jeder Mensch jedes Handeln anderer Menschen auch psychologisch verarbeiten und einordnen. Aber wenn jeder Mensch beispielsweise 100 zu bewertende Attribute mitbringt, ist eine pauschale Einordnung durch ein bestimmtes Verhalten zu kurz gegriffen und gleicht einer Vorverurteilung.

8.5 Eigenlob stinkt nicht

Warum Selbstfürsorge wichtig ist, und warum man sein inneres Kind achten sollte

Kennen Sie das Gefühl des Ausgelaugtseins? Sind Sie ständig mit sich selber unzufrieden? Haben Sie manchmal das Gefühl, dass Sie nicht genügen? Glauben Sie, mehr Fehler zu machen als andere? Besteht bei Ihnen der Eindruck, dass es nie reicht, egal wie sehr Sie sich bemühen? Wann haben Sie sich das letzte Mal selbst gelobt? Warten Sie darauf, dass andere Sie loben? Dann können Sie lange warten! Denn egal, wie sehr man Sie lobt, es wird niemals ausreichen, wenn Sie nur etwas tun, um gelobt zu werden. Das Lob von außen wird Ihnen niemals das geben, was Sie brauchen, wenn Sie nur für das Lob und die Anerkennung von anderen leben.

Fühlen Sie sich oft oder manchmal nicht ausreichend gesehen? Denken Sie, Sie sind anderen egal? Wie wichtig ist es Ihnen, von anderen gesehen zu werden? Können Sie sich selber so annehmen, wie Sie sind, oder brauchen Sie die Rückmeldung von außen, um sich zu spüren?

All das kenne ich. Ich kenne die Tage, an denen ich mich nicht ausreichend gesehen fühle. Ich denke, egal was ich mache, es reicht nicht. Ich kann rackern, ackern, mir den Rücken krumm machen – ich bin selten zufrieden. Ich bekomme ja kein Lob. Aber stimmt das wirklich? Oder bin ich einfach nicht mehr empfänglich für die Wertschätzung meines Umfeldes? Habe ich gar zu hohe Erwartungen?

Und jetzt stelle ich Ihnen die entscheidende Frage. Für wen leben Sie? Wenn Sie nur für andere leben, weil Sie selber nicht so viel mit sich anzufangen wissen oder weil Sie nicht allzu viel von sich halten, dann läuft irgendwas bei Ihnen nicht rund. Wie gut kennen Sie sich selber? Haben Sie ein Gefühl dafür, zu was Sie imstande sind? Sie sind zu deutlich mehr imstande, als ständig unzufrieden zu sein. Sie sind auf der Welt, um Ihr eigenes Glück zu erschaffen. Sie sind nicht auf der Welt, um andere glücklich zu machen, denn das Leben der anderen können Sie nur indirekt beeinflussen, wie auch die anderen Ihr Leben nur indirekt beeinflussen können, denn Sie leben nur Ihr Leben und die anderen leben für sich. Alles, was Sie tun, tun Sie nicht, um anderen zu gefallen; zumindest ist das nicht zu empfehlen. Denn die anderen sind auch nicht auf der Welt, um Ihnen zu gefallen.

Die Rückmeldung, die von außen kommt, reicht oft nur für einen kurzen Moment. Sie bekommen gesagt, dass man gerne mit Ihnen zusammen ist; vielleicht bekommen Sie sogar Komplimente für Ihr Aussehen. Und dann? Dann wollen Sie dem Komplimentgeber immer gefallen. Gehen Sie auch geschminkt zu Bett? Ist das Leben, das Sie leben, in diesem Falle nicht einfach nur eine bequeme Lüge?

In Wahrheit sind Sie für sich selbst verantwortlich. Was Sie fühlen, strahlen Sie auch aus. Natürlich gibt es oberflächliche Menschen. Aber mal ehrlich, wollen Sie wirklich oberflächlichen Menschen gefallen? Sie wollen um Ihrer selbst willen gemocht werden. Sie wollen nicht für das, was Sie sind, gemocht werden, sondern so, wie Sie sind. Niemand möchte als das Statussymbol eines anderen betrachtet werden. Wenn Sie aber alles tun, um von anderen gemocht zu werden, verbiegen Sie sich. Sie werden sich untreu und beklagen sich womöglich am Ende, „manipuliert" worden zu sein. Sie werden das jetzt abstreiten, weil Sie sich wahrscheinlich schon daran gewöhnt haben. Sie werden sich fragen, ob ich Sie jetzt als Projektionsfläche benutze. Aber glauben Sie mir, allein der Umstand, dass Sie sich das fragen, zeigt doch schon, dass Sie sich angesprochen fühlen.

Hallo? Aufwachen!

Wahre Schönheit kommt von innen. Also kommt wahre Liebe auch von innen. Selbstliebe nennen wir das. Sie dürfen zufrieden sein. Sie müssen nicht immer perfekt sein. Sie dürfen sich Fehler erlauben. Fehler sind menschlich. Sie dürfen sich über die kleinen Dinge des Lebens freuen. Weniger ist oftmals mehr, auch wenn manch einer sagt, dass viel Make-up immer hilft. Es kommt auf den Anlass an. Im Karneval würde ich mich auch übertrieben schminken. Aber im wahren Leben ist das doch nur eine Maske. Sie dürfen sich zeigen. Und Sie dürfen sich selber loben. Egal, wie klein die Sache ist, die Sie machen. Sie machen sie für sich. Deswegen stinkt Eigenlob auch nicht. So einfach ist das.

Sie glauben mir nicht?

Sie zweifeln an mir?

Haben Sie schon einmal ausprobiert, wie es ist, sich zu loben? Sind Sie sich dabei blöd vorgekommen? Anders gefragt: Wann haben Sie sich das letzte Mal etwas gegönnt, ohne danach ein schlechtes Gewissen zu haben? Ich meine nicht Ihre letzte Shoppingtour, bei der Sie Ihr fünfzigstes Paar Schuhe gekauft haben. Ich meine vielmehr die kleinen Dinge, die man sich täglich gönnt. Schuhe sind zwar auch klein, aber doch eher kostenintensiv. Die kaufen Sie sich zwar auch, weil sie Ihnen gefallen, aber allein schon an der Tatsache, dass Sie bereits 49 Paar Schuhe haben, erkennen Sie, dass diese vielen Schuhe nur etwas kompensieren. Wozu brauchen Sie 49 Paar Schuhe? Brauchen Sie die wirklich? Aber das ist jetzt eine andere Baustelle.

Ich frage Sie also noch einmal: Wann haben Sie sich das letzte Mal etwas gegönnt? Wann haben Sie das letzte Mal etwas für sich gemacht, ohne dabei ein schlechtes

Gewissen gehabt zu haben? Für wen duschen oder baden Sie? Duschen oder baden Sie, damit niemand sagt, dass Sie stinken, oder tun Sie es, weil Sie sich geduscht sauberer fühlen und das Bad genießen? Na also, es geht doch. Sie gönnen sich ja doch etwas. Es ist nur eine Kleinigkeit. Aber auch Kleinvieh macht Mist.

Haben Sie deswegen ein schlechtes Gewissen? Brauchen Sie nicht. Sich sauber zu fühlen, ist ein menschliches Grundbedürfnis. Sie haben das Recht dazu, sich wohlzufühlen. Und Sie haben auch das Recht, sich zu belohnen. Sie dürfen das wirklich, ohne dabei ein schlechtes Gewissen zu haben. Sie schaden damit niemandem. Sie tun es für sich. Allein darauf kommt es an. Machen Sie sich einfach bewusst, dass es die Kleinigkeiten sind, die den Unterschied ausmachen. Und darauf dürfen Sie sogar stolz sein. Sie denken an sich. Sie tun etwas Gutes für sich. Sie nutzen andere nicht aus. Sie tun damit nichts, was anderen schadet. Sie nehmen sich Zeit für Ihre Angelegenheiten, für Ihre Bedürfnisse, Sie nehmen sich somit auch Zeit für Ihr inneres Kind.

Schließen Sie für einen Moment die Augen. Was sehen Sie?

Sehen Sie ihr inneres Kind? Oder sind Sie dafür schon blind?

Ihr inneres Kind braucht Sie mehr als jeden anderen. Ohne Sie existiert Ihr inneres Kind nicht. Es ist von Ihnen abhängig. Und Sie sind von Ihrem inneren Kind abhängig. Ihr inneres Kind ist die Empfangsstation für Ihre Gedanken, für Ihre Erfahrungen und Ihre Gefühle. Ihr inneres Kind weint mit Ihnen, es lacht mit Ihnen, es liebt Sie, es lobt Sie, also dürfen Sie es auch loben. Und Sie dürfen es lieb haben. Sie dürfen es, das kann Ihnen niemand verbieten. Das können Sie sich nur selbst verbieten. Und wenn Sie sich das verboten haben, dann bedenken Sie: Gerade die verbotenen Dinge machen am meisten Spaß! Haben Sie früher nicht auch auf einer Grünfläche gespielt, auf der ein Schild stand „Rasen betreten verboten"? Und haben Sie sich dabei nicht gefragt, wie das Schild in die Mitte der Grünfläche gelangt ist?

Na also! Es geht doch.

Jetzt wissen Sie es. Sie dürfen sich loben. Sie dürfen sich lieben. Sie dürfen alles tun, was Ihnen guttut. Fragen Sie Ihr inneres Kind, worauf es Lust hat.

Wir alle waren mal klein. Manche von uns haben jetzt selber Kinder. Wie war es, als Sie den ersten Schritt gegangen sind? Als Sie Ihre Ängste zu fallen überwunden haben? Erinnern Sie sich noch? Sie waren stolz, Sie waren glücklich. Ihre Eltern freuten sich. Sie freuten sich mit Ihnen. Und Sie freuen sich ja auch für Ihr Kind, wenn es die ersten Schritte macht.

Genauso dürfen Sie sich auch mit Ihrem inneren Kind freuen. Und Sie dürfen sich selber dafür loben, dass Sie dazu in der Lage sind. Sie sind gut zu einem Kind, zu Ihrem Kind. Halten Sie es gut fest. Es wird immer in Ihrem Leben sein. Es wird sich mit Ihnen freuen, es ist Ihr treuester Begleiter. Seien Sie offen für sich, verschließen Sie nicht die Augen. Seien Sie nicht blind. Verlieren Sie es nicht. Denn Sie haben nur dieses eine, dieses eine innere Kind.

Und jetzt dürfen Sie zur Belohnung die Arme heben und darunter riechen. Und? Stinken Sie? Ich wusste es doch. Eigenlob stinkt nicht!

Wie man Ja zu sich selbst sagt, ohne dabei als Egoist rüberzukommen

von Dr. Mirriam Prieß, 07.08.2017

Ein Mitglied meiner Facebook-Gruppe teilte einen Link, der zu der Seite von Dr. Mirriam Prieß führte. Ich las die Homepage und war geflasht. Ich schrieb Frau Dr. Prieß und fragte, ob sie bereit wäre, etwas für mein Buch zu schreiben. Sie tat es gern, denn auch sie war von Anfang an von meinem Projekt überzeugt. Nebenbei gab sie mir auch privat einige Ratschläge (ohne Gewalt), wofür ich ihr sehr dankbar bin.

Es ist so wenig, was wir in den ersten Jahren brauchen, um gesund heranzuwachsen – doch dieses wenige scheint so schwer zu geben zu sein: die liebevolle Annahme durch unsere ersten Bezugspersonen.

Es sind nicht einzelne Erlebnisse, die uns für unser späteres Leben prägen, sondern die tägliche Atmosphäre der Beziehungen, die geherrscht hat. So, wie die Bezugspersonen miteinander, mit sich selbst und mit dem Kind in Beziehung treten, daraus lernt das Kind, mit sich selbst und der Welt in Beziehung zu treten.

Haben wir von Anfang an – und der Anfang beginnt im Mutterleib – die Erfahrung von Geborgenheit gemacht, von liebevoller Annahme und Dialog, sind unsere Eltern uns von Beginn an in unserem Wesen begegnet und haben uns darin liebevoll angenommen, gefördert, gefordert und bestärkt, so lernen wir die Verbindung zu uns selbst aufzunehmen. Wir lernen, uns selbstverständlich anzunehmen, und entwickeln ein gesundes Bewusstsein für uns selbst. „So wie du bist, bist du gut! Ich heiße nicht alles gut, was du tust – aber *dich*, dich heiße ich gut!" Diese Haltung ist die Grundlage für die psychische Gesundheit des Kindes und späteren Erwachsenen.

Je weniger wir diese bedingungslose Annahme erfahren haben, je mehr die Atmosphäre von Ablehnung, Gleichgültigkeit oder von Bedingungen geprägt wurde, umso beziehungsloser und ablehnender stehen wir unserem eigenen Wesen, aber auch der Welt gegenüber und umso mehr entwickeln wir unsere Identität auf der Grundlage von Mangel, Ohnmacht und Defizit – mit all den damit verbundenen Emotionen.

Erst wenn wir dies erkennen, wenn wir anerkennen, dass die ersten Lebensjahre die Grundlage dafür sind, wie wir später Beziehungen gestalten, haben wir die Möglichkeit, dort heilend und verstehend anzusetzen, wo im späteren Alter Beziehung nicht gelingt.

Leben ist Beziehung – Beziehung als Grundlage für Gesundheit

Wenn wir uns fragen, warum die psychosomatischen Symptome und psychischen Störungen immer weiter zunehmen, so kommen wir nicht umhin zu erkennen, dass überall dort, wo Störung herrscht oder entsteht, eines verloren gegangen ist: gelingende Beziehung.

Wir stehen ständig in Beziehung – mit uns selbst, mit unserem Umfeld, beruflich wie privat, und wir stehen in Beziehung mit dem Leben und den Situationen, die es an uns heranträgt. Leben ist Beziehung, und gelingende Beziehung ist Begegnung. Der Beziehungsaspekt ist der entscheidende Aspekt für Gesundheit und gelingendes Leben.

Lange Zeit ist man davon ausgegangen, dass Menschen, die sich erschöpfen, überarbeitet sind. Dies ist falsch. Wer ausbrennt, weist vor allem folgendes Merkmal auf: Er befindet sich in konfliktreichen Beziehungen, und er hat stets die Beziehung zu sich selbst verloren. Wer aber mit sich nicht in Beziehung steht, dem fehlt das Ja zu sich selbst. Er kennt nicht sein Maß und hat kein Gespür für die richtigen Grenzen – nicht sich selbst gegenüber und auf dieser Grundlage ebenso wenig seinen Mitmenschen und dem Leben gegenüber. Wenn wir uns also auf die Suche nach Heilung machen, dann kommen wir nicht umhin, der Spur zu folgen, die die Grundlage für jede gelingende Beziehung ist, beruflich wie privat, zu sich selbst wie auch dem Leben gegenüber: der Spur des Dialoges.

Der Dialog ist weit mehr als nur eine Form der Kommunikation. Er ist eine Grundhaltung sich selbst, den Menschen und dem Leben gegenüber. Wer ihn im Inneren und Äußeren praktiziert, der hat die Möglichkeit, zu seinem Gleichgewicht zu finden und mit seiner Hilfe auch die Wunden zu heilen, die in den ersten Jahren durch den fehlenden Dialog mit den ersten Bezugspersonen entstanden sind.

Es gibt fünf Voraussetzungen, damit ein Dialog stattfinden kann: Interesse, Offenheit, Empathie, Augenhöhe, Respekt/Wertschätzung. Diese fünf Voraussetzungen sind das Fundament für Begegnung – für eine gelingende Beziehung zu seiner Umwelt und zum Leben und für die Begegnung mit sich selbst.

Der äußere Dialog – die Brücke zur Begegnung

Wenn wir feststellen, dass uns Beziehung nicht gelingt, dass wir uns in endlosen ergebnislosen Diskussionen verlieren, innerlich beginnen, uns zurückzuziehen, und äußerlich anfangen zu verstummen, dann sind das alles Anzeichen, dass der Dialog verloren gegangen ist. Um dies zu verhindern, sollten wir uns folgende Fragen stellen, wenn wir beruflich oder privat in Beziehung treten und den Dialog suchen:

Interessiere ich mich für mein Gegenüber oder interessiere ich mich nur dafür, ihn für mich und von meiner Meinung zu überzeugen?

Bin ich offen und bereit, meine Welt zu verlassen und eventuell zu erkennen, dass ich mich geirrt habe?

Gelingt es mir, mich auf den Platz des anderen zu setzen und zu fühlen, wie er sich fühlt, um ihn voll zu verstehen, oder schaue ich bestenfalls darauf, wie ich mich an seiner Stelle fühlen würde, und nehme mich als Maßstab für das Verstehen des anderen?

Bin ich bereit zur Begegnung auf Augenhöhe, das heißt dazu, dem anderen aufrecht zu begegnen, ohne ihn ab- oder aufzuwerten, und ihn als Menschen wertzuschätzen und zu respektieren – unabhängig von seiner Meinung?

Nur wenn die oben genannten fünf Voraussetzungen von beiden Seiten gegeben sind, kann ein Dialog stattfinden und Beziehung gelingen.

Der innere Dialog – Egozentrik beginnt dort, wo der innere Dialog fehlt
Wir können uns im Außen jedoch noch so sehr um einen Dialog bemühen – tatsächlich gelingen wird er erst dann, wenn wir das, was wir im Außen praktizieren, auch uns selbst gegenüber praktizieren. Jede Fähigkeit zum Du wie zum Wir setzt die Fähigkeit zum Ich voraus. Der äußere Dialog kann also nur dann gelingen, wenn wir auch zum inneren Dialog fähig sind. Der innere Dialog beschreibt die Fähigkeit, sich in seinem Wesen zu begegnen und anzunehmen und auf dieser Grundlage der Welt ein Gegenüber zu bieten.

Überall dort, wo der innere Dialog fehlt, entsteht ein inneres und äußeres Ungleichgewicht. Entweder beginnen wir kompensatorisch nur noch um uns selbst zu kreisen oder aber wir verlieren uns im Außen, um über Leistung, Besitz oder Personen die fehlende Begegnung mit uns selbst zu kompensieren. Je weniger wir mit uns in Beziehung stehen, umso bezugsloser verlieren wir uns im Du. Die äußere Beziehung wird für uns zu einer Funktion, um die fehlende innere Beziehung auszugleichen. Dies führt auch dazu, dass wir das Maß und die Fähigkeit verlieren, an der richtigen Stelle Ja und an der richtigen Stelle Nein zu sagen. Fehlt uns der Bezug zu uns selbst, umso ängstlicher und abhängiger sind wir vom Außen – und umso schwerer fällt es uns, uns auf Augenhöhe zu vertreten. Wer sich selbst „nicht hat", der ist von Verlustangst geprägt und ist ängstlich und schwach in seinem „Nein". Das Nein im Außen setzt das innere Ja zu sich selbst voraus. Wenn dieses fehlt, gibt es im Außen keine Grenzen.

Gerade diejenigen, die in den ersten Jahren nicht die Erfahrung der bedingungslosen Annahme gemacht haben, sind umso ängstlicher und unsicherer in späteren Beziehungen. So wie die Eltern mit sich und dem Kind umgegangen sind, daraus lernt das Kind, mit sich und der Welt in Beziehung zu treten. Wenn wir nicht von Anfang an die Erfahrung gemacht haben, dass ein Nein trotzdem ein Ja zu der Person beinhaltet und nicht gleich einen Beziehungsabbruch bedeutet, umso ängstlicher sind wir im Erwachsenenalter in Beziehungen, da wir nach einem Nein gleich eine „Strafe" fürchten.

Wenn wir einmal in uns hineinspüren und uns fragen, warum wir Schwierigkeiten haben, Nein zu sagen, warum wir ein schlechtes Gewissen haben, wenn wir es tun, so werden wir immer wieder zu dem Punkt kommen, zu erkennen, dass wir Angst vor Ablehnung haben. Diese Angst ist auf der einen Seite häufig in unseren ersten Beziehungserfahrungen mit den ersten Bezugspersonen begründet, gleichzeitig zeigt sie uns aber auch die Ablehnung uns selbst gegenüber. Je größer unsere Angst vor Ablehnung und Verlust, umso ausgeprägter ist die Ablehnung und fehlende Annahme uns selbst gegenüber. Wir sollten also unsere Schwäche und unser schlechtes Gewissen als ein Zeichen und eine Aufforderung nehmen, vor allem an einem zu arbeiten: uns selbst anzunehmen und zu beginnen, das, was uns in den ersten Lebensjahren gefehlt hat – So, wie du bist, bist du gut; schön, dass du da bist –, zu entwickeln und zu leben. Das Nein im Außen kann nur auf der Grundlage des Jas mir selbst gegenüber gelebt werden.

Der innere Dialog, die Suche nach dem inneren Gleichgewicht beginnt immer mit einer Frage: Wer bin ich tatsächlich? Was macht mich in meinem Wesen aus? Die Voraussetzungen des Dialogs bieten uns eine Orientierung, in Kontakt mit uns selbst zu treten, die Verbindung zu uns zu halten und zu unserem Gleichgewicht zu finden. Jeder Dialog beginnt mit Interesse – so auch der innere Dialog: mit dem Interesse an mir selbst und mit der Bereitschaft, mich mir selbst gegenüber zu öffnen. Viele scheitern schon an diesen beiden Punkten, da sie sich nur dafür interessieren, wie sie sein wollen oder sollen. Solange wir voller Erwartung von dem sind, wie wir zu sein haben, werden wir uns selbst gegenüber verschlossen bleiben und keinen Kontakt zu uns aufbauen können. Es gilt also, offen und interessiert in sich hineinzuhören und zu fühlen, wer ich innerlich bin, was ich möchte und was nicht.

Sich zu öffnen und offen zu bleiben erfordert Empathie – das Mitgefühl mir selbst gegenüber – ebenso wie Augenhöhe. Gelingt es mir, auf Augenhöhe zu bleiben, oder verurteile ich mich für Schwächen oder Fehler und mache mich klein, um mich an anderer Stelle in den Himmel zu heben? Erst wenn wir uns mitten ins Gesicht schauen, können wir erkennen, wer wir tatsächlich sind – und was wir nicht sind. Unterstützt wird dies von der letzten Voraussetzung, der Wertschätzung und der liebevollen Annahme: So, wie ich bin, bin ich gut; schön, dass ich da bin!

Wer zu sich finden will, seine Resilienz ausbauen und ein starkes Gegenüber werden will, der sollte diese fünf Voraussetzungen – Interesse, Offenheit, Empathie, Augenhöhe, Wertschätzung – so lange bewusst praktizieren, bis der innere Dialog zu seinem Selbstverständnis geworden ist.

Das Dialogprinzip und die sechs Lebensbereiche
Die Kunst, Ich zu sagen, ohne ein Egoist zu sein ist, gelingt dort, wo die Fähigkeit zum inneren und äußeren Dialog besteht, dort, wo Interesse, Offenheit, Empathie genauso selbstverständlich sind wie Respekt, Wertschätzung und Augenhöhe – sich selbst und seiner Umwelt gegenüber. Egozentrik beginnt dort, wo der Dialog verloren geht, wo das Ich fehlt und wo das Du zum Ersatz für die eigene innere Leere wird. Dort, wo die Wunden der Vergangenheit, die Wunden des fehlenden Dialogs mit den ersten Bezugspersonen weiter offengehalten werden in der Erwartung, dass das, was damals nicht stattgefunden hat, jetzt wiedergutgemacht wird. Je mehr wir uns jedoch davon verabschieden, die fehlende Annahme unserer selbst weiter im Außen zu suchen, je mehr wir anerkennen, dass das Ja zu mir selbst Grundlage für gelingende Beziehung ist, und je mehr wir erkennen, dass die Kraft in unserem eigenen Wesen liegt, umso erfüllter können wir leben.

Es gibt sechs Lebensbereiche im Leben eines Menschen, die die Grundlage für ein erfülltes Leben bieten: Beruf, Partnerschaft/Familie, Individualität/Hobbys, Glaube/Spiritualität, soziale Kontakte, Gesundheit. Wer diese sechs Lebensbereiche ausgebildet hat, wer sagen kann: Ich befinde mich in jedem dieser Lebensbereiche im inneren und äußeren Dialog, ich stehe dort, wo ich stehen will – ja, das bin ich!, der ist weit entfernt von einem Burn-out und hat die Grundlage für ein zufriedenes und erfülltes Leben. Je weniger Lebensbereiche ausgebildet sind, von Konflikten geprägt sind oder zwar im Außen gegeben, im Inneren jedoch weit entfernt sind von dem, was ich eigentlich will, umso weniger belastbar sind wir und umso anfälliger sind wir für Krankheit und Stress. Wer Stress und Erschöpfung vorbeugen will, der sollte aktiv diese Lebensbereiche aufbauen und im Dialog gestalten.

Der kooperative Führungsstil
Gerade im beruflichen Kontext herrscht immer wieder eine Monologkultur, in der viel gesagt, aber kaum miteinander gesprochen wird. Das Ergebnis sind wachsende Kriechströme auf der zwischenmenschlichen Ebene, die wiederum zu Verlusten auf der wirtschaftlichen Ebene führen. Der kooperative Führungsstil setzt die Dialogfähigkeit der Führung und die Bereitschaft zu einer Dialogkultur vor-

aus. Dialogkultur heißt nicht, dass über alles diskutiert werden muss, und es bedeutet auch nicht, dass Hierarchien außer Kraft gesetzt werden. Es bedeutet aber, den Mitarbeiter mitzunehmen und abzuholen. Dies setzt auf beiden Seiten die Fähigkeit, sich auf Augenhöhe zu begegnen, sowie eine gesunde Kompromissfähigkeit voraus – die Bereitschaft, die eigene Komfortzone zu verlassen, und die Fähigkeit, dort Grenzen zu ziehen, wo die eigene Integrität, wo wesentliche Notwendigkeiten angegriffen werden. Das setzt auf beiden Seiten Persönlichkeit voraus.

Eine Dialogkultur bedeutet die Entscheidung für ein Wir – wer sich für die Monologkultur entscheidet, entscheidet sich für ein Ich. Kooperation fehlt dort, wo das Ich aufgrund von fehlendem innerem Dialog und damit verbundener Schwäche aus Macht und Ohnmacht handelt. Je schwächer das eigene Ich ist, umso mehr wird befohlen und werden Befehle empfangen. Ansagen und die eigene Welt zum Maßstab zu machen erscheint dann leichter und ist gleichzeitig auch lebensnotwendig – denn je schwächer meine eigene Identität ist, umso mehr muss ich meine Welt und das, womit ich mich identifiziere, verteidigen und durchsetzen.

Äußerer und innerer Dialog in der Pflege
Grundlage für soziale Berufe – und dazu zählt auch die Pflege – ist der Dialog. Fehlt der Dialog dort, wo Beziehung im Vordergrund steht, dann ist der Ruin vorprogrammiert – auf allen Seiten. Gerade da, wo das Geben im Zentrum steht, ist es umso notwendiger, dass diejenigen, die geben, dialogfähig sind. Das heißt, dass die Fähigkeit des inneren Dialogs Grundvoraussetzung für pflegende Berufe sein sollte, um auf dieser Grundlage den äußeren Dialog zu leben. Ich muss in meinem inneren Gleichgewicht sein und genügend „haben", um im Außen genügend geben zu können, ohne mich zu erschöpfen, drohen doch sonst mein Geben zum Selbstzweck und der Empfangende zum Selbstobjekt zu verkommen. Ebenso muss ich zum äußeren Dialog fähig sein, um einem System auf Augenhöhe zu begegnen, das über Grenzen geht.

Ohne „Standbein" des inneren Dialogs und die Fähigkeit zum äußeren Dialog ist in sozialen Berufen die Gefahr zu verbrennen groß. Die fünf Voraussetzungen sind elementarer Bestandteil. Je mehr die Augenhöhe verloren geht und damit auch der Respekt verschwindet, umso mehr lösen sich Grenzen auf. Die Dialogkultur ist in sozialen Einrichtungen die Grundlage für Gesundheit: Geht Begegnung dort verloren, wo sie elementarer Bestandteil eines Systems ist, ruiniert sich nicht nur das System, sondern mit ihm auch alle Beteiligten.

8.6 Über soziale Isolation

Mein Klinikaufenthalt in der Uni Lübeck war das Ende meiner sozialen Isolation. Ich habe jedem misstraut. Ich habe in jedem das Böse gesehen. Ich habe jeden verurteilt, der mir zu nahe kam, und ihm unterstellt, mir schaden zu wollen. Jetzt weiß ich, und das wurde mir auch in Mainz noch einmal bewusst, dass ich die Lösung für meine Probleme und meine Ängste und meine Sorgen schon immer in mir hatte. Sie war aber versteckt, war verborgen hinter meinem Schutzschild.

Mein inneres Kind war schon immer sehr klug, sehr schlau. Ich wusste das. Doch ich war nicht imstande, meinem Kind eine Stimme zu geben, der man gerne zuhört. Zu oft war ich gedanklich in mir gefangen, emotional meinen negativen Gefühlen ausgeliefert, die mich immer mehr von der Gesellschaft entfernten. Ich habe alles, wirklich alles auf mich bezogen und mich ganz oft missverstanden gefühlt. Ich habe immer weiter gedacht, habe den dritten Schritt vor dem ersten genommen. Ich war schnell, wie der Ferrari, den ich mehrfach beschrieben habe. Ich war uneinholbar. Und immer war meine Wut mein Schutzschild, den ich immer dann eingesetzt habe, wenn ich mich unverstanden fühlte. Ich war ein Gefangener in meinem eigenen Körper. Ich dachte oft, es liege an meinen roten Haaren. Immerhin wurde ich dafür gehänselt. Es lag aber auch daran, dass ich unbewusst meine Eltern kopierte. Ich war halt anders. Meine inneren Eltern und mein Schutzschild schienen sich schon damals auszuprägen und bemerkbar zu machen.

Ich habe durchaus viele Fähigkeiten und Ressourcen, wie sich immer wieder gezeigt hat. Und mir war es wichtig, dies auch nach außen deutlich zu machen. Ich wollte um jeden Preis gesehen werden. Ich hatte das Bedürfnis, dass die anderen mich und meine Fähigkeiten sahen, dass sie sie bemerkten. Ich war süchtig danach. Ich kämpfte darum. Leider wurden oft andere für viel weniger Einsatz bevorzugt. Also gab ich noch mehr Gas, um gelobt zu werden.

Später als Heranwachsender oder Erwachsener bekam ich Feedback, was ich damals jedoch nicht annehmen konnte. Jeden, der es gut mit mir meinte, habe ich vertrieben. Ich suchte die Schuld dafür nur im Außen. Ich war in der Opferrolle. Ich habe mich zum Opfer gemacht. Ich war Opfer meiner selbst. Ich wollte es anscheinend nicht anders, auch wenn ich immer davon geträumt hatte, wie es wäre, wenn alles anders wäre. Mittlerweile blicke ich mit großem Respekt auf die Zeit zurück und bin sehr dankbar, dass Frau Braakmann, meine damalige Therapeutin in der Uniklinik Lübeck, immer an mich geglaubt hat, mir meine Fehler aufgezeigt und mir doch verziehen hat, mich mehrfach in meiner Welt abgeholt und in die richtige Richtung geführt hat. Seit meiner Therapie in Lübeck ging es aufwärts, auch wenn ich viele Rückschläge einstecken musste. Die Rückschläge verunsicherten mich völlig und ließen mich fast die Tortur wiederholen, die ich zehn Jahre zuvor durchlitten hatte. Aber durch die Therapie in Mainz und meine ambulante Therapie in der Uniklinik Lübeck habe ich immer mehr zu dem Menschen gefunden, der ich bin, der ich sein wollte und den ich nicht mehr missen möchte. Ich bin ich. Ich bin nicht mehr allein. Und ich bin offen für Neues. Ich bin dankbar, für die vielen Menschen, die ich kennenlernten durfte. Ich bin bereit für mein neues Leben. Und ich bin dankbar für jeden, wirklich jeden, der mich dabei begleitet, mit mir den neuen Weg beschritten hat und mein Buch als einen Prozess sieht, der zeigt, wie es gehen kann, wenn man vom bösen, kranken Narzissten zu einem guten, mitfühlenden und empathischen Menschen wird. Ich bewerte nicht mehr negativ. Ich bewerte im ersten Moment neutral. Und dann wird's nicht mehr so brutal, dann wird es keine Qual. Die Erkenntnis, dass ich immer die Wahl hatte, befreit, doch ich war blind, blind für mein inneres Kind. Ich musste allein sein, um zu mir zu finden. Ich musste diese Erfahrungen machen, um jetzt wieder mit meinem inneren Kind zu lachen.

> Gerade in der unvorstellbaren Einsamkeit des narzisstischen Menschen, die vielleicht tatsächlich auf eine gewisse Weise unheilbar ist und für immer auf eine seltsame Hilfekonstruktion angewiesen bleibt, zeigt sich auch das menschliche Recht auf Unglück. Deshalb ist es unsere Aufgabe, nicht nur diese Seinsweise als Teil der menschlichen Erfahrung zu verstehen, sondern sie zugleich als immer auch präsente Möglichkeit unseres eigenen Daseins zu begreifen.
>
> Ariadne von Schirach

> **Günter**
> Ich werde als hilfsbereit, einfühlsam, offen, humorvoll und freundlich eingestuft. Klingt ja alles positiv, oder? Doch in mir schlummert ein Monster. Ein richtiges Monster? Oh ja! Dieses Monster, nennen wir es Günter, macht mir das Leben schwer. Dieses Monster zwingt mich, zu starke Emotionen zu durchleben, heftige Anspannungszustände zu überstehen. Immer muss ich funktionieren, keine Zeit, mich auszuruhen. Günter ist immer da! Wenn Günter aktiv wird, nehme ich keine Hilfe mehr an, ich blocke, Günter macht alles kaputt. Doch wie schaffe ich es, Günter im Zaum zu halten? Es war jahrelange Übung, und es ist noch immer nicht vorbei. Ich habe Fähigkeiten erlernt, die Günter so hasst. Er mag keine scharfen Sachen, Achtsamkeit und wenn man ihn nicht ausreden lässt. Günter will alleine mit mir sein. Keine Freunde, keine sozialen Kontakte. Nur er und ich. Ständiger Rückzug von allen. Das tut weh, aber Günter hält es für richtig. So kommen meine positiven Eigenschaften kaum zur Geltung. Mittlerweile kann ich Günter stoppen, indem ich genau das Gegenteil von dem mache, was er sagt. Ich gehe raus, wenn er sagt, wir müssen drin bleiben. Ich hintergehe ihn. Ich habe gelernt, dass meine Bedürfnisse wichtig sind!
>
> Manuela Fischer, eine ehemalige Mitpatientin aus Mainz

Die leidigen Schreie nach Aufmerksamkeit

Kennen Sie das nicht auch? Sie sind irgendwo in einem sozialen Netzwerk unterwegs und bekommen dann von irgendwem die Nachricht geschickt: „Ich bring mich um ", oder: „Bald bin ich Himmel ", oder gar: „Die Tabletten hab ich schon mit Alkohol zu mir genommen. " Vielleicht aber waren Sie auch selber schon einmal in der Situation, dass Sie nicht weiterwussten und im Internet laut gedacht haben.

Was tun in so einem Moment? Die Polizei rufen? Bestenfalls findet die dann heraus, wo die betreffende Person sich aufhält, und sie schicken jemanden vorbei. Aber wenn die betreffende Person es nicht ernst gemeint hat und die Polizei ausrückt, während woanders jemand tatsächlich in Not gerät?

Aber ist es eine Lösung, es nicht ernst zu nehmen? In vielen Fällen mag es nur der Schrei nach Aufmerksamkeit sein. Dafür kann man Verständnis haben. Seelische Not ist immer unerträglich. Aber diese dann an anderen auszulassen, indem man ankündigt, sich etwas anzutun, obwohl man es nicht wirklich vorhat, ist Scheiße. Manchmal ist es aber doch ein Abschiedsgruß. Ganz beiläufig erwähnt, nicht groß angekündigt, eher verdeckt angedeutet. Sich am Ende Vorwürfe zu machen, weil man es hätte verhindern können, bringt nichts. Wer sich wirklich umbringen will, lässt sich ohnehin nicht davon abhalten. Bestes Beispiel: Robert Enke. Der litt jahrelang unter Depression. Und dann war er auf einmal tot. Öffentlich hat er es nicht angekündigt, privat aber schon. Es gab einen Abschiedsbrief. Aber es anzukündigen, ohne es zu tun, ist Mist. Wenn du es also ankündigst, dann mach es, auch wenn es Scheiße ist.

Ich spreche aus Erfahrung. Ich hab das auch schon gemacht. Ich habe via SMS geschrieben, dass ich mir was antue. Das ist genauso hirnrissig, wie über SMS Schluss zu machen. Man versetzt sein Gegenüber in Angst und Schrecken. Das kann aus der Ferne nichts dagegen machen. Es ist handlungsunfähig. Selten ist etwas anderes möglich, als die Polizei zu rufen und Verantwortung abzugeben. Und dann die Ungewissheit. Hat man alles richtig gemacht? Kommt die Hilfe noch rechtzeitig? Wollte der überhaupt, dass ich ihm helfe?

Mir war das immer egal. Mal habe ich es wirklich versucht und dann selber die Polizei gerufen, um die Aufmerksamkeit zu bekommen. An anderen Tagen habe ich es einfach nur angekündigt, um mich zu rächen. Ja, ich habe es oft aus Rache getan. Wenn mir jemand wehgetan, mich kritisiert hatte, sagte ich, dass ich mir was antue oder Amok laufe, ohne es ernst zu meinen. Dass man damit eine Kettenreaktion auslöst, bedenken viele nicht. Ich habe sie schon oft miterlebt. Läutet die Polizei dann erst mal an der Haustür, weiß man, was für Scheiße man tatsächlich gebaut hat. Man muss sich rechtfertigen, manchmal kommt sogar der Amtsarzt, mal wirst du gleich in die Klapse gebracht, wo die wirklich „Kranken" sind, die wahrscheinlich wirklich versucht haben, sich umzubringen, während du es nur getan hast, weil du dir nicht anders zu helfen wusstest. Weil deine Skills nicht helfen oder du einfach zum Scheißen zu blöd bist, gehste einfach ins Netz, kündigst deinen Selbstmord an, während du denkst, dass dich eigentlich alle mal am Arsch lecken können. Ich weiß, wovon ich spreche. Ich greife mittlerweile auf meine Skills zurück oder gehe zum Arzt, um mich auszukotzen.

Jedem Selbstmörder ist daher zu raten: Entweder du machst es, oder du lässt es, aber wenn du es machst, dann mach es richtig und kündige es vorher nicht an, denn wenn du sterben willst, dann willst du sterben. Entscheide dich, aber jage niemand anderem Angst ein. Du willst auch nicht an unserer Stelle sein. Denn so etwas ist nicht schön. Der Aufwand, den man für dich betreibt, der kostet Geld und Nerven. Bring dich um oder lass es. Aber hör auf, es via Internet oder SMS anzukündigen.

8.7 Warum man egoistisch sein muss und warum Egoismus oft als Mangel an Empathie verstanden wird

„Ich bin ich und versuche es immer mehr zu werden", so Angela Boekholdt. Eine Aussage, ein Spruch, ein Zitat, nennen Sie es, wie Sie wollen, mir fällt es immer wieder ein, wenn ich an meinen Realschulabschluss denke und wenn ich auf mein Leben schaue.

Frau Boekholdt war meine Direktorin, sie war meine Mathelehrerin, sie unterrichtete mich in Geschichte. Sie war nicht meine Freundin, wir wären im wahren Leben wahrscheinlich auch keine Freunde geworden, aber sie war/ist ein Mensch, dem ich vertrauen konnte, denn sie war fair, sie war ehrlich und sie war/ist ein guter Mensch. Vor allem aber hat sie mich mit ihrer Aussage indirekt beeinflusst. Auch wenn ich es in meinem bisherigen Leben nicht immer umsetzen konnte, bin ich der Meinung, dass genau diese Aussage essenziell ist.

Wer bin ich? Wer bin ich wirklich? Wie sehr kenne ich mich? Und vor allem: Wie sehr bin ich der, für den ich mich halte? Kennt mich jemand anders besser als ich selbst? Ist das überhaupt möglich? Wenn ich auf die Meinung meines Umfeldes mehr Wert lege als auf das, was ich von mir selber denke, dann weiß ich, dass irgendwas verkehrt läuft. Wenn ich an mich selbst denke, so deshalb, weil ich mir wichtig bin. Sagt mein Umfeld dann, ich hätte keine Empathie, und glaube ich meinem Umfeld, dann habe ich tatsächlich keine Empathie. Aber ich könnte Empathie haben. Habe ich die nur, wenn ich nicht an mich, sondern zuerst an andere denke? Habe ich nur Empathie, wenn mein Umfeld mir bestätigt, dass ich ein empathischer Mensch bin? Im Ernst: Glauben Sie alles, was man Ihnen erzählt? Und warum glauben Sie dann, dass Sie keine Empathie für andere besitzen?

Hier liegt der Grund, warum Sie oft nicht mehr Sie selber sind, sondern nur für andere da sind. Warum Sie sich und Ihr inneres Kind vergessen. Sie stellen sogar fest, dass Sie bei genauerer Betrachtung meiner Fragen die Antwort im Außen suchen. Und damit belügen Sie sich. Denn die Antwort auf diese Fragen werden Sie nur in Ihrem Inneren finden. Sie finden diese Antwort auf keiner Straße, in keinem Weltmeer, nicht in der Nachbarschaft, auf keinem Berg und auf keinen Fall bei ihrem Gegenüber. Dabei ist unser inneres Kind extrem wichtig für uns. Wenn es unserem inneren Kind gut geht, dann strahlen wir das auch aus. Und dann können wir auch erst empathisch für andere sein. Vorher müssen wir an uns selbst denken, wir müssen Empathie für unser inneres Kind aufbringen. Was haben Sie davon, wenn es anderen gut, ihnen aber schlecht geht? Dann haben Sie zwar die Anerkennung ihres Umfelds, man hält Sie gar für empathisch, aber Sie können diese Anerkennung oder Wertschätzung nicht wirklich annehmen, weil es Ihnen nicht gut geht.

So ist es bei jedem von uns. Wir glauben, wenn wir nur an uns selbst denken, wären wir egoistisch. Wenn andere nur an sich denken, halten wir sie für Egoisten. Wir vergessen dabei aber, dass wir alles, was wir tun, für uns selbst tun, also können wir auch davon ausgehen, dass unser Gegenüber das, was er tut, auch nur für sich selbst tut, also für sein inneres Kind. Ihr Gegenüber hat nämlich auch nichts davon, wenn er leidet, nur damit Sie es gut haben. Oder möchten Sie, dass es Ihrem Gegenüber schlecht geht, nur damit es Ihnen gut geht? Ist Ihr Gegenüber für Sie verantwortlich? Sind Sie etwa ein Opfer? Sind Sie nicht in der Lage, Verantwortung für sich und Ihr inneres Kind zu übernehmen? Falls doch, dann müssen Sie auch ein bisschen egoistisch sein. Sie müssen sich darüber im Klaren sein, dass es Menschen in Ihrem Umfeld gibt, die egoistisch genug sind und sich das größere Stück vom Kuchen nehmen. Die sind nicht selbstverliebt, nein, die hören nur auf ihr inneres Kind. Sind das jetzt selbstverliebte Narzissten? Nein! Wie wäre es, wenn Sie an Ihr inneres Kind denken und sich das größere Stück Kuchen nehmen, um am Ende nicht nur einen Krümel zu bekommen? Sehen Sie sich dann als krankhaften egoistischen Narzissten an, der nur an sich und niemals an andere denkt? Nein!

> Unser Weltbild entscheidet, was und wie wir denken. Wie wir uns, unseren Körper, unsere Situation und unser Leben wahrnehmen, wird durch anerzogene und angewöhnte Denk- und Verhaltensmuster bestimmt. Himmel und Hölle

schaffen wir uns selbst. Selbstgefällig glauben wir, es richtig zu machen und Recht zu haben. Unsere Geistesklarheit bestimmt unser Bewusstsein, das heißt, wessen wir uns bewusst sind. Neben der bewussten manuellen Steuerung (unseres Bootes) gibt es auch eine unbewusste Steuerung. Einen Autopiloten, der automatisch eingeübte, antrainierte Aktionen und Reaktionen ausführt. Der Großteil unseres Verhaltens wird über den Autopiloten gesteuert. Um unbewusste Verhaltensmuster zu ändern, müssen sie bewusst gemacht werden und dann bewusst so verändert werden, dass es unseren Vorstellungen entspricht.

Gerhart Milbrat

Egoismus ist genauso wie Narzissmus die für mich frei übersetzte Bedeutung für Selbstliebe. Leider sind die Worte „Egoismus" und „Narzissmus" negativ besetzt, da bringt es auch nichts, wenn wir das Wort „gesund" davor schreiben. Gesunder Egoismus und gesunder Narzissmus sind aber im Grunde nichts anderes als einfacher Egoismus und einfacher (nicht böser oder gefühlsabspaltender) Narzissmus. Wir müssen an uns denken, unser inneres Kind hegen und pflegen. Wir müssen gut zu uns sein. Denn nur wenn wir gut zu uns selbst sind, können wir auch gut zu anderen sein, ohne uns hinterher dabei schlecht zu fühlen. Wenn Sie sich schlecht fühlen, kommen Sie viel leichter zu einer negativen Bewertung. In diesem Fall glauben Sie nämlich, dass andere Sie ausnutzen, oder Sie denken, dass die anderen sich nicht für Sie interessieren. Dabei nimmt Ihr Gegenüber Ihre Hilfe oft nur an, weil es denkt, dass Sie gerne helfen und deswegen auch keinen Dank erwarten. Und möglicherweise hören die anderen auch nur auf ihr eigenes inneres Kind. Die anderen kommen wahrscheinlich nicht einmal auf die Idee, dass Sie darauf warten oder besonderen Wert darauf legen, dass man Ihnen dankt. Danken Sie jedem auch immer, wenn er Ihnen hilft? Wahrscheinlich werden 99 Prozent diese Frage bejahen. Das ist aber ganz normal. Die 1 Prozent, die ehrlich sind und es verneinen, sind deswegen keine besseren Menschen.

Haben Sie manchmal das Gefühl, dass Sie mehr tun müssen, als Sie getan haben? Manchmal bekommen wir nicht mit, dass sich unser Gegenüber bei uns bedankt hat, weil wir etwas Besonderes erwarten oder weil wir schon so oft enttäuscht worden sind und deswegen auch das Gute nicht mehr anerkennen können. Klingt das paranoid? Es ist aber bei all den gemachten Erfahrungen nichts, wofür man sich schämen müsste. Sie sind nicht allein mit diesem Denken. Ich denke ganz oft genauso! Und dann steigen auch meine Ansprüche an andere. Wenn die nicht so gut sind wie ich, mache ich sie nieder, genauso wie ich als Kind niedergemacht wurde, wenn es nicht ausreichte oder ich die Erwartungen nicht erfüllen konnte.

Erwarten Sie von Ihrem Gegenüber nur so viel, wie auch Sie zu leisten imstande sind. Erwarten Sie niemals etwas, was Sie selber auch nicht tun würden. Tun Sie nur das, was Sie vor Ihrem inneren Kind verantworten können, denn Sie tragen nun einmal die Verantwortung für sich und für Ihr inneres Kind. Sie tragen Verantwortung für das, was Sie tun, was Sie nicht tun oder was Sie mit sich tun lassen. Lassen Sie sich also niemals einreden, ein Egoist zu sein, nur weil Sie an Ihr inneres Kind denken und Verantwortung übernommen haben für sich und Ihr inneres Kind.

Achtsamkeit und Wachsamkeit sind wichtig. Gehen Sie achtsam mit sich und Ihrem inneren Kind um. Hören Sie auf Ihr inneres Kind. Seien Sie empfänglich für Ihre innere Stimme. Auch ich muss mich immer wieder daran erinnern. Niemand außer mir selbst kann dafür sorgen, dass meine Bedürfnisse erfüllt werden oder dass mein Umfeld von ihnen erfährt. Auch muss ich beachten, dass jeder Mensch unterschiedliche Bedürfnisse hat. Das fällt mir manchmal sehr schwer. Oft sind es sogar andere Bedürfnisse, als ich sie habe. Das fällt mir wahrscheinlich deshalb so schwer, weil ich selbst teilweise nicht in der Lage bin, meine Bedürfnisse klar zu formulieren, und darauf hoffe, dass „die anderen" sie erahnen können und mir meine Wünsche per Mausklick erfüllen. Virtuell mag das vielleicht noch machbar sein, real funktioniert es aber nicht. Meine Bedürfnisse stehen nicht vor den Bedürfnissen anderer. Meine Bedürfnisse dürfen auch nicht die Bedürfnisse anderer beschneiden. Jedes Bedürfnis ist berechtigt, Ihre Bedürfnisse genauso wie meine Bedürfnisse. Letzten Endes geht es doch darum: um Bedürfnisbefriedigung. Und das ist menschlich. Das ist nicht egoistisch. Egoistisch ist es nur, wenn man dadurch andere Menschen herabsetzt oder ihnen bewusst schadet.

> Keiner kann wissen, was ich will, es sei denn, ich sage es ihm.
>
> Eveline Buchgeher

Hören Sie nicht nur auf die anderen. Falls Sie mal auf das hören, was Ihnen die anderen sagen, dann befragen Sie Ihr inneres Kind und hören Sie ihm zu. Seien Sie in diesem Sinne egoistisch. Denn wie kann man jemandem vorwerfen, egoistisch zu sein, wenn er nur auf sein inneres Kind hört? Können Sie das verantworten? Seien Sie ehrlich. Seien Sie ehrlich mit sich selbst, dann sind Sie nämlich auch ehrlich zu Ihrer Umwelt. Ich wünsche Ihnen, dass es Ihnen gelingt.

8.8 Eine Rückmeldung an das innere Kind (oder der Kampf mit dem Schutzschild)

Ich zu meinem inneren Kind: Stehst du denn zu dir selbst? Bist du dir selbst gegenüber loyal? Eigentlich müsstest du dir das geben, was andere dir nicht geben können. Es wird keiner kommen, der dich rettet und deine Erwartungen zu 100 Prozent erfüllt. Die Menschen sind alle individuell und eigenartig, da wird niemand sein, der dich in den Arm nimmt, nur weil du es brauchst. Nein, er wird dich in den Arm nehmen, weil er das selber braucht. Du musst dir nehmen, was du willst, einfach dir das nehmen, was du brauchst, oder darum bitten und sagen: "Ich habe dieses Bedürfnis, kannst du mich bitte in den Arm nehmen."

Ein Dialog

Der Schutzschild/die Abwehr: Den anderen geht's schlechter als mir.

Der gesunde Erwachsene: Und wie geht's dem inneren Kind? (Wie geht's dir?)

Der Schutzschild/die Abwehr: Das ist doch scheißegal.

Der gesunde Erwachsene: Warum? Also mich interessiert schon, wie es dem inneren Kind geht. Die anderen sind für sich selbst verantwortlich.

Der Schutzschild/die Abwehr: Aber den anderen geht's trotzdem schlechter als mir.

Der gesunde Erwachsene: Was kannst du dir davon kaufen? Ist es nicht egal, wie es den anderen geht, wenn es dir selber schlecht geht?

Der Schutzschild/die Abwehr: Ich muss aber stark sein. Ich bin kein Schwächling.

Der gesunde Erwachsene: Wer sagt denn, dass du ein Schwächling bist, wenn du sagst, dass es dir schlecht geht?

Der Schutzschild/die Abwehr: Die anderen sagen das.

Der gesunde Erwachsene: Sagen die anderen das wirklich, oder denkst du das nur?

Der Schutzschild/die Abwehr: Gute Frage. Ich glaube, ich denke das nur.

Der gesunde Erwachsene: Und was sagt das innere Kind?

Das innere Kind hinter dem Schutzschild: Es geht mir schlecht.

Der gesunde Erwachsene: Und was ist daran so schlimm. Du bist ja nicht dein Gefühl. Du bist immer noch du, und es darf dir auch schlecht gehen.

Das innere Kind vor dem Schutzschild: Danke, jetzt geht's mir schon viel besser.

Der gesunde Erwachsene: Ich freue mich für dich. Und ich freue mich für mich.

Wie oft ging es Ihnen in der Vergangenheit schon schlecht? Und wie oft haben Sie es nicht gezeigt? Wie oft dachten Sie, dass Sie stark sein müssen, für die anderen?

Und wie oft dachten Sie, dass die anderen Sie für schwach halten würden, wenn Sie zu sich (Ihrem inneren Kind) und Ihren Gefühlen stehen? Es ist wirklich nicht schlimm, wenn es Ihnen schlecht geht. Es ändert auch nichts an Ihrem Wert als Person (Selbstwert), wenn Sie sagen, dass es Ihnen schlecht geht. Denn Sie sind ja nur ehrlich. Gegen Ehrlichkeit kann man nichts sagen. Niemand kann Sie dafür verurteilen, dass Sie ehrlich sind. Wenn Sie aber lügen, werden Sie doppelt bestraft. Zum einen haben Sie dann ein schlechtes Gewissen, zum anderen tun Sie anderen Menschen möglicherweise unrecht, und obendrein behalten Sie das schlechte Gefühl. Seien Sie also ehrlich mit sich und Ihrer Umwelt, und Ihnen geschieht nichts Schlechtes. Falls es dann doch schlecht ist, liegt das wahrscheinlich an Ihrer Bewertung. Es ist nichts schlecht daran, wenn Sie es so bewerten. Aber es wäre schön für Sie und Ihr inneres Kind, wenn Sie ehrlich sind und es nicht wieder verdrängen oder im Außen (bei den anderen) suchen. Achten Sie auf sich. Achten Sie auf Ihr inneres Kind. Seien Sie gut mit sich selbst. Tun Sie sich gelegentlich etwas Gutes. Dabei spielt es keine Rolle, was Sie tun. Sie entscheiden selbst, was Ihnen guttut. Haben Sie dabei kein schlechtes Gewissen. Bleiben Sie bei sich. Was kann schlecht daran sein, wenn man sich und seinem inneren Kind auch mal etwas Gutes tut?

Genau: Nichts!

Weitermachen!

Noch ein Gespräch

Der strafende Elternteil: Mann, bist du blöd. Kannst du nicht aufpassen? Du bist echt behindert. So behindert wie du ist kein Mensch.

Der Schutzschild, der aktiviert wurde: Mann, bin ich scheiße.

Der gesunde Erwachsene: Nein, bist du nicht.

Der Schutzschild, der aktiv ist: Doch, ich bin scheiße. Ich bin nichts wert. Immer mache ich Fehler.

Der gesunde Erwachsene: Nein, bist du nicht und machst du nicht. Niemand ist perfekt. Niemand muss perfekt sein. Du musst nicht perfekt sein. Du bist gut, so wie du bist.

Der Schutzschild: Doch, ich muss perfekt sein.

Der gesunde Erwachsene: Wer sagt das?

Der Schutzschild: Die anderen sagen das.

Der gesunde Erwachsene: Bist du dir sicher, dass die anderen das sagen? Oder bist du das, der denkt, dass die anderen das sagen?

Der Schutzschild: Gute Frage. Ich glaube, ... also wenn ich ehrlich bin ... Wenn ich ehrlich bin, denke ich das nur.

Der gesunde Erwachsene: Hast du schon einmal das innere Kind gefragt?

Der Schutzschild: Ich weiß gar nicht. Ich glaube, das ist lange her. Früher mal, glaube ich.

Der gesunde Erwachsene: Dann frag das innere Kind, wie es sich fühlt.

Der Schutzschild zum inneren Kind: Wie fühlst du dich? Willst du perfekt sein?

Das innere Kind: Ich möchte nicht perfekt sein.

Der gesunde Erwachsene: Du brauchst auch nicht perfekt zu sein. Du darfst Fehler machen. Du bist deswegen kein schlechter Mensch. Niemand ist perfekt. Jeder macht mal Fehler.

Der Schutzschild: Aber die anderen … (leiser werdend, weil das innere Kind eingreift).

Das innere Kind: Hast du nicht gehört? Ich muss nicht perfekt sein. Die anderen sind es auch nicht. Niemand muss perfekt sein. Ich bin gut, so wie ich bin.

Der gesunde Erwachsene: Ihr beide seid gut, so wie ihr seid. Aber redet mehr miteinander. Du, lieber Schutzschild, und du, mein kleines inneres Kind, ihr seid ein Team. Ihr seid ein gutes Team. Jahrelang schon wart ihr ein gutes Team. Ihr solltet aber mehr miteinander reden.

Der Schutzschild: Du hast recht. Danke!

Das innere Kind: Danke.

Der gesunde Erwachsene: Gern geschehen.

Unsere inneren Kritiker sind die hartnäckigsten Kritiker, die es gibt. Dabei geben sie uns nur eine Rückmeldung, ein Feedback. Kritik (von außen kommend) muss nicht immer negativ sein. Unsere Bewertungsmechanismen bewerten „Kritik" jedoch oft negativ. Warum sonst sollte jemand uns kritisieren? Dass es auch positive Kritik gibt, vergessen wir häufig. Schon das Wort „Kritik" wird sowohl von der Gesellschaft als auch von uns viel zu oft mit etwas Negativem verbunden. Deswegen tendiere ich zu einem neutral besetzten Wort, einem Synonym, beispielsweise „Feedback" oder noch besser „Rückmeldung".

So sollten wir auch mit uns selbst kommunizieren. Viel zu selten nehmen wir zu uns selbst Kontakt auf, wenn wir von jemand anderem eine „Rückmeldung" bekommen. Wir bewerten sie oft negativ (nicht immer, weil es ja auch ein Lob sein könnte, und es gibt kein negatives Lob, wenngleich es negative und positive Kritik gibt). Wir können aber auch anders. Wir müssen nicht an unserer Vergangenheit festhalten. Wir dürfen in die Zukunft schauen. Und wir dürfen jetzt an uns arbeiten. Wir dürfen es. Wir dürfen es wirklich.

Sie glauben mir nicht?

Schade. Ich glaube nämlich daran.

Ich habe in der Vergangenheit vieles auf mich bezogen, mir bei Kritik wirklich jeden Schuh angezogen, egal ob er passte oder nicht. Ich habe nicht mit meinem inneren Kind kommuniziert. Ich bin immer nur gegen mein Schutzschild gelaufen. Mein Schutzschild war jahrelang mein Begleiter. Er schützte mich im Rahmen seiner Möglichkeiten vor Verletzungen, aber er verhinderte auch, dass ich ehrlich mit mir selber sein konnte. Er schützte mich somit auch vor positiven Erfahrungen, möglicherweise sogar vor einem Lob oder einer positiven Rückmeldung oder auch guter Kritik. Ich habe alles, was kam, als Kritik empfunden, ich habe es negativ bewertet. Ich habe alles als Angriff empfunden, als Demütigung. Ich habe es negativ bewertet und mich damit verletzen lassen. Und dadurch wurde mein Schutzschild aktiviert. Ich habe im Außen gekämpft. Ich habe wertvolle Energie verschwendet. Ich hätte öfters mit mir und meinem inneren Kind kommunizieren müssen. Ich hätte mir mehr Raum geben müssen. Ich hätte auf mein Gefühl hören sollen. Vor allem hätte ich aber auch auf mich eingehen müssen. Ich habe viele Ressourcen. Und viele davon habe ich vergessen oder verdrängt, eben weil ich mir (also dem inneren Kind) nicht den Raum gegeben habe, diese Ressourcen und Talente zu nutzen. Ich bin ..., und ich darf. Nicht ich muss ..., sonst ..., sondern: Ich bin ..., also darf ich. Ich darf gut zu mir sein. Ich darf es.

Sie dürfen es auch. Vertrauen Sie mir! Vertrauen Sie sich einfach mal selbst!

Ihr Schutzschild ist nicht schlecht. Aber er verdeckt Ihr inneres Kind. Der Schutzschild entwertet das innere Kind. Er verursacht immense Kosten. Und ihre Vulnerabilität wird auch nicht entdeckt. Sie erhalten keinen Trost, Sie gehen nicht über Los, wahrscheinlich distanzieren sich Menschen von Ihnen, und Sie fragen sich, warum. Wenn Ihr Schutzschild zur Seite tritt und das kleine Kind freigibt, ist er deswegen nicht weniger wert. Liebe und Mitgefühl ist nämlich für alle da. Der Schutzschild ist ein Teil von Ihnen, genauso wie das innere Kind. Aber Sie sind nicht der Schutzschild, sondern Sie sind Sie. Seien Sie selbst. Kommunizieren Sie mit sich. Horchen Sie in sich hinein. Überprüfen Sie jede Rückmeldung, die von außen kommt. Glauben Sie mir: Seit ich meinen Schutzschild gebeten habe, beiseitezutreten, geht es mir und meinem inneren Kind viel besser. Ich wette, dass es auch Ihnen besser gehen wird.

(Diesen Text widme ich ganz besonders meinen beiden Therapeutinnen Frau Lisa Wiedenmann und Anna Semmroth-Wolter von der Uniklinik Mainz, Station 5. Ich habe es den beiden nicht immer einfach gemacht, aber sie haben es mir einfach gemacht. Sie waren einfach da. Sie haben mir geholfen, mich selbst ein bisschen mehr liebzuhaben. Übrigens, Frau Wiedenmann: Ich finde Ihre Schuhe immer noch geil!)

> Am Leben zu sein, bedeutet auch Narben zu tragen. Narben, die zeigen, dass
> „Leben" manchmal auch Kämpfen bedeutet. Kämpfe, in denen wir Wunden
> erleiden: Sie sind es, die unsere Ausdauer des Lebens widerspiegeln.
>
> Kianimus

8.9 „Es gibt keine dummen Fragen, nur dumme Antworten"

Sie kennen das sicherlich. Sie lesen bei Facebook einen Beitrag, hören in der Schule ein Wort, das Ihnen gerade nicht geläufig ist oder das Sie nicht kennen, und fragen dann den Poster oder den Lehrer, was das heißt. Oft erhalten sie keine Antwort, sondern einen Link zu der Erklärung oder vom Lehrer den Auftrag, das Fremdwort zu googeln. Und dann denken Sie sicherlich: „Toll, ein Link! Hätte ich gleich googeln und mir die Frage schenken können!" Oder das kommt Ihnen nicht in den Sinn, weil … Sie anderer Meinung sind als ich? Das ist Ihr gutes Recht. Dann ist aber das, was ich jetzt weiter ausführe, auch nicht interessant für Sie.

Oder doch? Wir werden sehen. Zumindest erzähle ich Ihnen jetzt eine Geschichte dazu:

Ich bin 2014 wieder zur Schule gegangen. Ich hatte einen Ausbildungsvertrag mit dem Deutschen Roten Kreuz abgeschlossen, der Hilfsorganisation, die ihren internationalen Hauptsitz in Genf hat, die Rettungswagen plus Personal stellt, die Krankenhäuser unterhält und die mit Blutkonserven ein Millionengeschäft macht, nicht zu vergessen die Schwesternschaft, die Pflegeschulen und die Altkleidersammlung (so viel kann man erfahren, wenn man „DRK" bei Google eingibt). Ich wollte Altenpfleger werden und habe dann sowohl in einem Krankenhaus des DRK gearbeitet als auch die Altenpflegeschule dieser Organisation besucht. Und ich war, wie ich schon mehrfach erwähnt habe, ein Klugscheißer, ein Besserwisser. Ich habe mit Fachausdrücken um mich geschmissen. Eine Lehrerin hat sich das zunutze gemacht und mich jedes Mal, wenn ich einen Fachbegriff in den Raum geworfen hatte, ein Referat darüber halten lassen, damit es jeder versteht. Wenn sie aber ein Fachwort verwendet und ich oder jemand anders gefragt hat, was das heißt, kam die Antwort: „Bitte googeln Sie das doch, und wenn Sie dann noch so freundlich wären, erklären Sie das bitte Ihrer Klasse."

Ganz ehrlich: Was ist das bitteschön für eine doofe Antwort (meine Bewertung). Wozu zahle ich monatlich 330 Euro Schulgeld, wenn meine Lehrerin mir nichts beibringt, sondern ich auch noch selber googeln muss? Was ist das bitte für eine doofe Lehrerin (meine Bewertung).

Sie sehen das anders? Gut, vielleicht bewerte ich es auch zu negativ. Ich könnte auch sagen, sie hilft mir, mir selbst zu helfen, indem ich es mir selber aneigne. Nur, glauben Sie, dass ich so antworten darf, wenn die Lehrerin mich fragt, was der Fachausdruck bedeutet?

Es passiert häufig, dass Menschen Fachausdrücke verwenden, die sie irgendwo mal aufgeschnappt und sich gemerkt haben, wegen Allgemeinbildung und so oder weil es sich schön anhört, dass sie aber diesen Fachausdruck oft nicht mit eigenen Worten erklären können. Diese Menschen gibt es wirklich. Jeder Mensch ist ein unterschiedlicher Lerntyp. Ich zum Beispiel bin ein KV-Typ. KV heißt: kinästhetisch-visuell. Also ich verstehe es am besten, wenn ich es sehe (lese) oder wenn ich es mache. Das heißt in meinem Fall, die Lehrerin hatte Glück, dass ich mir durch diese spezielle Fähigkeit, das Fachwort mittels eigener Recherchen anzueignen, sogar selbst einen großen Gefallen getan habe. Aber das ändert nichts an der Tatsache, dass ich auf meine Frage keine Antwort bekommen habe.

Wie würde es Ihnen an meiner Stelle gehen? Gehen Sie mal davon aus, dass es auch andere Lerntypen gibt. Zum Beispiel die audio-aktiven Lerntypen, die am besten lernen, wenn sie es hören. Wenn Sie denen sagen, sie sollen es nachgoogeln, dann achten Sie einmal darauf, wie die reagieren.

Ich weiß, dass ich nicht von mir auf andere schließen kann, also nicht davon ausgehen kann, dass meine Umwelt genauso fähig ist wie ich und das Fachwort mit eigenen Worten erklären kann, aber dennoch darf ich doch auf meine Frage eine Antwort erwarten. Ebenso frage ich mich, warum Menschen mit Fachausdrücken um sich schmeißen, die sie selber nicht erklären können? Es gibt viele Gründe dafür, zum Beispiel Faulheit, Unfähigkeit usw. – ich habe schon viele Ausreden gehört. Ich finde, man sollte auch mal Klugscheißern dürfen, wenn man etwas weiß. Es ist doch auch etwas Schönes, jemandem etwas beibringen oder erklären zu dürfen. Ich persönlich finde es viel schöner, jemandem etwas mit eigenen Worten näherzubringen, als ihm einen Link zu schicken oder den Auftrag zu geben, es selbst zu googeln.

Sie dürfen mir ruhig Fragen stellen. Es gibt keine doofen Fragen. Es gibt nur doofe Antworten und Menschen, die zu doof sind (meine Bewertung), zu antworten. Was spricht denn dagegen zu sagen, dass man es gerade nicht weiß? Ist es so schlimm, zu seinen Fehlern zu stehen, wenn man in diesem Fall überhaupt von einem Fehler sprechen kann? Es liegt an Ihnen, wie Sie es bewerten. Ebenso liegt es auch an Ihnen, wie Sie mit dem Gelesenen umgehen. Sie dürfen es negativ bewerten und eine doofe Frage stellen (die es ja nicht gibt, außer Sie bewerten die Frage so). Sie dürfen mir aber auch antworten. Und Sie dürfen es auch einfach nur zur Kenntnis nehmen. Was Sie tun oder nicht tun, das entscheiden alleine Sie.

Aber bitte beachten sie: Für Ihre negative (oder positive) Bewertung kann *ich* nichts!

Im Gespräch mit Frithjof Ahlbory, Leiter des Lübecker Lernzentrums

Wir haben in Deutschland, davon war schon die Rede, eine schlechte Feedbackkultur. Wir sind Meister darin, uns selbst und auch andere zu kritisieren, können aber weder Lob annehmen noch ernsthaftes Lob aussprechen. Im Lernzentrum Lübeck mache ich erstaunlich gute Erfahrungen auf dem Weg zu mir selbst. Hier darf ich sein, wie ich bin. Um auch vom Leiter des Lernzentrums, Frithjof Ahlbory, ein paar Worte für das Buch zu gewinnen, habe ich ihn ebenfalls interviewt. Von seiner Expertise erhoffe ich mir, dass sich einige Chefs und Chefinnen und vielleicht auch Arbeitnehmer und Arbeitnehmerinnen zum Nachdenken anregen lassen, um danach wertschätzender miteinander zu kommunizieren und sich so im Job wieder wohler zu fühlen.

1. Herr Ahlbory, Sie sind Leiter des Lübecker Lernzentrums. Was für eine Klientel kommt zu Ihnen und wie gehen Sie auf die individuellen Bedürfnisse ein?

Die meisten Kunden, die eine berufliche Weiterbildung oder ein Coaching im Lernzentrum Lübeck annehmen, beziehen Arbeitslosengeld oder Hartz IV. In der Beratung gehe ich sehr individuell auf die vorhandenen Kompetenzen ein und erstelle mit jedem einzelnen Kunden ein Beratungsangebot in Voll- oder Teilzeit. Jeder Teilnehmer arbeitet in seinem eigenen Tempo und wird durch eine Fachkraft im Unterricht begleitet.

2. Warum fällt es manchen Menschen so schwer, in einen Job zu kommen, der sie glücklich macht, bzw. warum fühlen sich Ihrer Meinung nach manche Menschen im Job unglücklich?

Der Job oder Beruf, den ein Mensch ausübt oder ausfüllt, sollte zumindest in vielen Teilen Spaß machen. Dennoch wird jeder Job auch unangenehme Tätigkeiten und Arbeiten mit sich bringen. Wenn Menschen sich im Job unglücklich fühlen, sollten sie mittelfristig etwas daran ändern. Sie sollten die Gründe benennen können und prüfen, was sie selbst ändern können oder was von außen geändert werden müsste. Wenn es zu schwierig scheint, steht jedem die Möglichkeit offen, den Job zu wechseln. Ich selbst habe in der Vergangenheit im öffentlichen Dienst gekündigt, da ich mich falsch gefordert fühlte.

3. Welchen Tipp haben Sie für Arbeitnehmer, um zu mehr Zufriedenheit und Gelassenheit zu kommen?

Glücklich ist, wer vergisst, was nicht mehr zu ändern ist (alte Weisheit von Wilhelm Busch). Jeder zufriedene Arbeitnehmer sollte sich bestenfalls mit seinen Aufgaben identifizieren. Gleichzeitig sollte man sich selbst fragen, was die jeweiligen Bedürfnisse (etwa die des inneren Kindes) sind, um zufrieden zu sein.

4. Mein Chef ist ein Narzisst, mein Kollege ein Blender. Wie setzt man sich Ihrer Meinung nach gegen solche Querulanten am besten zur Wehr?

Indem wir nicht alles auf uns beziehen und uns klarmachen, dass wir alle füreinander Spiegel sind und oft nur als Projektionsfläche herhalten. Klare Aufgaben sollten für jeden Einzelnen bestehen, so gut es geht. In einer kleinen Firma sollte jeder die Aufgaben des anderen übernehmen können. Allerdings sollte auch jeder entsprechend seinen Qualitäten zielgerichtet eingesetzt werden. Nur wenn diese Anforderungen transparent für jeden umsetzbar sind, kann Unzufriedenheit minimiert und eine angenehme Arbeitsatmosphäre geschaffen werden. Eine sachliche Aufgabenstellung hilft, Unter- und Überforderung zu vermeiden. Ansonsten hilft jeder jedem.

5. Manche Menschen setzen sich gerne unter Druck und glauben, sie müssten perfekt sein. Wie begegnen Sie solchen Menschen und wie ist das bei Ihnen?

Jeder Mensch sollte unterstützt und wertgeschätzt werden für die Aufgaben, die er besonders gut ausführt. Meine Ziele versuche ich zu erreichen, oft mit Ausdauer und sturer Geduld. Ab und an muss ich Ziele auch neu beschreiben und Teilziele formulieren. Wir sollten uns bewusst machen, dass wir in einer Fehlerkultur leben; niemand muss perfekt sein.

6. Welcher Führungsstil ist für Sie der beste und warum? Und lässt er sich erlernen?

Einen kooperativen Führungsstil finde ich passend, vor allem im Bildungsbereich. Mitarbeiter werden mit eingebunden, und sie empfinden sich als wertgeschätzt und „gesehen". Ich trainiere ihn täglich neu, da auch alle Mitarbeiter immer neue Erfahrungen und Erkenntnisse mitbringen.

7. Was zeichnet Ihrer Meinung nach einen guten Arbeitgeber aus?

Einen guten Arbeitgeber zeichnet ein täglich offenes Ohr aus. Jeder Mitarbeiter sollte wissen, dass er mich erreicht und dass ich ihm zuhören möchte.

8. Was halten Sie von der Aussage, dass wir eine schlechte Feedbackkultur in Deutschland haben?

Die Feedbackkultur in Deutschland halte ich tatsächlich für schlecht. Viele Menschen agieren nicht auf gleicher Augenhöhe. Manche Menschen nehmen sich und andere oft nicht ernst. Es könnten viele Missverständnisse vermieden werden, wenn selbstverständlicher mit Feedback umgegangen würde.

8.10 Schuld und Angst

Schuld ist nur die Ungeduld

Denken Sie vor einer Unterhaltung daran, dass Sie geduldig sein wollen. Ermahnen Sie sich, den anderen ausreden zu lassen, ehe Sie loslegen. Sie werden merken, wie viel besser die Interaktionen zwischen Ihnen und Ihren Mitmenschen durch diese einfache Strategie werden. Die Personen, mit denen Sie reden, werden sich in Ihrer Gegenwart entspannen, wenn sie bemerken, dass man ihnen wirklich zuhört. Und Sie werden auch rasch merken, wie viel entspannter Sie sich doch fühlen, wenn Sie aufhören, anderen ins Wort zu fallen. Ihr Herzschlag und Puls werden sich verlangsamen und Sie werden diese stresslosen Unterhaltungen richtiggehend genießen. Dies ist eine ganz einfache Methode, entspannter und liebevoller zu werden.

Richard Carlson

Wenn das Leiden mal wieder in voller Dröhnung zuschlägt, unsere Stimmung am Boden ist und wir uns fragen: „Liegen bleiben oder aufstehen?", dann sollte man daran denken, dass man sich, egal für was man sich entscheidet, Zeit nehmen kann. Niemand hetzt einen. Niemand außer man selbst setzt einen unter Druck. Das aber macht man manchmal in einem solchen Maße, dass man von null auf 180 in die Handlungsebene kommt, ohne vorher nachzudenken. Am Ende wundert man sich erneut, dass es nicht so wurde, wie man es sich gewünscht hat. Und das schlechte Gewissen liegt entspannt auf einem Ruhekissen. Oder vermissen sie dieses Gefühl? Meistens ist weniger mehr, und Abwarten und Tee trinken hat noch keinem geschadet. Eher im Gegenteil: In der Ruhe liegt die Kraft.

Man muss nicht von jetzt auf gleich Fakten schaffen. Man kann es auch einfach geschehen lassen. Die Dinge fügen sich oft von selbst und lösen sich dann in Wohlgefallen auf. Oftmals sogar dann, wenn man es nicht erwartet. Und die Erleichterung darüber, nicht wieder impulsiv gehandelt zu haben, ist ein angenehmeres Gefühl als das schlechte Gewissen. Glauben Sie mir, Sie wollen kein schlechtes Gewissen haben.

Ich habe in der Therapie gelernt, dass ich nicht nach jedem Streit oder Missverständnis sofort handeln und eine Entscheidung fällen muss. Auch mein Gegenüber muss nicht sofort und nur, weil ich es will, reagieren. Was für mich gilt, gilt auch für andere. Es gibt keine Sonderbehandlung. Ich kann auch mal abwarten und nichts tun und meinem Gegenüber die Chance geben, in seinem Tempo auf mich zuzukommen. Dass ich einen Ferrari fahre, heißt nicht, dass die anderen auch Ferrari fahren. Und die Erfahrungen, die ich gemacht habe, nachdem ich meinen Fuß vom Gaspedal genommen habe, waren um einiges wertvoller als all die Erfahrungen zusammen, die ich durch meine Raserei gemacht habe. Ich muss nichts übers Knie brechen, aber ich darf. Ich darf es mir aber ebenso erlauben, meine Beine von mir zu strecken und mich zu entspannen. Die anderen dürfen auch was sagen. Ich muss nicht immer derjenige sein, der etwas sagt. Ich kann auch zuhören und abwarten. Ich brauche keine Angst davor zu haben, übersehen zu werden.

Manchmal fühlen wir uns Erwartungen ausgesetzt, denen wir nicht gewachsen sind. Aber vom Prusten und Schnaufen kann sich niemand was kaufen. Auch gilt: Gut' Ding will Weile haben. Ich weiß, manchmal geht es uns nicht schnell genug. Ich würde auch gern die Leidenszeit verkürzen und mein Leben mit Liebe würzen. An Letzteren hindert mich an sich niemand, außer vielleicht die leidvollen Gedanken, dazu nicht in der Lage zu sein. Aber ganz ehrlich: Das Leiden hat nichts mit dem Selbstwert zu tun. Du kannst trotzdem ein liebenswerter Mensch sein, wertvoll. Du kannst es nicht nur, sondern du bist es auch. Und das darfst du dir gerne jeden Tag immer wieder aufs Neue bewusst machen.

Niemand hat es verdient zu leiden, aber manchmal ist es einfach nicht zu vermeiden. Schmerzen von außen kann man nicht verhindern. Ein Beinbruch tut immer weh. Zahnschmerzen lassen einen auch immer wieder verzweifeln, vor allem, wenn die Schmerzmittel nicht mehr wirken, weil man schon so viele davon genommen hat. Die inneren Schmerzen dagegen, die uns immer wieder einreden, wertlos, hilflos und schwach zu sein, die lassen sich durch positive Selbstsuggestion immer wieder lindern. Wir müssen uns nur daran erinnern, wie es vor dem Leid war. Wir müssen anfangen, uns die weniger leidvollen Momente zu merken. Dann merken wir auch, dass kein Leid von ewiger Dauer ist. Oft sind es nur Phasen. Oft sind es auch nur Nuancen, die fehlen, damit man mit sich ins Reine kommt. Man kann nicht alles kontrollieren, auch wenn man das noch so sehr möchte. Unser Ego ist leidensfähiger, als wir glauben. Wir können uns in der Hinsicht ruhig mehr vertrauen. Heilung dauert seine Zeit. Sei einfach dazu bereit.

Sprüche von außen, immer wieder gelesen, vielleicht sogar selber gepostet, helfen auch nur, wenn man daran glaubt und darauf vertraut, dass das Leiden einen tieferen Sinn hat, selbst wenn man gerade keine Kraft oder keinen Plan parat hat, wie man das in der Situation am besten schafft. Dann gilt es, sich einfach nur daran zu erinnern, was man früher gemacht hat, als das Leid mal wieder unerträglich schien.

In uns stecken nicht nur die verletzen Kindanteile, sondern auch die gesunden Erwachsenenanteile, die unser kleines Kind an die Hand nehmen und ihm Trost spenden können und mit ihm gemeinsam diese Phasen des Leidens überstehen. Man ist nie allein, auch wenn man es denkt. Man denkt in solchen Phasen oft viel, was das Fühlen so schwer macht. Doch kein Zustand ist unendlich. Und Schuld hat nur die Ungeduld. Hab Geduld mit dir. Niemand erwartet, dass du immer augenblicklich funktionierst. Du darfst dir Pausen gönnen, Auszeiten nehmen, dich entspannen. Du darfst du selbst sein. Das allein macht dich schon zu dem Menschen, der du bist, der liebenswert ist. Du musst es dir nur erlauben und daran glauben, dass alles einen Sinn hat, auch wenn der gerade nicht besonders gut zu erkennen ist, auch wenn du gerade nicht lachen kannst und dein inneres Kind weint. Alles geht vorbei. Niemand hetzt dich. Du hast Zeit. Ich hab's geschafft, also wirst du es auch schaffen.

Ich habe mich viel mit mir selbst, mit dem inneren Kind im Rahmen meiner Therapie auseinandergesetzt. Es gab gewisse Glaubenssätze (Elternmodi), denen ich nachging und die ich anfangs noch bekämpfte. Dass ich diese nicht bekämpfen, sondern vielmehr akzeptieren und annehmen muss, habe ich dann sowohl in der Therapie gelernt als auch im Buch von Gottfried Huemer nachgelesen. Spontan beschloss ich, ihn anzuschreiben, und erzählte ihm von mir und meinem Projekt. Bereitwillig gab er mir einen noch tieferen Einblick in seine Gedanken über das innere Kind und verfasste den folgenden Text wie auch schon den in Kapitel 7 über das Helfersyndrom.

Angst und Panik und ein etwas anderer Umgang damit

von Gottfried Huemer

Viele Menschen betrachten ihre Ängste als eine Belastung, die sie so schnell wie möglich beseitigt haben wollen. Dabei versuchen diese Gefühle uns auf etwas aufmerksam zu machen – sonst würden sie sich ja nicht bemerkbar machen. Sehr oft liegt die Ursache weit zurück, oft sogar in einer Zeit, an die wir uns bewusst nicht mehr erinnern können. Diese angstauslösenden Erlebnisse sind trotzdem in jeder Zelle abgespeichert, und es genügt oft ein kleiner Auslöser, dann ist sie wieder da.

Die Gefahr ist in der Gegenwart meist nicht mehr wirklich vorhanden, aber aus der Erinnerung heraus ist sie genauso präsent wie damals. Also kann es sehr hilfreich sein, diesen „ängstlichen" Teil in uns nicht mehr abzustoßen, sondern liebevoll, so wie ein kleines Kind, anzunehmen. Aber gerade hier liegt für viele Menschen der größte Widerspruch. Es ist ja scheinbar wirklich ein Unsinn, sich mit einer belastenden Situation anzufreunden, mit der man überhaupt nicht zufrieden ist und die man am liebsten sofort zum Verschwinden bringen würde. Wenn man allerdings weiß, dass uns diese Symptome auf etwas aufmerksam machen wollen, hat man gar keine Chance, dass sie verschwinden. Das wäre ja genauso, als wenn man bei einem Brand versuchen würde, den Brandmelder zum Schweigen zu bringen, anstatt das Feuer zu löschen. Aber wie kommt man zu einem besseren Kontakt mit den eigenen Ängsten?

Wer die Angst „liebevoll" annimmt, hat schon halb gewonnen

Schimpft man über seine Ängste oder verurteilt sie, so ist es sehr vorteilhaft, diese Haltung zu verändern. Man sollte seine innere Einstellung zur Angst zu einer Einstellung voller Liebe und Verständnis machen – so wie die Haltung einer hingebungsvollen Mutter gegenüber ihrem Neugeborenen. Es reagiert auf das Vertrauen, zu wissen, dass es wahr- und ernst genommen wird und nicht mehr als wichtiger Teil abgelehnt wird. Die Entwicklung von Geduld und Mitgefühl gegenüber den Ängsten kann sehr dabei helfen, diese zu vermindern und zu verkürzen. Wenn man fähig ist, sich trotz der Ängste zu entspannen, wird man meist schnell eine drastische Verbesserung beobachten.

Betroffene sollten also die Angst bewusst fühlen und akzeptieren, ohne dagegen etwas zu unternehmen. Allerdings braucht es dazu Geduld, Ausdauer und Gelassenheit. Auch wenn es der logischen Vorgehensweise zu widersprechen scheint, sollten sie lernen, die Angst wertschätzend willkommen zu heißen. Das bedeutet, sie sollten versuchen, ihre Aufmerksamkeit bewusst auf die Angst zu richten und diese liebevoll beobachten, ohne sie wegzudrängen. Das ist oft der erste Schritt zur Beschwerdeverminderung.

Die Angst will beachtet werden

Ein wichtiger Aspekt auf dem Weg zur Verbesserung ist es, die Angst zu fühlen und wahrzunehmen, ohne den Versuch zu machen, sie zu verdrängen. Das heißt, der Betroffene soll es auch dann in Ordnung finden, wenn die Angst nicht sofort weggeht. Wenn ein kleines Kind Angst hat, dann hilft es ja oft auch nichts, ihm zu sagen: „Du brauchst keine Angst haben." Genauso geht es unseren abgespeicherten ängstlichen Anteilen. Viel hilfreicher dagegen ist, in einen inneren Dialog zu gehen, der wie folgt aussehen könnte:

„Ich fühle dich, Angst. Ich würde mir für dich wünschen, dass es dir besser ginge und auch dass du dich besser fühlst. Allerdings fühle ich dich jetzt. Ich werde dich jetzt in meine Erfahrung miteinbeziehen und erlaube dir, da zu sein. Ich höre, dass du dir von mir wünschst, etwas zu tun, damit du kleiner werden kannst. Ich gebe mein Bestes, um mich nicht gegen dich zu wehren, sondern dich anzunehmen. Ich werde dich nun nicht mehr wegdrücken, sondern bewusst zulassen. Ich erlaube dir, hier zu sein, und ich werde darauf achtgeben, dich zu spüren und zu akzeptieren. Ich werde versuchen, Dinge so zu verändern, dass es dir wieder besser geht".

Man sollte sich also so verhalten, als würde man liebevoll mit dem eigenen kleinen Kind sprechen. Häufig kommt die Angst aus dieser kindlichen abgespeicherten Erinnerung. Hilfreich kann es auch sein, ein Symbol zu suchen (Puppe, Teddy, Figur, Foto …), das einen an diese Kindheit erinnert und das man überallhin mitnehmen kann. Wenn die Angst dann kommt, kann man dieses Symbol in den Arm nehmen und so wie eben gezeigt liebevoll trösten, halten, umarmen und streicheln. Wenn wir unsere Angst bedingungslos annehmen, reagiert sie genauso darauf, wie man selbst reagieren würde, wenn man von jemandem bedingungslos angenommen wird.

Die Geschichte der Angst – über die paranoide Persönlichkeitsstörung

Die wenigsten Menschen mit einer narzisstischen Störung haben eine rein narzisstische Störung. Die meisten Menschen mit NPS haben eine kombinierte Persönlichkeitsstörung. Auch ich bin davon betroffen. Bei mir wurde einst die narzisstische Persönlichkeitsstörung mit paranoiden und emotional instabilen Anteilen diagnostiziert. Den emotional instabilen Anteil kann man sowohl als dependenten oder auch als Borderline-Anteil identifizieren. Aufgrund meiner Angst vor noch mehr Stigmata – immerhin gelten Borderliner als „Schnittblumen" oder „Rasierklingenfanatiker" – lasse ich meine weiteren Anteile meist weg oder halte sie in der Öffentlichkeit unter Verschluss. Denn die Vorverurteilung psychisch angeschlagener Menschen in unserer Gesellschaft ist ein großes Problem, auch weil diejenigen, die einen stigmatisieren, selber oft nicht gesund sind.

Menschen mit paranoiden Persönlichkeitsanteilen haben aufgrund ihrer in der Kindheit und im Leben gemachten Erfahrungen große Schwierigkeiten, anderen uneingeschränkt zu vertrauen. Bei mir ist es so, dass ich immer mal wieder befürchte, jemand könnte es nicht gut mit mir meinen. So war es zum Beispiel auch, nachdem ich beim Tectum Verlag unterschrieben hatte. Mitte August befand sich meine Lektorin im Urlaub. Danach meldete sie sich auch nur einmal bis Ende August. Ich war aus der Zeit davor gewohnt, dass sie mir jeden Tag antwortete. Der Verlagsleiter vermittelte mir später in einem Telefonat Anfang September sehr empathisch, dass er mich verstehen könne, meine Befürchtungen aber aus Verlagssicht unbegründet seien, da meine Lektorin im Verlag auch andere Aufgaben habe und nicht jedem so gerecht werden könne, wie sie es gerne möchte. Schon im Vorfeld hatte ich an jedem Tag, an dem sie sich nicht via E-Mail gemeldet hatte, stets befürchtet, der Verlag könne sich aus was für Gründen auch immer doch noch gegen unser gemeinsames Projekt entscheiden, mir also nachträglich absagen. Und in meiner Angst habe ich nur teilweise meine üblichen Mechanismen bedient. Ich habe beispielsweise jeden aus dem Verlag gegoogelt, ich habe es mit meinem Therapeuten besprochen und ansonsten all das angewendet, was ich in der Therapie gelernt habe. Früher hätte ich den Verlag terrorisiert, bis dieser mir wahrscheinlich allein aus dem Grund gekündigt hätte – und ich hätte so wieder im Sinne einer Self-fulfilling Prophecy meine Bestätigung gehabt, egal zu sein, nicht interessant zu sein, es nicht wert zu sein, „erhört" zu werden.

Es ist wie ein Film, der in manchen Momenten unbewusst im Hintergrund abläuft.

Menschen mit einer NPS verhalten sich in sozialen Kontexten sehr misstrauisch. Die Angst davor, verletzt zu werden (oder auch erneut verletzt und damit re-traumatisiert zu werden), verleitet uns manchmal dazu, andere zu verletzen, bevor *wir* wirklich verletzt werden – schließlich gilt Angriff als die beste Verteidigung. Auch fangen wir an, uns vorzeitig zu rechtfertigen, auch wenn unser Gegenüber niemals vorhatte, uns anzugreifen oder zu kritisieren. Als vorweggenommene Reaktion kommt dann immer unser Schutzschild (auch Überkompensationsmodus genannt) ins Spiel, was uns zwar beschützt, aber auch oft dafür sorgt, dass wir den Karren an die Wand fahren, was uns wiederum unser *Selbstbild* bestätigt. Es sind im Grunde nicht die anderen, vor denen wir Angst haben, sondern es sind unsere Gedanken über uns selbst, die für die Angst sorgen.

Man nennt diese Gedanken, egal, wertlos, nicht interessant zu sein, auch negative Glaubenssätze. In der Schematherapie und in der Kindarbeit werden sie als „innere Eltern" oder „Elternmodus" bezeichnet. Aufgrund der jeweiligen Erfahrungen in der Kindheit (immer unterschiedlich) mit den Eltern (emotionaler Missbrauch) oder mit Gleichaltrigen (Mobbing, Trennungen, Abbrüche) entstehen bei Menschen manchmal bestimmte Gedanken, Schemata oder Überzeugungen. Manche von ihnen werden zu regelrechten Pessimisten. Sie sehen oft nur das Schlechte, auch wenn sie sich wünschen oder auch gerne behaupten (weil sie daran glauben wollen), dass sie immer das Gute sehen würden.

Wie Gottfried Huemer in dem oben stehenden Text schreibt, sind diese Ängste da. Sie gehen weder weg durch Verdrängung noch durch Bekämpfen. Nein, man muss diese Ängste annehmen und mit ihnen arbeiten. Ich arbeite mit ihnen in der Therapie. Ich erkenne ihren Ursprung und versuche sie dann zu entschärfen. Dafür gibt es unterschiedliche Methoden, aber in erster Linie schule ich den gesunden Erwachsenen in mir, damit er mein kleines Kind an die Hand nimmt und es in all den schwierigen Situationen unterstützt, um nicht wieder in die üblichen Bewältigungsmuster zu verfallen.

Die Sache mit den Ängsten und dem großen Misstrauen des Narzissten mit paranoiden Anteilen ist keine einfache Sache. Sind Sie Partner eines Narzissten (auch als Co-Narzissten bekannt), müssen Sie oft als Projektionsfläche herhalten. Aber Sie sind höchstens ein Auslöser, niemals die Ursache oder der Grund des Verhaltens. Und Sie können Ihrem Partner helfen, indem Sie jedes seiner Gefühle ernst nehmen, ohne es auf sich zu beziehen. Wichtig ist: Lernen Sie kognitive Empathie! Und lernen auch Sie den Umgang mit Ihrem inneren Kind.

Im Gespräch mit Thomas Frister

Ursprünglich schrieb ich Herrn Frister wegen der Kriegstraumathematik an. In dem darauffolgenden Telefonat kamen wir dann auf das Thema der vorgeburtlichen Prägung. Das Interview wurde damit zu einem weiteren Baustein für dieses Buch.

1. Warum fällt es Ihrer Meinung nach vielen Menschen schwer, sich selbst zu loben?

Viele Menschen bekamen wenig Lob, und haben stattdessen Herabsetzungen erfahren. So haben sie gelernt zu glauben, dass Sie Lob nicht verdienen. Wenn sie sich selbst doch einmal gelobt haben, bekamen sie zu hören: „Eigenlob stinkt". Um sich vor solchen und ähnlichen Sätzen zu schützen, haben sie aufgehört, sich selbst zu loben.

2. Sie helfen anderen Menschen, wieder in Kontakt mit sich und ihrem inneren Kind zu kommen. Wie nehmen Sie Ihren Klienten die Angst davor?

In der Arbeit mit dem inneren Familiensystem (IFS) gehen wir davon aus, dass es zwei Typen von inneren Kindern gibt: Der eine Typ, die verletzten inneren Kinder, werden die „Verbannten" genannt. Sie tragen durch ihre Traumatisierungen unerträgliche Gefühle in sich. Diese Gefühle werden von dem zweiten Typ, den sogenannten „Beschützern", „Wächtern" oder „Managern" verdrängt, sozusagen verbannt. Die Wächter wachen mit verschiedenen Strategien darüber, dass diese Gefühle nicht wieder oder nicht mehr gefühlt werden.

Die Angst der Klienten bzw. ihrer Wächter vor diesen Traumagefühlen war zum Zeitpunkt der Entstehung dieser Anteile durchaus berechtigt. Damals hätten diese Gefühle das Kind in einer traumatischen Situation überfordert, wenn die Bezugspersonen nicht liebe- und verständnisvoll darauf eingingen oder gar selbst die Verursacher waren.

Da wir beim IFS zunächst mit den Beschützern arbeiten und diese nicht umgehen, entsteht keine zu rasche Konfrontation mit verletzten Anteilen bzw. inneren Kindern. Die Beschützer geben das Tempo vor und regulieren auf diese Weise den Prozess der Begegnung mit verletzten Anteilen so, dass keine Überforderung (Retraumatisierung) eintritt.

3. Es ist mittlerweile bekannt, dass Borderline, Narzissmus oder dem ADHS verwandte histrionische Persönlichkeitsstörungen Selbstwert- oder Beziehungsstörungen sind und all diese Menschen im Grunde genommen schwere Verletzun-

gen des inneren Kindes ertragen mussten. Wie begegnen Sie diesen „diagnostizierten" Menschen?

Den Begriff der „Störung" mag ich nicht, da er eher negativ besetzt ist. Ich erkläre den Menschen das Modell der inneren Anteile (IFS). Alle Anteile, und mögen sie noch so dysfunktional erscheinen, hatten in dem Moment, als sie entstanden sind, gute Absichten. Sie wollten den Menschen vor etwas Schlimmerem beschützen. Unter anderem haben sie ihn davor geschützt, die zu starken Verletzungen in der Kindheit zu spüren. Wenn die so diagnostizierten Menschen dies hören und verstehen, fühlen sie sich gesehen, verstanden und angenommen.

4. Sie beschäftigen sich auch mit vorgeburtlicher Prägung im Mutterbauch sowie vorsprachlicher Prägung. Wie sind Sie auf dieses Forschungsbiet gekommen und wie gehen Sie da vor?

Mich hat hellhörig gemacht, dass Klienten, die unerwünscht waren, sich oft von anderen Menschen abgelehnt fühlten oder gar gemobbt wurden. Seitdem befasse ich mich mit diesem Thema. Die Internationale Gesellschaft für Prä- und Perinatale Psychologie und Medizin (deutsche Website: isppm.de) hat da schon viel geforscht, leider sind die Ergebnisse vielen Therapeuten nicht bekannt. Die Eltern-Kind-Bindung beginnt schon während der Schwangerschaft. Traumata können schon in dieser Zeit entstehen und sich unter Umständen lebenslang auswirken. Dies gilt natürlich auch für Geburtstraumata, was schon länger bekannt ist.

Ich arbeite mit den Anteilen, die in dieser Zeit entstehen, ebenso wie mit späteren. Erfreulicherweise sind auch so frühe Anteile ansprech- bzw. erreichbar. Es ist dabei oft besonders wichtig, den Körper und seine Reaktionen mit einzubeziehen.

5. Was muss in unserer Gesellschaft passieren, damit die Menschen anfangen, bewusster mit sich und ihrem Umfeld umzugehen?

Es müsste ein Kulturwandel geschehen, der im Kindergarten und in der Schule beginnen könnte. Das Fach „Psychologie" sollte von Anfang an bis zum Schulabschluss unterrichtet werden mit Übungen zu Achtsamkeit, Selbst- und Fremdwahrnehmung, zu gelingender Kommunikation und zu inneren Anteilen. Natürlich ist es auch gut und wichtig, die Eltern einzubeziehen.

6. Der Narzisst schützt sich vor Schmerzen und Selbstverlust und verdrängt all seine verletzlichen Anteile und Gefühle und kompensiert diese mit Wut. Wie gehen Sie in Therapiesituationen mit dieser Wut um?

Diese Wut ist ein Beschützeranteil. Wenn der Klient angeleitet wird, ihn zu sehen, zu würdigen und in Kontakt mit ihm zu kommen, kann dieser Anteil sich oft schon entspannen.

8.11 Menschen ohne Macke sind Kacke

eine Anleitung zur Selbstannahme, frei nach Johari, Schulz von Thun und Leonard

Ich komme von der Arbeit nach Hause, stampfe manchmal, so behauptet zumindest mein Nachbar, die Treppe hinauf, dabei zähle ich meist die Stufen, öffne meine Wohnungstür, betrete meine Wohnung, gehe an der Garderobe vorbei, werfe den Rucksack in die Ecke, schmeiße die Jacke über den Stuhl, gehe aufs Klo, vorher mache ich das Licht an, dann mache ich mein Geschäft, stehe auf, wasche mir die Hände, verlasse das Bad, setze mich auf die Couch und ziehe die Schuhe aus und chille. Anschließend setze ich mich an meinen Schreibtisch, fahre den Laptop hoch und zünde mir eine Zigarette an. Dann setze ich Kaffee auf, gehe zurück zum Laptop, öffne Web.de und Facebook.de gleichzeitig und werfe einen Blick auf meine Nachrichten. Dann gehe ich in die Küche und hole mir meinen ersten Kaffee, lese meine Nachrichten und beantworte sie meistens sehr zügig. Dann mache ich Musik an und öffne mein Manuskriptdokument.

Jetzt gerade sitze ich barfuß und in kurzer Hose vor meinem Laptop, nachdem ich mir mit meiner Schere den Bart geschnitten (Barthaare liegen nun verstreut auf dem Fußboden), einen weiteren Kaffee eingeschenkt und meine Jacke, die seit gestern auf dem Fußboden lag, an der Garderobe aufgehängt habe. Ich schreibe jetzt genau zu diesem Thema einen Beitrag mit der Überschrift „Menschen ohne Macke sind Kacke".

Haben Sie schon eine Macke in meinen Schilderungen entdeckt? Falls ja, wie geht es Ihnen, nachdem Sie diesen Text gelesen und festgestellt habe, dass ich einige Macken habe? Manch einer wird meine Macken wahrscheinlich gar nicht als solche sehen, sondern als Eigenschaften. Andere werten vielleicht noch strenger und betrachten das ein oder andere in dieser Aufzählung als wirklich schlechte Angewohnheit.

Natürlich könnte ich meine Jacke gleich an die Garderobe hängen, meine Schuhe im Vorflur ausziehen, den Rucksack absetzen und irgendwo abstellen, das Licht ausmachen, nachdem ich im Bad war, meinen Bart vor dem Spiegel rasieren, die Barthaare ins Waschbecken fallen lassen und auch sonst alles anders machen, wenn ich mit jemandem zusammenwohnen würde, dem diese oder jene Eigenart nicht passt. Aber ich wohne alleine. Und alleine kann ich tun und lassen, was ich möchte. Alleine in meiner Wohnung störe ich niemanden. Draußen in der freien Welt muss ich mich an gewisse Regeln halten, die das Zusammenleben angenehmer gestalten. So hänge ich bei anderen meine Jacke oft an der Garderobe auf (nicht immer), frage, ob ich die Schuhe ausziehen soll oder anbehalten darf (manchmal ziehe ich sie auch aus, ohne vorher zu fragen), und nehme erst auf einem Sitzmöbel Platz, nachdem ich mich erkundigt habe, ob ich mich setzen darf. Wenn ich auf Toilette gehe, mache ich hinterher sogar das Licht aus. Ich bin achtsam. Ich gehe achtsam mit mir und meiner Umwelt um. Manchmal aber vergesse ich das eine oder andere. Und dann kommt es auf das Empfindlichkeitslevel meines Gegenübers an. Diesem könnten meine Macken nicht auffallen, oder sie fallen ihm auf, er nimmt sie aber einfach so hin. Ein anderer könnte fragen, ob ich meine Jacke aufhängen könnte bzw. möchte. Er könnte es aber auch sein lassen.

Einer meiner besten Freunde, von dem ich schon berichtet habe, bringt immer seinen eigenen Kaffee mit, wenn er zu Besuch kommt, er bringt auch gerne seine eigene Tastatur mit, fragt nicht, ob er die Schuhe ausziehen soll (er weiß, dass er das nicht muss, da ich ja Laminat habe), und setzt sich dann an meinen Schreibtisch, um meinen PC zu reparieren. (Meistens kommt er deswegen, manchmal aber auch nur so.) Wenn ich von anderen Besuch bekomme, fragen sie immer, ob sie die Schuhe ausziehen sollen oder anlassen dürfen, sie hängen ihre Jacke an meine Garderobe. Sie fragen sogar, ob sie rauchen dürfen, obwohl auf meinem Schreibtisch ein Aschenbecher steht.

Wie Sie bemerken, gibt es Unterschiede. Warum aber bin ich zu Hause anders als auswärts? Warum stehe ich nicht einfach zu meinen Eigenarten, meinen Macken? Weil ich weiß, was sich gehört? Warum stelle ich mir überhaupt diese Frage? Und was denken Sie jetzt? Denken sie vielleicht: „Mann, ist der schlecht erzogen"? Denken Sie möglicherweise: „Mann, regt der sich auf"? Fällt ihnen vielleicht ein Stein vom Herzen, weil Sie bemerkt haben, dass Sie das genauso machen, oder zumindest ähnlich? Haben Sie ein schlechtes Gewissen, weil der Text „Menschen ohne Macke sind Kacke" heißt und Ihnen diese Eigenschaft an Ihnen nun auffällt, es Ihnen aber bislang noch gar nicht so recht bewusst war? Warum fühlen Sie sich angesprochen? Ist das so schlimm, wenn ich es anders mache als Sie oder Sie es anders machen als ich? Bin ich ein schlechterer Mensch als Sie, nur weil ich dieses oder jenes anders mache als Sie? Oder fühlen Sie sich gerade selber schlecht, weil Sie mich schon innerlich abgewertet haben, nachdem Sie von der ein oder anderen meiner Eigenheiten erfahren haben und in die Bewertung gegangen sind?

Ich kann Sie beruhigen. Egal, wie Sie sich jetzt gerade fühlen, es ist in Ordnung. Egal, was in Ihnen vorgeht, Sie dürfen sich so fühlen. Niemand wird es Ihnen übelnehmen, wenn Sie sich fühlen, wie Sie sich fühlen. Nehmen Sie es einfach hin. Regen Sie sich nicht auf. Werten Sie andere nicht ab. Werten Sie aber auch sich selbst nicht ab. Und haben Sie kein schlechtes Gewissen. Manche Dinge kann man einfach nicht ändern.

Manche Dinge ändern sich nie. Sei es, weil sie Ihnen oder Ihrem Gegenüber (in dem Falle meiner Wenigkeit) nicht aufgefallen sind, Sie es aus was für Gründen auch immer nicht angesprochen haben oder es Ihnen aufgefallen ist, Sie es aber nicht als Macke bewertet haben, sondern als ganz normale Sache.

Ich spreche jetzt mal für mich: Ich finde an meinen Aufzählungen über diese Situation nichts Schlimmes. Natürlich würde ich gerne meine Jacke an die Garderobe hängen (weil es besser aussieht), daran denken, das Licht im Bad auszumachen (weil es Strom spart), bei offenem Fenster rauchen oder auch „gar nicht rauchen" (weil es gesünder ist) und den Bart vor dem Spiegel mit dem Rasierapparat schneiden (weil es im Ergebnis schöner aussieht). Zuhause muss ich es aber nicht. Zuhause stört es mich nicht. Und wenn es jemand anderen stört, könnte das eventuell daran liegen, dass er es nicht ändern kann oder er es anders macht oder weil er sich nicht traut, es genauso wie ich zu machen. Aber darüber mache ich mir jetzt keine allzu großen Gedanken. Denn ich bin ja bei mir zu Hause. Hier sieht mich keiner. Ich bin vollkommen unbeobachtet.

Wenn ich unterwegs bin, weiß ich, dass sich manche an der einen oder anderen Macke vielleicht stören könnten. Da mich aber die Macken anderer nicht stören (ob es jetzt eine Macke, eine schlechte Eigenart oder gar eine Angewohnheit ist, spielt keine Rolle), nehme ich das Meiste so hin. Sehe ich aber an meinem Gegenüber Macken, die ich selber habe, die ich nicht gut finde, aber auch nicht abstellen kann (wie zum Beispiel auf den Boden rotzen, mit der Nase hochziehen), ärgere ich mich darüber, weiß aber ganz genau, dass es dabei nicht um den anderen, sondern um mich selbst geht. Trotzdem spreche ich mein Gegenüber darauf an.

Sie dürfen mich auch auf meine Macken ansprechen, wenn es aus Ihrer Sicht eine Macke ist. Sie können es aber auch sein lassen. Denn was Sie als Macke sehen, könnte vielleicht ein ganz wichtiger Teil meiner Persönlichkeit sein, oder es könnte einen Grund haben, dass ich die Treppenstufen zähle, mir den Bart mit der Schere schneide, rauche, auf den Boden rotze. Ebenso könnte auch eine Eigenschaft von Ihnen oder eine Ihrer Macken einen ganz wichtigen Grund haben. Möglicherweise steht dahinter eine traumatische Erfahrung, ein spezielles Bedürfnis oder einfach nur Unachtsamkeit.

Manch einer legt unbewusst seinen Schlüssel ab und sucht ihn hinterher, wird dabei panisch, wenn er es gerade eilig hat. Ein anderer verlegt seine Brille und findet sie erst, nachdem er ewig herumgestöbert hat (zu denen gehöre auch ich, und es kommt vor, dass ich sogar meinen Nachbarn anrufe, damit er mir beim Suchen hilft). Das alles ist unachtsam. Aber das alles ist nicht wirklich schlimm, zumindest für mich nicht. Und wie ist es für Sie? Nun, im Grunde ist mir das egal, denn manche Dinge ändern sich nie.

Bevor Sie also das nächste Mal jemanden abwerten, ablehnen, auf eine Macke, Eigenschaft oder Angewohnheit oder gar einen (pathologischen) Zwang ansprechen, schauen Sie doch erst einmal auf sich selber. Wenn Sie mit der einen oder anderen Sache ein Problem haben, fragen Sie sich, warum das so ist. Bevor Sie in die Resonanz gehen und möglicherweise jemanden durch Ihre Direktheit verschrecken, versuchen Sie es mit Empathie. Versetzen Sie sich in die Lage Ihres Gegenübers und verhalten Sie sich dann so, wie Sie sich wünschen würden, dass man mit Ihnen umgeht. Eine Macke kann nur derjenige abstellen, der sie hat, und er wird es allenfalls dann tun, wenn er sie als eine Macke sieht, die er selber an sich nicht leiden kann oder unter der er möglicherweise leidet, was beispielsweise bei einem (pathologischen) Zwang der Fall ist. Manch einer hat sogar die Macke, andere nach ihren Macken zu beurteilen, entweder weil er selber ganz viele Macken hat oder weil er Perfektionist ist (was ja auch den Lebensumständen und Erfahrungen geschuldet sein kann). Wenn Sie sich da unsicher sind, können Sie ja nachfragen oder um ein Feedback bitten. Ich bin mir sicher, dass Ihnen niemand deswegen böse sein wird.

Um nun aus der negativen Bewertung rauszukommen, sollten wir schließlich auch bedenken, dass eine Macke nicht automatisch negativ oder schlecht sein muss. Es kommt immer darauf an, wie man zu sich selber steht. Manche Macken sind wunderbare Fähigkeiten, die anderen nützlich sind (etwa das Abwischen der Türklinken nach jeder Berührung). Eine Macke muss also nicht immer negativ (pathologisch) bewertet werden. Manche muss man einfach hinnehmen. Denn manchmal macht eine Macke den betreffenden Menschen so wertvoll, da sie ihn zu dem macht, wie er ist. Und dann passt auch der Spruch „Menschen ohne Macke sind Kacke". Aber natürlich gibt es auch Eigenschaften, Angewohnheiten oder Zwänge, die im Berufsleben tatsächlich etwas unvorteilhaft sein können, vor allem wenn man mit anderen Menschen zusammenarbeitet oder seiner Tätigkeit in bestimmten Bereichen nachgeht. Und dann ist es schon wichtig, sich und sein Umfeld gut zu kennen. Genau darum geht es beim Johari-Fenster.

Das Johari-Fenster[68]

Beim Johari-Fenster handelt es sich um ein Kommunikationsmodell, das die Unterschiede zwischen Selbst- und Fremdwahrnehmung grafisch darstellt. 1955 von den US-amerikanischen Sozialpsychologen Joseph Luft und Harry Ingham entwickelt, wird es vor allem dazu eingesetzt, die Selbstwahrnehmung mit der Fremdwahrnehmung abzugleichen. Dadurch sollen die Zusammenarbeit und das Verständnis innerhalb von Gruppen verbessert werden. Die vier Felder, aus denen das Modell besteht, werden wie folgt beschrieben:

Feld 1: Eigenschaften oder Fähigkeiten, die ich habe und die mir bewusst sind und die auch meinem Team/Umfeld bekannt sind (öffentlicher Bereich). Es wird davon ausgegangen, dass ich in meinem Handeln frei und unbelastet bin, weil alle sich über meine Wünsche, Eigenarten oder Verhaltensweisen bewusst sind.

Feld 2: Eigenschaften oder Fähigkeiten, die ich habe, die mir nicht bewusst sind, meinem Umfeld hingegen schon (blinder Fleck). Wären mir diese Eigenschaften oder Fähigkeiten bekannt, könnte ich a) an mir arbeiten, wenn es sich um negative Informationen handelt, oder b) mich freuen, weil mir diese Dinge noch gar nicht bewusst waren. Informationen zum „blinden Fleck" werden oft nonverbal geäußert. Habe ich zum Beispiel ein Vorurteil gegen einen bestimmten Mitarbeiter, so strahle ich das aus, ohne dass ich es ihm gegenüber mitteile.

Feld 3: Eigenschaften oder Fähigkeiten, die ich habe und die mir bewusst sind, meinem Umfeld aber nicht (geheimer Bereich). Vielleicht möchte ich die Information nicht mit anderen teilen, weil sie mir zu privat ist oder ich mich unsicher fühle.

Feld 4: Eigenschaften oder Fähigkeiten, die ich habe, die ich nicht kenne und die mein Umfeld auch nicht kennt (unbekannter Bereich). Das können unbewusste Erinnerungen oder schlummernde Talente sein, die einfach noch nicht entdeckt worden sind.

Die Johari-Methode wird eingesetzt, um Feld 1, also den öffentlichen Bereich, zu vergrößern. Je mehr ich über mich weiß und je mehr mein Umfeld über mich weiß, desto besser, denn dann funktioniert die Zusammenarbeit nahezu reibungslos, weil mein Team bzw. mein Umfeld und ich uns besser aufeinander einstellen können. Dabei können Synergien entstehen, die weitere Energien freisetzen. Um diesen Bereich zu vergrößern, zu stärken und zu stabilisieren, gibt es zwei Maßnahmen bzw. Instrumente.

1. Das Feedback: Bitte ich andere Personen um Feedback, so erhalte ich oft Informationen über mich (über meine Eigenschaften und Fähigkeiten), die mir noch gar nicht bewusst waren. Je mehr dieser unbekannten Informationen ich erhalte, desto kleiner wird mein blinder Fleck. Erhalte ich beispielsweise die Information, dass ich mich bei Vorträgen immer nervös am Kopf kratze, kann ich beim nächsten Mal bewusst darauf achten und so diese Angewohnheit zukünftig vermeiden.

2. Die Selbstoffenbarung: Teile ich meinem Team oder Umfeld Dinge mit, die bisher nur mir bewusst oder bekannt waren, so schrumpft mein geheimer Bereich. Mein Team bzw. Umfeld kann sich nun besser auf mich einstellen. Teile ich etwa meinen Kollegen mit, dass ich vor öffentlichen Vorträgen sagenhaft nervös bin, so erhalte ich wahrscheinlich Unterstützung und aufmunternde Worte. Ich kann außerdem meine Nervosität mit den Kollegen teilen und muss keine Energie darauf verschwenden, die Anspannung zu verheimlichen.

Das Johari-Fenster bietet uns im Grunde nur Vorteile. So kann ich mir über bestimmte Verhaltensweisen (Bewertungsmuster), aber auch Fähigkeiten bewusster werden. Ich werde wieder mehr ein Stück meiner selbst. Ebenso muss ich nichts mehr vor anderen geheim halten oder mich dafür schämen, sodass meine innere Anspannung deutlich zurückgeht. Ich fühle mich in meiner Haut deutlich wohler und kann meine Maske weglassen. Meinem Team bzw. Umfeld gegenüber werde ich dagegen transparenter. Es kann mich nun deutlich besser verstehen, und auch ich kann mein Umfeld besser verstehen, wenn jeder Einzelne dieses Fenster bei sich anwendet. Die Beziehung zueinander wird stabiler. Und wir lernen uns schneller und besser kennen, wenn bewusst darauf geachtet wird, dass jeder sich offenbart. Wichtig ist natürlich zu beachten, dass ein Feedback immer wertschätzend und empathisch geäußert werden sollte. Bei einem Feedback an eine andere Person ist darauf zu achten, bei sich zu bleiben. Gehe ich ins Außen, so besteht die Gefahr, dass mein Gegenüber sich mir gegenüber verschließt, zumacht und mir für immer ein Rätsel bleiben wird.

Und so schließt sich der Kreis. Eine Macke muss nicht immer eine Macke sein. Und ein Mensch ohne Macke, die vielleicht keine Macke ist, ist Kacke, weil er einfach nicht an meinem Leben teilnimmt oder ich an seinem Leben teilnehmen kann. Und darum geht es doch in Beziehungen. Es heißt doch so schön: „Geben und nehmen", und nicht: „Angeben und wegnehmen". Wenn man sich so zeigen kann, wie man ist, brauchen wir auch den Narzissmus nicht mehr. Denn er ist und bleibt der Schutzschild vor der Verletzung, der Kritik, der Ablehnung und dem damit verbundenen Eingriff in die Persönlichkeit. Zentral ist dabei, wie man kommuniziert.

Besonders in Konflikten mit nahestehenden Menschen ist mir manchmal aufgefallen, dass wir uns an sich nur wegen „Kleinscheiß" in die Wolle kriegen. Ich habe mich stets gefragt, wie man dies hätte vermeiden können. Reflexion und Bewusstmachen sind die Zauberwörter. Aber warum gelingt es uns oft erst im Nachhinein, zu reflektieren? Weil wir stets projizieren? Weil uns der Spiegel mal wieder nicht gefällt? Oder weil wir mit uns selbst nicht im Reinen sind? Weil wir den Kontakt zum inneren Kind verloren haben? Weil wir das Vier-Seiten-Modell verlernt haben oder gar nicht erst gelernt haben, es anzuwenden?

Das Vier-Seiten-Modell nach Friedemann Schulz von Thun

Es ist bekannt, dass viele Missverständnisse im Alltag durch mangelnde Achtsamkeit oder Aufmerksamkeit entstehen. In den vorangegangenen Kapiteln bin ich auf das innere Kind eingegangen, darauf, wie man Kontakt zu ihm aufnimmt, sowie auf unterschiedliche Bewertungsmechanismen, die leider oft mit narzisstischen Kränkungen, narzisstischem Denken und narzisstischem Verhalten zusammenhängen. Auch ich war Opfer meiner Bewertungen, meines Fühlens, meiner Impulsivität und entsprechend auch meines eigenen Verhaltens. Auch ich wurde dadurch manchmal ungewollt zum Täter. Neben dem schon erwähnten Johari-Modell, das gerade im beruflichen Alltag eine Hilfe sein kann, gibt es das Vier-Seiten- oder auch Vier-Ohren-Modell nach Schulz von Thun. Es wird in beinahe jedem Berufsschulunterricht erwähnt oder gelehrt. Ich habe sowohl in meiner Ausbildung zum Eventmanager als auch zum Altenpfleger davon gehört. Leider vergesse ich es in manchen Situationen wieder, wo es doch so hilfreich wäre, Konflikten konstruktiv entgegenzuwirken. Oft kommt etwas anders bei mir an, als es mein Gegenüber meint. Und statt nachzufragen, gehe ich allein von meinem Gefühl aus. Das aber widerspricht der gebotenen Achtsamkeit. Zu dieser gehört es auch, dass ich genau zuhöre und bei Unklarheiten nachfrage.

> Das Vier-Seiten-Modell (auch Nachrichtenquadrat, Kommunikationsquadrat oder Vier-Ohren-Modell) von Friedemann Schulz von Thun ist ein Modell der Kommunikationspsychologie, mit dem eine Nachricht unter vier Aspekten oder Ebenen beschrieben wird: Sachinhalt, Selbstoffenbarung, Beziehung und Appell. Diese Ebenen werden auch als die „vier Seiten einer Nachricht" bezeichnet. Das Modell dient zur Beschreibung von Kommunikation, die durch Missverständnisse gestört ist.
>
> Das übergeordnete Ziel beim Vier-Seiten-Modell besteht darin, zu beobachten, zu beschreiben und zu modellieren, wie zwei Menschen sich durch ihre Kommunikation zueinander in Beziehung setzen. Dabei wendet Schulz von Thun sich den Äußerungen (den „Nachrichten") zu. Diese können aus vier unterschiedlichen Perspektiven betrachtet und unter vier unterschiedlichen Annahmen gedeutet werden. Schulz von Thun spricht von den „Seiten einer Nachricht".

1. Auf die Sache bezogener Aspekt: die beschriebene Sache („Sachinhalt", „Worüber ich informiere").
2. Auf den Sprecher bezogener Aspekt: dasjenige, was anhand der Nachricht über den Sprecher deutlich wird („Selbstoffenbarung", „Was ich von mir selbst kundgebe").
3. Auf die Beziehung bezogener Aspekt: was an der Art der Nachricht über die Beziehung offenbart wird („Beziehung", „Was ich von dir halte oder wie wir zueinander stehen").
4. Auf die beabsichtigte Wirkung bezogener Aspekt: dasjenige, zu dem der Empfänger veranlasst werden soll („Appell", „Wozu ich dich veranlassen möchte").

In Bezug auf den Hörer und seine Gewohnheiten erweitert Schulz von Thun das Vier-Seiten-Modell zu einem Vier-Ohren-Modell. Je ein Ohr steht für die Deutung einer der Aspekte: das „Sach-Ohr", das „Beziehungs-Ohr", das „Selbstoffenbarungs-Ohr" und das „Appell-Ohr".[69]

Ich habe im Schulunterricht von einem Psychologen einmal den omnipräsenten Spruch „Störungen sind erwünscht" gehört. Er war neben Hagen Rether und Erich Fromm auch Ideengeber für das erste Kapitel und die Auseinandersetzung mit der Frage, „was ver-rückt" sein manchmal bedeutet. Und auch auf das Vier-Ohren-Modell angewendet kann es durchaus angehen, dass man im Laufe eines Gespräches ver-rückt, also vom Weg abkommt, einen Konflikt auslöst und gegebenenfalls den anderen als Projektionsfläche des eigenen Gefühls benutzt.

Im Gespräch mit Friedemann Schulz von Thun
(oder Das Beste kommt zum Schluss)

Ich hatte das ungeheure Glück, dass sich auch Friedemann Schulz von Thun bereit erklärte, mir noch kurz vor seinem Urlaub ein kurzes Interview zu geben. Erfreulicherweise erlaubte er mir zudem, seine Antworten eins zu eins wiederzugeben. Sein Modell ist populär und weltweit bekannt, auch wenn er genau wie ich anfangs Schwierigkeiten hatte, einen Verlag zu finden, der an ihn und seinen Weg glaubte.

1. Herr Schulz von Thun, vielen Dank, dass Sie sich Zeit nehmen für dieses Interview. Was dachten Sie, als Sie meine Anfrage dazu bekamen?

Ach, das schreibt mir jemand, der aus der Not (der Selbstbetroffenheit) eine Tugend (die Erkenntnis) machen will! Das trifft sich mit dem, was Ruth Cohn immer gesagt hat: Es gehe darum, die Kompetenz der Betroffenen mit der Betroffenheit der Kompetenten zu verbinden!

2. Das Modell ist vielerorts bekannt und findet, wie in meinen Ausführungen beschrieben, in vielen Bereichen Anwendung. War vorherzusehen, dass Ihr Modell so populär wird, und aus welchem Antrieb heraus haben Sie das Modell entwickelt?

Sie meinen das Kommunikationsquadrat mit den vier Schnäbeln und den vier Ohren? Nein, das war nicht vorauszusehen. Der Rowohlt Verlag hat anfangs gezögert, es als Taschenbuch anzunehmen, denn dann müssten mindestens 5.000 Exemplare verkauft werden. Heute sind es weit über eine Million. Der Antrieb? Ich wollte unseren Teilnehmern (damals Lehrer und Führungskräfte) die vier Wahrheiten der Kommunikation erklären, die mir damals erkennbar geworden waren. Irgendwann hatte ich die Erleuchtung, dass alle vier immer gleichzeitig in jeder menschlichen Äußerung wirksam werden. Da war es dann naheliegend, diese vier Aspekte in einem Quadrat mit vier Seiten darzustellen.

3. Wie erklären Sie sich, dass der Empfänger eine Aussage manchmal anders wahrnimmt oder bewertet, als vom Sender gemeint, was zu narzisstischen Kränkungen führen kann?

Was jemand von sich gibt, ist wie eine Saat, die auf einen Boden fällt. Je nach Bodenbeschaffenheit kann das Saatkorn als Rose, als Vergissmeinnicht oder als Kaktus aufgehen. Anders ausgedrückt: Die wunden Punkte im eigenen Herzen wirken sich auf die vier Ohren aus, und das empfindliche Beziehungsohr hört Dinge, die auch (und manchmal mehr) aus dem eigenen Kopf und dem eigenen Herzen stammen.

4. Welchen Ratschlag können Sie den Menschen geben, um dieses Modell anzuwenden, bevor es zu einem Konflikt kommt?

Für den Empfänger: Wenn du ein überempfindliches Beziehungsohr hast, das sogleich und dominant anspringt, versuche ganz bewusst, eine Zeit lang vorwiegend mit dem Selbstkundgabe-Ohr zu hören – verwandle also empfindliche Betroffenheit in Empathie!

Für den Sender: Wenn du jemanden konfrontieren willst oder musst, probiere, die Konfrontation von der Beziehungsebene auf die drei anderen Ebenen (Sach-, Selbstkundgabe-und Appell-Ebene) zu verlagern! Also nicht: „Du bist egoistisch und gierig!", sondern stattdessen: „Von den 20 Stück hast du dir 15 genommen, ich fühle mich benachteiligt und zu kurz gekommen. Bitte nimm künftig nicht mehr als die Hälfte!" Das darf aber nicht schematisch und musterschülerhaft umgesetzt werden. Je nach Situation und Gegenüber kann zum Beispiel eine dieser drei Ebenen ausreichen.

5. Wie gut gelingt es Ihnen, Ihr Modell selber anzuwenden?

Inzwischen gut. Aber ich musste das Modell erfinden, weil ich es selber dringend brauchte.

6. Sie geben Kurse für Firmen, Schulen und andere Institutionen. Wie sieht so ein Kurs in der Praxis aus?

Kurz gesagt: Kopf, Herz und Hand! Für den Kopf die Aufklärung und die Modelle in Form von kleinen Vorträgen. Für das Herz die Einladung, den eigenen inneren Menschen und seine Reaktionen aufzusuchen (Selbsterfahrung). Für die Hand viele Übungen, um das Kennen (der Modelle) in ein Können zu verwandeln.

7. Kann jeder einen Kurs bei Ihnen buchen?

Unsere Kurse und Curricula sind vor allem für Leute, die berufsmäßig viel und folgenreich mit Menschen umgehen müssen. Neuerdings bieten wir aber auch „Impulstage" an, die für jedermann und jede Frau, auch für Privatmenschen, offen stehen (siehe www.schulz-von-thun.de).

9 Der Preis ist heiß. Über die hohen Kosten und den Aufwand der narzisstischen Persönlichkeitsstörung

Wissen Sie, was mich an dem, an meinem Narzissmus tierisch aufregt? Und vor allem, was mich an Narzissten (und an meinem Schutzschild) nervt? Es ist nicht die hohe Verletzlichkeit und auch nicht so sehr mein Schatten (auch wenn der mich fast genauso nervt). Es ist das teilweise manifestierte Denken, nicht nur alles *besser zu wissen, sondern* immer *recht zu haben, selbst wenn schon lange bewiesen ist, dass man entweder im Unrecht ist oder es viele verschiedene, gleichberechtigte Meinungen zu dem betreffenden Thema gibt. Beinahe immer müssen wir diskutieren. Selten geben wir nach. Wir tragen Kämpfe aus, die zu Krämpfen führen. Was bleibt, ist ein fortdauernder Schmerz.*

Die Angst zu versagen, nicht gesehen zu werden, verletzt zu werden, abgelehnt zu werden, und der hohe Aufwand, den wir betreiben, oben (also über den anderen) zu bleiben, lohnt sich am Ende nicht. Aber auch das sehen wir nicht. Wir sehen nur uns; das Universum sind wir, und wir haben immer *recht.*

Aber man kann nicht immer recht haben. Wenn ich von anderen sage, dass sie sich irren können, gilt das auch für mich. Ich bin nicht unfehlbar. Ich will es nur allzu gerne sein. Ich habe nie gelernt, mir meine Fehler zu verzeihen. Deswegen fällt es mir auch so schwer, zu meinen Fehlern zu stehen oder anderen ihre Fehler nicht übel zu nehmen.

In meinem Erleben sind Fehler nicht dazu da, um gemacht zu werden und um danach daraus zu lernen. Nein, sie müssen unbedingt vermieden oder zumindest, wenn es nicht anders geht, totgeschwiegen werden. Aber dann werde ich mich niemals so zeigen können, wie ich wirklich bin. Ich werde immer einsam bleiben. Denn wenn ich ehrlich bin, möchte ich auch nicht mit jemandem, der so von sich eingenommen ist, befreundet sein oder auch nur in Kontakt stehen.

Ich lerne immer mehr, mein eigener Spiegel zu werden. Ich werde immer mehr meiner selbst gewahr. Und ich mache Fehler.

Und es ist o. k., tut nicht mehr weh, wird immer weniger zu meinem Problem.

Zu viele Köche verderben den Brei. Die meisten (gesund narzisstischen) Experten, Forscher oder intellektuellen Wissbegierigen meinen dasselbe, nennen es nur anders, und es ist in Ordnung. Bärbel Wardetzki spricht vom weiblichen und männlichen Narzissmus (der nicht genderspezifisch ist), die ICD differenziert zwischen dem offenen und dem verdeckten Narzissmus, Alice Miller und Heinz Kohut identifizieren den grandiosen und den verletzlichen Narzissmus, Dr. Hans-Joachim Maaz nennt es das Größenselbst und das Größenklein, und darüber hinaus gibt es noch Begrifflichkeiten wie progressiv und regressiv, Narzisst und Ko(mplementär)-Narzisst bzw. Co-Narzisst oder dependenter Partner, und sie alle meinen das Gleiche. Jeder ist von seinen Definitionen überzeugt. Aber keiner der von mir befragten und in diesem Buch herangezogenen Experten und Forscher besteht auf seinen Begrifflichkeiten. Keiner überhöht sich und seinen Ansatz, keiner tritt überbordend auf. Jeder von ihnen hat eine eigene Persönlichkeit, aber keiner erhebt sich über den anderen.

Der narzisstisch gestörte (nicht einsichtige oder aber auch in Therapie befindliche) Mensch wertet dagegen jeden ab, der anderer Meinung ist. Er lässt nicht einmal eine differenzierte Sichtweise zu. Er trampelt wie ein Kleinkind mit dem Fuß auf den Boden, hämmert gegen die Tür, steht schmollend in der Ecke, bis er seinen Willen durchgesetzt bekommt. Und dieser Narzisst kann jeder sein. Oft sind es Menschen, die ein solches Verhalten nur bei anderen sehen, bei sich selber aber verleugnen (oder auch einfach vergessen). Jeder Narzisst glaubt ein Experte auf seinem Gebiet zu sein. Aber selbst wenn das zutrifft, so ist der Narzisst erstens nicht alleine, und zweitens gibt es nicht nur den einen Narzissten, sondern viele; das heißt, er ist nicht das Universum. Angebracht wäre also folgende Einstellung: „Ich akzeptiere, dass es andere Meinungen gibt. Ich erwarte ja auch, dass meine Meinung akzeptiert wird. Das Honorar fällt auch entsprechend aus. Die Unkosten können so gering wie möglich gehalten werden. Ich bin nicht mehr so allein. Es wollen viel mehr Menschen mit mir zusammen sein. Die Einsamkeit ist Vergangenheit. Ich muss dafür *nur* meine Einstellung ändern (weder mich noch die anderen)."

Der eine ist so, der Nächste ganz anders, und trotzdem sind wir alle gleich. Wir sind Menschen, und wenn wir uns weiterhin einbilden, was Besseres zu sein, dann wird irgendwann das Echo folgen. Und mir sind die Folgen unseres Handelns nicht egal. Ich möchte, dass es mir gut geht und dass niemand leidet, weder ich unter den anderen noch die anderen unter mir. Punkt!

> Gerade in der unvorstellbaren Einsamkeit des narzisstischen Menschen, die vielleicht tatsächlich auf eine gewisse Weise unheilbar ist und immer auf selt-

same Hilfskonstruktionen angewiesen bleibt, zeigt sich auch das menschliche Recht auf Unglück.

Ariadne von Schirach

Mittlerweile wissen wir, woran das alles liegt. Alles hat seinen Ursprung im Krieg. Anstatt uns weiter zu bekriegen, könnten wir doch jetzt allmählich mal Frieden schließen. Unser inneres Kind wird sich freuen.

Ich habe nun schon viel von mir erzählt, davon, wie mein inneres Kind verletzt wurde, wie sich das äußerte und wie ich versucht habe und versuche, damit umzugehen. Da mag es ganz gut sein, weitere Fälle etwas ausführlicher zu betrachten, um zu verstehen, was es mit dem Narzissmus auf sich haben kann.

9.1 Hochsensibilität und Narzissmus vereint – Geständnis eines Sozialarbeiters

In diesem Teil geht es nicht um mich, sondern um einen Freund, ebenfalls diagnostizierter Narzisst, dazu noch hochsensibel und autistisch. Er hat in der Ich-Form geschrieben. Dieser Freund möchte gerne anonym bleiben.

Ja, ich habe narzisstische Züge, kindheitsmäßig erklärbar. Das heißt, ich überhöhe mich gerne, und ich bin nicht empathisch. Ich empfinde die Alltagsgefühle vermutlich nicht so wie andere Menschen und spiele sie oft vor, um nicht unangenehm aufzufallen (früher viel mehr als heute). Es geht mir immer um mich. Ich nehme mir meinen Raum, um mein exorbitantes Redebedürfnis zu befriedigen. Wenn ich meine Gesprächspartnerinnen oder Gesprächspartner etwas frage, dann nur, weil es mich wirklich interessiert, weil ich mir etwas für mich rausziehen möchte und um dann schnellstmöglich wieder über mich zu sprechen. Beim bloßen Zuhören kommt bei mir rasch Langeweile auf. Meine Themen, meine Talente, meine Prozesse, meine Reflexionen, meine Analyse. Wenn ich im Kontakt bin mit einer anderen Person, interessiert mich vor allem, ob sie mich berührt, ob es interessant für mich ist, ob ich über den Kontakt an meine Gefühle oder Bedürfnisse rankomme. Kann mensch jetzt egoistisch finden, andersrum denke ich mir aber auch: Nimm dir deinen Raum und habe nur Kontakt mit mir, wenn es dich berührt, und setze deine Grenzen, und wenn du halt fragst, dann antworte ich, aber erwarte nicht, dass ich dann genauso frage.

Hinter dieser Überhöhung stecken unglaublich viel Minderwertigkeit und ein stark verletztes Kind. Ich überhöhe mich, weil ich nicht normal sein kann, und die authentische Alternative ist kaum haltbar. Unangenehm. Die Alternative ist ja nicht das Normalsein, sondern das Kleinsein, dass man sich selbst total runtermach. Ich dränge meine Vergangenheit gerne weg. 16 Semester studiert, fünf

Kündigungen, und meine bisher einzige Liebesbeziehung letztes Jahr diente auch nur dazu, gegenseitig die Prozesse am Laufen zu halten – für drei Monate.

Es fällt mir leicht, mich zu überhöhen. Ich habe ja mal irgendwo aufgeschnappt, mensch soll ein positives Selbstbild haben, und es fällt mir schwer, in die Berührbarkeit, ins Fühlen zu kommen oder in der körperlichen Präsenz zu sein und darüber in Kontakt zu gehen. Mein schneller Verstand vermisst da sofort die Geschwindigkeit, die er im Vergleich zum Emotionalkörper oder zum physischen Körper kreieren kann. So habe ich Angst, für den anderen spürbar zu sein; ich stelle mir vor, dass es ihn oder sie überfordert, dass sie dann meine unangenehmen Gefühle mitfühlen müssen. Das fühlt sich grenzüberschreitend an. Wenn ich stattdessen in den Kopf gehe, ist es auch unangenehm für meine Mitwelt, aber ich habe hier die Kontrolle. Und lieber mache ich selbstreflektierte kritische Sätze über mich selbst, als dass ich von außen unkontrolliert kritisiert werde.

Ich suche unglaublich viel Bestätigung und Anerkennung von meiner Mitwelt, da ich sie vom Vater nie bekommen konnte. Er ist vor meiner Geburt weg. Wenn ich durchschaut werde, wenn sich mein Muster nicht erfüllt, dann kommt die narzisstische Kränkung. Die ist mies, die gilt es für mein Ego bzw. meine Muster so gut es geht zu vermeiden. Wenn Gefahr droht, dann kommt mein Aszendent, der Skorpion, der kann ordentlich zustechen, wenn ich in der Ecke bin und mich bedroht fühle. Aber eigentlich bin ich ein ganz Lieber, der auch nur gesehen und geliebt werden möchte.

Ich muss mich den normalen Anforderungen des Lebens stellen. Ich habe nicht das Privileg eines Labels geistiger Behinderung, wo die Leute dann mitfühlend sagen: Da nehmen wir Rücksicht drauf. Vor allem hat der Narzisst kein gutes Image, wird häufig ganz fälschlich mit Psychopathinnen oder Psychopathen gleichgesetzt, und die Opfergruppen machen es sich leicht, indem sie die ganze Verantwortung an den „Gestörten" abgeben, ohne sich ihre Anteile anschauen zu müssen.

Hinzu kommt eine Art autistischer Anteil, der eine gewisse Ordnung braucht. Wenn Räume vom Geschlechteranteil her unausgeglichen sind, dann resoniert das ganz stark in mir. Es ist kein kurzer Gedanke, ich fühle dann einfach ein Ungleichgewicht in meinem System und möchte das gerne thematisieren, was dann viele nicht verstehen oder falsch einordnen. Ich verstehe Menschen nicht mit ihren Floskeln, Verkürzungen, Redewendungen und ihrer Ironie. Oft nehme ich Sachen ernst und werde ausgelacht, dass ich Sheldon-mäßig keine Ironie verstünde. Ich bin innerlich wütend und denke mir: Stell dir mal vor, du wärst nicht ironisch gewesen und ich hätte es für Ironie gehalten. Das wäre viel peinlicher. Es ist einfach schwer, positiv auf Ironie zu reagieren. Dann gibt es oft Situationen, in denen man mich anmacht, dass ich Frauen nicht zuerst die Hand gebe;

dass man das eben so mache, ist eine eher unbefriedigende Antwort. Ich verstehe es nicht. Ich gebe nach einem Freeflow die Hand, meist der Person, die ich besser kenne, und wenn es ein Mann ist, den ich kenne, dann kann ich ihm doch zuerst die Hand geben, weil da schon eine Verbindung besteht, und danach kann mir die Frau vorgestellt werden oder sich vorstellen, wenn ich sie noch nicht kenne. Das macht für mich Sinn, das fühlt sich stimmig an. Aber wegen so etwas hatte ich Auseinandersetzungen.

Und dann sehe ich, wie Leute Witze machen oder Sachen so stark verkürzen und damit den Wahrheitsgehalt verfälschen. Ich beobachte, wie andere in Verbundenheit lachen. Und ich stehe da und verstehe es nicht. Denke mir innerlich, das war doch nicht witzig, und mein Energiekörper zuckt innerlich, weil nicht Wahrheit gesprochen wurde. Gleichzeitig sehe ich die Herzensverbindung bei den Menschen.

Zu meinem autistischen Anteil gehört, dass mein Mentalkörper zwanghaft Fragen so wahrhaft wie möglich beantworten „muss". Ich kann keine Fragen stehen lassen oder einfach nur fühlen und präsent sein. Wenn eine Frage im Raum ist, muss sie beantwortet werden. Rhetorische Fragen sind unangenehm für mich, geschlossene Fragen, etwa bei der Begrüßung, zum Beispiel „Geht's dir gut?" oder „Alles gut?", der Horror. Letztens – ich hatte mich gerade für meine Hochsensibilität geöffnet – sagte jemand: „Mach's gut", und ich beobachtete, wie ein Widerstand („Sag mir nicht, dass ich was machen soll, und schon gar nicht, wie!") in der Art eines Blitzes fünf Minuten lang durch meinen Energiekörper floss.

Das Großartigste in meinem Leben war Circling. Es hat mich sowas von gerettet. Da werden keine Fragen gestellt, da wird aus dem Moment heraus wahrhaftig gesprochen, und es entsteht Verbindung. Es entsteht dadurch ein geschützter Raum, dass jede und jeder bei sich bleibt und auch Wertungen bei sich behält und nicht bei anderen ablädt. Der geschützte Raum, das ist das, was ich in meiner Workshopsuchtzeit suchte. Ständig. Ich war auf so vielen Workshops und habe unbewusst nur dieses Bedürfnis mit hineingetragen: einen wertfreien Raum zu bekommen, in dem ich mit meiner exorbitanten Verletzlichkeit da sein konnte. Ich habe echt sehr gute Erfahrungen gemacht, weiß aber auch genau, wovor ich Angst habe: vor Menschen, die es nicht halten können, dann aus ihrer Angst oder ihrem Helfersyndrom heraus reinquatschen oder etwas verändern wollen und mir somit Raum wegnehmen. Das Schlimmste ist, wenn die Leute dann noch mit solchen Horrorfragen wie „Alles gut?" trösten wollen.

Weiterhin bin ich eine seltene Kombination aus Hochsensibilität und meinen narzisstischen Zügen. (Habe gelesen, dass nur 1 Prozent aller Narzisstinnen und Narzissten hochsensibel sind, das macht mich also zu etwas Besonderem, das gefällt meinen narzisstischen Zügen.) Der typische Klischee-Narzisst möchte natürlich vor allem Beziehungen ausnutzen und saugt mit seinem Muster auch Energie vom Partner bzw. von der Partnerin auf. Ich habe das schon lange erkannt und unter anderem deswegen auch (unterbewusst) Partnerschaften vermieden und meine Muster lieber auf viele Frauen verteilt, anstatt sie auf eine zu konzentrieren. Ich habe parallel dazu auch einen sehr spirituellen Weg eingeschlagen und sehe es als meine Bestimmung an, dass ich hier bin, um mithilfe meiner Hochsensibilität Menschen wieder in Kontakt mit ihren unterdrückten Anteilen zu bringen. Es ist paradox, einerseits nicht empathisch zu sein, den anderen Menschen auf Bauchebene nicht fühlen zu können, weil ich ja selber Schwierigkeiten mit meinen Gefühlen habe, andererseits aber so krass andere Menschen wahrzunehmen mit meiner speziellen Hochsensibilität, die auf die Schatten, die Anteile und Gefühle dahinter, ausgerichtet ist.

Dazwischen ein paar Worte, die mir zum Thema Weißer Spiegel des Maya-Kalenders gegeben wurden: Dieses Zeichen hat die größten Schatten. (Das kann ich bestätigen. Ihr habt keine Ahnung, was ich täglich in mir wahrnehmen und ans Licht bringen muss.) Wir haben das größte Ego, machen eine Riesenshow (oh ja, das muss auch alles super versteckt werden, die Gefühle, die Anteile, und da passt es wunderbar, narzisstische Züge zu haben), und wir haben das Talent, ebendiese Schatten bei anderen (und uns selbst) zu erkennen und zu spiegeln. Denn nur wer durch die Dualität geht und die Dunkelheit kennt, der kann den Weg ins Wachstum und ins nonduale Licht fortführen.

Four-Bodies-Konzept ... Körper, Emotionalkörper, mentaler Körper und spiritueller Körper. Viele Menschen kennen die drei Typen, dass Menschen entweder eher sehr körperlich oder eher sehr herzlich bzw. emotional oder eher mental sind (beispielsweise im Enneagramm ist das auch so), und gleichzeitig sind wir natürlich überall. Da ich meine Körperempfindungen und Gefühle unterdrückt habe, nehme ich das bei mir so wahr, dass mir zum einen viel zu viel Energie in den Mentalkörper bzw. ins Ego geflossen ist und zum anderen parallel dazu die extreme Prozessarbeit in den letzten fünf Jahren inklusive Ayahuasca mich ins Aufwachen im Kronenchakra geführt hat, was einen Großteil meiner Wahrnehmung ausmacht. Ich nehme mithilfe der Hochsensibilität viel über den spirituellen Körper wahr. Ich nenne es Feldwahrnehmung. Und es ist etwas, das ich früher nicht hatte, und es findet für mich spürbar außerhalb der normalen Sinne und des Mentalkörpers statt.

Am Dienstag wurde ich erst wieder durch eine Aura-/Chakra-Session in meinen Lichtkörper begleitet, wo ich mich in meiner Wahrnehmung eine Zeit lang auflöste und nur noch als pures nonduales Licht voller Frieden wahrgenommen habe. Mein Ego meinte irgendwann: Langweilig, da ist doch null Identität usw., ich komme lieber zurück in diese Inkarnation und bin unglaublich dankbar auch für dieses Leben, diese Existenz inklusive allen Leids und aller Prozesse. All mein Rumheulen über Probleme ist auf einer höheren Ebene ein Teil des Spiels, das ich nun einmal spiele.

Jetzt aber zum eigentlichen Thema, das auch der Grund ist, warum ich gerade so hochgepusht bin und Lust habe, mich zu zeigen: Ich habe gerade einen Raum gehalten, und zwar so, dass ich mein Talent ausleben durfte. Gerade gab es Games of Connection. Wir waren zu dritt Raumhalter. Zuerst 16 Leute, dann zu meinem Part 18 … Im ersten Part gab es ein Warm-up, um die Leute auch mithilfe von Körperkontakt oder Schütteln zu sich und etwas mehr in den Moment zu bringen. Dann gab es eine Runde Eins-zu-eins-Circling, um auf der Beziehungsebene anzukommen und in Kontakt zueinander zu treten, und dann vier Vierergruppen, um mit dieser Moment-Kommunikation eine Gruppendynamik zu erleben. Dann kam mein Part. Wir waren 18 Leute (!), und ich spürte schon vorher, dass ordentlich Themen, Bedürfnisse, Angst, Grenzen und Fluchtimpulse im Raum waren.

Aus meiner Erfahrung heraus hadere ich auch mit meinem Talent. Ich kann nicht sofort loslegen und Schatten spiegeln, weil die Leute auch einen sicheren Raum brauchen, um sich mit ihren Schatten zeigen zu dürfen. Ich versuche also, den Raum dahingehend zu öffnen, und verzettle mich, hatte eigentlich vor, intuitiv und aus dem Moment heraus zu arbeiten, und blockiere etwas. Da aber immer etwas reingegeben wird, habe ich was zum Arbeiten. Die Gruppe steht nie still. Der Raum war aber einfach nicht synchronisiert. Hätte ich mir mehr Zeit genommen fürs Synchronisieren, hätte ich länger reden und erklären müssen; das wiederum ist aber gefährlich, weil das wieder zu sehr in den Kopf dringt.

Dann wollten einige 'ne Kleingruppe, andere die Gruppe in der Mitte spalten, aber wiederum andere wollten, dass es zusammen bleibt, weil es sie stören würde, wenn die Gruppe gespalten werden würde. Einige wollten Struktur von mir als Raumhalter und am liebsten Übungen angeleitet bekommen, und wiederum andere wollten Freeflow und dass ich mich noch mehr zurücknehme. Da wollten einige mental teilen und hier wiederum Leute nur im berührbaren Sharing bleiben. Wenn ich aber versuchte, die mentalen Sharings ins berührbare Kommunizieren zu holen, fühlten sich einige mit ihren Impulsen unterdrückt, obwohl ich ja einen Raum aufmachte, wo Impulse da sein durften.

Ich fing sehr sanft an. Bei mindestens dreien spürte ich Ängste, und ich trat erstmal sanft damit in Kontakt. Habe einfach gelernt, dass Grenzen zu setzen und auf die Freiwilligkeit zu achten sehr wichtig ist, und habe das auch betont. Das, was ich wollte, war, die Leute in öffnende Prozesse zu bringen, aber es war einfach nur schwer. Ich war auch in einer Art kontrollierendem Anteil, weil ich ja selbst Vorstellungen hatte. Ich wollte die Leute ins wertfreie Fühlen bringen, und dann zog ich mir heftige Spiegelungen an, dass ich, wenn ich so 'ne Gruppe nicht halten könne, es auch lassen solle.

Diese Kritik saß! Ich zeigte mich dann voll mit dem, was in mir da war, und zog meine Show ab. Ich spiegelte die widersprüchlichen Erwartungen, die alle in mich hineinprojiziert wurden, zurück in den Raum und ließ los und zeigte, dass ich den Raum nicht halten konnte, zeigte mich also auch mit dem von mir als minderwertig und unpassend empfundenen weggedrückten Anteil und ging damit in meine Wahrheit. Im Kontakt mit mir habe ich mich dann erstmal ein wenig zurückgenommen und passieren lassen. Dann, o Wunder, schossen die ersten berührenden Beiträge in den Raum, und es veränderte sich etwas. Ich konnte von der neuen Position in mein Talent gehen und einfach halten, was da sein wollte, und es kamen auch schwierigere Sachen, die ich aus meiner Sicht ganz gut durchmoderierte. Später zog ich dann Feedback an, das in die Richtung ging, dass sie mich am Anfang wie einen Spinner wahrgenommen, dann aber gesehen hatten, wie ich aufblühte und wie ich Räume halten kann, wenn Action bzw. Energie im Raum ist.

Und genau dieses Feedback macht unglaublich viel mit mir. Ja, genau das bin ich. Ich bin als Sozialarbeiter immer nur mit denen klargekommen, die das System sprengen, und hatte Schwierigkeiten mit „funktionierenden" Klientinnen und Klienten. Ich habe auch keinen Bock auf langweiliges mentales Coaching in Richtung Berufsfindung oder Ähnliches. Ja, ich liebe es, mit Menschen oder Räumen zu arbeiten, die bereit sind, mit mir diesen Raum aufzumachen und sich zu zeigen, mit ihren Schatten in Kontakt zu treten und darüber Heilung zu erfahren, weil durch das Ausleben und Ausagieren von Impulsen, die wir im Alltag unterdrücken, Folgeprozesse entstehen, die uns zum Kern unseres Wesens bringen.

Klar, ich muss einfach noch lernen, und das ist eine Aufgabe, wie ich den Raum dahin bringen kann, wo ich ihn haben will, ohne zu „kontrollieren", weil mir auch zurückgemeldet wurde, dass sich das unangenehm anfühlt. Aber ich will halt mein Talent ausagieren und nicht nur Übungen anleiten. Ich will frei sein von diesen Methoden und mit dem Moment in der Gruppe arbeiten können und die Gruppe ins Feld und in Releasingprozesse begleiten. Ja, verdammt noch mal, das ist das Geschenk, das ich in diese Welt bringen will. Und im Endeffekt, auch wenn der Anfang kritisch war oder ich nicht gut aussah, war das Teil des Prozesses, und das brauchte der Raum halt, um sich anzunähern. Ich muss das gar nicht negativ bewerten. Kann halt nicht den Raum von null auf hundert bringen. Ich muss es nur regelmäßig machen, und je mehr Leute mich und meinen Ansatz kennen, desto eher besteht Vertrauen in der Gruppe.

Danke für diesen wunderschönen chaotischen, spannungsreichen, unstrukturierten und gleichzeitig gehaltenen Raum und dass ich wieder wachsen konnte an den Erfahrungen, am Feedback und an den Spiegelungen. Ich werde besser und besser und besser, und eine meiner nächsten Aufgaben wird es sein, jetzt noch berührbarer zu werden. Auch wenn es mir leichter fällt, mich öffentlich über meine narzisstischen Züge zu outen (weil ich ja das Bild über mich selbst kontrolliere und es mich zu etwas Besonderem macht), anstatt wirklich berührbar eine Frau, die ich attraktiv finde, anzusprechen, um sie kennenzulernen, ohne dabei zu dissoziieren oder in Muster zu gehen.

9.2 Der grandiose (erfolglose) Narzisst

Immer, wenn ich arbeitslos war und jemanden kennen gelernt habe, habe ich behauptet, ich hätte den tollsten Job der Welt. Das Gerücht, dass Narzissten sich über Leistung und Status definieren, kann ich bestätigen, aber eben nur für den Teil der erfolglosen, untherapierten, so wie ich es einmal war. Ich hatte schon immer einen geringen Selbstwert. Ich bin immer davon ausgegangen, dass ich nur was wert bin, wenn ich was zu bieten habe. Ich bin am Ende in die Vermeidung gegangen, um nicht mehr in die Situation zu kommen, lügen zu müssen. Ich weiß, dass ich nicht lügen muss und dass Arbeitslosigkeit keine Schande ist. Ich lüge nicht, um andere zu täuschen, sondern um meinen niedrigen Selbstwert nicht noch weiter zu mindern. Und ich denke, so ist das bei anderen Narzissten ebenfalls. Sie haben einfach nur Angst davor, nicht gemocht oder gar abgelehnt zu werden (siehe Kapitel 4 über das Leid des Perfektionisten).

Der folgende Teil ist eine Geschichte über mich, in der ich bewusst machen möchte, wie schwer es ist, seine Lügen aufrecht zu erhalten. Mein ehemals bester Freund ist anonymisiert. Er ist ebenfalls ein Narzisst wie ich (zumindest vermute ich das).

Ich bekam eine Einladung zum Vorstellungsgespräch in Schlitz. Da steht die hessische Landesmusikakademie, untergebracht im Schloss Schlitz. Schlitz ist wahrlich ein Kaff, das nichts zu bieten hat, aber ich hatte nun mal ein Vorstellungsgespräch. Nach außen hin habe ich das immer als Zusage gewertet. Ich war überzeugt, die Stelle zu bekommen, und träumte schon davon, dahin zu ziehen. Im Kopf spielte sich dann immer ein automatischer Film ab. „Jetzt wird alles besser", so glaubte ich. Das habe ich fast immer so gemacht. Ich war nach außen hin grandios und ließ mir nichts anmerken. Innen drin war mir aber klar, dass ich jetzt weiter lügen musste, um möglichst überzeugend zu sein und zu vermitteln, dass ich daran glaubte. Dem Arbeitsamt gegenüber habe ich gelogen, meinen Beratern vom Betreuungsverein habe ich glaubwürdig vorgemacht, ich hätte eine Zusage und vielen Leuten im Netz habe ich vorgespielt, ich könnte bald ihr Nachbar oder neuer Freund werden, ziehe ich doch – in diesem Fall nach Schlitz – bald in ihre Nähe. Nur zwei Personen habe ich immer die Wahrheit gesagt, weil ich wusste, dass beide mit der Wahrheit klarkommen und mich dafür nicht verurteilen, mag die Wahrheit auch noch so bitter sein. Steven war einer davon, der andere mein Nachbar Andy, der sich jetzt immer noch Zeit nimmt, wenn ich was auf dem Herzen habe. Umgekehrt höre ich ihm aber auch zu. Ohne Andy wäre ich aufgeschmissen in dieser modernen Welt. Von ihm nehme ich jede Hilfe an. Ich bin ein Analogfreak. Mein Handy ist aus dem vorherigen Jahrhundert. Das Neueste, was ich besitze, ist der Laptop, auf dem ich gerade schreibe.

Schlitz ist nur 90 Kilometer von Marburg entfernt, also würde ich dann in der Nähe von Steven wohnen. Seit Steven weggezogen war, fehlte er mir, und ich freute mich, ihn endlich mal in seiner neuen Heimat zu besuchen. Er wohnte da schon drei Jahre oder länger, und wir sahen uns nur in seinen Semesterferien. Wir chatteten beinahe jeden Tag und telefonierten viel.

Ich buchte mir also eine Zugverbindung. Ich wollte diesen Tag auch nutzen, um mir ein bisschen etwas in Hessen anzuschauen. Ich musste in Fulda aussteigen und hätte normalerweise mit dem Bus weiterfahren sollen. Aber ich verabredete mich über Gayromeo mit einem Schwulen aus der Gegend. Ich dachte, es wäre nicht verkehrt, eventuell Anschluss zu finden. Ich schrieb einigen Männern. Manche waren wirklich sehr sympathisch. Und jedem Mann konnte ich etwas vormachen. Ich habe wirklich gelogen und die Tatsachen verdreht, habe erzählt, ich würde nach Schlitz ziehen. Ich habe mir ausgemalt, was man alles machen könnte, und habe wirklich überzeugend anderen Chattern gegenüber diese Rolle gespielt. Den Männern blieb auch nichts anderes übrig, als mir zu glauben. Warum sollte ich lügen? Welchen Grund hätte ich dazu? Ich habe mich geschämt, arbeitslos zu sein. Ich habe mich einfach nicht getraut, dazu zu stehen. Und ich hatte auch keine Lust, mir selber einzugestehen, dass ich nur einer von vielen bin. Ich wollte immer besonders sein. Ich bin immer davon ausgegangen, dass es eine Schwäche wäre, Schwäche zu zeigen. In unserer Welt wird einem ständig eingeredet, dass man stark zu sein hat. Um nicht neidisch auf andere sein zu müssen, habe ich in einer eigenen Welt gelebt, in der ich alles konnte und alles durfte. Ich fühlte mich nahezu unbesiegbar, und ich war mir meiner Rolle sicher. Trotzdem merkte ich, dass meine Verletzlichkeit und meine Kritikunfähigkeit mir noch im Wege standen. Diesen Mangel übte ich stetig zu kaschieren. Ich hatte mich schon vorher mehrfach beworben, bin kreuz und quer durch Deutschland gefahren, um mich irgendwo vorzustellen. 150 Bewerbungen in drei Monaten. Ich war verzweifelt. Ich bekam viele Absagen. Jede Absage wertete ich als persönliche Beleidigung. Nach außen versuchte ich dennoch, diesen Schmerz zu überspielen. Niemand durfte merken, wie es in mir wirklich aussah.

Und dann lernte ich auch jemanden kennen, der bereit war, mich in Fulda vom Bahnhof abzuholen, und der ein Dorf neben Schlitz wohnte. Auf der Rücktour, das war schon geplant, wollte ich mich mit Steven treffen, bei ihm übernachten und mir Marburg zeigen lassen. Ich kannte mich gar nicht in der Gegend aus, musste aber trotzdem so tun, als wüsste ich, wo genau alles liegt. Google Maps hatte ich es zu verdanken, dass ich einige Straßennamen parat hatte. Gute Vorbereitung ist schließlich alles, und auch jemand, der es mit der Wahrheit nicht so genau nimmt, sollte sich zu helfen wissen. Ich bin nicht stolz darauf, das über mich zu schreiben, denn schließlich muss ich es hinterher auch über mich lesen, aber damals war ich nicht bereit, zuzugeben, dass ich schwach war. Damals dachte ich wirklich: „Haste was, biste was! Haste nichts, biste nichts."

Das Vorstellungsgespräch dagegen lief mehr als beschissen. Ich hatte mich im Vorfeld sehr gut vorbereitet, mir alles angeschaut, hätte aber wohl mehr auf das Bewerberprofil eingehen müssen. Ich scheiterte grandios. Ich kam ins Schwimmen. Ich bekam nicht die Kurve. Ich konnte keine flüssigen und klaren Antworten geben auf die Frage, die sie mir stellten. Ich stand unter Druck. Mein Puls beschleunigte sich. Ich schwitzte. Ich hatte Gänsehaut. Ich versuchte, mir nichts anmerken zu lassen, aber ich war tierisch aufgeregt. Mir war übel. Vorher hatte ich drei Zigaretten am Stück geraucht. Nachdem Vorstellungsgespräch war klar, dass ich diesen Job nicht bekommen würde. Trotzdem bin ich dann zu Steven gefahren.

Steven holte mich am Bahnhof ab. Und er spürte genau, dass es mir nicht gut ging. Er wusste da schon, genauso wie ich, dass es nichts werden würde mit der Zusammenführung auf Bundeslandebene. Wir hatten im Vorfeld, bevor ich meine Reise antrat, die tollkühnsten Pläne geschmiedet. Wir hatten davon geträumt, endlich wieder vereint zu sein. Er hatte mir erzählt, was man so alles machen könne und was für hübsche Mädchen in Marburg rumliefen, alles süße Studentinnen, zum Vernaschen. Die Versuchung war groß, die Illusion größer, die Realität eine andere, weder groß, nicht mal mittel. Die Wahrheit ist, dass ich ein Versager war, ein Hochstapler, der nach außen hin immer so tat, als habe er alles im Griff. Mein Innerstes konnte ich gut verbergen, nur eben nicht vor Steven. Steven war der einzige Mensch auf diesem Planeten, dem ich nichts vormachen konnte. Er mir aber auch nicht.

Immer, wenn Steven bei mir war, beklagte er sich über meine unaufgeräumte Wohnung. Er sagte zwar, dass er keine Probleme damit habe, aber dass er sich wünsche, dass ich ordentlicher sein könnte, und ich mich nicht wundern solle, wenn Mädchen, die meine Bude sähen, nichts mehr von mir wissen wollten. Im Gegensatz zu ihm aber hatte ich mehr als zwei Frauen im Bett, also war das Thema Ordnung nicht wirklich das, woran es scheiterte. Selbst die größte Sauberkeitsfanatikerin, die ich jemals hatte (Erinnerungen an meine Mutter werden am Leben gehalten), blieb ein halbes Jahr lang meine Freundin, obwohl sie, als sie mich das erste Mal besuchte hatte, einen Nervenzusammenbruch bekommen hatte. Meine Wohnung war sehr lange mein Aushängeschild. Ich habe mich verachtet, entsprechend bin ich mit mir und meiner Wohnung umgegangen. Ich war der Verwahrlosung nahe.

Nachdem ich Sachen für Stevens Kühlschrank gekauft hatte – er war ja Veganer bzw. praktisch eingestellter Vegetarier, der gelegentlich sündigte (Schokolade schmeckt halt nur süß) –, fuhren wir in ein Studentenwohnheim. Es gab Gemeinschaftswaschmaschinen, die ein Euro pro Maschine kosteten. In dem Moment war ich froh, dass ich eine eigene Waschmaschine hatte, die auch schon zwölf Jahre alt ist und immer noch tadellos läuft.

Und dann betrat ich seine Wohnung. Mich traf der Schlag. Ich hätte nie im Leben gedacht, dass es Menschen in meinem Umfeld gibt, die noch unordentlicher sind als ich. Was ich bei Steven vorfand, war katastrophal. Kein Teller mehr war sauber, die Küchengarnitur und der Boden waren versifft. Im Bad hingen Spinnenweben, Geschirr stapelte sich in der Dusche. Es war widerwärtig. Ich hätte nie gedacht, dass man so leben kann. Ich wasche zwar auch nicht jeden Tag ab, aber ich warte nicht, bis es so angetrocknet ist, dass man einen Stahlschwamm braucht, um es wieder sauber zu bekommen. Und dann sah ich sein Zimmer. Da wusste ich schon, dass ich dort keine Minute schlafen würde. Seine Matratze war schimmelig, an der Wand war Schimmel. Der Fußboden war nicht als Fußboden zu erkennen. Überall lagen seine verdreckten Klamotten rum, vermischt mit sauberen Klamotten. Ich war in dem Moment froh, dass meine Mama mir beigebracht hat, wie man Wäsche zusammenlegt, wie man bügelt und so weiter, auch wenn ich Hausarbeit generell nicht zu meinen Lieblingsbeschäftigungen zählte.

Ich wurde wütend. Jedes Mal, wenn er mich besuchen kam und ich mal nicht abgewaschen hatte, machte er mir Vorwürfe. Jemand, der so lebte wie er, machte mir Vorwürfe! Ich war zu geschockt, um ihm das vorzuhalten. Ich fühlte mich noch nie so unwohl wie in dieser Wohnung. Wir verbrachten den Abend in einem nahe gelegenen Waldstück; die Nachtwanderung war geplant. Wir unterhielten uns über dies und das, im Endeffekt war er genauso wie ich eine gescheiterte Existenz: Studium abgebrochen, Schulden, Spiel- und Drogensucht, Verdrängung, vielleicht einmal davon abgesehen, dass ich weder exzessiv gekifft habe noch meinem Vater nacheiferte, der ja trockener Spieler ist.

Ich guckte mehrfach auf die Uhr. Ich wollte hier weg. Als er dann endlich schlief, packte ich meine sieben Sachen zusammen und verließ seine Wohnung. Ich fuhr zum Marburger Bahnhof, legte mich halb auf eine Bank und schlief ein.

Nach zwei Stunden kam meine Bahn. Ich fuhr nach Hause und wusste schon jetzt, dass sich unsere Freundschaft dem Ende näherte. Ich hatte es einfach im Gefühl. Ich habe immer geglaubt, Steven habe, wie er sagte, sein Leben im Griff. Er war der fast noch Grandiosere von uns beiden.

9.3 Im Gespräch mit Kianimus

Kianimus, der mit bürgerlichem Namen Adeel Kiani heißt und 22 Jahre alt ist, wurde in Kassel geboren und lebt zurzeit in Dietzenbach bei Frankfurt am Main. Seine Texte und Videos haben mich begeistert und zugleich berührt. Auf einige seiner Texte und Zitate wollte ich nicht verzichten, und sie finden sich über das ganze Buch verstreut. Ich bin froh, ihn zu kennen, und glücklich, ihn als YouTuber in meinem Buch zu haben, denn das Thema, über das ich schreibe, ist nicht nur ein Thema für Psychologen, sondern für *alle*. Kianimus hat eine große Reichweite. Er ist ein Teil von dem, was für *alle* zugänglich ist. Und er war bereit, auch noch ein Gespräch mit mir zu führen – danke, Adeel!

> *1. Du machst nun fünf Jahre Videos und Lyrik bei Facebook und YouTube, hast 160.000 Follower und sprichst vielen Leuten aus dem Herzen. Was bedeutet dir der Erfolg?*
>
> Es ist für mich endlich eine Möglichkeit, mich mitteilen zu können – und zu dürfen. Ich habe mein eigenes Sprachrohr erarbeitet und entwickelt, das ich für weitere Schritte auf dem Weg zu meinem Ziel nutzen kann. Erfolg ist für mich in der Hinsicht relativ: Solange ich meine Ziele, die ich mir als Künstler gesetzt habe, nicht erreiche, spreche ich nicht von Erfolg als bedachendem Überbegriff, sondern von Bausteinen, die es mir lediglich ermöglichen, mich meinem Traum nähern zu dürfen. Es macht mich bis hierhin jedoch immer wieder stolz, wie viele wunderschöne Bausteine ich zusammenbekommen und ordentlich konstruiert habe.
>
> *2. Du bekommst gelegentlich Kritik oder negative Rückmeldung. Was macht das mit dir?*
>
> Ich würde die Antwort darauf einerseits mit meiner Herkunft begründen: Wenn du schwarze Haare, braune Haut, eine komplett andere Sprache und Kultur in deinem Steckbrief hast, erfährst du regelmäßig Rassismus, Beleidigungen und Verachtung. Für viele unvorstellbar, ich weiß. Jedoch existiert dieser Rassismus. Und das täglich. Man lernt aufgrund dessen, mit Kritik und sinnlosen Beleidigungen umzugehen. Auch im Internet. Ich nehme konstruktive Kritik wahr, jedoch beeinflusst sie mich auch nicht wirklich. Im Internet dürfen sich zu viele kreischende Hyänen frei bewegen – irgendwann gewöhnt sich dein Verstand dran und nimmt sie nicht mehr wahr.

3. Man liest aus deinen Texten viel Entschlossenheit, Wille, aber auch ein bisschen Traurigkeit und die Frage: „Warum ist das so?" Täuscht der Eindruck?

Der Eindruck ist richtig. Ich drücke mich in meinen Texten meist so aus, wie der Gemütszustand meiner Seele gerade ist. Das heißt: Hatte ich einen Tag, an dem ich entschlossen war, aber voll auf die Schnauze geflogen bin, wird sich das auch in meinen Texten so äußern. Das Hinterfragen und ein Sinn für leichte Trauer begleiten mich schon, seit ich zehn Jahre alt bin. Ich frage mich oft „Warum?", und das in vielerlei Hinsicht. Warum verschwenden wir so viel, während Kinder verhungern? Hast du schon mal gesehen, wie viel Essen allein ein kleines Restaurant wegschmeißt? Nein? Dann schau's dir an.

4. Du hast mir in unseren Gesprächen viel Mut gemacht, mit dir konnte ich ehrlich schreiben, und du hast dich mitgeteilt. Warum glaubst du, dass diese Art von Kommunikation unter den Menschen immer seltener wird?

Weil der Übergang zwischen Respekt und Respektlosigkeit verschwindend gering ist. Wir haben angefangen, jeden Zweiten „Bruder" zu nennen, jede Dritte ist unsere „beste Freundin", jeder Vierte ist unser nächster potenzieller „Lebenspartner". Vieles wird überstürzt, voreilig entschieden und der Wert des Inhalts nicht erarbeitet – auch bei der Kommunikation. Wir führen kurze, leere Gespräche, statt sie mit Sinn zu füllen und uns Zeit zu nehmen. Die Zeit ist dieselbe, der Nutzen aus ihr für Zwischenmenschliches wird jedoch immer geringer.

5. In den Medien und im Internet wird viel geschimpft, über Randgruppen wird hergezogen, jeden Tag liest man über Krieg, Vergewaltigung, Terrorismus und Rassismus. Was macht das alles mit dir?

Ich denke, dadurch, dass ich diesem täglichen Tsunami aus oft extremen Informationen meist unwillkürlich ausgesetzt bin, hat sich in mir eine gewisse Apathie entwickelt. Ich könnte etwas fühlen dabei, doch ich isoliere mich. Mich in diesen Sog aus blindem Hass, Wut und Trauer hineinziehen zu lassen in der Hoffnung, etwas zu verändern, würde nur bewirken, dass auch ich ein Teil dieses schwarzen Lochs werde.

6. Wenn du drei Wünsche frei hättest, was würdest du dir am meisten wünschen?

Eine Villa, einen AMG und eine Miss Universe. Spaß beiseite: Ich als Individuum könnte mir ganz egoistische Dinge wünschen, wie die eben genannten. Aber sagen wir es eher kollektiv: Weltfrieden, keine Armut mehr und eines jeden Lebensglück.

7. Wenn du dir deine eigenen Texte durchliest und deine eigenen Videos anschaust, was geht dir dabei durch den Kopf?

Ich denke mir bei den Texten oft: Wow! Ist das von mir? Wie habe ich es vollbracht, so hohe Kunst zu schaffen? Die Metaphern, die Konstellation der Worte, der tiefere Sinn, die Art des Banns, der diesen Text begleitet – all das zusammen in einem Text lässt mich immer wieder staunen, zu was wir Menschen eigentlich in der Lage sind und wie schön und umfassend die deutsche Sprache eigentlich ist. Die Audios und Videos, die ich mache, zeigen mir wiederum, wie vielfältig Lyrik eigentlich genutzt werden kann. Der deutsche Lyrik-Kosmos ist einfach noch zu klein, um all die Möglichkeiten zeitgemäß und genügend auszuschöpfen.

8. Donald Trump ist der mächtigste Mann der Welt, so sagt man. Er wirkt manchmal sehr naiv und unbeholfen und leider auch unsympathisch. Trotzdem wurde er als Präsident gewählt. Und jetzt wird oft viel eigener Hass und viel eigener Schmerz auf ihn projiziert. Viele Menschen schimpfen auf ihn, ohne ihn zu kennen. Was denkst du über Promi-Bashing allgemein? Verdienen die Promis so viel Diss und Schelte oder könnte das weniger werden?

Nun, ich kenne Donald Trump weder persönlich, noch habe ich mich weitgehend mit ihm befasst. Meine Recherche über ihn ging vielleicht zehn Minuten. Was ich weiß, ist: Wenn das Volk solch eine Person demokratisch wählt, die leider auch viel Mist baut – was sagt dies reflektierend über das Volk aus? Und was Promis angeht: Manche verdienen es, manche wollen es, manche sollten verschont bleiben. Ich denke mir manchmal nur: Wie können Menschen immer so viel Energie in Hass in sozialen Netzwerken investieren? Kein Job? Kein Sozialleben?

9. Welche Frage möchtest du dir gerne selber stellen und dann darauf antworten?

Wo siehst du dich in zehn Jahren? Das frage ich mich. Und ich sehe mich als besten Lyriker Deutschlands mit einem sehr hohen und positiven Bekanntheitsgrad. Ich habe Lyrik als neues Genre auf die Karte gebracht. 2027.

10 Das falsche Spiegelbild im noch falscheren Spiegel – Dysmorphophobie

Wie Sie mittlerweile wissen, ist der Narzisst ein wahrer Verführungskünstler, ein äußerst charmanter und reizender Zeitgenosse, der geschickt von seinem wahren Selbst ablenkt, darüber hinwegtäuscht, wie es wirklich in ihm aussieht, und jeden verjagt, der ihm zu nahe kommt. Er ist, was Nähe angeht, sehr ambivalent. Einerseits will er geliebt und respektiert werden, andererseits macht er den Eindruck, als sei er auf andere nicht angewiesen. Manchmal wirkt er sehr unnahbar und distanziert, fast schon kalt. Seine Verlassenheitsgebärde sorgt immerzu für Verwirrung und Unsicherheit in seinem Umfeld. Sein brüchiges Selbst wirkt aufgeblasen, dabei dient es ihm nur zur Kompensation, um sich nicht seinen inneren Dämonen zu unterwerfen. Dieses hintergründige Drama wird vordergründig überspielt. Niemand darf merken, wie sehr er leidet. Sein Gesicht muss er um jeden Preis wahren.

Er ist neidisch auf die aus seiner Sicht Normalen, weil sie in seinen Augen ohne Anstrengung durchkommen, während er sich stets bemüht. Er, der sich auf Stelzen stellen muss, um „gesehen" zu werden, vergleicht sich ständig mit anderen. Er will besser sein. Er fühlt sich kaum jemandem verbunden. Und trotzdem ist er kaum bei sich.

Er definiert sich nur über Leistung und Wissen. Im Grunde brilliert er mit seinem Intellekt. Er intellektualisiert grandios. Sein Intellekt ist sein Schutz, sein idealisiertes Selbst. Er ist sich seines Intellekts bewusst. Gefühlsmäßig dagegen ist er ein „**Emotional Learner**". Er hat schon in seiner Kindheit vermittelt bekommen, dass sich „wahre Gefühle" nicht lohnen, da sie einen schwach erscheinen lassen und man mit ihnen weder gute Leistungen abliefern noch gutes Geld verdienen kann. Der Mitleidsbonus ist kein Lohn, für den es sich zu leben lohnt. Und so hat sich der Narzisst angewöhnt, seine „wahren Gefühle" zu überdecken. Er versteckt alles, was ihn als einen in seinen Augen schwachen Charakter dastehen lassen könnte, seien es finanzielle Probleme, Schulden, der Kleinwagen, den er durch einen teuren Leihwagen ersetzt, denn ohne Moos nichts los. Er möchte zu den Starken zählen, zu den Gewinnern. Manchmal wird er sogar kriminell, um dem zu entsprechen und den Schein zu wahren.

Doch wie Sie wissen, ist vieles von dem Wissen, das wir angeblich haben, blanke Theorie. In der Praxis ist es weder immer so, noch ist es nie so.

In der Theorie ist der Narzisst als grandios überheblich und selbstverliebt verschrien. Zumindest wirkt er so. Was sich hinter seinem „Auftreten" tatsächlich verbirgt, bleibt der Gesellschaft oft verborgen. Und die vielen verwirrenden Werbebotschaften in den Medien und oberflächlichen Aussagen in den sozialen Netzwerken erschweren den Versuch, hinter die Fassade zu blicken, zusätzlich. Denn wen interessieren noch die inneren Werte, wenn er/sie auf einem Foto schon alles sieht und auch danach seine Sympathie vergibt?

> Hallo,
> Ich haette gern mal gewusst ob es unter euch auch welche gibt die „Besessen" von gutem Aussehen sind..
>
> Ich zb mache mir dauernd Gedanken über mein Aeusseres und das schon seit ich ein junges Maedchen bin.
>
> Ich habe eine Liste mit sachen die ich aendern möchte und statt sie zum ende kommt, wird sie immer laenger.
>
> Habe mir gerade vor 4 Tagen meine Nase operieren lassen und denke schon an die naechste Op.. Es mag vielleicht belanglos klingen, aber das belastet mich alles so sehr! Ich möchte einfach nur glücklich sein und mich in meiner Haut wohlfühlen, aber ich schaff es einfach nicht.. Ich kann mich nicht annehmen, ich weiss nicht woran es liegt.. Um so auszusehen wie ich es mir wünsche würde ich einfach alles tun und das ist nicht gut ich weiss.. Mein handy ist voll mit hübschen, perfekten frauen, waehrend ich nie zufrieden in den spiegel schauen kann!
>
> Hat vielleicht jemand so ein aehnliches problem und es bestenfalls sogar unter kontrolle gekriegt und einige Ratschlaege für mich?
>
> Ich waere so dankbar..
>
> Beitrag aus einer einschlägigen
Facebook-Gruppe, im Original belassen

Durch Castingformate wie *Germany's Next Topmodel* werden weitere psychische Krankheiten erzeugt, die dem Menschen als neuester erstrebenswerter Trend verkauft werden. Dünn ist schön, dick ist hässlich, und was der Bauer nicht kennt, kauft er nicht. Wir finden nicht mehr schön, was wir lieben, sondern wir fangen erst an zu lieben, wenn wir etwas schön finden. Wer ist da nicht neidisch auf die Blinden?

Hinzu kommt laut einer Studie aus dem Jahre 2010 der ständige Vergleich mit anderen. Wir Deutschen neigen stark dazu, uns mit unseren Mitmenschen zu vergleichen. Je mehr wir uns aber Nachbarn, Kollegen, Stars und Sternchen sowie Freunde zum Maßstab nehmen, desto unglücklicher machen wir uns damit. „Das Vergleichen ist das Ende des Glücks und der Anfang der Unzufriedenheit", mahnte schon der dänische Philosoph Søren Kierkegaard. Sein französischer Kollege, der Aufklärer Montesquieu, wusste auch, warum: „Man will nicht nur glücklich sein, sondern glücklicher als die anderen. Und das ist deshalb so schwer, weil wir die anderen für glücklicher halten, als sie sind."

Das ist nur einer von vielen Gründen für die sogenannte „Dysmorphophobie", auch bekannt als Körper- oder Spiegelbildstörung. Und es erklärt auch die Haltung eines Narzissten, sich über seinen Intellekt zu definieren. Sein Selbstwert ist oft nicht größer als ein Stecknadelkopf, ausgelöst durch Frustrationen frühkindlicher Bedürfnisse und den ständigen Vergleich mit anderen durch die Erziehungsberechtigten. Allein die Aussage „Das kannst du aber besser" kann eine traumatische Belastungsreaktion auslösen: „Ich bin nur dann etwas wert, wenn ich schöner, besser oder schlauer bin." Das Leben wird zum ewigen Wettstreit ausgerufen. Zwanghafter Perfektionismus mündet in einer Depression, in einer (narzisstischen, schizoiden oder emotional instabilen) Persönlichkeitsstörung oder auch in einer Dysmorphophobie. Und alle Krankheiten enden zwangsläufig in einer Zwangs- oder Suchterkrankung. Die Folgen und das Ausmaß, die durch Vergleiche ausgelöst werden, werden vielen erst bewusst, wenn es zu spät ist. Dazu kommen noch Mobbing oder Hänselei, Ausgrenzungs- oder Ablehnungserfahrungen, die aus einem fröhlichen ein trauriges, einsames, verlassenes und sich auf der Suche befindliches Kind machen.

Einen wichtigen Einfluss haben auch die Werte, die in unserer Gesellschaft vermittelt werden. Schönheit hat einen hohen Stellenwert. Die Medien verstärken die Bedeutung des Aussehens, indem sie den Eindruck hervorrufen, dass Schönheit glücklich macht. Neid erzeugt jedoch sehr oft ganz viel Leid.

Die Hälfte seiner Lebenszeit verbringt der Mensch im Wettstreit. „Sich zu vergleichen, ist Teil der menschlichen Natur", sagt der Biopsychologe Peter Walschburger, der an der Freien Universität Berlin lehrt. Fast alles ergibt für unseren Verstand nur dann Sinn, wenn es in Relation zu einer Bezugsgröße steht. Und wer innerhalb der sozialen Rangordnung weit oben stehen möchte, braucht Anerkennung und Aufmerksamkeit – er muss lernen, sich möglichst gut in Szene zu setzen.

Nun ist Neid nichts per se Schlechtes, sagt Biopsychologe Walschburger. Er hat sogar einen evolutionären Zweck, weil er uns Wünsche offenbart und zu Leistung antreibt. Dass wir uns aber ständig minderwertig fühlen, sei nicht lebenstauglich. Deshalb verfügt der Mensch eigentlich über einen Schutzmechanismus, um den Irrglauben, dass es alle besser haben als man selbst, zu vermeiden. „Normalerweise nehmen wir unseresgleichen als Richtwert, wenn wir uns vergleichen", sagt der Biopsychologe. Dadurch bleiben Vorbilder erreichbar, die Eindrücke überprüfbar und die Reaktionen unmittelbar. Also nicht nur: „Mein Haus, mein Auto, mein Boot." Sondern auch die Replik: „Meine Dusche, meine Badewanne, mein Schaukelpferdchen."

Bleibt die Frage, wie man sich dagegen wehren kann. Auf gewisse Weise regelt sich das Problem mit dem Alter von selbst, sagt Walschburger. Das Gefühl, das eigene Leben sei im Vergleich langweilig oder man sei nicht attraktiv und damit nicht liebenswert genug, plage besonders junge Menschen. „Älteren gelingt es leichter, ihr Selbstbewusstsein und die eigene Wertschätzung vom Applaus der Gefolgschaft abzukoppeln. Gerade die Jugend aber, die sich von ihren Eltern abnabelt, um eigene Reproduktionsfamilien aufzubauen, ist stark daran interessiert, sich mit möglichst vielen anderen bekanntzumachen, sprich von einer Vielzahl von Menschen wahrgenommen und attraktiv gefunden zu werden." Und dieses Bedürfnis bedienen Facebook, Instagram, Google+, Twitter oder Datingwebseiten perfekt. Bleibt die gewünschte und erhoffte Bestätigung aus, entsteht der Druck, noch mehr aus sich herauszuholen, perfekter zu werden, sich gegebenenfalls optisch zu verändern, nur um in den Genuss von Komplimenten, Anerkennung und Wertschätzung zu kommen.

Wer sich in dieser Weise unter Druck gesetzt fühlt, sollte gelegentlich einen Schritt zurücktreten und schauen, mit wem er sich aus welchen Gründen überhaupt vergleicht, und zur Not den Stecker ziehen, so empfiehlt Walschburger. Streng genommen sei der Mensch für die Art der indirekten Kommunikation, wie sie in sozialen Netzwerken stattfinde, von Natur aus gar nicht gemacht – auch das müsse man erst lernen.

> Habe mal eine Frage an euch und zwar ich hab große Angst vor Meinungen meiner Freunde bzw. bekannte und ich hab mir im Februar radikal meine Haare abschneiden müssen und hab mir heute Extension reinmachen lassen jetzt habe ich Angst das es doof aussieht oder ich auf irgendeine Art und Weise billig rüber komme :(
> Was meint ihr dazu ?
>
> Beitrag aus einer Facebook-Gruppe. Im Original belassen

Bei Menschen mit einer Dysmorphophobie, auch körperdysmorphobe Störung genannt, kreisen die Gedanken unentwegt ums Aussehen. Sie fühlen sich entstellt, obwohl es keinen objektiven Grund dafür gibt. Auch wenn ein Körperteil tatsächlich nicht dem „gängigen Schönheitsideal" entspricht, nehmen die Betroffenen dies deutlich schlimmer wahr, als es wirklich ist. Meistens fixieren sie sich auf ein bestimmtes Körperteil, das ihnen unästhetisch erscheint. Dieses Denken wird durch die medial erzeugten Schönheitsideale weiter angefeuert. Frauen bemängeln häufig ihr Gesicht, die Brust, die Beine oder die Hüfte, während Männer sich vor allem durch zu wenige Muskeln, unschöne Genitalien oder zu viel Körperbehaarung entstellt fühlen.

> Eine Dysmorphophobie hat weitreichende Folgen für das soziale und berufliche Leben. Die Betroffenen ziehen sich von Freunden und Familie zurück, weil sie sich für ihr Aussehen schämen. Sie vernachlässigen ihre Arbeit. Mehr als die Hälfte der Betroffenen haben Suizidgedanken. Somit besteht bei der Dysmorphophobie auch ein erhöhtes Suizidrisiko. Die Betroffenen haben keine Kontrolle über ihre selbstabwertenden Gedanken, die ihre Lebensqualität erheblich beeinträchtigen, und neigen zu sogenannten Sicherheitsverhaltensweisen, die auch für Zwänge typisch sind. Manche müssen ihren vermeintlichen Makel immer wieder im Spiegel überprüfen, obwohl sie sich dabei schlecht fühlen. Andere scheuen den Blick in den Spiegel und trauen sich nicht mehr in die Öffentlichkeit. In der Regel versuchen Menschen mit Dysmorphophobie, ihren eingebildeten Schönheitsmakel zu verstecken. Manche lassen sich regelmäßig vom Schönheitschirurgen behandeln oder versuchen, ihr Äußeres selbst zu verändern. Doch löst nichts davon die Problematik – sie schämen sich weiterhin für ihr Aussehen.[70]

Manche Betroffene „examinieren" nicht nur ständig ihr Äußeres, sondern pflegen sich in geradezu extremer Weise. Eine Zwangserkrankung ist vorprogrammiert. Aber auch echte Entstellungen oder Hautkrankheiten können die Folge sein, wenn man sich exzessiv die Haare kämmt, die Augenbrauen zupft, Make-up aufträgt etc. Das alles soll die Angst reduzieren, führt jedoch nur in eine Art Teufelskreis, das heißt in eine noch intensivere Beschäftigung mit sich und seinem „Mangel" und damit in eine sich ständig aufschaukelnde Resignation, Deprimiertheit, Verzweiflung, Furcht oder gar Panikbereitschaft.

Einige der Betroffenen wenden sich hilfesuchend bis verzweifelt an ihr näheres Umfeld, bitten um entsprechende Beurteilungen und Kommentare, am liebsten natürlich beruhigende Rückversicherungen bezüglich ihrer „Entstellung". Dabei muss der Kreis der Eingeweihten ständig erweitert werden, denn den meisten wird es langsam zu viel, pausenlos über etwas diskutieren zu müssen, das ihnen nun wirklich nicht als schicksalhafter Nachteil erscheinen will. Zudem führen solche Beruhigungen, wenn überhaupt, nur zu vorübergehender Erleichterung. Man kann diesen Kranken nichts bestätigen und ihnen nichts ausreden, sie „laufen wie auf Schienen".

Einige vergleichen auch ständig ihren „hässlichen" Körperteil mit anderen Personen und deren „Gebrechen". Das kann zu regelrechten Beziehungsideen (also zu einer übertriebenen oder falschen Beziehungssetzung zur eigenen Person) im Zusammenhang mit der eingebildeten Entstellung führen. Das Schlimmste aber ist nach Ansicht der Betroffenen, dass immer mehr und am Schluss alle anderen

Menschen auf den vermeintlichen Schönheitsfehler achten und sich darüber unterhalten oder gar lustig machen. Einige Patienten versuchen deshalb, den Mangel zu überdecken, lassen sich zum Beispiel einen Bart wachsen, tragen Kopftuch, Hut oder Schal, stopfen ihre Kleider aus oder lassen sich entsprechende Kleider schneidern.

Eine spezielle Variante der Dysmorphophobie ist die Muskeldysmorphophobie, die überwiegend Männer betrifft. Sie empfinden ihren Körper als zu wenig muskulös oder fühlen sich zu klein. Auch wenn ihr Körper bereits dem eines Profisportlers gleicht, missfällt er ihnen. Manche beginnen daher, exzessiv zu trainieren. Die Muskelsucht wird auch als Adonis-Komplex oder inverse Anorexie (umgekehrte Magersucht) bezeichnet. Ähnlich wie eine magersüchtige Person nehmen die Männer ihren Körper verzerrt wahr. Anstatt Kalorien zu meiden, konzentrieren sie sich jedoch auf die Einnahme von proteinreicher Nahrung. Einige greifen in ihrer Verzweiflung auch zu Anabolika, um möglichst schnell viel Muskelmasse aufzubauen.

Wie viele Menschen von Muskeldysmorphophobie betroffen sind, ist unklar. Unter Bodybuildern sind es etwa zehn Prozent. Experten gehen davon aus, dass die Zahl der Betroffenen weiter zunehmen wird. Der Grund ist, dass mittlerweile auch Männer unter dem Druck eines Schönheitsideals stehen.[71]

Fragen an eine Betroffene

1. Seit wann hast du das Gefühl, du wärst hässlich?
So mit der Pubertaet hat es angefangen. Ich war früher eher so der jungs typ. Hab fussball gespielt bin auf baeume geklettert diesdas. Dann habe ich mich total verändert, bin eine Barbie geworden mit tonnenweise make up und falschen Haren und naegel und alles und dann gings mir gut, ich war beliebt und hab mich schön gefühlt. Dann hatte ich ne ernste beziehung hinter mir die nicht gerade einfach war und habe mich dann irgendwie gehen lassen. Alles vernachlässigt und keine Ahnung irgendwann hab ich mich halt wieder gefangen und jetzt wo ich mich wieder mehr mit dir beschaeftige hab ich das gefühl haesslich zu sein. Ich entdecke immer mehr makel und möchte alles machen lassen. Habe das Gefühl ich muss schön sein. Das ist zu haben und glücklich zu werden.

2. Wie lange brauchst du morgens vorm Spiegel?
Ich bin eher ein Nachtmensch. Ich versuche morgens natürlich auszusehen und mache daher nicht viel. Habr dafür dementsprechend aber auch negative Gedanken auf der aber bzw. In der schule was mein aeusseres betrifft. Aber ich möchte mich aus prinzip nicht so zurecht machen. Weil ich mich irgendwie dann so fühle als haette ich den leuten das gegeben was sie wollen und da ich ein eigensinniger sturkopf bin kann und will ich es nicht. Aber dafür abends wenn

ich ausgeh.. Da fang ich schon am nachmittag an. Bzw am Vorabend mit der Gesichtsmaske.

Im Original belassen

Wahre Schönheit kommt von innen und ist rein subjektiv, denn jeder findet etwas anderes schön, und Verallgemeinerungen entstehen, wie gesagt, nur durch oberflächliche Bewertungen irgendwelcher narzisstisch Bedürftiger, die sich über ihre eigene Wahrnehmung von äußerer (und dennoch rein subjektiver) Schönheit definieren. Früher hatten es Exoten einfacher. Rothaarige Kinderstars wie Pumuckel und Pippi Langstrumpf erfreuten sich großer Beliebtheit. Kinder mit roten Haaren waren etwas Besonderes. Heute lehnt jeder Dritte eine rothaarige Person ab aus Beweggründen, die sich mir immer noch nicht erschließen wollen. Auch Schwergewichtige, Zahnspangenträger oder unter Akne Leidende werden anders wahrgenommen. Wen interessieren heutzutage noch die inneren Werte, da man, durch die Medien manipuliert, seine Sympathie nur noch nach optischen Merkmalen vergibt?

Sex-, Spiel-, Mager- und Alkoholsucht sind weitere gravierende Folgeerkrankungen, um den Schmerz, den diese Gedanken um die eigene (Un-)Attraktivität verursachen, zu betäuben oder zu kompensieren. Der unermüdliche Druck, der von außen auf das Innere wirkt, und der daraus resultierende Selbsthass werden dann durch narzisstische Abwehr, Überkompensation, Hungern und Selbsterhöhung ausgeglichen. Viel Make-up hilft freilich nicht immer. Man könnte sich einmal fragen, wie viel Geld die Kosmetikindustrie durch psychische Krankheiten verdient, weil sie ein schöneres Lebensgefühl verspricht.

Die Folge von alledem: weitere Gefühlsunterdrückung, Gefühlskalte und gefühlsabspaltende Narzissten und Co-Narzissten, die alles dafür tun, um Anerkennung und Bestätigung zu erfahren, die sich selbst erhöhen, sich über andere stellen und bei Vergleichen sich immer attraktiver, besser und schlauer darstellen als die anderen. Einbildung und Oberflächlichkeit wird als das „neue gesunde Selbstbewusstsein" verkauft, indem jeder Makel schöngeredet und jeder Kritiker als Neider abgestempelt wird. Dabei gibt es gar keine hässlichen Menschen. Es gibt nur schöne und sehr schöne Menschen – und allenfalls dumme Menschen.

Im Gespräch mit Elke Weigel

Relativ kurzfristig habe ich Frau Weigel im Internet kennengelernt und sie angeschrieben. Als Diplom-Psychologin und Tanztherapeutin ist sie auf Körperschemastörungen spezialisiert, Zeitnah hat sie mir dann auch zugesagt, einen Beitrag zu meinem Buch zu leisten und ihr Wissen einfließen zu lassen. In einer Phase, in der es mir nicht so gut ging (intrinsischer Stress), kam so im August 2017 doch etwas sehr Gutes zustande.

1. Welche Umwelteinflüsse sorgen aus Ihrer Sicht dafür, dass eine dsymorphobe Störung entsteht?

Die Dysmorphophobie ist im Grunde eine Körperschemastörung. Das Körperschema ist der leibliche Aspekt der Identität. Wenig bekannt ist, dass zur Identitätsbildung zusätzlich zum Wissen um den eigenen Namen, das Geschlecht, den Beruf, die Herkunft, die Einstellungen und die Werte auch das Körperschema gehört. Das Körperschema entsteht aus Körperwahrnehmungen und Bewegungen und besitzt ein eigenes Gedächtnis, das Körpergedächtnis, das buchstäblich im Körper verankert ist.

Wir kommen nicht mit einem fertigen Körperschema auf die Welt. Es entwickelt sich im Säuglings- und Kleinkindalter über die Interaktion mit den Eltern. Maßgeblich sind dabei Berührungen und Bewegungen. Noch bevor sich kognitives Verständnis und Sprache entwickeln, bildet sich daraus das Körpergedächtnis.

Über die Art, wie die Eltern das Kind im Arm halten und wie sie es berühren, wenn sie es versorgen, empfängt das Kind Botschaften über sich und seinen Körper. Die wichtigsten Botschaften dabei sind: Du bist sicher, wirst gehalten, bist beschützt und wirst geliebt. Dies alles geschieht ohne Worte. Die Sinneswahrnehmungen eines Säuglings sind für Berührungen, Bewegungen und die Bewegungen im Raum am stärksten ausgeprägt, denn es sind die Sinne, die auch schon vorgeburtlich im Mutterleib aktiviert wurden. Hören und Sehen, Riechen und Schmecken stehen zunächst nicht im Vordergrund. Wie Eltern das Kind also halten und berühren, wird im Körpergedächtnis abgespeichert und bildet die Grundlage des Körperschemas.

Das Körperschema ist sehr sensibel. Über die Interaktion mit den Eltern differenzieren sich die Emotionen aus, und das Kind gelangt über die anfängliche Wahrnehmung von Lust und Unlust hin zu einer Vielzahl von Gefühlsnuancen. Wenn die Eltern bestimmte Gefühle „übersehen", weil sie sich diese selbst nicht erlauben (Erschöpfung und Scham zum Beispiel), andere Gefühle sanktionieren (sei nicht laut, wild, fordernd etc.), prägt sich auch dies im Körpergedächtnis ein. Das Körpergedächtnis, aus dem sich das Körperschema bildet, ist eine sehr wichtige Instanz für die Selbstwahrnehmung und damit für das Identitätsgefühl. Es wirkt schneller und stärker als kognitive Überzeugungen. Deswegen gelingt es nicht, wenn man sich versucht einzureden, man wäre schön. Das Körperwissen sagt etwas anderes.

Das Körperschema entwickelt sich ein ganzes Leben lang. Zwar werden in der frühen Kindheit die Grundlagen gelegt, aber in Laufe der Entwicklung muss es sich immer wieder verändern und anpassen: wenn wir wachsen, in der Pubertät, nach Krankheiten, Unfällen, beim Älterwerden. Das Körperschema ist durch seine Sensibilität einerseits störanfällig, andererseits aber auch in der Lage, sich immer wieder zu verändern – und damit auch zu heilen.

Damit komme ich nun zu Ihrer Frage, welche Umwelteinflüsse zu einer Dysmorphophobie, also zu einer Körperschemastörung, führen können:

- Eine körperfeindliche Erziehung kann ursächlich sein.
- Missbrauch, Traumata und Vernachlässigung hinterlassen Spuren im Körpergedächtnis.
- Ebenso kann bei einer autoritären Erziehung und Leistungsorientierung kein stabiles Körperschema aufgebaut werden.
- Psychisch oder chronisch kranke Eltern können destabilisierend wirken, wenn sie mit ihrer Krankheit nicht umgehen können, süchtige Eltern in jedem Fall.

In allen diesen Fällen lernt das Kind nicht, dass sein Körper ein sicherer Ort ist. Das Kind braucht aber die Urerfahrung: „Ich bin sicher in dieser Welt". Kinder, die unter diesen Bedingungen aufwachsen, werden nicht darin unterstützt, ihren Körper wahrzunehmen und sensibel auf dessen Signale zu reagieren. Im Gegenteil, sie müssen bestimmte Wahrnehmungen unterdrücken und ausblenden. Das macht unsere Psyche ganz automatisch, wenn die Eltern nicht darauf eingehen.

Wenn also der Körper kein sicherer und zuverlässiger Ort ist, die Signale des Körpers gefährlich sind (weil sie bestraft oder ignoriert werden), dann braucht das Kind einen anderen Orientierungspunkt. Wenn die Orientierung am eigenen Inneren nicht gelingt oder nicht möglich ist, dann wird die Aufmerksamkeit auf das Außen gerichtet. Das Kind orientiert sich an dem, was die Erwachsenen verlangen, was sie sagen und fordern. Somit wird der Intellekt des Kindes stärker entwickelt als die eigene Körperwahrnehmung.

Unsere leistungsorientierte Gesellschaft führt das im Kindergarten, in der Schule, im Berufsleben und über die Medien fort. Überall wird uns gesagt, wie wir sein sollen: tüchtig, erfolgreich, reich, schnell, fit, dünn, schön. Selbst wenn in der frühkindlichen Erziehung alles ausreichend gut gemacht wurde (perfekt ist gar nicht möglich und auch nicht notwendig), wirkt später ein körperfeindliches Umfeld sich zusätzlich verstörend auf die Wahrnehmung des eigenen Körpers aus und beeinflusst damit das Körperschema.

Das Visuelle wird in unserer Gesellschaft überbetont. Innerlich ruhig werden, spüren, tasten und sich leistungsfrei bewegen wird nicht unterstützt. Dies sind aber die wichtigsten Sinnesorgane, um ein stabiles Körperschema zu entwickeln und aufrechtzuerhalten. Gelingt das nicht, steuern uns überzogene Ideale und Vorbilder, die krankmachend wirken. Der eigene Körper wird dann nämlich zum Feind. Er ist nicht so, wie die Umwelt ihn haben will und wie die Betroffenen ihn dann auch bald haben wollen, weil sie nie etwas anderes erfahren haben. Der Körper wird also zum Objekt, das man verändern muss. Da in unserer Gesellschaft die Überzeugung herrscht, man könne und müsse den Körper beherrschen, denn er sei launisch, faul und gierig, wirkt das zusätzlich krankmachend.

Es kommt noch ein weiterer Faktor hinzu, der den Kreislauf des Selbsthasses aufrechterhält. Wenn ein Kind nicht gelernt hat, auf die eigenen Körpersignale zu hören, und sich stattdessen am Außen orientiert, wird es immer überfordert sein. Denn die Welt will zu viel, es gibt zu viele Möglichkeiten. Wie soll man entscheiden, was zu einem passt? Wie will ich leben? Wer will ich sein? Wer bin ich? Ein Mensch mit einer Körperschemastörung kann das nicht herausfinden. Mit dem Verstand allein sind solche Entscheidungen nämlich nicht zu fällen, man braucht auch den Körper als Bezugspunkt.

Wer sich übermäßig mit dem eigenen Körper beschäftigt, hat eine Lösung gefunden, die zunächst entlastet. Die Welt ist zu kompliziert, zu fordernd, zu viel, aber der eigene Körper ist ein Bereich, über den man Macht hat. Den kann man verändern, bezwingen, bekämpfen. Erst nach langer Zeit merken die Betroffenen, dass dies eine Scheinlösung ist. Man kann den Körper nicht beherrschen.

Die exzessive Beschäftigung mit dem eigenen Aussehen unterstützt wiederum die Körperschemastörung. Denn man nimmt ja nicht die wirklichen Körpersignale wahr, sondern betrachtet sich mit äußeren, idealisierten und damit fremden Maßstäben. Dass die äußeren Ideale den Betroffenen real und wichtig erscheinen, liegt nicht an Sturheit oder mangelnder Einsicht der Betroffenen, sondern daran, dass sie gar nicht in der Lage sind, einen anderen Maßstab wahrzunehmen. Der Kontakt zum Körper ist verloren gegangen.

2. Welche Therapieansätze gibt es und welche sind aus Ihrer Sicht am erfolgversprechendsten?

Ohne Körperarbeit ist, meiner Meinung nach, die Störung gar nicht erfolgreich behandelbar. Rein kognitive Methoden reichen nicht aus, da das Problem auf der Körperebene liegt. Über Verstand und Sprache, also indem wir über Gefühle und Körperempfindungen sprechen, erreichen wir nicht das Körpergedächtnis und damit nicht die Bereiche, wo das Körperschema gebildet wird. Da es sich am Anfang unseres Lebens über Berührungen und Bewegungen aufbaut, ist das auch der Punkt, an dem man meiner Erfahrung nach ansetzen muss. Je ausgeprägter die Körperschemastörung, desto intensiver sollte man mit Körperspürübungen arbeiten. Wichtig ist dabei, dass die Betroffenen lernen, sich wertfrei und achtsam zu berühren und zu bewegen. Die Betroffenen sind nämlich am Anfang gar nicht in der Lage, zu spüren, wie sich ihr Körper anfühlt, was er will und was er wirklich braucht. Damit sind sie schlichtweg überfordert. Sie empfangen keine oder nur noch wenig Signale aus ihrem Körper, diese wurden unbewusst abgeschaltet – anders hätten die Betroffenen nicht überlebt.

Eine behutsame Anleitung zur Körperarbeit ist wichtig. Körperarbeit wirkt sehr intensiv und sehr schnell, das muss man berücksichtigen. Es geht darum, zu lernen, alle Bewertungen und Vorstellungen von richtig oder falsch in der Körperwahrnehmung und den Bewegungen wegzulassen. Ein Mensch mit einem stabilen Körperschema ist in der Lage, alle Körpersignale wahrzunehmen, sie als hilfreich und nützlich für die körperliche und seelische Gesundheit zu bewerten und angemessen darauf zu reagieren.

Eine Heilung des Körperschemas ist in jedem Alter möglich, denn es liegt in der Natur des Körperschemas, sich zu verändern und anzupassen. Bei schwerwiegenden psychischen Problemen, wie Traumata, kann es allerdings sein, dass dieser Prozess sehr lange dauert und womöglich begrenzt ist. Wenn nämlich im Körpergedächtnis sehr viele traumatische Erinnerungen abgespeichert sind, hängt die Heilung des Körperschemas davon ab, ob die traumatischen Erfahrungen auf der emotionalen Ebene verarbeitet werden können. Eventuell muss hier nach einem Gleichgewicht gesucht werden, das einen maximalen Zugang zur Körperebene ermöglicht, aber keine Überflutung von Erinnerungen auslöst.

3. Unsere Gesellschaft wird immer narzisstischer. Heute entscheiden Leistung und Schönheit über Erfolg und darüber, ob man wahrgenommen wird bzw. aus der Masse heraussticht. Diese Entwicklung führt zu Selbstwertstörungen. Was muss aus Ihrer Sicht in der Gesellschaft passieren, damit die Auswirkungen bewusster wahrgenommen werden und sich möglicherweise Veränderungen einstellen?

Das Wichtigste ist, dass der Körper nicht mehr funktionalisiert und zum Objekt gemacht wird. Wir brauchen keine Maßstäbe und Vorschriften, wie viel wir essen, wiegen, laufen, arbeiten müssen und wie wir aussehen sollen. Wir alle brauchen ein neues Bewusstsein: Jeder Körper ist schön, weil er lebendig ist und Ausdruck eines Individuums. Außerdem ist den meisten Menschen nicht klar, dass kein Organismus im Grunde faul sein will, auch nicht dick, auch nicht zu dünn. Mit einem gesunden Körperschema reguliert sich das von allein.

Ich bin überzeugt davon, dass wir Kinder und Jugendliche nicht antreiben müssen. Besser wäre es, sie von Anfang an darin zu unterstützen, dass sie ihre Körpersignale verstehen und angemessen auf sie reagieren lernen. Denn dann fühlt ein Mensch sich lebendig. Und wer sich lebendig fühlt, ist neugierig und offen für die Welt, will sich bewegen, isst nur, was er braucht, will mit anderen im Kontakt sein, seinen Beitrag in der Gemeinschaft leisten und eine sinnstiftende Arbeit verrichten. Das Aussehen spielt dann keine Rolle mehr, weil das für ein erfülltes Leben keine Rolle spielt.

4. Was können Angehörige im besten Fall tun, um einem erkrankten Menschen zu helfen?

Was gar nicht wirkt, sind Überzeugungsversuche, Komplimente oder Diskussionen über das Problem. Die Eigenwahrnehmung wird nicht über den Verstand gesteuert. Egal, was Angehörige über das Aussehen sagen, es wird nicht lange wirken, das Problem eher verschärfen. Außerdem müssen die Betroffenen ja lernen, sich nicht mehr am Außen zu orientieren.

Angehörige können sich fragen, ob sie selber in der Lage sind, ihre Körpersignale wahrzunehmen, und ob sie auch darauf hören. Ein Vorbild wirkt viel besser als alles, was man sagt. Angehörige sollten nicht zum Zusammenreißen anregen, auch nicht auslachen oder schimpfen. Ebenso wenig wirkt es, wenn man versucht, die kontrollierenden Maßnahmen des Betroffenen zu unterbinden. Solange der Betroffene keine alternativen Lösungen entwickelt hat, wird das Verhalten bestehen bleiben. Im Extremfall bringen sie den Betroffenen nur dazu, dass er anfängt, alles heimlich zu machen.

Sicher ist es gut, wenn Angehörige sagen, dass sie bemerkt haben, dass es dem Betroffenen mit seinem Aussehen gar nicht gut geht, dass er viel Stress damit hat und dass sie wissen, dass er leidet. Diese nicht wertende Spiegelung ist sogar ein hilfreicher Schritt zur Heilung. Aufzuzeigen, dass es Therapiemöglichkeiten gibt, ist auch gut. Aber meiner Erfahrung nach wissen die Betroffenen meist, dass ihr Problem ein Ausmaß angenommen hat, das sie nicht mehr allein bewältigen können. Sie gehen dennoch oft erst in Therapie, wenn der Leidensdruck sehr hoch ist, und dieser Druck entsteht in vielen Fällen auch, wenn die Angehörigen sagen, dass sie selbst durch das Verhalten der Betroffenen belastet sind.

5. Was genau bieten Sie an, um Menschen mit einer Körperschemastörung zu helfen?

Eine achtsame und wertfreie Wahrnehmung von Körper, Emotionen und Bewegungen sind zentrale Elemente meiner Therapie. Körperspürübungen und Bewegungsübungen sind die wichtigsten Bausteine, um dies zu lernen. Gleichzeitig entwickeln die Betroffenen über die Körperübungen eine wichtige Fähigkeit, die sie in der Kindheit nicht erlernt haben: emotionales Containment. Das ist die Fähigkeit, angemessen auf Körpersignale zu reagieren. Denn nur, wenn man die Signale des Körpers spüren und mit Emotionen in Zusammenhang bringen kann und außerdem weiß, wie man angemessen damit umgehen muss, baut sich ein neues Körperschema auf und dadurch ein stabiles Selbstwert- und Identitätsgefühl.

Zusätzlich betrachte ich mit den Patienten die individuelle Entwicklungsgeschichte. Welche frühen Körpererfahrungen haben die Betroffenen gemacht? Welche Botschaften über den Körper wurden im Körpergedächtnis verankert? Diese sind in der Regel nicht bewusst wahrnehmbar, weil das Körpergedächtnis zum größten Teil unbewusst ist. Ich arbeite mit speziellen tanz- und bewegungstherapeutischen Methoden, um diese unbewussten Spuren zu finden und zu verändern.

Ergänzt wird die Körpertherapie durch gesprächs- und verhaltenstherapeutische Methoden zur Bewältigung der aktuellen Probleme im Alltag.

Im Gespräch mit Stefan Brunhoeber

Stefan Brunhoeber ist Psychologe und hat sich auf die Dysmorphophobie bzw. die Körperdysmorphe Störung spezialisiert. Mitte Juli hatte ich ihn kontaktiert, und er bat mich, das Interview auf die Zeit nach seinem Urlaub zu verlegen. So bekam ich zeitgleich mit den Antworten von Elke Weigel im August 2017 auch seine Antworten zugeschickt. Es ist sicher hilfreich für das Verständnis der Dysmorphophobie, die Sicht von zwei ausgewiesenen Fachleuten zu erfahren. Zudem habe ich Herrn Brunhoeber etwas andere Fragen gestellt.

1. Wie entwickelt sich die Dysmorphophobie?

Schreiben Sie bitte von einer Körperdysmorphen Störung (KDS) und nicht von einer Dysmorphophobie, denn Dysmorphophobie ist der alte Begriff, der irrtümlich auf eine Phobie, also eine Angststörung, hinweist. Der Leitaffekt der KDS ist jedoch die Scham, daher passt der Begriff „Körperdysmorphe Störung" besser.

Bei über 84 Prozent der Betroffenen entwickelt sich die Störung in der Pubertät, manchmal vorher, selten später. Die Pubertät ist ein Zeitraum, indem die Jugendlichen viele Entwicklungsaufgaben zu bewältigen haben: Abgrenzung vom Elternhaus, Aufbau eigener Normen und Werte, Ausbildung einer unverwechselbaren Identität, Übernahme der Geschlechtsrolle, Integration der Veränderung des reifenden Körpers in das eigene Selbstbild, erste Partnerschaften, Vorbereitung der beruflichen Laufbahn usw. Dies erfordert zahlreiche Kompetenzen. Jugendliche, die hier Defizite haben, zum Beispiel durch ein überbehütendes oder konfliktvermeidendes Elternhaus, sind verletzlich und spüren dies stärker an ihrem Selbstwertgefühl. Ein gutes Äußeres bietet den Betroffenen eine scheinbare Bewältigungsmöglichkeit für viele Bewältigungsaufgaben oder eine Erklärung, warum man hiermit mehr Schwierigkeiten hat als andere Gleichaltrige. Die zunehmende Beschäftigung mit dem Äußeren ist somit als Lösungsversuch zu sehen, um mit anderen Schwierigkeiten besser klarzukommen.

Das Problem, das sich jedoch mit der Zeit ergibt, ist, dass die zunehmende Beschäftigung mit dem eigenen Aussehen dazu führt, dass das Aussehen zu einem immer wichtigeren Teil der eigenen Identität wird, was dann dazu führt, dass die betroffenen Personen immer verletzlicher werden. Durch die vermehrte

Beschäftigung mit dem Äußeren haben viele immer weniger Zeit für andere Dinge, oder sie ziehen sich aus Scham aus vielen Bereichen des Lebens zurück, sodass Dinge, über die sie sich früher definieren konnten, zunehmend in den Hintergrund rücken und das Aussehen zu einer immer zentraleren Identität wird, was die Betroffenen wiederum verletzlicher macht. Des Weiteren entsteht durch selektive Aufmerksamkeitsprozesse, sehr strenge Bewertungsmaßstäbe und top-down-gesteuerte Aufmerksamkeitsprozesse eine verzerrte Wahrnehmung des eigenen Körpers, die sich nur schwierig auflösen lässt. Die von den Betroffenen eingesetzten Sicherheits- und Vermeidungsverhaltensweisen machen es den Betroffenen zusätzlich schwer, korrigierende Erfahrungen mit Blick auf ihr Äußeren zu machen. Hat sich die Störung einmal etabliert, verläuft sie in über 80 Prozent der Fälle chronisch fortschreitend.

2. Welche Möglichkeiten hat man als Angehöriger, den Betroffen zu verstehen?

Ohne Hintergrundwissen ist das schwierig. Von daher hilft es Angehörigen, sich mit dem Entstehungsmodell einer KDS zu beschäftigen, um zu verstehen, warum das Aussehen für eine Person so wichtig geworden ist. Zum anderen hilft es, sich von den Betroffenen beschreiben zu lassen, wie sie sich selbst sehen und welche Ängste sie damit verbinden. Durch Perspektivenübernahme kann der Angehörige versuchen nachzuempfinden, wie er oder sie sich fühlen würde, wenn er so aussehen würde, wie die betroffene Person sich selber sieht.

3. Was sind die größten Fehler, die man als Angehöriger machen kann?

Den Patienten nicht ernst nehmen und seine Beschwerden als eitel und narzisstisch abtun.

4. Welche Therapieform ist für Dysmorphophobie aus Ihrer Sicht am geeignetsten? Was bieten Sie an?

Bislang haben sich in Studien nur die kognitive Verhaltenstherapie und die SSRI-Pharmakotherapie als wirksam erwiesen, wobei die Verhaltenstherapie wirksamer ist als eine Therapie mit SSRIs (eine Gruppe der Antidepressiva). Beide Therapieformen können auch kombiniert werden. Ich selber mache kognitive Verhaltenstherapie.

5. Was muss in den Medien passieren, um das Bild der Gesellschaft über Schönheit und Ideale zu verändern?

- Werbung dürfte nicht mehr auf Makel hinweisen (wie beispielsweise in der Clerasilwerbung).
- Models dürften nicht mehr retouchiert werden.
- Es müssten mehr „normal" aussehende Menschen in Sendungen und Filmen auftreten.
- Es dürften in den Medien nur noch bekleidete Personen gezeigt werden.

11 Den Narzissten verstehen. Ein kurzer Einblick in die therapeutische Behandlung, insbesondere die (Schema-)Therapie

Was du, mein lieber Leidensgenosse, aus all dem ziehst, entscheidest du. Es wird Rückfälle geben, aber sie werden dich nicht mehr zurückwerfen wie früher. Du wirst mehr Resilienz entwickeln und stehen bleiben können, genauso wie dein Umfeld. Sollte dein Umfeld aber ebenso narzisstische Züge aufweisen, hast du die gleichen Entscheidungsfreiheiten wie dein Umfeld. Du bist nur ein Spiegel für alle anderen, genauso wie die anderen für dich ein Spiegel sind. Du musst nicht alles nachmachen oder annehmen.

Ich stelle Ihnen an dieser Stelle die Schematherapie vor. Ebenso lasse ich Therapeuten zu Wort kommen, die mit Menschen zusammenarbeiten, die wie ich unter einer narzisstischen Persönlichkeitsstörung bzw. einer Störung des Selbstwertes leiden.

11.1 Was ist Schematherapie?

Quelle: http://www.praxis-schick.de/angebote/schematherapie/

Die von Jeffrey Young entwickelte Schematherapie ist ein integratives Psychotherapieverfahren und stellt eine Erweiterung der Verhaltens- und Gestalttherapie dar. Sie zählt zur sogenannten dritten Welle der kognitiv-verhaltenstherapeutischen Therapien und erweitert die Methoden der kognitiven Therapie um Elemente psychodynamischer Konzepte und anderer etablierter psychologischer Theorien und Therapieverfahren. Die Schematherapie bezieht sich dabei nicht nur auf aktuelle Probleme, sondern auch auf deren Entstehungsgeschichte, die überwiegend in der Kindheit und Jugend zu finden ist.

Die Schematherapie geht davon aus, dass es bestimmte erlernte Grundschemata gibt, die darauf abzielen, die seelischen Grundbedürfnisse zu befriedigen, und hierzu das Verhalten von Menschen steuern. In der Schematherapie werden dysfunktionale Verhaltens- und Beziehungsmuster als Folgen früherer Verletzungen und deren Bewältigungsstrategien verstanden und wurde zur Behandlung von chronischen, charakterologischen Aspekten psychischer Störungen entwickelt. Sie findet erfolgreich Anwendung bei der Behandlung chronisch erkrankter Patienten mit Depressionen, Angststörungen, Persönlichkeitsstörungen (insbesondere Borderline- und narzisstische Persönlichkeitsstörung), aber auch bei Essstörungen, Substanzmittelmissbrauch, bei Paarbehandlungen und langjährigen Beziehungsstörungen. Eingesetzt wird sie sowohl in der ambulanten als auch in der stationären Behandlung.

Das Schemamodell unterscheidet 18 kognitiv-emotionale Schemata (auch maladaptive Schemata genannt), die aus der Frustration von kindlichen/menschlichen Grundbedürfnissen entstanden sind. Folgende Bedürfnisse sind dabei besonders wichtig:

- sichere Bindung (beinhaltet Sicherheit, Stabilität, Fürsorge und Verlässlichkeit)
- Autonomie, Selbstständigkeit und Identitätsgefühl
- die Freiheit, Bedürfnisse und Gefühle auszudrücken, und deren Bestätigung
- Spontanität und Spiel
- realistische Grenzen und Selbstbeherrschung
- Geborgenheit und Verbundenheit zu anderen Menschen
- Anerkennung, Lob und Akzeptanz
- Liebe und Aufmerksamkeit

Werden in der Kindheit oder Jugend diese Grundbedürfnisse frustriert, entwickeln Menschen maladaptive Schemata bzw. Überzeugungen und daraus resultierend unterschiedliche Bewältigungsstrategien, die zum Zeitpunkt ihrer Entstehung durchaus funktional und überlebenswichtig sind – sogenannte Bewältigungs-Modi bzw. Muster. Unter Bewältigungsmodi versteht man Verhaltensmuster, die sich meist im Laufe des Lebens entwickelt haben und mit denen man versucht, mit emotionaler Belastung und schwierigen Erfahrungen umzugehen.

Mögliche maladaptive Schemata

Ich danke dem dgvt-Verlag für die Abdruckgenehmigung.

Abgetrenntheit und Ablehnung

(Die Erwartung, dass die eigenen Bedürfnisse nach Sicherheit, Stabilität, Zuwendung, Empathie, dem Mitteilen von Gefühlen, Akzeptiertwerden und Respekt nicht zuverlässig und voraussehbar erfüllt werden. Die Ursprungsfamilie ist typischerweise unbeteiligt, kalt, ablehnend, zurückhaltend, einsam, explosiv, unberechenbar oder missbrauchend.)

1. Verlassenheit/Instabilität. Die wahrgenommene Instabilität oder Unzuverlässigkeit der für Unterstützung und Verbundenheit zuständigen Personen. Sie beinhaltet das Gefühl, dass wichtige Bezugspersonen nicht in der Lage sein werden, beständig emotionale Unterstützung, Verbundenheit, Stärke oder praktischen Schutz zu bieten, weil sie emotional instabil und unberechenbar sind (z. B. aufgrund von Wutausbrüchen), unzuverlässig oder nur unregelmäßig anwesend; weil sie bald sterben werden; oder weil sie den Patienten für „jemand Besseren" verlassen werden.

2. Misstrauen/Missbrauch. Die Erwartung, dass andere die eigene Person verletzen, missbrauchen, demütigen, betrügen, belügen, manipulieren oder ausnutzen werden. Das beinhaltet normalerweise die Wahrnehmung, dass die Verletzung absichtlich zugefügt wird oder aufgrund ungerechtfertigter und extremer Vernachlässigung geschieht. Kann mit dem Gefühl verbunden sein, letztendlich immer der Betrogene zu sein oder immer „den Kürzeren zu ziehen."

3. Emotionale Vernachlässigung. Die Erwartung, dass das eigene Verlangen nach einem normalen Maß an emotionaler Unterstützung nicht ausreichend erfüllt werden wird. Die drei wichtigsten Arten der Vernachlässigung sind:

    a) Mangel an Zuwendung – das Fehlen von Aufmerksamkeit, Zuneigung, Wärme oder Gemeinschaft.

    b) Mangel an Empathie – das Fehlen von Verständnis, Zuhören, Selbstoffenbarung oder dem gegenseitigen Austausch von Gefühlen.

    c) Mangel an Schutz – das Fehlen von Stärke, Richtungsweisung oder Anleitung durch andere.

4. Unzulänglichkeit/Scham. Das Gefühl, unzulänglich, schlecht, unerwünscht, minderwertig oder in gewissen bedeutsamen Bereichen grundsätzlich mangelhaft zu sein; oder dass andere in der Folge entdecken könnten, dass man nicht liebenswert sei. Kann einhergehen mit einer Überempfindlichkeit gegenüber Kritik, Ablehnung oder Vorwürfen; oder mit Befangenheit, Vergleichen mit anderen oder Unsicherheit im Umgang mit anderen; oder einem Gefühl von Scham hinsichtlich der wahrgenommenen eigenen Makel. Diese Makel können privater Natur sein (z. B. in Form von Egoismus, Reizbarkeit, inakzeptablen sexuellen Wünschen) oder nach außen sichtbar (z. B. unansehnliche körperliche Erscheinung, soziale Unbeholfenheit).

5. Soziale Isolation/Entfremdung. Das Gefühl, vom Rest der Welt abgetrennt zu sein, anders als andere zu sein, und/oder keiner Gruppe oder Gemeinschaft zugehörig zu sein.

Beeinträchtigung von Autonomie und Leistung

(Erwartungen in Bezug auf die eigene Person und die Umgebung, welche die wahrgenommene Fähigkeit beeinträchtigen, selbstständig und unabhängig überleben und funktionieren zu können oder erfolgreich zu sein. Typischerweise ist die Ursprungsfamilie verstrickt, schwächt wiederholt das Selbstvertrauen des Kindes, ist überbehütend oder verstärkt das Kind nicht in kompetentem Verhalten außerhalb der eigenen Familie.)

6. Abhängigkeit/Inkompetenz. Die Überzeugung, dass man ohne erhebliche Unterstützung durch andere nicht fähig ist, Alltagspflichten auf kompetente Art zu erledigen (z. B. für sich selbst sorgen, Alltagsprobleme lösen, gute Urteilsfähigkeit beweisen, neue Aufgaben anpacken, gute Entscheidungen treffen). Zeigt sich oft in Form von Hilflosigkeit.

7. Anfälligkeit für Schädigungen und Krankheiten. Die übertriebene Furcht, dass eine unmittelbare Katastrophe droht oder dass man nicht in der Lage sein wird, sie zu verhindern. Die Ängste beziehen sich dabei auf einen oder mehrere der folgenden Bereiche: a) Medizinische Katastrophen – beispielsweise Herzinfarkte, AIDS; b) Emotionale Katastrophen – zum Beispiel wahnsinnig werden; c) Äußere Katastrophen – beispielsweise Absturz eines Aufzugs, Opfer eines Angriffs werden, Flugzeugabstürze, Erdbeben.

8. Verstrickung/Unentwickeltes Selbst. Übermäßige emotionale Anteilnahme und Nähe zu einer oder mehrerer Bezugspersonen (oft den Eltern) auf Kosten einer vollständigen Individuation und normaler sozialer Entwicklung. Geht oft einher mit der Überzeugung, dass zumindest eine der verstrickten Personen ohne die überdauernde Unterstützung des anderen nicht überleben oder glücklich sein könnte. Geht eventuell auch einher mit dem Gefühl, erdrückt zu werden, verschmolzen zu sein, oder dem Gefühl einer nur unvollständigen eigenen Identität. Wird oft erlebt als ein Gefühl von Leere und Haltlosigkeit, Orientierungslosigkeit oder in Extremfällen als Zweifel an der eigenen Existenz.

9. Versagen. Die Überzeugung, dass man versagt habe, unweigerlich versagen wird oder Gleichgestellten grundsätzlich unterlegen ist in einem oder mehreren Leistungsbereichen (Schule, Karriere, Sport etc.). Geht häufig einher mit der Überzeugung, dass man dumm, unfähig, untalentiert, ungebildet ist, von niedrigerem Status, weniger erfolgreich als andere und so weiter.

Beeinträchtigung im Umgang mit Grenzen

(Mangel an inneren Grenzen, an Verantwortung gegenüber anderen oder an langfristiger Zielorientierung. Führt zu Schwierigkeiten, mit anderen zu kooperieren, andere zu respektieren, Verpflichtungen einzugehen oder sich realistische Ziele zu setzen und zu verfolgen. Die typische Ursprungsfamilie zeichnet sich aus durch

Nachgiebigkeit, übermäßige Schwelgerei, mangelnde Orientierung oder ein Gefühl der Überlegenheit – statt angemessener Konfrontation, Disziplin und dem Einhalten von Grenzen zum Erlernen von Verantwortungsübernahme, gegenseitiger Kooperation und Zielsetzungen. In manchen Fällen sind die Betroffenen als Kind nicht genügend angetrieben worden, ein normales Maß an Unbehagen zu ertragen, oder wurden nicht angemessen beaufsichtigt, geführt oder angeleitet.)

10. Anspruchshaltung/Grandiosität. Die Überzeugung, dass man anderen überlegen ist; Anspruch hat auf besondere Rechte und Privilegien; oder dass man nicht gebunden ist an den Grundsatz der Gegenseitigkeit, der normale soziale Interaktionen leitet. Geht oft einher mit einem Beharren darauf, dass man alles tun und haben dürfen müsste, was man möchte, unabhängig davon, was andere für vernünftig halten oder was die Kosten für andere sein mögen; oder ein übertriebener Fokus auf Überlegenheit (z. B. zu den Erfolgreichsten, Berühmtesten, Reichsten zu gehören) – mit dem Ziel, Macht oder Kontrolle zu erlangen (und nicht primär um Aufmerksamkeit oder Zustimmung zu erhalten). Geht manchmal einher mit einem übertriebenen Konkurrenzdenken oder dem Wunsch, andere zu dominieren: die eigene Macht geltend zu machen, die eigene Sichtweise aufzuzwingen oder das Verhalten anderer entsprechend den eigenen Wünschen zu kontrollieren – ohne Mitgefühl für oder Rücksicht auf die Bedürfnisse oder Gefühle von anderen.

11. Unzureichende Selbstkontrolle/Selbstdisziplin. Tiefgreifende Schwierigkeiten hinsichtlich Selbstkontrolle und geringe Frustrationstoleranz beim Verfolgen persönlicher Ziele oder der Kontrolle eines exzessiven Ausdrucks eigener Gefühle und Impulse. Zeigt sich in abgeschwächter Form als ein übermäßiges Bemühen um die Vermeidung von Unbehagen: die Vermeidung von Schmerz, Konflikten, Konfrontationen, Verantwortung oder Überanstrengung – auf Kosten von Selbstverwirklichung, Selbstverpflichtung oder persönlicher Integrität.

Fremdorientierung

(Ein übermäßiger Fokus auf die Wünsche, Gefühle und Reaktionen anderer, auf Kosten der eigenen Bedürfnisse – in der Hoffnung, Liebe und Anerkennung zu erhalten, ein Gefühl von Verbundenheit zu sichern oder Bestrafung zu vermeiden. Geht normalerweise einher mit der Unterdrückung von und einem mangelnden Bewusstsein für eigenen Ärger und persönlichen Neigungen. Innerhalb der Ursprungsfamilie herrscht typischerweise bedingte Akzeptanz: Das Kind muss wichtige Aspekte seines Selbst unterdrücken, um Liebe, Aufmerksamkeit und Anerkennung zu erhalten. In vielen entsprechenden Familien werden die emotionalen Bedürfnisse und Wünsche der Eltern – oder sozialer Status und Akzeptanz – höher bewertet als die individuellen Bedürfnisse und Gefühle des Kindes.)

12. Unterwerfung. Übermäßige Überantwortung von Kontrolle an andere, weil man sich dazu gezwungen fühlt – meist, um Ärger, Bestrafung oder Verlassenheit zu vermeiden. Die zwei Hauptformen von Unterwerfung sind: a) Unterwerfung von Bedürfnissen – Unterdrückung der eigenen Vorlieben, Entscheidungen und Wünsche. b) Unterwerfung von Gefühlen – Unterdrückung von emotionalem Ausdruck, insbesondere Wut. Beinhaltet meist das Gefühl, dass die eigenen Wünsche, Meinungen und Gefühle für andere unwichtig oder aus deren Sicht unberechtigt sind. Zeigt sich häufig als übermäßige Fügsamkeit, verbunden mit einer Überempfindlichkeit gegenüber dem Gefühl, in der Falle zu sitzen. Führt im Allgemeinen zum Aufbau von Ärger, der sich in maladaptiven Symptomen ausdrückt (z. B. passiv-aggressives Verhalten, unkontrollierte Wutausbrüche, psychosomatische Symptome, Entzug von Zuneigung, impulsive Ausbrüche, Substanzmissbrauch).

13. Aufopferung. Übermäßiges Bemühen, freiwillig die Bedürfnisse anderer in alltäglichen Situationen zu erfüllen, auf Kosten der eigenen Zufriedenheit. Die häufigsten Gründe sind das Bemühen, andere nicht zu verletzen, die Vermeidung von Schuldgefühlen infolge vermeintlich selbstsüchtigen Verhaltens oder um die Verbundenheit mit als bedürftig wahrgenommenen Personen aufrechtzuerhalten. Ist oft die Reaktion einer akuten Sensibilität dem Schmerz anderer gegenüber. Führt manchmal zu dem Gefühl, dass die eigenen Bedürfnisse nicht ausreichend erfüllt werden, und zu Groll gegenüber denjenigen, um die man sich kümmert. (Überschneidet sich mit dem Konzept der Co-Abhängigkeit.)

14. Streben nach Zustimmung und Anerkennung. Übermäßiges Bemühen um die Zustimmung, Anerkennung oder Aufmerksamkeit anderer oder das Bemühen „dazuzugehören" auf Kosten der Entwicklung eines soliden und echten Selbstbildes. Die eigene Wertschätzung ist primär abhängig von den Reaktionen anderer anstatt von den eigenen natürlichen Neigungen. Beinhaltet manchmal die Überbewertung von Status, Erscheinung, sozialer Akzeptanz, Geld oder Erfolg – um Zustimmung, Bewunderung oder Aufmerksamkeit (nicht primär Macht oder Kontrolle) zu erhalten. Führt oft zu Entscheidungen in wichtigen Lebensbereichen, die nicht authentisch oder unbefriedigend sind; oder zur Überempfindlichkeit gegenüber Ablehnung.

Übertriebene Wachsamkeit und Hemmung

(Übermäßiger Fokus auf die Unterdrückung eigener spontaner Gefühle, Impulse und Entscheidungen oder auf die Erfüllung rigider, verinnerlichter Regeln und Erwartungen bezüglich Leistung und ethischem Verhalten – häufig auf Kosten persönlichen Glücks, Selbstverwirklichung, Entspannung, enger Beziehungen oder

Gesundheit. Die Stimmung in der Ursprungsfamilie ist typischerweise grimmig, fordernd und manchmal strafend: Leistung, Pflicht, Perfektionismus, Befolgen von Regeln, Verstecken von Gefühlen und Vermeidung von Fehlern sind wichtiger als Vergnügen, Freude und Entspannung. Es herrscht oft ein Unterton von Pessimismus und Sorge – dass alles kaputt gehen könnte, wenn man nicht ständig wachsam und vorsichtig ist.)

15. Negativität/Pessimismus. Ein übergreifender, lebenslanger Fokus auf die negativen Aspekte des Lebens (Schmerz, Tod, Verlust, Enttäuschung, Zwiespalt, Schuld, Missgunst, ungelöste Probleme, potentielle Fehler, Verrat, Dinge, die schiefgehen könnten, etc.) bei gleichzeitiger Minimierung oder Vernachlässigung der positiven Aspekte. Geht normalerweise einher mit der übertriebenen Erwartung, dass die Dinge irgendwann ernsthaft schieflaufen werden (ob in beruflichen, finanziellen oder interpersonellen Bereichen) oder dass gewisse Lebensaspekte, die scheinbar gut laufen, letztendlich auseinanderbrechen werden. Beinhaltet meist die übermäßige Furcht vor Fehlern, welche zu finanziellem Ruin, Verlust, Demütigung oder dem Gefangensein in einer schlimmen Situation führen könnten. Da potentielle negative Folgen übertrieben werden, zeichnen sich diese Patienten oft aus durch chronische Sorge, Wachsamkeit, die Neigung zum Klagen oder Unentschlossenheit.

16. Emotionale Hemmung. Die übermäßige Hemmung von spontanem Verhalten, Gefühlen oder des persönlichen Ausdrucks – meist um Ablehnung, Schuldgefühle oder den Verlust der Kontrolle über die eigenen Impulse zu vermeiden. Die häufigsten Formen sind: (a) Hemmung von Ärger und Aggression; (b) Hemmung von positiven Impulsen (z. B. Freude, Zuneigung, sexuelle Erregung, Spiel); (c) Mühe, Verletzbarkeit auszudrücken oder unbehindert über eigene Gefühle, Bedürfnisse etc. zu kommunizieren; oder (d) übermäßiger Fokus auf Vernunft unter Missachtung von Emotionen.

17. Überhöhte Standards/Übertrieben kritische Haltung. Die grundlegende Überzeugung, man müsse bestrebt sein, sehr hohen verinnerlichten Ansprüchen bezüglich Verhalten und Leistung zu genügen, meist um Kritik zu vermeiden. Führt typischerweise zu Gefühlen von Druck oder Schwierigkeiten, es einmal ruhig angehen zu lassen, und zu übermäßiger Kritik sich selbst oder anderen gegenüber. Geht zwangsläufig einher mit einer massiven Beeinträchtigung bezüglich Vergnügen, Entspannung, Gesundheit, Selbstachtung oder befriedigender Beziehungen. Überhöhte Standards zeigen sich meist in Form von (a) Perfektionismus, übermäßiger Detailgenauigkeit oder der Unterbewertung eigener Leistungen; (b) starren Regeln und dem Gefühl von „Müssen" in verschiedenen Lebensbereichen, einschließlich unrealistisch hohen moralischen, ethischen, kul-

> turellen oder religiösen Grundsätzen; oder (c) übermäßiger Beschäftigung mit Zeit und Effizienz, um noch mehr bewerkstelligen zu können.
> 18. Bestrafen. Die Überzeugung, dass man für Fehler hart bestraft werden sollte. Geht einher mit einer Tendenz, wütend, intolerant, strafend und ungeduldig mit Personen (einschließlich der eigenen) zu sein, die die eigenen Erwartungen oder Standards nicht erfüllen. Beinhaltet normalerweise Schwierigkeiten, eigene Fehler oder Fehler anderer Personen zu verzeihen, aufgrund der mangelnden Bereitschaft, mildernde Umstände in Betracht zu ziehen, menschliche Unvollkommenheiten zu berücksichtigen oder mit anderen mitzufühlen.

Was sind dysfunktionale Bewältigungsstrategien?

Bewältigungsstrategien sind Mechanismen für den Umgang mit den durch die Schemata ausgelösten unangenehmen Emotionen. Es gibt drei Methoden, mit diesen Emotionen umzugehen: Erstarren, Fliehen oder Kämpfen. Das lässt sich zum Beispiel auch bei Angst und Bedrohung im Tierreich beobachten. Werden bei Menschen Schemata aktiviert, so reagieren sie mit einer dieser Methoden:

- Unterwerfung (Erstarren, schemabestätigendes Verhalten)
- Vermeidung (Flucht, schemavermeidendes Verhalten)
- Überkompensation (Kampf, dem Schema entgegengesetztes Verhalten)

Unterwerfender Bewältigungsmodus: Von Unterwerfung wird gesprochen, wenn sich der Betroffene dem Schema „ergibt" und sich so verhält, als sei das Schema wahr. Er lässt damit zu, dass andere ihn schlecht behandeln (bis hin zu Missbrauch), selbst wenn es prinzipiell in seiner Macht läge, Grenzen zu ziehen. Wer im unterwerfenden Bewältigungsmodus ist, „gehorcht" mit seinem Verhalten dem fordernden oder strafenden Elternmodus. Dieser Modus zeigt sich darin, dass man freiwillig unangenehme Aufgaben übernimmt, nicht Nein sagen kann oder sich von anderen Menschen abhängig macht. Die Unterwerfung soll möglichst reduziert werden, indem man lernt, Konflikte auszuhalten und eigene Bedürfnisse abzuwägen.

Vermeidender Bewältigungsmodus: Menschen in diesem Modus vermeiden Gefühle und Probleme, um sich nicht damit auseinandersetzen zu müssen. Sie weichen schwierigen Situationen aus oder lenken sich durch exzessives Computerspielen, Fernsehen oder Essen ab. Dazu kann auch gehören, die eigene Wahrnehmung durch Alkohol oder Medikamente zu dämpfen. Es ist wichtig, die Vermeidung zu überwinden, damit man positive Erfahrungen machen kann und wieder lernt, sich etwas zuzutrauen.

Überkompensatorischer Bewältigungsmodus: Im überkompensatorischen Bewältigungsmodus verhält man sich entgegengesetzt zu den Forderungen des Elternmodus. Das kann dazu führen, dass man sich überheblich verhält, übermäßig kontrolliert, andere Menschen manipuliert oder sogar aggressiv wird. Um die Überkompensation zu überwinden, muss man lernen, sich mit den Elternbotschaften auseinanderzusetzen und diese zu überwinden.

Diese Bewältigungsmodi sind als „Notlösungen" im weiteren Lebensverlauf oft zunehmend hinderlich, da sie die Verhaltensspielräume stark einengen und zu einer hohen, kostenintensiven Belastung führen können. Als weitere Modi lassen sich die dysfunktionalen Elternmodi und das Kindmodi sowie der Modus des gesunden Erwachsenen feststellen.

Ziel der Therapie ist es zum einen, die aktiven Schemata und Modi (Muster) zu identifizieren und biografisch einzuordnen, um so die verletzten kindlichen Grundbedürfnisse zu lindern, sowie im zweiten Schritt eine aktive Verhaltensänderung zu bewirken und den gesunden Erwachsenenmodus zu stärken und zu trainieren. Dabei kommen kognitive, emotionsfokussierte (beispielsweise Stuhldialoge, Imaginationsübungen) und behaviorale Interventionen und eine besondere, fürsorgliche therapeutische Beziehungsgestaltung (etwa Limited Reparenting) zur Anwendung.

Das verletzte, verlassene und einsame kleine Kind (der kleine Leonard) fühlt sich machtlos, hilflos, ruhelos, wertlos, abgelehnt, allein gelassen; es fühlt sich einsam, traurig/erschüttert, an die Vergangenheit erinnert, nicht wertgeschätzt. Es hat Angst zu versagen, nicht zu genügen, verlassen zu werden, enttäuscht und verletzt zu werden, nicht gesehen, ausgegrenzt oder bloßgestellt zu werden. Die eigentlichen Bedürfnisse sind dabei Nähe, Anerkennung, Wertschätzung, Bindung, Stabilität, Anerkennung der eignen Autonomie. Es möchte geliebt, auch mal gelobt werden, es möchte akzeptiert werden, sich richtig fühlen, in gewisser Weise sogar zugehörig, und es braucht Trost, Zuspruch und Vertrauen.

Das impulsive und verärgerte Kind – auch Schutzschild genannt – kommt immer dann ins Spiel, wenn das vulnerable Kind getriggert oder aufgrund seiner Bewertungsmuster provoziert wird und/oder die Bewältigungsstrategien (auch Modi genannt) nicht funktionieren. Es fühlt sich ungerecht behandelt, nicht ausreichend gesehen und wertgeschätzt, beleidigt, abgewertet und bestraft. Es handelt aus dem Gefühl heraus, aus Trotz und mitunter auch aus Verbitterung. Es hat Angst vor einem Kontrollverlust und mangelnder Empathie für das vulnerable Kind. Es hat Kopfkino und Rachegedanken, wertet andere ab. Dieses Kind hat jedoch nur eine Schutzfunktion und gerade deswegen seine Berechtigung. Dabei ist es handlungsschnell (impulsiv) und schützt vor weiterer Verletzung.

Das impulsive Kind ist auch ein Überkompensationsmodus und nennt sich dann „der aggressive Beschützer". Dieser Modus tritt immer als letztes mögliches Mittel in Kraft, schadet aber auch am meisten, weil er eben dafür sorgt, dass das Gefühl der „Wut" das Gefühl der „Traurigkeit" überlagert. In der Therapie wird diese Schutzstrategie auch Schutzschild genannt. In anderen Fachbüchern spricht man gar vom inneren Gefängnis oder vom Kerker, in dem man ein Leben lang gefangen scheint. Mein Schutzschild beschützt mich jedenfalls vor weiteren Verletzungen oder Angriffen, sprich vor Eingriffen in meine Autonomie.

Wenn ich verletzt werde, setzen Gefühle und Gedanken ein, die, wenn ich nicht achtsam bin, schnell in fordernde und strafende Glaubenssätze münden (auch dysfunktionale Elternmodi genannt), die meine Bewältigungsmodi forcieren oder weiter anstacheln. Sie lassen mich glauben, ich wäre nur dann etwas wert, wenn ich alles gebe. Die Erkenntnis „Weniger ist mehr" zählt in diesem Falle nicht. Wenn ich nichts sage, kommt umgehend der strafende Gedanke, dass ich ja was hätte sagen können und deswegen schuld bin, dass es so ist, wie es ist. Und dann fange ich erst recht an, mich zu rechtfertigen oder gar böse auszuteilen. Für Außenstehende sind diese Wutausbrüche oft nicht nachvollziehbar, eben weil sie urplötzlich aus heiterem Himmel auftreten. Aber man darf nicht außer Acht lassen, dass die Wut oft ein Ausdruck von tiefer Verletzung ist. Ein narzisstisch gestörter Mensch hat als Kind recht früh tief gehende Demütigungen erfahren, was ihm jetzt ohne therapeutische Hilfe oft keine andere Wahl lässt, als dieses oder jenes derart zu bewerten.

11.2 Warum Schematherapie?

In diesem therapeutischen Rahmen habe ich gefunden, was ich brauchte. Da begegneten mir Therapeutinnen und Therapeuten auf Augenhöhe. Sie urteilten nicht (weder Frau Semmroth-Wolter noch Frau Wiedenmann, noch mein jetziger Therapeut). Sie zeigten Verständnis und Empathie und halfen mir, zu einem besseren Selbstbild zu kommen. Dank ihnen habe ich wieder gelernt, Gefühle zuzulassen. Ich fühlte mich in diesen 50 Minuten die Woche immer relativ sicher. Ich kann jedem von Narzissmus Betroffenen nur empfehlen, diese therapeutische Erfahrung zu machen. Ihr seid es eurem inneren Kind schuldig!

Ich weiß, dass die Gesellschaft uns ein Alibi liefert, das es uns erlaubt, uns einzureden, dass wir gar nicht krank sind, da es cool sein soll, narzisstisch selbstbewusst aufzutreten, weil man dadurch ein hohes Ansehen genießt und beruflichen Erfolg hat. Wir müssen uns aber darüber im Klaren sein, dass andere unter uns leiden. Sie zeigen es nur genauso wenig wie wir, weil sie Angst haben, erneut verletzt zu werden. Ich wünsche allen Betroffenen den nötigen Erkenntnisschritt, um eine therapeutische Erfahrung in Angriff zu nehmen, aus der sie gestärkt hervorgehen und mit der auch ihr Umfeld merkt, dass sie sich positiv verändern können, wenn sie nur wollen.

Willst du wirklich als empathielos und gefühlskalt gelten, obwohl in dir drin diese große verzehrende Sehnsucht nach Anerkennung herrscht, die dein mangelndes Selbstwertgefühl und deine in der Kindheit erlittenen Verletzungen lediglich überdeckt? Die Schema-therapie und vor allem die Therapeutenbeziehung kann dir aus dieser Situation heraushelfen, ebenso wie sie mir geholfen hat. Aller Anfang ist schwer. Ich würde es nicht empfehlen, wenn ich nicht davon überzeugt wäre. Ich sage das nicht, weil ich Narzisst bin und möglichst viel Kohle verdienen, möglichst deutlich im Mittelpunkt stehen will, indem ich unnützes Wissen verbreite, sondern ich will dir helfen, genauso wie man mir geholfen hat. Wir sind alles Menschen, Kinder Gottes. Du verdienst es, geliebt und akzeptiert zu wer-den, wie jeder andere auch. Der Weg dahin ist steinig und schwer, weil er über die Selbstliebe und Selbstannahme geht. Aber vertraue mir, wenn ich das geschafft habe, schaffst du das auch. Ich glaube an dich.

Im Gespräch mit Christian Ferreira de Vasconcellos

Christian Ferreira de Vasconcellos ist praktizierender Schematherapeut in Frankfurt und einer der wenigen Menschen, die sich kritisch zum Umgang mit Trump geäußert haben. Ich finde es schade, dass die Goldwater-Regel nicht in Deutschland gilt. Zudem ging er im Gespräch im Juli 2017 insbesondere auf den Ablauf einer Therapie ein und ist eine absolute Bereicherung für dieses Buch.

> *1. Herr Ferreira de Vasconcellos, danke, dass Sie sich Zeit nehmen für dieses Interview. Mit welchen Patienten bzw. Diagnosen haben Sie am meisten zu tun?*
>
> In meiner Praxis für Psychotherapie Rodi inmitten von Frankfurt am Main (Eckenheim) habe ich es vor allem mit Patienten mit dem Störungsbild einer affektiven Störung (insbesondere unipolare Depression), einer Angststörung, somatoformen Störungen, aber auch mit Persönlichkeitsstörungen bzw. -akzentuierungen zu tun. Ich behandle sowohl Erwachsene als auch Kinder und Jugendliche und deren Eltern im Einzel- und Gruppensetting sowie Paare.
>
> *2. Haben Sie schon mit einer narzisstischen Persönlichkeit eine Therapie gemacht? Wenn ja, wie waren Ihre Erfahrungen?*

Ja, es wenden sich auch immer wieder Patienten mit der Diagnose einer narzisstischen Persönlichkeitsstörung an mich, teils vordiagnostiziert, teils nicht. Wobei ich ganz klar sagen möchte, dass ich mit der „Neuvergabe" einer Persönlichkeitsstörungsdiagnose sehr zurückhaltend bin, da dies oft zu einer Stigmatisierung führt. Auf der anderen Seite kann die Vergabe einer Persönlichkeitsdiagnose bei dem Betroffenen selbst zu einer deutlichen Entlastung führen. Der Betroffene weiß dann, „was er hat", und kann sich durch die Erklärungen bzw. die vermittelten Informationen und das Wissen über die Persönlichkeitsstörung (Psychoedukation), das heißt über die Ursachen und die Entstehung, aber auch die Behandlungsmöglichkeiten, besser verstehen und Zuversicht schöpfen. Meiner Erfahrung nach profitieren Menschen mit der Diagnose narzisstische Persönlichkeitsstörung bzw. -akzentuierung sehr von einer schematherapeutischen Behandlung, da diese auch die hinter der Bewältigungsform „narzisstische Selbstüberhöhung" liegenden Modi, vor allem das verletzbare/vulnerable Kind, berücksichtigt. Ich denke, dass genau dem Zugang zum und der Versorgung dieses Modus eine zentrale Bedeutung in der Behandlung zukommt. Wenn dies gelingt, kann die Therapie als sehr heilvoll und effektiv erlebt werden. Zudem erlebe ich es als immens wichtig und hilfreich, dass die Schematherapie die therapeutische Beziehung in den Fokus rückt. Patienten mit einer narzisstischen Persönlichkeitsstörung haben oft sehr negative (Beziehungs-)Erfahrungen gemacht, und im Rahmen des Limited Reparenting ist es innerhalb der Schematherapie möglich, hier wieder einiges zu „reparieren".

3. Wie nehmen Sie Narzissten die Angst vor dem Schmerz?

Ich als Schematherapeut arbeite vor allem an und mit der therapeutischen Beziehung. Das bedeutet, dass ich im ersten Schritt der Behandlung darauf achte, eine vertrauens- und verständnisvolle Atmosphäre herzustellen, unter anderem indem ich dem Patienten gegenüber sehr transparent, offen und wohlwollend bin und ihm seine Zeit gebe, sich zu öffnen. Auch die Ressourcenarbeit, die besonders in der schematherapeutischen Arbeit mit Kindern und Jugendlichen so existenziell ist, im Erwachsenenbereich leider manchmal etwas zu kurz kommt, nutze ich, um den Patienten, vor allem zu Beginn der Therapie, aber auch fortführend, zu stärken, sodass die im zweiten Schritt notwendige Auseinandersetzung mit dem Schmerz bzw. den Kränkungen gut gelingen kann. Die Patienten erleben dann in der nächsten Phase, vor allem durch die sogenannte Imaginationsarbeit, eine deutliche Entlastung, da der Schmerz bzw. die schmerzvollen Erfahrungen validiert, wertgeschätzt und im nächsten Schritt durch heilvolle positive Bilder überschrieben werden können.

4. Wie wird Ihrer Meinung nach Schematherapie in Deutschland angenommen?

Aus meiner Sicht und Erfahrung wird die Schematherapie in Deutschland sehr gut angenommen, was meines Erachtens daran liegt, dass sie einen dankbaren multimodalen Therapieansatz sowohl auf Patienten- als auch auf Therapeutenseite darstellt. Die Verbindung aus Ansätzen der Bindungstheorie, der Transaktionsanalyse, der interpersonellen Modelle, humanistisch-erfahrungsorientierter Verfahren, tiefenpsychologisch- und psychodynamischer Modelle, aus Ego-State- und Inneres-Team-Arbeit und der klassischen kognitiven Verhaltenstherapie öffnen im Rahmen der Schematherapie bisher so noch nicht da gewesene Möglichkeiten und Ressourcen – ein Potpourri effektiver und wirkungsvoller Behandlungsmethoden. Auch die Vielzahl an Publikationen und Ausbildungs- bzw. Weiterbildungsmöglichkeiten führt dazu, dass die Schematherapie nicht nur ein kurzfristiger Trend, sondern eine stabile langfristige Therapieform bildet, auch wenn es weiterer Forschung und Studien bedarf. Zudem sprechen die weiter ansteigende Nachfrage an Schematherapieplätzen und die niedrige Abbruchquote für sich. Ich freue mich immer wieder, wenn ich im Rahmen meiner Supervisions- und Dozententätigkeit wissbegierigen und neugierigen angehenden Schematherapeuten diese tolle Therapieform näherbringen kann. Auch den Austausch unter Schematherapeutenkollegen schätze ich sehr, trägt er doch zur Weiterentwicklung der Schematherapie bei.

5. Donald Trump wird aus der Ferne von vielen Menschen (teilweise auch von Psychiatern und Psychologen) als Narzisst bezeichnet, obwohl es die Goldwater-Regel gibt. Was halten Sie von Ferndiagnosen allgemein? Ab wann ist jemand für Sie ein Narzisst?

Ich persönlich halte nichts von vorschnellen Ferndiagnosen. Wie bereits oben erwähnt, halte ich mich bei der „Neuvergabe" von Persönlichkeitsstörungen sehr zurück, da dies sehr schnell zu großem Schaden bei dem Betroffenen und in seinem Umfeld führen kann. Innerhalb der Probatorik (erste fünf Kennenlern- und Diagnostiksitzungen) führe ich ein ausführliches standardisiertes Persönlichkeitsinterview auf der Basis eines Persönlichkeitsfragebogens durch. Zudem kann ich in dieser Phase einen ersten klinischen Eindruck gewinnen. Bei der Vergabe einer narzisstischen Persönlichkeitsstörung gibt es feste Kriterien, dabei müssen mindestens fünf der neun Kriterien des ICD-10 (Internationale statistische Klassifikation der Krankheiten und verwandter Gesundheitsprobleme) erfüllt sein.

6. Wie motivieren Sie Ihre Patienten in Krisenzeiten, weiterhin ihr Modustagebuch zu führen oder sich an den Modusnotfallplan zu halten?

Besonders in Krisenzeiten ist die Arbeit mit den genannten Arbeitswerkzeugen sehr wichtig und zwingend notwendig, da genau sie dazu dienen, die Krise zu verstehen (Klärungsphase) und dann die notwendigen Schritte (Veränderungsphase) einzuleiten. Dieses Wissen vermittle ich dem Patienten sehr transparent auf einer Metaebene, um die Compliance zu erhöhen. Auch der gemeinsame Blick auf das Modustagebuch schafft eine gute Arbeitsbeziehung mit dem Patien-

> ten, da wir beide als Team auf die Situationen und Modi schauen können, um im zweiten Schritt hilfreiche und effektive Tools für den Modusnotfallplan zu eruieren. Dies erlebt der Patient meist als sehr wertschätzend, entlastend und heilsam, was ihn in seiner Selbstwirksamkeitserwartung stärkt.

11.3 Schematherapie: Ablauf und therapeutische Beziehung

von Eckhard Roediger

Ablauf der Schematherapie

Zu Beginn der Therapie können mittels Fragebögen die verschiedenen Schemata und Bewältigungsversuche erfasst werden. Diese Schemakonstellation kann in einer sachlichen Arbeitshaltung besprochen und ein erstes Störungsmodell gedanklich entwickelt werden. Bildlich gesprochen hängen damit Garderobehaken an der Wand, an die später aktivierte Schemata „gehängt" werden können.

Dann benennt der Patient Situationen, in denen er übermäßig stark (oder auch auffallend wenig) emotional aktiviert war. Diesen Aktivierungszustand nennt man einen Modus. Entscheidend ist dabei die Differenz zwischen der in dieser Situation eigentlich zu erwartenden und der tatsächlichen Reaktion. Diese Differenz ist auf die beteiligten Schemaaktivierungen zurückzuführen und erklärt sich nicht aus der Auslösesituation. Daniel Goleman spricht vom „emotionalen Hijacking", wenn die Schemata das aktuelle Leben gewissermaßen wie ein Flugzeugentführer „kapern". Beispielsweise kann durch Imaginationsübungen das dahinterstehende Kindheitserleben wieder aktiviert werden. Dann fällt es den Patienten leichter, sich von den aktivierten Emotionen zu distanzieren. Wenn das Eindringen alten Erlebens in die Gegenwart durchschaut ist, können – anfangs gemeinsam mit den Therapeuten – neue Lösungsmöglichkeiten aus der Sicht des gesunden Erwachsenen entwickelt und in einem Formblatt (Schema-Memo) im Bewusstsein als Lösungsalternative verankert werden.

Diese neuen Muster können dann in ähnlichen Situationen bewusst von der Hirnrinde (dem Cortex) aus aktiviert werden und in einem inneren Dialog die automatisierten alten Bewältigungsversuche hemmen (sog. „cortical override"). Dadurch wird ein neues Verhalten möglich. Die alten Schemata bleiben im Hintergrund aber erhalten und können zu Verhaltensrückfällen führen, wenn die bewusste Handlungskontrolle nachlässt (etwa bei starker gefühlsmäßiger Aktivierung, bei Müdigkeit, im Alter oder nach dem Konsum von Drogen). Durch Üben der neuen Verhaltensweisen werden diese aber immer besser gebahnt und laufen zunehmend automatischer ab, was durch das Führen eines Schematagebuches unterstützt werden kann. Dadurch wird im Alltag eine gewisse Achtsamkeit aufrechterhalten.

Therapeutische Beziehung in der Schematherapie

Zu Therapiebeginn ist zunächst ein wertschätzender Beziehungsaufbau notwendig, indem das Verhalten des Patienten als der bisher bestmögliche Lösungsversuch anerkannt wird, der mit therapeutischer Hilfe optimiert werden kann. Das mindert das Schamgefühl und die Demoralisierung und aktiviert die Hoffnung auf einen Weg zur Besserung. Wenn Problemverhalten gezeigt wird spricht das der Therapeut einfühlsam-konfrontierend an und setzt nachvollziehbar Grenzen, in dem er seine eigenen Gefühle und Bedürfnisse einbringt. Damit übernimmt der Therapeut eine Funktion, die in der Kindheit die Eltern hatten, nämlich grundsätzlich wertzuschätzen und zu unterstützen, aber auch nachvollziehbare Grenzen zu setzen und maßvoll zu fordern, um das Kind angemessen auf die Bewältigung von Schwierigkeiten im Leben vorzubereiten. Unterstützung (engl. „reparenting") und Grenzsetzungen (engl. „limit setting") müssen dabei flexibel ausbalanciert werden. Daher spricht man von „begrenzter Nachbeelterung" (engl. „limited reparenting"). „Beeltert" der Therapeut zu stark, macht er die Patienten von sich abhängig. Irgendwann wird er dann ärgerlich, weil die Therapie nicht vorangeht. Aber auch bei Grenzsetzungen bleibt der Therapeut verständnisvoll, das heißt empathisch konfrontierend. Denn wenn der Therapeut den Patienten überfordert, geht es diesem schlechter, und der Therapeut bekommt Schuldgefühle. Er benennt die aktuellen emotionalen Aktivierungen und führt den Patienten aus dem Erlebens- in den Reflexionszustand. Dort kann das Erleben verstanden und neu darauf reagiert werden. Im Therapeuten haben die Patienten ein Modell, an dem sie sich orientieren und mit dessen Hilfe sie die neuen Lösungsstrategien mehr und mehr verinnerlichen können, bis in ihnen selbst ein „gesunder Erwachsener" aufgebaut ist.

11.4 Therapeutische Erfahrungen mit Narzissten

Heutzutage wartet man gut und gerne ein halbes Jahr oder länger, ehe es mit einer ambulanten Psychotherapie losgehen kann. Viele Menschen, die Therapie brauchen, suchen manchmal sogar noch länger und warten entsprechend lange Zeit auf einen Platz bei einem geeigneten Therapeuten. Mein Glück war, dass ein anderer Patient ein Vorgespräch absagte und Herr Asmussen sich an unser erstes Telefonat erinnerte, das zwei Tage davor stattgefunden hatte. Er rief mich an und schlug mir den Termin vor. Als wir uns gegenübersaßen, stellten wir sehr schnell fest, dass die Chemie stimmte und wir beide uns eine Zusammenarbeit vorstellen konnten. Er sagte aber auch, dass ich bis zu drei Monate warten müsse. Letzten Endes waren es nicht einmal drei Wochen. Er rief mich an und meinte, er wolle nicht so lange warten und wir könnten bereits am nächsten Tag loslegen. Auch bei meinen beiden vorherigen ambulanten Therapeuten Sellmeyer und Loy musste ich nicht länger als sechs Wochen warten. Ich hatte also wieder Riesenglück. Und dass die Chemie stimmte, machte das Glück vollkommener.

Nicht alles, was in Ratgebern über die Beziehung von einem Narzissten zu seinem Therapeuten geschrieben steht, ist zutreffend. Sicher gibt es die grandiosen Narzissten, die in ihrem Selbsthass gefangen sind und stetig von sich abzulenken versuchen, indem sie ihren Therapeuten manipulieren und diesen als Projektionsfläche benutzen, um bloß keine Schwäche zeigen zu müssen. Aber nicht alle Therapien verlaufen nach dem gleichen Muster.

Pauschalisierungen zählen zum Ablenkungszwang der Gesellschaft. Über andere reden ist so viel einfacher, als sich mit sich selbst zu befassen. Leidtragende sind dann immer die „Ehrlichen", die anders sind und sich auch noch dafür rechtfertigen müssen, weil sie sich nicht der Normopathie der Gesellschaft unterordnen. Sie sind schon immer anders gewesen. Ich bin schon immer anders gewesen. Und dann hieß es: „Du bist kein Narzisst", oder: „Narzissten sind anders." Ja, Scheiße aber auch, liebe Leute: Findet euch damit ab. Ich bin anders, und ihr könnt nichts dagegen machen. Wie fühlt es sich für euch an? Seid ihr neidisch? Ich mache Therapie und stelle mich meinen Schmerzen. Und was macht ihr?

Im Folgenden lasse ich einige Psychologinnen und Psychologen bzw. Psychotherapeutinnen und -therapeuten zu Wort kommen, die ich zu ihren Erfahrungen mit Narzissmus und narzisstischen Patienten befragt habe. Vielleicht vermag dies mit dem hartnäckigen Gerücht aufzuräumen, Narzissten wären untherapierbar oder größtenteils nicht krankheitseinsichtig. Die Interviews wurden alle im August 2017 via E-Mail geführt, mit Bianca Olesen habe ich zudem im Vorfeld telefoniert. Dr. Bodo Unkelbach ist der einzige forensische Psychiater, der sich in diesem Buch geäußert hat, was den Einblick in seine Arbeit umso wertvoller macht.

Im Gespräch mit Prof. Dr. Dr. Thomas Schnell

1. Mit welchen Krankheitsbildern haben Sie vorrangig zu tun und welche Therapieform bieten Sie konkret an?

Wenig Vorselektion, dennoch melden sich viele Menschen mit Persönlichkeitsstörungen, komplexer Posttraumatischer Belastungsstörung und dissoziativen Störungen. Als Therapieform biete ich kognitive Verhaltenstherapie an, bei Störungen der Affektregulation vor allem die Dialektisch-Behaviorale Therapie (DBT). Bei schwer traumatisierten Menschen arbeite ich sowohl stabilisierend als auch konfrontierend, wobei die Phase der Stabilisierung so kurz wie möglich ist. Methodisch bevorzuge ich die Traumatherapie der DBT, zudem die IRRT (Smucker) und die CPT (Resick).

2. Wie wichtig ist bei Ihnen die Probatorik? Worauf legen Sie in Ihrer Beziehung und im Beziehungsaufbau zu Ihren Patienten gesteigerten Wert?

Ich finde die Probatorik sehr wichtig, und ich finde es daher ungünstig, dass diese Therapiephase von fünf auf vier Stunden verringert wurde. Die Kürzung verleitet dazu, zu früh mit dem „Therapieren" zu beginnen, ohne zuvor ausreichend geklärt zu haben, was beim Patienten alles therapeutisch relevant ist, und ohne die Therapieziele adäquat zu formulieren. Die Qualität der Probatorik ist sicherlich mit entscheidend dafür, wie gut die nachfolgende Therapie funktioniert.

(Anmerkung des Autors: Ich hoffe, dass irgendein Entscheider der Krankenkassen dieses Interview liest. Fünf Stunden sind wichtig!)

3. Haben Sie schon mit einer narzisstischen Persönlichkeit eine Therapie gemacht? Wenn ja, wie waren Ihre Erfahrungen?

Ja, mehrere. Die Erfahrungen waren gemischt. Es gab Abbrüche seitens der Patienten und auch gute Therapien. Mein Eindruck ist, dass die Therapie umso besser klappt, je „erfolgreicher" der Patient in seinem Alltag zurechtkommt. Denn dann gibt es realistische Ressourcen, die man auch aktiv benennen und fokussieren kann und auf denen aufzubauen ist. Bei den sogenannten „erfolglosen" Narzissten, die im Leben also weitgehend gescheitert sind, ist es hingegen sehr schwierig, sich mit relevanten Themen zu befassen, ohne dass die Kränkung durch die Realität so ausgeprägt ist, dass die Behandlung vom Patienten beendet wird.

4. Donald Trump wird aus der Ferne von vielen Menschen (teilweise auch von Psychiatern und Psychologen) als Narzisst bezeichnet, obwohl es die Goldwater-Regel gibt. Was halten Sie von Ferndiagnosen allgemein? Ab wann ist jemand für Sie ein Narzisst?

Ich würde zwischen narzisstischer Persönlichkeitsstruktur und narzisstischen Störungen unterscheiden. Nicht pathologischer Narzissmus kann ja sogar eine Ressource sein und beispielsweise vor Depressionen schützen. Pathologischer Narzissmus liegt hingegen vor, wenn Betroffene nicht mehr zurechtkommen, beruflich, in ihren Beziehungen … Dabei muss keine Einsicht der Betroffenen bestehen, es reicht schon, wenn sie darunter leiden, dass andere Menschen reihenweise wegrennen, sobald sie in ihre Nähe kommen.

Was Trump betrifft: Ich bin gegen Ferndiagnosen. Manchmal bieten Menschen jedoch auch auf Entfernung so viele relevante Signale oder Kriterien für eine Diagnose, dass man sich relativ sicher sein kann. Bei Trump würde ich sagen, er verkauft sich durchaus so, wie ein Narzisst und/oder ein dissozial gestörter Mensch (jeweils erfolgreich) auftreten würde. Dennoch würde ich aufgrund der Ferne nicht ausschließen, dass ich mich irre …

5. Was halten Sie von der Aussage, wie man sie auf vielen „Opferseiten" vorfindet, dass Narzissten nicht therapierbar seien? Was glauben Sie, wie die Menschen auf diese Argumentation kommen?

Narzissten sind sicherlich schwierig zu therapieren. Aber nicht therapierbar ist sicherlich falsch. Erfolglose Narzissten können einen Therapieerfolg allerdings durchaus teils unmöglich machen, während erfolgreiche Narzissten recht gut behandelbar sind.

Das Urteil der Nichttherapierbarkeit ist vielleicht Selbstschutz? Wenn man immer wieder scheitert in der Therapie, ist es leichter zu sagen, der Patient ist schwierig, als den Fehler bei sich selbst zu suchen.

6. Bei Menschen mit Persönlichkeitsstörungen ist die Abbruchquote hoch. Wie motivieren Sie Ihre Patienten, auch in Krisenzeiten oder bei Konflikten an der Therapie teilzunehmen?

Indem ich darauf hinweise, dass Krisen immer endlich sind.

Im Gespräch mit Dipl.-Psychologe Thomas Krieg

1. Herr Krieg, danke für das Interview. Mit welchen Krankheitsbildern haben Sie vorrangig zu tun?

Ich arbeite einzelpsychotherapeutisch vor allem mit Ängsten, Zwangs- und Traumaspektrumserkrankungen und im Gruppensetting viel im anliegenorientierten Therapiesetting. Im Coachingbereich habe ich oftmals Klienten mit Aufträgen im Bereich der Selbstfürsorge, Potenzialentwicklung sowie systemischen Betrachtungen. Allgemein auch viel biografisches, handlungsorientiertes Aufarbeiten.

2. Wie wichtig ist bei Ihnen die Probatorik? Worauf legen Sie in Ihrer Beziehung zu Ihren Patienten gesteigerten Wert?

Seit der Richtlinienreform gibt es ja neben der Probatorik auch noch die Sprechstunde. Da kann man inzwischen vielfach bereits klar einschätzen, ob eine Indikation besteht. Allgemein achte ich in der Probatorik zum Ersten darauf, dass es vom Richtlinienverfahren passt – in meinem Falle also darauf, ob verhaltenstherapeutisches Arbeiten sinnvoll ist. Zum Zweiten schaue ich auch, dass es menschlich passt. Ohne eine tragfähige Beziehung kommt es eigentlich erst gar nicht in die Antragsphase.

Worauf ich „gesteigerten Wert" lege, ist schwer einzugrenzen. Das sind ganz individuelle Themen und Prozesse, die da passieren. Beispielsweise ob ich emotional mitgehen kann, ob ich das Erzählte gut verstehen kann, schließlich spielen aber auch das Feedback und die Einschätzung des Patienten eine Rolle.

3. Haben Sie schon mit einer narzisstischen Persönlichkeit eine Therapie gemacht? Wenn ja, wie waren Ihre Erfahrungen?

Ich hatte schon mehrere Patienten mit einer narzisstischen Störung oder Persönlichkeitsstruktur. Wie alle Klienten mit Persönlichkeitsstörungen muss man von längeren Prozessen ausgehen und dem Patienten Raum für die eigene Dynamik geben. Bei Narzissten ist das eben oft erst einmal die Abwertung, die das Arbeiten zunächst nicht so schön macht, wie es mit anderen Klienten ist. Versteht man aber die entsprechende Funktionalität und kann man die Gefühle dahinter herausarbeiten und gemeinsam benennen, wird es doch auch hier ein guter Prozess. Insgesamt habe ich mit Narzissten auch viele gute Erfahrungen gemacht und bin – anders als andere Kollegen – am Ende von Behandlungen auch nie schrecklich abgewertet worden.

Was viele nicht wissen, ist, dass es ja auch im narzisstischen Bereich nicht nur den grandiosen Narzissten gibt, sondern auch vulnerable Narzissten, erfolglose Narzissten, maligne Narzissten, High-Functioning-Narzissten. Auch unterscheidet sich der männliche vom weiblichen Narzissmus, und es gibt viele kulturelle Einflussfaktoren. Das spielt in der Therapie natürlich alles eine Rolle, denn auch hier behandle ich ja nicht die Störung an sich, sondern den Menschen mit der Störung. Diese wirkt sich bei Persönlichkeitsstörungen eben vor allem auf die Beziehungen aus. Je nachdem, um welchen Typus Narzisst es sich handelt, sind dann auch der Auftrag und das Arbeiten extrem unterschiedlich. Bei High-Functioning-Narzissten kann es eben echt mühselig sein, da diese einen hohen Krankheitsgewinn haben.

4. Donald Trump wird aus der Ferne von vielen Menschen (teilweise auch von Psychiatern und Psychologen) als Narzisst bezeichnet, obwohl es die Goldwater-Regel gibt. Was halten Sie von Ferndiagnosen allgemein? Ab wann ist jemand für Sie ein Narzisst?

Rein diagnostisch kann man eine Persönlichkeitsstörungsdiagnose natürlich nur im direkten Kontakt und auch nur nach eingehender Anamnese der Biografie machen. Dazu kenne ich die Biografie von Herrn Trump zu wenig. Einige

Merkmale und Verhaltensweisen aus Interviews können allerdings auf einen akzentuierten Stil hinweisen – mehr kann ich dazu nicht sagen.

Wie bei allen Störungen gibt es wie gesagt auch bei Narzissten ein Spektrum. Das fängt beim Persönlichkeitsstil an, der so erst einmal normal ist, und geht bis zur rigiden Persönlichkeitsstörungen. Wenn Personen ihren Stil und ihre Verhaltensweisen tatsächlich willentlich wenig umstellen können und wenig anpassungsfähig sind, liegt zumindest der Verdacht auf eine Störung sehr nahe.

5. Was halten Sie von der Aussage, wie man sie auf vielen „Opferseiten" vorfindet, dass Narzissten nicht therapierbar seien, und was glauben Sie, wie die Menschen auf diese Argumentation kommen?

Das kommt, wie gesagt, auf den Typus des Narzissten an und auf die allgemeine Motivation. Erst mal finde ich die Bezeichnung „auf vielen Opferseiten" an der Stelle schwierig, denn auch Personen mit narzisstischen Stilen und Störungen sind ja nicht per se alle Täter. Das ist so, als würde man sagen, alle Italiener können gut kochen. Sehr allgemein und nicht zutreffend.

6. Bei Menschen mit Persönlichkeitsstörungen ist die Abbruchquote hoch. Wie motivieren Sie Ihre Patienten, auch in Krisenzeiten oder bei Konflikten an der Therapie teilzunehmen?

Ich arbeite von den ersten Stunden an sehr transparent und auch konfrontativ. Viele Patienten sagen mir, dass sie das erst einmal brüskierend finden, aber ich sehe es als meinen Auftrag, meine Hypothesen zu formulieren und im Rahmen des kooperativen Arbeitsbündnisses auch direkt anzusprechen. Tatsächlich habe ich da auch mit Persönlichkeitsgestörten gute Erfahrungen gemacht und Diagnosen und Hintergründe oft gut vermittelt bekommen. Insofern würde ich da immer zur Offenheit, Ehrlichkeit und einem Arbeiten auf Augenhöhe raten. Wie bei allen anderen Patienten auch.

Im Gespräch mit der Gestalttherapeutin Bianca Olesen

1. Liebe Frau Olesen, danke für das Interview. Mit welchen Krankheitsbildern haben Sie vorrangig zu tun und welche Therapieform bieten Sie genau an?

Ich bin Gestalttherapeutin. Gestalttherapie ist ein experimenteller Ansatz, sodass ich die vielen Methoden und Interventionen, die ich im Verlauf meiner beruflichen Weiterentwicklung kennengelernt habe, nutzbringend einfließen lassen kann. Ziel ist es, Kontakt, also authentische Begegnung zu ermöglichen – in der therapeutischen Beziehung und auch zwischen inneren und äußeren Anteilen des Klienten.

Als Gestalttherapeutin stimme ich nicht mit dem Konzept der „gesicherten Diagnose nach ICD-10/DSM-IV" überein, wie ich gern an anderer Stelle weiter ausführe. Gleichwohl erkenne ich seine Notwendigkeit für das öffentliche Gesundheitssystem an. Daher beantworte ich Ihre Frage nach den Krankheitsbildern in meiner Praxis lieber so: Mich suchen Menschen auf, die mit Zuständen von Erschöpfung und einer Unfähigkeit, daran etwas zu ändern, beschäftigt sind, wobei der Leidensgrad unterschiedlich stark ausgeprägt sein kann. Unzufriedene Menschen suchen hier auch Unterstützung, ob sie nun die vermeintliche Ursache ihrer Unzufriedenheit kennen oder nicht, um in größerer Zufriedenheit wieder zu gehen. Ebenso Menschen mit Schmerzerleben ohne Besserung und nicht zuletzt Menschen mit Beziehungsschwierigkeiten, gleichviel ob sie sich oder den/die anderen als den „Verursacher" der Beziehungsschwierigkeiten identifiziert haben. Und nicht zuletzt Menschen, die den Wunsch haben, sich zu entwickeln, zu wachsen, ihr authentisches Selbst (wieder) zu finden. Auch viele Paare suchen Unterstützung dabei, wieder miteinander in Kontakt zu kommen.

2. Wie wichtig ist bei Ihnen die Probatorik? Worauf legen Sie in Ihrer Beziehung zu Ihren Patienten gesteigerten Wert?

Als Gestalttherapeutin sehe ich meine Klienten nicht als auf eine bestimmte Weise krank oder gestört an, sondern ich lasse mich in jedem Moment wieder auf eine „Hier-und-jetzt-Diagnose" ein, nehme also phänomenologisch wahr, was sich gerade beim Klienten und zwischen uns in unserer therapeutischen Begegnung zeigt. Gleichwohl schließt das nicht den Blick von der Metaebene aus, auf dem ich alle Beobachtungen und Erfahrungen mit einem Klienten in übergeordnete, der Gestalttheorie entsprechende Strukturen einordne. Das ist wichtig, um mich nicht als Mensch, der ich nun einmal bin, in die neurotischen, maladaptiven Beziehungsmuster des Klienten verwickeln zu lassen. Gestalttherapie ist in diesem Sinne ein andauerndes Hin- und Herschwingen zwischen Probatorik und therapeutischem Prozess.

Und darauf lege ich auch Wert: immer wieder eine authentische und gleichzeitig professionell therapeutische Beziehung anzubieten, denn das ist kein Widerspruch. Und aus dem momentanen Erleben des Klienten im Sinne der Gestalttherapie unterstützende Experimente anzubieten, um meinen Klienten echtes Erleben, Lebendigkeit und damit neue Erfahrungen zu ermöglichen, anstatt im Darüber-Sprechen zu erstarren. Und nicht zuletzt: anstatt „Leistungsansprüche" an meine Klienten zu stellen, zum Beispiel bestimmte Therapieziele zu erreichen, vielmehr das verletzte Kind in meinen Klienten zu sehen und ihm liebevoll zu begegnen und dem Klienten damit neue, erfüllendere und gesündere Beziehungserfahrungen zu ermöglichen, die sich dann in dessen Alltag ausweiten können.

3. Haben Sie schon mit einer narzisstischen Persönlichkeit eine Therapie gemacht? Wenn ja, wie waren Ihre Erfahrungen?

Ich hatte und habe Klienten mit weniger und stärker ausgeprägten narzisstischen Reaktionen und Verhaltensmustern. Nach meiner Erfahrung brauchen

Klienten mit starken Persönlichkeitseinseitigkeiten vor allem ein stabiles, authentisches und klares Beziehungsangebot von einem Gegenüber, das sich selbst genauso ernst nimmt und wertschätzt wie den Klienten. Im Sinne dieses Beziehungsangebotes lege ich als Therapeutin in der Begleitung rigider Persönlichkeiten besonderen Wert auf die professionelle Reflexion meiner Arbeit. Sie bringt mich immer wieder in Frust, Ärger oder Resignation, kurz: an meine Grenzen, und dafür brauche auch ich Unterstützung.

Und um Menschen mit rigiden Denk-, Fühl- und Verhaltensmustern neue Erfahrungen zu ermöglichen, bedarf es deutlich mehr Zeit als in Therapieprozessen persönlichkeitsflexiblerer Klienten (wir sprechen hier von mehreren Jahren), genauso wie eines unerschütterlichen Zutrauens des Therapeuten und der Bereitschaft beider, den Rückfällen und dem Scheitern liebevoll zu begegnen und weiterzugehen.

4. Donald Trump wird aus der Ferne von vielen Menschen (teilweise auch von Psychiatern und Psychologen) als Narzisst bezeichnet, obwohl es die Goldwater-Regel gibt. Was halten Sie von Ferndiagnosen allgemein? Ab wann ist jemand für Sie ein Narzisst?

Um es kurz zu sagen: Ferndiagnosen taugen in meinen Augen für den therapeutischen Kontext nicht, weil sie dem anderen ohne die direkte Begegnung nicht gerecht werden können. Gleichwohl „ferndiagnostizieren" wir alle – im Restaurant die Gäste neben uns, im Wartezimmer die anderen Patienten, auf der Feier die neue Freundin des Ex-Partners usw. Das kann ein Ausdruck von Minderwertigkeit sein („Ich verachte dich, um mich besser zu fühlen"), ein sinnvoller Schutzmechanismus („Du bist mir suspekt, dich meide ich lieber!") oder einfach der Ausdruck der menschlichen Eigenschaft, in Schubladen zu denken, um schnell, effizient und sicher durchs Leben zu kommen. Ich werde mir meine Ferndiagnosen also nicht abgewöhnen (können), aber ich schiebe sie im professionellen Kontext als durchschaute Ferndiagnose zur Seite, um mich wertungsfrei auf den Klienten einlassen zu können.

Und zur letzten Frage: Den Narzissten gibt es in meinen Augen nicht, sondern vielmehr Menschen, die weniger oder mehr narzisstisch reagieren. Und unter einer narzisstischen Reaktion verstehe ich schließlich den Moment einer maskierten Begegnung. Das ist ein nicht authentisches Dasein im Rollenspiel, also eine neurotische, maladaptive Reaktion, die, und das ist entscheidend für die narzisstische Reaktion, so weit weg ist vom authentischen Impuls des Organismus, dass der Betroffene seines organismischen Impulses gar nicht mehr gewahr wird. Er agiert also aus einer selbstüberhöhenden oder selbsterniedrigenden Maske heraus, die er aufgrund der frühen mangelnden Spiegelung, Ignoranz oder sogar Ablehnung seines authentischen Selbst heraus zum Gefallen der Bezugspersonen und damit zur Sicherung der Bindung als Ersatzselbst entwickelt hat – so früh, dass er sich selbst darüber „vergessen" hat und auch die körperlichen und emotionalen Reaktionen des authentischen Selbst (die in der Therapie oft den Weg zum authentischen Selbst aufzeigen) nicht mehr bewusst wahrnimmt.

5. Was halten Sie von der Aussage, wie man sie auf vielen „Opferseiten" vorfindet, dass Narzissten nicht therapierbar seien, und was glauben Sie, wie die Menschen auf diese Argumentation kommen?

Ich will einfach nicht glauben, dass jemand seinen Weg in ein glücklicheres Leben nicht mit Unterstützung finden könnte. Nicht nur als Gestalttherapeutin, sondern auch als Mensch. Aber ich kenne die Erfahrung, von narzisstischen Reaktionen so an meine Grenzen gebracht zu werden, dass ich aufgeben möchte. Oder mich wehren. Und ich kenne die Ohnmacht, die sich ausbreitet, wenn das eigene Tempo, der eigene Weg und Anspruch und die eigenen Ziele nicht mit denen des anderen übereinstimmen, gleich ob im professionellen oder im privaten Kontext. Wenn man als Therapeut, Partner, Freund oder in anderen Beziehungen den narzisstischen Reaktionen des anderen immer wieder nur mit Liebe, Geduld, Zuversicht und der Bereitschaft, auszuhalten und zuzutrauen, begegnen kann. Ob als Therapeutin oder im Privaten: Zuletzt muss das Gegenüber eines narzisstisch reagierenden Menschen immer wieder ehrlich hinschauen, ob es noch aushalten kann und will.

„Narzissten sind nicht therapierbar" meint in meinem Verständnis daher: „Ich konnte/wollte nicht mehr." Und das ist auch okay. (Es wäre schön, es auch so zu benennen und den anderen gut „sein zu lassen".) Dann braucht der narzisstisch Reagierende einen neuen Platz für seine Entwicklung. Wenn das allerdings dem narzisstisch Reagierenden vorgeworfen wird, wenn er als Täter abgeurteilt wird, dann zeigt sich darin meines Erachtens vor allem der andere in seiner Verletzung, seinem Schutz durch Verachtung sowie seinem Widerstand gegen die Ohnmacht.

6. Bei Menschen mit Persönlichkeitsstörungen ist die Abbruchquote hoch. Wie motivieren Sie Ihre Patienten, auch in Krisenzeiten oder bei Konflikten an der Therapie teilzunehmen?

Indem ich ihnen weiterhin eine wertungsfreie, authentische Beziehung anbiete und ihnen in der Haltung begegne, dass „Scheitern" okay ist und sie nicht etwas (gar für mich) erreichen oder schaffen müssten. Indem ich ihnen die Erfahrung ermögliche, dass Auseinandersetzung in einer Beziehung auf Augenhöhe ungefährlich und sogar fruchtbar ist und „es hinterher gut ist", dass ich in diesem Sinne bleibe. Das kann aber nicht immer Kränkung und Verletzung des Klienten verhindern, und manch einer bricht eben ab. Und findet dann einen neuen Platz. Und das ist auch gut so, genau so, wie ein Kind irgendwann das Haus der Eltern verlässt. Wenn ein Klient also abbricht, lasse ich ihn im Guten, als guten Menschen gehen.

Interview mit Dr. Bodo Karsten Unkelbach

1. Lieber Herr Dr. Unkelbach, danke für das Interview. Mit welchen Krankheitsbildern haben Sie vorrangig zu tun?

Als Leiter einer suchtmedizinischen Klinik kommen Patienten aufgrund einer Suchtproblematik zu mir. Das häufigste Problem ist die Alkoholabhängigkeit. Die meisten Patienten leiden an einer weiteren psychiatrischen Erkrankung, oder sie sind abhängig geworden, um dem Ausbruch einer anderen seelischen Erkrankung zuvorzukommen. Beispielsweise sehen wir oft chronisch unzufriedene Menschen, die mittels Alkohol über längere Zeit ihr Stimmungstief ausgleichen können. Entwickeln sie bei übermäßigem Alkoholkonsum eine Abhängigkeit, dekompensiert das Gleichgewicht in einer Belastungssituation. Dann kommen Patienten zu uns, die zwei behandlungsbedürftige Erkrankungen haben, beispielsweise eine Sucht und eine Depression. Da Suchtmittel jegliches unangenehme Erleben abschwächen können, sehen wir in unserer Klinik sämtliche psychiatrischen Krankheitsbilder.

2. Wie wichtig ist bei Ihnen die Probatorik? Worauf legen Sie in Ihrer Beziehung zu Ihren Patienten gesteigerten Wert?

In der stationären Behandlung gibt es keine Probatorik. Wir sind eine Klinik mit Versorgungsauftrag, das heißt, wir müssen alle Patienten, die zu uns kommen, in der Nähe wohnen und stationär behandlungsbedürftig sind, auch behandeln. Das klappt gut, weil wir immer ein behandelndes Team bilden. Und hat ein Therapeut solche Schwierigkeiten mit einem Patienten, dass er ihn nicht länger behandeln möchte, was nur selten vorkommt, findet sich immer ein Kollege, der die Behandlung übernimmt. In der ambulanten Behandlung habe ich noch nie einen Menschen weggeschickt, weil ich ihn nicht behandeln wollte. Die einzigen Ausnahmen sind Patienten, die Mitarbeitern Gewalt androhen oder Ähnliches. Das kommt, Gott sei Dank, nur sehr selten vor.

Jede Therapie fängt mit einem Beziehungsaufbau an. Zu Beginn einer Behandlung geht es immer darum, den Patienten, seine Geschichte, sein Verhalten und sein Weltbild zu verstehen, ohne zu bewerten. Wir wollen einfach nur verstehen, nicht verurteilen. Wirkt ein Patient im ersten Eindruck unsympathisch, ist er dennoch so zu nehmen, wie er ist. Es stellt sich dann die Herausforderung, auf die Suche nach liebenswerten Anteilen zu gehen. Ich habe schon mit Drogendealern und Zuhältern gearbeitet. Bei allem Schlimmen, was sie getan haben, habe ich früher oder später auch liebenswerte Anteile entdeckt. Die Therapie hat nur eine Chance, wenn es mir gelingt, mich mit diesen liebenswerten Anteilen zu verbünden, ohne Straftaten oder andere entsetzliche Taten zu verharmlosen.

Ein weiterer wichtiger Punkt ist der, als Therapeut klar und berechenbar zu sein. Zuverlässigkeit und Pünktlichkeit sind unabdingbar. Die Spielregeln der

Behandlung müssen klar sein, Grundlage ist immer ein respektvoller Umgang von beiden Seiten. Dann ist es wichtig, den Patienten aufzuklären über das, was er von der Behandlung erwarten kann und was nicht. Er muss wissen, dass es Abschnitte in der Therapie gibt, die wehtun. Auch muss der Patient ein realistisches Augenmaß entwickeln, was die Ergebnisse der Therapie angeht. Es werden dort keine Wunder geschehen. Es ist schon ein Erfolg, wenn Symptome abgeschwächt werden und neue, konstruktive Verhaltensweisen dazugelernt werden. Da in einer Therapie aber die Weichen für das Leben neu gestellt werden, wird sich ein positiver Therapieausgang günstig auf das gesamte weitere Leben auswirken. Therapie lohnt sich.

3. Haben Sie schon mit einer narzisstischen Persönlichkeit eine Therapie gemacht? Wenn ja, wie waren Ihre Erfahrungen?

Ich habe noch nie eine Diagnose behandelt, sondern ich behandle Menschen, die eine Diagnose haben. Ich bin kein Freund von Diagnosen. Diagnosen leiten sich von einer Anzahl willkürlich definierter Symptome ab. Menschen mit derselben Diagnose können aber ganz unterschiedliche Persönlichkeiten sein, über unterschiedliche Fähigkeiten verfügen, unterschiedliche Eigenschaften haben und ganz unterschiedliche Lebensphilosophien verfolgen. Diagnosen dienen nur dem Schubladendenken. Wir sind aus verwaltungstechnischen Gründen gezwungen, Diagnosen zu stellen. Ich bevorzuge aber Symptombeschreibungen unter Einbezug der individuellen Lebensgeschichte, die werden dem Patienten eher gerecht, und Kollegen verstehen in einer Informationsübergabe besser, worum es geht.

In meiner Laufbahn habe ich schon viele Menschen mit narzisstischen Anteilen behandelt. Die Behandlungsverläufe sind so vielfältig, wie Menschen unterschiedlich sind. Vielen Patienten habe ich deutlich weiterhelfen können, anderen nicht. Ein Kriterium der Persönlichkeitsstörung liegt in einem unpassenden Verhaltensmuster, das tief in der Persönlichkeit des Betroffenen verankert ist. Das lässt sich nicht in kurzer Zeit verändern. Deshalb muss der Patient viel Geduld, vor allen Dingen mit sich selbst, mitbringen; der Behandler darf seine Ansprüche an das Veränderungspotenzial nicht zu hoch ansetzen. Oft müssen diese Voraussetzungen erst einmal geklärt werden. Bis dahin erlebe ich die Behandlung wegen überhöhter Ansprüche des Patienten oft als anstrengend. Ist es aber gelungen, ein therapeutisches Bündnis aufzubauen und werden Erwartungen realistischen Möglichkeiten angepasst, macht die Behandlung zunehmend Freude.

4. Donald Trump wird aus der Ferne von vielen Menschen (teilweise auch von Psychiatern und Psychologen) als Narzisst bezeichnet, obwohl es die Goldwater-Regel gibt. Was halten Sie von Ferndiagnosen allgemein? Ab wann ist jemand für Sie ein Narzisst?

Trump spaltet sein Land, die Weltgemeinschaft, er sät Hass und ist unberechenbar. Kurz: Er ist ein hochgefährlicher Mann. Aber was hat die Psychiatrie damit zu tun? Wozu brauchen wir bei einem Präsidenten Diagnosen? Trump als Narzissten zu bezeichnen dient allenfalls der Stigmatisierung psychisch Kranker. Unsere Patienten haben Besseres verdient, zumal von keinem der Psychiatriepatienten solche Gefahren ausgehen wie von Donald Trump. Selbst für den Fall, dass Donald Trump die Kriterien einer psychiatrischen Diagnose erfüllen sollte, bin ich mir sicher, dass er weiß, was er tut. Die Gefahren, die von diesem Mann ausgehen, basieren auf Skrupellosigkeit und Gewissenlosigkeit. Das sind aber keine Kriterien für eine narzisstische Störung. Über die Motive, warum sich der Präsident von den USA verhält, wie er es tut, lässt sich reichlich spekulieren. Aber lassen wir doch die Psychiatrie da raus! Trump weiß, was er tut, und die Schäden, die er hinterlässt, nimmt er billigend in Kauf. Skrupellose und machtgierige Menschen hat es schon immer gegeben. Das lehren die Geschichte und der gesunde Menschverstand, jenseits von irgendwelchen psychiatrischen Diagnosen. Trump agiert nach dem Motto: „Trump first, America second!" – und der Rest der Welt an dritter Stelle.

Die schlechte Nachricht ist die, dass unabhängig davon, ob Trump ein Psychopath ist, er von einem großen Teil der Amerikaner gewählt wurde, die gesund sind. Trump hat vor der Wahl sehr deutlich gemacht, wer er ist. Man kann ihm vieles vorwerfen, aber nicht, dass er seinen Wählern vorgegaukelt hätte, dass er eigentlich ein ganz anderer Mensch wäre. Fremdenfeindlich oder rassistisch zu sein hat nichts mit psychischer Erkrankung zu tun, sondern damit, dass die Decke der Zivilisation sehr dünn ist. Psychisch gesunde Menschen sind egoistisch, selbstverliebt und grausam. Das gehört zum menschlichen Verhaltensrepertoire.

Deshalb brauchen wir keine Ferndiagnosen, vielmehr sind sie schädlich. Sie dient der kollektiven Abwehr, nach dem Motto: Die Grausamen, das sind doch die psychisch Kranken. Sorry, das ist leider nicht so. Die wissenschaftliche Aufarbeitung des Dritten Reichs hat gezeigt, dass wir unter den entsprechenden Umständen alle grausam werden können. Das steckt in uns. Und nur wenn wir dazu stehen, können wir den realen Gefahren wirkungsvoll begegnen.

Ab wann jemand ein Narzisst für mich ist? Der Übergang zwischen gesund und krank ist fließend. Wir alle haben Erlebnisse, die uns Angst machen, wir alle haben Tage, an denen wir niedergeschlagen sind, und jeder kennt Situationen, in denen er sich gekränkt fühlt. Von Krankheit sprechen wir dann, wenn sich diese Gefühle verselbstständigen. Wenn die Angst nicht nachlässt, sondern zum Dauerzustand wird. Oder wenn die Kränkung sich zu einem Reaktionsmuster entwickelt, das andauernd auftritt, auch in Situationen, die von außen betrachtet nichts Kränkendes beinhalten. Oft entwickelt sich ein Teufelskreis, aus dem der Betroffene aus eigener Kraft nicht mehr herauskommt. Von Krankheit spreche ich dann, wenn diese an und für sich normalen Reaktionsmuster so oft und intensiv auftreten, dass sie im alltäglichen Leben hinderlich werden und der Betroffene sich selbst im Weg steht.

5. Was halten Sie von der Aussage, wie man sie auf vielen „Opferseiten" vorfindet, dass Narzissten nicht therapierbar seien, und was glauben Sie, wie die Menschen auf diese Argumentation kommen?

In der Behandlung von psychisch Kranken gehen wir davon aus, dass hinter dem Leidensdruck, den der Betroffene empfindet, sich häufig auch Vorteile verstecken, die sich für den Betroffenen aus der Krankheit ergeben. Wir sprechen dann von sekundärem Krankheitsgewinn. Menschen mit narzisstischen Anteilen haben tief in ihrem Inneren massive Angst davor, als Person gekränkt zu werden. Um der Kränkung zuvorzukommen, gehen sie oft zum Gegenangriff über, um jedes potenziell kränkende Verhalten ihres Gegenübers im Keim zu ersticken. Oft treten sie dann recht robust auf und gewinnen in der Situation die Oberhand, was dann ihr Selbstwerterleben wiederum stärkt. Menschen mit narzisstischen Anteilen schwanken zwischen diesen extremen Polen: einerseits das Minderwertigkeits- und Defiziterleben, andererseits ein Größenerleben. Das Größenerleben ist für viele ein Krankheitsgewinn.

Auch wenn sich ein Mensch mit narzisstischen Anteilen selbst als „hoffnungslosen Fall" ansieht, tut das einerseits weh, aber er trägt auch einen Gewinn davon. Er weiß es vermeintlich besser als die anderen. Auch wenn Fachleute überzeugt sind, dass sich eine Therapie lohnt, so ist er doch der Schlauere. Er kennt seine Krankheit am besten, schließlich hat er sie. Sie ist bei ihm so schwer ausgeprägt, dass ihm sowieso keiner helfen kann. Das ist seine unverrückbare Überzeugung und macht ihn zu etwas Besonderem. Zudem ist er klüger als die Therapiebefürworter. Dieses „Wissen" gibt Befriedigung. Der Betroffene stellt sich über den Therapeuten, was dem Größenerleben dient.

Die Haltung der Hoffnungslosigkeit hat noch einen Vorteil: Der Betroffene muss sich nicht ändern. Therapie heißt immer Veränderung der eigenen Person und ist ein anstrengender Weg. Ist er untherapierbar, kann er sich diese Qual ersparen. Das Tragische an dieser Haltung ist, dass der Betroffene recht hat im Sinne einer selbsterfüllenden Prophezeiung. Wenn er fest davon überzeugt ist, dass ihm keiner helfen kann, wird er sich in einer Therapiestunde nie so weit öffnen, wie es für eine persönliche Veränderung notwendig ist. Dann kann ihm auch der weltbeste Therapeut nicht helfen.

6. Bei Menschen mit Persönlichkeitsstörungen ist die Abbruchquote hoch. Wie motivieren Sie Ihre Patienten, auch in Krisenzeiten oder bei Konflikten an der Therapie teilzunehmen?

Wie ich schon erwähnt habe, steht der Aufbau einer tragfähigen Beziehung immer an vorderster Stelle. Allerdings ist das schon oft die erste therapeutische Herausforderung, den Patienten zu ermutigen, sich auf eine ernsthafte und belastbare Beziehung einzulassen. Das gelingt leider nicht immer.

Vor einiger Zeit ist ein Patient mit einer Schmerzmittelabhängigkeit zu mir gekommen. Massive Rückenschmerzen bei ca. 130 Kilogramm Körpergewicht.

Außerdem im Dauerclinch mit seinen Nachbarn. Deutliche narzisstische Anteile. Ich habe lange mit ihm über das Thema Gewichtsreduktion gesprochen, damit die Wirbelsäule weniger zu tragen hat und entlastet wird. Über körperliche Betätigung, um die Rückenmuskulatur zu entspannen. Über Veränderungen im Umgang mit den Nachbarn, um vielleicht einmal Frieden schließen zu können, da andauernde Streitigkeiten ebenfalls zu muskulären Verspannungen und damit zu Schmerzen führen können. Der Patient hat sich auf keinen Vorschlag eingelassen, er wusste es immer besser. Alles, was ich ihm vorschlug, würde sowieso nichts bringen. Er hat keine Bereitschaft entwickelt, irgendetwas zu verändern. Schließlich ist er nicht mehr gekommen.

Dieser Fall machte mir deutlich, wie wichtig es ist, den Patienten von Anfang an darüber aufzuklären, wie Therapie nur funktionieren kann und was ihn erwartet. Der Patient kann dann abwägen, ob er sich unter diesen Bedingungen auf eine Therapie einlassen möchte.

1. Wenn eine narzisstische Störung vorliegt, kann sich entweder die Umwelt verändern oder der Patient. Da es einem Therapeuten unmöglich ist, die Welt zu verändern, kann er dem Betroffenen nur helfen, sich selbst weiterzuentwickeln. Das heißt aber, dass die Veränderungsarbeit beim Patienten liegt und der Therapeut nur den Weg weisen kann.
2. In einer Therapie geht es leider weniger um die Punkte, die ein Mensch gut kann, wobei diese im Behandlungsverlauf extrem wichtig und hilfreich sind. Aber Kern der Therapie sind immer die Bereiche, in denen der Patient hilflos ist, die wehtun und unangenehm sind. Diese Anteile steuern das Verhalten, insbesondere dann, wenn es nicht zielführend ist. Nur wenn der Betroffene seine schwachen Anteile annimmt, kann er die Gelassenheit entwickeln, sich nicht von seinen Kränkungen leiten zu lassen, sondern alternative Verhaltensvarianten einzuüben.
3. Die Anteile, die die Erkrankung ausmachen, sind tief in der Persönlichkeit verankert. Das heißt, Veränderungen werden sich nur langsam entwickeln. Entscheidend ist, dranzubleiben.
4. Oft ist der Beginn einer Therapie besonders unangenehm. Es werden schmerzhafte Kindheitserlebnisse berichtet und die Probleme werden in Gänze ausgebreitet, ohne dass es schnelle Lösungen gibt. Der Schmerz wird aktiviert, ohne dass der Therapeut eine sofortige Antwort parat haben kann. Oft sind die Patienten aber entlastet, weil sie endlich einmal ungefiltert berichten können, was sie alles erlebt haben. Der Bericht von belastenden Erlebnissen dient dazu, zu verstehen, warum man sich bis zu dem Punkt in seiner individuellen Art entwickelt hat, an dem man heute steht. Dann können in Ruhe neue Verhaltensmuster mithilfe des Therapeuten entwickelt werden, die besser funktionieren und auf lange Sicht Entlastung und Wohlbefinden bringen.
5. In jeder Therapie gibt es Rückschläge. Eine menschliche Entwicklung ist nie geradlinig. Genauso, wie wir früher in einem Schulfach Sachen ver-

gessen hatten, die wir zuvor schon wussten, macht man auch Rückschritte im therapeutischen Prozess, obwohl man dachte, diese Schwierigkeiten längst überwunden zu haben. Das ist nicht dramatisch, sondern gehört dazu. Wir lernen daraus.
6. Ein Konflikt mit dem Therapeuten ist nicht schlimm. Aus therapeutischer Sicht ist das sogar erwünscht. Oft lassen sich an einer konflikthaften Interaktion typische dysfunktionale Verhaltensweisen ablesen, deren Analyse für die weitere Behandlung gewinnbringend ist.
7. Persönlichkeitsgestörte Menschen schwanken oft zwischen extremen Positionen. Die einen sagen: „Die Therapie bringt gar nichts", und die anderen erwarten: „Jetzt soll alles gut werden." Wie so oft liegt die Wahrheit in der Mitte. Der normale oder gesunde Mensch im Sinne eines Prototyps existiert ohnehin nicht. Realistisch ist die Erwartung, dass ein therapeutischer Fortschritt sich langsam entwickelt und allmähliche Besserung bringt. Für viele Patienten sind kleine Verbesserungen aber schon motivierend. Wenn man einmal merkt, dass etwas leichter fällt, stärkt das den Glauben daran, sich tatsächlich weiterentwickeln zu können. Wenn man sich darauf einlassen kann, nicht alles auf einmal zu wollen, sondern einen Schritt nach dem anderen zu gehen, und man jeden Schritt, mag er noch so klein sein, wahrnimmt und genießt, ist man in einer erfolgreichen Therapie angekommen.

(Anmerkung des Autors: Punktlandung! Wäre ich noch nicht therapiert, wäre Herr Dr. Unkelbach meine erste Wahl. So ist es aber mein derzeit behandelnder Therapeut, der gerne anonym bleiben möchte, genauso wie meine vorherige Therapeutin. Sie sind beide sehr gute Psychologen, und diesen Wunsch erfülle ich ihnen gerne.)

Die therapeutische Beziehung mit Narzissten

Von Prof. Dr. Claas-Hinrich Lammers auf der Basis des Wirkkonzepts von Klaus Grawe, vom Autor gekürzt. An dieser Stelle möchte ich mich nochmals bei Herrn Lammers bedanken.

Bei der Therapie narzisstischer Patienten kommt der therapeutischen Beziehungsgestaltung eine eminent wichtige Rolle zu. Zum einen muss der Therapeut ein Beziehungsangebot machen, das den Patienten ausreichend motiviert, eine Psychotherapie überhaupt anzunehmen und zu nutzen. Zum anderen ist die therapeutische Beziehung im Sinne der Übertragung (bzw. Problemaktualisierung) eine psychotherapeutische Intervention sui generis.

Narzisstische Patienten in der Therapie gleichen einem Porschefahrer, der durch sein rücksichtsloses Fahren in Schwierigkeiten geraten ist und eher widerwillig um Hilfe nachsucht. Da wir als Therapeuten keine Polizisten sind, die strafende Funktion ausüben, dürfen wir nicht missbilligend vor dem Auto stehen bleiben, sondern müssen uns zu dem Fahrer in seinen Porsche setzen, um mit ihm in Kontakt zu kommen. Erst dann werden wir auch mehr sehen als einen rücksichtslosen Fahrer in einem rasanten und teuren Auto. Das Verhalten von uns Therapeuten auf dem Beifahrersitz, sprich die therapeutische Beziehungsgestaltung mit narzisstisch gestörten Patienten, aber in einem Artikel hinreichend zu beschreiben, ist ein unmögliches Unterfangen. Zu unterschiedlich sind die Patienten in ihrer Individualität, ihren Beziehungswünschen, ihrer Therapiemotivation, ihrer Fähigkeit und Motivation zur Beziehungsgestaltung.

Darüber hinaus weisen die individuellen Patienten eine oftmals beeindruckende Widersprüchlichkeit in ihren Bedürfnissen und Handlungen auf, die situativ eine spezifische Beziehungsgestaltung erfordern. So kann derselbe Patient zu einem Zeitpunkt eher still, zurückhaltend, abwartend sein, zu einem anderen Zeitpunkt weinend und hilflos vor dem Therapeuten sitzen, um dann auf einmal aggressiv und abwertend aufzutreten. Zudem gibt es zwischen und innerhalb der verschiedenen Therapieschulen sehr unterschiedliche Positionen zur Beziehungsgestaltung mit narzisstischen Patienten.

Das Verständnis des Therapeuten für die Symptomatik und Psychodynamik des narzisstischen Konflikts ist grundlegend für seine Fähigkeit, eine Beziehung zu diesen Patienten aufbauen zu können. Solange man das Leiden der Patienten nicht kennt, anerkennt und im Kontakt mit dem Patienten empathisch zu spüren vermag, solange man nicht versteht, welchen Ursprungs die narzisstischen Verhaltensweisen des Patienten sind und warum diese für ihn unmittelbar hilfreich sind, solange wird man mit dem narzisstischen Patien-ten keine positive Beziehung aufbauen können.

Die therapeutische Beziehung gilt als einer der wesentlichen Wirkfaktoren der Psychotherapie, und jede psychotherapeutische Schule hebt deren Bedeutung bei der Therapie von persönlichkeitsgestörten Patienten gesondert hervor. Um den Wirkfaktor der therapeutischen Beziehung zu verstehen, ist die Konzeptualisierung der Wirkfaktoren der Psychotherapie durch Klaus Grawe hilfreich, die das Ergebnis einer Metaanalyse von kontrollierten Wirksamkeitsstudien war. Zu den Wirkfaktoren gehören demnach:

- Problemaktualisierung: In der Therapie werden die Probleme des Patienten aktiviert, das heißt, sie werden erlebbar.
- Problemklärung: Die Therapie fördert die Einsicht des Patienten in die Bedingungsfaktoren (Ursprünge, Hintergründe, Motivationen, aufrechterhaltende Faktoren) seines problematischen Erlebens und Verhaltens.
- Problemlösung: Dem Patienten werden Strategien und Techniken vermittelt, mit deren Hilfe er eine positive Erfahrung im Umgang mit seinen Problemen machen kann.

- Ressourcenaktivierung: Die positiven Möglichkeiten, Eigenarten, Fähigkeiten und Motivationen des Patienten werden in der Therapie genutzt bzw. gefördert.

Um die Wirkfaktoren bezüglich der therapeutischen Beziehung besser zu verstehen, seien zunächst allgemeine Ziele für die Therapie narzisstischer Patienten definiert. Hierzu gehören unter anderem

- die Verbesserung der Beziehungsfähigkeit
- die Integration von inkompatiblen Selbstschemata, insbesondere durch die Arbeit an verborgenen Bedürfnissen, und
- ein Aufbau von adaptiven, bedürfnisorientierten Verhaltensweisen.

Viele narzisstische Patienten fürchten regelrecht, mit ihrem Problem in eine Psychoecke gezogen zu werden, in der dann all ihre bisherigen Ressourcen als narzisstische Fehlhandlungen eingestuft werden, ihnen der Segen der sogenannten Normalität und Durchschnittlichkeit gepredigt wird, ihnen eine Kommunikation über ihre Gefühle aufgedrängt wird, und dies alles von einem Therapeuten, dessen Aussehen, Auftreten und Haltung ihnen wohlmöglich fremd ist. Dies fühlt sich für die Patienten wie ein erzwungenes Umsteigen von einem Porsche auf einen VW Golf älteren Baujahrs an. Wenn man all dies ausreichend berücksichtigt hat, dann bleibt noch der Umstand, dass narzisstische Patienten auf der Suche nach positiven Reizen sind, beständig etwas Besonderes und Aufregendes erleben müssen und dass hieran gemessen eine Therapie rasch als langweilig und frustrierend erlebt wird. Diesen Patienten die Einnahme einer aktiven und motivierten Haltung zur Psychotherapie zu erleichtern, ist die wichtigste Aufgabe des Therapeuten, denn nur der Patient selbst kann einen Veränderungsprozess bewirken (oder aber eben scheitern lassen). Insofern ist der Patient kein Objekt von therapeutischen Techniken, sondern vielmehr ein aktives Subjekt, dem wir ein hilfreiches und motivierendes Beziehungsangebot machen. Wir Therapeuten sind, wie bereits gesagt, Beifahrer im Porsche des Patienten und versuchen, den Fahrer zu motivieren, sich rücksichtsvoller und vor allem auch hinsichtlich seiner verborgenen Bedürfnisse (zum Beispiel nach Zugehörigkeit und Kontakt) angemessener im Straßenverkehr zu verhalten. Im Mittelpunkt der therapeutischen Beziehung stehen deswegen die Begriffe der Kooperation und des Konsensus. Wir wollen mit dem Patienten ein grundsätzliches Verständnis für seine Probleme, seine Ziele und den Ablauf der Therapie erarbeiten.

Die meisten narzisstischen Patienten kommen wegen komorbider Erkrankungen, wie zum Beispiel einer Depression, einer Suchterkrankung oder in einer akuten Krise (zum Beispiel Arbeitsplatzverlust, Trennung) zum Therapeuten; manchmal kommen sie auch fremdmotiviert durch ihre frustrierten Partner(innen). Hilfebedürftig zu sein widerspricht aber ihrem narzisstischen Selbstbild, und somit beginnt die therapeutische Beziehung mit einem Erlebnis des Scheiterns aufseiten des Patienten. Allein deshalb wird er sich schwer damit tun, konkrete und längerfristige Ziele zu benennen und somit seine Bedürftigkeit offenzulegen. Er befindet sich eher in einer Lageorientierung als in einer Veränderungsorientierung, was sich unter anderem darin äußert, dass er eher ausgiebig über derzeitige Proble-me oder Erfolge berichtet, als dass er einen Veränderungsprozess im Sinne einer Problemlösung aktiv anstrebt. Dass der Therapeut Ziele vorgibt, ist aber für den Patienten gleichermaßen inakzeptabel, da dieses Vorgehen sein Bedürfnis nach Individualität, Kontrolle und Autonomie verletzen würde. Es gilt also, dem Patienten einen gangbaren Weg in die Therapie zu ebnen, da bei den kleinsten Hürden bereits eine Frustration oder Kränkung und folglich ein Therapieabbruch droht. Dem Therapeuten verbleibt zu Beginn der Therapie somit nur, sich bezüglich der Ziele flexibel und unbestimmt zu verhalten, ohne den Patienten zu einer verbindlichen Haltung zu drängen. Wenn der Patient konkrete Ziele formuliert, dann sollten diese nach Möglichkeit vom Therapeuten übernommen werden, auch wenn diese Ziele in letzter Konsequenz nicht ideal erscheinen sollten (zum Beispiel Coaching bezüglich eines angeblichen Mobbings oder Beratung hinsichtlich des Umgangs mit der frustrierten Ehefrau). Im späteren Verlauf jedoch sollte der Therapeut den Patienten aber auf die fehlenden konkreten Ziele hinweisen und gemeinsam mit ihm nach solchen suchen; andernfalls würde die Therapie mit der Zeit im Sande verlaufen.

Vorsicht ist gegenüber den Therapiezielen geboten, die alleine dem Therapeuten aus seiner Weltsicht als angemessen und hilfreich erscheinen. So haben viele Therapeuten eine Tendenz, den Patienten aus seinem Porsche herausholen zu wollen, indem sie ihm einen Mittelklassewagen schmackhaft zu machen versuchen. Narzisstische Patienten werden jedoch nie das Mittelmaß mögen, im Gegenteil, sie haben eher Angst davor, dass der Therapeut sie in diese Richtung bewegen will. Es gibt kein Ziel, das man den Patienten oktroyieren könnte; jedes Ziel muss von dem Patienten selbst als attraktiv und sinnvoll erlebt werden. Der Therapeut tut folglich gut daran, das Bedürfnis des Patienten nach Eigenbestimmung als Ressource zu betrachten und nicht als ein Problemverhalten. Er setzt sich auf den Beifahrersitz des Porsche, aber der Patient bleibt am Steuer; und ein guter Beifahrer greift dem Fahrer während der Fahrt nicht ins Lenkrad! Es bleibt dem Geschick des Therapeuten überlassen, den Patienten hinsichtlich adaptiver Ziele im weiteren Therapieprozess günstig zu beeinflussen. Dies ist auch in der Regel besser möglich, sobald der Patient in Kontakt mit bislang vermiedenen Bedürfnissen kommt; aus diesen Bedürfnissen ergeben sich häufig positive Ziele, die der Patient auf einmal als attraktiv und erstrebenswert emp-findet (zum Beispiel ein Bedürfnis nach Kontakt, Geborgenheit oder aber auch nach Freude und Entspannung). Nicht zu vergessen ist darüber, dass die Qualität einer therapeutischen Beziehung erwiesenermaßen auch von den Therapieerfolgen des Patienten abhängt. Insofern bietet sich gerade bei narzisstischen Patienten das Bearbeiten von kleinen und zeitnahen Zielen zum Beginn der Therapie und auch in deren Verlauf an. Dem Therapeuten sollte kein Ziel zu banal und oberflächlich sein, als dass er dessen Verfolgung auf Wunsch des Patienten nicht annehmen würde, solange es sich nicht um schwerwiegend dysfunktionale Ziele handelt.

Um einen narzisstischen Patienten längerfristig zu einer Therapie zu motivieren, ist zunächst eine Beziehungsgestaltung indiziert, welche die Bedürfnisse des Patienten im Sinne seiner interaktionellen Pläne befriedigt. Da diese Bedürfnisse bzw. Motive unter anderem darin bestehen, Kontrolle, Anerkennung und Bewunderung zu erlangen, muss der Therapeut eine komplementäre (motivorientierte) Beziehungsgestaltung anbieten. Hierbei versucht er, die Erlebnis- und Verhaltensweisen des Patienten aktiv wertzuschätzen, die erfolgreich, adaptiv, besonders, auf jeden Fall aber akzeptabel sind, ohne dass sie in einem zu direkten Zusammenhang mit seinem Problemverhalten stehen. Ein Therapeut sollte hierbei eine grundsätzliche Sympathie und Anerkennung für selbstbewusste, individuelle, dominante, erfolgsorientierte und eitle Menschen haben. Der Therapeut vermittelt dem Patienten also eine grundsätzliche Anerkennung seiner Person, seiner Besonderheiten und Leistungen und verhält sich nur bezüglich der leiderzeugenden Verhaltensexzesse und defizite wertschätzend konfrontativ und veränderungsorientiert. Er wertschätzt die Eleganz und Fahreigenschaften des Porsche und problematisiert nur den rücksichtslosen Fahrstil des Fahrers. Diese komplementären Verhaltensweisen des Therapeuten werden häufig mit Ausdrücken wie „den Patienten narzisstisch füttern" oder „den Patienten bauchpinseln" belegt. Diese Beschreibungen sind abzulehnen, da sie zum einen nicht der Einstellung des Therapeuten entsprechen bzw. entsprechen sollten. Zum anderen ruft der Gebrauch solcher Redewendungen entsprechende abwertende Gedanken und Empfindungen beim Therapeuten bzw. beim Adressaten solcher Redewendungen hervor, was dem Anliegen einer Psychotherapie widerspricht. Außerdem geht es nicht darum, sich als Therapeut zu verstellen und den Patienten über ein künstliches Loben und unaufrichtige Akzeptanz etc. in einer falschen Sicherheit zu wiegen. Der Therapeut tritt dem Patienten immer als echte und authentische Person gegenüber; nur so kann er mit diesem eine vertrauensvolle Beziehung aufbauen.

Für die Therapie narzisstischer Patienten ist bei fortschreitender Therapie jedoch ein komplementärer Beziehungsaufbau ausschlaggebend, der sich von den erlebbaren interaktionellen Verhaltensweisen der Patienten abwendet, um sich den häufig verborgenen bzw. vermiedenen Bedürfnissen des Patienten zuzuwenden. Wir beschäftigen uns also nicht mit dem Porsche, sondern mit seinem Fahrer, der mehr als ein Porschefahrer ist und sich bislang hinter den getönten Scheiben seines Sportautos versteckt hat. Die Komplementarität bezüglich des narzisstischen Interaktionstiles hat ja nicht zuletzt das Ziel, einen tieferen Zugang zu den verborgenen Motivstrukturen des Patienten zu gewinnen. Rainer Sachse hat hierfür die Begriffe der Spielebene und der Motivebene geprägt und damit die Ebene der gestörten, narzisstischen Interaktionen (Spielebene) von der Ebene der adaptiven, jedoch häufig verborgenen Motive (Motivebene) unterschieden. Diese Art der komplementären Beziehungsgestaltung bezieht sich demnach auf die Motivebene des Patienten, die er nicht interaktionell zu erkennen gibt, sondern die er durch narzisstische Verhaltensweisen im Sinne einer Ersatzbefriedigung kompensiert (Spielebene). Der Therapeut verhält sich zu den adaptiven Bedürfnissen der Motivebene des Patienten komplementär, sodass der Patient eine Befriedigung zentraler Beziehungsmotive erlebt; er fühlt sich verstanden und unterstützt und erlebt weniger Schamgefühle. Dieses positive Erleben kann die Therapiemotivation und die Bereitschaft zur Öffnung fördern und die Notwendigkeit eines narzisstischen Verhaltens reduzieren. Allerdings stehen diesem bedürfnisorientierten Vorgehen die hierdurch gleichermaßen aktivierten Schamgefühle des Patienten entgegen. Allein ein Bedürfnis zu haben und dies sogar gegenüber dem Therapeuten zu äußern, ist schamauslösend. Hier können die Selbstoffenbarung des Therapeuten hinsichtlich seiner entsprechenden Bedürfnisse und die Normalisierung eines bedürftigen Zustandes sehr hilfreich sein. Cum grano salis kann man auch die Beziehungsgestaltung des Reparentings (begrenzte elterliche Fürsorge) aus der Schematherapie mit der komplementären Beziehungsgestaltung gleichsetzen. Die Schematheorie hat in einer eigenen Terminologie eine von vielen therapeutischen Seiten vertretene Auffassung der Konzeptualisierung des Verhaltens persönlichkeitsgestörter Patienten formuliert.

Limited Reparenting

von Guido Sijbers

Ursprünglich hatte ich mal vor, ein Buch über Narzissmus in der Schematherapie zu schreiben. Da ich festgestellt habe, dass das Thema äußerst vielschichtig ist und es viel mehr zu beachten gilt, habe ich mich an Menschen aus anderen Bereichen gewandt. Davor aber hatte ich bei meiner Suche nach Schematherapeuten das Glück, dass mir Guido antwortete. Er bot mir sofort das Du an, und es entstand ein sehr bereichernder Austausch. Guido sagte sofort seine Mitarbeit zu, gab mir ein Interview und schrieb auch noch den folgenden Text über das Limited Reparenting, den ich der Wiedergabe des Gesprächs voranstellen möchte.

Grundsicherheit, Verbundenheit, realistische Grenzen, Raum geben für Autonomie, Selbstausdruck, Spontanität und Spiel sowie Selbstachtung lernen, all dies wird in der Schematherapie als universale kindliche Grundbedürfnisse gesehen. Maladaptive Schemata entstehen, wenn diese Bedürfnisse während der Kindheit nicht genug erfüllt werden.

Nicky, eine 27-jährige Studentin mit einer NPS- und BPS-Diagnose, hat gerade wieder angefangen, an der Universität Maastricht zu studieren. Sie meldet sich zur Therapie, weil sie merkt, dass es ihr schwerfällt, Veranstaltungen zu besuchen, in denen sie gemeinsam mit anderen Studenten Aufgaben erarbeiten muss. Nicht, dass die anderen ihr wichtig wären, aber sie will dieses Mal ihr Studium beenden. Sie hat ihr Abitur recht spät gemacht, weil sie als 15-Jährige zwei Jahre mit Chronique-Fatigue-Syndrom zu Hause war. Die Mutter hatte sich damals sehr darum bemüht, einen Psychiater zu finden, der eine Diagnose stellte. Um ihre Tochter selbst hatte sie sich hingegen weniger gekümmert. Der Vater war ein erfolgreicher Manager in einer großen Firma und viel unterwegs. Er verbrachte wenig Zeit in seiner Familie; im Grunde lebte jeder sein eigenes Leben, und oft hatten Vater und Mutter, wenn sie zusammen waren, Streit. Die Mutter sprach stundenlang mit Nicky über ihre Eheprobleme.

Limited Reparenting ist ein zentrales Konzept der Schematherapie. Es bedeutet, dass der Therapeut die Aufgabe hat, in der Behandlung die genannten kindlichen Grundbedürfnisse ausreichend zu erfüllen. Zusätzlich begleitet er den Patienten dabei, dies auch selbst zu lernen. Über eine relativ einfache Sprache wird eine gemeinsame Problemanalyse erstellt (Modusmodell). Erstes Ziel der Therapie ist es, das Problem des Patienten gemeinsam besser zu verstehen. „Verstehen" meint in der Schematherapie nicht nur ein intellektuelles, sondern auch ein emotionales Verstehen. Die Schematherapie geht vom Lernen durch Erfahrung aus und wendet darum viele auf die Erfahrung gerichtete Techniken an. Der Therapeut hilft dem Patienten, Schritt für Schritt mehr mit authentischen Emotionen in Kontakt zu kommen, schmerzhafte Erfahrungen zu verarbeiten, Glaubenssätze, die nicht helfen, zu bekämpfen und adaptivere Überlebensstrategien zu entwickeln.

Eine wichtige Erfahrungskomponente ist das Limited Reparenting, was bedeutet, dass die therapeutische Beziehung ein wichtiger Bestandteil der Behandlung ist. Das Limited Reparenting kann unterteilt werden in:

- mehr Fürsorge anbieten
- angemessenes Einsetzen von Selbstoffenbarung und Transparenz
- Richtung geben
- empathisches Konfrontieren
- Grenzen setzen

Fürsorge anbieten bedeutet in der Schematherapie aktiv darüber nachdenken, wie man den jeweiligen Patienten im Rahmen des Möglichen besonders unterstützen kann. Der Therapeut bietet Nicky zum Beispiel die Möglichkeit, in schwierigen Phasen der Behandlung über das Übliche hinaus mit ihm in Kontakt zu treten, zum Beispiel via E-Mail oder WhatsApp.

Mit Blick auf die Selbstoffenbarung und Transparenz geht es darum, in der Therapie so authentisch wie möglich zu sein. So bespricht der Therapeut offen, wie sich die arrogante Seite von Nicky auf ihn auswirkt.

Eine Richtung wird dadurch gegeben, dass der Therapeut sich in das Leben des Patienten einmischt, wenn dies erforderlich ist, um den nächsten Schritt zu tun. So ist Nicky bislang jedes Wochenende nach Hause gefahren. Der Therapeut schlägt vor, dass sie eine Weile keinen oder nur wenig Kontakt zu ihren Eltern hat, damit sie die Erfahrung machen kann, wie es ist, nicht mehr so stark unter deren Einfluss zu leben.

Bei der empathischen Konfrontation geht es darum, das Positive in einer Beziehung zu nutzen, um den Patienten respektvoll damit zu konfrontieren, wie er auf den Therapeuten und auch auf andere wirkt. Dadurch soll er lernen, sich so auszudrücken, dass andere besser verstehen, welches (Grund-)Bedürfnis gerade wichtig ist. Der Therapeut erklärt, dass er nachvollziehen kann, wie Nicky gelernt hat, ihre Verletzbarkeit zu schützen, indem sie sich, genau wie ihre Eltern, arrogant verhält. Er macht ihr aber auch deutlich, was dies bei ihm und wahrscheinlich auch bei anderen auslöst. Die Arroganz schafft eine Distanz zu den anderen, die es verhindert, dass diese verstehen, was sie tatsächlich in dem betreffenden Moment braucht.

Der Therapeut muss zudem bei Bedarf Grenzen setzen, ist er doch – quasi als Ersatzelternteil – verantwortlich für die Rahmenbedingungen, die dafür sorgen sollen, dass der Patient sich in der Therapie bestmöglich entwickeln kann. Am Anfang kommt Nicky öfter nicht zu den Therapiesitzungen, wenn sie sich schlecht fühlt. Verschiedene emphatische Konfrontationen können dieses Verhalten kaum ändern. Nun setzt der Therapeut eine Grenze, indem er ihr deutlich zu verstehen gibt, dass eine Therapie nicht möglich ist, wenn sie nicht regelmäßig, und das heißt auch in schwierigen Momenten, zur Sitzung erscheint. Dieses Verhalten wird jetzt zum zentralen Thema der Sitzungen, bis es sich ändert.

Meine persönlichen Erfahrungen mit Limited Reparenting

Seit ich aus der Uniklinik Mainz entlassen bin und mit meiner ambulanten Therapeutin unterschiedliche Techniken einstudiert habe, die es mir leichter machen, Mitgefühl für mein inneres Kind zu entwickeln und es in bedrückenden Situationen zu trösten, ohne mich dabei über andere zu erheben, gelingt es mir immer besser, auch mein Bild von der Gesellschaft zu differenzieren. Vor der Therapie waren immer die anderen schuld. Ich fühlte mich immer im Recht. Ich habe generalisiert oder pauschalisiert. Ich war ein Täter in der Opferrolle eines Narzissmusopfers. Jetzt weiß ich, dass es nicht um Schuld geht, sondern um Verantwortung, und dass eben nicht jeder Mensch in der Lage ist, Verantwortung zu übernehmen. Dieses Problem mit der Verantwortung für sich oder für andere ist ein Problem, das schon lange besteht und über Generationen weitergereicht wurde. Daher ist die Frage nach der Schuld sinnfrei und wird niemals zu einem befriedigenden Ergebnis führen. Jeder Mensch kann eigenständige Entscheidungen treffen (es sei denn, es liegt eine schwere chronische Krankheit oder Behinderung vor, die es dem Betroffenen unmöglich macht, adäquat zu entscheiden), wie er sein Leben lebt. Jeder Mensch sollte auch imstande sein abzuwägen, ob er sich für A oder B entscheidet. Ich habe mich entschieden, ehrlicher mit mir und damit auch mit meinem vulnerablen Kind umzugehen. Ich möchte wieder richtig fühlen können und nicht immer nur, wie so häufig in der Vergangenheit, überkompensieren, womit ich anderen Menschen wehgetan habe.

Meine Mainzer Therapeutin Frau Wiedenmann verglich mich mit einem emotionalen Ferrari, was an sich ein nobles Auto ist, das aber in meinem Fall aufgrund seiner Emotionalität und Impulsivität schon einige Dellen abbekommen hatte. Dieses Bild des emotionalen Ferraris stammt von der therapeutischen Leiterin der Station 5 in der Uniklinik Mainz, Anna Semmroth-Wolter. Claas-Hinrich Lammers nannte den Ferrari „Porsche". Es kann auch ein Maserati, ein Manta oder ein Lamborghini sein. Ich kann mich noch an eine Therapiesitzung mit Frau Semmroth-Wolter erinnern, die sie in Vertretung übernommen hatte. Erst setzte sie eine klare Grenze, um mich danach empathisch „nachzubeeltern", eine Methode, die, wie Guido Sijbers oben beschrieben hat, in der Schematherapie angewandt wird. Anfangs reagierte ich auf diese Grenzsetzung sehr verletzt, aber eben nicht in Form von Traurigkeit, sondern in Form von Wut. Ich nahm sie trotz ihres empathischen Entgegenkommens, das ich in meiner Wut anfangs gar nicht wahrnahm, geradezu unter Beschuss. Sie reagierte, für mich zunächst unverständlich, noch empathischer und liebevoller. Sie sagte: „Ich mag Sie, auch wenn Sie wütend sind. Sie dürfen auch traurig sein. Es ist alles in Ordnung. Ich mag Sie. Sie können mich gerne weiter beschießen, aber ich mag Sie trotzdem." Ich fragte sie nach dem Grund. Sie sagte, sie habe den lieben Leonard schon kennengelernt; mehr noch, sie wisse, dass ich in Wahrheit traurig sei und eigentlich etwas anderes sein möchte.

Daher auch das Bild des emotionalen Ferraris, das man bestimmt auf ganz viele Patienten anwenden kann.

> Fast jeder kennt die Erfahrung, dass Tränen hochsteigen, wenn er etwas Gutes erlebt, und dass er weinen muss, bevor er sich freuen kann. Da meldet sich der Schmerz des bisherigen Mangels an Gutem. Wer dies nicht akzeptieren und zulassen mag, der wird auch alles Gute zerstören, nur um sich vor dem eigenen Schmerz zu schützen
>
> Hans Joachim Maatz

Im Gespräch mit Guido Sijbers

Guido Sijbers und ich standen lange Zeit miteinander in schriftlichem Verkehr. Guido hat mir ja das Du angeboten, weil es unter Holländern so üblich sei, und das behielten wir natürlich auch in unserem Gespräch für dieses Buch bei.

1. Du bist Schematherapietrainer in Holland. Wo liegen die Unterschiede zu Deutschland, welche Gemeinsamkeiten gibt es?

Die Schematherapie in den Niederlanden ist sehr populär. Arnoud Arntz hat sie mit seiner erfolgreichen Untersuchung zur Behandlung unter anderem von BPS und Cluster-C-Störungen bekannt gemacht. In den Niederlanden ist sie Bestandteil jeder Psychotherapeutenausbildung. Hier gibt es die meisten registrierten Schematherapeuten (die meisten beim NL-ST-Verein). Es gibt einen Internationalen Schematherapie-Verein, die International Society of Schematherapy (ISST), und einen niederländischen Verein (schematherapie.nl). Die deutschen schematherapeutischen Ausbildungsinstitute sind organisiert, haben aber, soweit ich weiß, keine eigenen Statuten.

2. Viele Betroffene wohnen in Kleinstädten, wo es keine Schematherapeuten gibt. Oft müssen sie 100 Kilometer oder mehr fahren. Wann wird Schematherapie so populär sein, dass es in jeder Stadt mindestens einen Schematherapeuten gibt?

In den Niederlanden ist es fast so weit, aber man kann das Land nicht mit Deutschland vergleichen. Deutschland ist viel größer. Ich würde sagen, dass Deutschland das zweite Land ist, in dem die Schematherapie so angenommen wird, dass es nicht mehr lange dauern wird, bis man in jeder Stadt eine Schematherapie machen kann.

3. Man sagt, dass man als Therapeut den Selbsterfahrungsprozess durchlaufen muss. Wie sieht dieser Prozess genau aus und wie ist das für die Arbeit mit einem Narzissten oder einer dependenten Persönlichkeit hilfreich?

Der Schematherapeut muss lernen, so authentisch wie möglich zu sein, und sich selbst als wichtigen Teil der therapeutischen Beziehung sehen. Das gehört zum Limited Reparenting. In der Supervision ist viel Raum und Aufmerksamkeit für die Persönlichkeit des Therapeuten, sodass er sich austauschen und entwickeln kann.

4. Was sind die häufigsten Gründe dafür, dass ein Therapeut die Therapie abbricht?

Wenn der Patient sich nicht an bestimmte Grenzen halten kann oder die gemeinsamen Regeln nicht einhält, die eine Voraussetzung sind, um überhaupt eine Therapie machen zu können. Man muss sich beispielsweise während der Gespräche auch öfter führen lassen, realistische Grenzen, die der Therapeut setzt, akzeptieren, respektvoll miteinander umgehen – kein Mensch, also auch kein Therapeut, lässt sich gerne abwerten und wird sich darum natürlicherweise dagegen schützen wollen. Wenn man sich schützen muss, ist die Zusammenarbeit eingeschränkt.

5. Wo gibt es deiner Meinung nach mehr NPSler? In den Niederlanden, in Deutschland oder in Amerika?

Ich denke, dass es überall, in jedem Land Narzissten gibt, aber sie präsentieren sich kulturbedingt anders. Hier in den Niederlanden gilt: „Wir sind alle gleich" – eine Überzeugung, die viele Lebensbereiche beeinflusst. Wir haben, glaube ich, mehr versteckte Narzissten mit einer freundlichen Fassade. NPSler finden sich zudem in jeder gesellschaftlichen Schicht; viele Leute in wichtigen und führenden Positionen haben narzisstische Anteile.

Die Bewältigung ist nicht immer nur maladaptiv. Die Ausprägungen sind unterschiedlich, und nicht jeder Mensch ist deswegen „gestört". Man sollte das ein wenig differenzieren. Je weniger flexibel wir mit unserer Bewältigung umgehen, desto mehr Probleme entstehen mit anderen – und desto schwieriger wird die Erfüllung unserer Grundbedürfnisse. In der Schematherapie wird als gesund angesehen, wenn es gelingt, den eigenen Grundbedürfnissen in ausreichendem Maße zu entsprechen. Da wir dazu aber meist von den anderen abhängig sind, ist gleichzeitig auch die Erfüllung von deren Grundbedürfnissen relevant.

Jeder Mensch hat Grundbedürfnisse. Wenn diese frustriert werden, kommt es darauf an, wie der Mensch damit umgeht, um sie doch noch zu erfüllen. Es kommt ebenso darauf an, dass die Menschen lernen, sich selbst zu fühlen bzw. zu sehen, sprich für sich selbst Mitgefühl zu entwickeln.

6. Wie sind deine Erfahrungen mit NPSlern?

Ich sehe öfters Patienten mit gemischten Diagnosen (Borderline, anti-sozial, narzisstisch, Borderline-narzisstisch). Meine Erfahrung ist, dass man sehr gut an den Problemen dieser Menschen arbeiten kann. Die meisten Patienten müssen lernen, sich selbst zu verstehen, damit sie zu einem besseren Selbstverständnis und Selbstbild kommen. Das erreicht man nur, wenn man nicht urteilt. Das Schematherapiemodell ist sehr geeignet dafür. Die Schematherapie hilft, dem Patienten die Schuldgefühle zu nehmen, ihn aber gleichzeitig in die Verantwortung für sein Handeln zu ziehen.

7. Wie erklärst du dir das Trump-Bashing? Warum ist Trump für die Medien so interessant? Und warum wird trotz der Goldwater-Regel behauptet, er wäre ein Narzisst oder Psychopath?

Gute Frage. Obwohl ich mit Trump noch nie gesprochen habe, wirkt er auf mich wenig flexibel. Ich nehme sein Verhalten als sehr extrem und überkompensatorisch wahr. Starke Überkompensation hat auch immer einen starken Einfluss auf andere. Trump lässt niemanden kalt. Es macht anderen Angst, man kann sich manipuliert und benutzt fühlen und will dagegen reagieren. Des Weiteren kommt noch hinzu, dass Donald Trump viel Macht hat, ich glaube, dass das das Ganze nochmal verstärkt.

8. Was empfiehlst du Kindern von narzisstischen Eltern? Wie könnte man zum Beispiel seine Eltern empathisch konfrontieren?

Zunächst einmal sollte man sich selbst heilen und dann entscheiden, ob es Sinn macht, die Konfrontation mit den Eltern anzugehen. Viele meiner Patienten wollen es versuchen, auch wenn sie wissen, dass es höchstwahrscheinlich sinnlos ist. Manchmal gibt es Kraft, es probiert zu haben. Manchmal sind die Eltern sogar offen oder teilweise offen für die Botschaft ihrer Kinder. Aber leider ist das Leben selten fair. Viele meiner Patienten erhalten keine befriedigende Antwort von ihren Eltern, wenn sie diese konfrontieren. Das Ziel sollte darin bestehen zu lernen, damit umzugehen und sich selbst zu respektieren.

11.5 Brief an meinen gesunden Erwachsenen

Mein Name ist Leonard, und ich weiß gar nicht, wo ich anfangen soll, so viel habe ich Dir zu erzählen.

Es fing alles damit an, dass ich mich so einsam fühlte, obwohl ich nie wirklich alleine war. Ich hatte immer Menschen um mich herum. Dennoch spürte ich diese Leere. Ich wusste nicht, was es war, was diese Leere ausmachte. Ich konnte dem Gefühl keinen Namen geben. Es war nicht nur Sehnsucht nach Zuwendung, Aufmerksamkeit, Bestätigung und Nähe, sondern auch der Wunsch, für jemanden etwas ganz Wichtiges und Besonderes zu sein.

Meine Suche nach Dir begann …

Ich habe mich schon immer ungeliebt gefühlt, unbeliebter als all die anderen Menschen auf diesem Planeten. Ich habe angefangen, mich zu hassen, ohne zu wissen, wofür ich mich hasse. Ich weiß es immer noch nicht; mein Aussehen oder meine Persönlichkeit können es nicht gewesen sein. Ich habe mich nie wirklich für mich und mein Erscheinungsbild geschämt. Tief im Inneren wusste ich, dass auch ich wunderschön bin, und genauso spürte ich, dass ich jemand ganz Besonderes bin. Doch bislang hat mir das noch kein Mensch glaubhaft vermitteln können. Kein Mensch tat es oder konnte es, keiner aus dem World Wide Web, keiner aus meinem näheren Umfeld und kein Wesen von der Straße – bis Du mir vorgestellt wurdest.

Du hast es mir gesagt, und Dir habe ich nach anfänglichem Zögern geglaubt. Ich habe bestimmt von vielen anderen vor Deiner Zeit und bevor ich wusste, dass es Dich gibt, gesagt bekommen, dass ich liebenswert bin. Doch ich habe es nie glauben können. Ich konnte es einfach nicht annehmen, weil ich mich selbst nicht liebenswert fand. Wenn Du mir das nicht gesagt hättest, wer dann?

Ich bin dem Schicksal so dankbar, dass ich Dich kennenlernen durfte. Dank Dir heilen die Wunden meines inneren Kindes. Dank Dir muss ich nicht mehr hassen. Dank Dir lerne ich zu lieben – erst mich selbst, dann die anderen. Ich danke Dir :)

Danksagung

Ich danke dem Gesundheitsamt Lübeck, Frau Braune von GATE Lübeck, meinen Anwälten Thomas Schüller für das Milde, Frank Haßler für das Grobe und Christian Schmidt für seine Wertschätzung, dem ISST Deutschland (vor allem Eckhard Roediger und Christian Ferreira de Vasconcellos), meinem Logopäden Björn Hemprich, Chanis Selle für schöne saubere Zähne, Dr. Herrberger, dem besten und einfühlsamsten Kieferchirurgen Lübecks, meinen Hausärzten Herrn und Frau. Dr. Entelmann, der Uniklinik Lübeck (insbesondere meinem Psychiater Stefan Reiche sowie Frau Nitz, Herrn Hoffmann, Frau Marouf, Frau Heidenreich und Frau Weber), der Uniklinik Mainz (ganz besonders Anna Semmroth-Wolter, Lisa Wiedenmann, Frau Quetsch, Masu und Herr Schupp, die mich weinen gesehen haben und mich getröstet haben, und natürlich auch dem restlichen Team der Station 5), Guido Sijbers (ISST Holland), Bärbel Wardetzki (meiner ersten Gratulantin), Dr. Hans-Joachim Maaz (eine absolute Bereicherung für mein Leben und das Buch), Dr. Claas Hinrich Lammers (das schönste Weihnachtsgeschenk 2016), Dr. Depner aus Wuppertal, Dr. Neele Reiss und ganz besonders Nadine Offermann, der psychologischen Leiterin der Vogelsbergklinik, sowie Prof. Dr. Sven Barnow von der Uniklinik Heidelberg, ohne deren Expertise dieses Buch nicht möglich gewesen wäre.

Ein besonderer Dank gilt Dr. Mirriam Prieß aus Hamburg (Liebe Frau Prieß, ich finde das, was Sie tun, wirklich klasse – vielen Dank für Ihren Rat!), der Paartherapeutin Maike Fritz aus Lübeck (vor allem für unser äußerst angenehmes Telefonat), der MBSR-Therapeutin Dr. Maren Franz aus Hamburg und Peter Bartning, einem sehr reflektierten und lebensbejahenden Heilpraktiker aus Lübeck. Ebenso danke ich den beiden Lübecker Psychologinnen Claudia Wollenberg (wir machen definitiv eine Veranstaltung zusammen) und Nicole Just (eine Frau, die ich jedem Narzissten ans Herz legen kann und die ich sehr schätze – als Frau, als Gesprächspartnerin und ich hoffe doch auch als „Freundin"), aber auch Ludwig Janus, Martin Koschorke, Thomas Frister und Stefan Brunhoeber für die kritischeren Beiträge und Denkanstöße sowie der Stuttgarter Psychologin und Autorin Elke Weigel und der Paartherapeutin Annett Gaida aus Berlin für den wertschätzenden Austausch und das Interview. Ebenso danke ich Lydia Benecke, Prof. Stefan Röpke von der Berliner Charité, Prof. Rainer Sachse, Raphael Bonelli, Prof. Fritz Hohagen und Heidi Kastner sowie Prof. Reinhard Haller und Frau Nachtigall von der Aktenzeichen-XY-Redaktion (R. I. P. Eduard Zimmermann).

Ich bin ganz begeistert, dass mir Susanne Hühn, mehr als 20-fache Buchautorin über Selbstfindung und das innere Kind, ohne Vorbehalt, ganz offen und

Danksagung

wertschätzend geantwortet hat – vielen Dank! Genauso begeistert und dankbar bin ich, dass auch Friedemann Schulz von Thun für ein Interview zur Verfügung stand, obwohl seine Zeit knapp war. Ebenso sehr freue ich mich über den Beitrag von Monika Weidlich aus Hannover, die mir auch persönlich weitergeholfen hat. Bedanken möchte ich mich auch bei Michael Begelspacher, der mein Buch wirklich bereichert hat – Micha, ich freue mich, dich einen Freund nennen zu dürfen). Ein weiterer Dank gilt dem Männercoach Gottfried Huemer aus Österreich, der als Gastautor auftritt, dem Männerpsychologen Björn Süfke aus Bielefeld, der in Lübeck geboren ist (und der der erste der männlichen Experten aus dem Buch ist, dem ich persönlich beggenen durfte), und dem Mobbingexperten Wolfgang Kindler für ihr Mitwirken an diesem Buch. Thomas Grieser kann ich jedem ans Herz legen, der gerade in der Schule Kummer und Stress hat. Vieles verdanke ich auch dem Lernzentrum Lübeck, insbesondere Antje Schmedemann und Diana Spallert sowie dem Leiter Frithjof Ahlbory, und meinem Coach Arne-Matz Ramcke, der sich zu einem informativen Interview bereit erklärt hatte.

Ich danke Thomas Krieg und Prof. Schnell sowie Bianca Olesen für die kurzfristigen Interviews. Dr. Bodo Karsten Unkelbach und Werner Berschneider haben mich sehr gerührt; ihre Vorwörter und vor allem unser Austausch haben mich emotional geflasht. Das waren tolle Geschenke, die Sie meinem inneren Kind gemacht haben – vielen Dank!

Des Weiteren bedanke ich mich bei Stephanie Schultz (ich sage nur: WhatsApp), Astrid Buchner und Eveline Buchgeher (so etwas wie meine Co-Autorin), Melanie Wirth, Nicole Krüger, Michael Pauli (mein Therapeut auf Facebook), Patrick Weissberger (mein kleiner Poet), Marc Becker, Lars Hahn, Susan Farah, Dirk Asmus, Lilith von Berger, Kevin Drutschmann, Sonja Löhr, Andrea Biessenberger, Aileen Bomsdorf, Silke Reichrath, Klaus Braeuer, Sven Sturm, Cybill Lisa Marie Heinze, Hans Josef Alef, Anja Rose, Guiseppe Zano, Eva Wächter, Michelle South, Christian Fender, Kaharina Jahns, Nathan, Roswitha Wintermeyer, Mina Aba, Patrick Wenzel, Hans Jürgen Beyers von narzissmus.net, Sven Preger von Radio Nova und Christel Giaccione sowie Martin Heller (der misanthropische Narzisst aus Wien, der liebste Oasch der Welt), die ich zwar noch nie gesehen habe, die mir aber sehr viel gegeben haben. Ebenfalls möchte ich Vanessa und Oliwia danken, die mich in kritischen Momenten motiviert haben, an dieses Buch zu glauben. Auch meiner Familie danke ich, wofür auch immer, vor allem meiner Schwester: Kathi, danke für dein Verständnis! R. I. P., Oma und Opa – ich vermisse euch noch immer!

Ich danke auch meinen ehemaligen Mitpatienten der Station 5 der Uniklinik

Mainz, insbesondere Kerstin, Christian, Carsten, Alisa, Manuela Fischer, Selina, Lena B, Maria, Svenja, dem Mainzer Mädel, und meinem Zimmerkollegen Kolja, letzterem auch dafür, dass er bei Licht schlafen konnte, während ich gelesen oder geschrieben habe.

Meinem Vater möchte ich nur eins sagen: Ich hab dich lieb, auch wenn du mich nicht lieb haben kannst.

Keisha Grey danke ich für viele schöne Momente vor meinem PC.

Dieses Buch ist wichtig und richtig. Ohne Frau Bellersheim und Herrn Dr. Manz vom Tectum Verlag würde es nicht in dieser Form vor uns liegen. Ich danke Frau Bellersheim für alles und viel mehr und Herrn Manz für das sehr aufschlussreiche Telefonat am 12. Dezember 2017. Ebenso danke ich Hugendubel in Lübeck, insbesondere Thomas Pohoretzki, für die empathische und kompetente Beratung und den wertvollen Tipp, mich an den Tectum Verlag zu wenden. Ich danke Herrn Dr. Reichinger und Frau Annette Saeger sowie dem restlichen Team des Verlags.

Der FC Schalke 04 meldete sich als einziger Verein zurück, obwohl ich BVB-Fan bin – vielen Dank! Zu danken habe ich auch dem DGVT-Verlag und Beltz für die Abdruckgenehmigung und dafür, die PDF-Datei zur Verfügung gestellt zu haben.

Ich danke der Lübecker Mordkommission, allen voran Peter Heerdt, und meinen Vermietern, der Familie Schmidt, die mir seit 13 Jahren ein gemütliches Zuhause ermöglichen.

Nicht vergessen werden dürfen hier meine drei loyalsten und treuesten Freunde: Jan, Arno und Andy – ihr seid wirklich meine Besten! Ich danke ebenso Martin Wagner (und Anika, seiner Freundin), dem Freund mit der Empathie, die man als Autor braucht, der Bahnhofsmission Karlsruhe, die mir einmal, als ich wirklich Hilfe brauchte, diese und viel mehr zukommen ließen, sowie dem Chef des DB-Reisecenters Karlsruhe für sein Entgegenkommen. Ebenso möchte mich bei meiner Ex-Freundin Julia und bei Frank Siebert bedanken – ihr wisst schon, wofür.

Falls ich jetzt noch irgendwen vergessen habe – fühlt euch mit angesprochen!

Zu guter Letzt habe ich all denen zu danken, die das Buch kaufen und lesen oder in den Mülleimer schmeißen, um mich anschließend bei Amazon zu beleidigen, zu loben oder zu hinterfragen. Schöne Grüße an Ihr inneres Kind!

Epilog von Michael Begelspacher

Sollten Sie den Epilog lesen wollen, bevor Sie dieses Buch gelesen haben, wäre das eine gute Gelegenheit, sich unverzüglich Ihrer Gefühle zum Thema „Narzissmus" klarzuwerden.

Also: Was fühlen Sie im Moment, wenn Sie an „Narzissmus" oder „Narzissmusopfer" denken? Wo sitzen diese Gefühle? Legen Sie Ihre Hand auf diesen Bereich Ihres Körpers und merken Sie sich das bitte gut. Am besten notieren Sie es sich sicherheitshalber, denn nach dem Durchlesen dieses Buches sollte dieses Gefühl ausschließlich positiv für Sie sein.

Sollten Sie den Epilog wirklich erst nach der Lektüre dieses Buches lesen, können Sie sich fragen: „Weiß ich denn noch, was ich zu Beginn des Buches gedacht und gefühlt habe? Was habe ich in diesem Buch verstanden, was vielleicht schon gelernt? Wie kann das reichhaltige Wissen dieses Buches mein Leben positiv verändern?"

Ein Narzisst packt aus ist voll mit geballtem Wissen und Empathie. Wissen und Empathie, beides kann Ihnen unglaublich hilfreich auf dem Weg hin zu einem erfolgreichen, friedvollen und glücklichen Leben sein. So hilfreich, dass Sie es tatsächlich schaffen können! Das Schöne ist, dass Sie niemanden für die Umsetzung brauchen, nur sich selbst. Sie können völlige Handlungskompetenz erreichen, während Sie die passive und hilflose Opferrolle verlassen.

Sollten Sie es alleine nicht schaffen, haben Sie jetzt das nötige Wissen, um den richtigen Therapieansatz zu finden. Sollten Sie zu Beginn des Buches noch an Schuld, Scham oder Opferdasein gedacht haben, werden sich nun der Wunsch nach Selbstverantwortung und die Lust auf ein befreites Leben regen. Das meist unrealistische Bedürfnis, sich schützen zu wollen, könnte sich jetzt in das Verlangen, sich selbst begegnen zu wollen, verwandelt haben.

Danken Sie dafür nicht nur diesem Buch und seinen Experten. Danken Sie sich zuerst einmal selbst, denn Sie sind auf dem Weg zu sich selbst – der einzigartigen und liebenswertesten Person, die es für Sie geben sollte. Dies wäre ein gesunder und gewinnbringender „Egoismus". Oder um in der Sprache des Buches zu bleiben: ein gesunder Narzissmus.

Vielleicht hilft Ihnen meine persönliche Vorgehensweise im Bereich Lernen, Veränderung und Heilung noch etwas weiter, um das hier Gelesene in Zukunft für sich fruchtbar zu machen. Tauchen bei mir negative Gedanken und Gefühle auf, frage ich mich: „Was hat das mit mir zu tun?" Die Antwort kommt dann immer sofort aus meinem Bewusstsein: „Alles, denn es ist mein Körper, der

Epilog

reagiert. Er reagiert nur auf die unbewussten, in der Vergangenheit abgespeicherten Informationen." Wahrnehmung ist immer Projektion, denn ich kann nichts wahrnehmen und erkennen, das nicht zuvor in mir abgespeichert wurde. Es hat also immer mit mir und meiner noch nicht gelösten Vergangenheit zu tun.

Möchte ich nun die Reaktion meines autonomen Nervensystems verändern, muss ich zuerst einmal meine Abwehr aufgeben und ehrlich hinsehen und vor allem hinfühlen. Mache ich das nicht, erlaube ich meinem autonomen Nervensystem weiter, einen unnötigen und unsinnigen Kriegszustand in meinem Körper aufrechtzuerhalten. Und was noch viel schlimmer ist, ich lasse meinen Körper (mein inneres Kind) damit im Stich, lasse es weiter leiden. Das kann getrost als unterlassene Hilfeleistung gewertet werden.

In dem Moment aber, in dem ich hinschaue und hinfühle, übernehme ich die Verantwortung für mich und zeige meinem Körper (meinem innerem Kind – gerade auch durch Auflegen der Hände auf die schmerzhaften Körperbereiche), dass ich da bin. Der einzige Mensch, der das jetzt fühlen und annehmen kann, bin ich. Das kann mir, Gott sei Dank, niemand abnehmen. Auch wenn ich das früher gerne gehabt hätte.

So lernt der Körper (mein inneres Kind), dass jetzt nicht die Außenwelt verantwortlich gemacht und dadurch wieder vom Heilungsprozess abgelenkt wird, sondern dass ich da bin und meinem Körper (meinem inneren Kind) beistehe und ihm zeige, dass er (es) wichtig ist. Wie soll denn der Körper (das innere Kind) jemals eine andere und neue Erfahrung machen, wenn ich ihm immer wieder aufs Neue zu verstehen gebe, dass die Außenwelt durch Schuldzuweisungen wesentlich mehr Aufmerksamkeit als er (es) selbst bekommt?

Dieses Bewusstsein hilft mir, täglich weiter zu wachsen. Und ich wünsche es Ihnen ebenfalls von ganzem Herzen.

Ich möchte an dieser Stelle den Autor zu diesem tollen Werk beglückwünschen und mich dafür bedanken – nicht nur für den enormen Aufwand, all die Experten zusammenzutrommeln, sondern auch für die Ehrlichkeit und Selbstreflexion. Lieber Leonard Anders, ich danke Ihnen von ganzem Herzen für diese mutige und vorbildhafte Art, sich selbst zu begegnen und dadurch vielen Menschen aus ihrem Leid helfen zu wollen. Vielen Dank auch für das Privileg, ein Teil davon zu sein und dieses Nachwort schreiben zu dürfen.

Michael Begelspacher

Endnoten

1. Kianimus heißt mit bürgerlichem Namen Adeel Kiani und ist 22 Jahre alt. Seine Texte und Videos haben mich begeistert und zugleich berührt. Auf einige seiner Texte und Zitate wollte ich nicht verzichten, und sie finden sich über das ganze Buch verstreut. – www.facebook.com/kianimuslyrics, Zugriff 23.02.2018
2. Hilmar Benecke, www.mensch-und-psyche.de, Gesellschaftlicher und individueller Narzissmus, Zugriff 23.02.2018
3. Stefan Röpke im Interview mit Thomas Lackmann, www.tagesspiegel.de, Narzissmus – Die Sorge um (s)ich, Zugriff 23.02.2018
4. www.wikipedia.org/wiki/Narzisstische_Pers%C3%B6nlichkeitsst%C3%B6rung#ICD-10, Zugriff 23.02.2018
5. www.wikipedia.org/wiki/Narzisstische_Pers%C3%B6nlichkeitsst%C3%B6rung, Zugriff 23.02.2018
6. Hans-Jürgen Luderer, www.gwg-ev.org, Empathie bei narzisstischen Persönlichkeitsstörungen, Zugriff 23.02.2018
7. Eva Dieckmann, www.linocasu.org, Die Narzisstische Persönlichkeitsstörung mit Schematherapie behandeln, Zugriff 23.02.2018
8. Eva Dieckmann, *Die narzisstische Persönlichkeitsstörung mit Schematherapie behandeln (Leben lernen)*, Stuttgart, Klett-Cotta, 2011
9. Wendy Behary, zitiert in: Eva Dieckmann, *Die narzisstische Persönlichkeitsstörung mit Schematherapie behandeln*, 2011
10. Michael Depner, www.seele-und-gesundheit.de, Narzissmus, Zugriff 10.03.2017
11. Vgl. www.wikipedia.org/wiki/Narzisstische_Pers%C3%B6nlichkeitsst%C3%B6rung, Zugriff 23.02.2018
12. Vgl. www.wikipedia.org/wiki/Narzisstische_Pers%C3%B6nlichkeitsst%C3%B6rung
13. Vgl. www.deacademic.com, Antisoziale Persönlichkeitsstörung, Zugriff 23.02.2018
14. www.narzisstischepersönlichkeitsstörung.de, Maligner Narzissmus, Zugriff 23.02.2018
15. Vgl. Christine Amrhein, www.therapie.de, Dissoziale Persönlichkeitsstörung, Zugriff 23.02.2018
16. www.wikipedia.org/wiki/Narzisstische_Pers%C3%B6nlichkeitsst%C3%B6rung, Zugriff 23.02.2018
17. www.narzisstischepersönlichkeitsstörung.de, Maligner Narzissmus, Zugriff 23.02.2018
18. Vgl. www.psyheu.de, Normalität, Zugriff 23.02.2018
19. Hans-Joachim Maaz, www.cicero.de, Wir haben ein Narzissmusproblem, Zugriff 23.02.2018
20. Vgl. www.wikipedia.org/wiki/Helfersyndrom, Zugriff 23.02.2018
21. Vgl. Doris Wolf, www.psychotipps.com, Helfersyndrom, Zugriff 23.02.2018
22. Michael Depner, www.seele-und-gesundheit.de, Helfersyndrom, Zugriff 23.02.2018
23. vgl. Carlo Düllings, www.empathie-lernen.de, Empathie-Definition, Zugriff 23.02.2018
24. Carlo Düllings, www.empathie-lernen.de, Empathie-Definition, Zugriff 23.02.2018
25. Eva Wachter, www.perspecteva.at, Wärmstens empfohlen: Cold Therapy, Zugriff 23.02.2018
26. Felix Stephan, www.zeit.de, Ich, ich, ich, Zugriff 23.02.2018
27. Anna Fox (Kommentatorin), www.umgang-mit-narzissten.de, Verlorenes Ich, Zugriff 23.02.2018
28. Nils Spitzer, www.psychotherapeutische-praxis-nils-spitzer.de, Das Phänomen „Perfektionismus", Zugriff 23.02.2018
29. www.wikipedia.org/wiki/Perfektionismus_(Psychologie), Zugriff 23.02.2018
30. vgl. www.wikipedia.org/wiki/Perfektionismus_(Psychologie), Zugriff 23.02.2018
31. Uschi Götz, www.deutschlandfunk.de, Pflegenotstand in Deutschland, Zugriff 23.02.2018
32. www.schulische-gewaltpraevention.de, Mobbing, Zugriff 23.02.2018
33. www.seele-und-gesundheit.de, Gut und böse, Zugriff 23.02.2018

34 Peter. E. Schuhmacher, Publizist, hier von der Webseite www.aphorismen.de, Zugriff 23.02.2018
35 www.polizei-beratung.de, Cybermobbing, Zugriff 23.02.2018
36 Vgl. Mechthild Schäfer und Gabriela Herpell, *Du Opfer! Wenn Kinder Kinder fertig machen*, Reinbek, Rowohlt, 2012
37 www.lehrcare.de, Teufelskreis Mobbing, Zugriff 10.03.2017
38 Maria Fiedler, www.tagesspiegel.de, Public Shaming im Internet, Zugriff 23.02.2018
39 www.ruhr-west.verdi.de, Zugriff 21.11.2016
40 Raphael M. Bonelli, www.i-daf.org, „Mit dieser Diagnose wird Politik betrieben", Zugriff 23.02.2018
41 Sebastian Eder, www.faz.net, Darf man Trump als psychisch krank bezeichnen?, Zugriff 23.02.2018
42 Sebastian Christ, www.huffingtonpost.de, Wer Donald Trump als „geisteskrank" bezeichnet, begeht einen großen Fehler, Zugriff: 23.02.2018
43 Hans Durrer, www.huffingtonpost.de, Die Bedeutung eines Wortes ist sein Gebrauch in der Sprache, Zugriff 23.02.2018
44 Ariadne von Schirach: *Ich und du und Müllers Kuh. Kleine Charakterkunde für alle, die sich selbst und andere besser verstehen wollen*, Stuttgart, Klett-Cotta, 2016
45 www.psyheu.de, Die Projektion: ein bedeutender psychischer Abwehrmechanismus, Zugriff 23.02.2018
46 Joanna (Kommentatorin), eine reflektierte Seniorin aus dem Internet, www.umgang-mit-narzissten.de, Ein Erfahrungsbericht von Anneliese M., Zugriff 23.02.2018
47 www.narzissmus.net, Ein pathologischer Narzisst oder einfach nur ein Arschloch?, Zugriff 23.02.2018
48 Hilmar Benecke, www.mensch-und-psyche.de, Narzissmus in der Partnerschaft, Zugriff 23.02.2018
49 Yvonne (Kommentatorin), www.umgang-mit-narzissten.de, Die skurrilen Reaktionen eines Narzissten, wenn man sich von ihm trennt, Zugriff 23.02.2018
50 Kilian Thomann (Kommentator), ein Ex, der sich über seine Ex auskotzt, www.umgang-mit-narzissten.de, Die skurrilen Reaktionen eines Narzissten, wenn man sich von ihm trennt, Zugriff 23.02.2018
51 www.meinebeziehung-berlin.de, Trennung-Scheidung-Beziehungsende, Zugriff 23.02.2018
52 Martin Koschorke,s *Männer haben keine Probleme. Männer lösen Probleme. Das ist das Problem*, Freiburg, Kreuz, 2014
53 Anna Fox (Kommentatorin), www.umgang-mit-narzissten.de, Verlorenes Ich, Zugriff 23.02.2018
54 Björn Süfke, www.maenner-therapie.de, Mann sein, Zugriff 23.02.2018
55 Vgl. www.impulsdialog.de, Persönlichkeitsstörung Teil 9, Zugriff 23.02.2018
56 Christine Amrhein, www.therapie.de, Dependente Persönlichkeitsstörung, Zugriff 23.02.2018
57 www.wissenschaft.de, Wie eine dependente Persönlichkeitsstörung entsteht, Zugriff 23.02.2018
58 Claudia Heyne, *Täterinnen. Offene und versteckte Aggression von Frauen*, Freiburg, Kreuz, 1993.
59 Gottfried Huemer, www.oegl-lebensberater.at, Ich bin für euch alle da!, Zugriff 23.02.2018
60 www.kriegsenkel-hannover.de, Kriegsenkel, Zugriff 23.10.2016
61 www.kriegsenkel.at, Transgenerative Folgen, Zugriff 23.02.2018
62 Caroline Fetscher, www.tagesspiegel.de, Ich versteh' die Welt nicht mehr, Zugriff 23.02.2018
63 Susanne Hühn, www.susannehuehn.de, Was heißt Coabhängigkeit eigentlich?, Zugriff 23.02.2018
64 www.psychodynamik-institut.de/, Heilung des inneren Kindes, Zugriff 23.02.2018
65 Joanna Morani (Kommentatorin), www.umgang-mit-narzissten.de, Ein Erfahrungsbericht von Anneliese M., Zugriff 23.02.2018
66 Waldemar Pelz, Institut für Management-Innovation, www.managementkompetenzen.de, Empathie: Menschen und Gruppen besser verstehen, Zugriff 23.02.2018

67 www.mindfulinberlin.de, Was ist MBSR?, Zugriff 23.02.2018
68 www.projekte-leicht-gemacht.de, Zugriff 23.02.2018
69 Julia Dobmeier, www.netdoktor.de, Dysmorphophobie, Zugriff 23.02.2018
70 www. wikipedia.org/wiki/Vier-Seiten-Modell, Zugriff 23.02.2018
71 Julia Dobmeier, www.netdoktor.de, Dysmorphophobie, Zugriff 23.02.2018